昌邑市地名志

昌邑市民政局 编

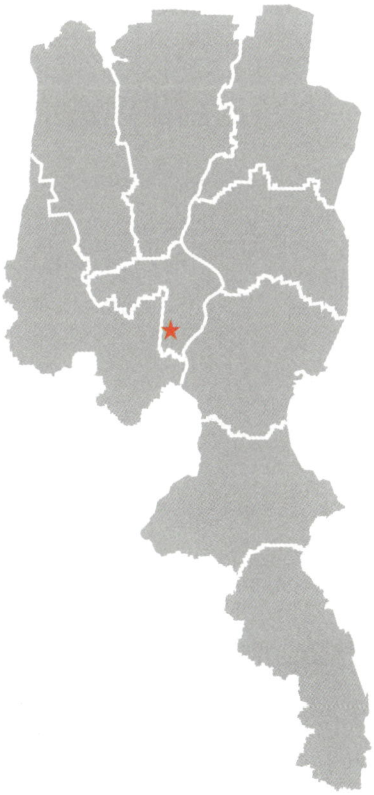

方志出版社
Publishing House of Local Records

图书在版编目（CIP）数据

昌邑市地名志 / 昌邑市民政局编. — 北京 : 方志出版社，2023.12
ISBN 978-7-5144-6187-9

Ⅰ. ①昌… Ⅱ. ①昌… Ⅲ. ①地名—昌邑 Ⅳ. ①K925.24

中国国家版本馆CIP数据核字(2024)第025073号

责任编辑：刘芳
责任校对：张玉霞
责任印制：梅中英
出 版 者：方志出版社
地　　址：北京市朝阳区潘家园东里9号（国家方志馆4层）
邮　　编：100021
网　　址：http://www.zgfzcb.cn
发　　行：方志出版社图书营销中心（010-67110500）
印　　刷：潍坊鑫意达印业有限公司
开　　本：889毫米×1194毫米　1/16
印　　张：40.25
字　　数：835千字
版　　次：2024年12月第1版
印　　次：2024年12月第1次印刷
定　　价：580.00元

《昌邑市地名志》编纂委员会

名誉主任：李玉祥

主　　任：孙　波

副 主 任：王意顺

主　　审：宋晓波

主　　编：马立民

执行主编：李发宁

编　　辑：逄佩佩　曾繁胜　董绍龙　马占杰　刘海波

序

《昌邑市地名志》历时两年编纂，数易其稿，终于付梓，这是昌邑文化发展史上的一件大事。在此，谨代表中共昌邑市委、昌邑市人民政府表示热烈祝贺！

“国有史，邑有志”，绵延不绝地编修方志是中华民族特有的文化基因，为中华文明代代相继、血脉相承发挥了重要作用。昌邑是东夷文化的发源地之一，古称“鄑邑”“都昌”，秦朝设县，宋朝定名，曾为军事家孙膑、汉武帝刘彻、大将军霍光等历史名人的封地，迄今已有2200多年的建县沿革史。改革开放后，昌邑各项事业蓬勃发展，成为著名的“丝绸之乡”“苗木之乡”“溴·盐之乡”“华侨之乡”，历经多次行政区划调整，加之城镇化进程快速推进，新地名大量增加，老地名需要传承，重新编写地名志势在必行。

盛世修志，是中华民族的优良传统。在全面贯彻落实新修订的《地名管理条例》之际，借助国家开展第二次全国地名普查这一重大机遇，2022年4月新一轮《昌邑市地名志》编纂工作启动。全市供稿单位和广大修志工作者以对地方历史高度负责的使命感和奉献敬业精神，精心设计篇目，稽核资料史实，精编文字图表，终于修成这部近百万字的鸿篇巨制。

这部结构严谨、内容精详的志书，横分门类、纵述史实，全面系统地记述了昌邑自然地理实体、政区、聚落、交通等各门类地名及承载的文化意义，客观、真实地反映了1987年以来昌邑经济社会发展取得的成就，融资料性、知识性、科学性、实用性于一帙，是展示今日鄑邑新城的美丽画卷。

“治天下者以史为鉴，治郡国者以志为鉴。”地名志完整、系统、真实地记录了昌邑地名的产生、沿革历史，留下了各个历史阶段的真实面貌，是丰富和珍贵的“家乡”记忆，是加强地名管理和使用标准地名的重要依据，必将为广大干部群众进一步认识昌邑、了解昌邑、宣传昌邑、发展昌邑提供有益借鉴。

地名是集体的记忆和城市独特的文化符号，是中华优秀传统文化的重要体现。《昌邑市地名志》的出版，必将唤起我市广大干部群众的文化记忆，增强文化自信，更加紧密地团结在以习近平同志为核心的党中央周围，在上级和市委、市政府的坚强领导下，稳扎稳打、踏踏实实，锐意进取、积极作为，共同谱写扎实推动经济社会高质量发展的新篇章！

值本书出版之际，谨向本书全体编纂人员以及为本书提供资料的单位和各界人士表示衷心的感谢。

中共昌邑市委书记：李玉祥

昌邑市人民政府市长：孙波

凡　例

一、本志以马克思列宁主义、毛泽东思想、邓小平理论、“三个代表”重要思想、科学发展观、习近平新时代中国特色社会主义思想为指导，坚持辩证唯物主义和历史唯物主义的立场、观点和方法，客观、真实、准确地记录地名信息。

二、各村的“四至”表述中，相邻村子为同一个乡镇（街道）的只写村名，非同一个乡镇（街道）的多写为“乡镇（街道）名＋村名”。村庄与河流、道路为邻者，均以“临”表述，与山埠、市区、镇区、社区为邻者，均以“依”表述。

三、各村姓氏来历表述时，能确认迁出年代曾用村名者，多以曾用村名表述，并在括号内备注当前村名；不能确认迁出年代曾用村名者，多以当前村名表述。自当前所属乡镇（街道）辖区内村庄迁出者，只写原迁地村名；自本市辖区内其他乡镇（街道）迁出者，多以“原籍乡镇＋原籍村名”表述；自城区周边村庄迁出者，多以“城周方位＋村庄名”表述。

四、住宅小区的“户数”部分，未标明“现住户数”者，未完工小区均为规划建设户数，已完工小区均为实际建设户数。

五、书中所提及文物保护单位，潍坊市级文物保护单位均记为“市级”，昌邑市级文物保护单位均记为“县级”。

六、因昌邑境内潍河、胶莱河、虞河、漩河等河流均为由南向北流，书中与以上河流有关的位置描述中，“左岸”均指河西岸，“右岸”均指河东岸。

七、清雍正元年（1723 年）为避“胤禛”名讳改真定府为正定府。书中引文“真定府枣强县”与“正定府枣强县”实为一地，均为今河北省枣强县。

八、书中所使用数字用法、标点符号用法分别采用国家标准《出版物上数字用法》（GB/T 15835—2011）、《标点符号用法》（GB/T 15834—2011），计量单位采用国家技术监督局1993年12月发布的《量和单位》系列国家标准。截止时间为2021年底。为保持记述事物完整性和辑存资料需要，部分内容适当下延至2023年，如街道起讫点、小区入住时间、单位地址等。

邮电局楼顶往北拍摄昌城旧影（1976 年）　　照片提供：李发宁

招待所北楼楼顶往南拍摄昌城旧影（1977 年）　　照片提供：李发宁

县城旧影（1985 年） 照片提供：李发宁

县城旧影（1985 年） 照片提供：齐乃禹

市区俯瞰（1997 年）

摄影：邢宗成

农行楼顶拍摄昌邑城区（2001 年）

供销大厦楼顶拍摄昌邑城区（2001 年）

摄影：李发宁

摄影：李发宁

昌城新区（2021 年）

宜居家园（2021 年）

摄影：褚光辉

摄影：李发宁

生态潍水（2021 年）

摄影：李树香

河口湿地 鸟类家园（2021 年）

摄影：李发宁

建设中的海上风电（2023 年）　摄影：冯树岭

生态能源（2021 年）　摄影：荆丽萍

养老事业（2022 年）　　摄影：逄佩佩

智能装备制造产业园（2022 年）　　摄影：冯树岭

潍畔霞光（2021 年）

摄影：李发宁

昌邑市地图

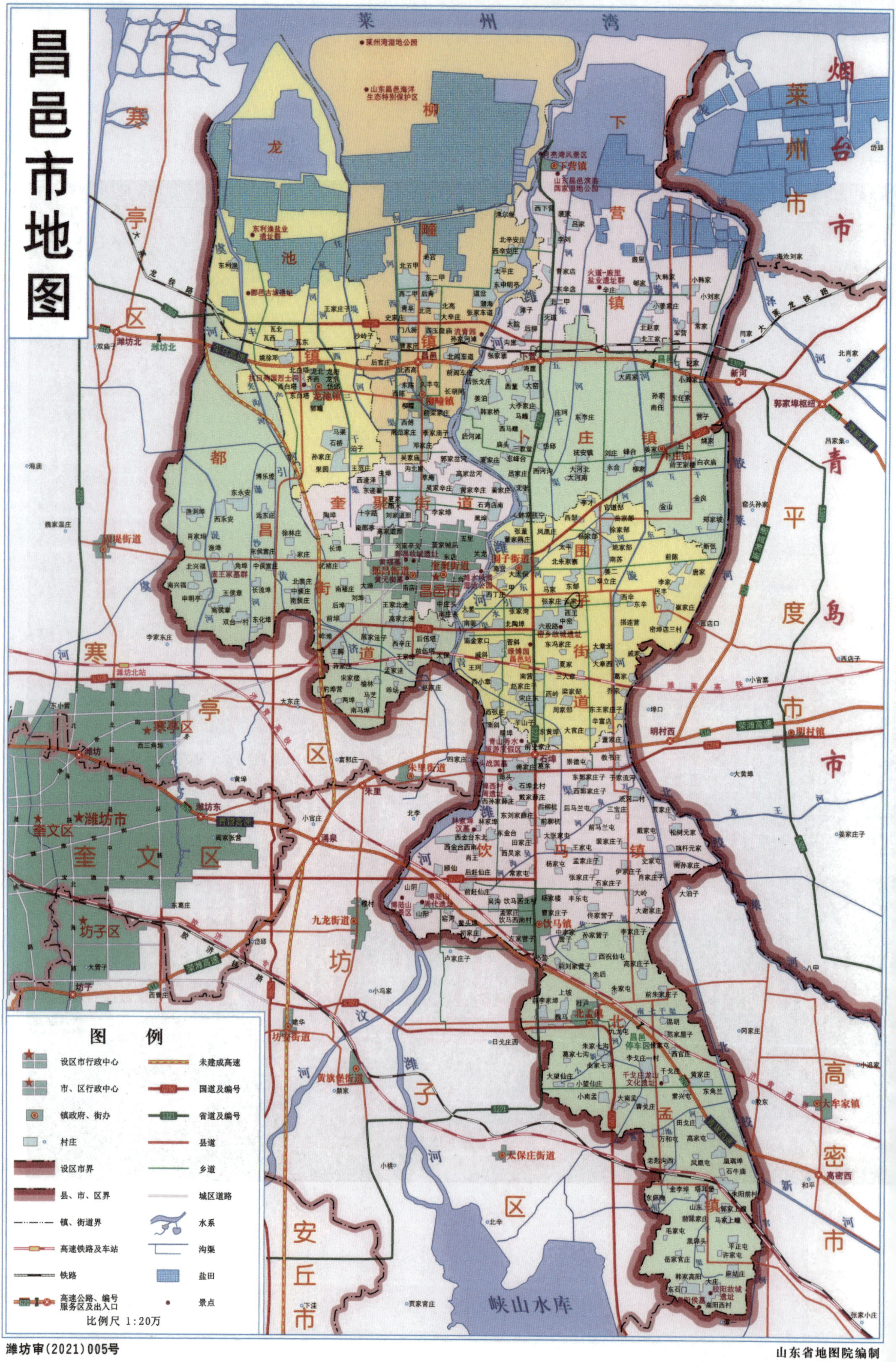

潍坊审(2021)005号

山东省地图院编制

昌邑城区图

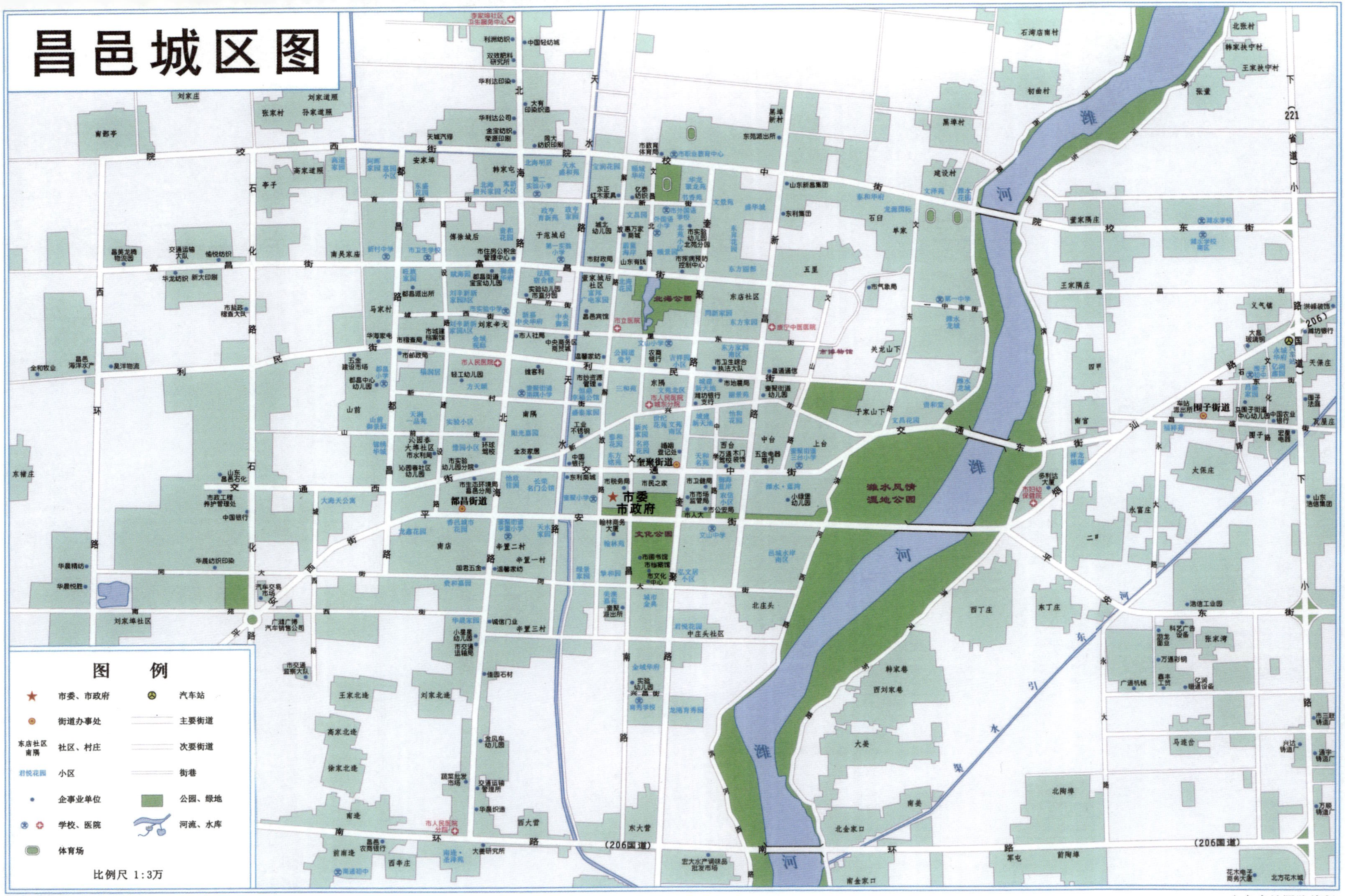

潍坊审(2021)005号

山东省地图院编制

目录

第四章　实体经济

第五章　交通

第六章　水利

第七章　自然地理实体

第八章　名胜古迹及标志性建筑

第九章　历史地名

第十章　附录

第一章
昌邑概况

第一节 昌邑概况

昌邑市地处北纬 36° 26′ 21″～37° 11′ 28″，东经 119° 12′ 34″～119° 37′ 21″，位于山东省东北部。东与烟台市莱州市、青岛市平度市隔胶莱河为邻，西与潍坊市寒亭区隔虞河相望，东南与潍坊市高密市毗连，西南与潍坊市坊子区接壤，北濒莱州湾。距离省会济南市 233 千米，距离潍坊市 30 千米。为全国文明城市、国家卫生城市、国家园林城市、全国投资潜力百强县市、全国科技创新百强县市、中国丝绸文化之乡、中国盐·溴之乡、中国纺织产业基地市、中国北方绿化苗木基地。

境域东西最大距离 32.5 千米，南北最大距离 75 千米，土地总面积 1630.81 平方千米，森林覆盖率为 26.84%。北部沿海海岸线长 59.57 千米，滩涂总面积 254 平方千米，海域总面积 681.68 平方千米。

境内地势南高北低，南部为埠岭区，中部平原由第四纪沉积物冲洪积而成，北部滨海浅平洼地由第四纪沉积物海陆相沉积而成。最高点在饮马镇西部的博陆山，海拔 88.05 米。最低点在北部沿海，海拔 3～6 米。辖区有文山、青山、博陆山、密埠、马埠等山埠 20 座，潍河、胶莱河、虞河、漩河等河流（渠道）26 条，建有小型水库 3 座，塘坝 72 处。河流总长度 293.8 千米，河网密度 0.181 千米 / 平方千米，径流总量 1.1 亿立方米。

昌邑属暖温带季风气候，年均气温 13.2℃，年均降水量 553.7 毫米，年均风速 2.9 米 / 秒，年日照 2240.7 小时。2021 年最高气温 37.2℃，最低气温 -18.2℃；降水量 927.3 毫米；城区最大风速 24.0 米 / 秒，北部海区最大风速 30.5 米 / 秒；日照 2299.9 小时。

辖区矿产资源丰富，有石油、天然气、铁、天然卤水、溴、石英、矿泉水、建筑石料等 17 种，矿床（点）43 处，探明储量的矿产 10 种。

境内有野生动物 10 门、26 纲、100 目、420 科、1551 种（含亚种），涵盖水生动物类、鸟类、两栖类、爬行动物类、兽类及陆生节肢动物类等，其中有白鹳、大天鹅、丹顶鹤、东方白鹳、白尾海雕、中华秋沙鸭等珍稀鸟类。木本植物有 51 科、90 属、167 种。药用植物引种、野生中草药材 160 余种。观赏苗木 58 科、122 属、300 种。淡水水域浮游植物 85 种。

昌邑市辖奎聚、都昌、围子 3 个街道，龙池、柳疃、卜庄、饮马、北孟、下营 6 个镇，共 9 个乡级政区。下辖 690 个行政村（居）。截至 2021 年 11 月 30 日，全市户籍人口 579658 人，其中 17 岁以下（含 17 岁）95805 人，占总人口的 16.53%；60 岁以上（含 60 岁）156078 人，占总人口的 26.93%。全市总户数 194046 户，平均每户 2.99 人。全市城镇人口 248320 人，占总人口的 42.84%。

昌邑市历史上是一个单一汉族县份，无世居少数民族，常住少数民族人口多通过婚嫁、工作等定居昌邑，居住零星分散，没有形成民族村、社区。截至 2021 年底，有 38 个少数民族，1858 人，分别为蒙古族、回族、藏族、维吾尔族、苗族、彝族、壮族、布依族、朝鲜族、满族、侗族、瑶族、白族、土家族、哈尼族、傣族、黎族、傈僳族、佤族、畲族、高山族、拉祜族、水族、东乡族、纳西族、景颇族、土族、达斡尔族、仫佬族、撒拉族、仡佬族、锡伯族、普米族、怒族、俄罗斯族、鄂温克族、独龙族、鄂伦春族等民族。

昌邑是国内重要的纺织印染、机械制造业基地，另有石油化工、盐化工、食品加工、生态能源、水产养殖、绿化苗木等规模化产业。截至 2021 年底，全市各类市场主体 7.52 万户，从业人员 23.46 万人。其中私营企业 1.37 万户，从业人员 7.25 万人；个体工商户 5.93 万户，从业人员 13.89 万人。2021 年，全市实现地区生产总值 527.86 亿元。规模以上工业企业 281 家，年利润总额 7.51 亿元。国家备案的高新技术企业 36 家，高新技术产业产值占规模以上工业总产值比重达 22.57%。

全市农作物播种面积 128.14 万亩，以小麦、玉米、棉花、花生等种植为主，另有大姜、土豆、大葱、梨枣、山楂等特色农产。农村肉禽养殖业发达，北部沿海另有水产养殖业。有农民专业合作社 2155 户，从业人员 2.33 万人。2021 年，全市粮食总产量 54.06 万吨，肉类总产量 9.83 万吨，水产品总产量 20.61 万吨，蔬菜总产量 74.83 万吨，农林牧渔业总产值 115.20 亿元。

2021 年，社会消费品零售总额 255.77 亿元，外贸进出口总额 82.7 亿元，实现一般公共预算收入 37.61 亿元。居民人均可支配收入 33522 元，住户存款余额 575.3 亿元。

境内铁路、公路、水路等多种运输方式构成了四通八达的现代化交通运输网络。铁路潍莱线、烟潍线、胶济线、大莱龙线过境，合计里程 54.8 千米，设有昌邑站、昌邑北站、海天站 3 座火车站。青银、荣潍、荣乌高速公路过境，总里程 67.3 千米，有饮马、石埠、柳疃、下营 4 个高速站口。206 国道、308 国道、309 国道过境，总里程 41.7 千米。省道下小路、新海路境内总长 89.4 千米。县乡（镇）级公路 48 条，总长 459.4 千米。千吨级下营海港与天津、大连、烟台等 20 多个港口通航。

昌邑教育资源分布均衡，设有幼儿园（所）119 所，小学 45 所，九年一贯制学校9所，初中14所，普通高中2所，中等职业学校2所，成人中等专业学校1所，职业学院1所，各级各类民办学校和教育机构14所。主要学校有潍坊环境工程职业学院、昌邑一中、文山中学、潍坊市工业学校、文华学校、实验中学、育新学校、潍水学校、育秀学校、凤鸣学校、龙泽学校、第一实验小学、第二实验小学、文昌小学、特殊教育学校、实验幼儿园、市立幼儿园，以及各镇街区驻地初中、小学。

昌邑有各级各类医疗卫生机构590个，其中二级甲等医院2所，床位2737张。专业卫生人员3421人，平均每千人拥有卫生技术人员4.1人、执业（助理）医师1.93人、注册护士2.03人。重点医院有市人民医院、市妇幼保健院、市中医院等。

昌邑拥有不可移动文物784处，居全省第三位。市博物馆现有馆藏文物9万余件（套），居全省第十位。建有市、镇、村三级文化展馆140余处；公共图书馆（室）7个，藏书34.6万册；档案馆1个，建筑面积1545平方米。有柳疃丝绸技艺、小章竹马、乾隆杯传统酿造技艺等省级非物质文化遗产项目8个，鲁砚制作技艺、玉皇会、传统制盐工艺等潍坊市级非物质文化遗产项目28个，昌北椒子酱、渔歌号子、梨花水饺等区县级非物质文化遗产项目144个。域内青山秀水景区为国家AAAA级旅游景区，潍水风情湿地公园和博陆山生态旅游区为国家AAA级旅游景区。

第二节 建置沿革

昌邑，古称鄑邑，故城遗址位于今龙池北部沿海一带。夏时属青州；商后期属己国城邑；周代己国改称纪国，鄑邑属纪国城邑。

齐襄公五年（前693），齐师迁鄑，将邑民南迁至今昌邑市北海路实验中学一带，改称邶殿。齐国为便于征伐莱夷腹地，立邶殿为别都，并更名为都昌。齐顷公十年（前589），逄丑父因救主有功，受封食邑于都昌。春秋战国时期，今昌邑围子街道及以南区域曾分置密邑、棠邑。

秦始皇帝二十六年（前221），王贲率兵灭齐，原都昌辖域归于秦，置都昌县，属胶东郡。

汉高祖四年（前203）冬十一月，韩信败龙且于潍水，尽定齐地，都昌遂属于汉。汉高祖六年（前201）置都昌国，朱轸以功受封都昌侯。汉景帝中元元年（前149），都昌侯朱辟疆（朱轸玄孙）薨，无子，都昌国除为县。汉景帝中元二年（前148）置北海郡，都昌属之。

西汉初年以春秋时密邑置密乡县，治所今围子街道古城里村，后改为侯国，东汉初年省，和帝永元九年（97）重置，西晋废。

西汉时置下密县，治所今围子街道密城村，东汉初废入胶东国，安帝时复置，北齐时侨置下密至今潍坊市潍城区西关街道境内。

汉武帝时置高阳侯国，治所今北孟镇高阳村，北齐时国除为县，隋大业年废。

汉成帝建始二年（前31）置平城侯国，治所今饮马徐庙村，王莽新朝时除国为县，东汉光武中兴时省县制，改置平城亭。

东汉建武二十八年（52），改北海郡为北海国，都昌属之。

东汉建安二十五年（220），曹丕称帝，都昌属魏。

魏咸熙二年（265），司马炎称帝，都昌属晋。

西晋永嘉五年（311），曹嶷破青州，都昌归于前汉。

东晋太宁元年（323），石虎寇青州，都昌没入后赵。

东晋永和七年（351）正月，鲜卑人段龛以青州归附东晋，都昌属之。

东晋永和十二年（356）冬，慕容恪破青州，都昌归前燕。

东晋太和五年（370）冬，王坚入邺，灭前燕，都昌归前秦。

东晋太元九年（384）冬十月，谢玄攻秦，青州降，都昌复归东晋。

东晋隆安三年（399），慕容德寇青州，都昌没于南燕。

东晋义熙六年（410）春，刘裕北伐慕容超，都昌复归东晋。

东晋元熙二年（420）夏，刘裕称帝，都昌归宋，废县治。

宋泰始五年（469）春，青州陷，都昌归北魏，恢复县治，属北海郡。

北魏永熙二年（533），青州民耿翔聚众寇掠三齐投梁，都昌归梁。

梁太清三年（549），东魏取青州，都昌归东魏。

东魏武定八年（550），高洋迫东魏孝静帝禅位，建立北齐，都昌遂属北齐，徙县治至今昌乐县境内。

北齐天保七年（556），改青州北海郡为高阳郡，都昌属之。

北齐承光元年（577），北周陷邺，北齐后主高纬奔青州，周师克之，都昌属北周。

北周大象三年（581），静帝禅位于杨坚，都昌属隋。

隋开皇十六年（596）置潍州，都昌属之。隋大业二年（606）废潍州入青州，次年青州改为北海郡，都昌属之。

唐武德二年（619），北海始降于唐，同年改北海郡为青州，复置潍州。今昌邑境分置訾亭（治所位于今奎聚街道十字路村一带）、华池（治所位于今都昌街道西永安村一带）、平城（治所位于今饮马镇徐庙村）三县，同属潍州。唐武德六年（623），都昌、訾亭、华池、平城撤销县制，并入北海县。唐武德八年（625），废潍州，昌邑境域属青州北海县。

宋建隆三年（962）置北海军，析唐安乡置昌邑县属之，于都昌旧城东二里新建县治。宋乾德三年（965），升北海军为潍州，昌邑属之。

南宋建炎三年（1129）正月，金人陷潍州，昌邑入于金。

元代，昌邑属山东东西道宣慰司益都路总管府潍州。

元至正十五年（1355）二月，韩林儿在安徽亳州称帝，国号“大宋”，两年后宋将毛贵攻破胶莱益都，昌邑归属大宋。

元至正二十七年（1367），朱元璋派遣徐达北伐取益都，昌邑归之。

明洪武元年（1368），置山东行中书省于益都，改为青州府，昌邑属青州府潍州。明洪武十年（1377）撤销昌邑县，划归潍县。明洪武二十二年（1389）恢复昌邑县并改属莱州府平度州。

清雍正十二年（1734）昌邑县改属莱州府。

民国2年（1913）裁府后改属胶东道，民国14年（1925）属胶莱道，民国17年（1928）废道后直属山东省。民国27年（1938）属第十七行政督察区，民国28年（1939）后属第十三行政专员公署，民国34年（1945）改属第十七行政专员公署。

民国30年（1941），抗日民主政权昌

邑县人民政府在瓦城成立，辖县境北部地区，属胶东区西海专区；民国31年（1942）7月改属清河区清东专区；民国33年（1944）初属渤海区第五专区；民国33年（1944）5月与潍北县合并，称昌潍县，仍属渤海区第五专区；民国34年（1945）6月复分，恢复昌邑县，改属胶东区西海专区。

民国34年（1945）8月，昌邑县宋庄及以南地区划出，组建昌南行署，成立昌南县。同年10月，昌南行署改建为昌南县政府，治所驻流河西郭家庄子村。同年，原昌邑县第十区（位于胶莱河东岸三合山北麓的昌邑县属插花地）划归平度县，第八区的克兰乡、沂塘乡、郑公乡三乡所辖18个村庄（位于高密境内的昌邑县属插花地）划入高密县。

民国37年（1948），昌邑县设12个区，辖478个村；昌南县设14个区，辖417个村。

1950年5月，昌邑、昌南两县改属昌潍专区（后依次改称昌潍地区、潍坊地区、潍坊市），昌邑县设12个区，辖99个乡；昌南县设12个区，辖97个乡。

1956年4月，昌南县并入昌邑县，全县划分为城关区、双台区、柳疃区、夏店区、围子区、卜庄区、龙池区、渔业区、青山区、饮马区、岞山区、北孟区、朱阳区、朱马区14个区，辖4镇123乡，856个自然村。

1958年2月撤区并乡，全县设青阜、龙池、东冢、卜庄、夏店、仓街、道照、双台、史洼、围子、宋庄、石埠、流河、饮马、鳌头、北孟、李戈庄、太保庄、丈岭、朱阳、高戈庄21个乡和城关、柳疃、岞山、下营4个镇。同年9月撤销乡镇，成立红旗（公社驻地城关）、英雄（驻双台）、东风（驻柳疃）、先锋（驻龙池）、红星（驻东冢）、跃进（驻卜庄）、先进（驻夏店）、丰收（驻围子）、卫星（驻宋庄）、和平（驻石埠）、东升（驻饮马）、胜利（驻北孟）、钢铁（驻岞山）、群英（驻丈岭）、火箭（驻高戈庄）15个人民公社。同年12月，人民公社改为驻地名。

1960年，因修建峡山水库将昌邑县高戈庄公社划入蓄水区之内，遂撤销高戈庄公社，并迁出辖区村庄；1962年5月，将城关公社西南部34个生产大队划出，另立王耨公社；1964年2月，析石埠公社东部区域成立流河公社；1980年6月，析出柳疃公社北部区域成立青乡公社，析出围子公社东部区域成立仓街公社，析出丈岭公社东部区域成立塔耳堡公社；1982年3月，王耨公社更名为南逄公社。

1982年4月，撤销城关公社，成立城关镇。1983年5月，南逄、双台、龙池、青乡、柳疃、东冢、夏店、卜庄、仓街、围子、宋庄、石埠、流河、饮马、北孟、丈岭、塔耳堡17个公社撤社设乡，岞山公社分置为岞山乡和太保庄乡。

1984年3月，柳疃、围子、石埠、饮马、岞山5个乡撤乡设镇。同年10月，从城关镇划出李家埠村等39个行政村建立李家埠乡，从东冢乡划出西下营等5个行政村建立下营镇，塔耳堡撤乡设镇。

1985年9月城关镇改称都昌镇。

1993年7月，龙池、青乡、卜庄、仓街、丈岭5个乡撤乡设镇。

1994年6月10日，经国务院批准，撤销昌邑县，以原昌邑县行政区域设立昌邑市（县级），同年7月18日正式以昌邑市名义对外办公。

1996年12月，李家埠撤乡设镇，北孟撤乡设镇。

1997年7月，宋庄撤乡设镇。同年12月，撤销都昌镇，设立奎聚、都昌2个街道，同期将双台乡北褚庄等5个行政村、南逄乡刘埠村和王逄村、李家埠镇高家道照村和长埠村划归都昌街道。

2001年3月，夏店撤乡设镇，南逄乡整建制划入都昌街道，李家埠镇整建制划入奎聚街道，青乡镇整建制划入柳疃镇，下营镇、东冢乡整建制划入夏店镇，仓街镇整建制划入围子镇，流河乡整建制划入石埠镇，塔耳堡镇整建制划入丈岭镇。同年4月，辛置二村由奎聚街道划归都昌街道。

2007年8月，双台乡整建制划入都昌街道，宋庄镇整建制划入围子镇，夏店镇整建制划入卜庄镇，石埠镇、岞山镇整建制划入饮马镇，丈岭镇的田戈庄等45个村划入北孟镇，太保庄乡整建制划入丈岭镇，丈岭镇更名为太保庄镇。

2007年9月，经山东省人民政府批准，太保庄镇划归潍坊市坊子区管辖。2009年5月，饮马镇西北院等48个行政村和北孟镇横路屯等3个行政村划归坊子区太保庄镇。

2009年10月，从卜庄镇析出荣乌高速公路以北区域成立下营镇，北孟镇小营村划归饮马镇管辖。

2010年6月，撤销围子镇，设立围子街道。

昌邑市现辖奎聚、都昌、围子3个街道，龙池、柳疃、卜庄、饮马、北孟、下营6个镇，共9个乡级政区。奎聚街道为市委、市政府驻地。

参考资料：

《钦定四库全书》
《中国历史地图集》（谭其骧主编）
《中国历史大事年表》
《唐书·地理志》
《明史·地理志》
《山东通史》
《莱州府志》（明万历版）
《昌邑纲纪志》
《潍坊市志》
《昌邑古县志集》
《昌邑县志》（1987年版）

第三节　地名考征

清乾隆《昌邑县志》载：“鄑城在县西北四十里海滨。土人呼‘瓦城’，半为水渐。”昌邑，古称鄑邑，为商代己国（周代改称纪国）城邑，故城位于今龙池北部沿海一带。己（纪）国五邑有郱、郚、鄑、郭、酅，均带有“邑”部，成为己国城邑命名的特征。“鄑”去掉“邑”部为“晋”。“晋”始见于甲骨文中的卦辞，其字形为射向太阳的两支箭。后人对“晋”的解析有三种观点：其一，以其甲骨文字形分析，可能由“后羿射日”的神话凝练成字；其二，以《说文》的解释为代表，“晋，进也，日出，万物进。”意为太阳升起的地方；其三，以《易经》中的“火地晋”卦辞解释为“火在地上燃烧”。按第一种观点，应该是以“后羿射日”发源地定名，因为潍水下游先民古称“隹夷”，属夷族首领后羿的部族；按第二种观点，应该以“东界之地”定名，因为自商代仲丁征蓝夷至周代齐国灭莱，其间的商周两朝疆域东界一直是潍水一带，昌邑对当时的商周王朝来说，自然是位于最东端，也就是“太阳升起的地方”；按第三种观点，则是以盐文化定名，因为彼时的昌邑北部以熬盐为业，家家燃柴煮卤，正应了“火在地上燃烧”的盛景。

另有观点认为，古有鄑水北流，邑傍水而建，故以水为名。此观点源于昌邑城区西北有多处以“鄑水”为名的村庄。“鄑”带“邑”旁，如果先有水后有城，那么水名提前带上了“邑”旁有悖常理。《大清一统志》注转述《太平寰宇记》：“訾城在县西北十五里，是唐之訾亭县也，今称訾亭社名。”清康熙《昌邑县志》载：“訾亭社离县十里村凡七。”今奎聚街道十字路村《王氏族谱》记载有“村属訾亭社一甲”，村前曾立有“西訾亭”碑（20世纪中叶被毁）。清嘉庆年间东北《王氏家谱》载：“原籍山东莱州府昌邑县城西十里，名曰南訾亭村。”民国元年（1912）《莱州府昌邑县自治区域图》中，今天的奎聚街道南鄑亭村标注为“南訾亭”。昌由以上信息来看，历代史料中所载县西北十里至十五里“訾亭县”及“訾亭社”之位置，与当下昌邑城西北十里左右的几处“鄑水”村位置相近，坊间流传的古鄑水或为“訾水”，而汉唐时期的“訾亭”与春秋时期的“鄑邑”在地名上或许存在传承关系。

公元前693年，齐国伐取本属于纪国的鄑邑，并将遗民南迁另建新城，定名邶殿，故址位于今昌邑市北海路实验中学及中学南侧体育场一带。《说文解字》曰：“邶，故商邑，自河内朝歌以北是也。”乾隆《汤阴县志》载：“邶城在县东三十里，此武王灭殷、分封诸侯，封纣子武庚于此。”公元前1122年，武王伐纣灭商，将商都朝歌（位于今河南鹤壁市南部）的贵族遗民北迁另立城邑，邑名曰“邶”，意为“都城之北的城邑”。“邶邑”出现四百余年后，齐襄公迁鄑民新立邶殿城，再次以“邶”为地名，实有效仿周武王安置旧城遗族之意。

立邶殿之后，齐国开始筹划伐莱之战，并将邶殿作为东伐莱国的桥头堡，储以粮草辎重，于是将邶殿定为别都，并更名都昌，为齐国四大别都之一。“都昌”之“昌”在甲骨文中上部从日，下部从口，发音由“光”演变而来，本为“日出时分叫人醒来”发出的声音，后延伸为“光明”之意。邶殿是齐国四大别都中唯一坐落于临淄东方的城邑，对都城临淄来说，自然位于“太阳升起的地方”。更名“都昌”，意为“光明之都”，与“鄑”的含义相近。

北齐时期，都昌县治徙今昌乐县境，唐武德六年（623）又废除都昌县建制，传承了一千余年的都昌之城邑失去了县治地位，但坊间依旧称之为“都昌邑”，就如同今天的人们称下密县旧城为“密城”，这是对故县旧邑的惯称。宋建隆三年(962)，在都昌故县境恢复县制，但彼时成立于唐朝初年的江南道都昌县（今江西省都昌县）已经存在了三百余年，如再恢复为“都昌县”，有重名之弊，于是将民间所呼“都昌邑”省称为“昌邑”，定为县名。

唐代圆仁和尚途经都昌故城时，曾在《圆仁和尚入唐求法巡礼行记》一书中记载，“时人唤之‘昌国城’”，因为西汉时期都昌曾立为侯国，称“都昌国”，至圆仁和尚经过时都昌国早已不存在了，但是唐朝时期的都昌人出于对都昌国的怀念，称旧城为“昌国城”，明显是省略了“都”。由此可见，省“都昌邑”为“昌邑”，也可能是先形成于民间，至宋代再次设县时，官方顺应民意定为了县名。

秦汉时期，以农耕为业的乡间聚落多称作“里”或“聚”。“里”设里正，为官府根据户数编制入册的乡间行政单位，“聚”为乡民自然聚居形成的群落，大的聚落可能里聚合一，小的聚落多为数聚一里，类似于今天的行政村和自然村。昌邑汉代曾有逢公里（今南逄、北逄一带）、博陆聚（故址位于今博陆山下）等地名，均为当时的村落形式。

曹魏时期推行屯田制，利用休战时期的士卒和无地乡民垦种荒地。因屯田而聚居的群落始称作“邨”，从屯从邑，意为“屯田围居之邑”。西晋时期废止屯田制，把军法约束下的屯田劳力变为郡县管理的自然农户，人们的居住形式也从军管围居变为自然聚居，“邨”随之失去“邑”之形态，演变为“村”。有观点认为，“寸”有“手持”之意，“村”意为“持木聚以相援”，也就是“互助护田，聚居耕作”。总之，刚形成的村接近于秦汉时期的“聚”，为乡民自发聚成的居住群落。另有屯兵之邨，延续了“战时作战、闲时耕作”的管理体制，在社会稳定时期，逐渐演变为“屯”。“村”，形成于魏晋时期，南齐始用于官方文书，唐代成为基层行政组织，宋代已通行于乡里。

“庄”始见于战国时期，古写作“莊”，从草从壮，本意为“草木茂盛”，后延伸为“盛大兴旺”之意，被各行业用作场所冠名，比如钱庄、茶庄、绸庄。自唐代开始，君主、贵族将所占有的土地及土地上的房舍称为庄园、庄田等，以寓意庄稼茂盛、兴旺富足。久之，庄园里居住的族人及农户多了，就发展成了村落形式。

明代移民迁来昌邑，首先垦荒圈地，又以族群聚居，所以多以姓氏为村名，以“庄”作为村名后缀，如李家庄、王家庄、刘家庄、杨家庄等。而一些没有村名后缀的村子，在近年的地名规范进程中，多数都赋予了“村”的后缀，如傅徐村、石臼村、初曲村、白玉村等。

昌邑以“营”或“屯”作为村名后缀的村子，多为军垦移民或者村子居于兵营故址，如大营、豹埠营、下营、军屯、久丰屯等。

昌邑中北部属潍河冲积平原，亿万年的河道冲积回旋，形成了诸多土埠。人们为防水患，多择土埠而居，遂以埠名为村名，或以“埠”作为村名后缀，如肖家埠、渔洞埠、角埠、长流埠、长埠、李家埠、虫埠、前埠、后埠、陶埠、刘埠、岞埠、马埠等。

当下的辛庄，立村之初基本都称“新庄”，以“新立村庄”得名。随着岁月的延续，新庄不新了，遂改称“辛庄”，以先辈立村之艰辛，勉励后辈勤俭持家，如张家辛庄、黄家辛庄、吴家辛庄等。

昌邑境内村落另有如下命名特点：以河道沟渠命名，如马渠、沟崖、河滩、河崖、岔河、古河、沟流、流河、吴沟、七沟、上河头等；以河道渡口命名，如胡家道口、郭家道口、金家口等；以地形地貌命名，如沙岭子、泊子、杨家洼、西逄泽、孟家洼子、姜泊、侯家坡、西岭、南斜等；因居临官道开设店铺而得名，如东店、南店、夏店、天成店、密埠店、韩家店、辛富店等；以交通路口及桥梁为村名，如十字路、道岔、岔路口（今永合村）六股路、石桥、杨家桥、韩家桥等；以地理方位命名，如山前、山阳、山阴、山东、山西、大河北、大河南、集东；以民舍特点命名，如瓦城、楼子、瓦屋、宋家楼、王家楼、杨家楼、范家屋子等；以宗教建筑命名，如白塔、伍塔、阎家庵、草庵、玉皇庙、三官庙、吴家庙、李家庙子、庙头、徐家庙子、石牛庙等；以传说故事命名，如王耨、龙池、王珂、饮马、赶仙庄、顾仙村、望仙庄、祝仙屯等；以吉祥嘉言命名，如兴福、永安、博乐埠、太保村、天保庄、凤凰庄、永兴庄、新胜、民丰、三宝庄、丰乐屯、长太屯、九龙屯、凰瑞埠、常兴屯等；以植物林木命名，如柳疃、柳杭、榆林、乖场、花园、果园、马兰屯、松树元家、角兰等；

以姓氏组合命名，如姚徐邓、王范庄、东逄翟、初曲、张董、谢韩、张刘芦、王卢、卢元、肖王、魏马等；以功名官职命名，如大太保、旗杆元家、驸马庄（今已并入谭家庄）；以职业为村名，如渔埠、灶户、油坊、大窑、小窑、铁匠庄、教书庄等；以村人商号命名，如高隆盛、广茂道（今已并为广刘村）、同泰庄等；以明清时期甲社序号作为村名，如二甲、四甲、五甲、六甲、七甲、八甲等；以所属乡社名作为村名后缀，如董家隅庄、王家隅庄、韩家扶宁、于家扶宁、李家抚安、朱家抚安（今六甲村）等；以垦耕官地而得名，如老官庄、大官庄、小官庄、东官庄、西官庄、岳家官庄等；以官府机构及设施命名，如申明亭、仓街、廒里、峰台、站里等；以历史遗迹命名，如南鄑亭、巡堡（今巡保村）、古城里、密城、麻姑庄。

第二章
行政事业单位

第一节 党政

中国共产党昌邑市委员会
Zhōngguó Gòngchǎndǎng Chāngyì Shì Wěiyuán Huì

昌邑县委石渠路旧址　　照片提供：李发宁

位于平安街1669号，市级机关综合服务中心A座。东邻市级机关综合服务中心B座，西至解放路，南至平安街，北邻三生花园小区。

民国25年（1936）秋，中国共产党昌邑县委员会在集东村成立。后相继迁址天成店、集东村、西董村、火道村、瓦城村、马渠村、刘家道照村等地。民国37年(1948)，县委机关移驻县城，驻卍字会旧址（今城里街路北工商银行旧址大楼西段位置）办公；1951年迁址姜家大湾北崖民房；1953年迁凤鸣书院旧址；1955年迁县人民政府东院（今昌邑宾馆东院一带）；1956年在下宫旧址（今市府街东首路北）建成新办公院落并迁入；1982年底，在县委后院建成四层办公大楼并启用；1994年6月10日，经国务院批准，根据《民政部关于山东省撤销昌邑县设立昌邑市的批复》（民行批〔1994〕92号），撤销昌邑县，设立昌邑市（省直辖潍坊代管县级市），同年7月18日正式以昌邑市名义对外办公；2014年6月，中国共产党昌邑市委员会迁址平安街1669号市级机关综合服务中心A座。

市级机关综合服务中心A座　　摄影：李发宁

人大市府街旧址（2008 年）　　照片提供：李发宁

昌邑市人民代表大会常务委员会

Chāngyì Shì Rénmín Dàibiǎo Dàhuì Chángwù Wěiyuán Huì

位于平安街 1399 号，市级机关综合服务中心 C 座。东邻市级机关综合服务中心 D 座，西至奎聚路，南至平安街，北邻市级机关综合服务中心 F 座。

为昌邑市人民代表大会的常设机关，对昌邑市人民代表大会负责并报告工作。常务委员会由主任、副主任、委员组成，常务委员会的组成人员由昌邑市人民代表大会在代表中选举产生。

1954 年 9 月 15 日，第一届全国人民代表大会第一次会议的胜利召开，标志着人民代表大会制度在全国范围内建立起来。会议审议通过的《宪法》规定 “全国人大设立常委会，地方各级人大不设常委会”。县人民代表大会第一届至第八届未设常委会，人民代表大会闭会期间的日常工作，由县人民委员会（革命委员会）负责。1979 年，第五届全国人大二次会议通过了《关于修正〈中华人民共和国宪法〉若干规定的决议》，审议通过了《中华人民共和国全国人民代表大会和地方各级人民代表大会选举法》，规定县级以上的地方各级人民代表大会设立常务委员会，作为人民代表大会的常设机关，行使地方国家权力机关的职能。昌邑县人民代表大会自 1980 年 12 月县第九届人民代表大会第一次会议，开始设立县人大常委会，驻址县府街东首路北县人民政府院内。1984 年迁县府街路南、县政协西邻办公；2008 年 10 月迁址天水路 407 号；2014 年 4 月迁现址办公至今。

昌邑市人民政府
Chāngyì Shì Rénmín Zhèngfǔ

市政府市府街旧址（2013 年）照片提供：李发宁

位于平安街 1669 号，市级机关综合服务中心 A 座。东邻市级机关综合服务中心 B 座，西至解放路，南至平安街，北邻三生花园小区。

民国 30 年（1941）2 月 20 日，昌邑县政府在龙池瓦城村成立，借用孙子庙舍办公。民国 31 年（1942）转迁潍河东岸大院村，又移驻龙池马渠村；民国 33 年（1944）5 月，昌邑县与潍北县合并为昌潍县，成立昌潍县政府；民国 34 年（1945）6 月，昌潍县复分为昌邑、潍北两县，同年 8 月，昌邑县分为昌邑、昌南两县；至 10 月，昌邑、昌南两县分别成立县政府；民国 37 年（1948）秋，昌邑县政府移驻县城，初在卍字会旧址（今城里街路北工商银行旧址大楼西段位置）办公，后迁姜家大湾北崖王绪涛宅院；1950 年 7 月 1 日，改称昌邑县人民政府；1951 年在县署旧址（今昌邑宾馆东院）新建办公用房，1953 年建成使用；1955 年 12 月，改称昌邑县人民委员会；1956 年，县委在下宫旧址（今市府街东首路北）建成新办公用房并迁入，县署旧址院落归县人民委员会单独使用；1968 年，昌邑县人民委员会迁县委大院办公；1980 年 12 月 10 日，重新组建昌邑县人民政府；1982 年春，在院内建成四层办公大楼并启用；1994 年 6 月 10 日，经国务院批准，民政部和山东省人民政府分别以民行批〔1994〕92 号和鲁政字〔1994〕105 号文件批复撤销昌邑县，设立昌邑市（省直辖潍坊代管县级市），同年 7 月 18 日正式以昌邑市名义对外办公；2014 年 6 月，昌邑市人民政府迁址平安街 1669 号市级机关综合服务中心 A 座。

中国人民政治协商会议山东省昌邑市委员会
Zhōngguó Rénmín Zhèngzhìxiéshāng Huìyì Shāndōng Shěng Chāngyì Shì Wěiyuán Huì

位于平安街 1617 号，市级机关综合服务中心 B 座。东至文昌南路，西邻市级机关综合服务中心 A 座，南至平安街，北邻昌邑市税务局。

履行政治协商、民主监督、参政议政

职能。主要围绕重要问题在决策之前和执行中进行协商；对有关方针政策的贯彻执行、国家机关及其工作人员的工作，通过建议和批评进行监督；开展调查研究，反映社情民意，进行协商讨论，向党委、政府提出意见建议等。

政协市府街旧址（2008 年） 摄影：马玉涛

1958 年 12 月，根据《政协章程》关于建立政协地方委员会的规定，政协昌邑县筹备委员会成立，在中共昌邑县委的领导下开始筹备建立县政协 。1961 年 5 月，政协第一届昌邑县委员会第一次会议召开，选举产生了第一届政协领导班子 。1966 年，因“文化大革命”工作中断，1979 年 10 月起开始逐步恢复活动，驻县人民政府院内办公。1981 年在县府街东首路南建成新办公楼并迁入；1992 年 10 月迁县府街 4 号四层办公楼；2008 年 9 月迁址天水路 393 号；2014 年 5 月迁现址办公至今。

昌邑市教育和体育局

Chāngyì Shì Jiàoyù Hé Tǐyù Jú

位于院校中街 329 号，技师学院行政大楼。东邻潍坊市工业学校，西邻华龙府邸小区，南至院校中街，北邻潍坊市工业学校。

负责指导全市学前教育、基础教育、职业技术教育、高等教育、成人教育、特殊教育等各级各类学校教育教学工作、管理体制工作、教育科学研究和教学研究等工作。

民国 30 年（1941）2 月，昌邑县政府在龙池瓦城村成立，设教育科；1949 年后改称文教科；1956 年 2 月复称教育科，同年 6 月改为昌邑县教育局；1962 年 5 月，教育局、文化科合

并为昌邑县人民委员会文教科；1965 年改称昌邑县文教局；1966 年从县府大院迁县府街西段路南教师进修学校东院办公；1967 年设教育革命办公室，代行原文教局职能；1969 年 1 月成立昌邑县教育革命领导小组；1971

教育局市府街旧址（2010 年） 照片提供：李发宁

年2月改为政治部文教组；1976年撤销文教组，成立昌邑县革命委员会文教局；1978年8月改称山东省昌邑县文教局；1978年10月，文教局分为文化科、教育局；1984年4月，教育局、文化局、体委合并成立文教体育局，同年7月体委单设，改称文化教育局；1987年6月，分设县文化局和教育局；1993年11月组建昌邑县教育委员会；1994年撤县设市，更名为昌邑市教育委员会；2001年12月改为昌邑市教育局；2010年4月迁文山中学办公；2011年5月迁址广电大厦（今市级机关综合服务中心A座）；2014年1月迁外国语学校（今育新学校）办公；2017年11月，局机关主体搬迁至院校中街329号；2019年3月教育局与体育局合并，成立昌邑市教育和体育局，为市政府工作部门。

昌邑市公安局

Chāngyì Shì Gōngān Jú

公安局县府街旧址（1989年） 照片提供：李发宁

位于平安街1369号，市级机关综合服务中心D座。东至中学路，西邻市级机关综合服务中心C座，南至平安街，北邻市级机关综合服务中心E座。

主要职能为贯彻执行国家和省、潍坊市有关公安工作的方针政策和法律法规；拟定全市公安工作的政策和规范性文件并组织实施；领导和指挥全市公安工作。

民国30年（1941）2月，昌邑县政府在龙池瓦城成立，设公安局，因战乱影响，一直无固定的办公场所。1949年10月，暂借中台村四合院民房办公；1950年春，迁址城里黄家祠堂（原张家当铺东邻）；1950年7月1日改称昌邑县人民政府公安局；1956年6月28日改称昌邑县公安局；1958年1月在县府街3号建成新办公用房并迁入；1967年1月受“文化大革命”影响，公安局被撤销；1968年2月14日，中国人民解放军昌邑县公安机关军事管制小组成立；1973年7月5日军管组撤销，恢复昌邑县公安局原建制；1986年6月在原址（县府街3号）新建四层办公楼，次年7月建成启用；1994年6月撤县设市，改称昌邑市公安局；2003年5月迁址奎聚路28号；2010年12月迁平安街1369号现址。

昌邑市人民法院

Chāngyì Shì Rénmín Fǎyuàn

位于平安街1399号，市级机关综合服务中心C座。西至奎聚路，东邻市级机关综合服务中心D座，南至平安街，北邻市级机关综合服务中心 F 座。

人民法院是国家的审判机关，承担着打击犯罪、调处各种矛盾、维护社会稳定和经济发展的重要职责，依法审理有管辖权的刑事、民事和行政一审案件，行使司法执行权等。

人民法院北海路旧址（1996 年） 照片提供：徐俊峰

民国 34 年（1945），昌邑县政府设司法科，随县政府流动办公；民国 37 年（1948）冬，司法科驻姜氏祠堂西院办公；1949 年春，司法科迁址中台村史家祠堂，同年冬季迁址东隅村刘德臣宅院，监所设在王丙智宅院，审判庭在姜其岩宅院；1951 年 9 月，县政府司法科改建为昌邑县人民法院，院址设在县城姜家大湾北崖姜绪焘宅院；1957 年人民法院迁公安局西邻（今市府街市立幼儿园东邻）；1968 年 2 月 14 日，昌邑县人民法院实行军事管制，法院业务由中国人民解放军昌邑县公安机关军事管制小组办理；1973 年 6 月 15 日，县人民法院恢复办公；1987 年在原址西侧建成新办公楼并迁入，新址向青年路（今北海路）开门，旧址后建为宿舍区；1994 年撤县改市，昌邑县人民法院改称为昌邑市人民法院；2012 年 5 月，迁至平安街 1399 号现址。

昌邑市人民检察院

Chāngyì Shì Rénmín Jiǎnchá Yuàn

检察院北海路旧址　　照片提供：李发宁

位于平安街 1617 号，市级机关综合服务中心 B 座。东至文昌南路，西邻市级机关综合服务中心 A 座，南至平安街，北邻昌邑市税务局。

检察院为法律监督机关，通过行使检察权，依法履行“刑事、民事、行政、公益诉讼”四大检察职能，维护国家安全和社会秩序，维护个人和组织的权益，维护国家利益和社会公共利益，保障法律实施，维护社会公平正义。

1954 年 7 月，昌邑县人民检察署成立；1955 年 1 月，根据《中华人民共和国宪法》和《中华人民共和国人民检察院组织法》

规定，昌邑县人民检察署更名为昌邑县人民检察院；1967年下半年，公、检、法三机关实行军管，检察院职能由军管组行使；1975年1月，按照《中华人民共和国宪法》规定撤销检察院；1978年6月，根据第五届全国人民代表大会第一次会议修改通过的宪法规定，昌邑县委决定重建昌邑县人民检察院，在公安局院内对外办公，行使检察职权；1980年2月，在青年路西侧（今北海路华鼎御景小区位置）新建办公用房并迁入；1994年撤县设市，昌邑县人民检察院更名为昌邑市人民检察院，规格为正科级；2011年6月，迁平安街1617号现址。

昌邑市民政局
Chāngyì Shì Mínzhèng Jú

民政局富昌街旧址（2009年） 照片提供：马立民

位于交通街68号，市级机关综合服务中心E座。东至中学路，西邻市级机关综合服务中心F座，南邻市级机关综合服务中心D座，北邻英达国际。

负责全市社会救助、养老服务、婚姻登记、殡葬服务、区划地名、基层政权建设和社区治理、社会组织监管、儿童福利、慈善事业、社工人才队伍建设等工作。

民国30年（1941）2月昌邑县政府在龙池瓦城村成立，设民政科；民国36年（1947）分设民政科和荣优科；1949年3月两科合并为民政科；1952年6月人事科并入民政科；1953年4月人事科分出；1956年4月昌南县复并昌邑，设昌邑县人民委员会民政科；1958年3月改称昌邑县人民委员会民政局；1962年6月又改为昌邑县人民委员会民政科；1967年3月成立昌邑县革命委员会生产指挥部内务办公室，包含原民政科的业务；1970年1月成立内务办公室革命领导小组；1971年2月成立昌邑县革命委员会民政局；1980年10月改称昌邑县民政局，从县政府大院迁县府街东首路南政协院落办公；1993年迁址富昌街99号（今广电网络公司东邻）；1994年撤县设市，改称昌邑市民政局；2014年3月迁址奎聚路151号（奎聚街道办事处北邻）；2018年1月迁市级机关综合服务中心E座今址。

昌邑市财政局
Chāngyì Shì Cáizhèng Jú

位于富昌街157号。东邻郝家社区，西邻工商银行，南至富昌街，北邻郝家社区。

负责本市财政工作，贯彻执行财务制度，按照政策组织财政收入，保证财政支出，管好用活地方的财政资金，促进工农业生产发展和各项事业发展；培训专职财会人员，提高科学理财的素质和企业财务管理水平；严肃财经纪律，提高经济效益；积极开发财源，为振兴本市经济服务。

昌邑市财政局（2019 年）　　摄影：李发宁

民国 30 年（1941）2 月，昌邑县政府在龙池瓦城村成立，设财政科；民国 32 年（1943），财政科改为财粮科；民国 36 年（1947），县粮库单设，财粮科改称财政科；1952 年 6 月，并入农税科业务，改称财粮科；1953 年，随县政府迁旧县治（今昌邑宾馆院内）新建办公用房；1956 年 2 月，复称财政科，同年 4 月昌邑县与昌南县合并，两县财政科合并为昌邑县人民委员会财政科，同年 6 月改称昌邑县财政局；1958 年 6 月，税务局合并入财政局；1961 年 11 月，税务局人员及职能分出；1962 年 5 月，改称昌邑县人民委员会财政科；1970 年 3 月，改为昌邑县革命委员会生产指挥部财税办公室；1971 年 2 月，与中国人民银行昌邑县支行合并，成立昌邑县革命委员会财政金融局，迁银行院内（今城里街路北、解放路以西院落）办公；1973 年 3 月，财政金融局撤销，设昌邑县革命委员会财政局，迁回革命委员会院内办公；1979 年 10 月，迁县府街西首路北三层楼新址办公；1980 年 12 月，改称昌邑县财政局；1982 年 10 月，将财政、税务分为两局，财政部分仍称财政局；1985 年，迁驻利民街西段路北新址（今为昌邑市城建档案馆），原办公楼交税务局使用；1994 年，撤县设市，改称昌邑市财政局；1996 年，建成富昌街 157 号办公楼并迁址。

昌邑市人力资源和社会保障局
Chāngyì Shì Rénlìzīyuán Hé Shèhuìbǎozhàng Jú

位于北海路 218 号，东邻西关村委会，西至北海路，南邻农机公司家属院，北至城里街。

劳动局天水路旧址（2008 年）　　摄影：邢宗成

主要职责为贯彻执行人力资源和社会保障法律法规，拟订全市人力资源社会保障事业发展规划和政策，并组织实施和监督检查；规范人力资源市场建设，促进人力资源合理流动和有效配置；推进社会保障体系建设，落实养老、失业、工伤、农村社会保险及补充保险的管理和监督制度。

1950 年 11 月，昌邑县人民政府设立人事科；1952 年 6 月，县政府人事科与民政科合并，人事工作职能由民政科承接办理；1953 年 4 月，昌邑县人民政府恢复人事科；1956 年 2 月，改称昌邑县人民委员会人事科；1963 年 11 月，改称昌邑县人民委员会人事监察科；1965 年 4 月，成立昌邑县人民委员会人事监察局；1967 年 3 月，原人事监察局工作由县革命委员会组织部干部组取代；1972 年 2 月，昌邑县革命委员会生产指挥部设立政治工作办公室，承理原人事监察局工作；1976 年 1 月，撤销县革命委员会生产指挥部，成立昌邑县革命委员会人事局，位于县府街东首路北，县革命委员会院内；1980 年 12 月，撤销革命委员会，恢复昌邑县人民政府，县革命委员会人事局改称昌邑县人事局；1994 年撤县设市，更名为昌邑市人事局。

1956 年，昌邑县人民委员会设立劳动科；1958 年 6 月撤销劳动科，由计划统计局管理劳动工作；1958 年 10 月，县人民委员会恢复劳动科；1960 年再次撤销劳动科；1962 年 7 月设立县经济计划委员会，管理劳动工作业务；1967 年 3 月昌邑县革命委员会成立，劳动工作归入县革命委员会计划统计办公室；1971 年 3 月撤销计划统计办公室，设立昌邑县革命委员会计统局；1976 年 1 月，县革命委员会设立劳动局，位于县府街东首路北革命委员会院内；1980 年 8 月迁址到县府街东首路南，县政协办公楼 3 楼（后向石渠路单独设门）；1980 年 12 月，县革命委员会撤销，原昌邑县革命委员会劳动局改称昌邑县劳动局；1994 年撤县设市，更名为昌邑市劳动局；1999 年 7 月更名为昌邑市劳动和社会保障局；2008 年 10 月迁址北海路 218 号。

2010 年 2 月 6 日，昌邑市人事局和昌邑市劳动和社会保障局职责整合，组建昌邑市人力资源和社会保障局，加挂昌邑市外国专家局牌子。2019 年 1 月 16 日，根据《中共昌邑市委昌邑市人民政府关于昌邑市机构改革的实施意见》（昌发〔2019〕1 号）文件精神，不再加挂昌邑市外国专家局牌子。

昌邑市自然资源和规划局

Chāngyì Shì Zìránzīyuán Hé Guīhuà Jú

位于文昌南路 167 号，市级机关综合服务中心 G 座。东至文昌南路，西邻三生花园小区，南邻税务局，北至交通街。

履行本市全民所有各类自然资源资产

所有者职责和所有国土空间用途管制职责；负责自然资源的调查监测评价、确权登记、开发利用等工作；负责建立空间规划体系；负责地质灾害、地质遗迹保护规划 。

昌邑市规划局旧影（2011 年）　　摄影：单连杰

1982 年 11 月，昌邑县人民政府在农业局设土地管理科，履行全县土地资源管理职责；1987 年 7 月成立昌邑县土地管理办公室，同年 10 月在各乡（镇）设土地管理助理员；1988 年 1 月成立昌邑县国土资源局，地址位于石渠路（今天水路）南首路西；1990 年 9 月，分设昌邑县土地管理局和昌邑县矿产资源管理局；1992 年复并为昌邑县土地矿产资源管理局；1993 年 11 月更名为昌邑县规划国土矿产局；1994 年撤县设市，改称昌邑市规划国土矿产局；1996 年 12 月分设昌邑市规划国土局与昌邑市地质矿产局；2001 年复并为昌邑市规划与国土资源局；2003 年 1 月成立昌邑市规划管理处；2005 年 3 月成立昌邑市规划局，为市政府直属的正科级事业单位，原规划与国土资源局同期更名为昌邑市国土资源局；2008 年 6 月，国土资源局迁文昌南路 167 号现址；2019 年 1 月，成立昌邑市自然资源和规划局，撤销昌邑市规划局，同期成立昌邑市规划编制研究中心，为市自然资源和规划局所属正科级公益一类事业单位。

昌邑市住房和城乡建设局

Chāngyì Shì Zhùfáng Hé Chéngxiāngjiànshè Jú

位于文昌南路 167 号，市级机关综合服务中心 G 座。东至文昌南路，西邻三生花园小区，南邻税务局，北至交通街。

贯彻执行有关住房和城乡建设的法律、法规和方针、政策。拟订全市住房城乡建设发展战略、规划并组织实施；研究提出住房城乡建设重大问题的政策建议等工作。

昌邑市建设局旧影（2010 年）　　照片提供：罗兴平

1950 年，成立昌邑县建筑工会，成员 17 人，驻城里街东段路南；1956 年，昌南县复并昌邑，两县建筑组织合并，成立建筑修缮合作社；1959年，县建筑工程局成立，建筑修缮合作社并入；1960年，县建筑工程局撤销，复置县建筑修缮合作社；1968年，改称建筑生产合作社，地址位于文山西麓（今兴昌建筑公司位置）；1973年8月，建筑生产合作社改称建筑公司；1975年9月，昌邑县基本建设局成立，驻县建筑公司院内办公；1978年，在县府街（今市府街）以南、石渠路（今天水路）以西新落成院落并迁入；1979年9月更名为昌邑县基本建设委员会；1984年4月更名为昌邑县城乡建设保护委员会；1984年12月更名为昌邑县城乡建设委员会；1986年6月，迁址东南汪地人民剧院对面（今三和苑西区一带）；1994年撤县设市，同年12月更名为昌邑市城乡建设委员会；1996年12月，更名为昌邑市建设委员会；2001年12月更名为昌邑市建设局；2010年3月更名为昌邑市住房和城乡建设局，同年7月迁至平安街翰林大厦15楼办公；2014年迁至市级机关综合服务中心G座六楼办公。

昌邑市交通运输局

Chāngyì Shì Jiāotōng Yùnshū Jú

位于北海路671号。东至北海路，西邻南苑小区，南至南苑二巷，北至南苑一巷。

主要职责为贯彻执行交通运输工作法律、法规；拟订全市公路、水路、地方铁路等行业发展的战略、政策和规划、计划、标准并监督实施；协调推进临空经济区的规划、建设、管理等相关工作；参与拟订现代物流业发展规划、政策，拟订有关标准并监督实施。

昌邑市交通局旧影（2003年） 摄影：李发宁

1951年昌邑县人民政府设建设科，分管城镇建设、农林、水利、交通运输等；1956年2月，昌邑县人民委员会设交通科。1958年6月，交通科与工业科合并，成立工业交通局，驻址东关道观（今文山小学对面卫生系统印刷厂院落）；1958年8月分设交通局，昌潍公路段昌邑县公路站并入；1962年5月与公路站分设，改称交通科，迁至铁匠营村前汽车站旧址（今新兴街路北、文昌南路以西）；1968年成立工业交通办公室，交通科职能并入；1970年单列交通办公室；1971年2月交通与邮电业务合并，成立交通邮政局；1971 年 10 月与邮电业务分设，更名为昌邑县革命委员会交通局，迁址公路站院内（旧址位于今新兴街路北百货公司西邻）；1980 年 12 月撤销革命委员会，改称昌邑县交通局，迁搬运工会旧址（今解放路东侧百货大楼对面）；1987 年迁址东南汪地建委南邻（解放路东潍河灌溉所对面）；1988 年 12 月成立昌邑县公路局；1994 年撤县设市，昌邑县交通局更名为昌邑市交通局，昌邑县公路局更名为昌邑市公路局；2010 年 6 月迁址北海路 671 号，同年 7 月 12 日，设立昌邑市交通运输局；2019 年 3 月，撤销公路局，成立昌邑市公路事业发展中心，归昌邑市政府管理；2021 年 1 月，交通运输局迁平安街 1839 号公路事业发展中心院内；2021 年 4 月 19 日，昌邑市交通运输局与昌邑市公路事业发展中心职责整合，昌邑市公路事业发展中心划归交通运输局管理；2023 年 3 月，因平安街驻址城区改造拆迁，复迁北海路 671 号。

昌邑市水利局

Chāngyì Shì Shuǐlì Jú

位于交通街 562 号。东邻侨辉大厦，西邻国防动员委员会，南邻都昌街道办事处，北至交通街。

负责全市水资源的开发、利用、节约、保护、管理，河道管理；水利工程的规划、建设、施工、管理，防汛抗旱，水土保持监督管理；库区移民后期扶持及库区移民项目的建设管理；水利行政执法，农村乡镇供水的建设及管理等工作。

水利局解放路旧址（2008 年） 照片提供：于永江

1951 年，昌邑县人民政府设建设科，分管城镇建设、农林、水利、交通运输等工作；1956 年 2 月，水利职能由建设科分出，设昌邑县人民委员会水利科，驻县人民委员会大院（今昌邑宾馆院内）；1956 年 6 月，水利科改为水利局；1958 年 6 月 8 日成立昌邑县人民委员会水利队，初成立时地址位于中台村北（今翠峰御景小区对面新兴街路南），同年秋天水利局从县人民委员会大院迁水利队院内办公；1962 年 5 月成立农林水利局，原水利局职能并入；1962 年 10 月，水利局分出复设；1963 年夏，水利局机关再次迁址县人民委员会院内；1966 年冬又迁址水利队院内；1968 年水利局改称水利组，隶属农林水革命委员会；1969 年改称水利办公室，隶属县生产指挥部；1970年1月改称水利办公室革命领导小组；1970年3月再次改称水利办公室，同年迁址峡山灌区昌邑县管理所院内（今解放路西、新村街北位置）；1971年2月成立昌邑县革命委员会水利局；1972年填平灌溉所院落以北湾塘新建三层办公楼，1973年办公楼建成后水利局机关迁入办公；1980年12月，昌邑县革命委员会水利局改称昌邑县水利局；1994年撤县设市，改称昌邑市水利局；2010年5月解放路旧址办公楼拆除，局机关迁后邻潍河管理局办公；2012年5月迁昌邑宾馆北楼办公；2014年10月迁交通街562号今址。

昌邑市农业农村局
Chāngyì Shì Nóngyè Nóngcūn Jú

昌邑市农业局旧影（2008年）　　摄影：邢宗成

位于交通街68号，市级机关综合服务中心E座。东至中学路，西邻市级机关综合服务中心F座，南邻市级机关综合服务中心D座，北邻英达国际。

贯彻执行农业农村方面有关法律法规和方针政策；统筹研究和组织实施全市“三农”工作战略、规划和政策；推动发展农村各项事业，指导粮食等农产品生产；完成市委、市政府交办的其他任务。

1949年，昌邑县政府设农林科；1952年并入建设科；1956年4月重设农林科，同年5月成立昌邑县农业局；1957年增设种子站；1959年5月与林业局合并为昌邑县农林局；1962年5月机关整编，成立昌邑县农林水利局；1962年11月水利局分出，恢复农林局；1965年4月分设农业局与林业局；1968年11月并入农林水革命委员会，迁址水利队院内（今翠峰御景小区对面新兴街路南）；1970年2月成立农业办公室革命领导小组，同年3月迁址潍河管理所院内（今解放路164号河道管理服务中心院落）；1971年2月成立昌邑县革命委员会生产指挥部农业局，迁址青年路东侧武装部旧址（今北海路246号农机局家属院）；1973年迁昌邑县革命委员会院内（今市府街东首路北市政府旧址）；1978年 8月改称昌邑县革命委员会农业局；1980年改称昌邑县农业局；1982年县政府拆除平房改建办公大楼，农业局迁农药厂旧址（位于今颐景园小区以北位置）暂住，又迁利民街城关供销社东邻；1984年机构改革，成立昌邑县农牧局； 1985年春，兽医站划归牧工商公司，恢复昌邑县农业局；1993年

11 月改称昌邑县农业服务中心；1996 年 12 月改称昌邑市农业局；2007 年 5 月迁址解放路原图书馆北邻（姜氏祠堂斜对面）；2010 年 5 月迁址利民街路北（原粮食局院落）；2014 年 4 月迁址富昌街 99 号；2018 年 2 月迁市级机关综合服务中心 E 座现址。2019 年 2 月，市委农村工作领导小组办公室、市农业综合开发办公室、市畜牧兽医局、市农机局行政职能并入昌邑市农业局，更名为昌邑市农业农村局，加挂昌邑市扶贫开发办公室、昌邑市畜牧兽医局牌子，同时代管市现代农业发展中心、市畜牧业发展中心。2021 年 1 月成立昌邑市农业农村发展服务中心，同年 6 月市扶贫开发办公室更名为昌邑市乡村振兴局，仍在昌邑市农业农村局挂牌。

昌邑市商务局
Chāngyì Shì Shāngwù Jú

昌邑县商业局旧影（1985 年） 照片提供：韩鹏飞

位于交通街 68 号，市级机关综合服务中心 E 座。东至中学路，西邻市级机关综合服务中心 F 座，南邻市级机关综合服务中心 D 座，北邻英达国际。

拟订全市商务发展规划、政策并组织实施，负责商贸服务业管理工作，指导直属企业、市属商务企业和有关商会、协会的工作。

1950 年 8 月，昌邑县人民政府设工商科，驻址县城西门里路北（今城里街北侧服装厂南楼东段一带）；1956 年 2 月，更名为昌邑县人民委员会工商科，迁址县人民委员会机关大院（今昌邑宾馆院内），同年 5 月更名为昌邑县人民委员会商业局；1958 年 6 月，县服务局、供销社并入商业局，商业局机关迁铁匠营村服务局院落（位于解放路西汽车站后邻）；1961 年 9 月，商业局与供销社分署，迁址东门里路北；1968 年 11 月，物资局、供销社、水产科并入商业局，成立昌邑县商业革命委员会；9 天后物资局和水产科职能划出，商业局和供销社合署为昌邑县商业局革命委员会，地址位于县城东门里路北供销社院内；1970 年，改称昌邑县革命委员会生产指挥组商业办公室；1971 年 4 月，县革命委员会工商管理办公室并入商业办公室；1975 年 4 月与供销社分署，改称昌邑县革命委员会商业局，在供销社院落东邻（广隆斋马车店旧址）新建办公院落；1979 年 6 月与工商局分署办公，同年 10 月工商局迁出；1980 年 12 月 10 日，昌邑县革命委员会取消，昌邑县革命委员会商业局改称昌邑县商业局；1982年4月，迁石渠路（今天水路）以东、新村街以南新址办公，东门里原址给商业综合公司使用；1987年1月，在商业局院内成立昌邑县商业委员会，下辖商业局、粮食局、供销社及所属企业，代管烟草公司、石油支公司、医药公司。1988年9月，商业局改称商业集团公司；1990年11月，商业集团公司更名为商业总公司；2004年7月，商业总公司、物资集团总公司、食品集团总公司人员及职能并入昌邑市商业贸易办公室；2006年5月16日昌编发〔2006〕6号文，将昌邑市商业贸易办公室更名为昌邑市贸易局；2010年2月6日昌发〔2010〕5号文，将原昌邑市对外贸易经济合作局的职责、市贸易局的职责，整合成立昌邑市商务局，驻天水路原贸易局院落办公；2018年1月，商务局迁至交通街68号，市级机关综合服务中心E座现址。

昌邑市文化和旅游局

Chāngyì Shì Wénhuà Hé Lǚyóu Jú

位于交通街68号，市级机关综合服务中心E座。东至中学路，西邻市级机关综合服务中心F座，南邻市级机关综合服务中心D座，北邻英达国际。

负责统筹规划全市文化事业、文化产业、旅游业、文物保护事业和广播影视、新闻出版领域事业发展；推进文化产业、旅游业与相关产业融合发展；维护各类文化、广播影视、新闻出版和旅游市场秩序等。

昌邑市文化局旧影（2008年） 摄影：王宏志

1949年10月，昌邑县政府设文教科；1956年取消文教科，分设文化科和教育科；1962年5月文化科与教育局合并，成立昌邑县人民委员会文教科；1965年文教科改称为昌邑县文教局；1971年成立昌邑县革命委员会政治部文教组；1976年改称昌邑县革命委员会文教局；1978年取消文教局，单设教育局和文化局，文化局迁青年路（今北海路）东文化馆一楼办公；1983年文化局迁县府街路南电影公司二楼办公；1984年4月，县教育局、文化局、体委合并为昌邑县文教体育局，原文化局人员继续在电影公司院内办公；1985年体委析出，改为昌邑县文教局；1987年6月昌邑县文化局单设，内设办公室、文化科、财务科，下辖图书馆、文化馆、吕剧团、电影发行放映公司；1993年11月文化局与体委合并，成立昌邑县文化体育委员会；1994年撤县设市，文化体育委员会撤销，成立昌邑市文化局；2010年2月并入广播电视管理局等单位职能，改称文化广电新闻出版局，迁址康利宾馆；2012年春迁址会议中心；2014年5月迁址奎聚路房管局旧址；2018年迁市级机关综合服务中心E座现址。2019年2月并入旅游局职能，改称昌邑市文化和旅游局，加挂市新闻出版广电局、市文物局牌子。

昌邑市卫生健康局
Chāngyì Shì Wèishēngjiànkāng Jú

昌邑市卫生局旧影（2003年） 摄影：李发宁

位于交通街68号，市级机关综合服务中心E座。东至中学路，西邻市级机关综合服务中心F座，南邻市级机关综合服务中心D座，北邻英达国际。

负责本市公共卫生、医疗机构的监督管理，指导基层医疗卫生、妇幼健康服务体系和全科医生队伍建设。贯彻执行国家、省、市有关卫生健康工作的方针政策和法律法规。拟订卫生健康事业发展规划并组织实施。

民国35年（1946）3月，昌邑县政府设立卫生科；1956年4月，昌邑、昌南两县合并，更名为昌邑县人民委员会卫生科；1958年3月成立昌邑县卫生局；1979年迁址利民街西段路北（人民医院对面）；1994年撤县设市，改称昌邑市卫生局；2013年6月迁利民街187号（今中医院院内）；2014年12月，人口和计划生育局与卫生局合并为卫生和计划生育局；2015年2月迁交通街68号市级机关综合服务中心E座现址。2019年1月，整合市卫生和计划生育局、市中医药管理局的职责，市发展和改革局的深化医药卫生体制改革职责，市老龄工作委员会办公室职责，以及市安全生产监督管理局的职业安全健康监督管理职责等，组建昌邑市卫生健康局，保留市中医药管理局牌子。

昌邑市退役军人事务局
Chāngyì Shì Tuìyì Jūnrén Shìwù Jú

位于都昌街道都昌路与育新街交叉路口西南角。东至都昌路，西邻后埠社区，南邻后埠社区，北至育新街。

负责贯彻落实退役军人思想政治、管理保障等工作的政策法规，做好服务、待遇保障工作。下设市退役军人服务中心、市军队离休退休干部休养所、市革命烈士陵园等 3 家事业单位。

根据省委深化地方机构改革协调小组办公室《关于加快组建市县退役军人事务机构的通知》要求，经市委、市政府批准，2018 年 11 月 24 日将市民政局退役军人优抚安置、市人社局军队转业干部服务管理职责等整合，组建昌邑市退役军人事务局，驻址富昌街 328 号（原妇幼保健院院落）。2020 年 10 月迁址都昌街道都昌路与育新街交叉路口西南角。

昌邑市行政审批服务局
Chāngyì Shì Xíngzhèng Shěnpī Fúwù Jú

市民之家（2019 年） 摄影：李发宁

位于交通街中段路南，会议中心一楼。东至奎聚路，西至文昌南路，南至平安街，北至交通街。

负责审批办理职责范围内的行政许可事项，规范职责范围内的行政审批服务行为，管理市政务服务大厅，公共资源交易有关事项协调推进，公共资源交易信息化建设管理。

2003 年 3 月，昌邑市行政审批服务中心成立，选址富昌街 161 号工商银行 2 楼，将具有行政审批及行政事业性收费职能的市直有关部门、单位的服务窗口集中办公，提供“一站式”服务。2014 年 9 月，办公地点迁至交通街中段会议中心一楼；2014 年 12 月，设立昌邑市政务服务中心管理办公室（挂昌邑市公共资源交易管理办公室牌子）；2018 年 12 月，将市政务服务中心管理办公室的职责，相关部门单位的行政审批及有关政务服务等职责整合，组建昌邑市行政审批服务局（挂市政务服务管理办公室牌子），不再保留市政务服务中心管理办公室。

昌邑市市场监督管理局
Chāngyì Shì Shìchǎng Jiāndū Guǎnlǐ Jú

位于奎聚路 378 号，市级机关综合服务中心 F 座。东邻市级机关综合服务中心 E 座，西至奎聚路，南邻市级机关综合服务中心 C 座，北邻三生大厦。

负责全市市场综合监督管理。统一管理全市标准化工作、认证认可工作、知识产权工作；完成市委、市政府交办的其他任务。

昌邑市市场监督管理局成立于2015年2月。整合了原工商行政管理局、质量技术监督局和食品药品监督管理局主要职责，以及原物价局价格监督检查与反垄断法的职责、科学技术局知识产权管理保护职责和商务局的打击侵犯知识产权和假冒伪劣商品、反垄断职责。昌邑市工商行政管理局、质量技术监督局、食品药品监督管理局同期撤销。

昌邑市工商局旧影（2010年） 照片提供：邵明顺

昌邑市工商行政管理局建制沿革

民国30年（1941）2月20日，昌邑县政府在龙池瓦城村成立，设经建科，兼理工商职责；民国32年（1943）秋，成立昌邑县工商管理局，下设潮海、马渠、下营三个工商事务所，后改称“工商税务所”并增加东冢所和夏店所；民国34年（1945）撤销昌邑县工商局，一部分职责移交昌邑县实业科，一部分职责上交西海工商局；1950年8月，昌邑县人民政府成立工商科；1956年5月撤销工商科，成立商业局，兼理工商管理职责；1957年6月，昌邑县人民委员会设立市场管理委员会办公室；1958年秋，市场管理委员会办公室并入商业局，由商业局兼理工商管理职责；1962年春，市场管理委员会办公室从商业局分出；1968年秋与县税务局合并成立工商税务领导小组，驻姜氏祠堂办公，同年11月改称工商管理办公室，兼理税务职责；1971年4月撤销工商管理办公室，职能并入商业局；1978年10月成立昌邑县革命委员会工商行政管理局，与商业局一套班子两个牌子；1979年6月，与商业局分署办公，设办公室、市场管理股、企业管理股；1979年10月从商业局院内搬出，迁石渠路（今天水路）26号三层办公楼；1980年12月10日，昌邑县革命委员会取消，改称昌邑县工商行政管理局；1988年5月迁石渠路28号新建四层办公楼，原址归都昌工商所使用；1994年撤县设市，更名为昌邑市工商行政管理局；2011年5月迁址奎聚路378号现址；2015年2月因机构改革单位撤销，主要职能并入新成立的昌邑市市场监督管理局。

昌邑市食品药品监督管理局建制沿革

2001年12月昌邑市药品监督管理局成立，办公地址在利民街523号4层沿街楼房；2003年12月迁址富昌街101号4层沿街楼房；2004年10月更名为昌邑市食品药品监督管理局；2013年11月迁址利民街187号

（今中医院院内）；2015年4月因机构改革单位撤销，主要职能并入昌邑市市场监督管理局，迁奎聚路378号办公。

昌邑市质量技术监督局建制沿革

1978年成立昌邑县标准计量所，1979年迁东南汪地卫生防疫站旧址办公；1985年购置2万余元仪器设备，筹建化验室；1986年12月，昌邑县标准计量所改名为昌邑县标准计量局；1988年冬迁址石渠路（今天水路）南首路西；1991年4月改称昌邑县技术监督局；1993年11月更名为昌邑县技术监督服务中心；1994年建成4层办公楼并迁入；1996年12月改称昌邑市技术监督局；2001年1月改称昌邑市质量技术监督局。2015年4月因机构改革单位撤销，主要职能并入昌邑市市场监督管理局，迁奎聚路378号办公。

国家税务总局昌邑市税务局
Guójiā Shuìwù Zǒngjú Chāngyì Shì Shuìwù Jú

昌邑县税务局青年路南首旧址（1992年） 摄影：邢宗成

位于文昌南路169号。东至文昌南路，西邻市级机关综合服务中心A座，南邻市级机关综合服务中心B座，北邻市级机关综合服务中心G座。

负责所辖区域内各项税收、社会保险费和有关非税收入征收管理、中长期规划、服务体系建设、日常检查、票证管理、征管信息化建设和数据治理等工作。

民国30年（1941）2月20日，昌邑县政府在龙池瓦城村成立，设财政科，兼理田赋、货物税、烟酒税征收工作；民国32年（1943）秋成立昌邑县工商管理局，下设稽征处和征收所，向工商业户征收工商税；民国34年（1945）撤销昌邑县工商管理局，由西海专署工商局在柳疃、夏店、城里设立税务稽征所；民国37年（1948）税收划归地方政府管理，昌邑县政府财政科内设征收处；1950年6月1日，成立昌邑县税务局，驻址城里街路南（后又移至路北）；1956年4月迁址县人民委员会大院（今昌邑宾馆东院），同年6月与县人民委员会财政科合并为昌邑县财政局，同年10月，分设税务局与财政局；1958年再次并入县财政局，局内设税政股，具体负责税收业务；1961年11月，人员及职能从财政局分出，设立昌邑县税务局；1968年秋，县税务局与工商局合并成立工商税务领导小组，驻姜氏祠堂办公，同年11月改称工商管理办公室；1970年3月从工商管理办公室分出，再次与财政局合并，成立县革命委员会生产指挥部财税办公室，迁至县革命委员会院内办公（今市府街东首路北市政府旧址）；1971年2月，财税办公室与县人民银行合并，成立县革命委员会财政金融局，办公地址移至人民银行院内（城里街路北人民银行旧址）；1973年3月财政金融局撤销，成立昌邑县财政局，内设税政组，具体分管税收业务，在县革命委员会院内西楼办公；1979年10月迁县府街西首路北新址；1982年10月，税务局与财政局分设，成立昌邑县税务局；1991年，昌邑县税务局迁址青年路南首（今北海路516号）；1994年6月国地税分设，7月成立山东省昌邑市国家税务局、昌邑市地方税务局，仍同院办公；1996年国税局迁址市府街西首路北；2009年1月国税局迁址文昌南路169号；2013年6月昌邑市地方税务局迁址奎聚路368号三生大厦；2018年7月，国地税征管体制改革，山东省昌邑市国家税务局、昌邑市地方税务局合并成立国家税务总局昌邑市税务局，设11个内设机构、8个派出机构、2个股级事业单位，驻址文昌南路169号。

昌邑市综合行政执法局
Chāngyì Shì Zōnghé Xíngzhèng Zhífǎ Jú

位于交通街508号。东邻易通国际大厦，西邻潍坊市生态环境局昌邑分局，南邻电业公司家属院，北至交通街。

依法行使市容环境卫生、市政管理、城市规划、城市绿化、房地产、建筑业、环境保护、工商管理、公安交通、水行政管理等领域的全部或部分行政处罚权。完成市委、市政府交办的其他任务。

2004年3月，昌邑市城市管理行政执法局成立，驻址昌邑市富昌街83号（北海公园北门对面）；2010年10月至2013年3月期间，先后迁至奎聚路11号、北海路电力商务大厦办公；2014年12月，城市管理行政执法局机构职责整合到市住房和城乡建设局；2017年11月，整合城市管理行政执法局、城市管理行政执法大队、国土资源执法监察大队、农业综合执法大队等相关执法职责和机构，组建昌邑市综合行政执法局，挂昌邑市城市管理局牌子，为市政府直属行政执法机构；2018年3月迁址利民街335号（原粮食局院落）；2019年3月调整为市政府工作部门；2023年3月因利民街旧址拆迁改造，迁至交通街508号办公。

潍坊市生态环境局昌邑分局
Wéifāng Shì Shēngtàihuánjìng Jú Chāngyì Fēnjú

位于交通街520号。东邻综合行政执法局，西邻水利局，南邻供电公司家属院，北至交通街。

主要职能为贯彻执行国家和省、潍坊市有关生态环境保护工作的方针政策和法律法规，拟定全市生态环境保护工作的政策和规范性文件，并牵头组织实施全市生态环境保护工作。

1975年1月，昌邑县统计局配备1人，专管环境保护；1976年5月，昌邑县环境保护办公室成立，设在县革命委员会院内；1984年4月机构改革，昌邑县环境保护办公室并入昌邑县城乡建设委员会，称昌邑县城乡建设环境保护委员会；1984年12月与城建分设，成立昌邑县环境保护局，在县府街东首路南政协办公楼内办公；1990年迁址交通街520号今址；1994年撤县设市，改称昌邑市环境保护局；2019年5月机构改革，改称潍坊市生态环境局昌邑分局。

第二节 事业

中共昌邑市委党校
Zhōnggòng Chāngyì Shìwěi Dǎngxiào

中共昌邑市委党校利民街旧址（1996 年） 照片提供：韩庆林

位于院校中街 329 号，技师学院行政大楼。东邻潍坊市工业学校，西邻华龙府邸小区，南至院校中街，北邻潍坊市工业学校。

在市委、市政府的领导下培训轮训党员领导干部、国家公务员和理论干部，开展理论宣传和理论研究。

成立于民国 37 年（1948），时称“县学”，曾先后在城隍庙、姜氏祠堂、昌城完小等地办学；1953 年迁县政府大院（今昌邑宾馆院内）；1954 年 8 月改称“党员干部训练班”；1957 年秋迁董家城后村福聚信钱庄东家董占祥宅院；1960 年 3 月改称“中共昌邑县委党校”；1961 年迁县府街西首路南教师进修学校；1965 年迁址县文化馆（城里街西段路南张家当铺院落）院内，原校址驻军使用；1966 年 11 月，受“文化大革命”影响，党校停办；1972 年 7 月恢复中共昌邑县委党校，校址设在昌邑县农业局农校（今下营曹家店村东）；1972 年 12 月迁农展馆旧址（今利民街路北人民医院对面）；1992 年 8 月，鲁编〔1992〕167 号文件批复为中专体制，按副县级配备领导班子，实行党委制；1994 年 6 月昌邑撤县设市，更名为“中共昌邑市委党校”；1994 年 11 月，经昌邑市机构编制委员会批准，成立“昌邑市行政干部学校”，与党校合署办公，承担全市干部教育培训和国家公务员培训的任务；2013 年 9 月迁址昌邑市文化中心；2016 年 10 月迁技师学院行政楼现址。

昌邑市总工会
Chāngyì Shì Zǒnggōng huì

位于平安街 1669 号，市级机关综合服务中心A座。东邻市级机关综合服务中心B座，西至解放路，南至平安街，北邻三生花园小区。

指导基层工会组织发展和工会会员会籍管理工作；推动产业工人队伍建设改革；指导开展职工思想政治引领工作和群众性文体活动；开展集体协商、职工帮扶救助、创业就业、普惠服务、法律援助等工作；维护女职工合法权益。

民国30年（1941）1月，成立昌邑县职工会；1954年12月，成立昌邑县工会联合会； 1956年4月撤销昌南县，两县工会联合会人员合并，设机关人员8名，在解放路西侧八角楼遗址建平房10间（后建为人民剧院）；1961年改称昌邑县工会；1967年1月，因“文化大革命”，工会组织瘫痪；1973年2月恢复工会组织，办公地点在县委院内；1973年8月改称昌邑县总工会；1981年迁至县委办公大楼。1984年，县总工会机关设“四部一室”（即组织民管部、生产保护部、宣传教育部、生活女工部和办公室）；1993年12月，改设“三部一室”（即组宣部、生产生活女工部、财务部和办公室）；1994年撤县设市，改称昌邑市总工会；2014年6月，随昌邑市委迁至平安街1669号市级机关综合服务中心A座办公；2019年5月，市总工会机关设“两部一室”(即组织保障部、生产宣教部、办公室）至今。

昌邑市海洋事业发展中心

Chāngyì Shì Hǎiyáng Shìyè Fāzhǎn Zhōngxīn

位于交通街68号，市级机关综合服务中心E座。东至中学路，西邻市级机关综合服务中心F座，南邻市级机关综合服务中心D座，北邻英达国际。

承担海域使用和海岛保护利用，渔业管理，渔业技术推广，渔船、渔港及渔港水域安全，海洋和渔业保护区等管理服务工作。

1956年成立昌邑县人民委员会水产科，设昌邑县水产技术推广站；1969年1月，水产工作归昌邑县商业革命委员会管理；1970年2月，水产工作归昌邑县农业局管理；1971年，山东省昌邑县渔船管理站成立；1973年2月，水产工作归昌邑县多种经营局管理；1976年1月，成立昌邑县水产局，局址设在下营镇原捕捞公司；1984年4月机构改革，水产局改为昌邑县水产公司（保留水产局牌子，人员、职能不变），系自收自支国有企业；1988年，全县机构改革，成立14个集团公司，昌邑县水产公司改为昌邑县水产集团公司（保留水产局牌子，人员、行政职能保持不变）；1990年11月，昌邑县水产集团公司更名为昌邑县水产总公司（继续保留水产局牌子，人员、行政职能保持不变）；1994年6月，成立昌邑市水产服务中心，挂昌邑市水产局牌子，人员、行政职能保持不变，一套班子、两个牌子运行；1998 年 12 月，成立昌邑市海洋与水产局，列政府序列，撤销昌邑市水产服务中心；2001 年 12 月，改称昌邑市海洋与渔业局；2002 年迁址利民街 158 号（今新嘉新天地小区北部一带）；2012 年迁址三生大厦，后又迁址市级机关综合服务中心 A 座、市级机关综合服务中心 E 座；2019 年 1 月，根据中共昌邑市委、昌邑市人民政府《关于昌邑市机构改革的实施意见》（昌发〔2019〕1 号），撤销昌邑市海洋与渔业局。

2019 年 3 月，根据昌邑市编委《关于调整机构改革涉及事业单位机构编制事项的通知》（昌编发〔2019〕1 号），将昌邑市渔政站（中国海监昌邑市大队）（原昌邑市海洋与渔业局下属事业单位）更名为昌邑市海洋发展中心，与昌邑市海洋环境监测站（国家海域动态监管中心）（原昌邑市海洋与渔业局下属事业单位）一起调整为昌邑市自然资源和规划局的事业单位；将昌邑市渔业技术推广站（市水生动物疫病防治站）（原昌邑市海洋与渔业局下属事业单位）调整为昌邑市农业农村局的事业单位。

2020 年 12 月，根据《关于印发（昌邑市深化事业单位改革试点实施方案）的通知》（昌办发〔2020〕17 号），整合山东省潍坊市昌邑海洋生态特别保护区管理委员会、中国海监昌邑海洋生态特别保护区大队、昌邑市海洋发展中心、昌邑市海洋环境监测站（昌邑市国家海域动态监管中心）、昌邑市渔业技术推广站（昌邑市水生动物疫病防治站）5 个事业单位组建为昌邑市海洋事业发展中心，加挂山东省潍坊市昌邑海洋生态特别保护区管理服务中心牌子，为市政府直属副处级公益一类事业单位。

昌邑市粮食和物资储备中心

Chāngyì Shì Liángshi Hé Wùzī Chǔbèi Zhōngxīn

昌邑县粮食局旧影（1986 年）　　照片提供：李发宁

位于交通街 68 号，市级机关综合服务中心 E 座。东至中学路，西邻市级机关综合服务中心 F 座，南邻市级机关综合服务中心 D 座，北邻英达国际。

主要职责为实施全市粮食和物资储备的收储、轮换和服务保障工作，落实上级动用计划和指令，参与全市粮食储备基础设施的建设与服务；承担全市粮食监测预警和应急服务，推动粮食和物资储备系统的对外合作与交流；完成市发展和改革局交办的其他任务。

民国 30 年（1941）2 月，昌邑县政府在龙池瓦城成立，设粮食科；民国 32 年（1943）并入财粮科；民国 35 年（1946）10 月成立战时粮食调拨指挥部，同年秋设立县粮食局，驻县城东北石湾店村；民国 36 年（1947）秋，局机关迁址县城姜氏祠堂内；1950 年春改编为中央公粮昌邑分库，同年 10 月复称粮食局，迁址县银行院内（工商银行城里街旧址）；1951 年迁址东门里路南；1952 年在县城落成两座粮仓，分别位于后街（今昌邑宾馆东邻文庙旧址）和张家当铺北邻（今顺达家属院北区）；1953 年粮食局迁址姜家大湾北崖（东隅村姜绪焘宅院）；1968 年 8 月改称“粮食局革命委员会”；1970 年 1 月成立粮食办公室革命领导小组，同年 3 月改称昌邑县革命委员会生产指挥部粮食办公室；1971 年 3 月更名为昌邑县革命委员会粮食局；1978 年 3 月复称昌邑县粮食局，迁址榨油厂南邻（今昌城宾馆院落）；1988 年 10 月改制为昌邑县粮食总公司，迁利民街路北面粉厂旧址（今利民街 335 号）；1994 年撤县设市，更名为昌邑市粮食总公司；1996 年 12 月恢复为昌邑市粮食局；2018 年 1 月迁址市级机关综合服务中心 E 座；2019 年 3 月更名为昌邑市粮食储备中心，原行政职能划入市发改局；2021 年 3 月更名为昌邑市粮食和物资储备中心。

昌邑市教育科学研究院

Chāngyì Shì Jiàoyù Kēxúe Yánjiū Yuàn

位于育新街 238 号，昌邑市育新学校院内。东邻北苑小区，西至文昌北路，南邻教师公寓，北至育新街。

承担全市基础教育三级课程方案落实、教学研究与评价工作，指导全市中小学教育科研、数字化、书香校园建设以及开展教师培训等工作。

1956 年 6 月成立昌邑县教学研究室，属教育局下设股（室）之一；1994 年 6 月升格为教育局行政主管的事业单位；1996 年 10 月更名为昌邑市普通教育教学研究室；2019 年 3 月更名为昌邑市普通教育教学研究中心；2021 年 3 月昌邑市事业单位改革，成立昌邑市教育科学研究院。

昌邑市现代农业发展中心

Chāngyì Shì Xiàndài Nóngyè Fāzhǎn Zhōngxīn

位于交通街 68 号，市级机关综合服务中心 E 座。东至中学路，西邻市级机关综合服务中心 F 座，南邻市级机关综合服务中心D座，北邻英达国际。

负责全市现代农业经营主体培育，农村经营管理服务，农村集体经济组织发展服务，农业机械化技术推广和农业机械监督管理的技术支撑等相关工作。推动现代农业信息化发展，整理农经统计数据和资料，完成市农业农村局交办的其他任务。

1960年7月，昌邑县人民委员会设立农业机械管理科，地址在县人民委员会院内（今昌邑宾馆东院）；1961年6月，县人民委员会农业机械管理科改为昌邑县农业机械管理局，迁址铁匠营村西（今新兴街路北阳光嘉园小区一带），与同期成立的昌邑县拖拉机总站合署办公；1962年5月撤销农业机械管理局，相关业务并入县拖拉机总站；1966年7月成立昌邑县农机具管理办公室，地址在铁匠营村南县工业局院内（今新兴街路南、文昌路以西）；1969年1月，拖拉机总站改称拖拉机修配厂；1970年1月成立昌邑县农机电办公室，农机具管理办公室并入；1971年2月改称昌邑县革命委员会生产指挥部农业机械电力局，同年3月改称昌邑县革命委员会农业机械电力局，地址位于利民街粮食局直属库院内；1976年1月改称昌邑县革命委员会农业机械管理局，迁址青年路东侧邮电局北邻（今北海路246号）；1978年8月改称昌邑县农业机械管理局；1984年4月改为昌邑县农业机械服务公司，同年9月成立农业机械安全监理站；1985年落成农机服务公司大楼；1988年9月改为昌邑县农机综合公司；1990年11月改为昌邑县农机总公司；1996年12月撤销市农机总公司，设立昌邑市农业机械服务中心；1998年12月更名为昌邑市农业机械管理局；2014年5月迁址富昌街99号；2015年2月由市政府直属事业单位调整为市农业局所属事业单位；2018年1月迁址交通街68号市级机关综合服务中心E座；2019年3月，行政职能划入市农业农村局，剩余事业编制与市农村经济管理局合并，成立昌邑市现代农业发展中心，为市政府直属事业单位，正科级规格，由市农业农村局代管。

昌邑市档案馆
Chāngyì Shì Dàngànguǎn

昌邑市档案馆旧址（1986年）　照片提供：张艳丽

位于新昌路西侧，文博苑小区对面。东至新昌路，西邻文山中学，南邻文山中学，北至平安街。

参与制定全市档案事业发展规划，对

全市档案业务进行指导；集中保管市级重要档案资料，负责接收各单位长久保存的各门类各载体档案资料；负责全市档案编研、宣传和档案文化建设。

1959年2月，昌邑县档案馆在中国共产党昌邑县委员会、昌邑县人民委员会两机关档案室的基础上筹建；1960年5月2日正式建立昌邑县档案馆；1963年2月23日成立昌邑县档案管理科，实行科馆合署办公；1966年冬，档案科撤销，档案馆先后归县革命委员会办公室秘书组、政治部秘书组领导；1978年10月28日恢复昌邑县档案科；1980年4月9日，经县委批准，成立昌邑县档案局，同时撤销档案科，局馆合署办公；1984年4月23日撤局建科，馆科合署办公；1985年10月3日，县政府撤销昌邑县档案科，恢复县档案局，列政府部门序列，实行局、馆合署办公；1993年机构改革，撤销县档案局，职能归县委办公室，保留县档案馆；1994年撤县设市，昌邑县档案馆更名为昌邑市档案馆；1996年12月，明确市档案馆为全市主管档案工作的事业机构，挂市档案局牌子，授权行使有关行政管理职能，由市委办公室管理；2002年档案馆“三定”方案确定，设置市档案馆，挂市档案局牌子，为市委办公室领导的行使有关行政职能的事业单位；2019年1月，将市档案馆（市档案局）承担的行政职能划入市委办公室，市委办公室对外加挂市档案局牌子，保留市档案馆，调整为市委直属事业单位，由市委办公室代管；2020年12月30日，将昌邑市档案馆由市委直属、市委办公室代管调整为市委办公室所属，仍为正科级公益一类事业单位。

1988年以前，市档案馆（局）驻地县府街1号，县人民政府院内；1988年11月15日，在石渠路19号（后称天水路79号）市委院内兴建标准档案馆楼，1989年10月落成启用；2018年2月，昌邑市档案馆由天水路79号搬迁至文昌南路市文化中心；2019年昌邑市档案馆新馆招标筹建，地址位于新昌路以西、平安街南侧。

昌邑市供销合作社联合社
Chāngyì Shì Gōngxiāo Hézuò Shè Liánhé Shè

供销社合作联社旧貌（1989年） 照片提供：魏竹贞

位于天水路227号。东至天水路，西邻晟安瑞景苑小区，南邻盛隆商城，北邻果盐公司。

以“为农服务”为宗旨，建设农村现代流通体系、农村社区服务平台，发展农民专业合作社、社有企业，受政府委托对重要农产品、农业生产资料等经营进行组织、管理，开展涉农服务培训，管理社有资产。

民国37年（1948）11月，昌邑县在夏店街（原社委驻址）成立推进社；1949年春，推进社迁址县城东关道观（今城里街路北文山小学对面）；1949年7月，改称为昌邑县合作总社；1950年春，改称为昌邑县供销合作社联合社，迁址县城东门里路北（傅刚勇祠旧址）新建院落；1954年11月，改称昌邑县供销合作社；1958年6月，昌邑县供销合作社与县服务局并入商业局，两单位的业务工作统归商业局管理，驻东门里原址办公。1961年9月，昌邑县供销合作社从商业局分出，迁董家城后“五大门”办公；1968年再次并入县商业局，迁回东门里路北院落；1975年8月，昌邑县供销合作社从商业局分出，地址未变，商业局在院落东邻广隆斋马车店旧址另建办公用房；1981年5月，昌邑县供销合作社迁天水路现址。2004年7月，成立昌邑市供销合作社联合社，为全额拨款正科级事业单位，编制15人。

昌邑市畜牧业发展中心
Chāngyì Shì Xùmùyè Fāzhǎn Zhōngxīn

位于交通街68号，市级机关综合服务中心E座。东至中学路，西邻市级机关综合服务中心F座，南邻市级机关综合服务中心D座，北邻英达国际。

负责全市动物防疫工作，兽医行业的监督管理工作，畜产品及兽药、饲料等投入品质量安全监督管理工作；参与有关部门拟订生猪定点屠宰场（厂）设置规划工作；完成市农业农村局交办的其他任务。

畜牧兽医管理局旧影（2016年） 照片提供：郝甫业

1955年建立昌邑县畜牧兽医站，地址位于县政府农林科；1960年更名为畜牧局；1962年5月撤销畜牧局，恢复畜牧兽医站，迁址郝家城后苗圃（今颐景园小区以北）；1991年迁址富昌街原消防大队东邻；1994年6月更名为昌邑市畜牧服务中心； 1998年2月24日更名为昌邑市畜牧局；2008年8月19日更名为昌邑市畜牧兽医管理局，2010年迁址市府街西首路北原国税局院落；2011年迁址翰林大厦；2013年迁址市级机关综合服务中心F座；2015年迁址利民街335号（粮食局旧址）；2018年3月迁市级机关综合服务中心E座现址；2019年3月，将市畜牧兽医管理局、市动物卫生监督所、市动物疫病预防控制中心（市畜牧兽医检测中心）行政职能划入市农业农村局，与市畜牧兽医技术推广中心整合组建为市畜牧业发展中心；2021 年 3 月，市畜牧业发展中心由市政府直属改为市农业农村局所属。

昌邑市残疾人联合会

Chāngyì Shì Cánjírén Liánhé Huì

位于北海路 75 号。东至北海路，西邻傅徐城后村，南邻贵和花园小区，北至育新街。

代表残疾人共同利益，维护残疾人合法权益；开展残疾人康复、教育、劳动就业、扶贫、文化、体育、社会服务、无障碍设施和残疾预防等工作；发展和管理残疾人事业。

1991年3月成立昌邑县残疾人联合会，为民政局代管副科级全民事业单位，与民政局合署办公；2004 年 8 月市机构编制委员会调整市残疾人联合会隶属关系及建制级别，由原来市民政局代管的副科级事业单位调整为独立的社会团体机构，正科级规格，实行经费单列；2007 年 1 月迁址利民街 237 号燃料公司院内；2014 年 1 月迁址北海路 75 号油区办院内。

昌邑市林业发展中心

Chāngyì Shì Línyè Fāzhǎn zhōngxīn

昌邑县林业局旧影（1985 年） 照片提供：李发宁

位于平安街 2091 号。东邻自来水公司，西至建设路，南至平安街，北邻原规划局家属院。

负责全市林业和草原发展、建设、保护工作；参与全市林业改革发展工作；参与全市生物多样性保护相关工作；完成市自然资源和规划局交办的其他任务。

1949 年，昌邑县政府设农林科；1952 年并入建设科，由专人分管林业工作；1953 年 1 月成立昌邑县林业所；1956 年 4 月重设农林科，同年 6 月成立昌邑县林业局；1959 年林业局与农业局合并，成立昌邑县人民委员会农林局；1962 年 5 月机关整编，成立农林水利局；1962 年 11 月，水利局分出，恢复农林局。1965 年 4 月分设农业局与林业局；1968 年 11 月，成立昌邑县农林水革命委员会，驻水利队院内（今翠峰御景小区对面新兴街路南）办公；1970 年 2 月职能并入农业办公室革命领导小组，同年 3 月迁址潍河管理所院内（今解放路 164 号河道管理服务中心院落）；1973 年 2 月林业职能改属多种经营局；1976 年 1 月成立昌邑县革命委员会林业局；1980 年改称昌邑县林业局；1986 年迁址青年路西傅徐城后（今贵和花园一带）；1993 年改称昌邑县林业服务中心；1995 年改称昌邑市林业局；2014 年 11 月原址拆迁，迁址奎聚路 378 号市级机关综合服务中心 F 座，后又迁址利民街 335 号（粮食局旧址）；2018 年 3 月迁市级机关综合服务中心 E 座。2019 年 3 月，市林业局、林业工作站、林木种苗站、林业资源管理站、森林保护站（市野生动植物保护管理站）整合为昌邑市林业发展中心，为市政府直属公益一类事业单位，正科级规格，由市自然资源和规划局代管；2021 年 2 月，市林业发展中心由市政府直属改为市自然资源和规划局所属；2023 年 6 月迁址平安街 2091 号。

昌邑市公共就业和人才服务中心

Chāngyì Shì Gōnggòng Jiùyè Hé Réncái Fúwù Zhōngxīn

位于北海路 218 号。东邻西关村委会，西至北海路，南邻农机公司家属院，北至城里东街。

贯彻落实公共就业和人才服务有关法律法规和政策，推进公共就业和人才服务体系建设，拟订全市公共就业和人才服务年度计划并组织实施，负责就业创业和人才服务经办工作，完成市人力资源和社会保障局交办的其他任务。

1981 年 8 月，昌邑县劳动服务公司成立，位于县府街东首路南县政协办公楼劳动局办公区；1992 年 4 月迁址青年路劳动大厦（今北海路 218 号）；2003 年 3 月更名为昌邑市劳动就业办公室。

1984 年 7 月，昌邑县人才交流服务中心成立，位于县政府办公大楼人事局办公区；1995 年 4 月迁址城里街 44 号（今公园道壹号北区）。

2010 年 2 月 6 日，昌邑市人才交流服务中心与昌邑市劳动就业办公室整合，组建昌邑市人力资源管理服务中心，驻北海路 218 号现址；2019 年 3 月更名为昌邑市人力资源服务中心；2021 年 4 月，昌邑市人力资源服务中心、昌邑市创业贷款担保中心和昌邑市人事档案服务中心职责整合，组建昌邑市公共就业和人才服务中心。

昌邑市社会保险事业中心

Chāngyì Shì Shèhuì Bǎoxiǎn Shìyè Zhōngxīn

位于北海路 218 号。东邻西关村委会，西至北海路，南邻农机公司家属院，北至城里东街。

负责全市社会保险经办管理工作，完成市人力资源和社会保障局交办的其他任务。

1986年6月，昌邑县劳动保险管理处成立，位于县府街东首路南县政协办公楼劳动局办公区；1986年11月更名为昌邑县社会劳动保险事业处；1993年5月迁青年路劳动大厦（今北海路218号）今址；1994年撤县设市，更名为昌邑市社会劳动保险事业处。1992年5月设立昌邑县农村社会养老保险事业处，位于富昌街民政局北邻。1994年10月设立昌邑市机关事业单位社会保险事业处，位于市府街东段路北市政府办公大楼人事局办公区，1995年4月迁址城里街44号（今公园道壹号北区）。2001年9月设立昌邑市医疗保险事业处，位于天水路新华书店（旧址）北邻工商银行营业部二楼。

2007年9月，根据《关于成立昌邑市社会保险事业管理局的通知》（昌编发〔2007〕6号）精神，将昌邑市社会劳动保险事业处、昌邑市机关事业单位社会保险事业处、昌邑市农村社会养老保险事业处、昌邑市医疗保险事业处整合，组建昌邑市社会保险事业管理局，位于北海路218号现址，服务窗口位于利民街265号农村信用社办公楼。2014年10月服务窗口迁址交通街路南市民之家西厅。2015年8月更名为昌邑市社会保险事业管理中心，2019年3月更名为昌邑市社会保险中心，2021年3月更名为昌邑市社会保险事业中心。

昌邑市融媒体中心

Chāngyì Shì Róngméitǐ Zhōngxīn

位于平安街1669号，市级机关综合服务中心A座。东邻市级机关综合服务中心B座，西至解放路，南至平安街，北邻三生花园小区。

广播电视管理局旧影（1986年） 照片提供：宋建文

围绕市委、市政府中心工作开展新闻宣传；负责广播电视节目和新媒体产品制作、播出以及融媒体传播运营；开展对上对外宣传工作，努力提升昌邑知名度和美誉度；承办市委、市政府交办的其他事项。

1950年4月成立昌邑县收音站，设在县委宣传部；1958年3月撤销收音站，成立昌邑县广播站，位于县人民委员会办公院落（今昌邑宾馆）北邻；1976年1月1日，昌邑县广播事业管理局成立，与县广播站合署办公；1981年12月，县广播事业管理局更名为广播事业局；1984年4月机构改革，撤销昌邑县广播事业局，设立昌邑县广播电视管理站，同年9月改称昌邑县广播电视管理局；1986年6月，昌邑县广播站改称昌邑人民广播电台，与昌邑县广播电视管理局一套编制，合署办公；1992年9月成立昌邑电视台，实行局、台合一体制，挂昌邑县广播电视管理局、昌邑人民广播电台、昌邑电视台三块牌子；1993年11月，昌邑县广播电视管理局改称昌邑县广播电视管理站，行政职能归县委宣传部；1996年12月，昌邑市广播电视管理站改称昌邑市广播电视局，为市政府直属事业单位；2001年12月改为昌邑市广播电视管理局，列入政府部门序列；2006年5月昌邑电视台有关部室及技术用房迁址平安街电业商务大厦，同年7月市广播电台迁址平安街路北原报社大楼，随后调频广播开通；2010年2月昌邑市广播电视管理局改称为昌邑市广播影视中心，同年12月8日迁址广电大厦（今市级机关综合服务中心A座）；2019年7月，昌邑市广播影视中心更名为昌邑市融媒体中心，加挂昌邑人民广播电台、昌邑电视台牌子，为市委直属公益二类事业单位，正科级规格。

昌邑市房地产业发展服务中心

Chāngyì Shì Fángdìchǎnyè Fāzhǎn Fúwù Zhōngxīn

位于文昌南路167号，市级机关综合服务中心G座。东至文昌南路，西邻三生花园小区，南邻税务局，北至交通街。

负责全市房地产开发经营服务工作，参与全市房地产行业管理；负责落实物业管理方面的方针、政策和法律法规，参与拟订全市物业管理方面的规范性文件；负责落实住房保障方面的方针、政策和法律法规；完成市住房和城乡建设局交办的其他任务。

房地产管理局旧影（2011年） 照片提供：于麦燕

1987年8月昌邑县房地产管理所成立，隶属于县城乡建设委员会，办公地点位于县城乡建设委员会院内；1996年12月房管所升格为昌邑市房地产管理处，为正科级事业单位；1998年7月更名为昌邑市房地产管理局，行政管理职能涵盖房产交易管理、开发管理、拆迁管理、物业管理等，隶属关系等不变，驻新兴街117号；2002年5月，昌邑市房地产管理局正式成为市政府直属事业单位，办公地点迁入奎聚路151号；2010年机构改革，更名为昌邑市房产管理服务中心，办公地点不变；2014年1月迁至文昌南路167号现址；2019年更名为昌邑市房产服务中心；2021年3月更名为昌邑市房地产业发展服务中心，为市住房和城乡建设局所属正科级公益二类事业单位，挂昌邑市房产服务中心、昌邑市物业服务中心牌子。

昌邑市环境卫生中心
Chāngyì Shì Huánjìng Wèishēng Zhōngxīn

位于文昌南路167号，市级机关综合服务中心G座。东至文昌南路，西邻三生花园小区，南邻税务局，北至交通街。

负责全市城乡环境卫生质量的检查监督，环卫设施的建设与维护；城区生活垃圾的运输处置，生活垃圾处理场的建设、运营和管理，城区建筑垃圾及渣土运输、利用、处置等工作；完成市住房和城乡建设局交办的其他任务。

1985年1月成立昌邑县环境卫生管理所，驻原市政公司院内办公；1992年迁至石渠路（今天水路）以西、育新街南侧；1994年12月更名为昌邑市环境卫生管理处；2008年8月更名为昌邑市环境卫生管理局；2010年天水路旧址拆迁，迁址城西路337号，与昌邑市康洁环卫工程有限公司合署办公；2014年10月迁至市级机关综合服务中心G座现址；2019年3月更名为昌邑市环境卫生中心，为市政府直属公益一类事业单位，正科级规格，由市住房和城乡建设局代管。

昌邑市工人文化宫
Chāngyì Shì Gōngrén Wénhuà Gōng

昌邑市工人文化宫（2022年） 摄影：李发宁

位于同大街路北，昌邑市文化中心C区。东至奎聚路，西至文昌南路，南至同大街，北至平安街。

组织开展职工文化活动，丰富职工业余生活，带动职工文化事业的整体发展；承担基层职工群众文化活动的组织和培训任务；承办市总工会及上级业务部门交办的其他事项。

1953年成立昌邑县工人俱乐部，在县城东南汪地（今三和苑小区内）建有平房7间，设有教室、游艺室、图书室，藏书1091册；1960年在人民医院北邻（今利民街559号市工会宿舍区）建成工人俱乐部礼堂，东南汪地工人俱乐部旧址继续使用；1969年，县革命委员会将工人俱乐部礼堂调给电影队放映使用；1982年5月，县总工会在俱乐部礼堂西侧兴建工人文化宫综合楼，建筑面积2554平方米；1983年7月工人俱乐部礼堂失火烧毁；1983年9月经上级工会批准，县工人俱乐部改称工人文化宫，由东南汪地迁至利民街新建的工人文化宫综合楼，与县总工会职工学校同楼办公；1984年11月，县政府作出决定，将烧毁的工人俱乐部礼堂归县总工会管理使用；1989年在礼堂旧址上兴建三层新工人文化宫大楼，建筑面积2500平方米，1990年10月交付使用；1994年撤县设市，更名为昌邑市工人文化宫，为市总工会下属公益二类事业单位；2013年迁址昌邑市文化中心。

昌邑市人防工程服务中心
Chāngyì Shì Rénfánggōngchéng Fúwù Zhōngxīn

位于平安街1669号，市级机关综合服务中心A座。东邻市级机关综合服务中心B座，西至解放路，南至平安街，北邻三生花园小区。

指导全市人防工程建设、管理；承担人防警报建设和管理；提供工程平战结合、转换和战时人员掩蔽疏散及物资储备保障；承担人防科技创新和科研成果推广应用工作。

2002年8月成立昌邑市人民防空办公室，隶属昌邑市人民政府办公室，办公地点设在北海路176号人武部院内；2008年7月迁至利民街335号（粮食局旧址）；2010年1月迁至平安街1669号市级机关综合服务中心A座；2021年3月机构改革，行政职能划归市住建局，在市住建局加挂昌邑市人民防空办公室牌子，另设立昌邑市人防工程服务中心，隶属昌邑市住房和城乡建设局；2023年2月，转隶至市发改局，办公地点仍在市级机关综合服务中心A座。

昌邑市河道服务中心
Chāngyì Shì Hédào Fúwù Zhōngxīn

位于解放路195号。东至解放路，西邻恒鼎新都汇，南邻恒鼎新都汇，北邻百货大楼。

协助市水利局对全市市级河道实施统一管理，协助做好全市河道防汛工作，参与编制全市市级河道综合治理规划，维护河道采砂管理秩序。

1957年秋，昌潍专员公署潍河工程管理所成立，地址位于中台村北（今新兴街路北翠峰御景小区西区）；1957年12月，在城北虫埠村成立潍河灌溉工程管理处；1958年冬，潍河工程管理所取消，职能并入潍河灌溉工程管理处，地址仍在中台村；1961年灌溉处迁址城里东关；当年又转迁西山水泥厂（旧址位于马家村）；1962年5月机构整编，潍河灌溉工程管理处随县水利局一同并入昌邑县农林水利局；1962年10月取消农林水利局，水利局单设，下辖潍河管理所，合署办公；1965年春成立峡山灌区昌邑县管理所，与潍河管理所一套班子两个牌子，在铁匠营村西（今解放路西、新村街北位置）新建办公用房；1968年10月，峡山灌区管理所与潍河管理所并入农林水革命委员会水利组；1969年12月，潍河管理所领导小组从水利组分出，归峡山水库管理局领导；1976年在解放路水利局大院北侧古城墙墙基之上（河道服务中心今址）新建潍河管理所二层办公楼，1977年建成入驻；1980年2月，潍河管理所改属昌潍地区水利局领导；1981年昌潍地区改名潍坊地区，1983年改建省辖（地专级）市，昌潍地区潍河管理所改称潍坊市潍河管理所；1987年6月，潍河管理所由潍坊市政府改辖于昌邑市政府管理；2008年3月更名为昌邑市潍河管理局；2017年更名为昌邑市河道管理服务中心；2019年3月更名为昌邑市河道服务中心，为水利局所属正科级公益一类全额拨款事业单位。

昌邑市体育事业发展中心
Chāngyì Shì Tǐyù Shìyè Fāzhǎn Zhōngxīn

位于同大街路北，昌邑市文化中心B区四楼。东至奎聚路，西至文昌南路，南至同大街，北至平安街。

贯彻落实体育强国和全民健身国家战略，推动全市群众体育、竞技体育和体育产业协调发展。

1956年7月，昌邑县体育运动委员会成立，在县人民委员会院内办公；1958年撤销体委，由县文化科兼管体育；1972年6月，县革命委员会政治部设体育组；1976年1月撤销体育组，成立昌邑县革命委员会体育运动委员会；1978年8月恢复昌邑县体育运动委员会；1980年迁址县府街东首路南政协办公楼；1984年4月机构改革，县教育局、文化局、体委合并为昌邑县文教体育局；1984年7月体委单设；1987年迁昌邑一中（北海路旧址）南邻体校院内办公；1991年迁昌邑县体育馆（青年路劳动大厦对面）办公；1993年11月与县文化局合并成立昌邑县文化体育委员会；1994年文体委撤销，成立昌邑市体育运动委员会；1994年12月成立昌邑市体育总会，与市体委合署办公，一个机构两块牌子；2001年

12月市体委更名为昌邑市体育局；2007年，昌邑市体育局迁址利民街335号（粮食局旧址）；2014年12月迁址昌邑市文化中心B区4楼；2016年10月成立昌邑市体质测定与运动健身指导站；2020年3月，体育局与教育局合并成立昌邑市教育和体育局，原体育局职能与体质测定与运动健身指导站组建为昌邑市体育发展中心（昌邑市体育总会）；2021年3月，更名为昌邑市体育事业发展中心。

昌邑市规划编制研究中心
Chāngyì Shì Guīhuàbiānzhì Yánjiū Zhōngxīn

位于平安街2091号。东邻自来水公司，西至建设路，南至平安街，北邻原规划局家属院。

承担国土空间、生态保护、自然资源发展规划及相关专项规划、控制性详细规划、城市设计等编制研究和课题调研工作，城乡规划建设项目的公示和信息查询等工作，市委、市政府和市自然资源和规划局交办的其他事项。

1997年7月，规划国土矿产局成立规划科；2003年1月成立昌邑市规划管理处，为规划与国土资源局下属事业单位，同年3月办公地点迁移至交通街582号（今水利局西邻）；2005年4月，昌邑市规划管理处更名为昌邑市规划局，正科级事业单位；2007年6月迁址烟汕路369号（今平安街2091号）；2019年3月更名为昌邑市规划编制研究中心，隶属于昌邑市自然资源和规划局。

昌邑市文化馆
Chāngyì Shì Wénhuà Guǎn

位于同大街路北，昌邑市文化中心B区。东至奎聚路，西至文昌南路，南至同大街，北至平安街。

组织文化艺术公益培训，开展群众文艺创作，培养文娱骨干人才，举办书画、摄影等艺术展览和群众文化活动，发掘、整理、保护非遗文化。

文化馆北海路旧址（2010年）　　摄影：王晓臣

1951年3月，昌邑县文化馆成立，驻城里街路南新华书店院内办公；1957年在东南汪地新建办公用房（今三和苑北区一带）并迁入；1960年迁址张家当铺（今顺达家属院东区）沿街房舍；1968年迁农业展览馆东院(今利民街路北金域观邸南区);1978年10月,在青年路(今北海路)武装部南邻建成二层办公楼并迁入;1994年撤县设市,改称昌邑市文化馆;2010年4月因商务区改造,文化馆院落拆除,迁北海路农发行旧址办公;2012年9月迁址会议中心;2014年4月迁利民街671号财政局旧址(今为城建档案馆);2014年11月迁文化中心B区今址。

设有群众辅导部、文艺排练中心、美术书法摄影创作基地、精品工程创作室、非遗展厅、美术书法摄影展览厅、少儿和外来务工人员培训中心等群众文化设施。

昌邑市图书馆
Chāngyì Shì Túshū Guǎn

图书馆解放路旧址(1989年) 照片提供:宫明莹

位于同大街路北,昌邑市文化中心A区。东至奎聚路,西至文昌南路,南至同大街,北至平安街。

收集、整理、保存、传播文献并提供利用,建档管理馆藏图书、报刊,并提供借阅服务及阅览环境支持。

1956年6月,昌邑县文化馆图书室从文化馆分离出来,成立昌邑县图书馆,馆址设在城里街路南的几间民房里,馆舍面积80平方米;1963年迁址南隅张家当铺(今顺达家属院东区)沿街房舍,馆舍面积为112平方米;1972年迁址解放路东侧(姜家大湾西崖);1988年落成三层新舍;2010年姜家大湾片区拆迁改造,图书馆迁解放路与交通街路口康利宾馆三楼办公;2012年12月迁址交通街路南市会议中心一楼;2014年4月迁利民街671号财政局旧址(今为昌邑市城建档案馆)暂住,同年11月6日迁市文化中心A区现址。

昌邑市博物馆
Chāngyì Shì Bówù Guǎn

昌邑市博物馆落成典礼(1997年) 摄影:邢宗成

位于利民街5号。东邻文山,西至文山西路,南至利民街,北邻城里东街。

主要负责相关藏品的征集、保管、研究、

陈列及宣传交流，承担相关不可移动文物的保护修缮与考古勘探发掘工作。

1996年建成，建筑面积5500平方米。2019年10月，启动改扩建工程，新增展厅面积1万平方米。拥有馆藏文物9万件，是国家二级博物馆。1951年至1988年4月，昌邑县文物管理工作先后由昌邑县文化馆、昌邑县图书馆代管；1988年4月成立昌邑县文物管理所，办公地点设在姜氏祠堂；1994年6月更名为昌邑市文物管理所；1996年12月撤销昌邑市文物管理所，成立昌邑市博物馆；2021年3月加挂昌邑市文物保护中心牌子，同时也是山东省水下考古（昌邑）工作站、山东大学历史文化学院（昌邑）教学实践基地、国家博物馆考古院（昌邑）工作站驻地。

昌邑滨海牧业发展服务中心

Chāngyì Bīnhǎi Mùyè Fāzhǎn Fúwù Zhōngxīn

位于下营镇区。东邻下营水文站，西邻昌邑市税务局下营分局，南邻下营渔政站，北邻沿海生态林带。

承担滨海（下营）经济开发区牧业技术宣传推广，提供技术指导服务，带动开发区及周边牧业发展，增加农民收入，提高社会效益，承担原种畜场的职能。

1959年9月，由省侨联牵头，华侨投资兴建成立昌邑县华侨畜牧场；1962年11月移交省农业厅管理，更名为山东省昌邑种畜场，属正处级事业单位；1965年更名为昌邑县畜牧良种繁殖场；1968年11月移交青岛市革命委员会，更名为青岛市昌北五七劳动学校；1973年11月移交昌潍地区，更名为昌潍地区种畜场；1981年11月更名为潍坊地区种畜场；1984年4月移交昌邑县，更名为昌邑县种畜场，属局级单位，是以农牧为主的国营事业性质的种畜场；1994年昌邑撤县设市，更名为昌邑市种畜场；2011年4月，昌邑滨海（下营）经济开发区管委会成立，昌邑市种畜场调整为开发区管委会管理；2015年7月18日更名为昌邑滨海牧业发展服务中心，加挂昌邑市种畜场牌子，为正科级公益三类事业单位；2021年10月，昌邑滨海（下营）经济开发区管委会撤销，成立昌邑经济开发区管委会，现隶属于昌邑经济开发区管委会。

华侨畜牧场旧影（1956年）　　照片提供：韩旭红

昌邑市疾病预防控制中心

Chāngyì Shì Jíbìng Yùfáng Kòngzhì Zhōngxīn

昌邑市疾病预防控制中心（2021 年） 照片提供：杨娜

位于富昌街 41 号。东邻农发行，西邻颐景园小区，南至富昌街，北邻北苑小区。

在全市范围内开展疾病预防控制、卫生检验监测等工作，承担居民健康教育与卫生知识普及等工作。

1956 年，昌邑县卫生防疫站成立，驻城里街路南红十字会旧址（今城里街路南公园道壹号西北角一带）办公；1960 年迁城里街东段路北防空站旧址（杨家胡同西侧）；1962 年迁东关道观旧址（今城里街路北文山小学对面印刷厂院落）；1974 年迁东南汪地，在古城南城墙旧墙基之上新建两排办公用房；1979 年经审批在利民街路北、人民医院对面新建办公院落，县卫生局同期迁入，合署办公；1989 年，由股级升为正科级单位；1994 年撤县设市，改称昌邑市卫生防疫站；1998 年，迁址富昌街 41 号；2000 年 1 月，在院内建成卫生检验中心大楼并迁入；2008 年，昌邑市卫生防疫站更名为昌邑市疾病预防控制中心，原皮防站皮肤病预防职能并入，原防疫站卫生监督职能同期分出，成立昌邑市卫生监督大队。

昌邑市气象局

Chāngyì Shì Qìxiàng Jú

位于富昌街 2 号。东邻潍水一号小区，西邻五里村，南依文山森林公园，北至富昌街。

在上级气象主管机构和本级人民政府的领导下，根据授权承担本行政区域内气象工作的政府行政管理职能，依法履行气象主管机构的各项职责。

昌邑市气象局（2012 年） 照片提供：气象局

1959 年 1 月 1 日，昌邑县气候站正式成立运行，地址位于董家城后村东（今育新学校院内）；1960 年 3 月更名为昌邑县气候服务站，站址北迁 300 米至郝家城后村东（今育新学校体育场主席台一带）；

1965年12月更名为昌邑县气象服务站；1979年1月迁至石渠路北段路西（后称天水路31号）；1984年5月更名为昌邑县气象站；1988年9月更名为昌邑县气象局；1994年撤县立市，更名为昌邑市气象局；2011年1月迁至富昌街2号现址。

中国人民银行昌邑市支行
Zhōngguó Rénmín Yínháng Chāngyì Shì Zhīháng

位于天水路77号。东至天水路，西邻第一实验小学，南至富昌街，北邻人民银行宿舍区。

主要职能为贯彻执行货币政策、支付结算、国库管理、人民币反假、外汇管理、防范和化解县域金融风险、对县域经济金融发展进行调查研究等。

民国35年（1946）11月，北海银行昌邑县办事处成立，驻东冢区的小院村民房办公；民国37年（1948）6月迁址县城姜氏祠堂西院南屋，同年冬季迁址城里街路北、解放路以西院落，同年12月更名为中国人民银行昌邑县办事处；1951年1月升格为中国人民银行昌邑县支行；1956年5月，中国农业银行昌邑县支行成立，又于1957年5月并入中国人民银行昌邑县支行；1964年1月人民银行分设农业银行，所属基层办事处、营业所合署办公；1965年12月，昌邑县农业银行再次并入人民银行；1968年5月，成立中国人民银行昌邑县支行革命委员会；1969年4月实行军管，成立中国人民解放军中国人民银行昌邑县支行军事管制小组，同年12月恢复中国人民银行昌邑县支行；1971年2月与昌邑县财税办公室合并，成立昌邑县革命委员会财政金融局；1973年3月，昌邑县财政金融局撤销，恢复中国人民银行昌邑县支行；1980年10月，昌邑县恢复农业银行机构，人民银行与农业银行第三次分设；1982年新建四层沿街营业大楼；1984年1月成立中国工商银行昌邑县支行，与中国人民银行昌邑县支行合署办公，两块牌子；1986年6月中国工商银行昌邑县支行与中国人民银行昌邑县支行正式进行人员、财产分设，中国人民银行昌邑县支行自此停办存、汇款等经营性业务，开始专门行使中央银行职能；1994年昌邑撤县设市，更名为中国人民银行昌邑市支行，同年迁至天水路77号现址。

第三节 教育

潍坊环境工程职业学院
Wéifāng Huánjìnggōngchéng Zhíyè Xuéyuàn

潍坊环境工程职业学院（2020年） 摄影：李发宁

位于院校中街217号。东至新昌路，西至奎聚路，南至院校街，北临双石路。因专业设置致力于为城乡环境工程培养人才而得名。

2020年3月，经山东省人民政府批准，成立潍坊环境工程职业学院。一期总投资8亿元，占地34万平方米，建筑面积21.3万平方米。建有教学楼、实训楼、图书馆、学生公寓等23栋建筑。购置各类图书12万册、电子图书20万册。按照5G发展标准建设万兆智慧校园信息网络系统，打造智能教室140个。

学校专业特色鲜明，建设以智能制造为基础、以信息技术为支撑、以环境保护为特色、以健康养生为保障、以文化艺术为拓展的5个专业群，开设环境监测技术、智能机电技术、计算机应用技术、数字媒体艺术设计、中医康复技术等29个专业。面向全国10多个省份招生，在校生达6000余人。在职教职工335人，其中博士2人，研究生259人，高层次人才18人，双师型教师110人。

先后获“全国生态文明教育特色学院”“山东省产教融合示范院校”“山东省招生宣传创新高校”“山东省校园安全工作先进集体”“山东省节水型高校”“山东省最受中学信赖高职院校”等荣誉称号。

昌邑市第一中学
Chāngyì Shì Dìyī Zhōngxué

昌邑一中北海路旧址（1986年） 照片提供：张晓芬

位于一中南街1号。东至滨河西路，西至文东路，南至一中南街，北至院校中街。

因该校最早设置高中教学班而得名。

民国33年（1944）5月，昌邑、潍县合并为昌潍县，民国34年（1945）初在潍北张家院（今寒亭区张家院村）筹建中学；民国34年（1945）6月，昌潍县分为昌邑、潍县两县，同年秋天学校开始招生；民国35年（1946）1月学校正式成立，定名昌潍联办中学；民国36年（1947）年1月学校转移至平西县（今平度市）辛安村，又因战乱停办；民国36年（1947）6月在昌邑县马家围子村复课，更名为西海中学昌潍分校；民国36年（1947）7月学校北迁至昌邑县夏店村；民国36年（1947）9月因战事逼近，师生冒雨东迁至蓬莱金果山区，分散居住到群众家中躲避战火；民国36年（1947）10月师生返回昌邑，借东冢姜泊村民宅复课，学校更名为昌潍中学；民国37年（1948）1月昌潍中学因战事停办，学校领导及部分教师赴华东建国大学学习，部分学生参军参政，余者各自回家；民国37年（1948）10月在董家城后村借用董氏“五大门”宅院及福聚信东家董占祥宅院复课；民国38年（1949）2月学校更名为胶东区潍昌中学；民国38年（1949）5月更名为山东省立昌邑中学；1951年4月更名为山东省昌邑中学；1953年夏，学校迁入都昌故城遗址（今北海路实验中学校址）新落成校舍；1956年4月昌南县并入昌邑县，同年8月学校更名为山东昌邑第一中学，成为完全中学；1969年更名为昌邑县城关中学，属昌邑县城关公社管理，只招收高中班；1973年学校收归县管，更名为昌邑县第一中学；1994年6月昌邑撤县设市，同年7月学校更名为昌邑市第一中学至今；2010年8月，学校整体搬迁至潍河西岸现址。

昌邑一中现址新貌（2022年）　　摄影：李发宁

1984年至2008年期间，龙池中学、双台中学先后并入柳疃中学，柳疃中学又更名为昌邑市第六中学。2009年9月，昌邑六中并入昌邑市第一中学。

学校现址占地40万平方米，建筑面积14万平方米。建成创新实验室、仪器室、学科教室等54个。图书馆使用面积5000平方米，藏书40余万册。现有121个教学班，在校学生6009人。教职员工540人，研究生以上学历占比20%。

先后获“中国新样态联盟实验学校”“全国百强中学”“全国中学生信息学及物理奥赛金牌学校”“全国百所最具特色中学”等荣誉称号。

昌邑市文山中学
Chāngyì Shì Wénshān Zhōngxué

文山中学（2017 年） 摄影：李发宁

位于平安街 1356 号。东至新昌路，西至奎聚路，南至同大街，北至平安大街。因学校位于文山之南而得名。

民国 31 年（1942），昌邑县政府在龙池石桥村成立昌邑县第一小学，借用庙舍授课，庙舍大殿及西厢房为教室，东厢房为办公室。民国 33 年（1944）昌邑县与潍北县合并为昌潍县，学校改称昌潍县第一小学。民国 34 年（1945）6 月，昌潍县复分为昌邑县和潍北县，学校复称昌邑县第一小学。民国 34 年（1945）8 月日军投降，县第一小学和第二小学（驻张家车道村）师生分别迁址县城、郭疃和夏店，成立昌邑县第一、第二、第三小学，其中位于石桥村的县第一小学师生多数迁至县城，与县立高等小学合并，校址位于城里街路北凤鸣书院，继续称昌邑县第一小学；1950 年改称昌城小学，迁址张家当铺（今顺达家属院东区）；1952 年 10 月，张家当铺部分房舍改为师范速成学校，昌城小学部分班级分迁辛置小学、后街路北民房（城里街工商银行旧址北邻）临时授课；1953 年 7 月，师范速成班迁至昌邑中学（今昌邑一中北海路旧址）授课，昌城小学师生迁回张家当铺；1954 年秋更名昌城完小，迁东南汪地（今三和苑东区）新落成校区；1967 年学校更名为东方红小学；1968 年，因招收初中班更名为昌城联中；1978 年秋，在原有班级基础上招收高中班；1979 年，学校小学部师生分流到西关、东隅、南隅三处新建小学，剩余初中部和高中部改称城关中学；1993 年撤销初中部；1996 年更名为昌邑二中；2000 年 8 月更名为文山中学；2001 年 5 月迁平安街现址；2004 年增设初中部；2008 年昌邑三中（原围子中学）合并于文山中学。

学校占地面积 32 万平方米，建筑面积 15 万平方米。现有 119 个教学班，在校学生 5674 人。在职教职工 552 人，其中高级教师 149 人，一级教师 276 人，硕士研究生 90 多人。

先后获“全国平安和谐校园创建活动先进学校”“全国特色建设先进学校”“国家级德育工作先进实验学校”“全国群众体育先进单位”“国家手球奥林匹克后备人才训练基地”“山东省规范化学校”等荣誉称号。

潍坊市工业学校

Wéifāng Shì Gōngyè Xuéxiào

位于院校中街329号。东至奎聚路，西邻华龙府邸小区，南至院校街，北临双石路。因专业设置致力于为工业发展培养人才而得名。

1956年，昌邑县农业技术学校成立于南逄史家洼子村；1958年校址从史家洼子迁至董家城后五大门办学，同年9月更名为昌邑县农业大学；1960年停办；1978年在董家城后落成“五七”大学新校舍，1979年春招收农业技术班，学生40人；1981年4月改称昌邑县农业技术学校；1983年秋迁址宋庄，原宋庄中学并入，更名为昌邑县第一农技中学；1986年6月更名为昌邑县职业中专。1985年5月，昌邑县政府投资344万元，在县城石渠路1号（今已开发为天水盛和苑小区）兴建职业中专新校区；1986年在石渠路（今天水路）校区招收第一批新生；1987年宋庄校区师生并入县城石渠路（今天水路）校区；1988年6月，经省编委、省劳动厅批准，成立昌邑县技工学校，与昌邑县职业中专同校办学；1990年4月经省政府批准成立潍坊市工业学校，实行昌邑县职业中专、昌邑县技工学校、潍坊市工业学校一体化管理体制；2008年依托潍坊市工业学校将昌邑8所职业学校合并，组建昌邑市职业教育中心；2011年经潍坊市人社局批准，成立了潍坊市技师学院昌邑分院，同年在院校街奠基始建新校区；2014年迁至院校中街329号新址。

工业学校天水路旧址（2007年） 照片提供：陈翠萍

学校规划占地33.3万平方米，建筑面积10.7平方米，现有图书13.1万册，是国家级重点职业学校，省部级重点普通中专。开设有机电类、计算机类、汽车运用与维修类、财经类等18个专业，在校生4533人。教职员工339人， 其中专任教师318人，研究生58人，本科263人，高级讲师86人，双师型教师127人。

潍坊市工业学校（2017年） 摄影：李发宁

先后获“全国实践行知思想推进素质教育先进集体”“国家级重点中等职业学校”“全国科研工作先进单位”“全国素质教育先进单位”“全国创建平安校园示范学校”“全国校园安全先进集体”等荣誉称号，是国家教育部东西部联合办学“中国西部教育顾问单位”。

昌邑市文华学校
Chāngyì Shì Wénhuá Xuéxiào

位于院校东街 297 号（借用昌邑潍水学校北区办学）。东邻翰城学府小区，西邻董家隅庄村，南至院校东街，北邻张董村。取“文采华茂”之寓意而命名。

学校前身为山东昌邑成人中等专业学校，1994 年 4 月经山东省教育厅批准成立；1994 年 7 月起，学校招收高中音美特长生；2008 年开始筹办高考补习班，同时招收灵活制成人中专生；2014 年 6 月学校更名为昌邑市文华学校（位于城里西街 1 号），兼收应届生和复读生；2015 年 1 月迁至育新街 238 号（借用现昌邑市育新学校校舍办学）；2021 年 9 月迁址潍水学校北区。

学校有 18 个教学班，在校学生 800 余人，在职教职工 85 人，其中，高级教师 19 人，一级教师 30 人，获评省、市、县教学成果奖、教学能手、优秀教师 21 人次。

昌邑市实验中学
Chāngyì Shì Shíyàn Zhōngxué

位于城里西街 1 号。东至北海路，西邻金域观邸，南至城里西街，北邻昌邑一中教职工宿舍区。以承担新理念教学实验而得名。

学校始建于 1958 年，原名昌邑县城后小学，旧址位于今富昌街路北、人民银行西邻，现已转为第一实验小学校区。1960 年 7 月，城后小学改称昌邑县师范附小；1962 年 7 月改称昌邑县城后完全小学；1969 年增设初中班；1970 年更名为城关公社城后联中；1986 年改称城后初级中学，划为市直学校；1988 年改称城后学校；1991 年改称昌邑实验学校；1994 年，初中部、小学部独立办学，分别命名为实验中学、第二实验小学；1998 年，第二实验小学迁出，富昌街校区归实验中学独立使用；2010 年 9 月，实验中学迁北海路现址；2016 年，市委、市政府投资 1.5 亿元改扩建校园，占地 30914 平方米。

实验中学（2016 年）　　　　摄影：齐英杰

学校现有教学班45个，学生2115人，教职工203人，其中高级教师32人，中级教师94人。

先后获“全国诗教先进单位”“全国百所德育名校”“全国德育先进实验学校”“全国目标教学研究先进单位”“全国青少年足球特色学校”“中国国际动漫人才培养计划动漫教育实验学校”“全国青少年信息学奥林匹克联赛金牌学校”“全国首批STEM教育种子学校”等荣誉称号。

昌邑市育新学校
Chāngyì Shì Yùxīn Xuéxiào

育新学校（2020年）　　摄影：李发宁

位于育新街238号。东邻北苑小区，西至文昌北路，南邻教师公寓，北至育新街。因学校位于育新街路段而得名。

2004年6月，昌邑市外国语学校成立，为昌邑市实验中学与民间资本联办的国有民办学校，校址位于富昌街171号，办学层次为初中、小学。2005年9月，昌邑市外国语小学成立，校址为文昌北路44号（原市技工学校）；2008年9月，外国语学校从富昌街校区迁育新街现址，原外国语小学并入；2018年10月，学校更名为昌邑市育新外国语学校；2019年12月更名为昌邑市育新学校。

学校占地17.3万平方米，总建筑面积5.8万平方米。现有97个教学班，在校生近4300人，在职教职工304人，其中高级教师40人，研究生10人，获评省、市教学能手、优秀教师等89人次。

昌邑潍水学校
Chāngyì Wéishuǐ Xuéxiào

北校区位于院校东街297号，南校区位于298号。东邻翰城学府小区，西邻董家隅庄村，南、北两校区分立于院校东街南北两侧。因坐落于潍水之畔而得名。

潍水学校（2018年）　　摄影：齐英杰

昌邑潍水学校创建于2013年9月，是一所小学、初中九年一贯制学校。占地11.4万平方米，建有教学、实验、办公、餐厅、宿舍等配套楼宇21座，是市政府2012年确定的十大重点工程之一。现有74个教学班，学生3300余人。在职教职工人376人，其中，高级教师68人，中级教师126人；全国优秀教师1人，山东省教学能手1人，齐鲁名校长1人，齐鲁名师1人；本科及以上学历占100%，16人取得研究生学历。

先后荣获“全国足球特色学校”“全国国防教育示范学校”“山东省健康示范学校”“山东省心理健康教育先进单位”“山东省绿色学校”等荣誉称号。

昌邑市育秀学校
Chāngyì Shì Yùxiù Xuéxiào

育秀学校（2021年） 摄影：李树香

位于文昌南路726号。东至奎聚路，西至文昌南路，南邻大成府小区，北至兴昌街。以培育优秀人才之寓意而得名。

2014年8月，昌邑市育秀学校在兴昌街路南建成开课，为公办九年一贯制学校。学校占地面积6.7万平方米，建筑面积3.4平方米，共有2栋“E”字形教学楼群、1栋综合楼、1栋后勤楼、1个风雨操场、1个标准运动场。现有70个教学班，学生3087人。在职教职工218人，其中高级教师31人，一级教师75人；硕士研究生16人；潍坊市级及以上优秀教师、立德树人标兵、学科领军人才49人。

荣获“全国青少年校园足球特色学校”“第十一批数字化实验学校”“山东省绿色学校”“山东省文明校园”“山东省卫生先进单位”等荣誉称号。

昌邑市凤鸣学校
Chāngyì Shì Fèngmíng Xuéxiào

位于院校中街路南。东邻泰和华府小区，西邻东利集团，南邻五里村，北至院校中街。由本县清代书院名称传承而来。

凤鸣学校（2022年） 摄影：李发宁

2017年8月，昌邑市凤鸣学校在院校中街路南落成。占地3.1万平方米，建筑面积1.2万平方米，是一所集小学、初中于一体的九年一贯制公办学校。现有49个教学班，在校生2210余人。在职教职工151人，其中，高级教师19人，一级教师

47人，全部本科及以上学历。获评省级优秀教师1人，市级优秀教师1人，县级优秀教师19人。获评省、市、县教学能手及优秀班主任53人次。

昌邑市特殊教育学校
Chāngyì Shì Tèshūjiàoyù Xuéxiào

特殊教育学校（2021年）　　摄影：李发宁

位于双石路206号，李家埠村前。东至天水路，西邻奎聚中学，南邻奎聚中学操场，北至双石路。因办学方向而得名。

始建于1983年，原称昌邑县聋哑学校，校址位于今天水路政亨家园小区一带。2005年开始对义务教育阶段的残疾儿童实行“三免一补”（免杂费、免书本费、免住宿费、贫困生补助）政策；2010年8月30日更名为昌邑市特殊教育学校；2013年迁李家埠村前今址；2019年经潍坊市教育局批复，设立学前和中职部，实现了全面普及十五年免费特殊教育任务。

学校占地1.6万平方米，建筑面积6324平方米。配备家政训练室、卫生保健室、智力检测室、心理咨询室、感统训练室等24个功能教室。现有学生119名，教职工45名，学历达标率100%。学校被评为“山东省特教学校分类教学先进实验学校”。

昌邑市奎聚街道奎聚中学
Chāngyì Shì Kuíjù Jiēdào Kuíjù Zhōngxué

位于双石路208号。东邻昌邑市特殊教育学校，西邻李家埠小学，南临王士仪沟，北至双石路。以所属街道名称命名。

学校前身为张辛联中，成立于1971年，校址位于今奎聚街道张辛村前。1983年冬在张辛村东建成新校区并迁入，黄辛联中同期并入，沿用“张辛联中”校名；1995年迁李家埠村前新建校区，改称李家埠中心初中；2001年撤销李家埠镇，学校改称李家埠初中；2019年改称奎聚中学。

李家埠初级中学旧照（1985年）　照片提供：李发宁

学校占地面积 2.3 万平方米，建筑面积 7662 平方米，有教学班 5 个，教职工 28 人，在校学生 206 人。2022 年获“山东省绿色学校”荣誉称号。

昌邑市都昌街道新村学校
Chāngyì Shì Dūchāng Jiēdào Xīncūn Xuéxiào

新村中学旧照（2009 年）　　照片提供：马占杰

位于富昌街 369 号。东至都昌路，西临前埠社区，南至富昌街，北邻后埠社区。因建校之初校址位于工人新村片区而得名。

始建于 1986 年 9 月，原校址位于新村街 46 号（今天润一品小区东北部），因属于各大企业、周边村庄联合建设，命名为昌邑县工人子弟中学；1987 年更名为昌邑县新村初级中学，县直学校；1998 年更名为都昌街道新村初级中学；2012 年 12 月迁入现址新校；2013 年 9 月，双台初中、西永安初中并入；2021 年 12 月改称昌邑市都昌街道新村学校。

学校占地面积 4.9 万平方米，建筑面积 3 万平方米。现有 18 个教学班，教职工 82 人，学生 781 名。

先后荣获“全国创新合作教学研究与实践实验学校”“全国目标教学研究先进单位”“全国中学生生物学奥林匹克竞赛优胜单位”“山东省艺术教育示范学校”“中国国际动漫人才培养计划动漫教育实验学校”“山东省绿色校园”“山东省地震科普示范学校”“山东省中小学教师远程研修先进单位”等荣誉称号。

昌邑市第一实验小学
Chāngyì Shì Dìyī Shíyàn Xiǎoxué

位于富昌街 171 号。东邻人民银行，西邻于范社区，南至富昌街，北邻政亨育新苑小区。以承担新理念教学实验而得名。

一实小北海路旧址（2008 年）　照片提供：李发宁

学校前身为 1979 年成立的城关公社西

关小学，校址位于今北海路以东、城里街路北；1986年11月改为县直学校，更名为昌邑县实验小学；1994年，昌邑实验学校拆分为实验中学和第二实验小学，该校遂更名为昌邑市第一实验小学；2010年9月迁富昌街路北现址。

学校占地2.9万平方米，建筑面积2.2万平方米。藏书81000余册，设有高标准塑胶运动场地。现有44个教学班，在校生1991人。教职工156人，其中正高级教师1人，副高级教师23人。教师学历达标率100%。

先后荣获“全国目标教学先进单位”“全国德育重点课题研究学校”“全国语文主题学习优秀学校”“全国青少年足球特色学校”“全国青少年篮球特色学校”等荣誉称号。

昌邑市第二实验小学
Chāngyì Shì Dièr Shíyàn Xiǎoxué

第二实验小学（2021年）　　摄影：齐英杰

位于育新街249号。东邻盛和苑小区，西至北海路，南至育新街，北邻北海明居。

学校始建于1958年，原名昌邑县城后小学，旧址位于今富昌街路北、人民银行西邻，现已转为第一实验小学校区。1960年7月，城后小学改称昌邑县师范附小；1962年7月改称昌邑县城后完全小学；1969年增设初中班；1970年更名为城关公社城后联中；1986年改称城后初级中学，划为市直学校；1988年改称城后学校；1991年改称昌邑实验学校；1994年，初中部、小学部独立办学，分别命名为实验中学、第二实验小学；1998年，昌邑市第二实验小学迁至育新街249号现址；2019年10月，新建6000平方米小学部综合楼投入使用；2021年9月，新建幼儿园综合楼投入使用。

学校占地面积20620平方米，建筑面积19555平方米。小学部现有44个教学班，1850名学生，教职工92人。附属幼儿园有15个教学班，569名幼儿，教职工39人。现有高级教师18人，一级教师40人；潍坊市级教学能手16人，昌邑市级教学能手40人。教师学历达标率100%。

先后荣获“全国教育科研先进单位”“全国金星大队”“全国足球特色校”“山东省教学示范校”“山东省地震科普示范校”“山东省语言文字示范校”等荣誉称号。

昌邑市奎聚街道奎聚小学
Chāngyì Shì Kuíjù Jiēdào Kuíjù Xiǎoxué

位于解放路443号。东至解放路，西临天水路，南邻奎聚街道办事处教育管理办公室，北邻东利商城。以所属街道名称命名。

奎聚小学（2020年） 摄影：荆丽萍

学校成立于2014年8月，是一所新合并学校。2017年落成新教学楼，同年9月1日迁入启用。占地面积2.4万平方米，建筑面积1.9万平方米。学校现有42个教学班，在校学生1809人。在职教职工110人，市级以上骨干教师16人，县级以上骨干教师59人。

先后荣获“新百年教育联盟学校”“全国青少年足球特色学校”“山东省地震科普示范学校”“山东省首届教育科研十大示范学校”“山东教育宣传基地”“山东省绿色学校”等荣誉称号。

昌邑市奎聚街道文山小学
Chāngyì Shì Kuíjù Jiēdào Wénshān Xiǎoxué

位于城里东街118号。东邻吉祥锦绣城小区，西邻东隅社区，南至文山小学南巷，北至城里东街。因校园位于文山西麓而得名。

学校始建于1978年，1979年建成36间校舍，以村名定为东隅小学；1981年11月改称昌邑县城关镇中心小学；1982年圈建学校院墙和大门，建成教师伙房；1986年改称都昌镇中心小学；1997年改称奎聚街道中心小学；2003年改称奎聚街道奎聚小学；2014年改称奎聚街道文山小学。

文山小学（2022年） 摄影：荆丽萍

学校占地面积15384平方米。现有44个教学班，在校学生1880余人。在职教职工112人，其中高级教师12人，一级教师67人，硕士研究生3人，获评市级以上模范教师、特级教师、教书育人标兵、优秀教师等荣誉称号87人次。

昌邑市实验幼儿园

Chāngyì Shì Shíyàn Yòuéryuán

位于市府街15号。东邻邑城首府小区，西临北海路，南至市府街，北邻法院宿舍区。因办园性质而得名。

实验幼儿园（2015年）　　照片提供：蔺晓云

始建于1952年，原名昌邑县政府办公室托儿所（简称县托），借城里街民房办学；1956年迁至县委大院东南角平房（今市府街东首路北邑城首府小区东南角）；1964年昌邑县成立“贫下中农协会”，所舍转给“贫协”使用，托儿所迁至工会院落（今百货大楼南侧）临时办学；1969年工会院落拆除，原址兴建人民剧院，托儿所停办；1976年在县府街西段路北（税务局旧址东邻）新建托儿所院落，占地5907.6平方米，建平房两排；1978年院落建成复课，教职工10人，设大、中、小3个教学班；1987年增建教学楼1座，教职工增加至18人，设4个教学班；1988年8月更名为昌邑县直机关幼儿园，为厂（站）级全民事业单位；1993年1月，幼儿园移交昌邑县教育局管理；1999年7月，经昌邑市人民政府批复，正式更名为昌邑市实验幼儿园。

2004年11月成立昌邑市实验幼儿园北苑分园；2005年7月成立豫园分园；2013年9月，在文昌南路198号建成昌邑市实验幼儿园总园新址并迁入，市府街原校区改为实验幼儿园市直分园；2016年8月，与华龙房地产有限公司合作创办实验幼儿园龙成分园；2017年8月，与山东艾森集团合作创办实验幼儿园邑城分园；2019年8月，市直分园从实验幼儿园分出，调整为由市教体局直接管理的幼儿园。2021年3月奎聚街道小绿堡幼儿园并入，成立实验幼儿园潍水分园，2022年1月潍水分园从实验幼儿园分出，调整为由市教体局直接管理的幼儿园。

昌邑市市立幼儿园

Chāngyì Shì Shìlì Yòuéryuán

市立幼儿园（2019年）　　摄影：李发宁

位于市府街15号。东邻邑城首府小区，西临北海路，南至市府街，北邻法院宿舍区。因办园性质而得名。

市立幼儿园原属于昌邑市实验幼儿园市直分园，实验幼儿园始建于1952年，1978年在市府街今址新建园区。2013年9月，在文昌南路198号建成昌邑市实验幼儿园新址并启用，市府街园址继续收生，改为实验幼儿园市直分园。2019年8月，市直分园从实验幼儿园分出，更名为昌邑市市立幼儿园，成为市教体局直接管理的独立编制市直幼儿园，园址未变。2021年9月，新设昌邑市市立幼儿园邑城首府园区。

市立幼儿园本部现有教职工45人，设教学班10个；邑城首府园区现有教职工37人，设教学班11个。

昌邑市潍水幼儿园
Chāngyì Shì Wéishuǐ Yòuéryuán

位于新昌路198号，潍水蓝湾小区内。

原名昌邑市奎聚街道小绿堡幼儿园，成立于2013年5月，由潍坊翰鸿教育咨询有限公司投资兴办。2021年3月并入昌邑市实验幼儿园，改为全日制公办幼儿园，更名为实验幼儿园潍水分园。2022年1月从实验幼儿园分出，成为市教体局直接管理的市直幼儿园，更名为昌邑市潍水幼儿园，园址未变。

现有12个班级，在园幼儿350名，教职工45人，拥有2名潍坊教学能手，1名昌邑市教学能手。

第四节 医疗

昌邑市人民医院
Chāngyì Shì Rénmín Yīyuàn

人民医院门诊楼（2019 年） 摄影：褚光辉

位于利民街 636 号。东至北海路，西邻方天颐小区，南至新村街，北至利民街。

民国 37 年（1948）7 月，在城里街中段路南（墨水湾北崖姜氏祠堂西邻）成立公私合营“益民医院”，医护人员 10 名；1949 年 10 月，在益民医院的基础上成立了昌邑县立医院；1950 年 7 月，改称昌邑县卫生院；1956 年 10 月建立手术室；1957 年 10 月改称昌邑县人民医院；1958 年在利民街路南、青年路（今北海路）以西兴建人民医院新址，修建二层门诊楼一处；1959 年 10 月利民街新址建成并迁入；1980 年 3 月，人民医院三层平顶门诊楼落成；1988 年组建急诊科；1997 年，急诊科改建为急救中心，同时开通 120 急救电话；1999 年 10 月，六层门诊楼落成；2001 年 11 月，九层住院部大楼启用；2006 年 9 月，昌邑市职工医院大部分人员分流到人民医院，整合后改称人民医院城东分院；2008 年 8 月昌邑市卫生学校并入昌邑市人民医院；2008 年 9 月，原皮防站的预防功能划归市疾控中心，医疗功能及所有资产和债权债务划归人民医院；2009 年，市中医院、市立医院、李家埠卫生院、都昌卫生院、双台卫生院先后并入人民医院，市立医院和三处卫生院转型为社区卫生服务中心；2017 年 8 月，17 层门诊及外科大楼落成启用。2022 年 7 月，昌邑市中医院、奎聚社

人民医院旧照（1985 年） 照片提供：李发宁

区卫生服务中心、李家埠社区卫生服务中心从人民医院分出，迁至利民街187号中医院原址，合署办公。

昌邑市人民医院是二级甲等综合性医院，为集医、康、养、教、研于一体的集团化医疗机构。本部设置78个科室，辖皮肤病防治站、卫生学校以及都昌、双台等社区卫生服务中心。本部总建筑面积13万平方米，开放床位1100张。医院先后获得“国际爱婴医院”“中国医院竞争力排行榜百强医院”“慢性疾病标准化诊疗宣贯基地”“山东省医疗保险定点医院目标规范化管理先进单位”等荣誉称号。

昌邑市妇幼保健院
Chāngyì Shì Fùyòubǎojiàn Yuàn

位于平安东街945号。东邻智联大厦，西至滨河东路，南至平安东街，北邻水岸府邸小区。

1953年9月，昌邑县妇幼保健站成立，站址在城里街路南（姜氏祠堂西邻）县卫生院内，占房2间，人员3人；1961年10月，迁城里街东段路北草帽辫加工厂旧址；1965年迁利民街西段路南县人民医院内；1967年迁解放路与城里街路口东北角红十字会诊所院落；1975年迁东南汪地与防疫站同院办公；1978年设门诊，开始诊治妇幼疾病；1979年迁利民街卫生局办公大楼；1991年在富昌街西段路南（傅徐城后村对面）落成新址并迁入；1997年3月更名为昌邑市妇幼保健院；2015年2月，与市计划生育服务站、市生殖保健中心资源整合，迁址交通街68号原计生大楼，仍称昌邑市妇幼保健院，同时加挂昌邑市计划生育服务中心牌子；2017年5月迁潍水东岸今址；2020年5月，加挂昌邑市妇女儿童医院牌子。

妇幼保健院（2017年） 摄影：李发宁

现址占地面积4.5万平方米，建筑面积4.3万平方米，设床位280张，总投资3.2亿元。先后荣获“省级巾帼文明岗”“省级卫生先进单位”等60余项荣誉称号。

昌邑市中医院
Chāngyì Shì Zhōngyīyuàn

位于利民街187号。东邻东方家园西巷，西邻建筑设计院，南至利民街，北邻东店居民区。

该院始建于1988年10月，建院初期

有职工32人，其中卫生专业技术人员22人，搭建平房450平方米，开放床位8张；1991年门诊楼建成启用；1996年病房楼建成启用；2009年2月与市人民医院合并，迁至利民街636号市人民医院院内；2022年7月，昌邑市中医院回迁至利民街187号原址，恢复独立运行，奎聚社区卫生服务中心、李家埠社区卫生服务中心同期并入，合署办公。

昌邑市中医院（2022年）　　摄影：李发宁

昌邑市中医院是一所二级甲等综合性中医院，占地面积16100平方米，建筑面积114627平方米，开放床位180张。以黄元御故乡深厚的中医药文化底蕴为基础，中西并重，开展医疗康养结合服务。

奎聚社区卫生服务中心
Kuíjù Shèqū Wèishēng Fúwù Zhōngxīn

位于城里街235号。东邻东隅村，西至解放路，南至城里街，北邻东隅嘉苑小区。

城关卫生院旧影（1985年）　　照片提供：王冠杰

1958年秋，城关公社卫生院成立，地址位于城里街东段路南原广隆斋饭店西邻（今公园道壹号北侧中段）；1961年迁至城里街中段路南卫生防疫站旧址（今公园道壹号西北角一带）；1970年6月，位于解放路与城里街路口东北角的红十字会诊所撤销，房屋移交城关卫生院使用，卫生院门诊从城里街路南迁路北；1971年9月，卫生院在路北院址新建病房8间；1983年改称城关镇卫生院；1985年12月改称都昌镇卫生院；1989年8月更名为昌邑县骨科医院；1990年10月拆除原沿街平房门诊，1992年11月落成新门诊大楼，建筑面积2800平方米；2000年4月更名为昌邑市市立医院；2009年2月，市卫生系统资源整合，市立医院并入昌邑市人民医院，改称奎聚社区卫生服务中心；2022年7月，奎聚社区卫生服务中心从人民医院分出，与昌邑市中医院一套班子两块牌子。

昌邑市皮肤病防治站

Chāngyì Shì Pífūbìng Fángzhì Zhàn

位于利民街636号，昌邑市人民医院一号楼。东至北海路，西邻人民医院宿舍区，南至新村街，北至利民街。

皮防站都昌路旧址（2008年） 照片提供：李发宁

1958年，昌邑县在北孟乡北孟埠南筹建麻风村；1959年麻风村建成，开始收治麻风病人；1962年在麻风村东北300米处建平房7间，成立昌邑县麻风病防治站；1973年，在麻风病防治站的基础上成立昌邑县皮肤病防治站，沿用原麻风病防治站房舍；1977年，在旧站址东500米（今北孟镇戈井路西100米）新建站址；1992年，由北孟迁至县城岩山路（今都昌路）与交通街路口东北角位置；2008年6月迁富昌街333号卫校院内，交通街旧址兴建沁园春小区；2008年9月，皮肤病预防职能并入市疾控中心，其余人员及职能并入市人民医院，迁址利民街187号原中医院院内，隶属市卫生局，由市人民医院代管；2016年4月，皮肤病预防职能由疾控中心转回皮防站；2021年5月，皮防站由中医院院内迁址人民医院1号楼。

昌邑市红十字会

Chāngyì Shì Hóngshízì Huì

位于交通街68号，市级机关综合服务中心E座。东至中学路，西邻市级机关综合服务中心F座，南邻市级机关综合服务中心D座，北邻英达国际。

民国26年（1937），在东冢集东村大庙内成立中国红十字会昌邑县分会，因积极救治抗战伤员，又称“后方医院”；民国35年（1946）年后因战事解散；1951年在昌南县恢复分会工作，驻址北孟区北孟村；1956年昌南县复并昌邑，“中国红十字会昌南县分会”改称“昌邑县红十字会”，迁址县城西北刘家道照村；1958年8月并入卫生局合署办公，同年成立红十字会诊所，位于解放路以东、城里街路南；1959年10月，诊所迁墨水湾北崖人民医院旧址，又相继移址西门里路北市场交易管理所旧址（今服装厂南楼位置）、张家当铺北院沿街房舍；1967年在解放路与城里街路口东北角建成新诊所并迁入；1970年红十字会取消，诊所房舍归城关卫生院使用。1982年7月恢复昌邑县红十字会，红十字会机关驻卫生局合署办公；1999 年 1 月，昌邑市在红十字会基础上成立了献血工作委员会；2019 年 7 月，昌邑市红十字会办公室更名为昌邑市红十字会服务中心；2021 年 5 月，更名为昌邑市红十字会机关，驻卫健局办公。

昌邑市卫生学校
Chāngyì Shì Wèishēng Xuéxiào

卫生学校富昌街旧址（2008 年） 摄影：王宏志

位于利民街636号昌邑市人民医院内。东至北海路，西邻人民医院宿舍区，南至新村街，北至利民街。

1965 年，昌邑县半工半读卫生学校成立，地址位于县城西郊红埠口（后来的五七纸厂位置）；1972 年改称昌邑县卫生学校，校址在县人民医院内，以前后两排共 24 间平房作为校舍和职工宿舍；1993 年 8 月迁富昌街 333 号新建校区，占地面积 7992 平方米，建筑面积 2006 平方米，设有标准化教室、电教室、实验室、办公室、教研室及财务、后勤等科室。1994 年撤县设市，更名为昌邑市卫生学校；2008 年 8 月 20 日，根据昌邑市委编〔2008〕16 号文件，昌邑市卫生学校合并至昌邑市人民医院，保留编制，富昌街原校址改为奎聚社区卫生服务中心预防接种门诊；2016 年 4 月，加挂“昌邑市卫生技术培训中心”牌子。

第三章
政区及居民点

第一节 奎聚

奎聚街道
Kuíjù Jiēdào

位于北纬36°49′04″～36°55′06″东经119°18′11″～119°27′21″。地处潍河西岸，主城区北海路以东，为昌邑市人民政府驻地。东与围子街道、卜庄镇隔潍河相望，北与柳疃镇、龙池镇毗连，西、南部与都昌街道接壤。因昌邑元代故城东城门——奎聚门位于辖区内而得名。奎聚门遗址位于今城里街北海公园南门一带。街道办事处驻昌邑市奎聚路155号，电话区号0536，邮政编码261300。

1950年7月属昌邑一区。1955年11月改称城关区。1958年2月改称城关镇，9月成立红旗人民公社，12月改称城关人民公社。1962年5月析置王耨人民公社。1982年4月复称城关镇。1984年10月析置李家埠乡。1985年9月城关镇更名都昌镇。1997年12月撤销都昌镇，分设都昌、奎聚两个街道。奎聚街道辖原都昌镇北海路以东区域。2001年3月，撤销李家埠镇，整建制并入奎聚街道。

地处潍河下游，地势南高北低，大部属潍河冲积平原。最高点文山海拔42.5米，最低点陶埠村海拔5米。潍河自南向北沿东界流经辖区河段10千米；夹沟河自南向北沿西界流经辖区河段3千米；王士仪沟源于境内，北注堤河。

“潍水环清”“游沼荷香”“震台月霁”“东山晚照”4处昌邑古八景发源于辖区内。现存有傅振邦故居、黄元御墓、姜氏祠堂、潍河碉堡群等省级文物保护单位。为昌邑核雕、昌邑家堂画、传统麦秸画等非遗文化项目发源地。

辖58个行政村和1个居民委员会，3.47万户，9.5万人。汉族为主，另有蒙古、回、满等9个少数民族共75人。辖区总面积70.78平方千米，耕地面积3.87万亩，以小麦、玉米、大姜等种植为主，另有林果和苗木产业及畜牧养殖业。工业以纺织、印染为主。2021年实现公共财政预算收入1.5亿元，规模以上工业实现销售收入20.05亿元、利税0.63亿元，规模以上批零住餐销售总额10.9亿元，规模以上服务业营业收入1.99亿元，农民人均可支配收入2.48万元。

城关镇人民政府旧影（1985 年） 照片提供：李发宁

奎聚一隅 摄影：李树香

奎聚山楂园（2021 年）　　　　摄影：李发宁

奎聚街道办事处揭牌仪式（1997 年）　　　　照片提供：齐乃禹

奎聚街道街区新貌（2021 年）

摄影：李发宁

奎聚城镇居民点

金域华府小区
Jīnyùhuáfǔ Xiǎoqū

位于奎聚路369号，奎聚街道府前社区。东至奎聚路，西至文昌南路，南至兴昌街，北至南苑东街。以吉祥嘉言命名。住宅建筑面积134285平方米，绿地面积34903平方米。住宅楼30栋，2036户。2014年南区入住，2017年北区入住。

城市金典小区
Chéngshìjīndiǎn Xiǎoqū

位于奎聚路259号，奎聚街道府前社区。东至奎聚路，西至文昌路，南至南苑东街，北至同大街。以时代嘉言命名。建筑面积99900平方米，绿地面积60000平方米。住宅楼45栋，1260户。2013年建成入住。

天水家园
Tiānshuǐ Jiāyuán

位于天水路158号，奎聚街道府前社区。东至天水路，西邻辛置小学，南邻辛置一村，北至平安街。因小区临天水路而建，故名。占地面积140000平方米，建筑面积121600平方米，绿地面积40000多平方米。住宅楼23栋，1084户，2014年首期建成入住。

绿景家园
Lǜjǐng Jiāyuán

位于同大街533号，奎聚街道府前社区。东至解放路，西至天水路，南至同大街，北邻引如佳家居生活广场。因小区西侧与南侧两面环水，绿化景致环绕而得名。占地面积30000平方米，建筑面积21000平方米，绿地面积9000平方米。住宅楼8栋，230户。2009年首期建成入住。

润泽华庭小区
Rùnzéhuátíng Xiǎoqū

位于解放路599号，奎聚街道府前社区。东至解放路，西至天水路，南邻辛置三村，北至同大街。因小区依石渠水系而建，故名。建筑面积232455平方米，首期绿地面积20579平方米。住宅楼19栋，1060户。2021年首期建成入住。

美澳嘉苑
Měiào Jiāyuàn

位于解放路586号，奎聚街道府前社区。东至文昌南路，西至解放路，南至南苑东街，北至同大街。以开发商字号命名。建筑面积98266平方米，绿地面积13600平方米。住宅楼11栋，579户。2019年建成入住。

挚和园小区
Zhìhéyuán Xiǎoqū

位于解放路518号，奎聚街道府前社区。东至文昌南路，西至解放路，南至同大街，北邻翰林苑A区。以吉祥嘉言命名。建筑面积68931平方米，绿地面积8585平方米。住宅楼11栋，896户。2012年建成入住。

翰林苑小区
Hànlínyuàn Xiǎoqū

位于解放路452号，奎聚街道府前社区。东至文昌南路，西至解放路，南邻挚和园小区，北邻翰林大厦。以吉祥嘉言命名。建筑面积104085平方米，绿地面积20100平方米。住宅楼21栋，720户。2004年建成入住。

君悦花园
Jūnyuè Huāyuán

位于奎聚路666号，奎聚街道府新社区。东邻北庄头村，西至奎聚路，南至南苑东街，北邻汇昌央玺小区。以吉祥嘉言命名。占地面积72848平方米，建筑面积172000平方米，绿地面积37019平方米。住宅楼16栋，784户。2016年建成入住。

邑城水岸小区
Yìchéngshuǐàn Xiǎoqū

位于平安街1156号，奎聚街道府新社区。东至滨河西路，西至新昌路，南至同大街，北至平安街。因小区毗邻潍水风情湿地公园，故以“水岸”命名。建筑面积222323平方米，绿地面积59390平方米。住宅楼54栋，1812户。2011年建成入住。

豫园小区
Yùyuán Xiǎoqū

位于交通街525号，奎聚街道文昌社区。东邻富润国际，西至建设路，南至交通街，北至山前街。借用上海知名景点命名。建筑面积132000平方米，绿地面积42000平方米。多层住宅楼31栋，二层住宅楼168栋，1062户。2004年首期建成入住。

阳光嘉园
Yángguāng Jiāyuán

位于交通街461号，奎聚街道文昌社区。东至天水路，西至北海路，南至新兴街，北至新村街。因初建时尚处于城区南郊，视线开阔，取“阳光充足”之意命名。占地面积174841平方米，建筑面积234789平方米，绿地面积61000平方米。住宅楼42栋，1116户。2006年首期建成入住。

晟安瑞景苑
Shèngān Ruìjǐngyuàn

位于利民街 598 号，奎聚街道文昌社区。东至天水路，西邻维客利购物广场，南至新村街，北至利民街。以吉祥嘉言命名。占地面积 10118 平方米，建筑面积 40560 平方米，绿地面积 13900 平方米。住宅楼 13 栋，408 户。2017 年建成入住。

三和苑
Sānhé Yuàn

A 区位于文昌南路 77 号，B 区位于利民街 366 号，C 区位于解放路 192 号，均属奎聚街道城关社区。由三方投资合作开发，取“三家和睦”之意命名。东至文昌南路，西至解放路，南至新兴街，北至利民街。占地面积 71000 平方米，建筑面积 142595 平方米，绿地面积 34000 平方米。住宅楼 29 栋，1078 户。首期 2013 年建成入住。

新兴家园
Xīnxīng Jiāyuán

位于新兴街 216 号，奎聚街道城关社区。东邻世纪华苑，西至文昌南路，南邻名将花园，北至新兴街。因位于新兴街路段而得名。占地面积 36000 平方米，建筑面积 64714 平方米，绿地面积 25885 平方米。住宅楼 18 栋，566 户。2008 年建成入住。

世纪华苑
Shìjì Huáyuàn

位于新兴街 151 号，奎聚街道城关社区。东邻文苑小区，西邻新兴家园，南邻名将花园，北至新兴街。以吉祥嘉言命名。建筑面积 23198 平方米，绿地面积 15813 平方米。住宅楼 10 栋，202 户。2009 年 2 月动工兴建，2011 年 12 月首期入住。

名将花园
Míngjiàng Huāyuán

位于文昌南路 118 号，奎聚街道城关社区。东邻奎聚街道办事处，西至文昌南路，南至交通街，北邻新兴家园。因位于铁匠营村域而得名。占地面积 25000 平方米，建筑面积 46357 平方米，绿地面积 16225 平方米。有住宅楼 20 栋，626 户。2008 年首期入住。

泰和花园
Tàihé Huāyuán

位于文昌南路 123 号，奎聚街道城关社区。东至文昌南路，西至解放路，南至交通街，北邻吉祥苑小区。以吉祥嘉言命名。占地面积 31000 平方米，建筑面积 89260 平方米，绿地面积 31241 平方米。住宅楼 18 栋，580 户。2012 年建成入住。

三生花园
Sānshēng Huāyuán

位于解放路 368 号，奎聚街道城关社区。东邻市级机关综合服务中心 G 座，西至解放路，南邻市级机关综合服务中心 A 座，北至交通街。取《道德经》“三生万物”之哲理名句命名。占地面积 31000 平方米，建筑面积 64005 平方米，绿地面积 21505 平方米。住宅楼 4 栋，342 户。2012 年建成入住。

文苑小区
Wényuàn Xiǎoqū

南区位于新兴街 150 号，北区位于新兴街 167 号，均属奎聚街道城关社区。东至奎聚路，西邻世纪华苑，南邻昌邑市纪委，北至利民街。因昌邑古城东南角城墙上曾有文昌阁，小区又建于新城东南隅，初拟命名“文昌苑”，后因与其他小区名字接近，最终以“文苑”定名。占地面积 48000 平方米，建筑面积 99577 平方米，绿地面积 35000 平方米。住宅楼 31 栋，748 户。2009 年首期建成入住。

城东小区
Chéngdōng Xiǎoqū

位于文昌南路 78 号，奎聚街道城关社区。东邻燃料公司宿舍，西至文昌南路，南邻和苑小区，北至利民街。因小区位于昌邑古城东城墙之外，以位置命名。建筑面积 23000 平方米。住宅楼 4 栋，110 户。1995 年建成入住。

怡景华庭小区
Yíjǐnghuátíng Xiǎoqū

位于利民街 435 号，奎聚街道大湾社区。东邻医药大厦，西邻农机局宿舍，南至利民街，北邻西关村。因小区地处繁华商业区，故以“华庭”称之。占地面积 13000 平方米，建筑面积 12741 平方米，绿地面积 300 平方米。住宅楼 3 栋，118 户。2003 年建成入住。

昌城花园
Chāngchéng Huāyuán

位于城里街路南，奎聚街道大湾社区。东邻姜氏祠堂，西邻顺达宿舍，南邻粮食局宿舍，北至城里街。因位于昌邑古城中心区域，故名。占地面积 8866 平方米，建筑面积 8836 平方米。住宅楼 2 栋，现有住户 35 户。2020 年建成入住。

顺达宿舍
Shùndá Sùshè

位于天水路88号，奎聚街道大湾社区。东邻昌城花园，西至天水路，南邻昌城宾馆，北至城里街。因顺达集团职工集资建房而得名。建筑面积16400平方米。住宅楼4栋，194户。1998年5月首期建成入住。

公园道壹号小区
Gōngyuándàoyīhào Xiǎoqū

位于利民街285号，奎聚街道大湾社区。东至文昌南路，西至解放路，南至利民街，北至城里街。因小区毗邻北海公园南门而得名。占地面积142008平方米，建筑面积101882平方米，绿地面积40000平方米。住宅楼16栋，862户。2016年建成入住。

吉祥锦绣城
Jíxiángjǐnxiù Chéng

位于城里东街96号，奎聚街道大湾社区。东至奎聚路，西邻文山小学，南至文山小学南巷，北邻东隅村。因小区位于清康熙年间苏州织造李煦故里东隅村村域，故以“锦绣”为名。占地面积22140平方米，建筑面积22000平方米，绿地面积70平方米。住宅楼7栋，210户。2010年建成入住。

中央华府
Zhōngyāng Huáfǔ

位于市府街6号，奎聚街道大湾社区。东至无名路，西至北海路，南邻新嘉城创业园，北至市府街。因毗邻中央商务区而得名。占地面积121228平方米，建筑面积89528平方米，绿地面积30000平方米。住宅楼23栋，787户。2019年建成入住。

中央御景小区
Zhōngyāngyùjǐng Xiǎoqū

位于市府街8号，奎聚街道大湾社区。东邻新嘉国际大酒店，西至无名路，南邻时代广场，北至市府街。因毗邻中央商务区而得名。占地面积74000平方米，建筑面积56788平方米，绿地面积10000平方米。住宅楼10栋，622户。2011年建成入住。

邑城首府
Yìchéng Shǒufǔ

位于天水路79号，奎聚街道大湾社区。东至天水路，西邻公安局宿舍，南至市府街，北至富昌街。因小区建于昌邑市人民政府旧址，故名。占地面积140000平方米，建筑面积119737平方米，绿地面积19475平方米。住宅楼13栋，768户。2021年建成入住。

富邦广电家园
Fùbāngguǎngdiàn Jiāyuán

位于天水路36号，奎聚街道大湾社区。东邻董家城后村，西至天水路，南邻昌邑宾馆，北至富昌街。因小区建于昌邑市广播电视局旧址而得名。占地面积28842平方米，建筑面积26962平方米，绿地面积1777平方米。住宅楼2栋，204户。2015年建成入住。

北海花园
Běihǎi Huāyuán

位于富昌街185号，奎聚街道大湾社区。东至北海公园，西至解放路，南邻东隅村，北至富昌街。因毗邻北海公园而得名。占地面积40000平方米，建筑面积30000平方米，绿地面积9000平方米。住宅楼7栋，258户。2010年首期入住。

东昇花园
Dōngshēng Huāyuán

位于奎聚路20号，奎聚街道大湾社区。东邻东方丽都，西至奎聚路，南邻家家悦超市，北邻车辆管理所。因项目位于城区东部，以“旭日东升”之意命名。占地面积69678平方米，建筑面积54808平方米，绿地面积14700平方米。住宅楼18栋，430户。2015年建成入住。

于范社区
Yúfàn Shèqū

位于富昌街199号，奎聚街道富昌社区。东邻第一实验小学，西邻金汇大厦，南至富昌街，北邻灶户盐化宿舍。因小区为于范城后村回迁项目，以项目属性命名。建筑面积37000平方米，绿地面积10000平方米。住宅楼8栋，288户。2012年建成入住。

育新苑
Yùxīn Yuàn

位于育新街290号，奎聚街道富昌社区。东邻政亨家园，西邻盐业公司宿舍，南邻第一实验小学，北至育新街。因位于育新街路段而得名。建筑面积112500平方米，绿地面积5800平方米。住宅楼22栋，802户。1999年建成入住。

政亨家园
Zhènghēng Jiāyuán

位于天水路37号，奎聚街道富昌社区。东至天水路，西邻育新苑小区，南邻人民银行，北至育新街。以开发商字号命名。占地面积30000平方米，建筑面积123000平方米，绿地面积56000平方米。住宅楼24栋，784户。2012年建成入住。

天水盛和苑
Tiānshuǐshènghé Yuàn

位于天水路9号，奎聚街道富昌社区。东至天水路，西邻北海明居，南至育新街，北至院校街。以相邻街道名称命名。占地面积112000平方米，建筑面积261890平方米，绿地面积52797平方米。住宅楼39栋，1438户。2017年建成入住。

郝家城后社区
Hǎojiāchénghòu Shèqū

位于解放路19号，奎聚街道富昌社区。东至解放路，西至天水路，南邻昌邑市财政局，北邻城后花园B区。因小区为郝家城后村回迁项目，以项目属性命名。占地面积104000平方米，建筑面积94936平方米，绿地面积28480平方米。住宅楼22栋，677户。2011年建成入住。

城后花园A区
Chénghòuhuāyuán A Qū

位于解放路1号，奎聚街道富昌社区。东至解放路，西至天水路，南至育新街，北至院校街。因小区位于郝家城后村域，以位置命名。占地面积65000平方米，建筑面积105022平方米，绿地面积21223平方米。住宅楼14栋，444户。一期2007年建成入住，二期建设中。

城后花园B区
Chénghòuhuāyuán B qū

位于解放路9号，奎聚街道富昌社区。东至解放路，西至天水路，南邻郝家城后社区，北至育新街。因小区位于郝家城后村域，以位置命名。占地面积58000平方米，建筑面积104412平方米，绿地面积26784平方米。住宅楼14栋，617户。2011年首期建成入住，二期建设中。

宝润花园
Bǎorùn Huāyuán

位于天水路2号，奎聚街道富昌社区。以公司字号命名。东邻城后花园A区，西至天水路，南至宝润花园南巷，北至院校街。因小区建于宝润天然气公司对面而得名。建筑面积29560平方米，绿地面积2200平方米。住宅楼5栋，别墅3排，184户。2002年建成入住。

颐城华府
Yíchéng Huáfǔ

位于育新街209号，奎聚街道富昌社区。东至文昌北路，西至解放路，南至育新街，北至院校街。以吉祥嘉言命名。占地面积150620平方米，建筑面积99522平方米，绿地面积40419平方米。住宅楼18栋，884户。2016年建成入住。

蔚蓝海岸小区
Wèilánhǎiàn Xiǎoqū

位于解放路16号，奎聚街道富昌社区。东邻文昌园，西至解放路，南至富昌街，北至育新街。因昌邑市北部沿海，以城市区位特点命名。占地面积34700平方米，建筑面积56900平方米，绿地面积15568平方米。住宅楼10栋，470户。2013年建成入住。

文昌园
Wénchāng Yuán

位于文昌北路35号，奎聚街道富昌社区。东至文昌北路，西邻蔚蓝海岸，南邻林业苗圃宿舍，北至育新街。因昌邑历史上曾有文昌阁、文昌庙，以历史建筑名称命名。占地面积9576平方米，建筑面积18000平方米，绿地面积4400平方米。住宅楼5栋，185户。2007年建成入住。

颐景园
Yíjǐng Yuán

位于富昌街55号，奎聚街道富昌社区。东邻疾控中心，西至文昌北路，南至富昌街，北邻外国语学校教师公寓。因小区毗邻北海公园，取“颐养美景中”之意命名。占地面积42000平方米，建筑面积81823平方米，绿地面积12572平方米。住宅楼16栋，431户。2012年建成入住。

北苑小区
Běiyuàn Xiǎoqū

位于奎聚路35号，奎聚街道富昌社区。东至奎聚路，西邻育新学校，南邻农业发展银行，北至育新街。因建造之初属于城区北郊，以地理位置命名。占地面积113000平方米，建筑面积117654平方米，绿地面积51180平方米。住宅楼29栋，975户。2004年建成入住。

书香苑
Shūxiāng Yuàn

位于育新街203号，奎聚街道富昌社区。东邻聚龙苑，西邻育新学校体育场，南至育新街，北至院校街。因毗邻育新学校而得名。占地面积62139平方米，住宅建筑面积89909平方米，绿地面积12588平方米。住宅楼23栋，946户。2010年建成入住。

文景苑
Wénjǐng Yuàn

位于奎聚路10号，奎聚街道东城社区。东邻盛华城小区，西至奎聚路，南邻车辆管理所，北邻四达纺织公司。因周边分布多所学校而得名。建筑面积24300平方米，绿地面积4800平方米。住宅楼5栋，180户。2014年建成入住。

盛华城
Shènghuá Chéng

位于新昌路 7 号，奎聚街道东城社区。东至新昌路，西邻文景苑，南邻东方丽都，北至院校街。以吉祥嘉言命名。占地面积 133200 平方米，建筑面积 234040 平方米，一期绿地面积 14700 平方米。住宅楼 22 栋，682 户。2014 年一期建成入住。

东方丽都小区
Dōngfānglìdū Xiǎoqū

位于富昌街 7 号，奎聚街道东城社区。东至新昌路，西邻家家悦超市，南至富昌街，北邻盛华城。因位于城区东部而得名。占地面积 96707 平方米，建筑面积 101200 平方米，绿地面积 38456 平方米。住宅楼 22 栋，730 户。2012 年建成入住。

同新家园
Tóngxīn Jiāyuán

位于城里东街 63 号，奎聚街道东城社区。东邻东方家园，西至奎聚路，南至城里东街，北邻五洲电器公司。该小区楼宇由同大集团、新昌集团、市教育局、农信联社、东隅小学（今文山小学）、服装厂、监理中心等单位的职工房改房和城建开发公司的部分商品房组成。2002 年市政府组织对小区楼宇进行统一改造，同期以“同大”和“新昌”两公司字号命名为同新家园。建筑面积 77922 平方米，绿化面积 25600 平方米。住宅楼 32 栋，959 户。1996 年首期入住。

东方家园
Dōngfāng Jiāyuán

位于利民街 49 号，奎聚街道东城社区。东至新昌路，西邻同新家园，南至利民街，北至富昌街。因位于城区东部而得名。占地面积 170800 平方米，建筑面积 216800 平方米，绿地面积 79000 平方米。住宅楼 51 栋，1668 户。2004 年首期入住。

怡和花园
Yíhé Huāyuán

位于中学路 88 号，奎聚街道新兴社区。东邻西台社区，西至奎聚路，南邻天和名苑，北至新兴街。取“怡养顺和”之意命名。占地面积 57000 平方米，建筑面积 48490 平方米，绿地面积 10000 平方米。住宅楼 13 栋，435 户。2011 年建成入住。

盛世名城小区
Shèngshìmíngchéng Xiǎoqū

位于奎聚路216号，奎聚街道新兴社区。东邻怡和花园，西至奎聚路，南邻怡和花园，北至新兴街。以吉祥嘉言命名。建筑面积21653平方米。住宅楼6栋，142户。2006年5月动工兴建，2007年12月交付入住。

丽景苑
Lìjǐng Yuàn

位于新昌路101号，奎聚街道新兴社区。东至新昌路，西邻面粉厂宿舍，南至新兴街，北邻人寿保险公司宿舍。因东临文山，以周边景色特点命名。占地面积2429平方米，建筑面积7023平方米，绿地面积20平方米。住宅楼2栋，59户。2007年建成入住。

天和名苑
Tiānhé Míngyuàn

位于交通街157号，奎聚街道新兴社区。东至新昌路，西至奎聚路，南至交通街，北邻怡和花园。根据小区园林特色，取“自然和顺”之意命名。建筑面积52000平方米，绿地面积15600平方米。住宅楼11栋，396户。2010年5月动工兴建，2012年12月首期入住。

农信小区
Nóngxìn Xiǎoqū

位于新昌路239号，奎聚街道新兴社区。东至新昌路，西至中学路，南至平安街，北至交通街。因小区由农信系统职工集资兴建，故名。占地面积62000平方米，建筑面积68266平方米，绿地面积 16667平方米。住宅楼16栋，400户。2010年建成入住。

新嘉新天地小区
Xīnjiā Xīntiāndì Xiǎoqū

位于奎聚路120号，奎聚街道新兴社区。东邻文景明居，西至奎聚路，南至新兴街，北至利民街。以开发商字号命名。建筑面积45680平方米，绿地面积14682平方米。2栋高层，12栋多层，334户。2007年1月动工，2008年9月首期入住。

文景明居小区
Wénjǐngmíngjū Xiǎoqū

位于利民街86号，奎聚街道新兴社区。东邻面粉厂职工宿舍 ，西邻新嘉新天地小区，南至新兴街，北至利民街。小区命名源自“文景之治”，寓意居民生活安宁富足。建筑面积60846平方米，绿地面积21296平方米。多层住宅楼16栋，540户。2005年12月动工，2008年9月建成入住。

潍水蓝湾
Wéishuǐ Lánwān

位于新昌路198号，奎聚街道潍水社区。东至滨河西路，西至新昌路，南至平安街，北至交通街。小区东临潍水风情湿地公园，以公园水体景致而得名。占地面积289710平方米，住宅建筑面积303216平方米，绿地面积120000平方米。住宅楼55栋，别墅26栋，3000户。2007年首期建成入住。

贵和堂小区
Guìhétáng Xiǎoqū

位于滨河西路198号，奎聚街道潍水社区。东至滨河西路，西邻文昌花园，南至交通街，北邻潍水龙城。以吉祥嘉言命名。建筑面积24275平方米，绿地面积7000平方米。住宅楼3栋，104户。2011年建成入住。

文昌花园
Wénchāng Huāyuán

位于文东路南段路东，奎聚街道潍水社区。东邻贵和堂小区，西至文东路，南至交通街，北邻潍水龙城。小区西依文山，以文山顶上文昌祠之名得名。占地面积110000平方米，建筑面积64000平方米，绿地面积约26000平方米。住宅楼13栋，474户。2011年建成入住。

半山兰亭小区
Bànshānlántíng Xiǎoqū

位于新兴街19号，奎聚街道潍水社区。东邻于家山下村，西邻文山森林公园，南至新兴街，北邻文山森林公园。因小区建于文山南麓坡地，小区内又建有多处凉亭景观，故名。占地面积25995平方米，建筑面积47885平方米，绿地面积9306平方米。住宅楼9栋，240户。2020年建成入住。

翠峰御景小区
Cuìfēngyùjǐng Xiǎoqū

位于新兴街59号，奎聚街道潍水社区。东至文山路，西至新昌路，南至新兴街，北至利民街。因毗邻文山森林公园而得名。建筑面积96000平方米，绿地面积9680平方米。住宅楼15栋，442户。2015年首期入住。

东方国际小区
Dōngfāngguójì Xiǎoqū

位于城里东街5号，奎聚街道文山社区。东邻文山森林公园，西至新昌路，南至城里东街，北至富昌街。因位于主城区东部而得名。占地面积72000平方米，建筑面积83000平方米，绿地面积2880平方米。住宅楼19栋，572户。2015年首期建成入住。

东苑小区
Dōngyuàn Xiǎoqū

位于城里东街东首路南，奎聚街道文山社区。东邻文山森林公园，西至新昌路，南邻建筑公司宿舍，北至城里东街。因初建时位于昌邑城区东郊而得名。占地面积7700平方米，建筑面积77003平方米。住宅楼12栋，现有住户109户。1995年建成入住。

潍水龙城
Wéishuǐ Lóngchéng

位于滨河西路99号，奎聚街道文山社区。东至滨河西路，西至文东路，南邻贵和堂小区，北至一中南街。因小区位于潍河岸边而得名。占地面积106000平方米，建筑面积236432平方米，绿地面积62000平方米。住宅楼24栋，1612户。2014年首期建成入住。

滨河嘉园
Bīnhé Jiāyuán

位于滨河西路309号，奎聚街道文山社区。东至滨河西路，西邻潍水龙城，南邻潍水龙城，北至一中南街。因小区位于潍河岸边而得名。占地面积51416平方米，建筑面积24476平方米，绿地面积23857平方米。别墅35座，53户。2012年建成入住。

文山花园
Wénshān Huāyuán

位于文东路175号，奎聚街道文山社区。东至文东路，西邻泰和华府，南邻潍水壹号，北邻龙源国际。因位于文山脚下而得名。住宅建筑面积73656平方米，绿地面积6500平方米。住宅楼25栋，744户。2010年首期建成入住。

龙源国际小区
Lóngyuánguójì Xiǎoqū

位于院校中街 18号，奎聚街道文山社区。东至文东路，西邻泰和华府，南邻文山花园，北至院校中街。以时代嘉言命名。住宅建筑面积72082平方米，绿地面积14199平方米。住宅楼26栋，1041户。2011年建成入住。

泰和华府
Tàihé Huáfǔ

位于院校中街98号，奎聚街道文山社区。东邻龙源国际，西邻凤鸣学校，南邻昌邑市气象局，北至院校中街。以开发商字号定名。建筑面积56350平方米，绿地面积16100平方米。住宅楼29栋，795户。2017年建成入住。

潍水花园
Wéishuǐ Huāyuán

位于院校中街1号,奎聚街道文山社区。东至滨河西路,西邻文泽苑,南至院校中街,北邻滨河花园。因居潍水之畔而得名。占地面积72240平方米,建筑面积120753平方米,绿地面积53000平方米。住宅楼14栋,686户。2014年首期建成入住。

文泽苑
Wénzé Yuàn

位于院校中街3号,奎聚街道文山社区。东邻潍水花园,西邻龙泽学校,南至院校中街,北至建设村。因与昌邑一中为邻,取“文韵润泽”之意命名。占地面积37075平方米,建筑面积27300平方米,绿地面积12635平方米。住宅楼22栋,91户。2017年建成入住。

政亨龙泽园
Zhènghēnglóngzé Yuán

位于院校中街29号,奎聚街道文山社区。东邻龙泽学校,西至硕昌农牧公司旧址,南至院校街,北为黑埠村农田。以开发商字号命名。占地面积64407平方米,建筑面积120555平方米,绿地面积36000平方米。住宅楼16栋,900户。2019年首期建成入住。

奎聚农村居民点

三关四隅
Sānguānsìyú

清康熙《昌邑县志》载："东隅、南隅、西隅、北隅，俱在城廓。"这是官方典籍中关于四隅的最早载述。又据郝家城后村清道光年间《郝氏宗谱》序载："吾族自北直真定府迁至山东莱州府昌邑县北隅东城后里……"从这里看，北城墙外的村户也有"北隅"之称。而根据东隅村委绘制的《旧城村户分布图》来看，县衙南门（今昌邑宾馆南门）以东、墨水湾与姜家大湾以北的旧城内东北部区域皆为东隅村户。西隅又有"县门前"之称，为原署前大街（今正对昌邑宾馆南门的南北胡同）西侧、东西大街（今城里街）北侧的今服装厂院落一带区域。城里街西段路南以及墨水湾、姜家大湾以南的整个旧城内西南部，都为南隅区域。回看四隅分布，是以县衙为中心，将县衙东西南北四方区域分成了四隅。

古时入夜关城，城门亦称"城关"。而居于城门外种植果蔬、开设铺坊者，久成村落，多以"关"定村名。昌邑古城没有北门，也就没有北关，只有东关、西关、南关3村。清乾隆《昌邑县志》中载有"东关桥""南关铺""南关坊"等称谓。1955年版《昌邑县地图》中还标有西关、东关、南关之地名。1956年入社，西隅并入西关村，南关并入南隅村，东关并入东隅村。

东隅村
Dōngyúcūn

东隅村旧貌（2010年）　　摄影：马玉涛

位于奎聚街办驻地中部，距街道办事处1.5千米。东邻东店村，西至西关村，南连南隅村，北接董家城后村。东隅泛指民国旧城内东北部居户，其中孙姓明前期自柳疃门八街迁入，刘姓明前期自官道村（今属东店村）迁入，邢姓明永乐年间自青州柳行头迁入，姜姓明前期自东冢姜泊迁入，吴姓明代自黑埠村迁入，宫姓明代自宫老庄（今围子葛达子村）迁入，魏姓明后期自辛置村迁入，蓝姓由山西省洪洞县蓝坊村迁昌邑辛置又转迁东隅，张姓清顺治年间自潍县东北关迁入，马姓清康熙七年（1668）自东冢马疃迁入，丁姓清嘉庆年间自北裴庄迁入，林姓清代自平邑黄林庄迁入，李姓清后期自石臼村迁入，孟姓清咸丰年间自广饶孟庄迁入，郭姓民国初年自潍县于家庄来昌城经营银楼定居东隅，徐姓民国时期自临沂汤头庄来昌城经营理发店定居东隅，陈姓民国时期来昌城经营裁缝业定居东隅。

民国时期东关民居　　照片提供：徐振宁

东关泛指昌邑古城东门外周边住户。宋姓明洪武年间自湖北襄阳府枣阳县迁入，魏姓清初自龙池油坊村迁入，夏姓自铁匠营迁入，孔姓民国中期自江苏丰县高李庄迁入，牛姓清后期自河南来昌邑经营染坊定居东关，苗姓清末自诸城苗家庄来昌城蒸饽饽谋生定居东关，迟姓清道光年间自龙池岱邱来东门外开马车店定居东关。

李士桢（1619—1695），字毅可，本姓姜，东隅村人。历仕至浙江布政使、江西巡抚、广东巡抚。

李煦（1655—1729），李士桢长子，江宁织造曹寅之妻舅。在任苏州织造达三十年之久，其间四次迎驾康熙南巡。李煦奏折四百余件已由中华书局编纂出版，是文学巨著《红楼梦》研究的权威性资料。

1956年，东关、东隅两村合并，沿用“东隅”村名。1992年在中医院后兴建二层楼房民居，34户迁入。2008年开始城中村改造，2010年80户迁居东昇花园，2016年123户回迁公园道壹号。村中现有居民579户，1178人，由姜、刘、张、马、孙、邢、吴、蓝、丁、宋、牛、于、董、周等40多个姓氏组成。

南隅村
Nányúcūn

位于奎聚街办驻地西部，距街道办事处1.5千米。东邻铁匠营，西至黄家辛戈，南连南店村，北接东隅、西关两村。明清时期，南隅泛指昌邑古城内南部区域村户，南关泛指昌邑古城西南门外聚居村户。1956年，南隅、南关两村合并，沿用“南隅”村名。明洪武初年，张姓由小云南乌撒卫（今贵州省威宁县）经河北枣强、寿光临泽、寒亭一孔桥，辗转迁安丘景芝落籍，至清初分支迁居昌邑城里南隅。王姓明前期自湖北枣阳县迁入，梁姓明万历年间自湖北襄阳府枣阳县迁入，刘姓明后期从卜庄刘庄迁入，黄姓自城西黄家辛郭迁入，一宗孙姓明隆庆年间从北乡门八村迁入，另一宗孙姓清代从龙池孙家庄迁入。

南隅村旧貌（2009年）　　照片提供：孙建华

张志禧，清顺治十五年（1658）进士，初授高阳令，擢督捕主事，迁吏部主事，寻晋郎中，有《缉逃要言》行世。张志栋，清康熙十二年（1673）进士，仕至福建、浙江、江西巡抚，迁大理寺卿，刑部右侍郎。张勿执，张志栋之子，任北直栾州知州，题护通永道印务。黄运启，清顺治十五年（1658）进士，初任新昌知县，行取丙府科桓。黄在中，黄运启之子，授浙江太平令，调钱塘，擢户部员外郎，历升广西平乐郡守。黄德成，黄在中之子，任福建建宁知县。

2009年开始城中村改造，村民陆续入住豫园小区和阳光嘉苑。村中现有435户，1432人，由姜、张、梁、黄、王等姓氏组成。村属实业有建筑公司、物业公司、房地产公司等经济实体。

西关村

Xīguāncūn

位于奎聚街办驻地西部，距街道办事处2千米。东邻东隅村，西至刘家辛戈，南连南隅村，北接于范城后。宋元时期，已有唐、周等姓氏聚居于昌邑古城西门外，渐成村落。李姓明代从石臼村迁入，孙姓由北乡门八街迁入，刘姓清代从刘家辛郭迁入。

明洪武年间，孙姓从道昭里（今孙家道照村）迁县城西门里县衙前（今服装厂东区一带）居住。邢姓明初从青州柳行头迁昌邑城里县衙东侧、后街一带落户。尹、王二姓迁城里街路北书院巷（后改称王家巷子）居住。1956年，县城西门里孙、邢、尹、王等姓氏住户并入西关村。

西关村旧影(2004年)　　照片提供：李发宁

邢尚简，明嘉靖庚子举人，辛丑进士。初任新安知县，调真定，行取御史。巡按甘肃，再巡保定，掌京道。升大理寺丞，转都察院右佥都御史。升大理寺正卿。以忧回籍家居，阖门养生。

1986年，因村子已成为城中村，全体村民转为非农业人口，村户陆续迁入居民小区。村中现有220户，686人。由李、孙、石、刘、尹、赵、张、邢等30余个姓氏组成。

于范城后

Yúfànchénghòu

位于奎聚街办驻地西北部，距街道办事处3千米。东邻郝家城后，西至傅徐城后，南临富昌街，北临育新街。明代，先有池、康、孙等姓氏居此立村。因汉代都昌故城遗址居西，乡人惯称“西城”；宋代昌邑城居东，又称“东城”。该村位于都昌故城北侧，故称西城后。明万历年间，范姓从柳疃南范家庄迁入，并成大族，遂改村名为范家城后。于姓明后期从潍县狮子行迁入，崔姓明后期从山西洪洞县迁入，傅姓清前期自傅徐城后迁入，姜姓清嘉庆年间从东隅村迁入。至民国时期，因村中于、范两姓居多，更名为于范城后。

于范城后村打场(1976 年)　　照片提供：李发宁

2009 年开始城中村改造，2012 年底多数村民迁居于范社区回迁楼。村中现有 106 户，375 人，由于、范、崔、姜、傅等姓氏组成。耕地面积 80 亩，以果蔬种植为主。

董家城后
Dǒngjiāchénghòu

位于奎聚街办驻地北部，距街道办事处 2 千米。东邻北海公园，西至天水路，南邻东隅村，北接郝家城后。原与郝家城后为一村。因村处昌邑古城北侧，旧称“北隅”“东城后”。先有逄、尹二姓居此立村。宋姓明天顺年间自四川迁县城西门里，至明万历年间六世分支迁东城后居住；郝姓明洪武年间由直隶枣强县徙居昌邑城南大营（今都昌西大营村），至明崇祯年间迁东城后前道；黄姓明后期自城西黄家辛郭迁入；董姓明后期自德州迁入。至民国时期，村内形成前中后 3 条东西大道，民国十五年后以中间大道为界，分为前、后两村。该村居前，因董姓居多，称董家城后。

1948—1953 年，昌邑中学（昌邑一中前身）曾借用该村董氏五大门宅院办学。村域内原有四知台、邑厉坛等古建遗址。董文堂（烟台同泰利银号掌柜）旧居为县级文物保护单位。

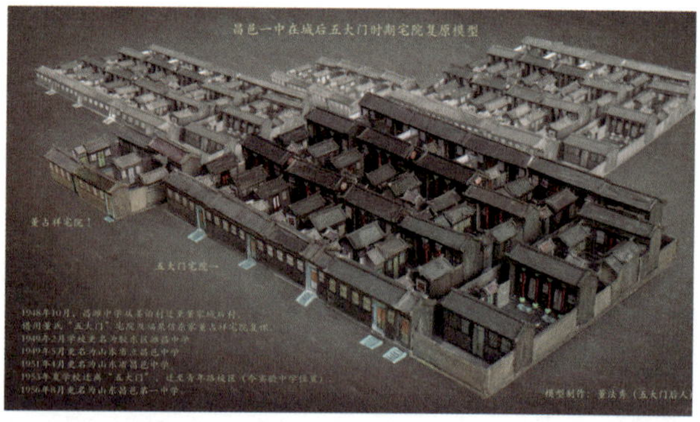

董家城后村“五大门”宅院模型　　制作：董法秀

2009 年开始城中村改造，多数村民迁居回迁楼。村中现有 270 户，825 人，由董、宋、黄、郝、孙等姓氏组成。村民经营有纺织配件厂、汽修厂等企业。

郝家城后
Hǎojiāchénghòu

位于奎聚街办驻地北部，距街道办事处 2.5 千米。东邻育新学校，西临天水路，南连董家城后，北接李家埠村。明洪武年间，郝姓由直隶枣强县徙居昌邑县东城后村，居中道和后道。民国 17 年后以中间大道为界，分为前、后两村。该村居后，因郝姓居多得名郝家城后。

2008 年城中村改造，村民陆续迁居城后花园小区。村中现有 276 户，988 人，郝姓为主，另有刘、袁、梁、李、尹等姓氏。耕地面积 521 亩，以蔬菜种植为主。

东店村
Dōngdiàncūn

东店社区（2011 年）　　摄影：齐英杰

位于奎聚街办驻地东部，距街道办事处 2 千米。东依文山，西至奎聚路，南至利民街，北至富昌街。宋元时期已有徐、刘两姓世居于昌邑城东一里官道旁，取名官道村。明清时期，吴、李、王等姓氏相继迁官道村前定居，多以开设店铺为业，得村名东店。1955 年入社，官道村与东店村合并，沿用东店村名。村中一宗王姓明代从密埠店迁入，另宗王姓清末自初曲村迁入，吴姓清代自黑埠村迁入，李姓清康熙年间自北孟李家埠迁入。

2010 年被评为“省级文明社区”，2012 年被中国新农村建设协会评为“社会主义新农村建设先进村”，2018 年被评为“国家防震减灾示范社区”。

2009 年村民整体搬迁至富昌街 5 号东店社区。社区设有敬老院和幼儿园。现有居民 409 户，1346 人，由王、吴、李、刘、葛、潘等姓氏组成。耕地面积 170 亩，以果蔬种植为主。村属实业有石墨制品公司、房地产开发公司、物业公司、医疗器械公司、建筑安装公司等 6 处企业，年销售收入 2.5 亿元。

铁匠营
Tiějiàngyíng

该村居民已于 2010—2012 年分批搬迁至名将花园和三和苑小区。故村址位于奎聚街道办事处西北 1 千米处（今三和苑南区一带）。村人相传，明代曾有铁姓将军于此扎营设帐，得名“铁将营”，后演称“铁匠营”。夏姓明代从围子大章村迁入，齐姓明代从西乡永安庄（今都昌东永安）迁入，李姓明末从石埠金台村迁入，王姓明末从湖北襄阳府枣阳县迁入。

夏在庭，字迪简，道光乙未（1835）举人，任单县教谕，训士有方，因功保授甘肃古浪县知县，卒于任所，灵柩返乡时，泣送者数千人。

村中现有居民 119 户，479 人，由夏、齐、黄、李、王等姓氏组成。辖名将花园、三和苑 C 区两个居民小区。

辛置村
Xīnzhìcūn

辛置村（自然村）位于奎聚街办驻地西南部，距街道办事处 2 千米。东邻中庄头，西至南店村，南连大营村，北依城区。村西有秦汉时期坟冢等古迹遗存，村中流传有邵家地、满家井、史家湾等原住民地名。“新置”之名是否源自原住民称谓尚无定论，但明前期已有碑文载有“新置”二字。明清时期，“新置”与“辛置”混用，民国时期始固用“辛置”称谓。

明建文年间，孙姓自四川迁居昌邑城南辛置村。两宗魏姓分别于明永乐年间和万历年间自四川成都府迁入，刘姓明永乐年间由四川成都府迁昌邑城里后街又于明末迁居辛置，杨姓明前期自城北三贤埠（今奎聚李家埠）迁入，李姓明天顺年间自四川迁入，宋姓明天顺年间自四川迁昌邑城里南隅又于明万历八年（1581）迁辛置，姜姓明弘治年间自昌邑城里迁入，黄姓明正德年间由南隅迁入，陈姓明后期自龙池楼子迁入，姚姓清康熙年间自姚瓦街（今龙池姚徐邓）迁入，宫姓清康熙末年自昌邑城里迁入，梁姓民国时期自南隅迁入。

明朝初年设新营社（辖新置、南店、三个庄头、三个大营），清代延续，至民国时期改属辛营镇。1949 年后，先后隶属于昌邑一区、城关公社、城关镇。1949 年 2 月分为南辛置和北辛置两个行政村。1959 年春重新分为第一、第二、第三生产大队。1985 年规范村名，设辛置一村、辛置二村、辛置三村。2001 年 4 月，辛置二村划归都昌街道。

辛置一村
Xīnzhìyīcūn

1985 年，辛置村分设前、中、后三个行政村。该村居北，称辛置一村。2011 年 8 月部分村民迁居辛一天水家园小区。现有居民 395 户，1246 人。魏姓居多，另有李、姜、杨、孙、陈、黄、姚、宫等姓氏。

辛置三村
Xīnzhìsāncūn

1985 年，辛置村分设前、中、后三个

行政村。该村居前，称辛置三村。2020年5月部分村民迁居辛三凤凰家园小区。现有居民309户，1200人。魏姓居多，另有潘、迟、陈、刘、褚、孙、齐、宫等姓氏。

南庄头村
Nánzhuāngtóucūn

位于奎聚街办驻地南部，距街道办事处2.5千米。东临潍河，西临奎聚路，南临206国道，北接中庄头。村东南临近潍河原有高埠名南楼顶，埠台南侧为汉代梳洗楼旧址。明前期，孙姓自天津卫迁此，刘姓同期自莱阳水沟头迁入，以汉代古遗址“梳洗楼”定为村名。明中期，王姓自逄公村王家道（今王家北逄）迁辛置村，又转迁此。乡人流传，该村明时与中庄头、北庄头以及河东韩家巷、刘家巷等村落本为一村，明隆庆二年（1568）潍河决口，河道由城南西流改道，径直北去，村庄毁于水患，河西只剩几处庄头，该村居前，称南庄头。

该村留存有始建于清咸丰年间的圩墙残垣，系县级文物保护单位。村东50米潍河大堤东侧有一钢混结构碉堡，建成于民国26年（1937），是当时“潍河防线”的组成部分。

村中现有192户，650人，由孙、王、刘、石、于、唐等姓氏组成。耕地面积700亩，以林果、大姜等种植为主。村民投资有管材厂、建筑材料厂、印刷厂、纸箱厂等企业。

中庄头村
Zhōngzhuāngtóucūn

位于奎聚街办驻地东南部，距街道办事处2千米。东临潍河，西临奎聚路，南连南庄头，北接北庄头。明朝初年，刘姓自莱阳迁居此地。一宗孙姓明后期自山西洪洞县迁入，另宗孙姓与南庄头孙氏同宗。宋姓清代自辛置村迁入。故村旧址位于今村址以东，因村舍规整，建于高台，乡人称“大宅科”。村人流传，故村与潍河东岸韩家巷、刘家巷本为一村，明隆庆二年（1568）潍河改道，洪水把村庄冲成东西两段，河西只剩几处庄头。该村居中，称中庄头。

中庄头村东即为红崖口堤坝，每至汛期，易遇险情。1951年，昌潍地委组织9个县13万名民工修筑潍河大堤，在红崖口堤段借用中庄头村的西圩墙修建二道堤，村舍由此被圈入红崖堤与二道堤合围之中。至1958年，村民整体外迁二道堤以西现址新建村落，旧村址复耕为农田。

村中现有190户，690人，由孙、刘、宋等姓氏组成。耕地面积200亩，多为林果种植。村民经营有装修、工程安装、钢结构等产业。

北庄头村
Běizhuāngtóucūn

位于奎聚街道驻地东南部，距街道办事处1.5千米。东临潍河，西邻君悦花园，南连中庄头，北临同大街。故村址位于今村址以东，因位于潍河故道，地多矸石，曾名“矸沟场”。乡人流传，村子与河东韩家巷、刘家巷本为一村，明隆庆二年(1568)潍河决口改道，村庄从中间冲毁，河西仅剩几处庄头，该村居北，称北庄头。明成化年间，刘姓自京都武清县（今天津市武清区）迁昌邑北乡榆英社立村刘家庄（故村址位于今柳疃灶户村东），后为避海潮迁城南北庄头居住。宋姓自县城东关（今属东隅）迁入，陈姓由峠山太保庄迁入，李姓由关龙山下迁入，温姓由龙池西白塔迁入，另宗刘姓自东店村迁入。

村中现有261户，910人，由宋、刘、陈、李、温等姓氏组成。耕地面积1002亩，多为大姜、果蔬种植。村民经营有纺织和消防器材产业。

中台村
Zhōngtáicūn

位于奎聚街办驻地东部，距街道办事处1千米。东邻上台村，西至西台村，南临交通街，北依文山。因村处文山南麓高地，古设砲台于此，曾名“砲庄”，后称“炮里”。明后期，村东新立村庄“上炮”，继村西又立村庄“下炮”，该村遂改称“中炮”。至清末，村民众议，将三村雅称上台、中台、下台。

孟、尹两姓为该地原住民，宋元时期已居于此，村内原有孟家井。尹姓明崇祯年间为避兵燹迁居河东夏家庄。史姓原居城里东隅儒林巷，明嘉靖三年（1542）迁来砲庄，该家族至今沿袭老人去世不“指路”的习俗，据族人讲，因世居本地，不需要“指路回老家”。一宗朱姓明初自江苏句容县迁南隅，又转迁炮里；另宗朱姓明嘉靖年间自直隶枣强县迁昌邑大仓东（今辛置村），居数载又迁炮里。夏姓明前期自江苏绍兴府会稽县迁入。毕姓明洪武年间由直隶枣强县迁益都金岭，又于明中期迁来炮里。孙姓清代从柳疃门八村迁入。张姓清后期自城里南隅迁入。

朱琎，明成化甲午(1474)举人。授安庆府同知，廉洁谨慎，甚有官声，升任程番府知府。

村中现有453户，1448人。由夏、朱、毕、姜、高、王等姓氏组成。村民经营有建筑机械租赁、竹材贸易、木材贸易及运输业。

上台村
Shàngtáicūn

位于奎聚街道驻地东部，距街道办事

处1.5千米。东临潍河，西至中台村，南临交通街，北接于家山下。明后期，田姓从金家口村迁居炮里东侧，因居炮里之左，称“上炮”。至清末，村民众议更名为上台。李姓自平度郭家疃迁入，白姓自丈岭白家营迁入，朱姓自围子朱家寨迁入，高姓清康熙年间自城西北高家道照迁入，孙姓自菏泽田王庄迁入。

白云彩，清咸丰十一年（1861）以办团练之名发动乡人反清，举为领兵大元帅，谋于县西金顶山起义。因计划泄密，于当年十月初八被杀，起义失败。

村中现有91户，310人，由白、李、高、朱、田、孙等姓氏组成。村民经营有建筑机械租赁业和木材市场。

西台村
Xītáicūn

位于奎聚街办驻地东部，距街道办事处1千米。东邻中台村，西临奎聚路，南临交通街，北临新兴街。清中期，马姓为避水患从于庄社（故址在今围子四甲、南宫一带）迁居炮里西侧，因居炮里之右，称“下炮”，至清末改称下台。1920年，村民众议，更名为西台。

村中现有 135户，330人，马姓居多，另有宋、宫、郝、李、张、鞠等姓氏。

于家山下
Yújiāshānxià

于家山下村貌（2021年） 摄影：冯树岭

位于奎聚街办驻地东部，距街道办事处2千米。东邻文昌花园，西依文山，南临潍水风情湿地公园，北接关龙村（今已拆迁）。明朝初年，于姓由文登县大水泊迁昌邑文山之东定居，以姓氏取名 于家山下。故村原在今文昌花园小区一带，因频遭水患西迁今址。清代，黑埠村刘姓、围子姚家部王姓、中台村朱姓迁来居住。民国时期，上台村田姓、夏店庙头姜姓、蔺家庄张姓迁入该村。

现有居民230户，729人，于姓为主，另有刘、王、田、张、朱、姜等姓氏。村民投资有建筑机械租赁、木材销售、建筑工程等产业。

关龙村
Guānlóngcūn

该村已整体搬迁，故村位于文山东坡，于家山下以北，文东路以西，距街道办事处2.5千米。明代于姓自于家山下迁来居住，继两宗王姓分别从王葛山下和十字路村迁入。因村东原有关帝庙和龙王庙，得村名“关龙山下”。至清代，李姓自西关村迁入并族兴，改称“李家山下”。又因村中打铁手艺兴盛、开设多家农具制造作坊，村子一度被乡人称为“铁匠庄”。民国29年(1940)改称关龙村。村西有汉代墓葬多座。

2014年城中村改造，村民整体搬迁至文山花园小区。现有居民116户，416人，由李、于、王、黄、魏等姓氏组成。

王葛山下
Wánggěshānxià

该村已整体搬迁，故村位于文山东坡，文山花园小区以南，文东路以西。距街道办事处3千米。明朝初年，葛姓自寿光迁文山之东定居，初称新兴庄，后改称葛家山下。王姓明前期自莱阳苇夼村徙居昌邑，先居文山东南3里研沟场（故村位于今北庄头与韩家巷之间河床之内），明隆庆二年（1568）潍河改道冲毁村庄，王氏一支迁仓上（今仓街村），另支迁文山东麓今址，立村王家山下。民国37年(1948)两村合并，合称王葛山下。村西有汉代墓葬遗址。

葛经，明嘉靖乙酉科举人，初授河南祥符县令，廉能有政声，升湖广府通判。葛缙，明嘉靖乙未科进士，历任山西襄垣县知县、山西巡抚、兵部左侍郎，奉特旨督视辽东军务，建沿边墩堡，多所疏略，名驰漠北。

2010年城中村改造，村民整体搬迁至文山花园小区。现有居民237户，860人，以王、葛、孙等姓氏为主。

五里村
Wǔlǐcūn

位于奎聚街办驻地东北部，距街道办事处3千米。东邻石臼村，西至郝家城后，南连东店村，北接建设村。古时官道五里设单堠，十里设双堠，以作里程标志，早期兼有军事治安作用。“堠”又称“堠墩”，为宽高各丈余的方土堆。明清时期，出县城东门往东北方向是通往莱州府的官道，离城五里位置设有堠墩。明前期，先有黄、邢二姓迁居堠墩东侧立村，得村名五里堠子。董姓明万历十一年（1583）自潍河东岸董家隅庄迁入，王姓清初自黑埠村迁入，历姓清康熙年间自五莲县迁入，夏姓清乾隆年间自南店迁入，马姓清末自马家围子迁入，姜姓清末由夏店高戈庄迁入。1961年，村民众议改称五里村。农历三、八为该村集市。

清乾隆年间，曾在五里埃子一带设东山铺（官方驿递铺）。村东北及村西南均有汉代墓葬遗址，设有画像石墓门。

村中现有242户，853人。由董、王、夏、马、姜、厉、单、张、李、钟等姓氏组成。耕地面积650亩，以果蔬种植为主。

单家村
Shànjiācūn

位于奎聚街办驻地东北部，距街道办事处4千米。东邻昌邑一中，西至五里村，南连王葛山下（今已拆迁），北临院校中街。明朝末年，单姓从南逄乖场迁来立村，以姓氏取名单家庄。后有黑埠李姓、东店刘姓、东关（今属东隅）宋姓迁入。清后期，单姓迁至石臼村居住，村中再无单姓。民国36年（1947）与石臼村合并为单石村。1962年又分开，改称单家村。

2010年城中村改造，原址兴建龙源国际小区，2011年村民回迁入住。现有居民86户，241人，由王、李、刘、宋等姓氏组成。耕地面积234亩，以蔬菜种植为主。

石臼村
Shíjiùcūn

位于奎聚街办驻地东北部，距街道办事处4千米。东邻单家村（今已拆迁），西至五里村，南依文山，北接建设村。因此地曾有一巨石（相传为陨石），中有孔，形似石臼，故名。明后期，李姓自济南府剪子巷迁来落籍。徐姓自云南迁入。清后期，单姓从单家村迁入。民国36年（1947）与单家村合并为单石村。1962年又分开，复称石臼村。

2011年城中村改造，原址兴建泰和华府小区，2013年村民回迁入住。现有居民61户，181人，由徐、李、单、宿等姓氏组成。耕地面积190亩，以果蔬种植为主。

建设村
Jiànshècūn

位于奎聚街办驻地东北部，距街道办事处4.5千米。东临潍水风情湿地公园，西邻龙泽园小区，南邻昌邑一中，北接黑埠村。明嘉靖年间，仲姓由山西迁此立村，以姓氏取名仲家庄。清前期，潘姓自平度潘家洼迁来居住。继邢姓自昌邑城里迁入，王姓自王葛山下迁入，马姓自城里东隅迁入。1950年8月19日潍河决口，仲家庄全村58户有50户房舍坍塌。洪水过后，政府拨款重建家园，更名建设村。

2012年城中村改造，兴建楼房8栋，2013年村民回迁入住。现有居民94户，356人，由仲、潘、王、马、高、邢等姓氏组成。村民投资有房地产业。

黑埠村
Hēibùcūn

黑埠村俯瞰（2021 年） 摄影：褚光辉

位于奎聚街办驻地东北部，距街道办事处 5 千米。东邻初曲，西至新昌路，南连建设村，北接石湾店。清康熙《昌邑县志》载："黑埠，在城东北十里铺，其地近潍沙碛，人多种柳，望之黯然，故名。"明洪武年间，高姓由山西洪洞县迁来定居。吴姓明代由四川经青州城东南义子庄迁入，李姓明代从山西洪洞县迁入，董姓明末从东城后（今董家城后）迁入，一宗王姓清顺治初年从铁匠营迁入，另宗王姓清光绪年间从卜庄王家楼迁入。刘姓清代自铁匠营迁入。

1950 年 8 月 19 日潍河决口，黑埠村冲走半个庄。21 日政府调集两万民工抢修河堤，堵住水患。

现有居民 549 户，1537 人，由王、吴、李、董、刘、黄、梁、高、孙、邢、姚、辛、赵、杨、陶、潘等姓氏组成。耕地面积 1607 亩，以小麦、玉米、果蔬种植为主。村民经营有纺织厂、机械厂、冷藏厂等企业。

初曲村
Chūqūcūn

位于奎聚街办驻地东北部，距街道办事处 5 千米。村东南有潍河环绕，西邻黑埠，北至石湾店。明前期，初姓自柳疃长胡同迁来立村，以姓氏取名初家庄。明嘉靖年间，郭姓从湖北枣阳县迁昌邑北乡青阜社二甲村，又迁昌城东店，至明崇祯十五年（1642）迁居初家庄。明后期，曲姓从莱州沙河镇郑村迁初家庄以东居住，因居潍河岸边取村名曲家流。民国 36 年（1947）两村合并，称初曲村。

村人郭廷太历经乾隆、嘉庆、道光三朝，坚持参加科举，最终于八十六岁时被恩赏钦赐副榜举人，家中有匾"大耋分香"。该村戏班自清代闻名乡里，为昌邑县剧团发起戏班之一。

村中现有 391 户，1113 人，由郭、初、刘、李、王、韩、傅等姓氏组成。耕地面积 960 亩，以小麦、玉米、大姜、果蔬等种植为主。村民经营有纺织企业。

石湾店
Shíwāndiàn

石湾店（自然村）位于奎聚街办驻地东北部，距街道办事处 6 千米。东临潍河，西至郈家辛庄，南连初曲村，北接蔺家庄。

该地本为文山余脉，地下为砾石地质，余脉埠岭之北有洼地湾塘，常年积水无坍塌下沉，乡人称“石湾”。明时潍河流经村北，青莱官道设渡口于此，称石湾道口。明中期，徐姓自江苏昆山徙居登州府黄县黄山馆（今属龙口市），又于明隆庆年间徙居昌邑石湾之南，居埠岭北段东侧。韩姓同期从潍邑富郭庄迁入，居埠岭南段东侧。移民迁来后借渡口之地利，多以开店谋生，“石湾店”渐成村名。清咸丰年间筑圩抗捻，村人分居于南、北两个围子。1985 年分设为石湾店南村和石湾店北村两个行政村。农历四、九为该村集市。村东苇湾曾挖出原住民房基、锅台。

石湾古街（2019 年）　　摄影：郝晓玲

清中期，村民曾捐建石湾草桥，每年十月搭建，次年春季拆除，惟冬季通行。清后期，石湾渡口移至村东，对岸码头设在李家扶宁村后。南村与北村之间埠岭之上有周代及汉代墓葬遗址，曾出土铜舟（盛汤器皿）、尖首布（古代钱币的一种）等文物。

石湾店南村

Shíwāndiànnáncūn

1985 年，石湾店村分设为南、北两个行政村，该村以方位称“石湾店南村”。村中现有 480 户，1411 人，由韩、徐、阎、潘等姓氏组成。耕地面积 1608 亩，主要为玉米、小麦种植，另有山楂园等林果产业。

石湾店北村

Shíwāndiànběicūn

1985 年，石湾店村分设为南、北两个行政村，该村以方位称“石湾店北村”。村中现有 343 户，951 人，多为徐姓。耕地面积 1360 亩，以玉米、小麦、大姜、果蔬种植为主。村民经营有食品厂。

郃家辛庄

Táijiāxīnzhuāng

位于奎聚街办驻地东北部，距街道办事处 6 千米。东邻石湾店，西至徐家辛庄，南连黑埠村，北接花园村。明隆庆年间，郃姓由诸城迁此立村，初名郃家新庄，后演称郃家辛庄。刘姓清顺治年间从城里迁入，徐姓清康熙年间从围子古城里迁入，孙姓清道光年间由柳疃申明亭迁入，张姓自卜庄西峰台迁入。农历二、七为该村集市。

村中现有414户，1261人，以徐、孙、刘、陈、张等姓氏为主。耕地面积1300亩，以小麦、玉米、林果等种植为主。村民投资有建筑业。

徐家辛庄
Xújiāxīnzhuāng

位于奎聚街办驻地北部，距街道办事处5千米。东邻郇家辛庄，西至李家埠，南连黑埠，北接黄家辛庄。清初，徐姓由西关村迁此立村徐家庄，王姓清代自柳疃街迁入。后因周围村落多称“辛庄”，遂改称“徐家辛庄”。

村东曾有高庙，董姓明末自东城后（今董家城后）迁庙前居住，杜姓清初自莱州沙河迁入，后渐成村落，以庙名称高庙村。1975年高庙村户并入徐家辛庄。

村中现有79户，251人，徐姓居多，另有王、董、杜等姓氏。耕地面积252亩，以小麦、玉米、山楂、梨、桃、大姜等种植为主。村民投资有建筑、房地产、养殖场等产业。

黄家辛庄
Huángjiāxīnzhuāng

位于奎聚街办驻地北部，距街道办事处6千米。东邻东王家庄，西至吴南庄，南连徐家辛庄，北接高家岔河。明弘治年间，彭姓迁居于此，因立村于潍河故道沙岭埠前，取名“彭家沙岭”。董、黄二姓明末自东城后（今分为董家城后和郝家城后两村）迁此新建村舍，以姓氏称黄家新庄。唐姓自城里东隅迁入，胡姓自胡家道口迁入，刘姓自城西刘家辛郭迁入，宋姓自双台远东庄迁入。民国时期演称黄家辛庄。

村中现有468户，1368人，由黄、刘、唐、宋、李、王、杨、朱、胡、郭、曹、彭、董、崔等姓氏组成。耕地面积2067亩，以小麦、玉米、山楂、梨、杏、桃等粮食和林果种植为主。村前建有水果批发市场。

东王家庄
Dōngwángjiāzhuāng

位于奎聚街办驻地东北部，距街道办事处6.5千米。东邻花园村，西至黄家辛庄，南连郇家辛庄，北接薛家园子村。王姓明代由山西洪洞县迁居潍县，又于清乾隆五十五年（1790）迁来定居，以姓氏取名王家庄。郇姓自郇家辛庄迁入。1980年地名普查时，为避免县境同名村落，以方位改称东王家庄。

村中现有140户，420人。王姓居多，另有张、刘、郇等姓氏。耕地面积450亩，以小麦和玉米种植为主，另有酥梨、山楂、苹果、桃、杏等林果产业。

蔺家庄
Lìnjiāzhuāng

位于奎聚街办驻地东北部，距街道办事处 7.5 千米。南邻石湾店，西至花园村，东、北有潍河环绕。蔺姓明洪武四年（1371）由山西洪洞县经直隶枣强县迁山东寿光，至隆庆二年（1568）转迁卜庄北张村，又于明朝末年从北张村蔺家道迁此 ，以姓氏立村蔺家庄。陈姓明崇祯十五年（1642）由龙池白塔村迁入，张姓清康熙年间由围子杨家部迁入，朱、阎二姓清末由卜庄迁来。

蔺家庄村貌（2021 年）　　摄影：李发宁

村人相传村东河堤之内原有“盐官庙子”故村，建于宋代，设有盐税衙署，因潍河改道失于洪水。故址挖出过宋代铜钱、铜箭头、煮盐用盔形陶器等文物。

村中现有 283 户，813 人，由蔺、陈、张、朱、阎等姓氏组成。耕地面积 900 亩，以小麦、玉米、大姜等种植为主。

花园村
Huāyuáncūn

位于奎聚街办驻地东北部，距街道办事处 7 千米。东邻蔺家庄，西至东王家庄，南连徐家辛庄，北接薛家园子。乡间流传，明代有一杜姓太监于此修建花园，内有奇花异草、亭台楼阁，后杜姓衰败，诸姓迁来，仍以“花园”为村名。王姓明代由郜家辛庄迁入，董姓清乾隆年间由东城后（今董家城后）迁入，李姓清光绪年间由滨州迁入。孙、郜二姓为便于管理家族田圃，清代由郜家辛庄迁入。

村东南 200 米处为杜家花园旧址，村民曾于此挖出砖瓦等建筑碎片。相传原有十八家杜家于此居住，因地震家园尽毁，杜姓迁走。该地周边数村均为原杜氏家族属地。

村中现有 179 户，533 人，由李、董、王、孙、郜等姓氏组成。耕地面积 417 亩，以小麦、玉米种植为主。早年村中有编筐、扎笤帚等传统手工业。

薛家园子
Xuējiāyuánzi

位于奎聚街办驻地东北部，距街道办事处 8 千米。东邻蔺家庄，西至高家岔河，南连花园村，北临潍河。清康熙年间陶姓迁居于此，以栽植果树谋生，得村名陶家园子。继薛姓自夏店吕家庄（今属卜庄）迁入，冯姓自冯家道口（今下营冯家村）迁入。后陶姓式微，薛姓族兴，改称薛家园子。夏姓因水患自河东夏家庄迁薛家园子村西立村小西庄，1984年并入薛家园子村。

村中现有203户，635人，由薛、冯、高、夏、刘、初、朱、姜等姓氏组成。耕地面积920亩，以小麦、玉米、林果种植为主。

岔河庄
Chàhézhuāng

故村，今已失。故址位于今孙家岔河村东，潍河大堤之内。据该村《孙氏族谱》载：“余家族姓氏世居济南府德州之孙家坳，大明初自德州迁东莱昌邑城北十里汉河庄。”明朝初年，孙姓自德州迁来落籍，因村临潍水支流，称“汉河庄”，后演称岔河庄。高姓明嘉靖初年由湖北襄阳府枣阳县迁入，张姓明嘉靖年间由山西洪洞县迁入，杨姓明前期自湖北襄阳府枣阳县经山西洪洞县迁入，郭姓明后期自柳疃郭家庄迁入，马姓明崇祯年间自直隶枣强县迁入，另宗孙姓清中期从沙窝庄（故村）迁入，刘姓清中期从高郭庄（今卜庄东高戈庄）迁入，杨姓清乾隆年间由无棣县双庙村迁入，李姓清末从北玉皇庙迁入，齐姓清末自双台东永安迁入，崔姓清末由寿光崔家庄迁入。

据清嘉庆十六年《孙氏族谱》载：“旧潍水三面环绕，新潍水自东南来，至庄向北流，渐东北入海。”该时期潍河主河道已从村西移至村东，村子处于新旧河道之间，村名一度改称“岔河套”。

民国初年，潍河数次溃堤移道，岔河庄东段房舍连年受损，村中高氏家族南迁三里至潍河故道沙地立村高家岔河，郭氏家族南迁兔子岭北坡立村郭家岔河。为区别故村与两个新立的岔河村，乡人称故村为“大岔河”。因故村西曾有庙宇，墙漆红色，村子又有“红墙庙”之称。至民国中期，因河道继续西移，村中孙氏家族不得不迁庙宇之西今址新建房舍，村名改称孙家岔河。红墙庙宇最终毁于水患。

孙家岔河
Sūnjiāchàhé

位于奎聚街办驻地北部，距街道办事处8千米。东临潍河，西至棉纺城，南连郭家岔河，北接柳疃姜家堤子。民国初年，潍河水溢冲毁岔河庄，郭、高等姓氏南迁另立村庄，孙氏家族于故村西侧新建村舍，称孙家岔河。

村中现有353户，976人，孙姓居多，另有杨、郭、刘、尹、徐、张等姓氏。耕地面积1050亩，以小麦、玉米、林果种植为主。村民投资有纺织企业。

郭家岔河
Guōjiāchàhé

位于奎聚街办驻地北部，距街道办事处7.5千米。东临潍河，西至沟北崖村，南连草庵村和高家岔河，北接孙家岔河。明后期，郭姓自柳疃郭家庄迁岔河庄（故村址位于今孙家岔河村东河床之内）居住；清后期，部分族人再次南迁，择兔子岭高地居住；民国前期，岔河庄失于潍河水患，郭姓族人遂南迁至兔子岭北坡另立村庄，称郭家岔河。

兔子岭故址位于今张家辛庄村东、郭家岔河村南，本为潍河故道上的一处沙岭，因岭上杂草丛生、野兔出没而得名。清代，杨、张、郭三姓迁此居住，以岭为村名，又称“凤凰庄”。20世纪中叶，杨、张两族村户西迁至草庵村，郭姓村户北迁至郭家岔河村，自此村庄消失。今沙岭地貌已整为平地，乡人多种果树。

民国19年（1930），孙家岔河孙姓人家在今郭家岔河村西一带开设织绸机房，1949年后转为农户，以“西机房”为村名。1980年，西机房村户并入郭家岔河村。

潍河故道曾经自石湾店一带向西流淌，又经草庵村一带北流。今郭家岔河村前有明后期至清前期潍河故道，村后有清后期潍河故道。村东南原有潍河渡口，称马家道口，后因潍河向北改道渡口废弃。

村中现有183户，534人。郭姓居多，另有崔、张、王、李、孙、韩、齐、纪、夏等姓氏。耕地面积840亩，以小麦、玉米、林果等种植为主。村民投资有纺织业和房地产业。

高家岔河
Gāojiāchàhé

位于奎聚街办驻地北部，距街道办事处6千米。东邻薛家园子，西至草庵村，南连黄家辛庄，西北与郭家岔河相接。明嘉靖初年，高姓由湖北襄阳府枣阳县迁岔河庄（故村址位于今孙家岔河村东河床之内）落籍，民国元年（1912）潍河水溢冲毁房舍，高氏家族南迁3里至潍河故道沙地新立村庄，以姓氏定名高家岔河。村人相传，该地原为杜姓家族田圃，村东曾有杜家花园，后因洪水、地震等自然灾害，杜姓外迁。农历三、八为该村集市。

村中现有360户，1100人。高姓居多，另有郭、崔、马、杨等姓氏。耕地面积1760亩，以小麦、玉米、葡萄、梨、桃、山楂等种植为主。

李家埠
Lǐjiābù

位于奎聚街办驻地北部，距街道办事处5.5千米。东邻徐家辛庄，西至夏家鄌水，南连于范城后，北接张家辛庄。民国本《昌邑县志》载：“三贤埠在城北，约十里，相传伯牛、子骞、子游读书处。”明前期，李、杨二姓经直隶枣强县徙居昌邑城北，因村后有伯牛埠、子骞埠，村东有子游陂，为纪念三位圣贤故地，遂以“三贤埠”定为村名。清乾隆《昌邑县志》载：“陂荷盛开，香闻数里，呼莲花池。今花无存，惟池水澹衍，犹可追古贤遗迹。”文中所载为昌邑古八景之一“游沼荷香”之盛景，旧址位于村东及村南，今水塘已填平为农田。村中曹姓明中期自兖州府石龙村迁入，高姓清代自柳疃南西高迁入，张姓自张家辛庄迁入，韩姓自石湾店迁入，姬姓由惠民姬家沟迁入。至清末，李氏族兴，村名改称为李家埠。

李家埠村貌（2021年） 摄影：李发宁

明洪武十七年（1384），昌邑县尹王士仪倡修溢洪沟渠，自县城向北流经李家埠村前，又西流汇入堤河，乡人誉称“王士仪沟”。民国35年（1946）9月，昌邑县委在李家埠召开全县村干部及农会长会议。1984年10月，昌邑县设李家埠乡，乡政府驻李家埠村；1996年12月撤乡设镇，改称李家埠镇；2001年3月，李家埠镇整建制并入奎聚街道。

该村已建成村民住宅楼4座，部分村民已入住小区。村前有奎聚中学、昌邑市特殊教育学校、李家埠小学、李家埠幼儿园等教育资源。村西商业街设有两处综合超市、两处建材市场。农历五、十为该村集市。

村中现有480户，1493人，李、杨两姓居多，另有曹、吴、韩、高、徐、常、张、王、傅、姬等姓氏。耕地面积1690亩，以小麦、玉米、苗木等种植为主。村民投资有纺织、土产贸易、建材、肉禽养殖等产业。

新庄
Xīnzhuāng

故村，今已分为张家辛庄、吴家辛庄、草庵三个行政村。据《张氏祖茔碑》载：“元大德九年（1305）由湖北省枣阳县迁居山东昌邑县城北朱家宅科。”张姓元代徙居昌邑，落户于城北朱家宅科（故村址位于今郭家岔河村前）。杨姓叔侄明前期自湖北襄阳府枣阳县经山西洪洞县迁昌邑城北，分别落户于岔河庄（故村址位于今孙家岔河村东）和朱家宅科。明隆庆二年（1568）朱家宅科失于水患，张、杨两族西迁今址新建村舍，得村名新庄，张氏家族居东称张家道，杨氏家族居西称杨家道。明朝末年，吴姓自柳疃吴家庙迁新庄杨家道居住。韩姓清乾隆年间自掖县墩坊韩家村迁新庄张家道，刘姓清中期自高郭庄（今卜庄高戈庄）迁新庄张家道。至清后期，因县城通往柳疃的马车道穿过村庄，把村子分为东西两段，居东的张家道村户称张家辛庄，居西的杨家道因吴姓成为主要姓氏称吴家辛庄。另有张、杨两姓村户为种地方便，迁村后尼姑庵（草拍屋顶）旁定居，始称北庄，后改称草庵村。

张家辛庄
Zhāngjiāxīnzhuāng

位于奎聚街办驻地北部，距街道办事处 7 千米。东邻黄家辛庄，西至吴家辛庄，南连李家埠，北接草庵村。清后期，县城通往柳疃的马车道从新庄中间穿过，把村子分为东西两村，东村张姓居多，称张家辛庄。民国初年，孙姓从柳疃孙家沙窝迁入，夏、冯两姓从薛家园子迁入。农历一、六为该村集市。

吴姓清初自新庄西道迁新庄村前居住，称吴南庄。王姓同期从西永安迁入。1958 年，吴南庄并入张辛生产大队，现属张家辛庄村委会。

张家辛庄（含吴南庄）现有 378 户，1024 人，由张、吴、孙、王、韩、刘、李、冯、徐、夏、付等姓氏组成。耕地面积 1140 亩，以小麦、玉米种植为主。村民投资有纺织产业。

吴家辛庄
Wújiāxīnzhuāng

位于奎聚街办驻地北部，距街道办事处 7 千米。东邻张家辛庄，西至杨家洼，南连李家埠，北接草庵村。清后期，县城通往柳疃的马车道从新庄中间穿过，把村子分为东西两村，西村因吴姓居多，称吴家辛庄。

清中后期，吴家辛庄吴氏家族数代入仕为官。吴志镐，乾隆癸卯科举人，考授内阁中书；吴志钦，乾隆中期例仕、监生，任高平知县；吴荆玉，乾隆乙亥科举人，挑知县，发四川；吴汝沣，光绪十年（1884）武生，历任苏州、建阳、江淮等卫守备。

村中现有 104 户，320 人，由吴、张、杨等姓氏组成。该村土地已流转。

草庵村
Cǎoāncūn

位于奎聚街办驻地北部，距街道办事处 7.5 千米。东邻高家岔河，西至沟南崖，南连张家辛庄，北接郭家岔河。明后期，新庄张、杨两姓人家为种地方便，迁村后尼姑庵（草拍屋顶）旁定居，始称北庄、杨家辛庄，后乡人称草庵，渐成村名。崔姓清末自广饶县迁入，梁姓清末自梁家庄（今柳疃前梁家庄）迁入。

村中现有 194 户，594 人，由张、杨、梁、崔等姓氏组成。耕地面积688亩，以小麦、玉米、蔬菜种植为主。村民经营有纺织厂、养殖场。

杨家洼
Yángjiāwā

位于奎聚街办驻地西北部，距街道办事处7千米。东邻吴家辛庄，西临堤河，南邻奎聚街道工业园，北接沟南崖。明中期，杨姓自湖北省襄阳府枣阳县迁昌邑北乡，一支居岔河庄（故址位于今孙家岔河村东），另一支居朱家宅科（故址位于今郭家岔河村前）。明隆庆二年（1568）朱家宅科失于洪水，村中杨氏一支西迁老虎洞（今张家辛庄村前潍河故道地貌）旁高地居住，称杨家埠。又因村处沙地，窜沙难住，且族人忌讳“老虎吃羊（杨）”之说，遂西迁今址新建村落。因村处洼地，得村名杨家洼。

村中现有64户，216人，杨姓为主。耕地面积400亩，多为小麦、玉米、苗木种植，另有猪、羊、狐狸等养殖业。村域内染织、苗木产业发达。

沟崖村
Gōuyácūn

沟崖村（自然村）位于奎聚街办驻地西北部，距街道办事处7千米。东邻草庵村，西至虫埠村，南连杨家洼，北接柳疃邓家庄。明洪武年间，高姓自山西洪洞县迁来立村，因村前有河沟，得村名沟崖。常姓明崇祯十五年（1642）从常家庄迁入，冯姓清乾隆二十五年（1760）从冯家海眼（今下营海眼村）迁入，杨姓从新庄杨家道（今吴家辛庄）迁入，傅姓由柳疃东高村迁入，王姓自沙岭子（故村址位于今草庵村东北）迁入，姜姓自柳疃阎家庵迁入，张姓自张家辛庄迁入。因各族繁衍，村户渐多，部分村人迁沟南崖建房居住。1958年入社，以沟为界分为沟北崖和沟南崖两个生产大队，1983年撤社设乡，成立沟北崖和沟南崖两个行政村。

民国32年（1943），昌北抗日武装于沟崖村西伏击烧毁日军汽车一辆，生擒日军3人，汉奸、伪警察及伪军家属十几人。

沟北崖村
Gōuběiyácūn

1958年入社，沟崖村户以沟为界分为南、北两个生产大队；1983年撤社设乡，沟崖村分设南、北两个行政村。该村居沟北崖，称沟北崖村。现有168户，567人，由常、冯、杨、高等姓氏组成。耕地面积680亩，以小麦、玉米等种植为主，另有养殖业和苗木产业。

沟南崖村
Gōunányácūn

1958年入社，沟崖村户以沟为界分为南、北两个生产大队；1983年撤社设乡，沟崖村分设南、北两个行政村。该村居沟南崖，称沟南崖村。现有146户，438人，由张、姜、王、冯、傅等姓氏组成。耕地面积708亩，以小麦、玉米等种植为主，另有苗木产业。

虫埠村
Chóngbùcūn

位于奎聚街办驻地西北部，距街道办事处9千米。东邻杨家洼，西至东逄翟，南连小逄翟，北接柳疃吴家庙村。明洪武年间，先有孙、黄二姓迁来，居于现村址西北土埠之阳。因埠若卧蚕，得名卧蚕埠，村名因之，后卧蚕埠演称虫埠。另传，因埠上蛇多，清乾隆年间更名为虫埠。明后期潍河改道县城东，村周水患减少，村人东迁埠下今址。张姓明隆庆二年（1568）从西逄泽村迁入，姜姓明后期自东冢姜泊迁入，傅姓清初自傅家泊（今柳疃西傅村）迁入，魏姓由龙池马渠迁入，高姓清康熙十四年（1675）由东桑园（今柳疃东高村）迁入，王姓清光绪二十二年（1896）从东逄翟迁入。

傅振邦墓园石牌坊座（2002年）　　摄影：李发宁

据虫埠村《傅氏家谱》“科名志”记载，清中后期载录九品以上官员140余人，其中五品以上官员45人。傅振邦（1814—1883），清道光十六年（1836）武进士，历官至云南提督、直隶提督、湖北提督，诰封建威将军。傅振邦故居及墓地是山东省内现存为数不多的清代正一品重臣府邸和国葬规格墓园，系省级重点文物保护单位。傅凤飏，傅振邦（嗣）长子，历任云南安宁（今安宁县）知州、安平（今马关县）同知、开化（今文山市）知府、宾川（属大理府）知州、元江（今元江县）知州、永昌知府、河南南阳知府，在任获一品典封，诰授荣禄大夫。著名导演傅超武、演员傅艺伟祖籍均为昌邑虫埠村。

村中现有173户，503人，由张、傅、孙、姜、魏、高、王等姓氏组成。耕地面积1200亩，以小麦、玉米种植为主。村民投资有纺织企业。

逄泽庄
Pángzézhuāng

逄泽庄（自然村）位于奎聚街办驻地西北部，距街道办事处9千米。东临堤河，西临夹沟河，南连徐家鄑水，北接龙池王范庄。先有逄姓自逄公村（故址位于今南逄、徐逄一带）迁居于此。因河道环绕，湾塘相接，故名。村西原有庆寿寺，明万历年间重修，翟次木（翟瓒之子）题写碑记“距县西北十里许，逄泽庄有曰庆寿寺者，古刹也”。翟姓明前期自四川红邑县枣阳村迁逄泽庄，居村东段。王姓明前期从直隶枣强县柳林庄迁潍县棘子埠，又于明后期迁逄泽庄，居村西段。宋姓明成化年间由东城后（今董家城后）迁入，张姓清代自济南府禹城县迁入，耿姓民国时期由柳疃迁入。

明隆庆元年（1567），逄姓家族分迁至北乡官庄（今柳疃后官村）和东乡逄泊村（今卜庄郝家庄），自此村中再无逄姓。至清代，村中翟姓和王姓两族家谱中提及村名时，分别记载为“逄翟村”和“逄泽庄”。后因村户渐多，分为东、西两村，东村称东逄翟，西村称西逄翟。2001年6月，经昌邑市人民政府批准，西逄翟村更名为西逄泽村。

西逄泽村
Xīpángzécūn

明前期，王姓从直隶枣强县柳林庄迁潍县棘子埠，又于明后期转迁昌邑逄泽庄。至清末，因村户渐多，分为东、西两村，该村以方位称西逄翟村。2001年6月，经昌邑市人民政府批准，更名为西逄泽村。村前有古河道渡口遗址，20世纪50年代曾挖出渡口木桩。村西有古盐道遗址。

村中现有235户，716人，王、张两姓居多。耕地面积1600亩，以小麦、玉米、大姜等种植为主。

东逄翟村
Dōngpángzháicūn

明前期，翟姓自四川红邑县枣阳村迁居昌邑逄泽庄。至清末，因村户渐多，分为东、西两村，该村因翟姓居多，以姓氏和方位称东逄翟村。清同治九年(1870)翟兆俊在村中创办鞋铺作坊，1952年成立新昌鞋组，后迁址城里发展为昌邑县制鞋厂。村前曾挖出麋鹿牙齿、鹿角等古生物化石。农历一、六为该村集市。

翟瓒，东逄翟村人，明正德癸酉乡荐，甲戌登进士第，初授工科给事，出为河南佥事，历升湖广巡抚，著有《虫吟草》。翟次乔，翟瓒兄翟琮之子，明嘉靖十五年岁贡，任海门知县。

村中现有 238 户，750 人，翟、宋两姓居多。耕地面积 1800 亩，以小麦、玉米、大姜等种植为主。

小逄翟村
Xiǎopángzháicūn

小逄翟位于东逄翟村东南。清中期，翟姓从逄泽庄迁此建房居住，取名小东庄。吴姓清后期从东店村迁入，王姓民国初年从南鄑亭迁入。民国后期更名为小逄翟村。

村中现有 55 户，162 人，由翟、吴、王等姓氏组成。耕地面积 500 亩，以小麦、玉米、大姜种植为主。

夏家鄑水
Xiàjiāzīshuǐ

位于奎聚街办驻地西北部，距街道办事处 8 千米。东临堤河，西至徐家鄑水，南连宫家鄑水，北接小逄翟村。明洪武年间，王姓自山西洪洞县迁昌邑城西北古河道东岸居住，得村名鄑水。后因对岸新立村庄西鄑水，该村遂改称东鄑水。清康熙初年，夏姓自东大营迁居东鄑水后道，后改称夏家道。齐姓由北白塔迁入，孙姓由孙家庄迁入。民国时期东鄑水分为南、北两村，夏家道及周边村户以方位称北鄑水，后改称夏家鄑水。20 世纪中后期，该村家家户户做香炉，闻名乡里。

村中现有 252 户，632 人，由夏、王、齐、孙等姓氏组成。耕地面积 800 亩，以小麦、玉米、大姜种植为主。

宫家鄑水
Gōngjiāzīshuǐ

宫家鄑水农耕旧影（1951 年） 照片提供：李发宁

位于奎聚街办驻地西北部，距街道办事处 8 千米。东临堤河，西至徐家鄑水，南连大泊子，北接夏家鄑水。明后期，宫姓由城里东隅迁居东鄑水前道，后改称宫家道。冯姓自冯家海眼（今下营海眼村）迁入。民国时期东鄑水分为南、北两村，宫家道及周边村户以方位称南鄑水，后改称宫家鄑水。20 世纪中后期，该村盛行粽子包制和售卖，成为闻名乡里的“粽子之乡”。

村中现有 134 户，408 人，宫、冯两姓居多。耕地面积 548 亩，以小麦、玉米等种植为主。村民投资有建筑业和养殖业。

徐家鄑水
Xújiāzīshuǐ

徐家鄑水村貌（2021 年）　　照片提供：徐振宁

位于奎聚街办驻地西北部，距街道办事处 8 千米。东邻宫家鄑水，西至十字路村，南连刘家庄，北接东逄翟。该地原有冯、崔二姓居住，因居鄑水故道西岸，得村名西鄑水。张姓明洪武年间自山西洪洞县迁来定居，徐姓明前期自直隶枣强县经德州迁居至此。至民国时期，徐姓族兴，以姓氏改称徐家鄑水。村西南有冯家湾，村西北有“船道口”古地名。柳疃至潍县古车道曾经过该村。20 世纪中后期，卤豆腐曾经为该村传统手工业。

村中现有 212 户，807 人，徐、张二姓居多。耕地面积 1460 亩，以小麦、玉米、苗木种植为主。

大泊子村
Dàpōzicūn

位于奎聚街办驻地西北部，距街道办事处 7 千米。东临堤河，西至十字路村，南连刘家道照，北接宫家鄑水。宋元时期，该地原有赵、汪二姓居住，因村处潍河故道坡地，得村名坡子。又因村属道昭里，曾称道昭坡，民国后期改称泊子。刘姓明洪武年间自山西洪洞县迁入。王姓明前期自山西洪洞县迁南道昭（今高家道照），又转迁柳疃范家庄，清朝初年从范家庄迁来居住。冯姓自沟崖村迁入。1980 年地名普查，为区别县境同名村庄，改称大泊子。

村中现有 78 户，225 人，由王、刘、冯等姓氏组成。耕地面积 460 亩，以小麦、玉米、大姜种植为主。

北道昭
Běidàozhāo

故村，今已分为刘家道照和孙家道照两村。位于奎聚街道驻地西北部，距街道办事处 6 千米。东邻堤河，西至张家村，南连高家道照，北接大泊子。据《孙氏族谱》记载，始迁祖于明洪武年间自乐安（今广饶县）三岔村迁居昌邑道昭里。该地原有侯姓居住，因古有盐道通过村子，道路平整宽阔，以“大道昭昭”之意得村名道昭。明时设里甲制，为道昭里治所。清前期，刘姓自柳疃玉皇庙迁来，居村子后道，称刘家道。居前道的孙氏村户称孙家道。后因村前一里新立村庄南道昭（今高家道照），该村遂改称北道昭，民国时期演称为北道照。1956 年分为前、后两村，后道称刘家道照，前道称孙家道照。

刘家道照
Liújiādàozhào

1956 年，北道照分为前、后两村，北村刘姓居多，以姓氏称刘家道照。村中宿姓为 1972 年峡山库区移民。民国 37 年（1948），中共昌邑县委机关曾驻该村，在南大瓦院落办公。

该村村民多次在地下 5—7 米土层挖出木头橛子、农具残片等碳化木件，疑为春秋时期古鄑水沿岸居民遗存物件。村后 3—4 米深挖出沙层，其中蛤蜊皮淤积层厚度 20 厘米有余。

刘家道照村地下 5 米挖出已碳化的原住民鄑水故道农耕物件　　照片提供：刘存财

村中现有 228 户，583 人，由刘、宿、陈、平等姓氏组成。耕地面积 485 亩，以小麦、玉米、山楂、大姜等种植为主。

孙家道照
Sūnjiādàozhào

1956 年，北道照分为前后两村，前村孙姓居多，以姓氏称孙家道照。高姓自高家道照迁入，宿姓为 1972 年峡山库区移民。

该村孙氏家族明清两朝得皇帝圣旨二十五道，御赐谕祭墓葬两座，牌坊六幢，进士四人，翰林一人。孙恕，明永乐初年贡京师，授工部虞衡主事，晋礼部祠祭清吏司郎中。孙洪，明景泰甲戌进士，仕至资政大夫右都御史，食正二品禄。孙昂，明正德年间进士，历任翼城县令、武进县令、礼部主事、祠祭员外郎。孙锭，明万历二十一年（1593）任华亭（今上海市）县令，明崇祯十五年（1642）壬午兵燹，率族众守昌邑城殉国。孙铎，明万历癸卯举人，历任赞皇县令、湖广承天府别驾、长沙府同知，诰授奉议大夫。孙尔周，清乾隆乙丑进士，历任庆云知县、吴桥知县、绍兴府通判、宁远府知府，诰授通奉大夫。孙含中，清乾隆癸未殿试赐进士，钦点翰林院庶吉士，仕至陕西提刑按察司按察使，诰授通奉大夫，食正二品禄。

村中现有 355 户，1060 人，由孙、宿、高等姓氏组成。耕地面积 1300 亩，以小麦、玉米、大姜等种植为主。

张家村
Zhāngjiācūn

位于奎聚街办驻地西北部，距街道办事处7千米。东邻孙家道照，西至刘家庄，南临院校西街，北接宫家鄑水。明初，张姓由山西迁昌邑西关，又迁此定居，以姓氏取名张家村。继孙姓由孙家道照迁入，王姓民国初年由南鄑亭迁入。

村中现有99户，292人，由张、王、孙等姓氏组成。耕地面积360亩，以小麦、玉米、棉花、大姜等种植为主。

刘家庄
Liújiāzhuāng

位于奎聚街办驻地西北部，距街道办事处7.5千米。东邻张家村，西至南鄑亭，南临院校西街，北接徐家鄑水。明万历年间，刘姓由平度金钱山迁来定居，以姓氏取名刘家庄。吴姓自柳疃吴家庙迁入，陈姓清道光年间由龙池东白塔迁入，翟姓由东逄翟迁入，李姓民国后期由龙池郭疃迁入。

村中现有90户，272人，由刘、吴、陈、周、翟、李、曾等姓氏组成。耕地面积500余亩，以小麦、玉米、大姜、葡萄等种植为主，另有畜禽养殖业。

十字路村
Shízìlùcūn

位于奎聚街办驻地西北部，距街道办事处8.5千米。东邻徐家鄑水，西至陶埠村，南连南鄑亭村，北接西逄泽村。《太平寰宇记》载："訾城在县西北十五里，是唐之訾亭县也，今称訾亭社名。"清康熙《昌邑县志》载："訾亭社离县十里，村凡七。"明前期，王姓由山西洪洞县迁居昌邑道昭村南，立村南道昭（今高家道照）；后世分支迁訾亭旧址，称訾亭社一甲；又因村前立有"西訾亭"碑（20世纪中叶被毁），改称西訾亭；至清代，因有东西向大道与南北向马车道交会于该村，改村名为"十字路"。张姓自张家辛庄迁入，宋姓清乾隆年间由双台远东庄迁入，高姓清道光年间从城南大营村迁入。农历四、九为该村集市。

明代潍河故道自村西转村北，经逄泽庄、虫埠村北流。村西北二里（潍河故道北岸）曾挖出原住民房基，传为訾亭旧址。旧址西侧土埠之上原有大庄，张姓居住。大庄西侧原有马棚湾（今龙池营子村前），传为古兵营马场，马棚湾南崖发现有大舂臼。李姓明中期自山西洪洞县迁今十字路村西、潍河（故道）东岸，称西堤、西崖。清后期，西崖、大庄村户并入十字路村聚居。

村中现有666户，1946人，由王、李、宋、高、任、张、孙、齐、荀、于、刘、魏、曹、徐、岳、姜、潘等姓氏组成。耕地面积3600余亩，以小麦、玉米、花生、地瓜、蔬菜等种植为主。

南鄑亭村
Nánzītíngcūn

位于奎聚街办驻地西北部，距街道办事处8千米。东邻孙家道照，西至陶埠村，南临院校西街，北接十字路村。明洪武年间，王姓由山西洪洞县迁居昌邑县道昭村南，立村南道昭（今高家道照）。后世分支迁居唐代訾亭故址南侧，称南鄑亭。该村移民关东的王氏家族存有清嘉庆年间家谱，载有 “原籍山东莱州府昌邑县城西十里，名曰南訾亭村”。民国元年（1912）《莱州府昌邑县自治区域图》中，今天的奎聚街道南鄑亭村标注为“南訾亭”。该村明清时期称“鄑”还是“訾”还有待考证。

南鄑亭村西为明代潍河故道，村后原有渡口，苏姓居渡口旁摆渡为生，称苏家道口。明后期因潍河改道变为农户，改称苏家村，1949年后并入南鄑亭村。

村中现有491户，1481人，由王、孙、张、刘等姓氏组成。耕地面积3600亩，以小麦、玉米、大姜种植为主。

陶埠村
Táobùcūn

位于奎聚街办驻地西北部，距街道办事处10.5千米。东邻南鄑亭，西临夹沟河，南连都昌长埠村，北接龙池营子村。村人相传，明时，郭、徐二姓逃避战乱至此，于土埠前立村，得名“逃埠”。又因埠上长有桃树，改称桃埠。后演称陶埠。另有观点认为，该村古时曾从事制陶业，以职业得村名。村中刘姓明永乐年间自济南府利津县凤凰窝迁昌邑北乡大邱庄（今龙池岱邱），二世迁城西新郭（今都昌刘家辛戈），六世又从新郭迁陶埠。张姓清顺治年间自寒亭常疃迁入，王姓清雍正年间自辛置迁入，吕姓清雍正年间自西乡中永安（今都昌东永安）迁入，齐姓清乾隆年间自徐林庄迁入。

村中现有325户，974人，由刘、吕、王、齐、张等姓氏组成。耕地面积5800亩，以小麦、玉米、棉花等种植为主。村民经营有浆纱厂。

第二节 都昌

都昌街道
Dūchāng Jiēdào

位于北纬36° 45′ 50″ ～36° 59′ 37″ 东经119° 12′ 41″ ～119° 24′ 54″ 。地处主城区北海路以西，昌邑市西部。东与奎聚街道毗连，西与潍坊市寒亭区固堤镇隔虞河相望，南与潍坊市寒亭区朱里街道相邻，北与龙池镇接壤。因汉代都昌故城遗址位于街道辖区而得名。办事处驻昌邑市平安西街 2023 号，电话区号 0536，邮政编码 261300。

民国 37 年（1948）为县城区。1950 年 7 月属昌邑一区。1955 年 11 月改称城关区。1958 年 2 月改称城关镇，同年 9 月成立红旗人民公社，12 月改称城关人民公社。1962 年 5 月析置王耨人民公社。1982 年 4 月复称城关镇。1984 年 10 月从城关镇析置李家埠乡。1985 年 9 月城关镇改称都昌镇。1997 年 12 月撤销都昌镇，分设都昌、奎聚两个街道。都昌街道辖原都昌镇北海路以西区域，另外划入原双台乡、南逄乡、李家埠镇所辖的 9 个行政村。2001 年 3 月，南逄乡 32 个行政村整建制并入都昌街道，同年 4 月，奎聚街道辛置二村划入都昌街道。2007 年 8 月，双台乡 29 个行政村并入都昌街道。昌邑市经济开发区办公室（副县级行政单位）与都昌街道办事处合署办公。

地势南高北低，南部、西部多土埠，中部、北部较平坦。最高点豹埠海拔 36.4 米，最低点博乐埠西海拔 8 米。辖区内自东向西依次有夹沟河、瀑沙河、泥河、虞河，皆由南向北流入莱州湾。

辖区内有都昌故城、黄福家族墓、辛置古墓群、徐长庚故居、小营口古堤等省市级文物保护单位。东永安孙膑崇拜文化、渔洞埠蒲苇草编、后埠村面艺已分别列入省、市级非物质文化遗产名录。昌邑古八景之一“西岩晨旭”发源地位于该街道辖区。

辖 82 个行政村，2.8 万户，8.8 万人。汉族为主，另有满、苗、彝、回等 11 个少数民族共 58 人。辖区总面积 193.95 平方千米，耕地面积 12.8 万亩，以小麦、玉米、大姜、棉花等种植为主，另有禽畜养殖、果蔬和苗木业。工业以纺织、食品、化工为主。2021 年实现公共财政预算收入 1.31 亿元，规模以上工业总产值 384.05 亿元，规模以上批发零售总额 6.64 亿元，规模以上服务业营业收入 3.77 亿元，农民人均可支配收入 2.4 万元。

都昌街道办事处挂牌（1997 年 12 月 18 日） 照片提供：马玉涛

南逢大姜 摄影：徐京润

都昌街道街区新貌

摄影：李发宁

现代农业园

照片提供：李云龙

发展中的工业园区

照片提供：李云龙

都昌城镇居民点

南苑小区
Nányuàn Xiǎoqū

位于北海路669号，都昌街道北海社区。东至北海路，西邻新昌家园，南邻刘家北逵，北邻华晨家园。建造之初，小区位置尚属城外南郊，以方位命名。占地面积82590平方米，建筑面积65000平方米，绿地面积2000平方米。多层楼3栋，二层楼29栋，平房27排，当前入住601户。1997年首期建成入住。

贵和嘉园
Guìhé Jiāyuán

位于同大街（北海路以西路段）路南，都昌街道北海社区。东邻海美宿舍，西邻化肥厂宿舍，南至南苑街，北至同大街。以嘉言命名。占地面积17000平方米，建筑面积23000平方米，绿地面积5000平方米。住宅楼6栋，180户。2019年建成入住。

辛置海之郡小区
Xīnzhìhǎizhījùn Xiǎoqū

位于北海路574号，都昌街道北海社区。东邻辛置一村，西至北海路，南至同大街，北邻辛置小学。因小区所属城市位于渤海湾畔而得名。占地面积65400平方米，建筑面积85500平方米，绿地面积2800平方米。住宅楼19栋，696户。2020年5月建成入住。

世纪华城
Shìjì Huáchéng

位于交通街598号，都昌街道北海社区。东邻龙港育德园，西至都昌路，南至平安街，北至交通街。以嘉言命名。占地面积36000平方米，建筑面积63451.51平方米，绿地面积14996.52平方米。住宅楼16栋，508户。2012年建成入住。

香邑城市花园
Xiāngyìchéngshì Huāyuán

位于平安街（北海路以西路段）路南，都昌街道北海社区。东至北海路，西至建设路，南邻南店村，北至平安街。以吉祥嘉言命名。占地面积54600平方米，建筑面积70000平方米，绿地面积2800平方米。住宅楼17栋，603户，2015年首期建成入住。

龙鑫花园
Lóngxīn Huāyuán

位于平安街2172号，都昌街道北海社区。东至建设路，西临都昌路，南临同大街，北至平安街。以吉祥嘉言命名。建筑面积44000平方米，绿地面积1800平方米。住宅楼10栋，416户。2007年建成入住。

新昌家园
Xīnchāng Jiāyuán

位于昌邑市南苑西街6号，都昌街道北海社区。东邻华晨家园，西邻辛置二村林地，南邻南苑小区，北至南苑西街。以项目建设单位字号命名。占地面积48440平方米，建筑面积55704平方米，绿地面积2500平方米。规划住宅楼12栋，240户。2009年首期建成入住。

沁园春小区
Qìnyuánchūn Xiǎoqū

位于交通街617号，都昌街道西城社区。东至建设路，西至都昌路，南至交通街，北至山前街。以词牌名命名。占地面积20000平方米，建筑面积145201平方米，绿地面积52150平方米。住宅楼35栋，1512户。2011年首期建成入住。

天润一品苑
Tiānrùn Yīpǐn Yuàn

A区位于新村街518号，B区位于新村街519号，均属都昌街道西城社区。东至建设路，西至都昌路，南至山前街，北邻丝绸印染厂老厂区。因小区位于明代一品名臣黄福故里黄家辛戈村域，故以“一品苑”命名。占地面积17000平方米，建筑面积168263平方米，绿地面积43000平方米。住宅楼46栋，1959户。2014年首期建成入住。

锦绣幸福里
Jǐnxiùxìngfú Lǐ

位于都昌路719号，都昌街道岩山社区。东至都昌路，西邻华晨悦胜纺织厂东分厂，南至平安街，北至交通街。以“丝绸之乡幸福新城”之寓意命名。占地面积39272平方米，建筑面积49600平方米，绿地面积15000平方米。住宅楼7栋，450户。2021年建成入住。

锦绣华城
Jǐnxiù Huáchéng

位于都昌路701号，都昌街道岩山社区。东至都昌路，西邻山前村，南至交通街，北邻山前村。借昌邑市“丝绸文化名城”之美誉凝练而得小区名字。建筑面积45600平方米，绿地面积16000平方米。住宅楼15栋，460户。2014年1月动工兴建，2015年9月首期交付。

山前御景园
Shānqián Yùjǐngyuán

位于都昌路517号，都昌街道岩山社区。东至都昌路，西邻山前村，南至交通街，北至新村街。因小区位于山前村村域而得名。占地面积34980平方米，建筑面积59600平方米，绿地面积14000平方米。住宅楼15栋，400户。2015年首期建成入住。

都昌华苑
Dūchāng Huáyuàn

位于利民街711号，都昌街道岩山社区。东至都昌路，西邻海天纺织公司，南至利民街，北邻马家村。以嘉言命名。占地面积15000平方米，建筑面积22600平方米，绿地面积7000平方米。住宅楼8栋，120户。2017年首期建成入住。

新村公寓
Xīncūn Gōngyù

位于利民街666号，都昌街道新村社区。东邻人民医院宿舍区，西至建设路，南至新村街，北至利民街。原称工人新村，由多家国营企业集中建造职工宿舍而得名。小区初建于20世纪70年代，初期占地面积2.6万平方米，建造户数218户。1997年12月启动拆危改造和扩建工程，1998年10月竣工交付。改造后建筑面积6万平方米，绿地面积1.4万平方米。住宅楼14栋，724户。

实验小区
Shíyàn Xiǎoqū

位于建设路210号，都昌街道新村社区。东邻南隅社区，西至建设路，南至山前街，北至新村街。因小区属于昌邑市首批市场化运作楼盘，由此命名为“实验小区”。建筑面积70000平方米，绿地面积5000平方米。住宅楼16栋，593户。1995年建成入住。

方天颐小区
Fāngtiānyí Xiǎoqū

位于新村街219号，都昌街道新村社区。东邻人民医院，西邻新村公寓，南至新村街，北邻人民医院宿舍。以嘉言命名。占地面积 23200平方米，建筑面积17027.2 平方米，绿地面积1330 平方米。住宅楼9栋，230户。2017年建成入住。

金域悦府
Jīnyù Yuèfǔ

位于北海路371号，都昌街道新村社区。东至北海路，西邻引黄济青宿舍，南至山前街，北至新村街。以嘉言命名。占地面积57027平方米，建筑面积159769.62平方米，绿地面积13750平方米。住宅楼15栋，933户。2022年首期建成入住。

金域观邸小区
Jīnyùguāndǐ Xiǎoqū

南区位于利民街559号，北区位于城里西街33号，均属都昌街道利民社区。东至北海路，西邻新新家园，南至利民街，北至富昌街。以嘉言命名。占地面积62833.3平方米，建筑面积180640平方米，绿地面积2541平方米。规划住宅楼35栋，1254户。2019年首期建成入住。

华鼎御景小区
Huádǐng Yùjǐng Xiǎoqū

位于富昌街328号，都昌街道利民社区。东至北海路，西邻市府家属院，南邻老一中家属院，北至富昌街。以开发商字号命名。占地面积4700平方米，住宅建筑面积9156平方米。住宅楼2栋，84户。2017年建成入住。

新新家园
Xīnxīn Jiāyuán

A区位于建设路86号，B区位于城里西街77号，C区位于建设路87号，D区位于城里西街217号，均属都昌街道利民社区。东邻金域观邸小区，西邻马家村，南至利民街，北至富昌街。因小区为刘家辛戈村改造项目，该村原称刘家新郭，故以原村名寓意命名。占地面积28000平方米，建筑面积241500平方米，绿地面积6010平方米。住宅楼74栋，2156户。2010年首期建成入住。

旺族家园
Wàngzú Jiāyuán

位于富昌街378号，都昌街道利民社区。东邻新新家园，西至都昌路，南邻都昌派出所，北至富昌街。以吉祥嘉言命名。占地面积1.7万平方米，建筑面积2.6万平方米。住宅楼7栋，248户。2007年4月动工兴建，2010年12月建成入住。

同晖家园
Tónghuī Jiāyuán

位于育新街（都昌路以西路段）路北，都昌街道迎禧社区。东至都昌路，西邻高道家园，南至育新街，北至院校西街。取“共享明媚光阴”之意命名。占地面积 68000 平方米，建筑面积 49000 平方米，绿地面积 16000 平方米。住宅楼 19 栋，610 户。2012 年建成入住。

永和苑
Yǒnghé Yuàn

位于富昌街 259 号，都昌街道育新社区。东至北海路，西邻西苑小区，南至富昌街，北邻贵和花园。以吉祥嘉言命名。建筑面积 120000 平方米，绿地面积 6000 平方米。住宅楼 28 栋，740 户。2005 年建成入住。

西苑小区
Xīyuàn Xiǎoqū

位于富昌街 289 号，都昌街道育新社区。东邻永和苑小区，西至建设路，南至富昌街，北至育新街。因建造之初位于主城区西郊而得名。建筑面积 85000 平方米，绿地面积 11400 平方米。住宅楼 44 栋，893 户。1993 年一期二层住宅兴建，2015 年二期多层住宅建成入住。

祥和居小区
Xiánghéjū Xiǎoqū

位于育新街 269-1 号，都昌街道育新社区。东邻寓新小区，西邻东安家埠，南邻贵兴家园，北邻十二庭院。以吉祥嘉言命名。建筑面积 45000 平方米，绿地面积 7034 平方米。住宅楼 9 栋，356 户。2019 年一期建成入住。

十二庭院
Shíèr Tíngyuàn

位于育新街 267 号，都昌街道育新社区。东邻北海名居，西邻祥和居，南邻贵兴家园，北邻昌进职工宿舍。因小区规划住宅楼十二栋，每栋楼前绿化景致典雅，故名。建筑面积 38000 平方米，绿地面积 4000 平方米。住宅楼 12 栋，住户 383 户。2012 年一期建成入住。

北海名居小区
Běihǎimíngjū Xiǎoqū

位于北海路 2 号，都昌街道育新社区。东邻天水盛和苑，西邻十二庭院，南邻第二实验小学，北至院校街。因小区东、西两区位于北海路两侧而得名。建筑面积 50000 平方米，绿地面积 15000 平方米。住宅楼 8 栋，352 户。2008 年一期建成入住。

都昌农村居民点

韩家屯
Hánjiātún

位于都昌街办驻地北部，距街道办事处3千米。东临北海路，西至东安家埠，南连育新街，北接院校街。明前期，韩姓自山西洪洞县迁来立村，以姓氏取名韩家庄，至清代改称韩家屯。吕姓始迁祖原籍河北沧州，明天启元年（1621）以岁贡赴任昌邑教谕，任满后入昌邑籍，携家定居西隅社韩家庄。李姓清初从石臼村迁入，刘姓由龙池岱邱迁入。该村已于原址完成城中村改造，村民已回迁至居民小区。

现有居民60户，222人，由吕、刘、李、王、徐等姓氏组成。

西安家埠
Xīānjiābù

位于都昌街办驻地北部，距街道办事处3.5千米。东邻东安家埠，西至都昌路，南连富昌街，北接院校街。明前期，安姓迁来依埠立村，得村名安家埠。宋姓明隆庆年间迁入，徐姓明后期从江苏昆山迁入，孙姓明后期自龙池孙家庄迁入，张姓从寒亭亓家庄迁入，刘姓从马家村迁入。至清咸丰年间，村户渐多，分为东、西两村，该村以方位称西安家埠。

村南侧原有堤子村（自然村），因潍河（清前期故道）绕经村西南，村子依堤而建，故名。于姓先来立村，唐姓清代从城北黄家辛庄迁入，王姓清末从广饶县西营村迁入。1960年村子并入西安家埠，为第一生产队。1984年原堤子村房舍拆除，村民迁西安家埠村集中居住。

2005年10月开始城中村改造，2009至2019年，村民分别回迁至荔园小区（都昌路1号）、尚品世家（都昌路420号）和永和家园（都昌路158号）。

现有居民95户，331人，由王、张、孙、刘、徐、唐、于、宋等姓氏组成。耕地面积70亩，以小麦、玉米等种植为主。

东安家埠
Dōngānjiābù

位于都昌街办驻地北部，距街道办事处3千米，东邻韩家屯，西至西安家埠，南连育新街，北接院校街。明前期，安姓迁居至此，依埠立村，得村名安家埠。刘姓从城西马家村迁入，徐姓明后期从江苏昆山迁入，吕姓清雍正八年（1730）自韩家屯迁入，寇姓自柳疃青阜村迁入。至清咸丰年间，村户渐多，分为东、西两村，该村以方位称东安家埠。2010年7月开始城中村改造，部分村户已搬迁至昌邑市育新街451号东盛花园小区。

现有居民168户，605人，由徐、刘、吴、寇、吕、王等姓氏组成。耕地面积70亩，以小麦、玉米等种植为主。

高家道照
Gāojiādàozhào

位于都昌街办驻地西北部，距街道办事处 4.5 千米。东邻西安家埠，西至长埠，南连南吴家庙，北接孙家道照。明前期，王姓自山西省洪洞县迁昌邑城北道昭里落籍，因立村于道昭村（今孙家道照）之南，得名南道昭。明嘉靖初年，高姓自湖北襄阳府枣阳县迁昌邑城北岔河庄（故村址位于今奎聚街道孙家岔河村东河堤内）落户，至嘉靖中期，后世分支由岔河庄迁居南道昭。至清代，高姓族兴，村名以姓氏改称高家道昭。民国时期始有“道照”写法，1949 年后定名为高家道照。

亭子村，因村东曾有庙宇，远观似亭而得名。明后期王姓由北乡利渔村迁此立村，随后刘、李、冯、徐、张等姓氏相继迁入。1950 年后村户并入高家道照村。

高家道照村西有汉代墓葬遗址，曾出土青铜剑、陶罐等文物。

因城市扩建，该村已划入城区之内，并启动城中村改造工程，村民陆续回迁至迎禧社区居住。

现有住户 430 户，1104 人，由高、王、刘、李、冯、徐、张等姓氏组成。

傅徐城后
Fùxúchénghòu

傅徐城后旧影（2010 年） 摄影：王宏志

位于都昌街办驻地北部，距街道办事处 3 千米。东临北海路，西至西苑小区，南连富昌街，北接育新街。明中期，傅家泊（今柳疃西傅村）傅氏六世祖傅清由无锡正堂致仕归乡，择都昌故城北侧安居，因乡人称都昌故城为西城，遂定村名为西城后，后以姓氏改称傅家城后。明后期，徐姓自江苏昆山迁傅家城后西侧定居，称徐家城后。潘姓自安徽凤阳府迁徐家城后。1948 年两村合并，以姓氏定名为傅徐城后。2009 年城中村改造，2011 年村民回迁永和苑小区。2012 年被评为“省级文明村”。

现有居民 133 户，431 人，由傅、徐、潘等姓氏组成。

南吴家庙村
Nánwújiāmiàocūn

位于都昌街办驻地西北部，距街道办事处3千米。东邻新村学校，西至都昌开发工业园，南连马家村，北接后埠村。村中流传，明时有吴姓武官路过并安家于此，在村东建一庙宇，由此得名吴家庙。傅姓自傅家泊（今柳疃西傅村）迁入，刘姓自城西刘家辛郭迁入，李姓自奎聚街道黑埠村迁入。因与柳疃吴家庙村重名，1980年以方位改称南吴家庙。

村中现有168户，477人，由刘、傅、陈、李、马等姓氏组成。耕地面积600亩，以小麦、玉米、大姜等种植为主。

刘家辛戈
Liújiāxīngē

刘家辛戈村旧影（2008年）　　摄影：王宏志

位于都昌街办驻地北部，距街道办事处2千米。东邻实验中学，西至马家村，南连军干所，北接富昌街。明永乐初年，刘姓自济南府利津县徙居昌邑北乡岱邱村，数载后又迁都昌故城郭旧址新立村庄，取村名“新郭”。为区别周边同名村庄，先后更名“北新郭”“刘家新郭”“刘家辛郭”。1958年起，官方文书中始写作“刘家辛戈”。2009年城中村改造，村民陆续回迁至新新家园小区。2013年，村庄被评为“省级文明村”。

刘乃赓，光绪丁丑科进士。历任福建清流县、广西兴安县、修仁县知县。

刘景田，民国初年赴法华工，在法国加入共产党，成为一名国际纵队战士。在西班牙战场上担任救护队长。后从法国赴越南，协助胡志明创建了越共河静、义安地区苏维埃政权。病逝后葬于北京八宝山。

村中现有370户，1200人，多为刘姓。耕地面积74亩，以小麦、玉米等种植为主。村民投资有纺织、印染、建筑、物流等产业。

马家村
Mǎjiācūn

位于都昌街办驻地北部，距街道办事处2千米。东邻刘家辛戈，西至海天纺织厂宿舍，南连利民街，北接旺族家园。该地原有马、卢两姓居住，村户以马姓居多，故名。宋元交会之时，苑姓自京南霸州苑家口（今河北霸州市苑口村）迁来昌邑，一居东乡苑家庄（今围子街道苑家庄），另一居于此。清后期，马、卢两姓式微，刘家辛郭刘姓分支迁来居住，并成大族，该村与刘家辛郭由此始有“西庄”和“东庄”之称，村人对外通信也多写为“刘家辛郭”。1949年后逐渐恢复“马家村”村名。

现有居民320户，1040人，刘、苑两姓居多。耕地面积702亩，以小麦、玉米、果蔬种植为主。村民投资有保温材料厂，村域建有水产品贸易市场。

黄家辛戈
Huángjiāxīngē

位于都昌街办驻地西北部，距街道办事处1千米。东邻实验小区，西至山前村，南至交通街，北接马家村。宋元祐年间，黄姓自安徽泗州迁昌邑西乡画埠村（今都昌街道东化埠），分支又于元延佑年间迁都昌故城郭旧址立村，因村依故城郭而建，得村名“新郭”。又为区别同名村庄，相继更名“南新郭”“黄家新郭”“黄家辛郭”，后演称黄家辛戈。村中王、石二姓由大埠村迁入，孙姓由孙家道照迁入，翟姓由城北东逄翟村迁入。宿姓为1968年峡山库区移民。村西北有黄福家族墓，为省级文物保护单位。

黄福，明朝名臣，由太学生历金吾前卫经历，拜工部右侍郎。永乐四年（1406）督安南军饷。安南既平，划为郡县。仁宗即位，黄福被召还，命兼詹事辅太子。宣德元年（1426）交阯民叛，宣宗命黄福以工部尚书兼詹事领二司事安抚交阯。宣德七年（1432）改官南京，宣德八年（1433）兼掌南京兵部。正统五年（1440），黄福逝世，年七十八。明宪宗时追赠太保，谥号“忠宣”。有《黄忠宣集》《奉使安南水程日记》等著作传世。

村中现有232户，693人，由黄、王、石、孙、宿、翟、于等姓氏组成。

山前村
Shānqiáncūn

山前村旧影（2008年） 摄影：王宏志

位于都昌街办驻地西北部，距街道办事处1千米。东临都昌路，西至消防大队，南连交通街，北接华海贸易市场。明洪武年间，卢姓由山西洪洞县迁昌邑城西的西岩山前立村，因后有山埠，前临沟壑，取名卢家沟。明后期，黄姓自南新郭（今黄家辛戈）迁卢家沟旁居住，仍称南新郭。

后因迁来的黄姓家族与卢家沟村舍相连，逐渐合为一村，村子又位于岩山南麓，遂合称为山前村。至清代，魏姓由龙池马渠村迁入，李姓由中裴庄迁入，范姓自夏店村（今属卜庄）迁入。2011年城中村改造，部分村民搬迁至山前御景园小区。

昌邑古八景之一“西岩晨旭”即为村后岩山山体在晨旭映照下的壮观景象。

现有居民341户，1020人，黄姓居多，另有卢、王、李、张、范、魏、宿等姓氏。耕地面积583亩，以小麦、玉米等种植为主。村民投资有化工涂料及建筑业。

刘埠村
Liúbùcūn

该村已整体搬迁，旧址位于后埠村西北，原大埠村前，都昌街办驻地西南部。明崇祯年间，黄姓自西乡画埠（今都昌街道东化埠）迁来，择土埠前立村，得名黄家埠。继徐姓自亭子村（故村今已并入高家道照）迁入，两宗王姓分别从大埠和西大营迁入，石姓自大埠迁入，刘姓由饮马刘家埠（今属潍坊市峡山区）迁入。后刘姓族兴，改称刘家埠。1980年省称刘埠。2016年初，村庄整体搬迁至都昌路701号锦绣华城小区。

现有居民132户，400人。由王、石、徐等姓氏组成。耕地面积1100亩，以小麦、玉米、大姜种植为主。

大埠村
Dàbùcūn

该村已整体搬迁，旧址位于原刘埠村北，东褚庄村东，都昌街办驻地西部。明中期，先有王姓迁城西大埠东侧居住（传与柳疃河崖王姓同宗），以埠为村名。清光绪年间，刘姓自刘家辛郭迁来居住。2010年，村户整体搬迁至交通街617号沁园春小区。

现有居民190户，703人，由刘、王、石、张等姓氏组成。

南店村
Nándiàncūn

位于平安街路南，都昌街办办事处对面。东临北海路，西至龙鑫花园，南连同大集团，北临平安街。因地处古官道旁，北距县城三里，多有商户于此开设店铺，乡人称三里店。明洪武年间，夏姓自直隶枣强县迁昌邑城东关，又自东关迁三里店。明崇祯十五年（1642），孙姓自县城西门里迁三里店。傅姓清初自柳疃西傅村迁入，李姓清前期自文山北麓石臼村迁入，吕姓清顺治年间由东永安村迁入，刘姓自刘家辛郭迁入。因村处古城南郊，清代更名为南店。

村前有周代、汉代及明清时期墓葬群

落，出土有汉代陶器、铜器等文物。

村中现有286户，886人，由夏、李、孙、吕、傅、刘、葛等姓氏组成。耕地面积362亩，以小麦、玉米、土豆、大姜等种植为主。

辛置二村

Xīnzhìèrcūn

辛置二村村貌（2016年） 照片提供：政协文史委

位于都昌街办驻地东南部，距街道办事处1千米。东临解放路，西临北海路，南连辛置三村，北接辛置一村。明永乐年间，杨姓自城北三贤埠（今奎聚李家埠）迁城南辛置村居住。明天顺年间李姓自四川迁入。明永乐年间刘姓由四川成都府迁昌邑城里后街，后遭明季兵燹避居辛置。1962年辛置村分为前、中、后三个生产大队，该村称“辛置第二生产大队”。1985年改称辛置二村。2001年4月辛置二村由奎聚街道划入都昌街道。2010年启动城中村改造，2012年村民迁居海之郡小区。农历二、七为该村集市。

现有居民305户，986人，李、刘、杨三姓居多。耕地面积300亩，以小麦、玉米等种植为主。

逄公里

Pánggōnglǐ

汉代故村，今已分为南逄、前南逄、徐家北逄、王家北逄、高家北逄、刘家北逄六个行政村。《方舆纪要》（卷三十六）载“齐顷公赏逄丑父之功，食邑都昌”。清乾隆《昌邑县志》载：“逄公里，汉逄萌故里，在县西南十里。今有村曰‘南逄’、‘北逄’者是”。春秋时期，齐顷公车右逄丑父因护驾有功进上卿，食邑都昌，后人世居于此。至汉代，隐士逄萌家族聚居于都昌城南，乡人尊称其地为逄公里。明时，逄姓渐次外迁，韩姓迁来居于故村南部，称南逄公村；徐、高、王、刘四姓迁来居于故村北部，分别称徐家道、高家道、王家道、刘家道，均称北逄公村。清咸丰年间捻军过境昌邑，各村筑圩抗捻，北逄公村四道各筑围墙，始称徐家北逄、高家北逄、王家北逄和刘家北逄。

南逄村

Nánpángcūn

位于都昌街办驻地南部，距街道办事处4千米。东邻西大营，西至陈家洼子，南连前南逄村，北接徐家北逄。周姓明初从安徽徽州府（今安徽歙县）迁北孟乡七沟坉（今北孟周家七沟），再迁城里南隅，又徙居逄公村。韩姓明代从胶西（今胶州市）迁昌北潮海村，又转迁来居住。李姓因水患明后期从潍河东岸李家张庄（今围子街道西张庄）迁入。该村于明后期从逄公村分出，称南逄公村，后省称南逄。民国时期为逄公乡公所驻地。村东曾有“淘洼”，村西有“堤子上崖”“西沟”等故地名，均为潍河故道遗存地貌。

南逄村千年古槐（2021 年）　　摄影：褚光辉

村后为古逄公村街市旧址，曾遗存有汉唐时期石舂臼两尊，一尊为大理石材质，另一尊传为陨石凿制，约一人高，口径一米有余，后被毁。村内现存槐一株，枝繁叶茂，传为宋代所植。

村中现有 345 户，1186 人，周、韩、李等姓氏居多。耕地面积 1410 亩，以小麦、玉米、大姜种植为主。

前南逄村
Qiánnánpángcūn

位于都昌街办驻地南部，距街道办事处 4.5 千米。东临西辛庄，西至陈家洼子，南连史家洼子，北接南逄村。该村居户原属南逄公村，清代迁村前新建房舍，清咸丰年间筑圩抗捻，村舍被圈至圩墙之外，始称前南逄村。村前原有卧牛埠，20 世纪 60 年代公社组织村民挖埠填洼，后又有村民取土盖房，至土埠消失。

村中现有 108 户，287 人，韩姓居多。耕地面积 600 亩，以小麦、玉米、大姜等种植为主。

徐家北逄村
Xújiāběipángcūn

徐家北逄村貌（2021 年）　　摄影：李发宁

位于都昌街办驻地南部，距街道办事处 3.5 千米。东临北海路，西临石化路，南连南逄村，北接高家北逄。明时，徐姓自北乡灶户村迁逄公村居住，称徐家道。明后期改属北逄公村。清咸丰年间筑圩抗捻，分圩立村，以姓氏称徐家北逄。村中尚存逄公花园井遗址，村东有“东仓”“卧羊地”等故村遗留地名，村西有明代潍河故道地貌。

徐河清，清咸丰壬子科进士，历官贵州瓮安县知县、镇宁州知州、署贵东兵备道兼理思南府知府，著有《齐东韵语》《养志堂集》等。徐文开，河清子，廪贡，邢部候补郎中。徐永桀，河清之孙，清光绪十一年（1885）拔贡，光绪末年任饶阳知县。

村中现有234户，617人，徐、王两姓居多。耕地面积1035亩，以小麦、玉米、大姜等种植为主。

高家北逄村

Gāojiāběipángcūn

位于都昌街办驻地南部，距街道办事处3千米。东临北海路，西临石化路，南连徐家北逄，北接王家北逄。明后期，一宗高姓自柳疃前官庄迁北逄公村定居，另宗高姓自朱里港涘迁入，称高家道。王姓自济南府历城县柳行头迁入，马姓自围子四甲迁入。清咸丰年间筑圩抗捻，分圩立村，以姓氏称高家北逄。村西为元明时期潍河故道。古有官道经过该村，清代村西曾设十里铺（官府驿递铺）。

村中现有120户，385人，由高、王、马等姓氏组成。耕地面积720亩，以小麦、玉米、大姜等种植为主。村民投资有机械产业。

王家北逄村

Wángjiāběipángcūn

位于都昌街办驻地西南部，距街道办事处2.5千米。东邻刘家北逄，西临石化路，南连高家北逄，北接同大工业园。明前期，一宗王姓自山西洪洞县迁昌邑城南逄公村居住，另宗王姓同期自济南府历城县柳行头迁入，称王家道。明后期改属北逄公村，清咸丰年间筑圩抗捻，分圩立村，以姓氏称王家北逄。

村中现有202户，636人，由王、刘、许、张等姓氏组成。耕地面积165亩，以小麦、玉米、大姜等种植为主。

刘家北逄村

Liújiāběipángcūn

位于都昌街办驻地南部，距街道办事处2千米。东临北海路，西至王家北逄，南连琨福洗姜市场，北接南苑小区。明朝初年，刘姓由山西洪洞县徙居益都（今青州），又于明崇祯十五年（1642）迁居昌邑北逄公村，称刘家道。李姓明后期自东冢大李家庄迁入，郝姓自王耨村迁入，徐姓自流河二村迁入。清咸丰年间筑圩抗捻，分圩立村，以姓氏称刘家北逄。村后有汉代墓葬遗址。

村中现有 200 户，700 人。刘姓居多，另有李、郝、朱、王、徐等姓氏。耕地面积 524 亩，以小麦、玉米、大姜、土豆等种植为主。村民经营有农产品加工业和纺织业。

东大营村
Dōngdàyíngcūn

东大营村貌（2021 年）　　摄影：李云龙

位于都昌街办驻地东南部，距街道办事处 4 千米。东临奎聚路，西至西大营，南连后伍塔，北接育秀学校。据清康熙《昌邑县志》载：“县南五里有大营城。北五里有小营城。岂孔北海与黄巾相距，屯兵遗迹耶。”东汉末年北海相孔融结营于此，始称大营。后乡人聚居于古营址，渐成村落。明初分村，该村以方位称“东大营”。明中期，一宗王姓自逄公村王家道（今王家北逄）迁来定居，另宗王姓自龙池东利渔村迁入。

村中现有 430 户，1331 人，王姓居多，另有李、吴、杨、夏等姓氏。耕地面积 900 亩，以小麦、玉米、大姜等种植为主。

西大营村
Xīdàyíngcūn

位于都昌街办驻地东南部，距街道办事处 3.5 千米。东邻东大营，西临北海路，南连南环路，北至奎聚街道辛置村。东汉末年，北海相孔融为拒黄巾军结营于此，始称大营。后乡人聚居于古营址，渐成村落。明初分村，该村以方位称“西大营”。村中相传，村东曾有崇福寺，唐王东征曾居于此。村西有桃洼（淘洼），为潍河故道遗留地貌。吴姓明后期自文山北麓黑埠村迁来居住。刘姓清初从北庄头迁入。

村中现有 74 户，292 人，吴、刘两姓居多。耕地面积 255 亩，以小麦、玉米、大姜等种植为主。

西辛庄
Xīxīnzhuāng

位于都昌街办驻地南部，距街道办事处 4 千米。东临北海路，西至前南逄，南连史家洼子，北接南环路。清中期车、马二姓迁来居住，继史姓自史家洼子村迁入。清咸丰年间筑圩抗捻，邻村诸姓聚来避难，捻军过后，部分避难户因故村房舍被毁，就此定居下来，取名新庄，后演称辛庄。

为区别县境同名村庄，1980 年以方位改称西辛庄。

村中现有 128 户，350 人，由姜、徐、史等姓氏组成。耕地面积 300 亩，以小麦、玉米、大姜等种植为主。

后伍塔村
Hòuwǔtǎcūn

后伍塔村貌（2021 年） 摄影：李发宁

位于都昌街办驻地东南部，距街道办事处 4 千米。东临灶朱路，西至西辛庄，南连中伍塔，北接东大营。明时，村子东部曾有五座砖塔，故名“伍塔庄”。一宗王姓明中期自逄公村王家道（今王家北逄）迁入，另外三宗王姓分别从沟崖、辛置、望仙埠迁入，黄姓明末自城西黄家辛郭迁入，葛姓明末自文山东麓葛家山下（今王葛山下）迁入。后因村舍渐多，分为前、中、后三村。该村居后，以方位称后伍塔村。

王文蔚，生于清光绪三年（1877），中国同盟会会员。主张实业救国，积极倡办工厂。民国 19 年（1930）与人合伙购买青岛原双盛潍染厂设备，创办潍县第一家机器染厂（大华染厂），民国 22 年（1933）又在济南创办利民机器染厂，为山东机器染织产业开拓者之一。

村中现有 556 户，1721 人。王姓居多，另有黄、葛、朱、孙、汲、袁、孔等姓氏。耕地面积 1100 亩，以小麦、玉米、大姜、土豆、草莓等种植为主。

中伍塔村
Zhōngwǔtǎcūn

位于都昌街办驻地东南部，距街道办事处 4.5 千米。东临灶朱路，西至史家洼子，南连前伍塔，北接后伍塔。明时，村子东部曾有五座砖塔，故名“伍塔庄”。明成化年间，刘姓自京都武清县（今天津武清区）河西务迁昌邑北乡榆英社立村刘家庄（故村位于今柳疃灶户村东），又为避海潮于明隆庆三年（1569）迁居县城东关，明崇祯十五年（1642）再迁城南伍塔庄。姜姓明中期自东北乡姜泊村迁入，王姓由山西洪洞县迁入。后村舍渐多，分为前、中、后三村。该村居中，以方位称中伍塔村。

村中现有 253 户，713 人，由姜、刘、王、徐、邵等姓氏组成。耕地面积 806 亩，以小麦、玉米、大姜、土豆、草莓等种植为主。

前伍塔村

Qiánwǔtǎcūn

位于都昌街办驻地东南部，距街道办事处5千米。东临灶朱路，西至史家洼子，南连巡保村，北接中伍塔。明时，村子东部曾有五座砖塔，故名“伍塔庄”。明隆庆初年，李姓因水患从李家宅科（故村位于今潍河小营口东100米河堤内）移居此地。继匙姓自南乡匙家沟（今北孟老匙沟）经饮马刘家埠迁入，毛、夏等姓氏相继迁入。后村舍渐多，分为前、中、后三村。该村居前，以方位称前伍塔村。

村中现有245户，817人，由毛、李、匙、夏等姓氏组成。耕地面积816亩，以小麦、玉米、大姜、土豆、草莓等种植为主。

巡保村

Xúnbǎocūn

位于都昌街办驻地东南部，距街道办事处5.5千米。东邻太保村，西临北海路南首，南连朱里北港涘，北接前伍塔村。相传汉北海相孔融拒黄巾军时于此设立巡道营堡，乡人称“巡堡”，演为村名。据《史氏族谱》记载，明永乐年间，先祖自四川经山西洪洞县徙都昌城南十里巡堡庄。另据《贾氏族谱》记载，祖籍都昌城南贾家宅科（故村位于今小营口东河道内），明隆庆初年潍河小营口决口，冲没村落，迁之巡堡。1949年后村名演称巡保。村东原有汉墓两处，乡人称双皇冢。村西另有汉墓一处，俗称“西埠”。

巡保村貌（2021年）　　摄影：李发宁

村中现有320户，932人，由史、王、贾、孙、吴等姓氏组成。耕地面积960亩，以小麦、玉米、大姜、土豆、草莓等种植为主。

太保村

Tàibǎocūn

位于都昌街办驻地东南部，距街道办事处6千米。东临潍河，西至王家埠，南连朱里北港涘，西北与巡保村相接。该地本为巡保村史家果园，族人为看管园子方便，迁此建房居住。初称东果园、巡堡东庄，后村人为祈愿村子免受水患侵扰，以嘉言改称太保庄。1958年入社，改称太保庄大队；1980年省称太保大队；1983年恢复行政村，改称太保村。

村中现有147户，446人，由史、王、宋、孙等姓氏组成。耕地面积380亩，以小麦、玉米、大姜、土豆、草莓等种植为主。

王家埠
Wángjiābù

位于都昌街办驻地南部，距街道办事处5.5千米。东邻单家埠，西至孟家洼子，南临夹沟河，西北与史家洼子相接。明洪武六年（1373），王姓从山西洪洞县迁昌邑城南，择土埠前立村，以姓氏取名王家埠。张姓清代从昌邑南关迁入，单姓从单家埠迁入。村后有汉代墓葬遗址。

村中现有60户，295人，由张、王、刘、单等姓氏组成。耕地450亩，以小麦、玉米、大姜、土豆等种植为主。

单家埠
Shànjiābù

位于都昌街办驻地南部，距街道办事处5.5千米。东邻朱里北港涘，西至王家埠，南临夹沟河，北接巡保村。明洪武年间，宋姓自山西洪洞县迁来立村。因村后有土埠，埠上生有帚条（一种编筐篓的灌木），故称帚埠。葛姓清乾隆年间由文山东麓王葛山下迁入，单姓清顺治年间从乖场迁入。后单姓族兴，改称单家埠。

村中现有157户，483人，由单、葛、宋、方、程等姓氏组成。耕地面积750亩，以小麦、玉米、大姜、土豆、草莓等种植为主。

孟家洼子
Mèngjiāwāzi

位于都昌街办驻地西南部，距街道办事处6.5千米。东邻王家埠，西临石化路，南连乖场村，北接史家洼子。明朝初年，孟姓由邹县（今邹城）傅村迁柳疃潮海，分支又于明后期迁来定居。因村居洼地（潍河故道）东侧，得名孟家洼子。王姓明隆庆年间从张固村迁入，史姓自史家洼子迁入，傅姓由傅家泊（今柳疃西傅村）迁入。

村中现有299户，886人，由孟、王、史、傅、张、吴等姓氏组成。耕地面积1845亩，以大姜、草莓、小麦、土豆、玉米等种植为主。

史家洼子
Shǐjiāwāzi

位于都昌街办驻地西南部，距街道办事处5千米。东邻中伍塔村，西至陈家洼子，南连孟家洼子，北接前南逄村。明洪武初年，史姓自直隶河间府阜城县迁昌邑城南，择潍河故道东侧立村。因处古河道洼地，初称坳子庄，后改称史家洼子。王姓明中期自北乡刘家车道村迁入，徐姓明隆庆二年（1568）自逄公村徐家道（今徐家北逄）迁入。

汲姓明朝初年由河南濮阳迁寒亭央子，又迁昌邑城南榆林庄，至明末迁居卧牛埠前，初称汲家道，清乾隆年间称汲家洼子，

1949 年后并入史家洼子。

村中现有 360 户，1210 人，由史、汲、王、徐等姓氏组成。耕地面积 2069 亩，以小麦、玉米、大姜等种植为主。村民经营有肉禽养殖场和养猪场。

陈家洼子
Chénjiāwāzi

位于都昌街办驻地西南部，距街道办事处 5 千米。东邻史家洼子，西至王耨村，南连张固村，北临 206 国道。明嘉靖年间，陈姓由山西太原迁来定居，因村东为潍河故道，地势低洼，得名陈家洼子。史姓明后期从史家洼子迁入。村北及村西有汉代墓葬遗址多处。

村中现有 365 户，1193 人，由陈、史、侯、徐、李、刘、袁等姓氏组成。耕地面积 2335 亩，以小麦、玉米、大姜、草莓等种植为主。村民投资有绿化苗木产业和养殖业。

乖场村
Guāichǎngcūn

位于都昌街办驻地南部，距街道办事处 7 千米。东邻朱里赵家庄，西至白玉村，南连朱里红新村，北接孟家洼子。明洪武年间，单姓从安徽凤阳府迁高密尧头村，五世分支又迁昌邑城南今址。因该地乖草（一种编井绳蓑衣的多年生草本植物）丛生，得村名乖场。清光绪年间，史姓从史家洼子迁乖场村前定居，称史家庄，后并入乖场。

初鹏祥，光绪二十五年（1899）出生于乖场村，民国 11 年（1922）赴菲律宾马尼拉售卖丝绸。后创办“东南亚饭店”，成立“菲华联谊会”并任会长。

村中现有 206 户，664 人，由单、史、初、孙等姓氏组成。耕地面积 675 亩，以小麦、玉米、大姜、土豆等种植为主。

白玉村
Báiyùcūn

位于都昌街办驻地西南部，距街道办事处 8 千米。东邻乖场村，西至北马埠，南连朱里红新村，北接榆林村。明前期，姜姓自城里东隅迁来择玉皇庙旁立村，得村名“玉皇庙”。明朝末年，王姓由山西太原迁来于白衣庙旁立村，得村名“白衣庙”。1949 年后两村合并，定村名白玉村。1966 年更名为立新村。2007 年 4 月复称白玉村。

村中现有 105 户，298 人，由王、黄、曲、赵、张等姓氏组成。耕地面积 763 亩，以玉米、小麦、大姜、土豆、草莓等种植为主。

榆林村
Yúlíncūn

位于都昌街办驻地西南部，距街道办事处 7.5 千米。东邻乖场村，西至张固村，南连北马埠，北接孟家洼子。明洪武初年，史姓自直隶河间府阜城县迁昌邑城南坳子庄（今史家洼子村），后世分支于天启年间南迁家族园子定居，因村临榆树林子得村名榆林子，后省称榆林。刘姓明后期自双台角埠村迁入，傅姓清前期自傅家泊（今柳疃西傅村）迁入。村西北有汉代墓葬遗址。

村中现有221户，718人，由史、傅、姜、王、孙、刘等姓氏组成。耕地面积1080亩，以小麦、玉米、土豆、大姜、草莓等种植为主。

北马埠
Běimǎbù

马埠一带村庄分布影像（1972年） 提供：李发宁

位于都昌街办驻地西南部，距街道办事处8.5千米。东邻白玉村，西至宋家楼，南连中马埠，北接榆林村。该地有土埠，曰马埠。据明代举人史载勋著《昌邑纲纪志》载“闻诸长老言，昔汉司马迁东适齐，北被于海，兹其读书处，今名马埠，又曰太史埠。或以姓，或以官也。万历壬子春，予卜筑兹埠之阳，掘地获瓦瓮，状甚古，内藏铁镇纸，圆者三，方者一，岂子长（司马迁字）当年物也”？据清乾隆《昌邑马埠韩氏族谱》载，韩氏兄弟洪武间于湖北枣阳入军籍，韩四当兵，韩元为匠（给军中战马打铁掌），奉命于永乐三年（1405）护送移民经山西洪洞至山东。兄弟两人随移民安居于昌邑城西三十里许盘马埠（故村位于今双台村南半里）。在双台韩家洼曾挖出石碑，刻有“军命韩四”“匠命韩元”等字迹。至明隆庆二年（1568），盘马埠韩氏为避水患，迁来马埠东麓新立村庄，以埠定村名。至明后期，村落渐大，部分村人南迁一里建房定居（后称腰庄）。清中期，又有村人南迁二里开荒定居，称南疃。民国时期，三村依方位改称北马埠、中马埠、南马埠。农历四、九为北马埠集市。村东北有汉代墓葬遗址。

北马埠现有178户，571人，多为韩姓。耕地面积1200亩，以小麦、玉米、大姜、土豆等种植为主。村民经营有养殖场、冷藏厂、塑料厂等企业。

中马埠
Zhōngmǎbù

位于都昌街办驻地西南部，距街道办事处9千米。东邻马芝村，西至两埠村，南连南马埠，北接北马埠。明万历年间，韩姓自马埠村（今北马埠）迁来居住，因村前后来又立同族村落，该村居中，遂称腰庄。民国时期以方位改称中马埠。姜姓由潍河东岸姜家庄迁入，孙姓由城北孙家道照村迁入，李姓由西马埠迁入，武姓由沂水武家庙迁入。

中马埠村旧影（1985年）　　照片提供：李发宁

村中现有65户，221人，由韩、孙、李、武、姜、张等姓氏组成。耕地面积750亩，以玉米、大姜、土豆等种植为主。

南马埠
Nánmǎbù

位于都昌街办驻地西南部，距街道办事处9千米。东邻马芝村，西至两埠村，南临引潍总干渠，北接中马埠。清乾隆年间，韩姓自马埠村（今北马埠）迁来定居。因村处滩洼之地，又为三处同族村庄最南端一处，得村名南滩，又称南疃、南庄。民国26年（1937）以方位更名南马埠。张姓自山西洪洞县迁入，孙姓自城北孙家道照迁入，刘姓民国时期自寒亭芝庄迁入，李姓近年自内蒙古迁入。

村中现有152户，466人，由韩、张、孙、刘、李等姓氏组成。耕地面积960亩，以小麦、玉米、大姜、土豆等种植为主。

马芝村
Mǎzhīcūn

位于都昌街办驻地西南部，距街道办事处9千米。东临石化路，西至南马埠，南临引潍总干渠，北接北马埠。相传汉司马迁曾侨居于此，西北有司马埠，东南有黄花园子，原有马芝河从村庄与黄花园子之间向北流淌，故得村名。宋元时期已有张姓人家居此。元延祐年间，朱姓由安徽婺源县迁来落籍。农历五、十为该村集市。

村西北有汉代墓葬遗址，出土有陶鼎、陶豆、陶盘等文物。

村中现有301户，977人，由朱、张、李等姓氏组成。耕地面积1680亩，以小麦、玉米、大姜、土豆、草莓等种植为主。

西马埠
Xīmǎbù

位于都昌街办驻地西南部，距街道办事处8.5千米。东临宋家楼，西至豹埠营，南连两埠村，北接蒋家庄。据太史埠碑《马埠寨记》载 “马埠者邑乘所载太史埠也，按司马太史北被于海，侨居于马埠之阳，即此地也，名以司马重其姓也”。明朝末年，李姓自山西迁昌邑城南司马埠以西定居，以方位得村名西马埠。村前有汉代及金元时期墓葬遗址。

村中现有 180 户，588 人，李、张两姓居多。耕地面积 1500 亩，以小麦、玉米农作物种植为主。近年大姜和草莓种植兴起。

两埠村
Liǎngbùcūn

位于都昌街办驻地西南部，距街道办事处 10 千米。东临中马埠，西至豹埠营，南临引潍总干渠，北接西马埠。明隆庆年间，王姓从张固村迁来立村，因村处两土埠之间，得村名“两埠”。邹姓明崇祯年间自东乡邹家庄（今属围子街道）迁入，方姓明末自寿光侯镇迁入，刘姓清初从北庄头迁入。村后有汉代墓葬遗址。

村中现有 83 户，291 人，由邹、方、刘、王等姓氏组成。耕地面积 650 亩，以小麦、玉米、大姜等种植为主。

豹埠营
Bàobùyíng

位于都昌街办驻地西南部，距街道办事处 10 千米。东临西马埠，西至寒亭区西镇村，南临引潍总干渠，北接寒亭区丰台埠。明前期，王姓自直隶正定府枣强县迁昌邑章古村（今张固村）落户，明隆庆三年（1570）潍河大水，章古村部分王氏族人房舍被淹，遂转迁豹埠东麓新立村庄，因传该地曾驻扎军队，得村名豹埠营。村西南有汉代墓葬遗址。

豹埠为原南逄乡海拔最高点，1984 年测绘数据 38.4 米。因土埠遥望若豹，故名。

村中现有 103 户，373 人，王、黄两姓居多。耕地面积 720 亩，以小麦、玉米、大姜、草莓等种植为主。

宋家楼村
Sòngjiālóucūn

位于都昌街办驻地西南部，距街道办事处 9 千米。东邻北马埠，西至西马埠，西南与两埠村相连，东北与张固村相接。明天启年间，宋子质（举人）从双台南兴福迁来建楼立村，得村名宋家楼。清末，黄姓自黄家辛郭村迁入。

村东原有古河道渡口，称袁家道口，袁姓家族居此以打铁谋生。清咸丰十一年（1861），白云彩、史思敬反清起义失败，袁姓家族因涉嫌为起义队伍打造兵器，全族搬离，村庄随后省称道口。1958 年入社，道口村户并入宋家楼大队，1980 年正式注销道口村。

宋子质，明万历乙酉科举人，初授内

黄知县，调马邑，再调芮城，升定州知州。宋子质故宅宽三间，高两层，抗战时期被日伪军拆毁用于建造炮楼据点。

村中现有68户，198人，黄、宋两姓居多。耕地面积616亩，以小麦、玉米、大姜、草莓等种植为主。

张固村
Zhānggùcūn

位于都昌街办驻地西南部，距街道办事处8千米。东邻榆林村，西南至宋家楼，南连北马埠，北接陈家洼子。明朝初年，章姓迁居于此，取名章古村。明前期，王姓自直隶正定府枣强县迁入。明后期，张姓从围子张家庄迁入。后张姓兴，遂更名为张固村。村东南有汉代墓葬遗址。

张固村旧影（1985年）　　照片提供：李发宁

明隆庆三年（1569）潍河大水，村舍被淹，村中王氏部分族人分迁两埠、豹埠营、孟家洼子等村。

村中现有161户，574人，张、王两姓居多。耕地面积1421亩，以小麦、玉米、大姜、草莓等种植为主。

蒋家庄
Jiǎngjiāzhuāng

位于都昌街办驻地西南部，距街道办事处8千米。东邻张固村，西至寒亭区交界村，南连西马埠，北接王耨村。明万历年间，蒋姓自坊子蒋家庄迁来立村，沿用故村名。村中李姓由西马埠迁入，徐姓由岞埠村迁入，黄姓由宋家楼迁入，袁姓由袁家道口（故村）经王耨村迁入。因居临官道，村人多以开店谋生，清乾隆年间改称王耨店。清道光年间复称蒋家庄。

村南、西、北三面环埠。村东原系一片洼地，黄土沙壤，易旱易涝，乡人称潍河故道旧迹。村后有汉代墓葬遗址。

村中现有68户，213人，由李、蒋、黄、徐、袁等姓氏组成。耕地面积520亩，以小麦、玉米、大姜、草莓等种植为主。

王耨村
Wángnòucūn

位于都昌街办驻地西南部，距街道办事处7千米。东邻陈家洼子，西至寒亭区交界村，南连西马埠，北临206国道。耨，本为用来锄草的农具。乡人相传，古有一国王经此，与民同耕，故得村名。据 1975 年村东南白杨埠出土的刀币判断 ，汉代已有先民于此居住。唐代日僧圆仁《入唐求法巡礼行记》卷二载 “十九日 ，平明发 ，行廿里 ，到王耨村赵家断中”。此为当前所发现历史典籍中有关“王耨”的最早记录。郝姓明后期由郝家城后迁入，邢姓自昌邑城里迁入，张姓自围子密城迁入，李姓自文山北麓石臼村迁入，黄姓自城西黄家辛郭迁入。

王耨大队知青点旧照（1976 年）　照片提供：李云龙

自汉唐至今，王耨村一直处于官道要地。从元代至明清，曾设王耨铺、王耨驿、王耨墩等官方设施。清乾隆《昌邑县志》载 “王耨墩在城西二十里，营房三间，马棚三间，马兵二名，步兵三名。驿递置邮，所以传命也，地当要冲，虽星罗棋布，不为过焉”。 民国 28 年（1939）李树桂部武装在王耨村东伏击日军 3 人，打死 1 人。20 世纪 70 年代，青岛知青曾插队该村。

村中现有 475 户，1578 人，由邢、黄、李、张、徐、王、郝等姓氏组成。耕地面积 2930 亩，以小麦、玉米、大姜、草莓等种植为主。

岞埠村
Zuòbùcūn

位于都昌街办驻地西南部，距街道办事处 7.5 千米。东邻双台工业园，西至寒亭区东芝庄，南连寒亭区交界村，北临引黄济青水渠。明代以前，原有邹、刘二姓于此居住。因村佐之以埠，故名“佐埠”，后演称岞埠。明中期，徐姓自南侯章迁居岞埠，并成大族。李姓民国时期自沂水迁入。农历三、八为该村集市。2021 年，被评为“省级文明村”。

清咸丰三年（1853），村人徐忠绍、徐长庚等人携昌邑丝绸到印尼、新加坡等东南亚诸国售卖，为昌邑人背丝绸下南洋的开拓者之一。徐长庚故居系省级文物保护单位。

岞埠村貌（2016 年）　照片提供：政协文史委

村中现有 321 户，1109 人，由徐、刘、李、张、谭等姓氏组成。耕地面积 2391 亩，以小麦、玉米、大姜等种植为主。

前埠村
Qiánbùcūn

该村已整体搬迁。故村位于都昌街办驻地西南部，距街道办事处 5.5 千米，东临西环路，西临夹沟河，南临 206 国道，北接后埠村。元时立村，因村处土埠之阳，埠有渊泉，曾名“前埠渊泉”“前埠阳”，后省称前埠至今。据《隋氏族谱》记载，元代定海侯、安远大将军隋世昌三世孙携家眷自栖霞县南蛇窝泊徙昌邑西乡，距城十五里之前埠阳庄。张姓明代自山西洪洞县迁入，刘姓自城西刘家辛郭迁入。2021 年 10 月，村庄整体搬迁至迎禧社区居民小区，小区位于富昌街路北、新村中学西邻。

村东北有壁画古墓遗址，墓室内壁绘有引魂图及主人生前生活场景，系县级文物保护单位。

村中现有 194 户，663 人，张、隋二姓居多，另有黄、刘、韩等姓氏。耕地面积 1245 亩，以小麦、玉米等种植为主。村民投资有装饰公司和养殖企业。

后埠村
Hòubùcūn

该村已整体搬迁。故村位于都昌街办驻地西南部，距街道办事处 5 千米，东临西环路，西临夹沟河，南连前埠村，北接南褚庄。明洪武年间，于姓自潍县河滩小东庄迁来立村，因村处土埠之东，埠有渊泉，得名埠渊泉。后为区分前埠渊泉，改称后埠渊泉，又称后埠阳庄。今省称后埠。高姓明正统年间迁入，王姓清代自城北十字路村迁入。2019 年 6 月，村庄整体搬迁至迎禧社区居民小区。

2011 年 4 月，该村传统面艺入选第三批“潍坊市级非物质文化遗产名录”。

村中现有 378 户，1119 人，由于、高、王、庄、刘、黄等姓氏组成。耕地面积 1245 亩，以小麦、玉米等种植为主。

北褚庄
Běichǔzhuāng

位于都昌街办驻地西部，距街道办事处 5 千米。东临西环路，西临夹沟河，南连南褚庄，北接长埠村。明前期，褚姓自山西洪洞县徙昌邑县城西十里凤鸡山下立村褚庄。继周姓自安丘逄王村迁入，黄姓自黄家辛郭迁入，韩姓自南逄街迁入，刘姓自西安家埠迁入。至明隆庆年间，村繁户增，分为北、东、南三村，该村以方位称北褚庄。村西南有汉代墓葬遗址。

村中现有 442 户，1200 人，由褚、刘、王、周、黄、孙、韩等姓氏组成。耕地面积 1500 亩，以小麦、玉米、土豆等种植为主。

东褚庄
Dōngchǔzhuāng

位于都昌街办驻地西部，据街道办事处 4.5 千米。东临西环路，西临夹沟河，南连南褚庄，北接北褚庄。明前期，褚姓自山西洪洞县徙昌邑县城西十里凤鸡山下立村褚庄。韩姓自南逄马埠迁入。至明隆庆年间，村繁户增，分为北、东、南三村，该村以方位称东褚庄。村西北有汉代墓葬遗址多处。

村中现有 241 户，653 人，由褚、马、韩等姓氏组成。耕地面积 1560 亩，以小麦、玉米、土豆、大姜等种植为主。

南褚庄
Nánchǔzhuāng

位于都昌街办驻地西部，距街道办事处 5 千米。东临西环路，西至北裴庄，南临南苑街，北接北褚庄。明前期，褚姓自山西洪洞县徙昌邑县城西十里凤鸡山下立村褚庄。高姓明正统年间迁入，徐姓自山西洪洞县迁入，韩姓自北马埠迁入。至明隆庆年间，村繁户增，分为北、东、南三村，该村以方位称南褚庄。

村西和村北有汉代、宋元时期及清代墓葬遗址，发现有汉砖墓室多座，出土有宋代陶器及清代黑釉瓷罐。

村中现有 322 户，1039 人，由徐、韩、褚、高、夏等姓氏组成。耕地面积 2055 亩，以小麦、玉米、大姜等种植为主。

长埠
Chángbù

位于都昌街办驻地西北部，距街道办事处 7 千米。东临西环路，西临夹沟河，南连北褚庄，北接奎聚街道陶埠村。明洪武年间，张、周二姓由山西洪洞县迁来立村，因村西有一狭长埠岭，以地势得村名长埠。

村中现有 241 户，653 人，由张、周、孙、刘、齐、宋、褚等姓氏组成。耕地面积 1290 亩，以小麦、玉米、棉花等种植为主。

中裴庄
Zhōngpéizhuāng

位于都昌街办驻地西部，距街道办事处 8 千米。东临夹沟河，西依双台社区，南连南裴庄，北接北裴庄。元明时期，昌邑北乡通往潍县的官道从该地通过。元朝末年，裴姓由山西洪洞县迁昌邑西乡官道旁开店，得名裴花店。至明代，诸姓相继聚来，村人渐多，始称裴庄。明洪武年间，张姓以军籍迁来落户，并成大族，改称张家裴庄。另宗张姓自寒亭大埠村迁入，刘姓自城西刘家辛郭迁入。1958 年地名普查，以方位更名中裴庄。村西、村北有汉代墓地。

村中现有 330 户，930 人， 由张、李、徐、于、刘等姓氏组成。耕地面积2390亩，以小麦、玉米、花生、大姜等种植为主。

北裴庄
Běipéizhuāng

位于都昌街办驻地西部，距街道办事处7.5千米。东临夹沟河，西依双台社区，南连中裴庄，北接家庄。明成化元年(1465)，丁姓自诸城县藏马山丁家大庄（今青岛市黄岛区大村镇驻地）迁裴庄村后居住，以姓氏取名丁家裴庄。党姓由济南府历城县党家庄迁入。1958年地名普查，以方位更名北裴庄。

村中现有246户，713人，丁、党两姓居多。耕地面积3563亩，以小麦、玉米、花生、地瓜、大姜等种植为主。

南裴庄
Nánpéizhuāng

位于都昌街办驻地西部，距街道办事处8千米。东临夹沟河，西依双台社区，南连寒亭西芝庄，北接中裴庄。明前期，徐姓自潍县辛庄迁昌邑西乡，落户于裴庄村前，以姓氏取名徐家裴庄。宋姓自寒亭宋家双庙迁入，杨姓自寒亭杨家埠迁入，齐姓由家庄迁入。1958年地名普查，以方位更名南裴庄。

杨茂春（1858—1927），清光绪四年（1878）随伯父杨嵩山、父亲杨岱山负绸至印尼雅加达贩售，备历艰辛。北洋政府教育次长林修竹誉杨茂春一家为昌邑丝绸南洋商路的开拓者。

村中现有243户，690人，由宋、徐、杨、张、齐、邹等姓氏组成。耕地面积1800亩，以小麦、玉米、大姜等种植为主。

家庄村
Jiāzhuāngcūn

家庄村貌（2021年）　　摄影：李发宁

位于都昌街办驻地西部，距街道办事处8.5千米。东临夹沟河，西至东侯富庄，南连中裴庄，北接徐林庄。据《齐氏家乘》载“吾齐氏原籍小云南武沙卫，住洪洞县，亦谓原籍四川成都府。洪武二年奉诏移居山东莱州府昌邑县，是时姜家仅一户也。”村人相传，汉代已有原住民居此，明初齐姓迁来时，村名曰姜家庄，但姜姓仅剩一户。后因姜姓绝迹，村名省称家庄。吴姓清后期自龙池马渠迁入，刘姓自刘家辛郭迁入。2017年被评为“省级文明村”。

村中现有220户，718人，由齐、吴、刘、逄等姓氏组成。耕地面积2300亩，以大姜、小麦、玉米等种植为主，村民投资有苗木产业。

徐林庄
Xúlínzhuāng

位于都昌街办驻地西北部，距街道办事处10千米，东临夹沟河，西临杨瓦路，南连家庄村，西北与远东庄相接。北宋时期，徐、李两姓迁来立村，得村名徐李庄。据《苏氏族谱》载“大宋淳化三年（992），由成都府枣阳县徙莱州府昌邑县徐李庄”。明洪武初年，齐姓自山西洪洞县迁入，与家庄齐姓同宗。明中期，刘姓自高密迁柳疃北刘家庄，后世分支又徙居该村。清初村名改称徐刘庄，清后期演称徐林庄至今。村西南及东北均有汉代墓葬遗址。

村中现有626户，1700人，由徐、齐、苏、李、刘、宋、孙等姓氏组成。耕地面积4974亩，以小麦、玉米、棉花、花生、地瓜等种植为主，另有苹果、梨、桃等林果产业。

东化埠
Dōnghuàbù

位于都昌街办驻地西南部，距街道办事处12千米。东临杨瓦路，西至西化埠，南连寒亭于家绛埠，北与长流埠相望。据明少保兼户部尚书黄福碑志载“福之先家泗州，宋元祐中始徙青州昌邑，择胜得画埠居之，画埠者谓其地水木清丽若图画云”。宋元祐年间，黄姓自安徽泗州（泗县）迁昌邑西乡，择“若画之埠”居住，故名画埠。至明代，王姓从四川成都府绵竹县迁来落籍。后因村西新立村庄小画埠，该村遂改称大画埠。又与西村分称东、西画埠。乡人曾谐称“东花埠”“东华埠”，今称东化埠。

村后有汉代墓葬遗址，曾出土铜镜、陶罐等文物。

村中现有150户，426人，黄、王、唐三姓居多。耕地面积148亩，以小麦、玉米、大姜、大葱、土豆等种植为主。

西化埠
Xīhuàbù

位于都昌街办驻地西南部，距街道办事处12千米。东北与东化埠相邻，西南与南双台村相连，西北与双台一村相接。明洪武年间，唐姓由山西洪洞县迁画埠村西居住，始称小画埠，后改称西画埠。乡人曾谐称“西花埠”“西华埠”，今称西化埠。

村中现有205户，709人，唐姓居多。耕地面积243亩，以小麦、玉米、大姜、大葱、土豆等种植为主。

双台一村
Shuāngtáiyīcūn

位于都昌街办驻地西南部，距街道办事处13千米。东邻西化埠，西临泥河，南连南双台，北接双台二村。明成化年间，李姓自四川成都府迁居昌邑西乡，因村前有两土台而得名“双台”。明中期，另宗李姓自城北三贤埠（今奎聚李家埠）迁入。曾为区、社、乡政府驻地。1956年分为前、后两个行政村。该村居前，称双台一村。

村西南方向有壁画墓葬遗址。墓室正面为殿堂结构，前出檐，檐面瓦当雕虎头纹，檐下雕有垂花。墓室内四壁绘有荷花、梅花等花卉图案壁画。穹顶绘画基本脱落。

村中现有338户，1003人，李姓居多，另有于、郎、姜、曹、刘、高、徐、张等姓氏。耕地面积425亩，以小麦、玉米、大姜、大葱、土豆等种植为主。

双台二村
Shuāngtáièrcūn

位于都昌街办驻地西南部，距街道办事处13千米。东临杨瓦路，西临泥河，南连双台一村，北接王候章村。明成化年间，李姓自四川成都府迁来立村，因村前有两土台而得名“双台”。另宗李姓明中期自城北三贤埠（今奎聚李家埠）迁入。曹姓明中期自下营曹家店迁入。1956年分为前、后两个行政村。该村居后，称双台二村。村后有汉代瓦椁墓遗址。

村中现有314户，853人，由李、于、郎、姜、曹、刘、高、徐、张等姓氏组成。耕地面积400亩，以小麦、玉米、大姜、大葱、西红柿等种植为主。

南双台村
Nánshuāngtáicūn

位于都昌街办驻地西南部，距街道办事处12千米。东邻寒亭于家绛埠，西至寒亭大埠，南连寒亭箕子埠，北接双台一村。明朝末年，双台村李氏族人为种地方便，迁村南家族田圃居住，以方位称南双台村。

村中现有65户，201人，由李、张、王、于、刘、马等姓氏组成。耕地面积121亩，以小麦、玉米、大姜、大葱等种植为主。

申明亭村
Shēnmíngtíngcūn

位于都昌街办驻地西部，距街道办事处13千米。东南与南候章相接，西北与南兴福毗连。明洪武初年，昌邑各社设申明、旌善二亭，用以明榜善恶，理断纠纷。至明后期，惟忠孝乡兴福社与居信乡潮海社尚存申明亭遗址，兴福社申明亭建于该社天齐庙前。明初移民迁来，居于亭西，渐以亭称作村名。该村原有满姓原住民，后式微。另宗满姓清道光年间由龙池郭疃村迁入。宋姓明末自南兴福村迁入，高姓明中期自山西洪洞县迁入，徐姓明后期自南候章迁入，两宗李姓分别从山西洪洞县和济阳王村迁入。

申明亭村貌（2021 年）　　摄影：李发宁

村东天齐庙创修于北宋开宝四年（971），设有大殿、东殿、西殿、厢房，内墙绘有壁画。宋淳化二年（991）进士王月亨撰书《新修东岳天齐王庙碑铭并序》载“斯庙也，东望胶潍二水，屈伸而状若青龙；西通臧望两台，昂藏而形如白虎；北有瓦城大庙，作玄武之灵；南有寒浞故亭，卓为朱雀之像”。村东、村西均发现汉代墓葬，出土有玉衣片、筒瓦等文物。

村中现有 280 户，839 人，由满、徐、宋、李、林、高、刘、王等姓氏组成。耕地面积 2000 亩，以小麦、玉米、棉花、花生等种植为主。村民经营有肉禽养殖业。

南候章村
Nánhòuzhāngcūn

位于都昌街办驻地西部，距街道办事处 13.5 千米。东邻高候章，西临浞河，南接寒亭界，西北与申明亭相连。旧时官府定期到申明亭集中审理民事、宣读乡约章程，乡人多集中在申明亭的南村、东村、北村排队等候，提交诉状或听取章程。该村处于申明亭之南，故名南候章。徐姓明洪武年间自山西洪洞县迁入，宋姓明末自南兴福村迁入，齐姓自徐林庄迁入。村东北发现汉代墓葬多座。

宋逵升，清光绪庚子（1900）、辛丑（1901）恩正并科举人，民国时期曾任山东省财政厅咨议。

村中现有 148 户，714 人，徐、宋、齐等姓氏居多。耕地面积 331 亩，以小麦、玉米、大姜、大葱等种植为主。

高候章村
Gāohòuzhāngcūn

位于都昌街办驻地西部，距街道办事处 13 千米。东邻双台二村，西至南候章村，南连双台一村，北接王候章村。旧时官府定期到申明亭集中审理民事、宣读乡约章程，乡人多集中在申明亭的南村、东村、北村排队等候，提交诉状或听取章程。该村处于申明亭之东，故名东候章。明前期，高姓自山西洪洞县迁来落籍。1949 年后以姓氏改称高候章。

村中现有 148 户，403 人，高姓居多。耕地面积 173 亩，以小麦、玉米种植为主。

王候章村
Wánghòuzhāngcūn

位于都昌街办驻地西部，距街道办事处 14 千米。东南与双台二村为邻，西至申明亭村，南连高候章村，北接角埠村。旧时官府定期到申明亭集中审理民事、宣读乡约章程，乡人多集中在申明亭的南村、东村、北村排队等候，提交诉状或听取章程。该村处于申明亭北侧，故名北候章。王姓明洪武年间自山西洪洞县迁来定居，张姓明弘治年间自角埠村迁入，李姓清代自文山北麓石臼村迁入。因村中王姓居多，民国 34 年（1945）改称王候章。村人相传，村西北二里有“唐家园”旧地，为唐代皇家狩猎场故址。2022 年，村庄被山东省农业农村厅评为“省级乡土产业名品村”。

村中现有 216 户，613 人，由王、李、张、陈等姓氏组成。耕地面积 248 亩，以小麦、玉米、大姜、大葱、大蒜等种植为主。

长流埠
Chángliúbù

位于都昌街办驻地西部，距街道办事处 10 千米。东依双台社区，西至元宝埠，南连双台二村，北接中侯富庄。明洪武年间，徐姓由山西洪洞县迁来立村。郑姓明洪武十三年（1380）从云南武沙县（今祥云县）迁西侯富庄，又迁居该村。因村西有土埠，又处夹沟河、浮康河等多条河流汇流处，常年流水，遂得名长流埠。2022 年，村庄被山东省农业农村厅评为“省级乡土产业名品村”。

村中现有 157 户，460 人，由徐、刘、郑、李、王等姓氏组成。耕地面积 1250 亩，以小麦、玉米、花生等种植为主，另有果蔬种植业。

北兴福村
Běixīngfúcūn

位于都昌街办驻地西部，距街道办事处 14 千米。东临泥河，西临虞河，南连南兴福，北接肖家埠。元朝末年，毛、马两姓迁昌邑西乡“固王冢”东侧立村。因村周多洼地，生满野草，得名“东北草洼”。明洪武年间，林姓从闽中迁来定居。因该地古有先民世居，乡人慕称兴隆福地，遂更名兴福庄。据《王氏族谱》载 “始祖原籍湖北襄阳府枣阳县，明嘉靖五年迁居莱州府昌邑县西乡兴福社兴福庄”。周姓清代自城里东隅迁入。清光绪年间，兴福庄分为南、北两村，该村以方位定名北兴福。苇编、榨油为该村传统手工业。农历二、七为该村集市。2022年，村庄被山东省农业农村厅评为“省级乡土产业名品村”。

林伟宁，北兴福村人。10岁进入昌邑体校，1996年进省举重队，2000年在悉尼奥运会上摘取女子举重69千克级金牌，成为山东省首位奥运冠军。

村中现有450户，1321人，由林、王、周等姓氏组成。耕地面积3700亩，以小麦、玉米、棉花、花生等种植为主，村民经营有畜禽养殖业。

南兴福村

Nánxīngfúcūn

位于都昌街办驻地西部，距街道办事处13.5千米。东临泥河，西至寒亭陈埠，南连申明亭，北接北兴福。明后期，宋姓自四川成都府迁昌邑西乡兴福庄前居住。马姓自西永安迁入。清光绪年间，兴福庄分为南、北两村，该村以方位定名南兴福。

村西北有汉“固王冢”古墓群，原有九座大型覆斗封土墓相连，又称“莲花九冢”。现遗存古墓三座，已公布为省级文物保护单位。

村中现有396户，1174人，由林、李、宋、马等姓氏组成。耕地面积2646 亩，以小麦、玉米、棉花、花生等种植为主，村民经营有畜禽养殖业。

东侯富庄

Dōnghóufùzhuāng

位于都昌街办驻地西部，距街道办事处10千米。东邻家庄村，西至中侯富庄，南连长流埠，北接远东庄。明洪武初年，侯、傅两姓自山西洪洞县迁来立村，得村名“侯傅庄”。后傅姓迁离，村名以嘉言改称“侯富庄”。又因刘姓于村西立村西侯富庄，该村遂改称东侯富庄。村后有汉代墓葬遗址。

村中现有292户，819人，侯姓居多。耕地1552亩，以小麦、玉米、大姜、大葱、花生等种植为主。村民多从事养殖、草编、建筑工程等产业。

西侯富庄

Xīhóufùzhuāng

位于都昌街办驻地西部，距街道办事处11千米。东邻中侯富庄，西至角埠村，南连长流埠，北接远东庄。明代，刘姓由江苏徐州府沛县九曲巷迁昌邑西乡侯富庄村西居住，以方位得名西侯富庄。孙姓由渔埠村迁入。

刘德业，民国26年（1937）生人，19岁赴新加坡卖丝绸，转年把丝绸生意做到印度，并在印度考取英国商船水手证。中印边境自卫反击战期间凭水手证获救，定居英国利物浦。后与当地华人联合成立“利物浦之龙”同乡会，以维护华人权益。2011年冬，刘德业之孙朱利安从英国来到昌邑西侯富庄寻根，与族人共叙爷爷的百年丝路情。

朱利安回村寻根（2011 年）　　摄影：齐英杰

村中现有 130 户，398 人，由刘、张、孙等姓氏组成。耕地面积 1300 亩，以小麦、玉米、大姜等种植为主。

中侯富庄
Zhōnghóufùzhuāng

位于都昌街办驻地西部，距街道办事处10.5千米。东邻东侯富庄，西至西侯富庄，南连长流埠，北接远东庄。明后期，西侯富庄刘氏家族人丁渐盛，部分族人迁村东家族园子建房居住。因村舍东、西各有侯富庄村，遂以方位称中侯富庄。村东南有汉代墓葬遗址。

村中现有 140 户，467 人，刘姓居多，耕地面积 1000 亩，以小麦、玉米、花生、棉花等种植为主。

角埠村
Jiǎobùcūn

位于都昌街办驻地西部，距街道办事处驻地 12.5 千米。东邻西侯富庄，西至渔埠村，南连王候章村，北接西永安村。明洪武元年（1368），刘姓自山西洪洞县迁昌邑西乡，择土埠西南角安居，称南角埠。张姓明洪武十六年（1383）迁土埠东北角居住，称北角埠。马姓自西永安迁两村中间，于土埠东西道旁居住，称马家道。后有刘氏分支迁往南角埠关圣帝大庙（今已拆）以西居住，称庙西，同属南角埠。1955 年三村合并，统称角埠村。农历一、六为该村集市，农历正月初十、十一为该村庙会。

村中现有464户，1300人，由刘、张、马、王、陈、岳等姓氏组成。耕地面积 3750 亩，以小麦、玉米、棉花、花生等种植为主。村民经营有肉禽养殖、大棚蔬菜、建筑、商砼浇制等产业。2016 年，该村发展有机富硒紫小麦五百亩，并投产有机富硒紫麦全麦粉、紫麦面条等产品，形成农产品深加工产业链。

渔埠村
Yúbùcūn

位于都昌街办驻地西部，距街道办事处驻地 13.5 千米。东邻角埠村，西临泥河，南连南候章，北接西永安。明天启年间，孙姓由潍县西南孙村迁昌邑西乡，建房于土埠，以在周边沼泽河沟捕鱼为业，乡人称渔屋。至康熙年间，因村户渐多改称渔埠。自乾隆年后，村内连中数名秀才，为敬慕儒生曾称儒埠。至清末复称渔埠。

村中现有 369 户，1037 人，由孙、刘、肖、张等姓氏组成。耕地面积 2960 亩，以小麦、玉米、棉花、花生等种植为主，另有畜禽养殖业。

肖家埠
Xiāojiāobù

位于都昌街办驻地西北部，距街道办事处 15 千米。东临泥河，西临虞河，南连北兴福，北接渔洞埠。因原有马车道经过该地，先有王姓迁来开设店铺，取名王家店。后王姓迁出，李姓迁入，称李家胡同。明洪武四年（1371），肖姓自山西洪洞县迁入，因村依土埠，改称肖家埠。苇编、蒲编为该村传统手工业。

村中现有 350 户，987 人，由肖、李、安、林等姓氏组成。耕地面积 2350 亩，以小麦、玉米、棉花、花生等种植为主，另有畜禽养殖业。

永安庄
Yǒngānzhuāng

故村，今已分为西永安、东永安和远东庄三个行政村。据清乾隆《昌邑县志》载“芙蓉池在县西二十里之永安。”又据《吕氏族谱》载：“原我吕氏世居山西，遭鼎革之变东迁文登，由文登復迁邑西李家庄，因新迁之故，改李家庄为永安庄……”另据村民相传，先民世居芙蓉池北岸，俗称“蓉岸”，后池失其形，因昌邑方言“蓉”发“yong”音，以嘉言演称“永安”。该地原有李、王、陈等姓氏世居，曾有李王庄、李家庄、李家寨、王家庄等古村落存在。宋元时期，由登莱通往滨州、德州的古官道从芙蓉池北岸通过，至明中期，随着移民迁入，沿古官道形成了东西排列的三个永安庄，分别为西永安（又称西庄）、中永安、东永安（又称东庄）。清朝末年，因东永安（东庄）离西永安、中永安两村较远，逐渐由“东庄”演称为“远东庄”。随之，中永安易名为东永安。

西永安村
Xīyǒngāncūn

位于都昌街办驻地西北部，距街道办

事处17千米。东邻东永安，西至渔洞埠，南连渔埠村，北接潍北农场。该地原有李、王两姓世居，称李王庄。至明代，各姓氏迁来，因居芙蓉池北岸，乡人惯称"蓉岸庄"，后演称"永安庄"。至明中期，因东有同名村庄，该村遂以方位称西永安。村中原住民李姓明时迁渔洞埠村，另宗李姓明代自山西洪洞县迁入。刘姓明前期自曹州迁入，马姓（与围子四甲马氏同宗）自直隶枣强县迁入，韩姓清嘉庆年间从南逄北马埠迁入，齐姓从家庄迁入，赵、杨二姓自沂水县迁入。永安鲫鱼为本地名吃。农历五、十为该村集市。

该村20世纪80年代为昌邑县农村经济建设模范单位。1983年2月，香港某影视公司来西永安录制纪录片，联合国农业开发署于同年3月来村子参观。1984年5月，阿根、卢旺达等国家友好使团来村访问。

西永安村草编组(1979年)　　照片提供：马新安

村中现有1159户，3399人，由刘、马、韩、李、王、赵、齐、高、杨、丛、黄等姓氏组成。耕地面积9200亩，以小麦、玉米、棉花等种植为主，另有葡萄、西红柿等果蔬产业。村民经营有建筑、纺织、物流等产业。

东永安村
Dōngyǒngāncūn

东永安村孙膑崇拜发大牛（2012年）　摄影：李发宁

位于都昌街办驻地西北部，距街道办事处16千米。东邻远东庄，西至西永安，南连角埠，北接潍北农场。明前期，丛姓由登州府文登县迁昌邑西乡李家庄，故村位于古芙蓉池北岸、土龙埠西坡。吕姓同期自文登县迁入。村中齐姓一宗为明代以前的原住民，另一宗自四川金堂县迁来，居土龙埠东坡。至明后期，因沿芙蓉池北岸村落多称永安庄，该村居中，以方位称中永安。清朝末年，东永安村更名为远东庄，该村遂改称东永安。农历四、九为该村集市。每年正月十四在该村举行的“孙膑崇拜发大牛”民俗活动已被列入省级非遗文化项目。

村中现有861户，2561人，由齐、丛、吕、陈、赵、马、王等姓氏组成。耕地面积9000亩，以小麦、玉米、花生等种植为主，另有莲藕、鲫鱼、小龙虾等水产养殖业。

远东庄
Yuǎndōngzhuāng

位于都昌街办驻地西北部，距街道办事处13千米。东临杨瓦路，西至东永安，南连侯富庄，北接博乐埠。该地原称李家寨，李姓世居于此。明洪武十三年（1380），村子毁于大火，李氏族人多北迁天津，剩余村户于故址重建。宋姓明前期自湖北枣阳县经山西洪洞县迁来落籍，因村处芙蓉池北岸，乡人称“蓉岸”，后演称“永安”。明后期为区别西邻永安庄，以方位称东庄、东永安。至清末，因该村距西永安及中永安（今东永安）较远，更名为远东庄。村东原有王家庄，据《王氏祖谱》载 “元顺帝时迁居，立王家庄”。1949年后王家庄并入远东庄。农历二、七为该村集市。

村中现有470户，1380人，多为宋姓，另有刘、李、王、齐等姓氏。耕地面积4300亩，以小麦、玉米、棉花等种植为主。村民经营有翻砂、纺织、化工、养殖等企业。

渔洞埠
Yúdòngbù

渔洞埠草编（2018年） 摄影：魏竹贞

位于都昌街办驻地西北部，距街道办事处18千米。东邻西永安，西临虞河，南连肖家埠，北接潍北农场。明时该地水泊绕埠，鱼类资源丰富。李姓明前期自永安庄（今西永安）迁土埠之阳，挖洞栖居，以捕鱼为业，得村名渔洞埠。刘姓自西永安迁入，丛姓自东永安迁入，孙姓自章丘县迁入。该村蒲苇草编传统技艺已传承四百余年，为市级非遗项目。

李长庚（1869—1912），字亦白，早期中国同盟会会员，民国初年任昌邑县议事会议长。出身诗书家庭，自幼嗜学，精通经史，曾先后在本村、玉皇庙、西下湾等村创办新学堂。在民国初年的剪辫惨案中殉难于县公署门前。

村中现有620户，1889人，李姓居多，另有刘、孙、丛等姓氏。耕地面积3100亩，以小麦、玉米等种植为主。村民经营有养殖场、葡萄园、苇编厂等产业。

博乐埠
Bólèbù

位于都昌街办驻地西北部，距街道办事处 15 千米。东邻龙池镇营子村，西临瀑沙河，南连远东庄，北接潍北农场。该地原为一圆形土埠，四周有水泊环绕，远望犹如水中之波罗（水泡），乡人称波罗埠。明洪武二年（1369），齐姓由四川成都府徙居该埠，以埠名为村名。清康熙年间，该村附贡生齐琮（曾任莒州训导）认为村名不雅，以吉祥嘉言改称博乐埠。

村中现有 330 户，863 人，齐姓居多。耕地面积4800亩，以小麦、玉米等种植为主。

第三节　围子

围子街道
Wéizi Jiēdào

位于北纬36°44′21″～36°53′23″东经119°24′35″～119°35′21″。地处潍河东岸新城区，昌邑市东部。东与平度市隔胶莱河相望，西与奎聚街道、都昌街道隔潍河相邻，南与石埠经济发展区毗连，北与卜庄镇接壤。因办事处驻地位于围子村而得名。办事处驻昌盛街107号，电话区号0536，邮政编码261307。

民国34年（1945）设隅庄区，区政府驻围子村。民国35年（1946）改为第十区，区政府迁驻张家庄，民国37年（1948）迁陶埠。1950年2月区政府改称区公所，迁驻太保庄（今大太保村），同年7月迁围子。1953年11月改称围子区。1956年3月辛姚区并入围子，组成57个高级社。1958年2月撤区并乡，围子区分为围子乡和仓街乡。1958年9月，围子乡和仓街乡合并成立丰收人民公社，同年12月改称围子人民公社。1980年2月分出仓街人民公社，围子人民公社辖48个大队。1983年8月改称围子乡，辖区大队改为行政村，生产队撤销。1984年9月撤乡设镇，改称围子镇。2001年仓街镇并入围子镇。2007年宋庄镇并入围子镇。2010年撤镇设街道，改称围子街道至今。

地势南高北低，西高东低，海拔2—68.9米。最高点青山北麓羊山子村东南，海拔68.9米；最低点韩家村北碱滩湾，海拔2米。境内有胶莱河与潍河两大水系，胶莱河围子段9.34千米，潍河围子段13.8千米。漩河南北纵穿街道中部。

辖区内有西黄埠教堂、下密故城遗址、育秀桥、合盛兴老宅等省市级文物保护单位，为小章竹马、鲁砚制作、古河及同文堂毛笔等非遗文化项目发源地。

辖127个行政村，3.11万户，10.2万人，全部为汉族。辖区总面积161.96平方千米，耕地面积14.8万亩，以小麦、玉米、蔬菜等种植为主，另有禽畜养殖业和苗木业。工业以机械铸造、精密弹簧、纺织、饲料加工等产业为主。2021年实现公共财政预算收入1.64亿元，完成工业生产总值130亿元，实现工业销售收入69.5亿元、利润1.53亿元，农民人均可支配收入2.24万元。

先后荣获“全国农业社会主义建设先进单位”“全省和谐社区建设示范单位”“潍坊市森林镇”“潍坊市农业产业强镇”等荣誉称号。

围子镇人民政府旧影（1986 年）

照片提供：李发宁

围子街旧貌（1986 年）

照片提供：李发宁

潍畔新区　　摄影：李发宁

智能制造产业　　摄影：张新颖

围子街道街区新貌

摄影：李发宁

围子城镇居民点

康桥嘉苑
Kāngqiáo Jiāyuàn

位于院校东街499号，围子街道毓秀社区。东邻董家隅庄村，南至院校东街，潍河流经小区西北。因位于院校街大桥东首而得名。建筑面积119272平方米，绿地面积18035平方米。住宅楼12栋，620户。2019年首期建成入住。

翰城学府
Hànchéng Xuéfǔ

位于院校东街287号，围子街道毓秀社区。东至下小路，西至绿博路，南至院校东街，北至邑北街。因毗邻潍水学校而定名。占地面积82136平方米，建筑面积192803平方米，绿地面积32306平方米。住宅楼23栋，950户。2022年11月首期建成入住。

祥龙福邸
Xiánglóng Fúdǐ

位于交通东街389号，围子街道毓秀社区。东为南宫村农田，西邻水岸府邸，南至原206国道，北至交通东街。以开发商字号命名。占地面积49836平方米，建筑面积60378平方米，绿地面积10622平方米。住宅楼13栋，380户。2011年首期建成入住。

水岸府邸
Shuǐàn Fǔdǐ

位于交通街大桥东首，围子街道毓秀社区。东邻祥龙福邸，西临潍水风情湿地公园，南邻妇幼保健院，北至交通东街。因位于潍河东岸而得名。建筑面积86000平方米，住宅楼6栋。2022年首期入住。

祥龙御园
Xiánglóng Yùyuán

位于都东街16号，围子街道毓秀社区。东至下小路，西至文化路，南至昌盛街，北至都东街。以开发商字号命名。占地面积98000平方米，建筑面积208819平方米，绿地面积12300平方米。住宅楼38栋，沿街商铺及住户1165户。2012年首期建成入住。

亿润鑫园
Yìrùn Xīnyuán

位于都东街9号，围子街道毓秀社区。东至下小路，西至文化路，南至都东街，北至下小路。以开发商字号命名。占地面积33179平方米，建筑面积58819平方米，绿地面积10650平方米。住宅楼13栋，沿街商铺及住户621户。2011年首期建成入住。

永城华府

Yǒngchéng Huáfǔ

位于下小路 151 号，围子街道毓秀社区。东至下小路，西至文化路，南至步行街，北邻昌邑汽车总站。占地面积 8700 平方米，建筑面积 45000 平方米，绿地面积 400 平方米。住宅楼 4 栋，沿街商铺及住户 340 户。2018 年首期建成入住。

南宫花园

Nángōng Huāyuán

位于交通街大桥东首路北，围子街道育才社区。东临南宫村农田，西临潍水风情湿地公园，南至交通东街，北邻南宫村民房。以属地村名而得名。占地面积 24000 平方米，建筑面积 35000 平方米。住宅楼 11 栋，沿街商铺及住户 340 户，2011 年首期建成入住 。

围子农村居民点

于家庄
Yújiāzhuāng

故村，今已失。于家庄为昌邑宋代古村落之一，故址位于今潍水风情湿地公园内揽月桥一带。据《宫氏祖茔碑志》载“（始迁祖宫成）从东牟之青社也，道经昌邑之东、淮河之曲，曰于家庄，睹其乡俗淳厚，川原沃衍，桑梓森茂，辟土作产，挚家以居”。文中所载围子宫氏始迁祖宫成去青州赴任途经于家庄，时间在宋淳祐二年（1242）。由此佐证，于家庄故村宋代已经存在。

自宋元至大明，宫、马两族相继徙居昌邑于家庄。因明清时期推行里社制，于家庄一带设于庄社。宫、马两族落籍至于庄社二甲、三甲、八甲、九甲、十甲等官府编制。清康熙和乾隆《昌邑县志》均有“于庄社”记载。

据王葛山下《王氏族谱》载“潍水南来，近红崖堤即折而西，远吾邑右，蜿蜒入海，吾故居固安堵无虞也。忽于前明隆庆二年潍水东决，取径直下，左绕文山北越行衢，由石湾而下，曲曲入海。是河之移西而东者，盖于是乎始也……”明隆庆二年（1568），潍水改道文山之东，于家庄及周边甲庄庐舍毁于水患。以宫姓为主的原于家庄大本营东迁至今葛达子位置，原马氏九甲庄大本营东迁至今四甲村一带。清中后期，因水患频发，大批宫氏和马氏族人不得不再迁他乡。出于怀念之情，外迁族人惯称故村为“老庄子”，于是葛达子村有“宫老庄”之称，九甲故村有“马老庄”之称。

于家庄于氏何年迁去何地已失考。清光绪《昌邑县志》已将“于庄社”改为“隅庄社”。民国时期改称隅庄乡。宫老庄、马老庄、四甲、马老庙、宫家庄、小宫家庄等宫、马两姓村落仍在辖区之内。

为避免对外交流时村名混淆，隅庄社辖区村庄多在村名后面加上了社名后缀，比如“宫家隅庄”“二甲隅庄”“王家隅庄”等。从宋代的于家庄，到清末的十二个隅庄，见证了近千年来昌邑的人口变迁与村庄发展。

四甲村
Sìjiǎcūn

位于围子街办驻地以西，距街道办事处 1.5 千米。东依街道驻地，西临潍水风情湿地公园，南连南宫村，北接王家隅庄。村中相传，马氏先祖明时由河北枣强县徙居文山之东于家庄，具体年份待考。后马氏族兴，人丁渐旺，其中一支被编入于庄社四甲。清后期曾称四甲隅庄，后省称四甲庄，今为四甲村。

因明后期潍河改道后水患频发，于庄社多处村庄失于洪水。马氏一族房舍被淹者，多东迁至本族四甲庄周边新建庐舍。

其中马氏九甲故村淹于今揽月桥北1千米河床内，族人东迁至四甲村西北侧安家，沿用九甲庄村名。后因河道继续东移，九甲庄族人多次外迁，并尊故村为“马老庄”。另有族人迁至四甲村东的马氏魁房和土地庙东侧，村名称“马老庙”。还有族人迁四甲村后，初称“方子”，民国时期改称“坊子”。1954年成立初级社，由四甲庄、马老庄、坊子、马老庙四个自然村组成一社。1958年9月成立人民公社，又组为一个大队。1984年3月四村合一，统称四甲村。

村中现有312户，981人，均为马姓。耕地面积945亩，以小麦、玉米、大姜等种植为主。村民经营有养殖、冷藏、苗木等产业。

围子村
Wéizicūn

围子村貌　　摄影：尹凤军

围子村为围子街办驻地，东邻瓦屋村，西至南宫村，南连大太保村，北接义气镇村。因潍河水患频发，河东曾被冲出一条大沟，向东蜿蜒汇入胶莱河，初称通河沟，后传为淘河沟、桃花沟。自乾隆年间，于庄社九甲庄（故村位于今四甲村西北）马氏族人陆续东迁，新立村庄。因村处通河沟东岸，以方位得名沟东庄。清咸丰末年，捻军袭昌，各村民团纷纷挖沟筑圩，坚壁清野。沟东庄所筑围墙高大坚厚，远胜乡里，且设有东西南北四大门楼，门楼之上架有大抬杆（土炮），甚是显赫。由此，乡人逐渐把沟东庄称作了沟东围子、围子里。又因庄内皆为马姓，改称马家围子。在民国初年的昌邑地图上，村名已经标注为“马家围子”。1958年成立人民公社时改称围子大队，1983年取消大队后省称为围子村。李姓原籍下营镇西下营村，1956年落户该村。农历五、十为该村集市，三月二十和九月二十为该村山会。

瓦屋村（自然村）位于围子村东。村中马姓为主，与围子村马姓同期从九甲庄迁来。因清后期村中建成几处高大规整的瓦房院落，乡人慕称“瓦屋”，演为村名。1956年成立高级社，瓦屋村并入围子社。1983年取消大队，瓦屋村改属围子村委会。

马魁瑞（榜名马重华），嘉庆戊午科武举人，仕至江苏兴武卫督运府千总；马若程（榜名马跻庐，官名马登俊），嘉庆己巳科进士，授武定府教授，迁原武知县，不久改怀柔县；马文俊，捐赈助学、治病救人，捐授布政司理问，议叙五品职衔。村内合盛兴老宅系省级文物保护单位。

村中现有365户，1111人，马姓为主，另有李姓。耕地面积340亩，以小麦、玉米等种植为主。村民投资有纺织、铸造、机械、印刷等产业。

二甲村
Èrjiǎcūn

位于围子街办驻地西南部，距街道办事处2千米。东邻永富村，西临潍水风情湿地公园，南连东丁村，北接市妇幼保健院。清中期，潍河河道文山以东河段多次塌河东移，致原于庄社（故址位于今潍河揽月桥一带）各甲时有村舍被毁。为避水患，于庄社二甲及九甲部分马氏族人南迁三里新建村落。因初来立村者多为二甲族人，故取名二甲庄，后改称二甲隅庄。今省称二甲村。

二甲村俯瞰（2021年）　　摄影：冯树岭

村中现有234户，798人，均为马姓。耕地面积795亩，以小麦、玉米等种植为主。村民投资有机械、弹簧等制造业。

南宫村
Nángōngcūn

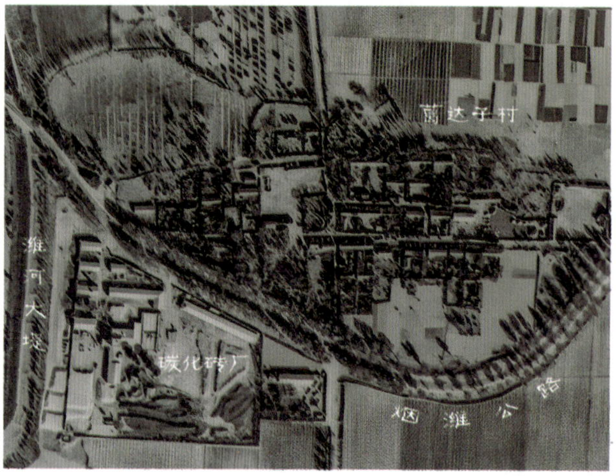

葛达子村旧影（1972年）　　提供：李发宁

位于围子街办驻地西侧，距街道办事处1千米。东依街道驻地，西临潍水风情湿地公园，南邻二甲村，北接四甲村。据该村《宫氏族谱》记载，始迁祖宫成原籍牟平，宋理宗淳祐二年（1242）赴青州任职，途经昌邑文山之东于家庄（故址位于今潍河河床揽月桥一带），慕其民风淳朴，川原平衍，乃置产业移妻儿，迁此落籍。

明清时期乡村管理先后实行里甲制与社甲制，于家庄一带明时设于庄里，清代设于庄社。据清康熙年间《宫氏族谱》记载，族人分属于庄社二甲、八甲和十甲。明隆庆二年（1568）潍河改道文山之东，于家庄冲毁，宫氏各甲村户或外迁他乡，或东移高地居于土丘之阳。因丘若疙瘩，乡人称之疙瘩子庄，后演称葛达子村。另有乡人认为，该村原有元人居住，民国时期，人们以俗语呼之“鞑子庄”，后演称为葛达子村。清代，因洪水泛滥，潍河河道多次东移，葛达子村宫姓村户又有外迁者。明清两代外迁各地的族人难忘故村，于是尊称葛达子村为“宫老庄”，此称呼在民国时期昌邑地图上仍有标注。清光绪《九甲马氏族谱》有载 “宫家老庄，即疙瘩子庄也”。

清中期，葛达子村宫姓一支北迁一里新立村庄，称宫家庄；另一支宫姓同期北迁四里至王家隅庄村北新建家园，因村户较少，称小宫家庄。清后期，于庄社改称隅庄社，宫家庄对外又称宫家隅庄，小宫家庄对外曾称北宫家隅庄。至民国时期，北宫家隅庄改称北宫村，宫家隅庄改称南宫村。1985 年北宫村并入王家隅庄，原村名注销。1957 年成立高级社，葛达子村与南宫村并为一社；1958 年改称生产大队，合称南宫大队；1983 年恢复南宫村，葛达子村（自然村）属南宫村委会。

南宫村（含葛达子村）现有 250 户，800 人，由宫、马、王、苏、时等姓氏组成。耕地面积 636 亩，以小麦、玉米、大姜等种植为主。

永富庄
Yǒngfùzhuāng

位于围子街办驻地南侧，距街道办事处 0.5 千米。东北与大太保村毗连，西南与二甲村相接。相传明清时期村中曾有一棵古楸树，苍翠挺拔，路人未见村舍先睹树冠，于是“大楸树下”就成了村庄的名字。村子又曾分为前后两村，分别叫“前永”和“后富”，村人收藏的地契中出现过“前永”落款。在清嘉庆年间《宫氏族谱》中已出现“永富庄”称谓。清光绪年间地契中有“隅庄永富”的记录，说明村子清代属隅庄社。

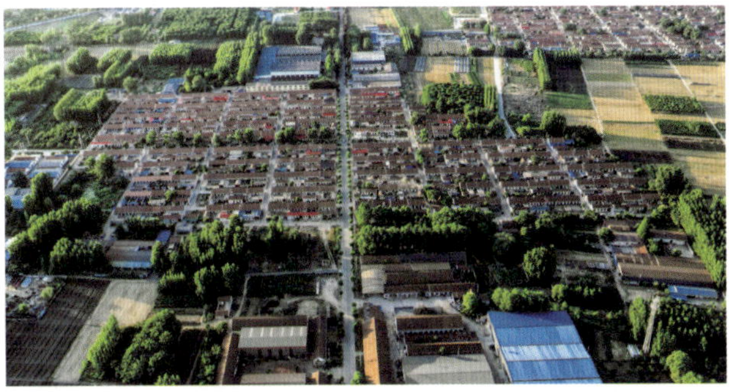

永富村俯瞰（2021 年） 摄影：李发宁

村中曾流传一副姓氏对联 “张王李赵马国徐，傅董林邢范高朱”，横批 “宫门大户”，记载了早年村子里的 15 个姓氏。据宫氏族人推测，古于家庄十甲宫氏应在明隆庆二年（1568）潍水东徙之后迁来居住。林姓明天启二年（1622）从济南杨辛庄迁入，范姓明末从龙池王范庄迁入，朱姓明末从炮里（今奎聚中台）迁入，傅姓清代自柳疃西傅村迁入，董姓清中期从董家隅庄迁入，邢姓清中期从邢家庄迁入，高姓清乾隆年间从仓街姜家庄迁入，张姓清乾隆年间自六股路村迁入，国姓清嘉庆年间自马连岔村迁入。至民国末年，原有 15 个姓氏中的王、赵、李、马、徐 5 个姓氏已经消失。武姓 1947 年自莒县迁入，刘、任两姓为2004年三峡库区移民，李、周两姓近年定居永富村。

清代，该村曾出过武举人一人、国学生两人、郡武生一人、太学生三人、郡庠生三人。

村中现有236户，889人，宫姓居多。耕地面积1150亩，以小麦、玉米、山药、大葱、黄烟等种植为主。减震器、弹簧制造为该村支柱产业，永富弹簧有限公司为海尔、海信、美菱、美的、小天鹅、惠而浦等企业的减振部件主要供应商，产品同时出口俄罗斯、智利、越南、泰国、印度等国家。

董家隅庄
Dǒngjiāyúzhuāng

董家隅庄村貌（2021年）　　摄影：齐英杰

位于围子街办驻地西北部，距街道办事处3千米。东邻潍水学校，南至王家隅庄，潍水湿地环绕其西北，院校东街穿村而过。明洪武二年（1369），董姓从四川火球县斑鸠嘴狮子胡同迁昌邑胶莱河西岸，立村董家庄（今石埠董家庄）。四世分支又迁昌邑城东十里立村，沿用“董家庄”村名。清后期因村属隅庄社，改称董家隅庄。农历四、九为该村集市。

董三迁，明嘉靖乙丑进士。初任榆次知县，清勤爱民，搏击豪右，后升延安府通判，未抵任归。

村中现有520户，1608人，多为董姓，另有张、傅、马等姓氏。耕地面积1300亩，以小麦、玉米、大姜、苗木等种植为主。村民投资有电商、良种、养殖、冷藏等产业。

王家隅庄
Wángjiāyúzhuāng

位于围子街办驻地西北部，距街道办事处2千米。东邻义气镇村，西临潍水风情湿地公园，南连四甲村，北接董家隅庄。明中期，王姓由河西十字路村迁来居住，以姓氏立村王家庄。另宗王姓自王家山下（今奎聚王葛山下）迁入。至清代，因村

王家隅庄面粉厂旧照（1976年）　　摄影：赵述欣

属隅庄社，以姓氏和乡社名定名王家隅庄。清中后期，董、尹、宫、马等姓氏迁入。1956 年与村后的北宫村联合成立高级社，后改为生产大队。1985 年注销北宫村，村户并入王家隅庄。

村中现有 289 户，1000 人，由王、宫、董、尹、马等姓氏组成。耕地面积 975 亩，以小麦、玉米等种植为主。村民经营有冷藏厂、面粉厂、粉条厂、榨油厂等企业。

张董村
Zhāngdǒngcūn

位于围子街办驻地北部，距街道办事处 4 千米。东北与卜庄镇王家扶宁相接，西南与董家隅庄相望，潍河环绕村子西北。村中流传，宋代已有谢姓居此，村名谢家庄。明中期张姓自夏店西峰台（今属卜庄）迁来居住，因村处抚宁里南端，取名南抚宁。后张姓族兴，改称南张家抚宁。明朝末年，董姓由四川德阳县经山西大槐树迁南张家抚宁村前居住，取名董家抚宁。民国 34 年（1945）两村合并，以姓氏定名张董村。

村中现有 193 户，682 人。张、董两姓居多，另有谢、王、陈等姓氏。耕地面积 825 亩，以小麦、玉米等种植为主。村民投资有养殖业和食品冷藏产业。

义气镇村
Yìqìzhèncūn

义气镇村旧貌（1985 年）　　照片提供：李发宁

位于围子街办驻地北侧，距街道办事处 2 千米。东临下小路，西至四甲村，南临交通东街，北临院校街，与昌邑汽车总站隔交通街相望。此地原有官道通过，明隆庆六年（1572），刘、国二姓迁来开设马车店，字号“泰旅店”。后人丁繁衍，渐成村落，以“泰旅店”定为村名。张姓清雍正元年（1723）由董家隅庄迁入，王姓清乾隆元年（1736 年）由王家山下（今奎聚王葛山下）迁入，马姓清嘉庆元年（1796）由四甲村迁入，李姓清光绪二十五年（1899）由密城村迁入。民国元年（1912），村人众议改称义气镇。

村中现有 203 户，630 人，由张、王、马、李等姓氏组成。耕地面积 765 亩，以玉米、小麦、大姜、苗木等种植为主。村民多从事食宿餐饮和商贸业。

大太保村
Dàtàibǎocūn

位于围子街办驻地南部，距街道办事处0.5千米。东邻马家村，西至南宫村，南连永富庄，北依街道驻地。明崇祯年间，黄姓自城西黄家辛郭迁来立村，为纪念明宪宗追赠先祖黄福为太保，取名太保庄。后黄姓迁出，宫姓自南宫村迁入，马姓自围子村迁入，三宗王姓分别自城东王家山下、围子东王村和胶州胶戈庄迁入。唐姓明末从西乡小画埠（今都昌西化埠）迁入。1980年为区别县南太保庄改称今名。

村中现有336户，1036人，由王、马、宫、唐等姓氏组成。耕地面积1187亩，以小麦、玉米、大姜等种植为主。

西丁庄
Xīdīngzhuāng

位于围子街办驻地西南部，距街道办事处3千米。东邻东丁庄，西临潍水风情湿地公园，南连韩家巷村，北临平安东街。明弘治年间，丁姓自诸城藏马山丁家大庄（今青岛市黄岛区大村镇驻地）迁昌邑城东南潍水古道拓荒立村，并开设炉房打制铁器，以姓氏取名丁家庄。徐姓自江苏昆山县迁入。清顺治年间，村子渐大，部分村人迁村东一里另立村庄，取名东丁家庄，该村遂改称西丁家庄。1980年省称西丁庄。

西丁联中旧照（1985年）　　照片提供：丁金芳

村中现有403户，1220人。徐、丁两姓居多，另有姜、刘、孟等姓氏。耕地面积675亩，以小麦、玉米、大姜等种植为主。村民投资有多家铸造企业。

东丁庄
Dōngdīngzhuāng

东丁庄场院旧照(1976年)　　照片提供：李发宁

位于围子街办驻地西南部，距街道办事处2.5千米。东临永大路，西至西丁村，南连陶埠村，北临平安东街。清顺治年间，丁家庄（今西丁庄）部分村民东迁一里于此建村，以方位取名东丁家庄，1980 年后省称东丁庄。

村中现有 165 户，560 人。丁、徐两姓居多，另有孟、陶等姓氏。设有敬老院一处。耕地面积 525 亩，以小麦、玉米、大姜等种植为主。村民投资有弹簧、机械、铸造等企业。

张家湾
Zhāngjiāwān

位于围子街办驻地南部，距街道办事处 2.5 千米。东临绿博路，西临永大路，南连马连岔村，北临平安东街。清朝初年，已有许姓人家居此。许姓夫妻因膝下无子，为女招张姓夫婿（张家庄人）入赘，相处甚好。许姓二老去世后，厚葬于村西南，张族世代尊称为许外祖。王姓清前期从王家山下（今奎聚王葛山下）迁入。宫姓民国初年从大太保村迁入。一宗孙姓清中期从寒亭朱里方家屯迁入，另宗孙姓清中期从北道昭（今奎聚孙家道照）迁入。李姓从韩家巷迁来，以做渔船缆绳为业。因村民祈愿富足生活，众议取名长富庄。后因村中张姓居多，于清嘉庆年间更名张家湾。

村中现有 122 户，374 人，由张、王、孙、宫、李、刘等姓氏组成。耕地面积 400 余亩，以小麦、玉米、大姜等种植为主。结绳编织为该村传统手工业。村西有智能制造和装备工业园区。

马连岔村
Mǎliánchàcūn

位于围子街办驻地南部，距街道办事处 4 千米。东临绿博路，西临永大路，南临南环路，北接张家湾。明代，先有姚姓迁此立村，后邢姓从昌邑城里后街迁入，韩姓自韩家巷迁入，马姓自辛隅社马家村迁入。相传村后原有一岔路口，路旁有水井，井周围长满了马莲，由此得村名马莲岔，后演称马连岔。

村中现有 170 户，439 人，由邢、王、李、国、马、韩、魏、陶等姓氏组成。耕地面积 660 亩，以小麦、玉米、大姜等种植为主。村民经营有地毯厂、纺织厂、包装厂等企业。

韩家巷
Hánjiāxiàng

位于围子街办驻地西南部，距街道办事处 4 千米，东邻西丁村，南连刘家巷，潍水风情湿地公园环绕村子西北。乡人流传，明时此地野槐丛生，每至夏季，槐花连片，故得美名曰“槐花乡”。明洪武年间，韩姓自四川经山西大槐树迁文山之南槐花乡落籍。史姓明嘉靖三年（1524）自昌邑城里迁入，孙姓从天津迁入，一宗刘姓自四川金华迁入，另宗刘姓自平度金钱山（今峰山）迁入。明隆庆二年（1568），潍水东袭文山之东，槐花乡失于洪水，乡西村舍仅剩韩姓和刘姓两条胡同得以残存，乡人称韩姓胡同为“韩家巷子”。至清代，马姓从四甲村迁入，朱姓从南朱家寨迁入，两宗李姓分别从东、西金台迁入。诸姓迁来，又成村落，“韩家巷”之称渐成村名。

韩家巷村貌（2016 年）　　照片提供：政协文史委

村中现有 392 户，1476 人，由李、孙、韩、史、朱、马等姓氏组成。耕地面积 1050 亩，以小麦、玉米、大姜等种植为主。村民投资有铸造、机械、纺织等产业。

西刘家巷
Xīliújiāxiàng

位于围子街办驻地西南部，距街道办事处 4 千米，东邻马连岔，西临潍水风情湿地公园，南连大姜村，北接韩家巷。乡人流传，明时此地野槐丛生，每至夏季，槐花连片，故得美名曰“槐花乡”。明中期，刘姓由平度金钱山（今峰山）迁文山之南槐花乡落籍。明隆庆二年（1568），潍水东袭文山之东，槐花乡失于洪水，乡西村舍仅剩韩姓和刘姓两条胡同得以残存，乡人称刘姓胡同为“刘家巷子”。至清代，张姓从城南中台村迁入，唐姓从大太保村迁入。诸姓迁来，又成村落，“刘家巷”之称渐成村名。1981 年为区别同名村庄，以方位更名西刘家巷。

村中现有 152 户，516 人，由刘、徐、张、唐等姓氏组成。耕地面积 260 亩，以小麦、玉米、大姜等种植为主。村民投资有铸造、机械、纺织等产业。

大姜村
Dàjiāngcūn

位于围子街办驻地西南部，距街道办事处 5 千米。东邻北陶埠村，南连北金村，潍水风情湿地公园环绕村子西北。明中期，姜姓自牟平县彤岭迁来立村，以姓氏取名姜家庄。明朝末年，后世分支迁村前一里建小姜家庄，该村遂更名大姜家庄。后简称大姜村。

村中现有 330 户， 1170 人，由姜、刘、郇等姓氏组成。耕地面积 780 亩，以小麦、玉米、大姜等种植为主。村民投资有铸造机械产业。

南姜村
Nánjiāngcūn

位于围子街办驻地西南部，距街道办事处 6 千米，东邻北陶埠村，西至北金家口村，南临新 206 国道，北接大姜村。明朝末年，大姜村姜姓分支迁村前一里新建村庄，取名小姜家庄。民国元年（1912）依方位更名南姜村。

村中现有 91 户，280 人，多为姜姓。耕地面积 210 亩，以小麦、玉米、大姜等种植为主。

金家口
Jīnjiākǒu

金家口（自然村）位于围子街办驻地西南部，距街道办事处 5.5 千米。东邻南姜村，西临潍水风情湿地公园，南连小章西荒，北接大姜村。明朝初年，金姓从河南洛阳迁平度麻兰，又转迁昌邑陶埠社桃花山前（现村址）定居，继田姓从潍北贾庄迁入，村名无考。明隆庆二年 (1568) 潍水泛涨，河道取直北流，村舍冲毁大半。村人由此设渡口于村西，乡人称金家口，并成村名。清嘉庆元年（1796）潍河决口，部分村户庐舍被毁，遂南迁一里新建房舍，村子由此分为南金家口和北金家口两村。村内原有一座桃花庵，内有皇姑楼、观音殿，“文化大革命”时期拆除。1998 年重修庙宇于村后。农历五、十为该村集市。农历正月十五、四月十五、六月十五、十一月十五为该村山会。

北金家口
Běijīnjiākǒu

清嘉庆元年（1796），金家口村分设前、后两村，后村以方位定名北金家口村。村中现有 292 户， 1056 人，由金、田、姜、吕、孙、陈、菅、胡等姓氏组成。耕地面积 600 亩，以大姜、小麦、玉米等种植为主。该村自改革开放初期发展铸造业，至今为村中支柱产业。

南金家口
Nánjīnjiākǒu

清嘉庆元年（1796），金家口村分设前、后两村，前村以方位定名南金家口村。村中现有 460 户，1673 人，由金、姜、田、孙、王、张等姓氏组成。耕地面积 1500 亩，以大姜、小麦、玉米等种植为主。村民投资有铸造和机械产业。

陶埠村
Táobùcūn

陶埠村（自然村）位于围子街办驻地

西南部，距街道办事处4千米。东临永大路，西至姜家庄，南临南环路，北接东丁庄。该地原为一黄土埠岭（因连年取土今已无埠势），周边历经洪水侵袭，形成沟壑，日久生出一片桃林，乡人称之桃埠，演为村名。明正德八年（1513），邢姓从昌邑城里后街迁来居住。孙姓明万历年间从湖北枣阳迁入，陶姓明崇祯年间从湖北枣阳迁入，徐姓明末从江苏昆山迁入，宋姓清初从县城东关（今属奎聚东隅）迁入。清代村设集市，村名改称桃埠街。又因村中陶姓居多，于民国13年（1924）改称陶埠。民国35年（1946）村子分设前陶埠和北陶埠两村。

民国21年（1932）设陶埠区，区公所驻陶埠村；民国34年（1945）后改称陶埠镇，属昌邑县第五区；民国37年（1948）第五区区政府迁址陶埠；1949年改属围子区陶埠乡；1950年区政府从陶埠村迁至围子村。

前陶埠
Qiántáobù

民国35年（1946），陶埠村分设前、后两村，前村以方位定名前陶埠。农历三、八为该村集市。现有402户，1411人，由孙、黄、宋、邢、周、李、徐、夏、王、范、郭、陶、刘、寇等姓氏组成。耕地面积700亩，以大姜、小麦、玉米等种植为主。村民多从事铸造和机械加工业。

北陶埠
Běitáobù

民国35年（1946），陶埠村分设前、后两村，后村以方位定名北陶埠。村中现有329户， 1265人，由陶、宋、马、徐等姓氏组成。耕地面积1650亩，以小麦、玉米、大姜等种植为主。村民多从事铸造和机械加工业。

军屯村
Jūntúncūn

位于围子街办驻地西南部，距街道办事处4千米。东邻前陶埠，西至金家口，南连后斜村，北接北陶埠。据该村清顺治十八年《张氏族谱》载 “先祖屡建战功，明成祖扫北南归，钦赐择地落户，立村军屯”。村中崔姓自莱阳店埠迁入，郭姓自潍县郭宅迁入，姜姓自姜家庄迁入，刘姓自刘家巷迁入，寇姓自柳疃青阜村迁入，王姓自青山西麓晴埠村迁入。1959年6月，军屯并入前陶埠大队，属其中的第五生产队，后分为五、六两个生产队。1983年取消生产大队，军屯村恢复行政村建制。

村中现有74户，243人，由崔、张、郭、姜、刘、王、寇等姓氏组成。耕地面积315亩，以小麦、玉米种植为主。

孙斜村
Sūnxiécūn

孙斜村街景（2021 年） 摄影：冯树岭

位于围子街办驻地西南部，距街道办事处 6 千米。东依绿博园，西临潍河，南连戚斜村，北接后斜村。村中孙姓原籍浙江省余姚县慈溪镇，元朝末年以军籍迁至山东，明朝初年暂居河北枣强，旋即徙居山东博山孙家大庄，二世又迁来潍水东岸安居。因村处潍河溢洪形成的河滩地，乡人称“斜子”地，得村名“斜子庄”；后因村后另立同族村庄，遂改称“大斜子”；又因村东另有“戚家斜子”，更名为“孙家斜子”。至清末，为祈愿后辈多识字，族人众议改村名为“大些字”，又演称“大些子”。1949 年后复称孙家斜子，今省称孙斜村。村中李姓原为文山东麓关龙村铁匠世家，清咸丰二年（1852）赴大些子庄打铁，遇捻匪袭村，率五子与村民合力退匪，之后村人邀请李氏家族迁居大些子庄，与村民一起筑圩修炮，自此再无匪患。马姓民国后期由韩家巷迁入。

因村处潍河溢洪故道，村西地段土壤沙质，种植萝卜清脆可口。斜子萝卜已成为载誉乡里的品牌农产品。

村中现有 643 户，1866 人，由孙、李、马等姓氏组成。耕地面积 2300 亩，以萝卜、大姜、小麦、玉米等种植为主。村中铸造产业繁盛。

后斜村
Hòuxiécūn

位于围子街办驻地西南部，距街道办事处 5.5 千米。东临永大路，西至金家口，南连孙斜村，北接军屯村。明前期，孙姓自博山孙家大庄徙昌邑潍水东岸立村斜子庄，其中一支居于村后，生齿日繁，渐成村落，以方位取名后斜子。清末曾改称后些子，今称后斜村。

村中现有 117 户，336 人，孙姓居多。耕地面积 300 亩，以萝卜、小麦、玉米等种植为主。村中铸造产业发达，产品出口欧美多国。

菅斜村
Jiānxiécūn

位于围子街办驻地西南部，距街道办事处 6 千米，距昌邑高铁站两千米。东依绿博园，西至孙斜村，南连戚斜村，北临206国道。明朝末年，菅姓自邹县迁来立村，以姓氏取名菅家庄。至清代，陈姓从龙池白塔村迁入，邵姓从辛隅社邵家庄迁入，孙姓从大斜子（今孙斜村）迁入。清后期，因周边村庄多以“斜子”为名，遂更名为菅家斜子。1949年以后省称菅斜村。

村中现有202户，646人，由菅、陈、邵等姓氏组成。耕地面积580亩，以萝卜、小麦、玉米、大姜等种植为主。村内铸造业历史悠久，产品出口欧美多国。

戚斜村
Qīxiécūn

戚斜村旧照（1985年）　　照片提供：李发宁

位于围子街办驻地西南部，距街道办事处6.5千米。东依绿博园，西临潍河，南连王珂村，北接孙斜村。明洪武年间，戚姓由江苏丰县迁来立村，以姓氏取名戚家庄。后阎姓自卜庄大阎家迁入，万姓自平度蓼兰迁入。至清末，因村子位于大些子庄（今孙斜村）东，遂更名为东些子，后演称东斜子，又改称戚家斜子。今省称戚斜村。

村中现有396户，1226人，由戚、阎、万、宋等姓氏组成。耕地面积1385亩，以萝卜、大姜、大葱、小麦、玉米等种植为主。村民投资有铸造、印刷、农资贸易和采暖设备等产业。

王珂村
Wángkēcūn

位于围子街办驻地西南部，距街道办事处8千米。东临高铁站，西至王珂西荒，南连西小章，北接戚斜村。村中流传，明洪武年间有王氏妇人独自带一男孩逃荒至此，并定居下来。男孩单名一字“珂”。后有宫姓从县城西北宫家鄑水村迁入，宋姓自西乡南兴福村（今属都昌）迁入，傅姓从城南南店村迁入，李姓从山西大槐树迁入。不知何年，村中没有了王姓，该男孩后世失考。村人为了纪念这个孩子，把他的名字拆分开来，取村名“王可”。1982年更名王珂。

宋占魁，清光绪丙戌科武状元。慈禧太后亲赐花翎，封为御前头等侍卫，御赐“庆延云祁”匾额。历任山西平阳府正堂、太原总兵。村中曾有武状元府，位于村东南角，分路南和路北两处宅院。路南状元府北大门的正上方为“庆延云祁”烫金大匾，大门楹联为“万年天子；一统太平”。

路北宅院大门两侧有旗杆台两座，以青石镶嵌。厢房内有状元练武用的刀枪剑戟。“文化大革命”时期武状元府被毁。

村中现有525户，1697人，由宫、李、宋、张、黄、刘、傅、马、韩、尹、阎、冯等姓氏组成。耕地面积1300亩，以小麦、玉米、大姜、土豆等种植为主。村民投资有铸造、机械、养殖等产业。

小章村
Xiǎozhāngcūn

小章村（自然村）位于围子街办驻地南部，距街道办事处8千米。东邻赵家庄子，西临潍河，南连西张庄，北接王珂村。村人相传，宋元时期已有高、于、姚、马等姓氏居此。马姓户主马青山原居于今西小章村西大湾旁，屋后生有几株大桑树，大湾水脉与潍河相通，长年不竭，乡人称其居处为“桑泉”，并成村名。另有传说，明隆庆二年（1568），何家湾（故村位于今小章西荒西南）何进士夜梦潍水将决，劝告村民当迁高处。众未从，进士独与其孙东迁至此。次日潍决，原村冲没。后人为纪念何进士预见水灾，定村名“当迁”。明洪武二年（1369），马姓自登州府莱阳县双山村迁来落籍，与原住民马青山连宗。齐姓明代自北乡龙池庄（今龙池镇龙北村）迁入，史姓清康熙年间自炮里（今奎聚中台村）迁入。

村庄自何时始称“小章”无考，但村中流传，宋元时期此地曾设兵营，东部的大章村一带原为大营，内设大帐（指挥战事的军帐），西边小章村一带设有小营，内设小帐，后两地村名演变为大章和小章。另有一个史实，小章村一带宋元时期原有张姓大户居住，至明代原住民张姓消失，但留下了诸多庐舍及耕地称谓，比如西张庄曾名“张家老庄”，李姓迁来后沿称“李家张庄”，今分为东张庄、西张庄、梁张庄；小章村有大片耕地至今流传“张号地”之故称。由此来看，“小章”之名的形成，有另一种可能 居于原住民张氏地域，前有“张家老庄”，故称为“小张庄”，又演称为“小章庄”。

至清中期，村中姓氏以马、齐、何、史四姓为主。因有马车大道从村中穿过，把村子隔为道东和道西两部分。马氏家族住道西，齐、何、史等家族住道东。清咸丰年间捻军袭昌，道东道西分筑土圩以抵匪患，始称东围子、西围子，后改称东小章、西小章，渐成村名。

东小章村
Dōngxiǎozhāngcūn

清咸丰年间，小章村筑圩抗捻，以南北马车大道为界分筑东西两个围子，该村居东围子，乡人称东小章，渐成村名。

村中现有155户，524人，齐、何、史

三姓居多。耕地面积 1065 亩，以小麦、玉米、大姜、土豆等种植为主。

西小章村
Xīxiǎozhāngcūn

清咸丰年间，小章村筑圩抗捻，以南北马车大道为界分筑东西两个围子，该村居西围子，乡人称西小章，渐成村名。

村内马氏祠堂建于清代，院内有栽于清乾隆年间的侧柏一株。该村马氏家族传承六百余年的竹马戏——“小章竹马”已被列为省级非遗文化项目，被誉为“中国村落家族式竹马艺术的活化石”。

西小章条编小组旧影 (1978 年)　照片提供：李发宁

村中现有 445 户，1568 人。马姓居多，另有傅、丁、张、李等姓氏。耕地面积 1725 亩，以大姜、小麦、玉米、地瓜、土豆等种植为主。村民经营有养殖、纺织、铸造等产业。

赵家庄子
Zhàojiāzhuāngzi

赵家庄子场院旧影 (1976 年)　照片提供：李发宁

位于围子街办驻地南部，距街道办事处 9 千米。东邻宋庄西村，西至东小章村，南连东张庄，北临高铁站。清嘉庆年间，赵姓从北乡瓦城村迁青山后小章村居住，后为避潍河水患，东迁高地（现村址）立村。以姓氏取名赵家庄子。

村中现有 202 户，654 人，多为赵姓。耕地面积 820 亩，以小麦、玉米、大姜等种植为主。村民投资有养殖场、房地产等产业。

宋庄村
Sòngzhuāngcūn

宋庄村（自然村）位于围子街办驻地南部，距街道办事处 9 千米。东临下小路，西至赵家庄子，南连羊山子村，北临高铁站。明洪武初年，宋姓由四川迁来立村，以姓氏取名宋庄。另有徐姓自柳疃北五甲迁入，谢姓自下营北二甲迁入，梁姓从城里东隅迁入，马姓自西小章迁入，姜姓自柳疃长胡同迁入，孙姓从陶埠村迁入。至20世纪60年代，仅剩的几户宋姓人家迁居东北，自此村中再无宋姓。民国34年（1945）调整行政区划，分设为宋庄东村和宋庄西村。清代该地设宋庄社，1958年设宋庄乡，1987年设宋庄镇，驻地均为宋庄村。2007年撤销宋庄镇，辖区村庄并入围子。农历三、八为该村集市。村后有三棵古柏树，树龄三百余年，现已实施保护。

宋庄东村
Sòngzhuāngdōngcūn

民国34年（1945），宋庄村分设为东、西两村，该村以方位定名宋庄东村，乡人又称宋东村。1958年在宋庄东村成立昌邑四中，1983年改为昌邑县农机中学，1986年更名昌邑县职业中专，1987年迁县城石渠路1号。原宋庄公社、卫生院、信用社、邮局、粮管所等单位驻地均位于宋庄东村。

村中现有524户，1700人，由李、马、庄、徐、梁、黄、刘等姓氏组成。耕地面积2400亩，以小麦、玉米、大姜等种植为主。村民经营有纺织厂和养殖场。

宋庄西村
Sòngzhuāngxīcūn

民国34年（1945），宋庄村分设为东、西两村，该村以方位定名宋庄西村，乡人又称宋西村。村中现有468户，1698人，由马、付、李、庄、牛、姜、谢等姓氏组成。耕地面积2200亩，以小麦、玉米、大姜等种植为主。村民经营有纺织厂、机械厂、养殖场等企业。

西张庄
Xīzhāngzhuāng

位于围子街办驻地南部，距街道办事处10千米。东邻梁张庄，南连石埠南斜村，北接西小章，潍水流经村西。相传宋元时期，在青山之北曾住有张姓大户，后因战乱、水患至村庄消失，但“张家老庄”地名流传至今。明中期，昌北沿海营台（今下营镇西下营村）李姓迁张家老庄旧址（今村址）定居，取村名李家张庄。李氏家族在村东二里（邹家湾东）置园子种植果蔬，有族人住在园子里打理农活，并植槐树于园子周边。清雍正八年（1730）潍河决口，部分族人因庐舍被毁迁村东园子建房定居，渐成村落后取名东李家张庄，原村遂改称西李家张庄，1958年省称西张庄。

村中现有306户，1016人，由李、张、翟、邹等姓氏组成。耕地面积1060亩，以大姜、小麦、玉米等种植为主。

东张庄
Dōngzhāngzhuāng

位于围子街办驻地南部，距街道办事处 10 千米。东邻羊山子村，西至梁张庄，南依青山，北接赵家庄子。清雍正八年（1730）潍水决堤，李家张庄大片村舍受损，遂有李姓族人东迁二里至本族园子建房定居，取名为东李家张庄。清乾隆九年（1744），宫姓由永富庄（今属围子）迁该村马车道旁开设马车店，供过往盐商和路人歇脚食宿。因宫家马车店闻名乡里，村名一度改称为宫家张庄。1958 年西李家张庄改称西张庄，该村遂改称东张庄。村内现存两株明代古槐，为当年李氏垦耕园子时栽植，至今枝繁叶茂。

村中现有 210 户，798 人，由李、宫、刘、王、张、邹、郝等姓氏组成。耕地面积 1360 亩，以小麦、玉米、大姜、大蒜等种植为主。

梁张庄
Liángzhāngzhuāng

位于围子街办驻地南部，距街道办事处 9 千米。东邻东张庄，西至西张庄，南连石埠南斜村，北接小章村。清顺治年间，梁姓从城里南隅迁李家张庄（今西张庄）居住。清雍正八年（1730）潍河决口，至梁氏族人庐舍受损，遂迁村东新建家园，取名梁家张庄，后省称梁张庄。

村中现有 155 户，512 人，由梁、李、邢等姓氏组成。耕地面积 787 亩，以小麦、玉米、大姜等种植为主。

羊山子村
Yángshānzicūn

位于围子街办驻地南部，距街道办事处 10 千米。东临下小路，西至东张庄，南依青山，北依宋庄社区。清雍正八年（1730）潍河决口，宋庄村部分民舍毁于洪水，村中孙、王两姓几户人家南迁羊山脚下高地立村，得村名“羊山子”。李姓自东张庄迁入。村东北有汉代墓葬遗址。

村中现有 55 户，165 人，由王、刘、李、齐、孙、梁、姜、张等姓氏组成。耕地面积 320 亩，以小麦、玉米等种植为主。村民经营有养殖场。

凤凰庄
Fènghuángzhuāng

位于围子街办驻地东北部，距街道办事处 4 千米。东邻西部村，西临下小路，南连谢韩村，北接新立庄。凤凰庄一带本为一片荒地，自明至清，不断有人家迁来垦耕落户。其中，张姓从张家抚宁（今张董村）迁入，于姓从卜庄于家扶宁迁入，王姓从夏店村迁入，尹姓从柳疃横地村迁入，孙姓从卜庄大河北迁入，姚姓从仓街村迁入，黄姓从城西黄家辛郭迁入，姜姓从姜泊村迁入，两宗韩姓分别从卜庄韩家扶宁和小韩家庄（今已并入卜庄王家扶宁）迁入。诸姓迁来，各自建起家族打谷场，致使打谷场相连成片，于是乡人戏称村子为“打谷屯”，渐成村名。后村人众议，以嘉言更名为凤凰庄。

清朝末年，郝、张二姓自韩家抚宁（今卜庄韩家扶宁）迁凤凰庄北侧立村，取名新立庄。1958 年入社，新立庄并入凤凰庄大队，1983 年改属凤凰庄村委会。

村中现有（含新立庄）173 户，557 人，由张、王、韩、尹、黄、姜、李、于、姚、马、孙、朱等姓氏组成。耕地面积 924 亩，以小麦、玉米、大姜等种植为主。村民投资有冷藏、化工等产业。

谢韩村
Xièháncūn

位于围子街办驻地东北部，距街道办事处 3 千米。东临 206 国道，西临下小路，南连天成店，北接凤凰庄。清康熙年间，谢姓自张家抚宁（今属张董村）迁来开荒立村，村舍位于今村东半部位置，以姓氏取名谢家庄。清中期，韩姓自小韩家庄（今已并入卜庄王家扶宁）迁官道以北、谢家庄以西开设店铺，取名兴旺庄。后韩氏家族因从事红白喜事花架租赁生意被乡人称作“赁铺庄”，清后期更名韩家庄。至民国时期，两村人丁渐旺，村舍相连，于民国 33 年（1944）合并一村，以姓氏定名谢韩村。

村中现有 150 户，518 人，由谢、韩、李、王、董等姓氏组成。耕地面积 680 亩，以小麦、玉米等种植为主。村民经营有养猪场、冷藏厂。

天成店
Tiānchéngdiàn

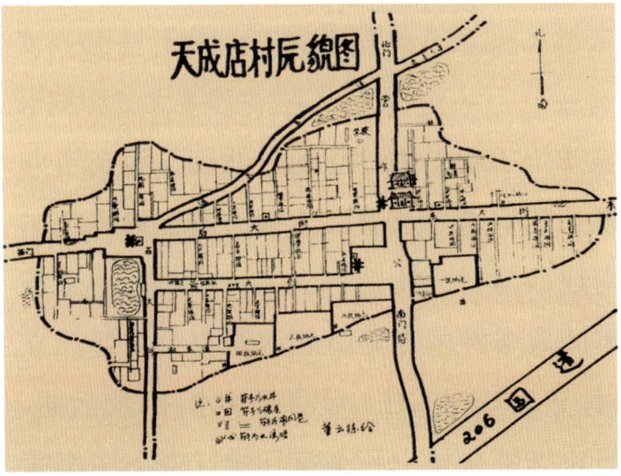

天成店村原貌图　　绘制：董云栋

位于围子街办驻地东北部，距街道办事处 2 千米。东邻太平村，西临下小路，南连永兴村，北接谢韩村。清时，曾有青莱官道从今天成店村偏北位置东西穿过。清康熙八年（1669），周边村庄十八户人家迁来官道旁开店谋生，久成村落。初以嘉言取名“迁成店”，后为祈愿生意兴隆，取“天意玉成”之意，改称“天成店”。村中董姓清康熙年间从董家隅庄迁来定居，苏姓清光绪十六年（1890）从苏家部迁入，孙姓从北道昭（今奎聚孙家道照）迁入，两宗李姓分别从卜庄肖家营和李家抚宁迁入，两宗王姓分别从王家隅庄和城西王耨村迁入，三宗刘姓分别从董家隅庄、城西刘家辛郭和卜庄马疃村迁入。

村中现有395户，1308人，由董、刘、李、苏、王、孙等姓氏组成。耕地面积2535亩，以小麦、玉米、大姜等种植为主。村民投资有商贸、食品冷藏等产业。

李才村
Lǐcáicūn

位于围子街办驻地东北部，距街道办事处6千米。东邻官道郜，西至凤凰庄，南连西郜村，北接卜庄大河南村。明正统年间，李姓由青龙山北麓西金台村迁此立村，初称李财家庄，后演称李才村。明后期，另宗李姓从抚宁社李家抚宁（今卜庄李家扶宁）迁入。1976年，德胜庄并入李才村。

村中现有126户，360人，由董、李、杨、刘、王、陆等姓氏组成。耕地面积860亩，以小麦、玉米等种植为主。村民经营有机械铸造、织带、保温材料等产业。

官道郜
Guāndàogào

位于围子街办驻地东北部，距街道办事处7千米。东邻北于家郜，西至西郜，南连马家郜，北临206国道。明前期，刘姓由山西洪洞县（一说四川大槐树）迁来立村。继孙姓由扶安镇（今属卜庄）迁入，董姓由董家隅庄迁入，明姓由明家郜迁入，王姓由文山东麓王葛山下迁入，李姓从李才村迁入。因青莱官道从村中穿过，村人多从事店铺生意，鼎盛时期店铺达32家之多，有鱼市、米市、布匹市、牲口市等，由此得名官道街。后因周边村落多以“郜”命名，遂更名为官道郜。农历四、九为该村集市。

村中现有200户，600人，由董、刘、王、曹、李、明等姓氏组成。耕地面积1270亩，以小麦、玉米、大姜等种植为主。村民经营有冷藏、纺织等产业。

西郜村
Xīgàocūn

位于围子街办驻地东北部，距街道办事处6千米。东邻官道郜，西至凤凰庄，南连杨家郜，北接李才村。明中期，曹姓自兖州府石龙村徙居昌邑城北三贤埠（今奎聚李家埠），清乾隆年间又迁此立村。

曹姓迁来，初名新立庄，因墓茔与邻村杨姓墓茔相邻，族人因“羊吃草”之忌讳改村名为卧虎庄。此后邻村杨姓又忌讳“虎吃羊”之说，最后两村商定，改村名为曹家部。1949年后，因村处诸部之西改称西部。

村中现有39户，121人，由曹、韩、张等姓氏组成。耕地面积420亩，以小麦、玉米、大姜等种植为主。村民投资有冷藏、面粉等食品企业。

北于家部
Běiyújiāgào

北于家部村貌（2011年） 摄影：李发宁

位于围子街办驻地东北部，距街道办事处8千米。东临漩河，西至马家部，南连曲家部，北临206国道。明嘉靖年间，邢姓从昌邑城里后街迁来立村，以姓氏取名邢家部。清康熙年间，于姓由抚宁社于家抚宁（今卜庄于家扶宁）迁入。后于姓族兴，改称于家部。村中王姓自王家隅庄迁入，孙姓自卜庄永合村迁入，马姓自卜庄金山村迁入。1980年地名普查时，为区别县境同名村庄，以方位更名为北于家部。村中建有老年公寓、村民公园、图书馆、村史馆等文化和康养机构。

于恩波（1884—1941），字沐尘，民国教育家。清光绪三十二年（1906）在村中倡捐创办育秀小学堂，民国12年（1923）与陈雪南、陈干等人共同创办青岛第一所中学——胶澳中学（青岛一中前身），民国13年（1924）在家乡创办昌邑县第一所中学——育秀中学，民国18年（1929）与陈雪南等人筹建国立山东大学。抗日战争期间随国民政府迁往四川，民国30年（1941）2月病逝于巴县歇马场。

村中现有150户，531人，由于、邢、王、孙、马、尹、任等姓氏组成。耕地面积1035亩，以小麦、玉米、大姜等种植为主。村办集体企业昌邑市第三棉纺厂位于村后，主要以纺织为主。

曲家部
Qūjiāgào

位于围子街办驻地东北部，距街道办事处8千米。东临漩河，西至马家部，南连明家部，北接北于家部。明崇祯年间，曲姓从潍河西岸曲家流（今奎聚街道初曲村）迁邢家部（今北于家部）村前居住。因居湾南崖，乡人称“湾南”。民国初年以姓氏定名曲家部。

民国24年（1935），曲家部村曲氏家

族出资重修村西北双孔石桥，因位于育秀中学前，命名为育秀桥，现为市级文物保护单位。

村中现有117户，362人，由曲、张、邢、王、崔、明、满、姚等姓氏组成。耕地面积900亩，以小麦、玉米、大姜等种植为主。

马家部
Mǎjiāgào

位于围子街办驻地东北部，距街道办事处7千米。东邻北于家部，西至西部，南连明家部，北接官道部。明后期，马姓由四川迁来立村，以姓氏定名马家部。王姓自莱州驿道山北麓迁居至此。村西有明代古槐一株。

村中现有69户，218人，由王、马、张等姓氏组成。耕地面积487亩，以小麦、玉米、大姜等种植为主。 村民经营有粮食贸易、采暖设备制造等产业。

明家部
Míngjiāgào

位于围子街办驻地东北部，距街道办事处7千米。东临漩河，西至杨家部，南连徐家部，北接曲家部。明隆庆元年（1567），张姓自四川迁来定居，始称聚德疃，又因有官府差役驻守村庄，改称官项庄。明姓清顺治年间从明家大圈（故址位于今西下营村西南河堤之内）迁入，董姓自石埠董家庄迁入，胡姓清康熙年间自北乡胡家道口迁入。后明姓族兴，更名为明家部。

村中现有255户，810人，由明、董、张、杨、胡等姓氏组成。耕地面积1800亩，以小麦、玉米、大姜等种植为主。

杨家部
Yángjiāgào

位于围子街办驻地东北部，距街道办事处7千米。东邻徐家部，西临206国道，南连苏家部，北接马家部。明前期，杨姓由四川弘农县迁来落籍，以姓氏取名杨家部。宋姓明代自县城东关（今属东隅）迁入，张姓自直隶枣强县迁入，于姓自卜庄铁匠庄迁入，姚姓自苏家部迁入。清咸丰年间捻军袭昌，村人与捻军首领商谈，将村名改为“万盛疃”，此后捻军见此村名则不再侵扰。清同治年间复称杨家部。

自清代以来，该村走出过进士张殿栋、举人杨斗南、拔贡杨祖起、贡生杨春海，另有秀才七人。村中原有进士宅院，院内建有楼房，村人称“西楼”。民国34年（1945）1月，山东挺进军第十五纵队武装以看戏为名于西楼院内诱杀两名日本军官及汉奸牟敦友。后日军侵村报复将西楼纵火焚毁。

村中现有277户，837人，由杨、宋、张、姚、于等姓氏组成。耕地面积1450亩，以小麦、玉米、大姜等种植为主。村民投资有化工、饲料、盐田等产业。

徐家部
Xújiāgào

位于围子街办驻地东北部，距街道办事处6千米。东临漩河，西至杨家部，南连姚家部，北接明家部。明隆庆年间，叶姓由杭州府钱塘县迁来立村，以姓氏取名叶家庄。至清代，徐姓自四川迁入，明姓自明家部迁入。后徐姓族兴，村名改称徐家部。

村中现有195户，656人，由徐、王、叶、李、明、姚、董等姓氏组成。耕地面积1550亩，以小麦、玉米、大姜等种植为主。村民投资有种禽孵化业和铸造产业。

南苏村
Nánsūcūn

位于围子街办驻地东部，距街道办事处6千米。东临漩河，西至郭家部，南依仓街社区，北接姚家部。苏姓原籍四川眉山县高阳村，明洪武初年迁青州府，又经淄博齐村迁寿光高淮，明成化十七年（1481）迁昌邑部上，以姓氏立村苏家庄。1958年更名南苏村。

村中现有83户，253人，苏姓居多。耕地面积252亩，以小麦、玉米、大姜等种植为主。

苏家部
Sūjiāgào

苏家部村貌（2021年） 摄影：李发宁

位于围子街办驻地东北部，距街道办事处6千米。东邻姚家部，西至郭家店，南连郭家部，北接杨家部。明嘉靖二十三年（1544），苏姓从苏家庄（今南苏村）迁来立村，以姓氏命名苏家部。姚姓明嘉靖四十三年（1564）从姚家部村迁入，张姓自杨家部迁入，王姓民国时期从天保庄迁入。

村中现有310户，1036人，由苏、姚、张、王等姓氏组成。耕地面积2200亩，以小麦、玉米、大姜等种植为主。

郭家部
Guōjiāgào

位于围子街办驻地东北部，距街道办事处6千米。东邻南苏村，西至朱家寨，南连仓街村，北接苏家部。明洪武年间，先有张姓迁此居住。郭姓清康熙二十二年（1683）自柳疃郭家庄迁来，以姓氏定村名郭家部。徐、王二姓自徐家部迁入，姜姓自姜一村迁入。

村中现有69户，214人，由郭、张、王、姜等姓氏组成。耕地面积450亩，以小麦、玉米、大姜等种植为主。

姚家部
Yáojiāgào

位于围子街办驻地东北部，距街道办事处6千米。东临潍河，西至苏家部，南连南苏村，北接徐家部。元至元年间，姚姓由四川成都府绵竹县西北祝家沟姚家村迁昌邑南乡山阳村，二世又从山阳迁昌邑东乡部上立村，以姓氏取名姚家部。胡姓明初由直隶枣强县迁昌邑东北乡胡家道口，后世分支迁来姚家部。林姓明前期自西乡兴福村（今都昌北兴福）迁入。王姓明前期自西乡画埠（今都昌东化埠）迁县城东门里，又转迁姚家部。另有王姓分别自天保庄、铁匠王家、徐家部、王葛山下等村迁入。苏姓明成化年间从南苏村迁入，崔姓清道光初年从于范城后迁入，马姓清光绪年间从马老庄（今属围子四甲村）迁入。

村中现有425户，1540人，由姚、王、胡、崔、苏、马、高、林、井、张等姓氏组成。耕地面积3000亩，以小麦、玉米、大姜等种植为主。村民投资有肉禽养殖、孵化、冷藏等产业。

仓街村
Cāngjiēcūn

位于围子街办驻地东部，距街道办事处4千米。东临潍河，西至朱家寨，南临围胶路，北接姚家部。村中相传，宋代该地曾设官仓，当时已有人家于此居住，乡人称“仓上”。另据仓街《姚氏族谱》记载，明永乐五年（1407），始迁祖由四川成都绵竹县经山西大槐树迁昌邑东乡仓上庄。村中王姓由莱阳苇夼村迁文山东南3里研沟场（故村位于今北庄头与韩家巷之间河床之内），后因水患迁来仓上。至清代，因村设集市，改称“仓上街”，后省称仓街。

仓街村貌（2021年）　　摄影：冯树岭

1980年，昌邑县设仓街人民公社，驻地仓街村。后改称仓街乡、仓街镇。2001年撤销仓街镇，村属围子镇辖区。2010年围子撤镇设街道，属围子街道辖区。

村中现有502户，1696人，姚、王两姓居多。耕地面积3000亩，以小麦、玉米、大姜等种植为主。村民投资有养殖、冷藏、铸造等产业。

太平村
Taìpíngcūn

位于围子街办驻地东北部，距街道办事处4千米。东邻苏家郜，西至天成店，南连北朱家寨，北临206国道。太平村由太平寨、郭家店、南河沟三个自然村合并而成。

太平寨原有苏、刘二姓居住，原籍无考。王姓明前期由莱阳苇夼村迁文山东南3里研沟场（故村位于今北庄头与韩家巷之间河床之内）落籍，明隆庆二年（1568）因水患转迁太平寨居住。孙姓原居刘家寨，因在该村置有田圃，为种地方便，于清雍正元年（1723）迁来居住。夏姓清雍正年间自平度孙正村迁入。村人为祈愿太平，以嘉言定名太平寨。

清乾隆年间，郭姓自河西初家庄（今奎聚初曲村）迁太平寨东北官道旁开设店铺。后渐成村落，取村名郭家店。

清乾隆四年（1739），张姓自抚安社河沟村（今卜庄西河沟）迁太平寨前定居，为纪念故村，取村名南河沟。

民国33年（1944），太平寨、郭家店、南河沟三村合一，定名太平村。

孙风海，太平村人，明景泰五年进士孙洪之后，潍坊市非物质文化遗产鲁派砚台制作技艺传承人，昌邑市非物质文化遗产传拓技艺传承人，昌邑市非物质文化遗产碑刻及修复技艺传承人，山东省工艺美术大师。

村中现有297户，1020人，由夏、孙、张、王、郭等姓氏组成。耕地面积1050亩，以小麦、玉米等种植为主。村民投资有织布厂、食品公司、铸造厂、养殖场、苇板厂等经济实体。

南朱家寨
Nánzhūjiāzhài

位于围子街办驻地东部，距街道办事处2千米。东邻仓街村，西至永兴庄，南连祝家村，北接北朱家寨。该地原有马姓居住，因沟壕绕村，芦苇丛生，故名马家荡。明崇祯十五年（1642）壬午兵燹，朱姓为避兵祸从城南中炮（今中台村）投亲马家荡，居于村东。县城南隅朱姓同期迁来，居于村西。后朱姓族兴，改称朱家寨。因村户渐多，部分朱姓村户迁后村姜家寨居住。历数世，朱姓又成后村大族，遂将姜家寨改称北朱家寨，为区分前后村名，前村更名为南朱家寨。

刘家寨（自然村）位于南朱家寨村东。元朝末年，此地已有炉房（铸铁作坊）出现，乡人称铁炉庄。刘姓明前期自四川迁入，孙姓明中期自北道昭（今奎聚孙家道照）迁入。后孙姓在太平村置地，为种地方便，族人多迁居太平村。因村中多为刘姓，遂改称刘家寨。1956年入社，刘家寨并入南朱家寨。

南朱家寨（含刘家寨）现有305户，1008人，多为朱姓。耕地面积1200亩，以小麦、玉米、大姜等种植为主。铸造业为该村传统产业。村民朱绍远所营中国（昌邑）北方花木城已成为国家林业局命名的全国三大国家级苗木交易市场之一。

北朱家寨
Běizhūjiāzhài

位于围子街办驻地东部，距街道办事处3千米。东邻仓街村，西至永兴庄，南连南朱家寨，北接太平村。该地原有姜姓居住，名姜家寨。因村子明显比前村朱家寨小，又称小寨。清代，南朱家寨部分朱姓迁小寨居住，并成村中主要姓氏，民国后期改村名为北朱家寨。

村中现有238户，868人，朱、马两姓居多。耕地面积920亩，以小麦、玉米、大姜等种植为主。铸造业为该村传统产业。

天保庄
Tiānbǎozhuāng

位于围子街办驻地东侧，昌邑汽车总站对面。东邻永兴庄，西依街道驻地，南连瓦屋村，北临206国道。明朝末年，王家隅庄王链兄弟迁来立村，以姓名取名王链庄。清乾隆年间改称金保庄。清后期为祈愿村子平安改称天保庄。宫姓清初自宫老庄（今葛达子村）迁入，马姓清中期自九甲庄（今属四甲村）迁入。

村中现有225户，705人，由王、马、宫三姓氏组成。耕地面积617亩，以小麦、玉米等种植为主。村民投资有铸造、弹簧、冷藏、面粉等产业。

永兴庄
Yǒngxīngzhuāng

位于围子街办驻地东部，距街道办事处1千米。东邻朱家寨，西至天保庄，南连马家村，北接天成店村。村人相传，村中先有程、王两家，后有徐、刘二户，众议以吉祥嘉言取名“永兴庄”。清乾隆二十年（1755），马姓为避水患从九甲庄（今属四甲村）迁来居住。村内曾有榨油作坊，彼时乡人惯称村子为“油坊庄”。民国时期复称永兴庄。

村中现有87户，296人，由马、徐、董、王、迟等姓氏组成。耕地面积495亩，以小麦、玉米、大姜等种植为主。

姜家庄
Jiāngjiāzhuāng

姜家庄（自然村）位于围子街办驻地东部，距街道办事处4千米。东依仓街社区，西至周家村，南连陈家庄，北接郭家部。

明朝初年，邹、刘二姓迁来立村，因邹姓居多，始称邹家庄。姜姓清康熙年间自柳疃长胡同迁入，吕姓清乾隆年间自城南南店村迁入。后姜姓族兴，遂改称姜家庄。

原仓街乡姜家庄小学旧影（1985 年） 照片提供：李发宁

明隆庆二年（1568）潍河溃堤改道文山之东，韩家巷故村庐舍塌没，韩姓一支迁姜家庄西北建房立村，以姓氏定名韩家庄。1949 年后因村舍渐多，与姜家庄房舍相接，遂并入姜家庄。1962 年姜家庄分为姜一和姜二两个生产大队，韩家庄属姜二大队。1983 年，改称为姜一和姜二两个行政村，韩家庄属姜二村。

姜一村

Jiāngyīcūn

1983 年，姜家庄分设东、西两村，东村定名姜一村。村中现有 170 户，620 人，多为姜姓。耕地面积 950 亩，以小麦、玉米、大姜等种植为主。

姜二村

Jiāngèrcūn

1983 年，姜家庄分设东、西两村，西村定名姜二村。村中现有 254 户，1234 人，由姜、韩、李、吕、周等姓氏组成。耕地面积 1406 亩，以小麦、玉米、大姜等种植为主。村民投资有建筑、运输、木材加工等产业。

周家村

Zhōujiācūn

位于围子街办驻地东部，距街道办事处 3 千米。东邻姜二村，西至南朱家寨，南连东邵村，北临围胶路。明成化二年（1466），江苏淮安府山阳县周姓举人赴山东安丘县任训导，其后人定居安丘十里河，分支又于明嘉靖年间迁昌邑东乡，以姓氏立村周家庄，后改称周家村。王姓清康熙年间自诸城迁入。

村中现有 108 户，365 人，由周、王、孙、马等姓氏组成。耕地面积 540 亩，以小麦、玉米、大姜、大葱、土豆等种植为主。村民经营有建筑、运输、养殖等产业。

马家村
Mǎjiācūn

位于围子街办驻地东南部，距街道办事处2千米。东邻祝家村，西临下小路，南连杨家村，北接永兴庄。明时，马姓自四川德阳县经山西大槐树迁昌邑东乡兵营旧址前立村马家庄。清前期，宫姓自永富庄迁马家庄后居住，并在村舍后水沟之上建一座石桥，由此得村名宫家桥。民国26年（1937），宫家桥并入马家庄。

马家村旧影　　照片提供：张升东

广营村（自然村）位于马家庄西北，原为兵营旧址。明隆庆二年（1568），刘姓由直隶枣强县阎家口迁此落籍，得村名广营。张姓清康熙年间自昌乐县五图镇耿家庄子迁入，邢、王二姓相继迁入。

1980年，马家庄与广营村合并，合称马家村。

村中现有290户，960人，马、张、宫等姓氏居多。耕地面积960亩，以小麦、玉米、大姜等种植为主。村民投资有纺织、木材加工等产业。

杨家庄
Yángjiāzhuāng

位于围子街办驻地东南部，距街道办事处3千米。东邻辛隅村，西临下小路，南连苑家庄，北接马家村。明洪武年间，杨姓自四川成都府丹棱县迁掖县沙河，又迁平度杨家圈，明末再迁昌邑东乡辛隅社立村，以姓氏取名辛杨庄，一说曾名“辛阳庄”。赵姓明万历三十八年（1610）自龙池瓦城迁入。张姓明洪武初年由小云南乌撒卫经河北枣强迁寿光临泽，又迁安丘景芝，至明天启二年（1622）迁昌邑辛杨庄。清乾隆年间辛杨庄改称杨家庄。

明天启七年（1627），岳姓从惠民县迁居昌邑东乡古城里村，又转迁杨家庄（时称辛杨庄）村前立村岳家庄，民国后期并入杨家庄。

村中现有138户，480人，由杨、张、岳等姓氏组成。耕地面积575亩，以小麦、玉米、大姜等种植为主。村中有暖气片生产企业十余家。

苑家庄
Yuànjiāzhuāng

位于围子街办驻地东南部，距街道办

事处3千米。东邻辛隅村，西临下小路，南连张家庄，北接杨家庄。该地原有邵、王、周、刘四姓氏居住。宋元交会之时，苑姓从顺天府京南霸州苑家口（今河北霸州市苑口村）迁来昌邑，一居城西新郭（今都昌街道马家村），一居于此，以姓氏取村名苑家庄。马姓从东冢大窑村迁来居住。

苑家村居民楼（2016年）　　照片提供：政协文史委

村中现有179户，588人，由苑、马二姓组成。耕地面积620亩，以小麦、玉米、大姜等种植为主。村民多从事铸造、机械加工等产业。

东邵村
Dōngshàocūn

位于围子街办驻地东部，距街道办事处3千米。东邻辛立庄，西至祝家村，南连辛隅村，北临围胶路。明中期，邵姓由安徽砀山迁昌邑县城南关，明末为避兵燹又迁东乡辛隅社立村邵家庄。后因村户渐多，分为东、西两村，该村以方位称东邵村。

村中现有124户，417人，多为邵姓。耕地面积530亩，以小麦、玉米、大姜等种植为主。村民投资有养殖、苗木、机械加工产业。

祝家村
Zhùjiācūn

位于围子街办驻地东部，距街道办事处3千米。东邻东邵村，西至马家村，南连辛隅村，北接南朱家寨。明洪武年间祝姓自河南安乐窝迁来立村，以姓氏取名祝家庄。后因与西邵村房舍相连合为一村，改称祝邵村。又因祝姓居多，更名为祝家村。

祝万寿，清咸丰元年（1851）举孝廉方正，考授四川平武县知县。清光绪《昌邑县志》载：“岁饥，境邻羌戎多匿山谷劫掠。万寿令防堵山口，擒获，抚之以恩，诸羌愧服。县有粟米之征，前吏苛派，民苦输，将为禀请罢除，咸称活佛。任未久而卒，民立祠祀之。”

村中现有108户，375人，祝、邵两姓居多。耕地面积560亩，以大姜、小麦、玉米等种植为主。草编制品为该村传统手工业。

辛隅村
Xīnyúcūn

位于围子街办驻地东南部，距街道办

事处4千米。东邻逄家庄，西至马家村，南连孟家村，北接祝家村。村中流传，宋元时期已有于姓居此，村名辛于庄。王姓明崇祯十五年（1642）为避兵燹从城里南隅迁入，冯姓清初从冯家海眼（今下营海眼村）迁入，黄姓清康熙年间从城西黄家辛郭迁入，马姓清乾隆年间从马老庄（今属四甲村）迁入，刘姓清末从诸城刘家岔河迁入。明清两代，辛于庄一直为里社治所，清康熙及乾隆《昌邑县志》中均有“辛于社”建制记载。因村设集市，曾称辛于街。至光绪年间，因村中已无于姓，更名为辛隅村。农历一、六为该村集市。

雪后辛隅村（2021年）　　摄影：冯树岭

据《辛隅村志》记载，该村明清两代出过翰林1人、举人1人、修职郎3人、监生5人、贡生4人、庠生10人、廪生1人、增生1人、登仕郎2人、乡饮耆宾1人、乡饮介宾2人。

村中现有413户，1440人，由王、黄、张、马、朱、冯、杨等姓氏组成。耕地面积1800亩，以小麦、玉米、苗木等种植为主。村民投资有电器厂、线路板厂、铸造厂等企业。

逄家庄
Pángjiāzhuāng

位于围子街办驻地东南部，距街道办事处4千米。东邻辛立庄，西至辛隅村，南临昌平路，北接祝家村。明永乐五年（1407），逄姓从四川绵竹县经山西大槐树迁来立村，以姓氏定名逄家庄。

村中现有66户，208人，多为逄姓。耕地面积285亩，以小麦、玉米等种植为主。村中有石磨面粉、面条加工等食品企业。

辛立庄
Xīnlìzhuāng

位于围子街办驻地东南部，距街道办事处5千米。东临漩河，西至逄家庄，南临昌平路，北接姜一村。清康熙年间，张姓自围子义气镇迁平度前楼村，又从前楼村迁来居住。初以嘉言取名新富庄，后改称辛立庄。李姓清中期自韩家庄（今属姜二村）迁入，邵姓清代自东邵村迁入，两宗王姓分别自周家庄和徐家部迁入。

陈家庄（自然村）位于辛立庄北邻。据《陈氏家谱》记载，清康熙二十年（1681），龙池北白塔陈氏十一世陈元显到祝家庄祝姓作坊做工，祝家视其为人忠厚，将自家位于村东的放牛场并一湾塘赠予他。陈元显遂安家于此，以姓氏取名陈家庄。张姓清康熙年间自江苏淮安经安丘县迁入，王姓清中期自北乡下营村迁入。

因陈、辛两村房舍相接，1958 年入社时合并为一个生产大队。1983 年恢复行政村，同属辛立庄村委会。

村中现有 162 户，530 人，由陈、张、王、李、邵、姜等姓氏组成。耕地面积 670 亩，以小麦、玉米等种植为主。

陈家庄
Chénjiāzhuāng

陈家庄（自然村）位于围子街办驻地东部，距街道办事处 10 千米。东依密埠，西临漩河，南连民丰村，北临围仓路。明永乐年间，陈姓自龙池北白塔迁密埠西北麓立村，以姓氏取名陈家庄，坊间又称密埠陈家。清朝初年，刘姓由石埠李范庄迁入，李姓由下营廒里迁入。1961 年分为前陈和北陈两个生产大队，1983 年撤社设乡，成立前陈和北陈两个行政村。

前陈村
Qiánchéncūn

1961 年，陈家庄分设前陈、后陈两个生产大队，1983 年改为行政村建制，该村居前，称前陈村。现有 251 户，821 人，陈、刘、李姓居多。耕地面积 2480 亩，以小麦、玉米、大姜等种植为主。村民投资有采石、养殖和纺织产业。

北陈村
Běichéncūn

1961 年，陈家庄分设前陈、后陈两个生产大队，1983 年改为行政村建制，该村居北，称北陈村。现有 226 户，753 人，陈、刘两姓居多。耕地面积 2230 亩，以小麦、玉米种植为主，另有养殖、苗木等产业。

唐家村
Tángjiācūn

位于围子街办驻地东部，距街道办事处 11 千米。东临胶莱河，西依密埠，南连韩家村，北临围仓路。明崇祯年间，庄姓自宋庄迁来居住，因村处碱滩洼地，始称庄家滩，又改称庄家疃。清同治年间唐姓自高密迁入。后唐姓族兴，遂改称唐家村。坊间又称密埠唐家。

村中现有 257 户，915 人，由唐、姜、郑等姓氏组成。耕地面积 2000 余亩，以小麦、玉米等种植为主。

韩家村
Hánjiācūn

位于围子街办驻地东部，距街道办事处 11 千米。东临胶莱河，西依密埠，南连李家村，北接唐家村。明嘉靖四年（1525），赵姓由北乡瓦城迁来立村，以姓氏取名赵家村。韩姓为避水患于明隆庆二年（1568）自抚宁社韩家抚宁（今卜庄韩家扶宁）迁来居住。后韩姓族兴，于民国初年更名为韩家村，坊间又称密埠韩家。村东北为碱滩洼地，海拔 2 米，为围子街道海拔最低点。

村中现有 223 户，646 人，由赵、韩、高、刘、孙、李、陈等姓氏组成。耕地面积 1200 亩，以小麦、玉米等种植为主。

李家村
Lǐjiācūn

李家村礼堂（2021 年）　照片提供：文旅局

位于围子街办驻地东部，距街道办事处 11 千米。东临胶莱河，西依密埠，南连赵家村，北接韩家村。明前期，苑姓自城西马家村迁来居住，以姓氏立村苑家庄。明崇祯十五年（1642），李姓从西金台迁来居住。后李姓族兴，改称李家村，坊间又称密埠李家。该村礼堂建于 20 世纪 60 年代，南北长 26 米，东西宽 7.5 米。大门北向，4 柱出头，建筑保存完好。

诺贝尔文学奖获得者莫言少年时（1973 年）曾随乡亲们来昌邑出伕修胶莱河，寄宿于李家村。他被当时的劳动场面所感动，开始了处女作《胶莱河畔》的写作。2020 年莫言又故地重游，回李家村看望乡亲们，并参观了当年修过的河段。

村中现有 468 户，1520 人，由李、苑、傅、王、燕、陈、崔、马等姓氏组成。耕地面积 2400 亩，以大葱、大姜、小麦、玉米等种植为主。村民投资有建筑装潢、水产 、纺织等产业。

赵家村
Zhàojiācūn

位于围子街办驻地东部，距街道办事处 11 千米。东临胶莱河，西依密埠，南连崔家庄，北接李家村。明朝初年，赵氏兄弟 5 人由龙池瓦城迁来云梯山（今密埠）东南坡下定居，以姓氏取名赵家庄，坊间又称密埠赵家。宫姓清中期自南宫村迁入。

1983 年后改称赵家村。

村内曾有关羽庙，庙内供奉着刘备、关羽、张飞三座神像，后拆除。据《三国志•先主传》载 “刘备与俱行，至下邳遇贼，力战有功，除为下密丞。” 文中记载了刘备到下密县（治所今围子密城村）任职的史实。该庙宇的存在，更佐证了刘备、关羽、张飞与昌邑的渊源。

村中现有 42 户，145 人，由刘、赵、宫、董等姓氏组成。耕地面积 227 亩，以小麦、玉米等种植为主。

崔家庄
Cuījiāzhuāng

崔家庄古民居（2017 年） 摄影：张新颖

位于围子街办驻地东南部，距街道办事处 12 千米。东临胶莱河，西依密埠，南连密埠店，北接赵家村。明前期，崔姓自寿光南魏村迁来立村，因村依密埠，取名密埠崔家。1949 年后更名为崔家庄。村内现存清代及民国古宅数处，屋山弦形，砖雕纹饰。

村中现有 113 户，376 人，多为崔姓。耕地面积 600 亩，以小麦、玉米等种植为主。村内肉禽养殖产业繁盛。

民丰村
Mínfēngcūn

位于围子街办驻地东南部，距街道办事处 10 千米。东邻赵家村，西至东辛村，南连密埠店，北依密埠山。明崇祯年间，刘姓从栖霞迁来落籍。于姓从文登大水泊迁入，王姓清末从密埠店迁入。村子古称“泊流”。后因村舍依山而建，东、北、西三面由埠岭合围，形若簸箕，更名“簸箕掌”。1949 年后雅称民丰村。

村中现有 550 户，1800 人，由刘、于、王、孙、董、李等姓氏组成。耕地面积 3200 亩，以小麦、玉米、果蔬等种植为主。

密埠店
Mìbùdiàn

密埠店（自然村）位于围子街办驻地东南部，距街道办事处 12 千米。东临胶莱河，西至侯家坡，南连郭家道口，北接崔家庄。明洪武年间，徐姓从掖县寨里迁昌邑密埠南端立村，因漫山荆棘，得名棘子埠。明宣德年间，王姓自四川经山西大槐树迁莱州蚬子湾，又转迁至此定居。后因昌邑至平度的马车大道经过村庄，村民于路边设铺开店，乡人称密埠店，久成村名。吕姓清嘉庆年间自城南南店村迁入，刘姓自刘家辛郭迁入。农历二、七为该村集市，四月初二、十月初二为山会。

民国时期四维中学建于该村，现存校舍旧址已被列入县级文物保护单位。

密埠店一村
Mìbùdiànyīcūn

民国 35 年（1946），密埠店分为南店、北店两村。1956 年北店又分为东、西两村，东村定名密埠店一村。村中现有 230 户，741 人，王姓为主。耕地面积 1210 亩，以小麦、玉米、果蔬等种植为主。村民投资有印刷厂、预制厂、纺织厂等企业。

密埠店二村
Mìbùdiànèrcūn

民国 35 年（1946），密埠店分为南店、北店两村。1956 年北店又分为东、西两村，西村定名密埠店二村。村中现有 246 户，836 人，王、徐二姓居多。耕地面积 1350 亩，以小麦、玉米等种植为主。从 1999 年开始发展红提葡萄、无核科瑞森葡萄等特色农业园区，势头良好。

密埠店三村
Mìbùdiànsāncūn

民国 35 年（1946），密埠店分为南店、北店两村。因北店后来又分设为密埠店一村和密埠店二村，南店于 1983 年改称密埠店三村。村中现有 286 户，950 人，由王、张、刘、于、吕等姓氏组成。耕地面积 1650 亩，以小麦、玉米、大姜等种植为主。草编为该村特色手工业。

古河村
Gǔhécūn

位于围子街办驻地东南部，距街道办事处 13 千米。东临胶莱河，西至侯家坡，南连东堤村，北接密埠店。清顺治五年（1648），杨姓从平度杨家圈迁来居住。因村临古河道（胶莱河故道），故得村名“古河”。董姓清康熙年间由平度河套村迁入，张姓清末自张家湾迁入，温姓民国时期自平度马戈庄迁入。

村中现有 102 户，296 人，由董、张、温等姓氏组成。耕地面积 627 亩，以小麦、玉米等种植为主。该村为毛笔制作传统村庄，古河毛笔被列入昌邑市非物质文化遗产名录。

侯家坡村
Hóujiāpōcūn

位于围子街办驻地东南部，距街道办事处 11 千米。东邻古河村，西至搭连营，南连平度杨家圈，北接密埠店。明前期，侯姓由西乡侯富庄迁此立村，刘姓同期迁入。至清代，孙、耿、赵、王等姓氏相继迁入。因地处河滩坡地，初名坡子，后因侯姓居多，更名侯家坡。

村中现有 102 户，357 人，由侯、刘、孙、耿、赵、王等姓氏组成。耕地面积 790 亩，以小麦、玉米、大葱、芹菜、大姜等种植为主。

东堤村
Dōngdīcūn

位于围子街办驻地东南部，距街道办事处 14 千米。西邻侯家坡，北接古河村，东南临胶莱河堤。清顺治年间，孙姓自北道昭（今奎聚孙家道照）迁来立村。因临胶河而居，取名堤上。后改称顺河疃、东台，再改称东堤。1973 年取直河道，村庄整体西移 0.5 千米，村名沿用。

村中现有 132 户，441 人，陈、孙两姓为主。耕地面积 670 亩，以小麦、玉米、葡萄等种植为主。毛笔制作为该村传统手工业。

郭家道口
Guōjiādàokǒu

郭家道口船渡旧影 (1937 年)　　摄影：李资廉

位于围子街办驻地东南部，距街道办事处 14 千米。东北与东堤村相邻，西北与侯家坡相望，南临胶莱河故道。明洪武年间，郭姓从四川迁来立村，因村处胶莱河（故道）北岸，村前设有渡口，取名郭家道口。毛笔制作和毛刷加工为该村传统手工业。

村中现有 94 户，283 人，由郭、于、姜、朱、王等姓氏组成。耕地面积 450 亩，以小麦、玉米等种植为主。

东辛村
Dōngxīncūn

位于围子街办驻地东南部，距街道办事处 9 千米。东邻民丰村，西至西辛村，南连搭连营村，北临昌平路。明洪武年间邱姓迁来立村，初名新庄子，因村西已有一处新庄子，故改称东新庄子，后省称东辛庄。刘姓清朝初年自下营刘家圈（今李刘村）迁入，谢姓清乾隆年间自下营吕家村迁入，王姓清前期自柳疃辛安庄迁入，郭姓清代自郭家道口迁入。1985年地名标准化处理，定名东辛村。

村中现有173户，489人，由刘、谢、郭、王、李、马、苑等姓氏组成。耕地面积1004亩，以小麦、玉米、大姜等种植为主。

西辛村
Xīxīncūn

位于围子街办驻地东南部，距街道办事处8千米。东邻东辛村，西临东环路，南连搭连营，北临昌平路。明朝初年，姚、王二姓迁来立村，取名新庄子。因村东又立“东新庄子”，该村遂更名“西新庄子”。后演称西辛村。徐姓清代从北乡徐家圈（今柳疃北新兴村）迁入。郭姓从昌南朱阳迁潍县郭宅，又转迁该村。

村中现有347户，1108人，由徐、郭、张、董、孙等姓氏组成。耕地面积1860亩，以小麦、玉米、大姜、大葱、土豆等种植为主。

张家庄
Zhāngjiāzhuāng

位于围子街办驻地南部，距街道办事处4千米。东邻孟家村，西临下小路，南连六股路村，北接苑家庄。宋元时期已有陈、王等姓氏于此开店，称“古城后上店”。元大德年间，张姓从四川仪陇迁来落籍。后原住民式微，张姓族兴，定村名张家庄。民国35年（1946），昌邑县第十区（今围子街办前身）区政府曾驻张家庄办公。

村中现有171户，600余人，张、朱两姓居多。耕地面积760亩，以小麦、玉米等种植为主。村民投资有机械铸造和暖气片制造企业。

孟家村
Mèngjiācūn

孟家村场院旧照（1976年）　　照片提供：李发宁

位于围子街办驻地东南部，距街道办事处4千米。东邻西辛村，西至张家庄，南连田家村，北接辛隅村。明正德年间，孟姓由柳疃潮海村迁来立村，以姓氏取名孟家村。张姓民国初年从张家庄迁入。

村中现有230户，740人，由孟、张两姓组成。耕地面积1200亩，以小麦、玉米等种植为主。村民投资有机械铸造和暖气片制造企业。

田家村
Tiánjiācūn

位于围子街办驻地东南部，距街道办事处 4 千米。东邻西辛村，西临下小路，南连西王村，北接孟家村。明洪武年间，张姓自四川成都府迁来立村。因位于张家庄东侧，取村名东张家庄。田姓清初从潍县北嘉庄迁入，马姓清乾隆年间从九甲庄（今属围子四甲村）迁入。后田姓族兴，以姓氏改称田家庄。1985 年地名标准化处理，定名田家村至今。

村中现有 143 户，423 人，由田、王、马等姓氏组成。耕地面积 550 亩，以小麦、玉米等种植为主。村民投资有机械铸造、暖气片制造等企业。

东王村
Dōngwángcūn

位于围子街办驻地东南部，距街道办事处 5 千米。东邻西辛村，西至西王村，南连董家村，北接田家村。明朝初年，王姓自莱阳苇夼村迁文山东南 3 里矸沟场（故村位于今北庄头与韩家巷之间河床之内）落籍。明隆庆二年（1568），潍河水患冲毁村庄，部分族人东迁今址居住。因西有王姓村庄，取名东王家庄，1983 年后省称东王村。

村中现有 267 户，754 人，由王、张、董、程、邵等姓氏组成。耕地面积 1254 亩，以小麦、玉米、大姜、土豆等种植为主。

西王村
Xīwángcūn

位于围子街办驻地东南部，距街道办事处 5 千米。东邻东王村，西至北密村，南连中密村，北接田家村。村中流传，唐宋时期已有唐姓人家世居于此，村名唐家屯。村东北有 200 余亩农田地块，乡人称唐家地。至明代，王姓从山西洪洞县迁入，并成村中主要姓氏，遂更名王家庄。张姓自密城村迁入。清咸丰年间筑圩抗捻，村名改称清风寨。后因村东有东王家庄，更名为西王家庄。1983 年后省称西王村。

村中现有 109 户，357 人，由王、马、张、姚等姓氏组成。耕地面积 650 亩，以大姜、小麦、玉米等种植为主。

六股路村
Liùgǔlùcūn

位于围子街办驻地南部，距街道办事处 4 千米。东邻邢家庄，西临下小路，南连古城里村，北接张家庄。明洪武二年（1369）皇诏播迁，张姓自四川徙来昌邑，于密乡古城废墟之北择地立村。继王姓从石埠史家庄迁入，魏姓自龙池马渠村迁入。彼时，峠山通下营的南北大道、平度通潍县的东西大道、冯家庄通往县城的东南西北大道，三条道路交会于村口，村民出行六路畅通，由此得村名“六股路”。

村中现有206户，687人，由张、王、魏等姓氏组成。耕地面积760亩，以小麦、玉米、大姜、苗木等种植为主。铸造业为该村传统产业。

邢家庄
Xíngjiāzhuāng

位于围子街办驻地东南部，距街道办事处5千米。东邻北密村，西至六股路村，南连古城村，北接张家庄。明洪武年间，高姓从河北景县迁来落户。邢姓明嘉靖二十年（1541）从昌邑城里迁入，王姓明隆庆二年（1568）因水患从研沟场（故村位于今北庄头与韩家巷之间河床之内）迁入，张姓从密城村迁入。因村处密乡故城以北，得村名“后古城”，又因位于下密故城以西，曾称“密城西头”。民国15年（1926）以姓氏更名为邢家庄。

村中现有170户，597人，由王、邢、张、高等姓氏组成。耕地面积600亩，以小麦、玉米等种植为主。村民多从事铸造业。

董家村
Dǒngjiācūn

位于围子街办驻地东南部，距街道办事处5千米。东临东环路，西至北密村，南连中密村，北接东王村。清康熙八年（1669），董姓兄弟二人从董家隅庄迁来立村，以姓氏取名董家庄。因与流河乡董家庄重名，1985年改称董家村。

村中现有107户，382人，多为董姓。耕地面积680亩，以小麦、玉米、大姜、土豆等种植为主。

古城里村
Gǔchénglǐcūn

位于围子街办驻地南部，距街道办事处5千米。东邻密城村，西临下小路，南连西冯家庄，北接六股路村。《左传·鲁隐公二年》载 “冬纪子帛、莒子盟于密，鲁故也”。文中所述纪、莒两国会盟之“密”地，即为该地。春秋时期为莒国密邑，西汉时期为密乡城邑。至明代，诸姓迁来，聚居于故城遗址，得村名古城里。滕姓明前期自昌乐县迁入，隋姓明代自莱阳迁入，徐姓明后期自江苏昆山经城里东隅迁入，马姓清初由四甲村迁入，苏姓清康熙年间由苏家部迁入，张姓清末由密城村迁入，王姓由六股路村迁入。

村中现有166户，560人，由滕、徐、张、隋、苏、安、马、王、祝等姓氏组成。耕地面积708亩，以小麦、玉米、大姜等种植为主。铸造业为该村传统产业。

密城村
Mìchéngcūn

密城村东阁旧影（1970年） 照片提供：张建利

密城村（自然村）位于围子街办驻地南部，距街道办事处5千米。东邻董家村，西至邢家庄，南连东冯家庄，北接西王村。《三国志·先主传》载，“刘备与俱行，至下邳遇贼，力战有功，除为下密丞”。文中所载“下密”之城邑即为此地。因村处汉代下密故城遗址，得村名“密城”。明清时期，村中曾有大成阁、西阁、药王殿、碧云宫、真武庙、天齐庙等庙宇建筑，蔚为壮观。村人相传，宋元时期已有崔、党、刘、潘四姓居此，村中曾有“崔党二户刘半街”之说，当下村中四姓皆无。张姓明永乐年间从潍北常疃（今寒亭区常疃村）迁入，一宗董姓明洪武九年（1377）由四川迁入，另宗董姓民国时期从东冢街迁入，于姓清康熙元年（1662）自文山东麓于家山下迁入，李姓清康熙二十一年（1682）从城东石臼村迁入，马姓清嘉庆年间由苑家庄迁入，刘姓清末自潍县樱桃园迁入，姜姓民国初年自辛隅村迁入。农历四、九为该村集市，正月二十四、三月二十四、十月十四、十一月二十四为该村山会。

因村临马车道，又设集市，清代曾名密城街。民国后期复称密城。1958年村子分设前密、北密两个生产大队，1982年划分为前密、中密、北密三个行政村。

前密村
Qiánmìcūn

1982年，密城村分设前、中、后三个行政村，该村以方位定名前密村。村中现有320户，1035人，多为张姓。耕地面积1254亩，以小麦、玉米、大姜等种植为主。村民投资有铸造产业。

中密村
Zhōngmìcūn

1982年，密城村分设前、中、后三个行政村，该村以方位定名中密村。村中现有248户，911人，张姓居多。耕地面积1020亩，以小麦、玉米等种植为主。村民投资有铸造业和汽车坐垫产业。

北密村
Běimìcūn

1982年，密城村分设前、中、后三个行政村，该村以方位定名北密村。村中现有366户，1198人，由张、于、董、李、刘等姓氏组成。耕地面积1400亩，以小麦、玉米等种植为主。村民投资有机械铸造、采暖设备、农机配件等制造企业。

西冯家庄
Xīféngjiāzhuāng

位于围子街办驻地南部，距街道办事处6千米。东邻东冯家庄，西依绿博园，南连邹家村，北接古城里。明中期，张姓自密城村迁来居住。明正统年间，冯姓自冯家海眼（今下营海眼村）迁入。王珂村李姓、广饶县聂姓、董家隅庄董姓、瓦屋村马姓相继迁入。因村中冯姓居多，以姓氏取名冯家庄。明后期，东部邻村更名为“东冯家庄”，该村遂改称“西冯家庄”。

村后有彭王冢，乡人称“五尖坟”，传为汉代大将彭越衣冠冢，系县级文物保护单位。

村中现有245户，818人，由冯、李、张、聂、董、马等姓氏组成。耕地面积1364亩，以小麦、玉米、大姜、土豆、大葱、山药等种植为主。村民投资有铸造企业。

东冯家庄
Dōngféngjiāzhuāng

位于围子街办驻地南部，距街道办事处7千米。东邻大章村，西至邹家庄，南连于家部，北接前密村。先有徐姓居此立村徐家庙子，立村时间无考。明隆庆二年（1568），潍河水患冲毁冯家庄（今西冯家庄）村舍，有冯姓人家东迁徐家庙子安居，后冯姓族兴，改称东冯家庄。

村中现有160户，530人，冯姓居多，另有徐、聂、胡等姓氏。耕地面积1000亩，以小麦、玉米、大姜、土豆、大葱等种植为主。村民投资有纺织企业。

聂家庄
Nièjiāzhuāng

位于围子街办驻地南部，距街道办事处7千米。东邻东冯家庄，西依绿博园，南连邹家庄，北接西冯家庄。明时，聂姓两兄弟由广饶县迁来落籍，先居湾北崖西冯家庄，后因家遭火灾迁湾南崖重建房舍，以姓氏定名聂家庄。

村中现有64户，191人，多为聂姓。耕地面积208亩，以小麦、玉米等种植为主。

邹家庄
Zōujiāzhuāng

邹家大队场院旧影(1976年) 照片提供：李发宁

位于围子街办驻地南部，距街道办事处7千米。东邻东冯家庄，西依绿博园，南连夏家村，北接聂家庄。明洪武年间，邹姓自山西洪洞县迁来落籍，以姓氏定名邹家庄。

村东南有掷女台遗址。世传密乡侯之女嫁于都昌侯之子，后两国构兵，女将父之谋泄于夫，昌大败密师。父憾之，与其女绝。后遇生女，登台掷死。遗址现为县级文物保护单位。

村中现有270户，890人，由邹、丁、李、朱等姓氏组成。耕地面积1506亩，以小麦、玉米等种植为主，另有肉禽养殖和苗木产业。

刘家巷
Liújiāxiàng

位于围子街办驻地南部，距街道办事处6千米。东邻夏家村，西临下小路，南连南营村，北接亿润和苑小区。明洪武年间，满姓迁来立村满家屯，朱、王二姓同期迁入。明嘉靖二十五年(1546)，刘姓自平度金钱山（今平度峰山）迁昌邑聂家庄暂住，并于满家屯置地开园。后为管理园子方便，族人陆续迁满家屯建房定居，村人称刘氏聚居胡同为刘家巷子。后满、朱、王三姓式微外迁，刘姓族兴，刘家巷渐成村名。李姓壬午兵燹后自北逄公村迁入。村内有三百余年树龄古槐两株。

李承诏，西金台村人，明天启五年（1625）岁贡，曾任高唐州训导，致仕回乡后携家居于城南之北逄公村，后遇壬午兵燹(1642)，携子侄守城遇难，其后人为避兵祸迁居刘家巷。

村中现有256户，856人，刘、李两姓居多。耕地面积705亩，以小麦、玉米、大姜、大葱、白菜等种植为主。村民投资有纺织、冷藏等产业。

夏家村
Xiàjiācūn

位于围子街办驻地南部，距街道办事处 7 千米。东邻二大章，西至刘家巷，南连辛赵村，北接邹家庄。清中期，夏姓由大章村迁来立村，以姓氏取名夏家村。

村中现有 83 户，284 人，夏姓为主。耕地面积 406 亩，以小麦、玉米等种植为主。村民经营有肉禽养殖场和养猪场。

辛赵村
Xīnzhàocūn

位于围子街办驻地南部，距街道办事处 7 千米。东邻三大章，西临下小路，南连南营村，北接夏家村。明洪武年间，先有辛、赵两姓迁来立村，以姓氏取名辛赵村。后辛姓与赵姓式微外迁，邹姓自邹家庄迁入，李姓自文山北麓石臼村迁入，万姓从戚斜村迁入。

村中现有 425 户，1460 人，由邹、王、肖、李、贾、孟、万、余、黄等姓氏组成。耕地面积 1900 亩，以小麦、玉米、大姜、大葱、土豆等种植为主。村民多从事肉禽养殖业。

南营村
Nányíngcūn

位于围子街办驻地南部，距街道办事处 7 千米。东邻三大章，西临下小路，南依宋庄社区，北接刘家巷。乡间流传，此地为汉代密乡故城之南的兵营旧址，故名。明洪武年间，先有王、李二户迁居至此。郭姓明嘉靖年间从湖北枣阳迁昌邑北乡青阜社二甲村，又迁县城东店，明崇祯十五年（1642）为避兵燹迁来居住。胡姓自北乡胡家道口迁入，傅姓自王珂村迁入，赵姓由赵家庄子迁入。至清朝末年，因胡姓族兴，更名胡家营。民国后期复称南营。村内有 400 年树龄古槐一株。

村中现有 327 户，1064 人，由傅、郭、胡、黄、姜、李、苗、孙、王、徐、谢、夏、杨、张、赵、周等姓氏组成。耕地面积 1800 亩，以小麦、玉米、大姜、土豆等种植为主。村民多从事肉禽养殖业。

搭连营
Dāliányíng

位于围子街办驻地东南部，距街道办事处 10 千米。东邻侯家坡，西临东环路，南连葛家村，北接东辛村。宋朝初年立村，因村处古兵营旧址，故名搭连营。村中流传，原有潘、彭、赵等原住民居此，村内流传有潘家湾、彭家井、赵家井等遗留地名。至清中后期，以上三姓氏在村中绝迹。王姓明代从密埠店迁来居住，陈姓清初从龙池楼子村迁入，温姓清乾隆年间自龙池西白塔迁入。

村中现有 362 户，1328 人，由王、温、陈等姓氏组成。耕地面积 2790 亩，以小麦、玉米、大姜、大葱、土豆、白菜等种植为主。建有农产品交易市场。

大章村
Dàzhāngcūn

大章村牌坊（2021 年） 摄影：李发宁

大章村（自然村）位于围子街办驻地东南部，距街道办事处 9 千米。东邻戚家村，西至东冯家庄，南连大章二村，北接搭连营村。村人流传，宋元时期已有张、李两姓居此，村中至今传有“张家落地”和“李家栏”等遗留地名。关于“大章”二字的来历，村中有两个说法，其一是原有大将军征战扎营于此，并设“大帐”（指挥战事的军帐），后演称“大章”；其二是该村原有张姓居住，本称“张庄”，后因村户多于周边同姓村落，改称“大张庄”，继省称“大张”，又因张姓式微，演称“大章”。

据该村《夏氏族谱》记载，明朝初年，夏姓从浙江会稽（今绍兴一带）迁昌邑落籍，“宅中炮（今奎聚中台），徙大章”。继夏姓之后，高姓从邢家庄迁入。民国 37 年（1948）至 1953 年昌南县青山区区公所驻该村办公。1962 年村子划分为大章东、大章北、大章西三个生产大队。1983 年取消生产大队，改为行政村。农历一、六为该村集市。

大章北村
Dàzhāngběicūn

1962 年大章村划分为大章东、大章北、大章西三个生产大队。1983 年取消生产大队，改为行政村，该村以方位定名大章北村。1981 年秋，当时的大章北生产大队率先实行了家庭联产承包责任制，将农田包产到户，掀开了昌邑农村土地“大包干”的新篇章。从此，农民手里有了余粮，解决了温饱问题。1983 年 2 月，《人民日报》刊发《具有远见卓识的改革》，报道介绍了昌邑县大章北大队联产承包责任制的改革经验。

村中现有 240 户，850 人，高、夏两姓为主。耕地面积 2200 亩，以大葱、大姜、土豆、白菜等蔬菜种植为主导产业，带动周边50余个村庄发展特种农业经济。村西建有占地50余亩的蔬菜交易市场，年交易量1200万吨，产品销往世界各地。

大章东村
Dàzhāngdōngcūn

1962年大章村划分为大章东、大章北、大章西三个生产大队。1983年取消生产大队，改为行政村，该村以方位定名大章东村。现有240户，836人，高、夏两姓为主。耕地面积2000亩， 以种植大葱、大姜、土豆、白菜等蔬菜为主导产业，村东建有多处农业合作社。

大章西村
Dàzhāngxīcūn

1962年大章村划分为大章东、大章北、大章西三个生产大队。1983年取消生产大队，改为行政村，该村以方位定名大章西村。现有192户，615人，高、夏两姓为主。耕地面积1422亩，以大葱、大姜、土豆、白菜等蔬菜为主导产业，传统大葱品种“大楼杆”为该村特色农产品。

二大章村
Èrdàzhāngcūn

位于围子街办驻地东南部，距街道办事处10千米。东临东环路，西至辛赵村，南连三大章，北接大章西村。村中流传，宋元时期已有赵、刘、王等姓氏世居于此。因北有大章村，取名小大章。又因前村取名南大章，遂更名中大章，后改称二大章。明隆庆二年（1568），谢姓因水患自谢家埠子（故址位于今石埠谢家庄东）迁来居住。继梁、张二姓自城里南隅迁入，陈姓自龙池东白塔迁入。

村中现有96户，285人，由谢、黄、梁、陈、张、宋、邹、李、马、高、姜等姓氏组成。耕地面积650亩，以小麦、玉米、土豆、大姜、大葱等种植为主。

三大章村
Sāndàzhāngcūn

村会议室旧址（2010年） 照片提供：高文旭

位于围子街办驻地东南部，距街道办事处10千米。东临东环路，西至南营村，南连于家部，北接二大章。世传原有谭、陶两姓居此，后两姓式微外迁。明前期刘姓自北孟小南孟村迁入，明隆庆二年（1568）谢姓为避水患自谢家埠子（故址位于今石埠谢家庄东）迁入。因北有大章、小大章两村，以方位取名南大章。后因小大章更名为二大章，遂改称三大章。

村中现有 265 户，910 人，由刘、黄、祝、谢等姓氏组成。耕地 2228 亩，以玉米、小麦、土豆、大姜等种植为主。

辛城村
Xīnchéngcūn

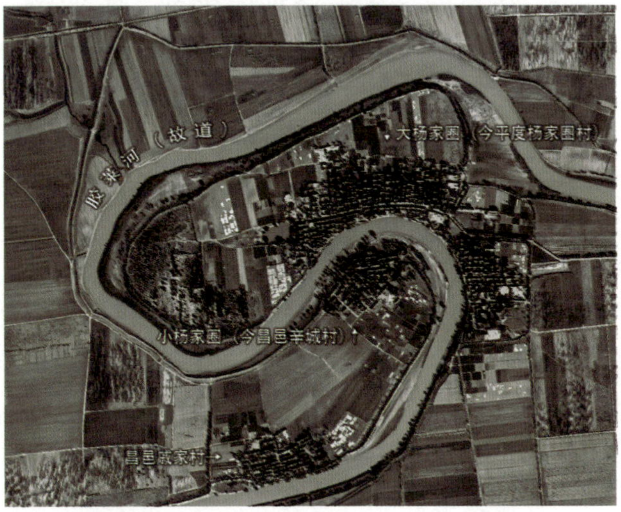

大、小杨家圈旧影（1972 年）　　提供：李发宁

位于围子街办驻地东南部，距街道办事处 12 千米。东北隔胶莱河（故道）与平度杨家圈相望，西南与戚家村相接。明洪武五年（1372），杨姓从四川成都府丹棱县迁胶莱河东岸定居。当时的河道在该地拐了一个“S”圈，杨氏族人居河东岸北圈（平度圈）内，乡人称“杨家圈”。因家族在河西岸南圈（昌邑圈）内有耕地，部分族人迁南圈定居，久成村落。杨氏家族自称两村为河北、河南，乡人则称平度圈为大杨家圈、昌邑圈为小杨家圈。鉴于村子三面环水，宛若水城，1949 年后小杨家圈改称“辛城”。

村中现有 54 户，186 人，杨、戚、王三姓居多。耕地面积 537 亩，以小麦、玉米、大葱、大姜等种植为主。

戚家村
Qījiācūn

位于围子街办驻地东南部，距街道办事处 12 千米。东北与辛城村相接，西与大章村相望。村人相传，原有戚家庄（今戚斜村）渔民常年东涉胶莱河打渔为业，明后期于此搭舍定居，延用故村名。清嘉庆十八年（1813），高姓从平度高家营子迁入。1950 年改称戚家村至今。

村中现有 63 户，235 人，戚、高两姓居多。耕地面积 500 亩，以小麦、玉米、大姜等种植为主。

小官庄
Xiǎoguānzhuāng

位于围子街办驻地东南部，距街道办事处 12 千米。东邻乔家村，西至三大章，南连辛富店，北接大章村。该地原为荒坡闲地。清顺治十三年（1656）清廷下令 山东有额外荒地之处，每五里设一“官庄”，官借资金，移民开垦，三年还本后始按熟地律例征收田赋。张、陈、钱等姓氏尊诏播迁，来此垦耕立村。因村南五里还设有一处官庄，且村户更多，由此称该村称小官庄。当下村中已无陈、钱两姓。王姓从羊山子迁入，李姓从李家张庄（今西张庄）迁入，马姓从马老庄（今属四甲村）迁入，两宗张姓分别从六股村和城北徐家鄌水迁入。

村中现有60户，208人，由张、王、李、马、魏、姜等姓氏组成。耕地面积660亩，以小麦、玉米、大姜、土豆等种植为主。

葛家村
Gějiācūn

位于围子街办驻地东南部，距街道办事处13千米。东临胶莱河，西至小官庄，南连乔家村，北接戚家村。明永乐年间，葛姓由真定府枣强县迁来落籍，因庐舍建于胶莱河西岸高崖之上，故命名高崖头葛家，后省称葛家。

村中流传，此地原为一处荒芜的古村落，村名无考，旧村内原有庙房一处，内有一口铜磬，上刻苏番（pān）两姓。庙西500米处有古井一口，现有故址。

村中现有206户，712人，多为葛姓。耕地面积1845亩，以小麦、玉米、大姜等种植为主。

乔家村
Qiáojiācūn

乔家大姜合作社（2021年） 摄影：李发宁

位于围子街办驻地东南部，距街道办事处13千米。东临胶莱河，西临东环路，南连东王家庄子，北接葛家村。村人相传，先有潘、吴、徐等姓氏居此，各择高地建房，乡人称高崖头。明洪武二年（1369），乔姓从河南开封迁日照乔家墩子，后世又经诸城转迁昌邑南隅，再迁石埠立村乔家庄子（今称小郭家庄子），明崇祯十七年（1644）从乔家庄子迁来高崖头定居。后乔氏族兴，于民国后期更名乔家村。

民国33年（1944）夏，昌邑南乡抗战武装曾从潍县乐道院营救出两位欧美侨民，并安置于乔家村就地参加抗日工作。其中一位被营救者中文名恒安石，后来成为美国第二任驻华大使。1987年6月恒安石曾回乔家村访问。在石埠战役和孙正战役两次抵御日寇的战役中，乔家村民为昌南抗战武装积极制备军需，发挥了重要作用。

村中现有158户，547人，多为乔姓。耕地面积1425亩，以小麦、玉米等种植为主，建有现代科技农业园区。

于家部
Yújiāgào

位于围子街办驻地东南部，距街道办事处10千米。东邻乔家村，西临下小路，南连梁家部，北接三大章。明崇祯年间，于姓从城东于家山下迁来立村，以姓氏取名于家部。李姓明末自乐安（今广饶县）李家桥迁入，董姓清嘉庆年间自东城后（今奎聚董家城后）迁入，梁姓自梁家部迁入，孙姓自堤上（今柳疃申明亭）迁入，张姓自城里南隅迁入，孙姓自城北孙家道照村迁入。民国时期，该村曾设“鲁东文化社”，为四维中学等学校印制课本。

村中现有176户，602人，由李、于、孙、张、梁、徐、董等姓氏组成。耕地面积1440亩，以小麦、玉米、土豆、大姜、大葱等种植为主。

梁家部
Liángjiāgào

位于围子街办驻地东南部，距街道办事处10千米。东临胶莱河，西至西岭村，南连周家部，北接于家部。村中流传，元末明初，曾有周、朱、卢、于四姓于此居住。至明中后期，村人尽失，惟剩残垣。明时，刘、吴两家移民至此，借残垣陋舍栖居，始称刘家部。清代，梁姓自城里南隅迁入，张姓自安丘景芝迁入，马姓自西小章迁入，历姓自文山北麓五里埃子村迁入，孙姓自陶埠村迁入。至清后期，梁氏家族生意渐盛，对外交往多称梁家部，民国初年正式更名为梁家部。村内有600年树龄古槐一株。

村中现有344户，1241人，由张、王、历、赵、孟、梁、徐、侯、孙、高、马、黄等姓氏组成。耕地面积2850亩，以小麦、玉米、大姜、大葱、土豆等种植为主。

周家部
Zhōujiāgào

位于围子街办驻地东南部，距街道办事处10千米。东临胶莱河，西至西岭村，南连东黄埠，北接梁家部。乡间流传，宋元时期已有原住民居此，时称部上。据清嘉庆年间《王氏族谱》载 “始祖迁居部上，二百余岁矣”。王姓迁来，改村名为王家部，继周姓由密埠店迁入，并成大族，又改称周家部。马姓清乾隆年间从马老庄（今属四甲村）迁入。刘姓明中期自高密迁柳疃北刘家庄，后世分支又徙居该村。

村中现有156户，527人，由周、刘、李、王、黄、马等姓氏组成。耕地面积978亩，以小麦、玉米、大姜等种植为主。村民经营有养殖业。

西岭村
Xīlǐngcūn

位于围子街办驻地南部，距街道办事处 9 千米。东邻周家部，西依宋庄社区，南临引黄济青干渠，北接南营村。在现村址东南一千米处有一片洼地，乡人称“泱子”。明代，齐、高两姓几户人家迁泱子立村，取名天成庄，以祈愿上天保佑村子平安。然事与愿违，因地势低洼，频遭水患。清雍正八年（1730）潍河决口，原村庄淹没，村民移村西北土岭之上另建村落，得村名“岭上”。李姓清康熙末年从文山东麓关龙山下迁入，孙、刘二姓清中期从中庄头迁入，马姓清乾隆年间从马老庄（今属四甲村）迁入，徐姓清末从文山北麓石臼村迁入。民国 34 年（1945）后村属大章区，因在区境西端，改称西岭至今。

村中现有 200 户，620 人，由李、刘、孙、马、徐等姓氏组成。耕地面积 1200 亩，以小麦、玉米、大姜、土豆等种植为主。村民多经营肉禽养殖业。

东黄埠
Dōnghuángbù

位于围子街办驻地南部，距街道办事处 12 千米。东邻大官庄，西至西黄埠，南接石埠经济发展区，北依宋庄社区。村中原有古碑记载，村立于宋政和年间。因村临盐车大道，又依黄土埠，乡人多迁此开店，得名黄埠店。另有传言，原有黄姓人家迁来埠旁开店，以姓氏定名黄埠店。村中于姓明初自文登县大水泊迁入，张姓自山西洪洞县经晴埠村迁入，冯姓自冯家道口（今下营冯家村）迁入，宫姓清前期自城里东隅迁入，陈姓自龙池白塔迁入。民国初年，村西小黄埠更名为西黄埠，该村遂改称东黄埠。

村中现有 465 户，1568 人，由宫、张、陈、于、董、马、刘等姓氏组成。耕地面积 3500 亩，以小麦、玉米、大姜、土豆、花生等种植为主。

西黄埠
Xīhuángbù

位于围子街办驻地南部，距街道办事处 11 千米。东邻东黄埠，西临下小路，南接石埠经济开发区，北依宋庄社区。因古有盐车大道途经该地，元朝末年，有秦、杨两户人家来此开店，乡人称秦杨店。后来秦、杨二族式微，赵、邹两姓又迁来开店，因东边的黄埠店早已名扬乡里，故该店被称为“小黄埠”，并成村名。明末清初，刘姓自城西刘家辛郭迁来居住。继胡姓从北乡胡家道口迁入，高姓自柳疃南西高村迁入，宫姓自城北宫家鄑水迁入，王姓自石埠晴埠村迁入。民国初年以方位改称西黄埠。

村内天主教堂建成于民国8年（1919），主建筑为法式风格，附属建筑为中式风格，现为省级文物保护单位 。

村中现有282户，913人，由刘、高、王、李、胡、路、谭、宫、张、初、徐等姓氏组成。耕地面积915亩，以小麦、玉米等种植为主。村域内建有煤炭市场、物流园和钢材市场。

东王家庄子
Dōngwángjiāzhuāngzi

位于围子街办驻地东南部，距街道办事处15千米。东临胶莱河，西至大官庄，南连辛富店，北接乔家村。明朝初年，有王姓人家徙居今村址西北立村王家宅科。后朱、董两姓从朱里迁现村址居住。王姓遂移入现址，合为一村，定村名王家庄子。乔姓自乔家村迁入。1981年为区别县境同名村庄，更名东王家庄子。

村中现有190户，674人，以朱、董、乔三姓为主。耕地面积1200亩，以小麦、玉米、大葱、大姜、土豆等种植为主。

大官庄
Dàguānzhuāng

位于围子街办驻地东南部，距街道办事处14千米。东邻辛富店，西至东黄埠，南连崇德屯，北接梁家部。该地原为荒地，乡人称为“百草岭”。清顺治十三年（1656），清廷诏令 山东有额外荒地之处，每五里设一“官庄” ，官借资金，移民开垦，三年还本后始按熟地律例征收田赋。官府招民于此立村，因村北五里还设有一处官庄，村户略少，乡人称其为小官庄，称该村为大官庄。村中谭姓自石埠葛庄迁入，梁姓自梁张庄迁入，三宗孙姓分别自石埠孙家庄、寒亭朱里和围子陶埠迁入。

村中现有343户，1155人，由谭、孙、董、姜、刘、王、张、卢、梁等姓氏组成。耕地面积2970亩，以小麦、玉米、大姜、土豆等种植为主。

辛富店
Xīnfùdiàn

位于围子街办驻地东南部，距街道办事处15千米。东临胶莱河，西至大官庄，南连明家庄，北接东王家庄子。清道光年间，先后有李、姜、肖、窦、苏、徐、董、明八姓氏迁居至此，初名“八大户”。村东为胶莱河，河上曾有一大桥，名曰“吕桥”，连接通往胶东各县的马车道。村中董氏家族在桥头开设饭店，因诚信待客，过往客商以口碑誉称“信服店”。后演称辛富店，并成村名。辛富店村域为漩河源头。

村中现有60户，198人，由董、明、李等姓氏组成。耕地面积494亩，以大姜、大葱、小麦、玉米等种植为主。

第四节　龙池

龙池镇
Lóngchízhèn

位于北纬36° 53′ 08″ ～37° 06′ 18″ 东经119° 14′ 32″ ～119° 21′ 37″ 。地处昌邑市西北部，距市区 18 千米。东与柳疃镇接壤，西与寒亭区固堤镇为邻，南与都昌、奎聚街道毗连，北临莱州湾。因镇政府驻地龙池村而得名。电话区号 0536，邮政编码 261304。

民国 37 年（1948）马渠区机关由马渠村迁龙池村。1952 年 6 月马渠区改为第九区，区内组建了八个乡，其中含龙池乡。1955 年 11 月第九区改为龙池区。1958 年 2 月龙池区改为龙池乡。1958 年 9 月辖区成立先锋人民公社，同年 12 月改为龙池人民公社。1983 年 8 月改称龙池乡。1993 年 7 月撤乡设镇，改称龙池镇。

镇域南高北低，地势平缓。最高点营子埠海拔 7.9 米，最低点为北部沿海滩涂。堤河由柳疃流入镇域，北流汇入莱州湾。境内有石油及盐卤等矿产资源。

辖区内“昌邑县抗日殉国烈士祠”为国家级文物保护单位，另有东利渔村盐业遗址群、东白塔陈氏家庙、陈干故居（含墓园）、齐西民居、鄑邑故城遗址等省级文物保护单位。该镇年俗文化、剪纸艺术、传统制盐工艺、魏记香油传统工艺已被列入潍坊市级非遗文化项目。瓦城村孙子庙为昌邑古八景之一“孙庙奇槐”发源地，另有渤海走廊革命斗争陈列馆等文化展馆。

辖 27 个行政村，8713 户，2.43 万人。汉族为主，另有蒙古、苗、彝、满、哈尼等少数民族共计 25 人。辖区总面积 182.26 平方千米，耕地面积 6.48 万亩，以小麦、玉米、棉花种植为主，另有禽畜养殖业和药材种植业。工业以纺织印染、盐及盐化工产业为主。2021 年实现公共财政收入 7513 万元，规模以上工业总产值 36.39 亿元、利税 3.45 亿元，农民人均可支配收入 2.52 万元。

龙池乡人民政府旧影（1985年）　　照片提供：孙孝工

孙子庙会　　摄影：李发宁

龙池镇区俯瞰

摄影：李发宁

古村新貌　　摄影：李发宁

新农村　　摄影：李树香

龙池居民点

龙池村
Lóngchícūn

龙池村（自然村）位于今龙池镇区北侧，包括现在的龙街、龙北、魏西三个行政村。相传先民迁来时，择丘地而居，河道蜿蜒绕村，势若盘龙，在村前漩成水塘，乡人称“龙池”，村以池为名。这段绕村河道，也被乡人称为龙池河。另有民间传说，该地曾遭旱魃（造成旱灾的鬼怪）作乱，致使庄稼枯萎，北海龙宫娘娘听说后，不顾已怀六甲之躯，毅然跃腾来此，经过殊死搏斗，除灭旱魃，并漩出一水池，龙宫娘娘也在搏斗时池中产子，龙池自此诞生。因为这个美丽的传说，村内至今沿袭着每年二月二龙抬头之日“祭龙池”的习俗。

村内原有盛、袁两姓居住，曾有“盛半庄，袁半坡”之说。明永乐年间，魏姓自四川成都府迁来定居。齐姓明前期自龙东村迁入，李姓明前期自直隶枣强县迁入，安姓明万历年间迁入，孙姓明中期由门八街迁入，刘姓明朝末年由姚瓦街迁入。民国36年（1947）3月土地改革复查，龙池村分为龙街、龙北、魏西三村。

民国32年（1943）秋，昌邑县大队、独立营一连、九区队及民兵等，在龙池战斗中全歼日伪军百余人。

龙北村
Lóngběicūn

位于龙池镇区北部1千米处。东邻龙街村，西至魏西村，南连齐西村，北临荣乌高速。民国36年（1947）土改复查，龙池村分为东、中、西三个行政村，该村居中，因处龙池河北岸，称龙北村。1955年，昌邑县第九区改为龙池区，区机关设在龙北村茂家胡同。1970年12月，龙池公社机关从龙北村茂家胡同迁魏西村前。该村“魏记小磨香油”为昌邑老字号，已传承至第五代传人，系潍坊市级非遗文化项目。

村中现有348户，1173人，魏姓居多，另有孙、齐、刘、徐、马等姓氏。耕地面积2476亩，以小麦、玉米种植为主。村民经营有盐田、纺织厂、养殖场等产业。

龙街村
Lóngjiēcūn

位于龙池镇区北部1千米处。东临海昌路，西至龙北村，南连龙东村，北临荣乌高速。民国36年（1947）土地改革复查，龙池村分为东、中、西三个行政村，该村居东，因当时龙池大集设在该村主街，乡人称龙池街，故名龙街村。村内有四百余年古槐一株。

村中现有248户，672人，齐、刘、魏三姓为主，另有赵、盛、安、孙、高、王、李、龚等姓氏。耕地面积1800亩，种植有小麦、玉米、棉花等农作物。村民经营有养殖场、盐田等产业。

魏西村
Wèixīcūn

位于龙池镇区北部1千米处。东邻龙北村，西至北白塔村，南依镇区，北临荣乌高速。龙池河从原龙池村前绕村西又北流，河西岸为龙池魏氏家族的田圃，部分族人为垦耕方便，于明弘治年间迁河西岸建房居住，乡人称“魏家西崖”。金姓清中期从柳疃金家庄迁入，孙姓清中期从柳疃青阜村迁入。民国36年（1947）土改复查，龙池村分为东、中、西三个行政村，魏家西崖村户居西，定名魏西村。李姓为1969年峡山库区移民。

1970年12月，龙池公社机关从龙北村茂家胡同迁址魏西村前。1980年9月，又迁岱邱村西新址。

村中现有183户，628人。多为魏姓，另有金、孙、李等姓氏。耕地面积1222亩，以小麦、玉米、棉花种植为主。村民经营有养殖场、盐田等产业。

龙东村
Lóngdōngcūn

位于龙池镇区东北部1千米处。东临海昌路，西至齐西村，南连二甲庄，北接龙街村。明永乐十八年（1420），齐姓由四川金堂县迁昌邑北乡，择龙池河东岸立村，以方位得名“龙池东崖”。赵姓清嘉庆五年（1800）从瓦城村迁入，王姓清末从柳疃长胡同迁入。民国30年（1941）昌邑县抗日民主政府成立后调整区划，村名省称龙东村。

该村近年对村内古建筑群落进行了修葺保护，建成了“齐氏牛街”美食民俗街、丝绸馆、乾隆杯酒馆等文化景点，成为辐射周边县市区的乡村游目的地。

龙东村古建筑群（2017年）　　摄影：李发宁

村中现有130户，373人，由齐、王、赵、盛、李、魏等姓氏组成。耕地面积980亩，以小麦、玉米等种植为主。

齐西村
Qíxīcūn

位于龙池镇区北部0.5千米处。东邻龙东村，西至魏西村，南依镇区，北接龙北村。明永乐十八年（1420），齐姓由四川金堂县迁昌邑龙池河东岸立村龙池东崖（今龙东村）。至明隆庆年间，龙池东崖部分村户迁河西岸齐家菜园居住，称齐家西崖。清咸丰三年（1853）捻军袭昌，村民筑圩防匪，改称齐家围子。民国30年（1941）昌邑县抗日民主政府成立后调整区划，改称齐西村。村中刘姓自西永安迁入，傅、赵二姓自瓦城村迁入，阎、肖、方三姓自寿光迁入，唐姓为1970年峡山库区移民。

齐西村一隅（2018年） 摄影：李发宁

齐恩铭，字勋臣，自幼丧父，由寡母范氏抚养成人。清光绪二十三年（1897）考中举人，光绪二十四年（1898）应试京都，清廷钦点为武进士。慈禧太后视其身材魁梧、相貌俊伟，称其为“山东大胖孩子”，并留于身边，委以侍卫。

齐文甫（1904—1961），又名牛达，民国17年（1928）青岛胶澳中学毕业后回乡从事乡村教育。九一八事变后变卖家产参加抗日救亡行动，民国27年（1938）赴延安参加革命，1949年后历任天津市烟酒专卖公司经理、天津市财贸干部学校副校长、天津财贸学院院长。牛群，著名相声艺术家，齐文甫之子，近年多次回到家乡助力齐西村旅游文化建设。

齐西古村为第四批中国传统村落、中国历史文化名村，现存44处古民居院落已进行修缮保护，为省级文物保护单位。

村中现有140户，440人，齐姓居多，另有阎、刘、唐、肖、方、赵、傅、李等姓氏。耕地面积640亩，以小麦、玉米、棉花等种植为主。村集体有盐场1800亩。

二甲庄
Èrjiǎzhuāng

位于龙池镇区东部0.5千米处。东临海昌路，西依镇区，南连岱邱村，北接龙东村。据该村《齐氏族谱》记载：“始祖齐吉通，于明永乐十四年（1416）由巴蜀迁至邹鲁文山西北舍余之遥，立足发祥，为纪念先祖沿用二甲庄。”该村齐氏为纪念先祖迁昌创业艰辛，沿用二甲庄村名至今。

村中现有88户，242人，由齐、孙、李等姓氏组成。耕地面积500亩，以小麦、玉米种植为主。村民经营有养殖场。

岱邱村
Dàiqiūcūn

位于龙池镇区东部0.5千米处。东临海昌路，西依镇区，南连马渠村，北接二甲庄。明中期，迟姓自黄县（今龙口市）迁来落籍。郝姓明初自四川迁山西太原，又徙居至此。刘姓明初自山西洪洞县迁济南府利津县，又迁来居住。张姓明代自四川迁入。因村立于丘埠之阳，故名大丘庄。清雍正年间，村人忌讳与孔圣人名讳相犯，改“大丘”为“岱邱”。崔姓清中期从城北于范城后迁入，齐姓自龙东村迁入，徐姓清咸丰年间自徐家庄（今属姚徐邓村）迁入。

岱邱村郝家大井（2008 年） 照片提供：文旅局

民国时期该村绸商赴关东开设多家丝绸商号，其中有“利增福”掌柜刘思英、“同庆昌”掌柜迟振久、“东祥号”掌柜郝新泰、“聚祥泰”掌柜张明照等。村内张明照故居及郝家大井为县级文物保护单位。

村中现有 511 户，1553 人，由迟、郝、刘、张、崔、徐、王、赵、齐、陈、杨、唐、辛等姓氏组成。耕地面积 2640 亩，以小麦、玉米、苗木等种植为主。村民投资有纺织、石材、食品、畜牧养殖等产业。

郭疃村
Guōtuǎncūn

位于龙池镇区南部 1 千米处。东临海昌路，西临丰产河，南连马渠村，北依镇区。明朝初年，李姓由四川迁来立村。继满姓从姚瓦街（今属姚徐邓村）迁入，邢姓从昌邑城里迁入，陈姓从东白塔村迁入。关于村名来历，当地说法有三 其一，因村处古河道河滩地，种植果园，乡人称“果滩”，后演称郭疃；其二，原有郭姓人家居住，得名郭疃；其三，因村居丘地，三面环水，形似锅台，得名“锅台”，后演称郭疃。

郭疃村知青组旧照（1977 年） 照片提供：李荣贵

民国 30 年（1941），昌邑县大队在该村建立鞋厂和被服厂，以保障抗战军需。民国 31 年（1942）2 月，昌邑“战时”邮局在该村成立，以人力步班邮运。1975 年

6月，青岛下乡知青到该村插队，与村民一起种植水稻。

村中现有559户，1629人。多为李姓，另有陈、满、董、魏、邓、邢、赵等姓氏。耕地面积3970亩，以小麦、玉米种植为主。村民建有肉禽养殖场和养猪场，另有村民经营纺织和建筑产业。

北白塔村

Běibáitǎcūn

北白塔村委会旧照（1983年） 照片提供：李发宁

位于龙池镇区西北部1.5千米处。东邻魏西村，西临丰产河，南连西白塔村，北接姚徐邓村。清光绪十四年（1888）北白塔村《陈氏祖茔碑文》载 “我始祖原籍四川成都府广陵卫人，自元世祖至元八年(1271)，赴任白沙县主簿，旋擢为北海县知县，传二世，愿家于兹，遂卜地相宅，就北白塔而安居焉”。元时，陈姓自四川赴白沙县（今昌邑北部沿海一带）任职，携家于此立村。因居寺院之北，寺院内有白塔，故以塔为村名。又因村前小河之南另有白塔村，遂以方位定名北白塔村。赵姓清康熙年间从瓦城迁入，刘姓从岱邱迁入。

民国34年（1945）7月，昌邑县抗日殉国烈士祠在该村建成，现为国家级文物保护单位。

村中现有428户，1141人。多为陈姓，另有方、赵、张、刘、唐等姓氏。耕地面积4800亩，以小麦、玉米等种植为主。村民投资有纺织、建筑、养殖等产业。

东白塔村

Dōngbáitǎcūn

水系环绕白塔村（2021年） 摄影：李发宁

位于龙池镇区西部0.5千米处。东依镇区，西至西白塔村，南临政府街，北接北白塔村。村中流传，元代已有牛、杨两姓于此居住。因村西南原有圆形白石佛塔，得村名“白塔”。又因村后小河之北另有白塔村，遂以方位定名南白塔村。明洪武二年（1369），陈姓从四川成都府华阳县铁臼巷以军籍迁来落户；明成化三年（1467），温姓自寿光侯镇迁村西居住。1962年村子分为东、西两村，西村温姓居多，以方位称西白塔；该村陈姓为主，以方位称东白塔。明清两代，该村考中举人、贡生者二十余人。

陈干（1881—1927），字明侯，中国近代民主革命家。民国2年（1913）任陆军部咨议，晋升为陆军中将。民国10年（1921）任广东非常大总统咨议。民国11年（1922）出任“鲁案”第一部委员，力争青岛主权，被誉为“鲁案砥柱”。生平著有《倥偬集》《欧战拾遗》《鲁案》《威案》等著作。村东500米有陈干墓园，为省级文物保护单位。

村中现有324户，1017人，陈姓为主，另有李、姜、张、王、冯等姓氏。耕地面积2204亩，种植有小麦、玉米、棉花等农作物。村民投资有纺织产业。

西白塔村
Xībáitǎcūn

村综合商店旧照（1984年）　　照片提供：李发宁

位于龙池镇区西部1千米处。东邻东白塔村，西临丰产河，南临政府街，北接北白塔村。明成化三年（1467），温姓自寿光侯镇迁昌邑西北乡南白塔村落户，居于村西。1962年南白塔分置东、西两村，东村陈姓居多，以方位称东白塔村；该村温姓为主，以方位定名西白塔村。

该村温氏家族与东白塔村陈氏家族世代交好，至今沿袭着大年初一互拜对方宗祠的习俗，为乡人所赞誉。

村中现有295户，784人。温姓为主，另有尹、姜、陈等姓氏。耕地面积2013亩，种植有小麦、玉米等农作物。村民经营有纺织企业和养殖场。

姚徐邓村
Yáoxúdèngcūn

位于龙池镇区西北部3千米处。东临杨瓦路，西临丰产河，南连北白塔村，北接瓦东村。该地原有满姓世居，因村前为潍河故道拐弯处，草根腐植漩入泥土，日久沤成滋泥土质，村人称“滋泥岗”，并取泥烧窑，烧制陶器和砖瓦，由此得名窑洼庄。因长期取土形成湾塘，村人称之骡马湖。明清时期，满姓分迁郭疃、双台申明亭、石埠满家庄、饮马杨家庄等村，但村中至今流传“满家道”旧地名。金大定四年（1164），姚姓由昌阳县（今莱阳市）方山前姚家庄迁此落户并族兴，改村名为姚洼街，又演称姚瓦街。据该村《姚氏族谱》记载，元至元年间，四世祖姚用曾充任本县盐酒监税使。明前期，李姓由直隶枣强县迁姚瓦街落户。明永乐初年，徐姓由四川阆中凤堡庄迁姚瓦街东北立村徐家庄，另有两宗徐姓分别从柳疃灶户和潍县横里路迁入。明洪武年间，邓姓自四川迁姚瓦街西北立村邓家庄。明后期，张姓从万顺庄（今王家庄子）迁邓家庄前居住，沿用“万顺庄”村名，后并入邓家庄。1955年入社，姚瓦街、邓家庄、徐家庄三村合为一社，人民公社时期称姚徐邓大队，1983年后改称姚徐邓村。

姚徐邓村公园（2018年）　　摄影：姚绍毅

乡人相传，清乾隆年间，该村有一庄稼汉满世隆，憨厚硕壮，乾隆帝微服东巡至此，河溢阻路，满世隆背帝渡水，帝回京后招其入朝，封为“撞钟大士”。另有说法，满世隆实为读书人，地方官吏。满世隆过世后葬于村前，立有龙头碑，1958年墓碑被毁，因碑文尚未寻到，真实身世待考。

村中现有321户，911人，由姚、徐、邓、李、张等姓氏组成。耕地面积2360亩，以小麦、玉米种植为主。村民多投资染织业与制盐业。

瓦城村
Wǎchéngcūn

瓦城村（自然村）一带为商周时期昌北灶民煮盐核心区之一，绵延两千余年人烟未断。因村内孙子庙、大使公署（盐税衙门）等瓦顶建筑闻名乡里，俗呼“瓦城”，渐成村名。谭、杨、尹等姓氏为村中原住民，至今流传有尹家河、谭家坟、杨家墓田等地名。明洪武初年，赵姓自湖北襄阳府枣阳县迁瓦城村前部，称赵家道。明洪武二年（1369），傅姓自四川成都府温江县迁安徽凤阳，又转迁瓦城村中部，称傅家道。于姓明初由文登县大水泊迁瓦城村西部，称于家庄。孙姓明初自四川成都府双流县迁瓦城村北部，称孙家庄。陈姓明后期从东白塔迁村前部，称陈家胡同。两宗徐姓分别从利渔、姚徐邓迁入，两宗王姓分别从江苏淮安、湖北宣城迁入，两宗郭姓分别从郭家车道、潍县郭宅迁入，魏姓清咸丰年间从龙北村迁入，温姓清光绪年间从西白塔村迁入，韩姓清末从柳疃街迁入，两宗朱姓分别从龙池利渔和寿光林疃迁入。清咸丰年间筑圩抗捻，村户分别被圈入东西两个围子之内，村人称“东围子”“西围子”。民国30年（1941）始，东、西围子分称瓦城东村和瓦城西村。1961年10月，瓦城东村又分出瓦城北村。

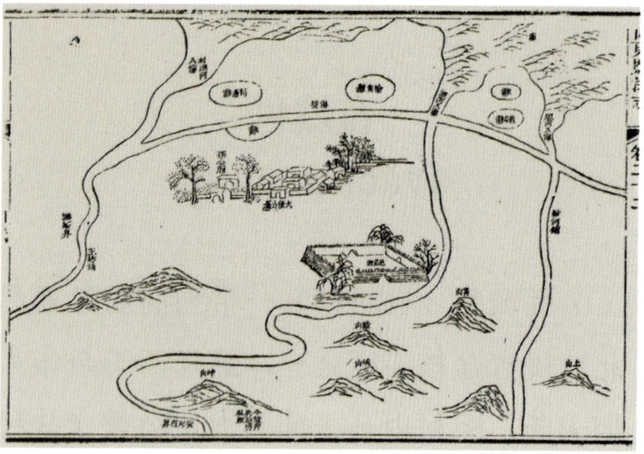

清嘉庆《山东盐法志》中标注的大使公署以及孙公庙位置　　提供：李发宁

该村为昌邑古八景之一“孙庙奇槐”发源地。孙子庙又称孙公庙，故址占地三十余亩，殿房四十余间。庙前有古槐两株，干枝盘错，传为孙膑擒龙晒袍处。民国30年（1941）昌邑县政府成立于瓦城，并将孙子庙作为办公地。民国32年（1943）拆除大庙照壁，至民国35年（1946）庙舍建筑基本拆除。1965年在院内另建房舍用作小学校舍，1966年较大一株古槐枯亡，1969年另株古槐枯亡。今孙子庙又于原址复建，并恢复每年正月十四“发牛演旨”的民俗活动。

瓦西村
Wǎxīcūn

位于龙池镇区西北部5千米处。东邻瓦东村，西临丰产河，南连姚徐邓，北临新海路。民国30年（1941），瓦城村分为东、西两村，该村以方位称瓦城西村，后省称瓦西村。

村中现有384户，1036人，赵姓居多，另有王、于、郭、韩等姓氏。耕地面积2980亩，以小麦、玉米种植为主。村民经营有制盐业。

瓦东村
Wǎdōngcūn

位于龙池镇区西北部4.5千米处。东临海昌路，西至瓦西村，南连姚徐邓，北接瓦北村。民国30年（1941），瓦城村分为东、西两村，该村以方位称瓦城东村，后省称瓦东村。1961年10月，瓦北村从该村分出。

村中现有352户，916人，由赵、王、徐等姓氏组成。耕地面积3900亩，以小麦、玉米、大豆、棉花种植为主。村民经营有制盐业。

瓦北村
Wǎběicūn

位于龙池镇区西北部5千米处。东邻沙岭子，西临丰产河，南接瓦东村，北临新海路。民国30年（1941），瓦城村分为瓦城西村和瓦城东村。1961年10月，瓦城东村又分为南、北两村，该村以方位称瓦城北村，后省称瓦北村。清代富国盐场盐税衙署（大使公署）故址位于该村东部，故址东侧官宅湾尚存。1995年被评为“山东省精神文明建设省级文明村”。

瓦北村貌（2021 年） 摄影：李发宁

村中现有495户，1496人，由傅、孙、于、陈、赵等姓氏组成。耕地面积6600亩，以小麦、玉米、大豆、花生、棉花等种植为主，另有盐田3.5万亩。

东利渔村
Dōnglìyúcūn

位于龙池镇区西北部12千米处。东临丰产河，西至寒亭西利渔村，南临新海路，北接盐田经济区。自商周时期至今，古利渔村一带一直有人类活动痕迹，村北300米处曾出土过青铜剑，村东寨子城遗址一带曾出土过汉代窑址和周代熬盐遗址。先民居此以熬盐、捕鱼为业，故名“利渔”。因村处古河道入海口，河水携带的泥沙受河口坡度减缓及海潮顶托作用，逐渐沉积下来，形成了五处丘地高台。利渔村民择高台而居，分布于利渔河（今虞河）两岸，南庄、北庄位于西岸，前庄、后庄、西庄位于东岸。

明前期，徐姓由山西洪洞县迁居虞河东岸前庄。明洪武年间，王姓由山西洪洞县迁虞河西岸高岭，后因频遭海潮侵袭转迁东岸前庄。孙姓原居朱里东南堤，初迁利渔村东南的“西南窑”，后转迁前庄。胡姓明代迁东岸“后墩”，又转迁后庄。一宗朱姓明前期自福建迁西岸北庄，另宗朱姓明崇祯十五年（1642）为避兵燹由炮里（今奎聚中台村）迁虞河西岸的北庄，清代两宗朱姓后人又迁东岸后庄。翟姓原居逄泽庄（今奎聚东逄翟村），初迁东岸西庄，后为躲避海潮，部分族人迁居西岸，其余族人迁东岸后庄。自此东岸西庄再无人居住。

东利渔村貌（2021 年） 摄影：李发宁

在清代地图上，利渔河（今虞河）下游已是潍县、昌邑两县的界河，西岸的南庄、北庄合称西利渔村，属潍县；东岸的前庄、后庄合称东利渔村，属于昌邑县。东利渔村东北原有王家窝铺、铁匠营、南蒋、北蒋、邓曹央子、黑家央子等古村落，均因渔盐之利而立村，又因海潮频袭而家园尽失或被迫迁离。

民国33年（1944）1月，一架日军战机因机械故障坠落在利渔村北，飞行员山田井马是侵华日军华北派遣军司令冈村宁次的侄子。利渔村民合力抓捕飞行员，并最终用来换回中方被俘人员四十余人。

村中现有333户，1052人，由徐、王、孙、朱、胡、翟、陈等姓氏组成。耕地面积7000亩，以小麦、玉米、棉花、花生等种植为主。另有盐田、溴盐化工等产业。

王家庄子
Wángjiāzhuāngzi

王家庄子旧貌（1976年）　　照片提供：李发宁

该村现已搬迁，故村位于堤河西岸，新海路以北，距龙池镇区6千米。明万历末年，王姓由瓦城村迁来立村。张姓自山西洪洞县迁潍北张家沟台，又迁居该村。孙姓明崇祯十五年（1642）从县城西门里（今属西关村）迁入，傅姓清雍正元年（1723）从柳疃横地村迁入。清乾隆年间修筑北海防潮大堤，西段工程指挥衙署设在该村，官府赐名万顺庄。后因村中王姓居多，改称王家庄子。民国28年（1939）7月17日大海潮，王家庄子农田淹没，82户村民被迫闯关东谋生。2021年，村庄整体搬迁至龙池镇区王家庄子新村。

1964年4月6日凌晨，王家庄子遭受大海潮侵袭，土地严重碱化。村支书傅春法带领村民挖沟渠，改条田，引淡水排碱自救，并利用田间积水改种水稻，于大灾之年获得了好收成。自此昌邑北乡全面推广水稻种植，发展稻田十万亩，成为江北新稻区。也门、墨西哥等多个国家及联合国粮食组织代表相继来昌邑王家庄子参观考察。1980年后，因上游水库供水不足，昌邑水稻逐渐停种。但持续十余年的水稻种植，对沿海农田的洗壤排碱起到了显著作用，留给了昌北人民十万亩滩涂沃野。

村中现有338户，1320人，由张、付、孙、王、赵等姓氏组成。耕地面积5080亩，以小麦、玉米、大豆等种植为主，经营有盐场3000公亩。

沙岭子村
Shālǐngzicūn

位于龙池镇区东北部5千米处。东邻柳疃后官庄，西临堤河，南连柳疃老官庄，北临新海路。该地为古河道淤积沙丘地貌。

明崇祯十五年（1642）壬午兵燹，孙姓从县城西门里（今属西关村）迁柳疃杨家河崖（故村位于今前官庄东北200米），又于清康熙初年转迁来此立村，以地貌得名沙岭子。王姓同期自县城西北南鄑亭迁入。李、寇二姓清雍正八年（1730）自柳疃青阜村迁入。

清代京津通往胶东的官道经过村前，1967年疏浚堤河时曾挖出古桥遗址。

村中现有190户，638人，由孙、李、魏、王、寇等姓氏组成。耕地面积2000亩，以小麦、玉米种植为主。

马渠村
Mǎqúcūn

马渠村史馆 摄影：李发宁

位于龙池镇区南部3.5千米处。东临堤河，西临丰产河，南连石桥村，北接岱邱村。该地元代已有朱、黄、张等姓氏居住，为古战场遗址，曾出土铜鼓、铜箭头、铜镜等文物。村中流传，宋太祖赵匡胤率军北伐时曾过此，并于村西水渠饮马，故得村名。明弘治年间，魏、盛二姓自龙池村迁来居住，继姜姓自瓦城村迁入，毕姓自城南中台村迁入，吴姓自柳疃吴家庙迁入，高姓自柳疃前官庄迁入。1942-1947年，该村曾先后为中共昌邑县委、昌潍县委、昌北县委驻地。村中魏坚毅故居、魏惜珍故居系市级文物保护单位。

村中现有1092户，3100人。魏姓居多，另有李、姜、杨、孙、陈、黄、姚、宫等姓氏。村民经营有物流、化工、通讯工程、餐饮等产业。耕地面积7500亩，以小麦、玉米等种植为主。村民经营有纺织、养殖、运输等产业。

石桥村
Shíqiáocūn

位于龙池镇区南部4千米处。东邻泊子村，西至油坊村，南连孙家庄，北接马渠村。明成化年间，魏姓从龙池村（今龙北村）迁来立村。因地处潍河故道，水系环绕，村前沟渠之上曾建有石桥，故名。李姓自四川成都迁入，翟姓自利渔村迁入，傅姓自傅家泊（今柳疃西傅村）迁入。

清代，马渠村魏、陈、吴、毕、姜等姓氏人家陆续迁村前建房居住，称南马渠。后南马渠村舍与石桥村相连，于1945年并入石桥村。

村中现有243户，642人。魏姓居多，另有陈、姜、李、翟、毕、傅、吴、赵、王等姓氏。耕地面积1800亩，以小麦、玉米种植为主。村民经营有肉禽养殖业。

油坊村
Yóufángcūn

位于龙池镇区南部4千米处。东邻石桥村，西临丰产河，南连孙家庄，北接马渠村。明前期，魏姓自四川射洪县石门寨移居济南府历城县，后世分支于明隆庆年间迁昌邑西北乡落籍。因村人开设榨油作坊，以职业得村名油坊。

村中现有182户，583人，由魏、齐、张等姓氏组成。耕地面积1936亩，以小麦、玉米等种植为主。

孙家庄
Sūnjiāzhuāng

位于龙池镇区南部4千米处。东邻楼子村，西临杨瓦路，南连果园村，北接油坊村。明洪武年间，孙姓兄弟二人由四川成都府双流县徙来昌邑西北乡，一居瓦城入灶籍，一居此立孙家庄。魏姓明代从马渠村迁入，宫姓明代自宫老庄（今围子葛达子村）迁入，范姓自柳疃南范家庄迁入。

村中现有218户，648人。孙姓居多，另有魏、张、范、宫、朱、吴等姓氏。耕地面积2600亩，以小麦、玉米、棉花等种植为主。

楼子村
Lóuzicūn

位于龙池镇区南部4.5千米处。东邻王范庄，西至孙家庄，南连果园村，北接马渠村。明前期，陈姓自济南府历城县纸坊村迁来立村（与柳疃渔尔堡陈氏同宗），范姓同期由湖北襄阳府枣阳县迁入。因村人建有二层土楼，得村名“土楼子”。至明成化年间，雅称楼子。

范九德，楼子村人。明正统辛酉科举人，曾任南宫县知县。

村中现有124户，365人，由范、陈、张、王等姓氏组成。耕地面积755亩，以小麦、玉米、大姜、苗木等种植为主。

泊子村
Pōzicūn

位于龙池镇区东南部5千米处。西与楼子村为邻，东南与王范庄相接。明天启年间，王姓从山西洪洞县迁来立村。因村西北有洼地，得村名“泊子”。姜姓明中期从山西洪洞县迁昌邑西关村，又转迁该村。范姓明末从楼子村迁入。明清时期，柳疃到潍县的马车大道从该地通过，村东200米曾有孙姓和战姓在路边开设店铺，村名太保庄，乡人称碱滩店。后故道废弃，碱滩店村户并入泊子村居住。

村中现有135户，346人，由王、姜、范、战等姓氏组成。耕地面积720亩，以小麦、玉米、苗木等种植为主。

果园村
Guǒyuáncūn

位于龙池镇区南部5.5千米处。东邻王范庄，西至营子埠，南连奎聚街道，北接楼子村。明洪武年间，王姓自四川成都府经山西洪洞县迁安丘黄旗堡，又转迁该地居住。张、刘二姓自湖县迁入。尹姓明万历年间自柳疃横地村迁入。该村地处明代潍河故道（隆庆二年改道废弃），村西有河道弯流淤积黑泥土层，村民曾于此种植果园，闻名乡里，久成村名。

村中现有150户，482人，由王、刘、张、李、徐、尹、朱、阎、田、高等姓氏组成。耕地面积900亩，以小麦、玉米种植为主。

王范庄
Wángfànzhuāng

位于龙池镇区东南部6千米处。东临堤河，西至果园村，南与奎聚街道西逄泽村相邻，西北与泊子村相接。明正统年间，楼子村范姓迁村东南二里草岭子前居住，得村名百草岭。后有王姓从果园村迁入。至清代，以姓氏改称王范庄。曹、阎、田三姓为1970年峡山库区移民。村内有四百年树龄古槐两株。

村中现有242户，692人，由王、范、张、曹、朱、阎、石、田等姓氏组成。耕地面积1365亩，以小麦、玉米等种植为主。村民投资有纺织产业。

营子埠
Yíngzibù

位于龙池镇区南部6.5千米处。东邻果园村，西至都昌博乐埠，南连奎聚陶埠村，北接郭疃村。该地原有土埠，坊间流传唐太宗东征时曾在埠上扎营驻兵，故得名营子埠。清康熙年间，齐姓从双台博乐埠东迁三里至营子埠前定居，以埠为村名。村前原有一片沼泽地，称营子洼。

村后土埠曾出土周代铜箭镞、周代盔形器（古人熬盐用陶器）、汉代扁壶等文物，埠西有3座汉代古墓，为市级文物保护单位。

村中现有58户，152人，齐、王二姓居多。耕地面积1066亩，以小麦、玉米种植为主。

第五节 柳疃

柳疃镇
Liǔtuǎnzhèn

位于北纬36° 54′ 04″ ～37° 07′ 41″ 东经119° 17′ 30″ ～119° 28′ 21″ 。地处昌邑市北部，距市区11.7千米。东与卜庄镇、下营镇隔潍河相望，西与龙池镇毗连，西部、南部与都昌街道相接，南与奎聚街道为邻，北临莱州湾。因驻地柳疃村而得名。电话区号0536，邮政编码261302。

民国34年（1945）设柳疃区，驻地柳疃村。1950年改称第三区。1955年复称柳疃区。1958年2月设立柳疃镇。1958年9月青阜乡并入柳疃镇，成立东风人民公社，同年12月改称柳疃人民公社。1980年划出青乡人民公社。1983年柳疃人民公社改为柳疃乡。1984年改为柳疃镇。2001年青乡镇并入柳疃镇。

镇域全部为平原，地势南高北低，东高西低。最高点为柳疃村东，海拔7.9米；最低点为北部沿海滩涂。潍河流经镇域东部，流经河段26千米。中部有小龙河，西部有堤河，均由南向北流入莱州湾。

柳疃镇为昌邑丝绸文化发源地，古海上丝绸之路源头之一。另有数千年盐文化历史。清光绪二十八年（1902），昌邑第一所邮局设立于柳疃街。近年打造有龙河公园和龙溪湿地休闲景区。辖区内有史家庄大屋、高隆盛三官庙、横地村石桥等省市级文物保护单位，以及传统丝绸技艺、郭家庄打秧歌、柳供月饼等省市级非遗文化项目。

辖72个行政村，4.8万人。汉族为主，另有回族、哈尼族、满族等共计111人。辖区总面积325.01平方千米，耕地面积6.87万亩，以小麦、玉米、棉花种植为主，另有禽畜养殖业和水产养殖业。工业以纺织印染、盐及盐化工产业为主。2021年实现公共财政收入1.33亿元，规模以上工业企业营业收入56.15亿元、利税2.30亿元，农民人均可支配收入3.43万元。

先后获“国家级生态镇”“国家小城镇经济综合开发示范镇”“全国文明村镇”“中国建制镇综合实力千强镇”“国家级农业产业强镇”等荣誉称号。

柳疃镇人民政府旧照（1986 年） 照片提供：陈晓东

龙河书院 摄影：李发宁

柳疃镇区俯瞰

摄影：李发宁

柳疃丝绸文化节时装秀　　　　摄影：李树香

龙河之夜　　　　摄影：荆丽萍

柳疃城镇居民点

柳青苑
Liǔqīng Yuàn

位于柳疃镇青乡街1号，青乡社区。东至灶朱路，西邻青乡社区，南至青乡街，北临后青村耕地。因位于柳疃镇青乡社区而得名。占地面积13400平方米，建筑面积21849平方米，绿地面积6978平方米。住宅楼7栋，沿街商铺及住户244户。2010年首期建成入住。

政亨园
Zhènghēng Yuán

位于昌灶路6号，柳疃镇中心社区。东至东安路，西至昌灶路，南至金柳路，北至镇宁路。以开发商字号命名。占地面积56000平方米，建筑面积90000平方米，绿地面积10000平方米。住宅楼17栋，沿街商铺及住户650户。2009年首期建成入住。

政亨园二号
Zhènghēng Yuán Èrhào

位于政府街3号，柳疃镇中心社区。东至工业路，西邻敬老院，南至政府街，北临柳疃村耕地。以开发商字号命名。占地面积12500平方米，建筑面积27200平方米，绿地面积2400平方米。住宅楼5栋，沿街商铺及住户225户。2012年首期建成入住。

政亨园三号
Zhènghēng Yuán Sānhào

位于昌灶路32号，柳疃镇中心社区。东邻华裕丝绸公司，西至昌灶路，南邻华裕丝绸公司，北至文化路。以开发商字号命名。占地面积12200平方米，建筑面积33800平方米，绿地面积2200平方米。住宅楼5栋，沿街商铺及住户200户。2011年首期建成入住。

柳疃农村居民点

柳疃村
Liǔtuǎncūn

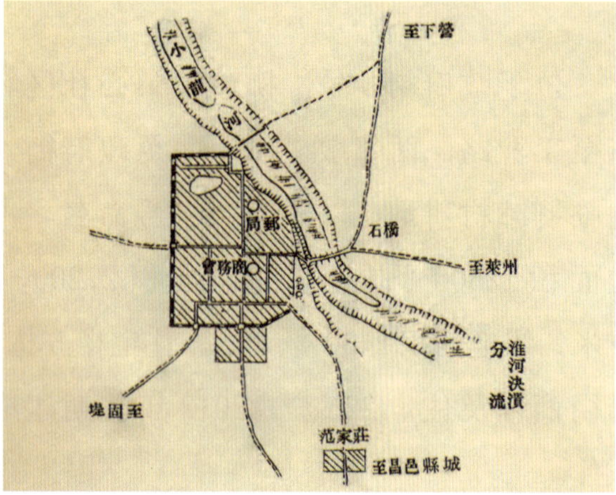

民国时期柳疃地图　　提供：李发宁

柳疃村为柳疃镇政府驻地。东邻阎家庵，西至柳疃学区小学，南连西傅村，北接东陈村。明朝初年，此地已有陶、苏两姓居住。故村位于今柳疃街西北角，小龙河西岸，称陶家村，因村人开设渡口，又称陶家口子。明洪武年间，韩姓从四川汉州棘林村迁昌邑城里，二世北迁今址定居。金姓明前期自金家庄迁来居住。因村临河畔，柳林葱茂，取村名柳行（háng）。明隆庆二年（1568）潍河决口，水漫小龙河，村附近淤滩积沙，由此改称柳滩，后演称柳疃。村中傅姓清康熙六年（1667）自西傅村迁入，齐姓清康熙七年（1668）由龙池龙东村迁入，高姓清康熙年间自南西高迁入，陈姓清康熙年间自陈家庄迁入，刘姓自榆英社刘家庄（故村址位于今灶户村东）经东店、庄头转迁居此，黄姓清道光年间自城西黄家辛郭迁入，王姓清道光年间由寿光王家柳行迁入，尹姓民国时期由潍县西南关迁入。清后期，村域街市成为周边地区丝绸及柞茧贸易集散地，商号云集于十字街，始有柳疃街之称。今称为柳疃村。自民国35年（1946）至今，先后为柳疃区公所、乡政府、镇政府驻地。农历三、八为该村集市。

韩名汉，清顺治八年（1651）恩贡生，授广东陵水（今海南陵水县）知县，著有《河洛渊源》《阴符经解》《南中京邸》等书籍。

村中现有424户，1321人，由丁、王、尹、孙、齐、邢、刘、陈、范、金、杨、郑、赵、郭、黄、姜、高、韩、傅、薛、魏等姓氏组成。耕地面积1230亩，以小麦、玉米等种植为主。丝绸纺织为该村传统产业，村域内纺织印染业发达。

常家庄
Chángjiāzhuāng

位于柳疃镇区南侧。东邻姜家堤子，西至西傅村，南连前梁家庄，北依镇区。明洪武年间，常、路二姓自山西洪洞县迁来定居。常姓居西，称常家庄；路姓居东，称路家庄。明中期，梁姓自梁家庄（今前梁家庄）迁路家庄居住。清乾隆年间，高姓自高家泊（今南西高村）迁常家庄居住。民国31年（1942）两村合并，称“常梁路村”。1949年改称常家庄。

村中现有 187 户，719 人，由常、梁、路、高、姜、傅、顾等姓氏组成。耕地面积 400 亩，以小麦、玉米等种植为主。村民投资有纺织印染产业。

前梁家庄
Qiánliángjiāzhuāng

位于柳疃镇区南部 0.5 千米处。东临灶朱路，西至西傅村，南连李家庙子，北接常家庄。明朝初年，梁姓自直隶枣强县迁昌邑北乡邓家庄暂住，又转迁来此立村，以姓氏取名梁家庄。明中期，村中梁氏分支北迁路家庄（今属常家庄）居住。至民国时期，路家庄梁氏在外丝绸生意做大，往来信件增多，但地址仍然习惯写“梁家庄”，导致信件经常送错村子，为避免信件混淆，民国 36 年（1947）更名为前梁家庄。

村中现有 76 户，238 人，由梁、薛、尹等姓氏组成。耕地面积 150 亩，以小麦、玉米等种植为主。村民投资有纺织、印染产业。

李家庙子
Lǐjiāmiàozi

位于柳疃镇区南部 1 千米处。东临灶朱路，西至西傅村，南连东傅村，北接前梁家庄。明初，李姓从四川成都府徙居至此，因地势低洼，初名李家泊。邓姓自龙池邓家庄（今并为姚徐邓村）迁入，孙姓自太平集迁入，姜姓自长胡同迁入。后诸姓在村东合建一座玉皇庙，因李姓立村，村名改称李家庙子。

村中现有 114 户，378 人，由李、邓、杨、姜、孙等姓氏组成。耕地面积 371 亩，以小麦、玉米等种植为主。

西傅村
Xīfùcūn

位于柳疃镇区南部 1.5 千米处。东邻李家庙子，西至南西高村，南连东高家庄，北依镇区。据《傅氏家谱》记载，元皇庆二年（1313）奉诏播迁，先祖自成都府温江县经河南开封短住一年，迁居安徽凤阳府；明洪武二年（1369），始迁祖傅友又率三子从凤阳迁莱州府昌邑县，长祖居瓦城，次祖居平度辛河，始迁祖携三子居柳疃南头洼地，取名傅家泊，后改称傅家庄。至清代，族人分支东迁高家庄，并改村名为小傅家庄，该村遂改称大傅家庄。民国 36 年（1947）小傅家庄改称东傅村，该村同期改称西傅村。

西傅村一隅（1992 年）　　照片提供：李发宁

该村为20世纪80年代昌邑首先发展村集体企业的村庄之一，对昌邑村办集体经济的发展起到了带头作用。1993年始，村中兴建332户独院村民楼房，“楼上楼下电灯电话”的生活愿景自此在该村实现。2001年在村前建成集健身、娱乐、休闲于一体的大傅家公园。

村中现有335户，1080人，傅、齐两姓居多。耕地面积1400亩，以小麦、玉米等种植为主。村域内有多家纺织、印染企业。

东傅村
Dōngfùcūn

位于柳疃镇区南部两千米处。东临灶朱路，西至东高家庄，南连北刘家庄，北接李家庙子。明前期，高姓自高家泊（今南西高村）迁来立村，以姓氏取名高家庄。徐姓明中期从徐家宅科（故村位于今老官村东北）迁入，傅姓清前期从傅家庄（今西傅村）迁入。后傅姓族兴，又因村西有傅家庄，遂更名为小傅家庄。民国36年（1947）以方位改称东傅村。村内有500年树龄古槐一株。

村中现有208户，613人，由傅、高、徐等姓氏组成。耕地面积363亩，以小麦、玉米等种植为主。村民投资有纺织、印染企业。

南西高村
Nánxīgāocūn

位于柳疃镇区西南部2.5千米处。东邻西傅村，西至龙池马渠村，南连南范家庄，北接柳疃村。明成化十一年（1475），高姓自胶州水寨迁来立村，因村域地势低洼，取名高泊村。彭姓清代自中阎车道迁入，傅姓自西傅村迁入。民国元年（1912）改称高家庄。民国33年（1944）为与东边同姓村庄区别，改称西高家庄。1952年为区分北西高村，又改称南西高村。

村中现有129户，331人，由高、彭、傅等姓氏组成。耕地面积1200亩，以小麦、玉米等种植为主。村民多投资纺织印染产业，现有纺织企业十余家。

东高家庄
Dōnggāojiāzhuāng

位于柳疃镇区西南部两千米处。东邻东傅村，西至南范家庄，南连太平集，北接西傅村。明前期，高姓由高家泊（今南西高村）迁村东桑园地居住，以“东桑园”为村名。后以姓氏改称高家庄。民国后期为与西村区别，改称东高家庄。

村中现有148户，469人，由高、王、马、卢等姓氏组成。耕地面积810亩，以小麦、玉米等种植为主。村内有纺织企业十余家。

南范家庄
Nánfànjiāzhuāng

位于柳疃镇区西南部3千米处。东邻东高家庄，西临四干渠，南连吴家庙村，北接南西高村。明中期，龙池楼子村范九德（明正统辛酉科举人）由南宫县知县致仕回乡，因喜清净而徙居荒域。因周围低洼积水，取名范家泊。民国元年（1912）改称范家庄。1958年，为与北部同族村庄区别，以方位更名南范家庄。

该村范氏家庙重修于民国28年（1939），为县级文物保护单位。村内现存明代枣树两株。村西洼地为王士仪沟与堤河汇流处。

村中现有153户，436人，范、傅两姓氏居多。耕地面积1310亩，以小麦、玉米等种植为主。村民多投资纺织印染业。

吴家庙村
Wújiāmiàocūn

位于柳疃镇区西南部3.5千米处。东邻太平集村，西临四干渠，南连奎聚沟北崖村，北接南范家庄。明朝初年，吴姓自直隶枣强县经青州徙居昌邑北乡梁家庄（今前梁家庄），又南迁至此立村吴家庄。明后期，范姓自范家泊（今南范庄）迁来立村小范家庄。明崇祯年间，高姓从东桑园（今东高家庄）迁来立村小高家庄。民国36年（1947）三村合并，因吴姓先居，村南又有关帝庙，遂定名为吴家庙村。

村中现有97户，285人，由吴、范、高、徐、姜等姓氏组成。耕地面积600亩，以小麦、玉米等种植为主。村内有纺织企业十余家。

太平集
Tàipíngjí

位于柳疃镇区南部3千米处。东邻邓家庄，西至吴家庙，南连奎聚沟北崖村，北接东高家庄。明隆庆年间，徐姓为避水患从高家庄（今东傅村）迁来立村。因期盼太平生活，取名太平鸠。清后期，孙姓自沙窝庄（故址位于今姜家堤子村东河堤之内）迁入。清道光年间村设集市，农历一、六逢集，村名由此改称太平集。

村中现有234户，809人，由徐、王、范、孙等姓氏组成。耕地面积1180亩，以小麦、玉米等种植为主。村民经营有纺织厂、塑料厂等企业。

邓家庄
Dèngjiāzhuāng

位于柳疃镇区南部2.5千米处。东临灶朱路，西至太平集，南连奎聚街道沟北崖村，北接北刘家庄。明洪武年间，邓姓由湖北枣阳县迁来落籍，以姓氏取名邓家庄。继梁姓自梁家庄（今前梁家庄）迁入，高姓自高家泊（今南西高村）迁入。村内存有400余年树龄古槐两株。

村中现有182户，619人，由邓、高、梁等姓氏组成。耕地面积335亩，以小麦、玉米等种植为主。村民经营有纺织企业。

北刘家庄
Běiliújiāzhuāng

北刘家庄供销点旧影（1986年）　照片提供：刘维令

位于柳疃镇区南部两千米处。东临灶朱路，西临四干渠，南连邓家庄，北接东傅村。宋元时期已有于、萧、陈、马、李等姓氏居此，村名于家泊。明洪武年间，赵、王两姓自山西洪洞县迁来居住。后扩建村东诚愿寺，香火渐盛，村名逐渐演变为“澄源寺”。一宗刘姓明前期自苏州迁高密西岭，又于明后期从高密迁来定居；另宗刘姓清乾隆年间从城北安家埠迁入。姜姓清乾隆年间自阎家庵村迁入，葛姓明天启年间自新兴庄（今奎聚王葛山下）迁入，初姓清中期自长胡同村迁入。至民国元年，因村中刘姓居多，更名为刘家庄。又为区别县境同名村庄，于1984年以方位改称北刘家庄。

民国30年（1941）7月潍河决口，刘家庄千亩良田被淹，庄稼颗粒无收。迫于生计，村中150多人下关东谋生。村东原有大片苇湾，为潍河故道遗留地貌，流传有“河滩地”“坂崖”“果落行”“沙飙子”等地名。

村中现有176户，641人，由刘、王、赵、葛、初、徐、姜、高、范、邓等姓氏组成。耕地面积836亩，以小麦、玉米、棉花等种植为主。村民多从事养殖业和纺织业。

姜家堤子
Jiāngjiādīzi

姜家堤子村民居（2019年）　摄影：褚光辉

位于柳疃镇区东南部两千米处。东临潍河，西至常家庄，南连奎聚街道孙家岔河，北接阎家庵村。明万历年间，傅姓自傅家泊（今西傅村）迁居至此，取村名傅家坡。后姜姓从长胡同迁入，并成大族，又因村临潍河大堤，遂改称姜家堤子。村西南原有三家子村，村南原有李戈庄，均于1986年并入姜家堤子。

清道光年间，村中兴起“地屋”（适于织绸的半地下房屋）作坊，至民国初年，几乎家家捻丝线，户户机杼声，成为柳疃重要产绸村庄之一。

村中现有470户，1480人，姜、傅、初姓居多。耕地面积1720亩，以小麦、玉米等种植为主。村民多投资纺织产业。

沙窝庄
Shāwōzhuāng

故村，今已失。故址位于今姜家堤子村东河堤之内。明前期，孙姓自直隶枣强县经广饶三岔村迁昌邑道昭里（今奎聚孙家道照），又迁北乡河滩地立村。因村周多沙质丘地，取名沙窝庄。继傅姓自傅家泊（今西傅村）迁入，郭姓自直隶枣强县迁入，姜姓自长胡同迁入，阎姓自山西洪洞县迁入，刘姓自城西刘家辛郭迁入。乡间流传，沙窝故村曾有“九街十八道，七十二胡同”之说，乡人称之为“大沙窝庄”。清中后期，因河道偏移，屡遭水患，沙窝庄失于洪水，村人分迁至今三官庙、傅戈庄、卜庄前河滩、奎聚孙家岔河等村。

傅戈庄
Fùgēzhuāng

位于柳疃镇区东部两千米处。东临潍河，西依镇区，南临小龙河，北接三官庙村。清嘉庆十六年（1811）沙窝庄（故村）遭遇水患，村舍被淹，村中傅、郭、刘等姓氏西迁金鸡岭（丘地）立村“新立屯”。又因村中傅、郭二姓居多，改称傅郭庄，后演称傅戈庄。王姓清后期自龙池瓦城迁入，姜姓民国时期自夏店高戈庄迁入。

村中现有102户，321人，由傅、郭、刘、姜、陈、李、王等姓氏组成。耕地面积320亩，以小麦、玉米等种植为主。村民多投资纺织产业。

三官庙
Sānguānmiào

位于柳疃镇区东部1.5千米处。东临潍河大堤，西至柳疃镇初级中学，南连傅戈庄，北接北徐家庄。该村故址位于今村址东南河堤之内，原有齐、胡、田等姓氏世居，因土壤沙质，多种果树，曾名桃园。后村中建三官庙一座，遂以庙名为村名。清中后期潍河水溢，姜姓自高郭庄（今卜庄西高戈庄）迁入，孙姓自沙窝故村迁入。民国初年潍涨大水，河道北移冲毁村子（故道在村前转向西流），遂西迁今址重建，沿用故村名。

2020年在潍河河堤之内三官庙村故址发现道光三十年（1850）所立三官庙碑，碑文载有“嘉庆十四年，曾经斯征姜公踵修，于其中复建疹痘娘娘等庙，缅稽其时，距今四十余年矣！岁时深历，风雨频经，因与同里共议，修筑大殿、山门、钟楼、行墙，皆仍旧贯而增新焉”！彼时庙宇之气势可见一斑。

村内现有104户，327人，孙、姜两姓为主。耕地面积350亩，种植有小麦、玉米等农作物。村民多从事纺织产业。

北徐家庄
Běixújiāzhuāng

位于柳疃镇区东部两千米处。东临潍河，西依镇区，南连三官庙村，北接阎家庵村。明时，徐姓由灶户村迁来立村，因位于范河（故道）源头得名东河头，后以姓氏改称徐家庄。为区别县境同名村庄，1981年更名北徐家庄。

范河故道为潍河溢洪支流，从潍河徐家庄东河段流出，经九甲庄（故村）村前、阎家庵村北、范家道口（故村）村北、长胡同村前、河崖村前，至金家庄前与小龙河汇流又北去。清后期范河还有船只沿河道出海，后因潍河治理，逐年失水而废弃。

村中现有117户，381人，徐姓为主。耕地面积380亩，种植有小麦、玉米等农作物。村民多投资纺织产业。

阎家庵村
Yánjiāāncūn

位于柳疃镇区东部1千米处。东临潍河，西依镇区，南临小龙河，北接长胡同村。元代已有初、马、满、杨四姓居此，因村舍沿河而建，得村名“沿河岸”。阎姓明初迁入，傅姓明末自龙池瓦城迁入，三宗刘姓分别从城西刘家辛郭、寿光侯镇、卜庄东高戈庄迁入，姜姓从长胡同村迁入，张姓从城北张家辛庄迁入，王姓清初从淄川吊桥迁入。清康熙年间村中修成莲花庵，“莲花庵”渐成村名。后因庙主姓阎，又更名阎家庵至今。村东原有九甲庄，于1982年并入阎家庵。

村后原有满家湾。村西北为范家道口故村遗址，范姓居范河岸边摆渡而立村。后河道干涸村庄消失。

村中现有320户，1141人，由姜、阎、刘、傅、李、王、宋等姓氏组成。耕地面积900亩，以小麦、玉米等种植为主。村民多投资纺织印染业。

长胡同村
Chánghútòngcūn

位于柳疃镇区东北部两千米处。东临潍河，西至龙河路，南连阎家庵，北接姜家寨。据该村《姜氏族谱》记载，始迁祖宋代中叶徙昌邑北乡，后人定居的村子位于潍河支流交汇处（今长胡同村东800米河堤之内），得名叉河庄。因族旺舍增，又迫于河堤制约，村舍沿河堤成南北向延伸，形成了一条长长的胡同，乡人惯称长胡同，并成村名。因潍河屡次决口，河道西移，村子被迫数次西迁至今址。乡人相传，村中原有初、朱、康等姓氏居住，迁来时间无考。今朱、康二姓已失。谭姓清末自谭家庄迁来居住。楚、于二姓为1970年峡山库区移民。

长胡同村貌（2021年） 摄影：冯树岭

小长胡同村（自然村）位于长胡同村西北，属长胡同村委会。民国4年（1915）潍河决口，致沿河村户房舍冲塌，长胡同与姜家寨部分受灾村户迁此立村，因村户多与长胡同姜氏同族，村子又比长胡同小，乡人称之“小长胡同”，并成村名。

长胡同村（含小长胡同）现有161户，492人，由姜、初、谭、楚、于等姓氏组成。耕地面积1020亩，以小麦、玉米等种植为主。丝绸纺织业为该村传统产业。

姜家寨
Jiāngjiāzhài

姜家寨村貌（2021年） 摄影：李发宁

位于柳疃镇区东北部3千米处。东临潍河，西至河崖村，南连长胡同村，北接郭家车道。明清两代，长胡同村因水患经历数次西移，但胡同北头村户因位于潍河故道拐弯处，地基为腐殖淤积形成的黑泥土质，黏度大而没有被冲垮，乡人称该地段为“黑泥嘴子”。留下的长胡同北段村户与北邻的王家庄合为一村，初称“长胡同北头”，后因三面环水，宛若水寨，取名寨里庄。清光绪年间以姓氏改称姜家寨。民国9年（1920）汛季洪灾，黑泥嘴子终未幸免，半个村子被洪水冲走。洪水过后村子西移今址。村中楚、刘二姓为1970年峡山库区移民。

1975年胜利油田在姜家寨村西钻探一口油井，因含油量少而报废，1978年被省地震局改用为地震（水流量）观测井，1985年5月建成观测井保护塔及观测房。

清代京莱官道曾在姜家寨村外设渡口，村人姜士昌在渡口旁开设“松柏堂”布店，“寨子布”由此卖进京城。后姜家进京开设“长春泰”布庄，拓展了“寨子布”和“柳绸”在京城的市场。

村中现有203户，628人，由姜、王、李、楚、刘等姓氏组成。耕地面积1260亩，以小麦、玉米等种植为主。

河崖村
Héyácūn

位于柳疃镇区北部1.5千米处。东邻姜家寨，西至金家庄，南依镇区，北接久丰屯。明成化年间，王姓自直隶枣强县洼里村迁柳疃村北立村王家宅科。明隆庆二年（1568）村庄毁于潍河水患，村人北迁今址重建庐舍，因居范河（故道）北崖，更名王家河崖，后省称河崖。傅姓清康熙年间由傅家庄（今西傅村）迁入，姜姓清光绪年间因水患自长胡同村迁入，林姓民国28年（1939）自后青村迁入，徐姓1955年自久丰屯迁入。迁村之初村人植槐树一株，至今枝繁叶茂。

村中现有97户，286人，由王、姜、傅、林、徐、姚、宋等姓氏组成。耕地面积342亩，种植有小麦、玉米等农作物。村民多投资纺织产业。

久丰屯
Jiǔfēngtún

位于柳疃镇区北部两千米处。东邻郭家车道，西临灶朱路，南连河崖村，北接院头村。明洪武年间，徐姓由山西洪洞县迁来落籍，族中世传因先祖立有战功，官府赏地，得名军屯。至清代，车姓自玉皇庙迁入，郭姓自郭家车道迁入，高姓自前官庄迁入。隔道另有西屯，又称史家屯。民国时期两屯合并，众望长富久丰，改称久丰屯。

村中现有190户，651人，由徐、车、郭、高、史等姓氏组成。耕地面积566亩，以小麦、玉米等种植为主。村民投资有纺织印染业。

郭家车道
Guōjiāchēdào

位于柳疃镇区东北部3千米处。东临潍河，西至河崖村，南连姜家寨，北接前阎车道。原有宋、郭二姓据此，故村址位于今村址东段。初称小宋家庄，后因村处通往渔儿铺巡检司的盐车大道旁，改称郭家车道。明隆庆年间，齐姓从龙池齐西村迁郭家车道村西立村齐家车道。另宗郭姓明隆庆年间由四川经河北枣强县迁昌邑北乡（故址今老官村东二里）立村郭家宅科，后因水苦难食，一支东迁立村郭家庄，一支南迁齐家车道居住。至清代，因郭、齐两车道村舍相连，并为一村，遂统称郭家车道。

村中现有163户，512人，由郭、齐、姜、宋、阎、殷等姓氏组成。耕地面积604亩，以小麦、玉米等种植为主。村民多投资纺织印染业。

芙蓉庄
Fúróngzhuāng

故村，今已失。故址位于今中阎车道村东河堤之内。明洪武年间，阎、彭二姓从湖北襄阳府枣阳县迁来落籍，因村依荷塘，得名芙蓉庄。清顺治九年（1652），潍河河道西移，芙蓉庄失于洪水，阎氏家族分三支西迁至盐车大道旁定居，一支迁小西庄，后称前阎车道；另支迁老鸹地，后称中阎车道；再支迁西北岭子，后称北阎车道。彭氏家族同期迁老鸹地立村彭家车道。

芙蓉庄故村曾建有红墙庙，庙内古钟铸有“芙蓉庄”字样。1958年大炼钢铁时古钟被毁。

前阎车道
Qiányánchēdào

位于柳疃镇区东北部3.5千米处。东临潍河，西至久丰屯，南连郭家车道，北接中阎车道。清顺治九年（1652），阎姓因水患从芙蓉庄（故村 ）迁盐车大道旁定居，初名小西庄，后因村处车道里，且村后另有阎氏村落，遂更名前阎车道。

村中现有117户，326人，由阎、孙、高等姓氏组成。耕地面积469亩，以小麦、玉米等种植为主。

中阎车道
Zhōngyánchēdào

位于柳疃镇区东北部4千米处。东临潍河，西至阎玉路，南连前阎车道，北接北阎车道。明清时期，乡人称该地为“老鸹地”。清顺治九年（1652），阎姓因水患从芙蓉庄（故村）西移至此，因村处车道里，且村前村后同期新立阎氏村落，故名中阎车道。彭姓同期从芙蓉庄迁中阎车道村西立村彭家车道，因两村相连，民国时期并入中阎车道。谭姓自谭家庄迁入。

“天有信”绸缎店旧影　　照片提供：李发宁

清同治三年（1864），中阎车道村阎毓英在北京前门大街开设“天有信”绸缎店，与全聚德、瑞蚨祥、张一元、稻花村、同仁堂等百年老店为邻，把昌邑“柳绸”带到了当时中国最繁华的街市。

村中现有村民126户，352人，由彭、阎、谭等姓氏组成。耕地面积490亩，以小麦、玉米等种植为主。

北阎车道
Běiyánchēdào

位于柳疃镇区东北部4千米处。东临潍河，西至院头村，南连中阎车道，北接孙家河滩。立村以前，乡人称该地为“西北岭子”。清顺治九年（1652），阎姓因水患从芙蓉庄（故村）迁来居住，因居车道里，且前有同族村落，以方位定名北阎车道。

村中现有120户，400人，由阎、张、彭等姓氏组成。耕地面积628亩，以小麦、玉米种植为主。

刘家车道
Liújiāchēdào

位于柳疃镇区东北部6.5千米处。东临潍河，西至玉皇庙，南连孙家河滩，北接张家车道。明成化十九年（1483），刘姓自四川成都府十字街巷大石臼迁昌邑北乡车道里立村，因村立于通往渔儿铺巡检司的盐车大道旁，定村名刘家车道。王姓明天启二年（1622）自西乡北兴福村迁入，高姓清中期从前官庄迁入，傅姓自西傅村迁入。

清咸丰年间，诸城刘墉家族与该村刘氏连宗，赠予该村刘氏家庙灯笼一对，标有“御赐清爱堂”字样。民国时期，村人刘修身在烟台建成大辛饭店，现为烟台市级文物保护单位。

刘家车道刘氏宗祠（2019年）　　摄影：褚光辉

村中现有330户，1138人，由刘、高、战、王、傅等姓氏组成。耕地面积1400亩，以小麦、玉米等种植为主。村民投资有纺织、印染、制盐等产业。

张家车道
Zhāngjiāchēdào

位于柳疃镇区东北部7千米处。东临潍河，西至大辛庄，南连刘家车道，北接潮海村。因明时通往渔儿铺巡检司的盐车大道由此通过，曾设车道里于此。明洪武年间，张姓由直隶枣强县大碾庄迁昌邑石桥子（今卜庄西石桥村），后世分支又迁车道里立村。初以方位称车道北村，后以姓氏改称张家车道。孙姓清末自西下营村迁入，姜姓清末从阎家庵迁入，南姓（朝鲜族）1979年从辽宁省宽甸县迁入。该村为20世纪80年代带头发展村集体企业的村庄之一，对柳疃纺织产业的复兴起到了带头作用。

张家车道染织厂旧影（1986年） 照片提供：张晓忠

村中现有210户，602人，由张、孙、姜等姓氏组成。耕地面积1050亩，以小麦、玉米、大豆等种植为主。村民投资有纺织、印染、制盐等产业。

孙家河滩

Sūnjiāhétān

位于柳疃镇区东北部5.5千米处。东临潍河，西至南玉皇庙，南连北阎车道，北临新海路。明朝末年，孙姓自湖北襄阳府枣阳县迁来定居，因村立于通往渔儿铺巡检司的盐车大道旁，取名孙家车道。后因潍河决口改道，村周农田变为河滩地，乡人多以“河滩”称之，遂改名孙家河滩。

村中现有206户，703人，由孙、胡、阎等姓氏组成。耕地面积1023亩，以小麦、玉米种植为主。村内有多家纺织企业。

院头村

Yuàntóucūn

位于柳疃镇区北部3千米处。东邻南玉皇庙村，西至孙家庄，南连久丰屯，北接西玉皇庙村。明洪武年间，先有王姓迁来落户，继安姓从山西洪洞县迁入。因村子坐落于寺院前头而得名。

村内曾有关爷庙、三仁庙、土地庙三座庙宇，其中关爷庙大门九步台阶，气势恢宏。庙宇院落于20世纪50年代拆除。村内现存清代古宅一处，正房三间，嵌有砖雕饰纹。

村中现有221户，683人，由安、王、房等姓氏组成。耕地面积630亩，以小麦、玉米等种植为主。村民投资有纺织企业。

玉皇庙村

Yùhuángmiàocūn

玉皇庙村（自然村）位于柳疃镇区东北部5千米处。东邻孙家河滩，西临灶朱路，南连院头村，北临新海路。自明中期，诸姓相继迁来立村。齐姓明正德年间由龙池齐西村迁来立齐家庄（另宗齐姓清初迁自寿光齐家下口），寇姓自青阜村迁来立寇家庄，李姓自下营村迁来立李家庄，刘姓清顺治八年（1651）自庆云县板凳营子迁来立刘家巷。另有王、于、孙、车等姓氏相继迁来立村王家庄、于家庄、孙家庄、小河滩等村落。清康熙年间，诸村合建一座玉皇庙，据庙碑载 “都昌北鄙玉皇庙古刹也，成一方巨观也，村故缘以得名”。庙宇建成后，周围各村渐次合并为玉皇庙村。民国 36 年（1947），以方位分为东玉皇庙和西玉皇庙两村。1960 年，东玉皇庙又分南玉皇庙和北玉皇庙两村。

玉皇庙村老丝绸织机（2006 年） 照片提供：王爱海

相传玉皇庙占地 5 亩，有正殿、钟楼、鼓楼、僧房、戏楼等古建筑群。 民国 36 年（1947）庙宇大殿拆除，在院内建造教室 12 间，兴办学堂。至 20 世纪 60 年代中期，院内古建筑全部拆除，原址兴建玉皇庙小学、联办中学，校舍使用至 1985 年。

西玉皇庙村

Xīyùhuángmiàocūn

民国 36 年（1947），玉皇庙村分为东、西两村，该村以方位得名西玉皇庙村。村中现有 215 户，688 人，由寇、齐、刘等姓氏组成。耕地面积 1050 亩，以小麦、玉米等种植为主。村民投资有纺织产业。

南玉皇庙村

Nányùhuángmiàocūn

1960 年，东玉皇庙村分为南、北两村，该村以方位得名南玉皇庙村。村中现有 180 户，543 人，由孙、车、刘、齐、李等姓氏组成。耕地面积 672 亩，以小麦、玉米等种植为主。村中有纺织企业十余家。

北玉皇庙村

Běiyùhuángmiàocūn

1960 年，东玉皇庙村分为南、北两村，该村以方位得名北玉皇庙村。村中现有 150 户，424 人，由王、齐、于、孙、李、车等姓氏组成。耕地面积 650 亩，以小麦、玉米等种植为主。村民投资有纺织产业。

陈家庄
Chénjiāzhuāng

陈家庄（故村名）位于柳疃镇区西北部 1.5 千米处。东临小龙河，西临四干渠，南依镇区，北接高隆盛村。

宋元时期，该地有国姓居住，称国家庄（旧址在现西陈村西段）。后催姓迁入。村中陈姓原籍四川成都府，于明朝初年迁至该村，与龙池北白塔陈姓同宗。后因国、崔二姓式微迁出，陈姓族兴，村名改称陈家庄。王姓自河崖迁入，韩姓自柳疃街迁入。民国 36 年（1947）以陈家祠堂为界，分为东、西两村，分别称东陈村和西陈村。

东陈村
Dōngchéncūn

东陈村貌（2021 年） 摄影：李发宁

民国 36 年（1947），陈家庄以宗祠为界，分为东、西两村。该村居东，以方位称东陈村。村东有陶家口子（小龙河古渡口）旧址，清时有商船由此经潍河从下营出海。

村中现有 221 户，712 人，由陈、韩、王、姜、齐等姓氏组成。耕地面积 1105 亩，以小麦、玉米等种植为主。纺织业为该村传统产业。

西陈村
Xīchéncūn

西陈村貌（2021 年） 摄影：李发宁

民国 36 年（1947），陈家庄以宗祠为界，分为东、西两村。该村居西，以方位称西陈村。该村为 20 世纪 80 年代昌邑最早发展村办集体企业的村子之一，并带动了昌邑北部纺织印染产业的发展。

村中现有 291 户，1025 人，陈、孙两姓为主。耕地面积 1480 亩，种植有小麦、玉米等农作物。村民投资有丝绸、纺织、制盐等产业。

高隆盛村
Gāolóngshèngcūn

位于柳疃镇区西北部两千米处。东临

小龙河，西临四干渠，南连东陈村，北接金家庄。明嘉靖年间，高姓自前官庄迁来立村，以姓氏取名高家庄。后村人在京城开设“隆盛绸缎庄”，成为知名商号。因柳疃多处高姓村庄名字相近，从京城往家寄送财物经常送错村子，于是族人众议，以姓氏和商号改村名为“高隆盛”。

高隆盛村三官庙（2021 年） 摄影：李树香

村内三官庙建于明代，庙内墙壁上绘有半部残唐墙绘，近年已实施修缮保护。

村中现有 95 户，270 人，多为高姓。耕地面积 500 亩，以小麦、玉米等种植为主。

金家庄
Jīnjiāzhuāng

位于柳疃镇区北部两千米处。东邻河崖村，西至北西高，南连高隆盛，北接孙家庄。明洪武年间，金姓从湖北襄阳府枣阳县徙来落籍，以姓氏取名金家庄。高姓明中期自前官庄迁入，姜姓明代从围子陶埠迁入。小龙河绕村而过，两岸绿树成荫，近年龙溪湿地的打造让村民的居住环境大为改善。

金家庄村貌（2021 年） 摄影：李发宁

村中现有 187 户，575 人，由金、姜、高等姓氏组成。耕地面积 371 亩，以小麦、玉米等种植为主。村民投资有十余家纺织企业。

老官庄
Lǎoguānzhuāng

老官庄蓄水池旧影（1985 年） 照片提供：孙乃福

位于柳疃镇区西北部 5 千米处。东邻前官庄，西临堤河，南临小龙河，北接龙池镇沙岭子村。该地原为荒地，乡人称“蒿洼”。明崇祯十五年（1642）壬午兵燹，孙姓由昌城西门里迁杨家河崖（故址位于前官庄东北 200 米处，370 年前古井尚存），又于清前期应官府诏垦令迁现村址。因属官府招垦之地，得名官庄，后因周边多有官庄村落，遂改称老官庄。谭姓清康熙五十九年（1720）由谭家庄迁入，两宗邓姓分别由邓家庄和龙池姚徐邓迁入，三宗王姓分别从辛安庄、龙池王家庄子和奎聚南鄑亭迁入。

为解决村民淡水饮用问题，村委于 1983 年建成方塘（淡水蓄水池）；1990 年建成压力罐和自来水系统；1997 年接入市自来水公司管网。

村中现有 252 户，758 人，由孙、王、邓、金、谭、高、姜、傅等姓氏组成。耕地面积 1007 亩，以小麦、玉米等种植为主。

北西高村
Běixīgāocūn

位于柳疃镇区西北部 3 千米处。东邻金家庄，西至老官庄，南临小龙河，北接前官庄。明代崔姓立村，得名崔家官庄。明正德年间高姓由前官庄迁入。后高姓族兴，更名高家庄。为区别本镇同名村庄，民国 36 年（1947）以方位改称今名。

村中现有 164 户，521 人，由高、陈、谭、姜等姓氏组成。耕地面积 814 亩，以小麦、玉米等种植为主。村民投资有纺织企业。

前官庄
Qiánguānzhuāng

位于柳疃镇区西北部 3 千米处。东邻久丰屯，西至老官庄，南连北西高，

北临大莱龙铁路。明正德元年 (1506)，高姓由东高家庄迁来定居，以姓氏取名高家庄。后因族中多人登科入仕，乡人慕称高家官庄。清康乾两朝，高氏分别在村子西北角和东南角建造楼房，由此又有“楼官庄”之称。至清末，两处楼房已不复存在。民国 23 年（1934），因村后另有官庄，遂以方位更名为前官庄。

该村明清两代走出进士、举人、贡生、太学士、庠生、乡饮大宾、乡饮介宾等六十余人。高永道，明嘉靖二十六年 (1547) 进士，曾任江南盐道大使；高永申，明嘉靖二十六年 (1547) 举人，曾任淮安府巡检；高文璘，清康熙三十八年 (1699) 举人，曾任浙江湖州府白粮帮千总，诰封武显大夫；高志唐，清雍正元年 (1723) 进士，受命镇守台湾，后蒙浙闽总督保举升总兵，诏封武显大夫；高殿鳌，清嘉庆元年 (1796) 武进士，相继擢参将、副将军衔，授武功将军。

村中现有 107 户，296 人，多为高姓。耕地面积 543 亩，以小麦、玉米等种植为主。

后官庄

Hòuguānzhuāng

位于柳疃镇区西北部 4 千米处。东南与前官庄相接，西南与老官庄相连。元末，谭姓迁来立村，因村前建有三官庙，得村名谭家庙子。明朝初年，魏姓自四川迁来落籍。族人魏进洪武甲子（1384）中举，授任金华县知县。魏清宣德丁未（1427）连捷进士，仕至御史。因村人相继入仕为官，村子被冠以魏家官庄称谓。孙姓明后期自下营前柳村迁入，逄姓明隆庆元年（1567）自逄泽庄（今奎聚东逄翟村）迁入，高姓清后期自高家官庄（今前官庄）迁入，姚姓自姚瓦街（今属姚徐邓村）迁入。民国 23 年（1934），因前村高家官庄以方位改称前官庄，该村遂以方位改称后官庄。

村中现有 408 户，1213 人，由魏、逄、姚、高、孙、王、徐、陈等姓氏组成。耕地面积 1375 亩，以小麦、玉米等种植为主。村民投资有纺织印染产业。

曹家庄

Cáojiāzhuāng

位于柳疃镇区西北部 5 千米处。东邻北孙家庄，西至四干渠，南连前官庄，北接门八街。明前期，曹姓从河东曹家店迁河西居住，初居今北孙家庄村址，后部分族人西迁今址，以姓氏取名曹家庄。继徐姓从老官村迁入，孙姓自北孙家庄迁入。

徐翔，曹家庄人，1988 年加入省射击运动学校。在 1995 年德国慕尼黑世界杯射击总决赛上摘得女子双多向飞碟射击冠军。

村中现有 47 户，167 人，由曹、徐、孙三姓氏组成。耕地面积 240 亩，以小麦、玉米等种植为主。村民经营有纺织企业。

北孙家庄

Běisūnjiāzhuāng

位于柳疃镇区西北部 4 千米处。东邻院头村，西至曹家庄，南连金家庄，北接门八街。明前期，曹姓自河东曹家店迁来立村。明中期，孙姓自门八街迁城里南隅，又有分支从南隅迁居该村。后部分曹姓村户迁村西另立曹家庄，该村遂改称孙家庄。姜姓清末自长胡同村迁入。为区别县境同名村落，1980 年以方位改称北孙家庄。

西赵家庄（自然村）位于北孙家庄村东。明崇祯年间，赵姓由龙池瓦城迁此立村，以姓氏取名赵家庄。为区别县境同名村庄，1985 年改称今名。现属北孙家庄村委会。

北孙家庄（含西赵家庄）现有 115 户，362 人，由孙、曹、赵、姜等姓氏组成。耕地面积 590 亩，以小麦、玉米等种植为主。

门八街
Ménbājiē

位于柳疃镇区北部5千米处。东邻玉皇庙村，西临四干渠，南连北孙家庄，北接史家庄。明朝初年，孙姓自德州迁来立村。因村前建有观音庙，庙门上有八道桄（门前横木），得村名“门八”。后因村起集市，农历五、十逢集，又称门八街。尹姓民国时期自横地村迁入，齐姓自龙东村迁入，姜姓自长胡同村迁入。

孙梦豸，明嘉靖三十五年（1556）联捷丙辰科进士。历官河南灵宝县知县、河南道监察御史、岳州府知府。

门八街进士牌坊（2021年） 摄影：李发宁

村中现有260户，840人，由孙、徐、姜、尹、齐等姓氏组成。耕地面积1436亩，以小麦、玉米等种植为主。村民投资有盐田、纺织等产业。

史家庄
Shǐjiāzhuāng

位于柳疃镇区北部5千米处。东邻大辛庄，西临四干渠，南连门八街，北接横地村。该地原有丁姓居住，村东丁家井尚存。明中期，丁姓式微外迁，史姓从城南史家洼子迁来居住，以姓氏取名史家庄。

史家庄大屋（2021年） 摄影：李发宁

民国时期，史家庄人史心清赴东北发展，载誉商界，被推举为吉林省长春商会会长，后回乡修建砖瓦宅院。因屋之高大宽阔乡里少有，被乡人称作“史家庄大屋”。该建筑已于近年实施修缮保护，属省级文物保护单位。

村中现有150户，426人，史姓为主。耕地面积700亩，种植有小麦、玉米等农作物。

横地村
Héngdìcūn

位于柳疃镇区北部6千米处。东邻北范村，西临四干渠，南连门八街，北接七甲村。明洪武年间，尹姓从四川迁昌邑北乡小龙河东岸立村，称尹家庄。继徐姓从四川小云南经山西洪洞县迁入，孙姓从门八街迁入。傅姓从龙池瓦城迁小龙河西岸立村傅家庄。后因所耕之地皆呈横向，东岸尹家庄改称横地，西岸傅家庄改称横里。民国前一年（1910）村民在小龙河上共建石桥，从此两村相连。民国26年（1937），为了联合抗日，两村合并统称横地。

傅文炳，字蔚如，清道光壬午科进士，授广西柳州府融县知县。

村中现有159户，548人，由尹、傅、徐等姓氏组成。耕地面积1300亩，以小麦、玉米等种植为主。

青阜村
Qīngfùcūn

位于柳疃镇区西北部9千米处。东邻南五甲，西临四干渠，南连横地村，北接北五甲。村人相传，宋元时期该地已有康、王、朱等姓氏居住，现村中仍有“康家湾”“康家后”等地名称谓。因村依土埠，碧草青青，得村名青埠。明代推行里甲制，于该村设青埠里，后取“世平道治，民物阜康”之意，以嘉言更名为青阜，清代设青阜社于此。明前期，寇姓自山西太原经安丘金线庄迁居至此，管姓同期自诸城迁入。明宣德年间，孙姓自乐安（今广饶县）孙家官庄迁来落籍。安姓民国时期自院头村迁入，徐姓民国时期自灶户村迁入。郝、董、黄、曹、杜、阎、常等姓氏为1970年峡山库区移民。

青阜农业公社麦收（2021年）　　摄影：冯树岭

近年来，青阜村建成“村集体+企业+农户”的新型农业综合体，发展机械化、科技化、多元化大农业，有效解决了农村劳动力短缺问题，开创了高效农业新模式。

村中现有365户，1336人，由孙、王、管、寇、安、徐、于、郝、董、黄、曹、杜、阎、常等姓氏组成。耕地面积3780亩，种植有小麦、玉米、水稻、大豆、棉花、苜蓿等农作物，另有盐田、盐化工、纺织厂等经济实体。

南五甲村
Nánwǔjiǎcūn

位于柳疃镇区北部8千米处。东邻七甲村，西至青阜村，南连横地村，北接东二甲村。明前期，徐姓由四川阆中凤堡庄迁昌邑北乡，一支定居于龙池徐家庄（今属姚徐邓村），一支落户至青阜社五甲，并沿用“五甲”为村名。至明隆庆年间，有族人北迁立村北五甲，该村遂改称南五甲，又被外迁族人称为“五甲老庄”。

村中现有69户，224人，由徐、姜两姓组成。耕地面积600亩，以小麦、玉米、大豆等种植为主。村民多从事制盐业和海产捕捞业。

七甲村
Qījiǎcūn

位于柳疃镇区北部8千米处。东临灶朱路，西至南五甲村，南连横地村，北接东二甲。明隆庆年间，五甲老庄（今南五甲）徐姓分支东迁新立村庄，取村名七甲。

村中现有92户，302人，多为徐姓。耕地面积824亩，以小麦、玉米等种植为主。村民多从事制盐业和海产捕捞业。

东二甲村
Dōngèrjiǎcūn

位于柳疃镇区北部8千米处。东临灶朱路，西至西二甲，南连七甲村，北接灶户村。明隆庆年间，徐姓由五甲老庄（今南五甲村）北迁至此立村，定名二甲庄。至明崇祯年间，部分村人又西迁小龙河（故道）西岸立村西二甲。该村遂以方位改称东二甲。

村中现有72户，231人，由徐、常等姓氏组成。耕地面积520亩，以小麦、玉米等种植为主。村民经营有盐田和水产养殖场。

西二甲村
Xīèrjiǎcūn

位于柳疃镇区北部9千米处。东邻东二甲，西至北五甲，南连青阜村，北接灶户村。明崇祯年间，二甲庄（今东二甲村）徐氏分支迁小龙河（故道）西岸立村，取村名小二甲，后以方位改称西二甲。1955年西二甲并入北五甲，人民公社时期为北五甲大队第二生产队，1994年西二甲从北五甲村委会分出，恢复行政村建制。

村中现有47户，140人，由徐、刘、杜等姓氏组成。耕地面积750亩，以小麦、玉米、大豆、棉花等种植为主。村民多从事制盐业和海产捕捞业。

北五甲村
Běiwǔjiǎcūn

位于柳疃镇区北部9千米处。东邻东二甲村，西临堤河，南连青阜村，北接灶户村。明隆庆年间，徐姓由五甲老庄（今南五甲村）迁此立村，以方位取名北五甲村。

村中现有40户，141人，由徐、刘、曹等姓氏组成。耕地面积750亩，以小麦、玉米种植为主。村民多从事制盐业和海产捕捞业。

谭家庄
Tánjiāzhuāng

位于柳疃镇区北部10千米处。东临灶朱路，西至灶户村，南连东二甲，北接盐田经济区。原有谭姓世居于此，宋元时期曾设官办盐店，并设集市，乡人称店上、谭家店。明洪武年间，另宗谭姓从山西洪洞县迁来居住。后盐店取消，村名改称谭家庄。民国27年（1938）大海潮，该村谭氏三十余户远迁东北谋生。

谭家庄前原有驸马庄，多为谭姓，与谭家庄谭姓同宗。据传，村中曾有入仕者被荐选驸马，因御宴时拘谨落选，乡人犹美之，呼村子为“驸马庄”。1955年，驸马庄并入谭家庄。

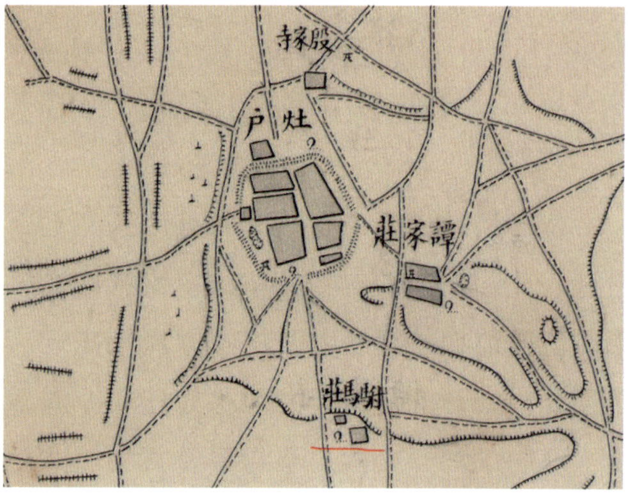

光绪年间地图中驸马庄位置　　提供：林鹏飞

谭家庄现有63户，186人，多为谭姓。耕地面积800亩，以小麦、玉米、大豆、棉花等种植为主。村民多从事制盐业和海产捕捞业。

灶户村
Zàohùcūn

位于柳疃镇区北部10千米处。东邻谭家庄，西临堤河，南连北五甲，北接盐田经济区。明隆庆年间，徐姓自江苏东海郡迁济南府武定州阳信县桑埜树（今惠民县桑落墅），随即又迁昌邑北乡榆英社，以火灶熬盐为业，得名灶户庄。魏姓清光绪年间由博兴县迁入，温姓自龙池西白塔迁入。

殷家寺（故村），殷姓立村，故村址位于灶户村北，因村有寺庙而得名。村中天齐庙大殿三间、山门一座，塑有天齐大帝、黄飞虎和大阎罗等神像。至民国时期，因海潮频袭，村户所剩无几。民国28年（1939）大海潮，剩余村户迁入灶户村居住，村庄自此消失。

灶户村一带为清代榆英社（滩）治所驻地，周边还曾有压花铺、王家宅科、康家重崖、刘家庄、海庙子、孙家央等村落，均因海潮侵袭而迁离。

村中现有473户，1296人，多为徐姓，另有于、魏、郑、殷、温等姓氏。耕地面积4620亩，以小麦、玉米、棉花等种植为主。村民多从事晒盐、海产养殖和捕捞业。

大辛庄
Dàxīnzhuāng

位于柳疃镇区北部6千米处。东邻张家车道，西至史家庄，南临新海路，北接北高村。明洪武年间，朱姓自四川经山西洪洞县迁昌邑北乡落籍，世传因择芙蓉树下立村而得村名芙蓉庄。刘姓明代自山西洪洞县迁入，范姓自北范村迁入。清同治年间村子因兵燹被焚毁，重建家园后改称新庄，后演称为辛庄。为区别县境同名村庄，1980年更名大辛庄。

村中现有146户，445人，由范、刘、朱、史等姓氏组成。耕地面积582亩，以小麦、玉米、大豆等种植为主。

北高村
Běigāocūn

位于柳疃镇区北部7千米处。东邻张家车道，西至北范村，南连大辛庄，北依青乡社区。明洪武初年，高姓自四川经山西洪洞县迁昌邑北乡立村，以姓氏取名高家庄。范姓清末从北范村迁入。为区别同名村落，1980年以方位改称北高家庄。今省称北高村。

村中现有146户，405人，由高、范、孙、史等姓氏组成。耕地面积680亩，以小麦、玉米种植为主。

北范村
Běifàncūn

位于柳疃镇区北部7千米处。东邻北高村，西临灶朱路，南连史家庄，北接前青村。明中期，龙池楼子村范九德（明正统辛酉科举人）由南宫知县致仕回乡，因喜清净徙居范家泊（今南范家庄），二世分支又北迁来此立村范家庄。1958年为区分同族村庄，以方位改称北范家庄，后省称北范村。

村中现有113户，353人，多为范姓。耕地面积630亩，以小麦、玉米等种植为主。

前青村
Qiánqīngcūn

位于柳疃镇区北部7.5千米处。东邻马家庄，西临灶朱路，南连北范村，北接后青村。据该村《孙氏族谱》载“明洪武间，由直隶枣强县迁山东乐安三岔口村，不久遂徙今址，原名孙家庄，后因村北之青乡寺，更名为青乡村云”。明朝初年，孙姓自四川省经河北枣强县迁乐安县（今山东广饶县）三岔村，又转迁昌邑北乡落户，以姓氏取名孙家庄。后因村北有青乡寺，与后村统称青乡庄。明崇祯年间始设青乡集，与后村隔五日轮流为集。民国33年（1944），为联合抗日，该村改称前青乡庄，后村改称后青乡庄。1949年后省称为前青村和后青村。

村前原有曹家庄，9户人家40余人。民国30年（1941）夏，日伪军拆除曹家庄村舍，在村址位置设立据点，村人被迫迁东山（今栖霞、乳山一带）以织绸谋生。民国33年（1944）8月6日，日伪军趁夜逃走，据点拆除，曹氏族人回到昌邑，并入前青村居住。曹家庄由此消失。

前青村现有256户，700人，多为孙姓。耕地面积1300亩，以小麦、玉米种植为主。

后青村
Hòuqīngcūn

位于柳疃镇区北部8千米处。东邻马家庄，西临灶朱路，南连前青村，北接老官村。村后原有青乡大寺，寺内曾有古碑云“唐有青乡寺，后林氏迁此，从寺而得名青乡”。另据该村《林氏族谱》载“始祖始来鄑城，先居于居信乡之门八镇，后徙青阜社之青乡庄，因有土著户庠生林姓者……我始祖依以为宗”……宋元时期已有林姓居此，以寺名定村名为“青乡庄”。明朝初年，另宗林姓自济南府武定州阳信县桑埜树（今惠民县桑落墅）经昌邑北乡门八镇（今柳疃镇门八街）迁青乡庄落户，与原住民林姓连宗。明崇祯年间始设青乡集，与前村隔五日轮流为集，两村对外统称“青乡庄”；民国33年（1944），为联合抗日，该村改称后青乡庄，前庄改称前青乡庄；1949年后省称为后青村和前青村。村中王姓清末由姜家寨迁入，谭姓民国28年（1939）由谭家庄迁入，孟姓1954年由潮海村迁入。

林国柱，明崇祯庚辰年武进士。仕至山西五眼井都指挥佥事，诰封武尉，官至三品。明崇祯十五年（1642）壬午兵燹，致仕归里的林国柱守昌邑城西北处，英勇殉国，载于县志。

村中现有162户，450人，由林、王、谭、孟等姓氏组成。耕地面积930亩，以小麦、玉米种植为主。

老官村
Lǎoguāncūn

位于柳疃镇区北部9千米处。东临昌盛路，西临灶朱路，南连后青村，北临兴昌路。乡人相传，宋元时期已有马、王、范等姓氏居此，“老官村”之名或与官府盐税机构关。另有传说，明代以前北部沿海曾有白沙县，辖九村十八铺，其中包括老官村和渔儿铺（今渔尔堡村）。明永乐年间，徐姓自直隶枣强县徙居昌邑老官村，根据明时里社制度，排为八甲，曾名八甲老官村，民国时期复称老官村。

村中现有197户，504人，由徐、刘、王、范等姓氏组成。耕地面积1500亩，以小麦、玉米等种植为主。

潮海村
Cháohǎicūn

潮海村貌　　摄影：李发宁

位于柳疃镇区东北部9千米处。东临潍河，西至西营村，南临新海路，北接道岔村。明洪武年间，孙姓从山西迁来定居。继尹姓从横地村迁入，孟姓由邹县（今济宁邹城）傅村迁入。因村处碱滩，海潮频袭，遂以“潮海”为村名。明末立潮海社于该村，并设集市，曾称潮海街。另有刘姓自城西刘家辛郭迁潮海村前定居，并挖砌甜水井一口，得村名刘家井。1962年刘家井并入潮海村。

村中现有305户，823人，由孟、陈、王、孙、郭、刘、范、卢、玄等姓氏组成。耕地面积1100亩，以小麦、玉米等种植为主。村民投资有纺织业和海产捕捞业。

西营村
Xīyíngcūn

位于柳疃镇区东北部9千米处。东邻潮海村，西至马家庄，南连张家车道，北临青郭路。宋代已有张姓居此，村名张家庄。继吕姓迁来落籍，改称吕家庄。明洪武年间，孙姓自直隶枣强县迁入，因村西有墓茔，更名西茔。民国27年（1938）以村内南北沟渠为界分为东、西两村，东村称道岔，西村雅称西营。

西营村现有129户，340人，孙姓居多。耕地面积923亩，以小麦、玉米等种植为主。

道岔村
Dàochàcūn

位于柳疃镇区东北部9千米处。东临潍河，西至西营村，南连潮海村，北接郭家庄。民国27年（1938），西茔村以村内南北沟渠为界分为东、西两村。西村雅称西营，该村居沟东，因渔尔堡通往城里的马车大道由此叉开，一条往南通向柳疃，一条往西通向青乡，得村名道岔。

孙玉芳，道岔村人，清同治庚午科举人。曾主讲昌邑凤鸣书院，后赴吉林榆树县主持书院工作，门徒中走出三名翰林、五名进士、多名举人。故于清宣统三年（1911），翰林兄弟于荫霖、于钟霖为其合撰碑文。

村中现有125户，354人，由孙、孟等姓氏组成。耕地面积1230亩，以小麦、玉米、大豆、棉花等种植为主。村民投资有丝绸纺织企业。

马家庄
Mǎjiāzhuāng

位于柳疃镇区东北部9千米处。东邻西营村，西至北高村，南连张家车道，北临青郭路。明洪武年间，马姓从直隶枣强县徙居至此，以姓氏取名马家庄。后因社甲制排为二甲，改名二甲马家庄，民国14年（1925）后复称今名。

村内有建于民国时期的四合院一处，青砖墙体、砖雕纹饰。院落主人马殿纲民国初年闯关东做丝绸生意，发家后回乡建造该院落。

村中现有72户，222人，多为马姓。耕地面积360亩，以小麦、玉米、大豆等种植为主。

郭家庄
Guōjiāzhuāng

位于柳疃镇区东北部10千米处。东邻东申明亭，西临郭渔路，南连道岔村，北接北新兴村。明隆庆年间，郭姓从四川成都府资阳县枣阳滩迁昌邑北乡落户，择老官村东二里立村郭家宅科，后因水苦难食，一支南迁郭家车道，一支东迁至此立村，以姓氏取名郭家庄。

郭家庄民间文艺剧种“打秧歌”被列为潍坊市级非遗项目，词曲源自该村清代秀才郭万，属带有唱词和固定角色的秧歌剧种，村中代代相传至今。

村中现有225户，639人，由郭、徐、陈等姓氏组成。耕地面积1260亩，以小麦、玉米、棉花等种植为主。村民投资有纺织产业。

东申明亭村
Dōngshēnmíngtíngcūn

位于柳疃镇区东北部10千米处。西与郭家庄接壤，东有河堤环绕。村中相传，元代已有阎、于、孙等姓氏居此，因村处堤台高处，得名“堤上”。陈姓自东陈村迁入，明姓从明家大圈（故村已失）迁入。另宗孙姓明前期由山西洪洞县迁堤东蛤蜊场居住，得村名老宅科，又因水患西迁堤上聚居。明洪武初年官府在该村建申明亭，用以明榜善恶，理断纠纷。久之，乡人以“申明亭”呼为村名。清乾隆年间，潍河决口致村舍塌没，村子西移今址重建。1981年，为区别双台乡同名村庄，改称东申明亭。

村中现有377户，987人，由孙、明、王、陈、徐等姓氏组成。耕地面积2050亩，以小麦、玉米、大豆等种植为主。

明家大圈
Míngjiādàquān

明家大圈（今已失）故址位于今下营镇西下营村前河堤之内。明朝末年，明姓自真定府枣强县迁今下营镇西下营村西南一带居住，因村临潍水，筑圩防洪，得村名明家圈。后丁繁户盛，改称明家大圈。

据下营曹家店《曹氏族谱》记载，明代及清前期潍河故道自曹家店村后向东北入海。彼时的下营、明家大圈、李家圈、刘家圈都在河西。但因当时的河堤修筑能力所限，每至汛期，洪水频发。明家大圈村户自明后期开始往西迁移，分别迁至今柳疃太平村、明家圈、前大兴、后大兴、东申明亭等村子居住。至清中期，明家大圈故村失于洪水。

清同治年间，潍河彻底改道至从曹家店村西往北，至下营村前又西转，往西北流经渔尔堡一带入海。

北新兴村
Běixīnxīngcūn

北新兴村俯瞰（2021年）　　摄影：李发宁

位于柳疃镇区东北部10千米处。东临潍河，西至郭家庄，南连东申明亭，北接太平庄。该村地处潍河西岸，多个自然村为避水患聚居于此，组成一个行政村落。

明洪武年间，徐姓从真定府枣强县迁昌邑北乡立村徐家宅科（故村位于今老官村东北，与老官村徐氏同宗）。为吃水方便，又东移至潍河岸边，因筑圩防洪，得名徐家圈。王姓自辛安庄迁来居住。董姓明代自山西大槐树迁徐家圈村西立村董家庄，民国末年并入徐家圈。

后大兴位于徐家圈村东南，先有孟姓居此，因房舍低矮，前有小屋村，故得村名后小屋。明后期，徐姓一支（与徐家圈徐氏同宗）迁后小屋居住；清前期，明姓因水患自明家大圈（故村）迁入；清光绪十八年（1892），孙姓因水患从东申明亭迁入。诸姓迁来，人丁兴旺，村名由“后小屋”改称“后大兴”。

清代，后大兴村东头部分村户迁村西新建房舍居住，乡人称新宅子，久成村名。

清中期，明家大圈（故址位于今下营镇西营村前）庐舍失于洪水，明氏一支迁新宅子村前居住，初称明家胡同，后人丁渐旺，沿用故村名，称明家圈。

前大兴位于明家圈村前，相传汪姓先居于此，初来时庐舍敝陋，乡人称“小屋”，又因村后新立村庄“后小屋”，该村遂改称“前小屋”。后有两宗王姓分别自灶户和下营滩子迁入。清后期，后小屋改称后大兴，该村遂改称前大兴。

1955 年，新宅子、前大兴、后大兴、徐家圈、明家圈、太平庄六村合一，取“新宅子”及“大兴”各一字，成立新兴大队；1983 年恢复行政村建制，太平庄划出，其余五村合属新兴村委会。后为区别县境同名村庄，改称北新兴村。

民国 32 年（1943）6 月，昌邑县武委会在新宅子村建立手榴弹、地雷工厂，每天生产手榴弹和地雷百余个，对补给昌北抗战武装武器供应起到了重要作用。

北新兴村现有 447 户，1290 人，由徐、明、王、董等姓氏组成。耕地面积 3200 亩，以小麦、玉米、大豆、棉花等种植为主。村民经营有丝织厂、盐田等产业。

太平庄
Tàipíngzhuāng

位于柳疃镇区东北部 12 千米处。东临潍河，西至郭渔路，南连北新兴村，北接辛安庄。明朝初年，明姓由直隶枣强县迁来落籍（与明家大圈明氏同宗），取名明家庄子。王姓清前期自辛安庄迁入，孟姓清代自潮海村迁入，刘姓自城西刘家辛郭迁入，张姓清末自平度迁入。相传清嘉庆年间，山东巡府国泰巡查海堤修筑工程时曾驻扎此庄，因夜无鸡鸣犬吠，安然寂静，赐名太平庄。1955 年，该村与明家圈、前大兴、后大兴、徐家圈、新宅子合并成立新兴大队，1983 年从新兴大队划出，复名太平庄。

村中现有 125 户，374 人，由明、王、孟、刘、张等姓氏组成。耕地面积 930 亩，以小麦、玉米、大豆等种植为主。村民多从事水产养殖业和捕捞业。

辛安庄
Xīnānzhuāng

辛安庄（自然村）位于柳疃镇区东北部15千米处。西南与太平庄相连，北与渔尔堡村相接，潍河流经村东。据《王氏族谱》载，明洪武四年（1371），始迁祖从青州东关徙昌邑北乡榆英之东谭家店北，立村王家宅科，后因水苦难食，迁潍河之滨新建村落。初定村名新安庄，民国时期演称为辛安庄。村中李姓自县城东关迁入，潘姓自安徽凤阳府迁入，赵姓自龙池瓦城迁入，郑姓由诸城经龙池村迁入，张姓由张家车道迁入，三宗孙姓分别自西茔（今柳疃西营）、道岔、东申明亭迁入，程姓从邹平魏桥迁入，邢、唐二姓从昌乐迁入，刘姓从流河迁入，徐姓从后大兴迁入。

潍畔渔村辛安庄（2019年） 摄影：李发宁

辛安庄。民国36年（1947）土地改革，划分为西辛安庄、北辛安庄、东辛安庄三村。农历三、八为该村集市。

东辛安庄
Dōngxīnānzhuāng

因位于辛安庄东部村域而得名。村中现有231户，620人，由王、郑、李、刘、唐、邢等姓氏组成。耕地面积1750亩，以小麦、玉米、花生等种植为主。村民多从事养殖与浅海捕捞业。

西辛安庄
Xīxīnānzhuāng

因位于辛安庄西部村域而得名。村中现有454户，1400人，由王、李、郑、赵、孙、张、程等姓氏组成。耕地面积3270亩，以小麦、玉米、棉花等种植为主。村民经营有纺织业与浅海捕捞业。

北辛安庄
Běixīnānzhuāng

因位于辛安庄北部村域而得名。村中现有309户，890人，由王、李、郑、潘、徐等姓氏组成。耕地面积1615亩，以小麦、玉米、棉花、花生等种植为主。村民经营有纺织业与浅海捕捞业。

渔尔堡
Yúěrpù

渔尔堡海神庙（2019 年） 照片提供：李涛

位于柳疃镇区东北部 16 千米处。东临潍河入海口，西至柳疃开发区，南连辛安庄，北接盐田经济区。宋元时期已有原住民于此搭建窝铺，捕鱼为业，得村名渔（儿）铺，后演称渔尔堡。李姓明洪武年间自湖北襄阳府枣阳县迁入，陈姓同期自济南府历城县纸坊村迁入（与龙池楼子村陈姓同宗），另宗李姓清代从辛安庄迁入。1972 年，因峡山水库修固工程影响，刘、李、王、郭四姓从库区迁该村落户。

清康熙《昌邑县志》载："渔儿铺巡检司在县北 50 里，旧有城墩，自明季裁。巡检城及衙门俱废，基址尚存，其墩犹在。"明代曾于该村域一带设渔儿铺巡检司，有盐车大道从巡检司通往县城，郭家车道一带曾设车道里，辖周边沿路车道村。巡检司于明崇祯年间裁除。

村中现有 331 户，976 人，由陈、李、刘、王、郭等姓氏组成。耕地面积 3200 亩，以小麦、玉米等种植为主。村民多从事制盐业、渔业及海产养殖业。

第六节 下营

下营镇
Xiàyíngzhèn

位于北纬36° 57′ 01″ ～37° 08′ 15″ 东经119° 25′ 12″ ～119° 36′ 27″ 。地处昌邑市东北部，距市区31千米。东与平度市、莱州市隔胶莱河相望，西与柳疃镇隔潍河相邻，南与卜庄镇毗连，北依莱州湾。因驻地下营村而得名。电话区号0536，邮政编码261312。

清乾隆七年（1742）设下营镇，属居信乡；民国14年（1925）昌邑改乡社制为区乡（镇）制，下营镇属第四区；民国32年（1943）10月，抗日民主政府重新划分区划，下营镇从原第四区分出，直属县政府管理；1952年6月，下营镇与东冢区合并，称第七区；1955年8月，从第七区（原东冢区）分出，成立渔业区。1958年2月渔业区改称下营镇，同年9月与东冢乡合并为红星人民公社，同年12月改称东冢人民公社；1983年5月取消人民公社，恢复东冢乡；1984年10月，从东冢乡分出西下营、东下营、裴家村、吕家村、李刘村5个行政村，成立下营镇；2001年3月撤销下营镇，整建制并入夏店镇；2009年10月复设下营镇，辖潍河以东、荣乌高速公路以北各村。

地处胶莱河、潍河入海口，境内地势平坦。地下蕴含卤水、石油、天然气等矿产资源。

境内有周代及宋元时期盐业遗址、李福泽故居、下营海关衙署及古港等省级文物保护单位，为祭海节、渔歌号子、昌北椒子酱等非遗文化项目发源地。

辖35个行政村，7273户，2.22万人，均为汉族。辖区总面积217.88平方千米，耕地面积5.67万亩，以小麦、玉米等种植为主，另有水产养殖业。工业以溴盐、化工、医药、生态能源等产业为主。2021年实现公共财政收入3.48亿元，规模以上工业总产值104.84亿元，规模以上批零住餐销售总额3.71亿元，规模以上服务业营业收入7362万元，农民人均可支配收入2.49万元。

先后获“省级文明单位”“山东省森林镇”“山东省特色产业镇”“省级农业产业强镇”等荣誉称号。

下营镇人民政府大楼旧照（1989 年） 照片提供：李发宁

下营老街旧影（2010 年） 摄影：王宏志

下营祭海节　　摄影：李发宁

渔归　　摄影：李发宁

下营镇区俯瞰

摄影：李发宁

下营城镇居民点

滨海家园
Bīnhǎi Jiāyuán

位于下小路东侧，下营镇蒲东社区。由廒里村、小韩村、张家村、大韩村组成。东邻下营九年一贯制学校，西至下小路，南至育新街 ，北邻月亮岛御庭小区。占地面积128312平方米，建筑面积142648平方米，绿地面积10200平方米。住宅楼27栋，897户。2022年5月首期建成入住。

滨海家园（2022年）　　摄影：李发宁

月亮岛御庭小区
Yuèliàngdǎo Yùtíng Xiǎoqū

位于下小路东侧，下营镇蒲东社区。由北姜村、郇家村组成。东临月牙湖滨海湿地，西至下小路，南邻滨海家园，北临月牙湖滨海湿地。占地面积46690平方米，建筑面积57800平方米，绿地面积15570平方米。住宅楼8栋，340户。2019年7月首期建成入住。

月亮岛御庭小区（2022年）　　摄影：冯树岭

下营农村居民点

西下营村
Xī Xiàyíngcūn

西下营村一隅（2021 年） 摄影：李发宁

位于镇区南部2千米处。东邻东下营村，西临潍河，北临下营港。据《李氏族谱》记载，明朝初年，李宝、李玉兄弟二人经直隶枣强县迁昌邑城北三贤埠（今奎聚李家埠），二世仲明、仲德、仲善三人分迁金台（今石埠东金台）、双台、营台。该地本为古兵营旧址，立于高台之上，李氏迁来后取名“营台”。后因潍水上游有南营村，遂更名为下营村。明朝末年，因潍河水患至村子西段庐舍冲毁，部分族人迁村东蒿坡另建东下营村，该村遂改称西下营村。陈姓明代自柳疃渔尔堡迁下营村北立陈家庄，后并入西下营村。尹姓清中期自东冢尹家庄（今属卜庄）迁入。

清代，潍河故道蜿蜒流经村前，又转村西北流。村前原有下营码头，泊船区1200余米，可停泊大小渔船及商船300余艘。码头北岸500米处设有海关衙署，衙署东侧旧有天后宫，村北有海神庙。当前仅海关衙署建筑尚存。

村中现有608户，1697人，由李、陈、尹、王等姓氏组成。耕地面积2300亩，以小麦、玉米等种植为主。村民多从事水产养殖、捕捞和制盐业。

东下营村
Dōng Xiàyíngcūn

位于镇区南部2千米处。东临下小路，西至西下营村，南连李刘村，北依镇区。明朝末年，下营村（今西下营村）李姓为避水患迁村东蒿坡立村，以方位称东下营村。明姓清中期自明家大圈（故村位于西下营村前河堤之内）迁入，尹姓清后期自西下营村迁入，王姓清道光年间自王家庙村迁入。

东下营村海鲜市场（2021 年） 摄影：李发宁

村中现有520户，1420人，由李、明、尹、王等姓氏组成。耕地面积1590亩，以小麦、玉米等种植为主。村民多从事水产养殖、捕捞和制盐业。

裴家村
Péijiācūn

位于下营镇区东南部 2.5 千米处。东南与吕家村相接，西北与东下营村相望。明洪武年间，裴姓从四川成都迁来立村，以姓氏取名裴家庄。谢姓清乾隆年间从吕家庄迁入，李姓自石埠金台迁入，两宗王姓分别自王家庙和饮马山阴村迁入。1980 年为区别县境同名村庄，改称裴家村。

村中现有 160 户，432 人，由李、王、谢、裴等姓氏组成。耕地面积 500 亩，以小麦、玉米等种植为主。村民多从事海产养殖和捕捞业。

吕家村
Lǚjiācūn

位于下营镇区东南部 3.5 千米处。东临蒲河，西北与裴家村相接，西南与李刘村相望。明隆庆二年（1568），吕姓为避水患由夏店吕家庄（今属卜庄）迁来立村，沿用“吕家庄”故村名。该地原为潍河故道冲积高地，曾有原住民居此，吕氏家族迁来时尚存原住民房基，村人称“破房基”。张姓清初自招远迁入，傅姓清代从平度新河迁入，裴姓清代由裴家村迁入。谢姓明前期自青州懒柳树迁曹家店村西南立村谢家圈，清雍正年间因潍河改道村庄被淹，村人迁吕家庄居住。1985 年地名标准化处理，改称吕家村。

村东六里原有辉村，清中期因大海潮村被冲毁，村户整体搬迁至饮马博陆山前另建新村，沿用故村名。清前期潍河故道曾由曹家店村后流经吕家村前，又沿吕家村东北方向入海，彼时村前河道可停泊渔船。村东南原有沙窝地，为潍河故道冲积形成的沙丘地貌。

村中现有 500 户，1690 人，由吕、谢、王、张、傅、邱、裴、刘等姓氏组成。耕地面积 1900 亩，以小麦、玉米等种植为主。村民经营有水产养殖、海洋捕捞等产业。

李刘村
Lǐliúcūn

位于下营镇区南部 4 千米处。东临蒲河，西临潍河，南连曹家店，北接东下营村。由李家圈（棋盘地）、刘家圈、大江村三个自然村组成。

李家圈位于李刘村中部。据该村《李氏族谱》载 “吾族自四川成都府剪子巷迁来，籍居昌邑北乡，距城五十里，村名李家圈”。李姓明代迁来立村，因居临潍水，筑圩防洪，得名李家圈。后因塌河村人东移新建村落，村舍排列有序，由此又有棋盘地之称。明时，西下营村李姓一支迁李家圈村北侧建房定居，初称小营村，后并入李家圈。

刘家圈位于李刘村北部。清顺治年间，河西刘家车道刘氏五世分支迁河东西下营村前立村，因村筑土圩，得名刘家圈。后因塌河村舍尽毁，村人东迁今址重建家园，沿用故村名。

大江村位于李刘村南部。元时胶辽官话称丘埠为“堵（jiǎng）”，下营一带乡人惯称水泽中的丘地为“堵”。该地因潍河故道水流冲积形成一大一小两块丘地，大者称“大堵”，小者称“小堵”。清代，刘家圈刘姓一支为避水患迁此高地立村，因“堵”字难写，记村名为“大江”。

1951年，李家圈、刘家圈、大江村三村合并，以姓氏取名李刘村。

村中现有460户，1210人，由李、刘、王、裴等姓氏组成。耕地面积3000亩，以小麦、玉米等种植为主。村民多从事养殖业和海洋捕捞业。

曹家店
Cáojiādiàn

位于下营镇区南部6千米处。东临下小路，西临潍河，南连东辛店，北接李刘村。该地原有傅姓世居，故村位于今村址西南侧。明洪武年间，曹姓自直隶枣强县迁入，谢、孙、李等姓氏相继迁入。后曹姓族兴，遂取名曹家庄。至清中期，因居临潍河，设有渡口，村庄依托船运商贸兴盛一时，曾有“九街十八巷”之称，村名由此改称曹家店。清光绪年间，潍河连年泛滥，村舍屡遭洪水侵袭，村人向东北移至今址重建家园，沿用故村名。

清后期，因海潮水患，百余村户迁东北吉林谋生。民国初年东北修建中长铁路，又有大批村民迁哈尔滨、牡丹江、齐齐哈尔等地从事铁路、煤炭、伐木等工作。民国28年（1939）大海潮导致农田被淹，近半数村民北迁辽宁、黑龙江等地。

三甲村（自然村）位于曹家店南邻，属曹家店村委会。明代，谢姓由直隶枣强县迁昌北曹家庄（曹家店故村址）落籍，根据明时官府田赋管理制度编为三甲。清光绪年间潍河水患冲毁村舍，族人东迁今址立村，沿用“三甲”为村名。

孙家庄（自然村）位于三甲村南邻，属曹家店村委会。明崇祯十五年（1642）壬午兵燹，昌邑县城西门里（今属西关）孙姓迁曹家庄（曹家店故村址）西北立村，以姓氏取名孙家庄。清光绪年间潍河水患冲毁村舍，村人东迁今址重建家园，沿用故村名。

曹家店（含三甲村与孙家庄）现有360户，1086人，由曹、谢、孙、邱、赵、王、李、马等姓氏组成。耕地面积3500亩，以小麦、玉米等种植为主。村民多从事水产养殖和海洋捕捞业。

东辛店
Dōngxīndiàn

位于下营镇区南部7千米处。东临五干渠，西临下小路，南连北二甲，北接曹家店。明前期，李姓迁曹家庄（曹家店故村址）落籍。为避水患，于清后期东迁今址另建村舍，因户寡人少，初名孤家子。清光绪年间，曹家店（故村址）曹姓一支迁来居住。李、曹两族为纪念曹家店故村，定村名为东新店，后演称东辛店。1956年入社时与曹家店合并，1983年划出为独立行政村。

村中现有130户，361人，由曹、李、郭、赵、谢等姓氏组成。耕地面积1150亩，以小麦、玉米等种植为主。村民多从事水产养殖和海洋捕捞业。

北二甲村
Běièrjiǎcūn

位于下营镇区南部8千米处。东临蒲河，西临下小路，南连火道村，北接东辛店。明洪武年间，谢姓由海丰县（今无棣县）迁来立村，根据明时官府田赋管理制度被编为二甲，后成村名。1980年地名普查时，为区别县境同名村庄，以方位改称北二甲。

梁家庄（自然村）位于北二甲村北，属北二甲村委会。明中期，孙姓自河西蛤蜊场（今柳疃申明亭）迁来立村，以姓氏取名孙家庄。继梁姓由城里南隅迁来居住。后梁姓族兴，于民国中期更名梁家庄。

同泰庄（自然村）位于梁家庄以北，属北二甲村委会。明前期，谢姓从直隶枣强县迁昌邑北乡曹家庄（曹家店故村址）西南隅居住，根据明时官府田赋管理制度被编为八甲。清道光年间潍水涨溢，庐舍被淹，八甲谢氏东迁今址重建家园，初名新庄，后演称辛庄。民国时期为区别县境同名村庄，以村人商号“同泰”定为村名。

北二甲村（含梁家庄和同泰庄）现有252 户，762人，谢、孙、梁三姓居多。耕地面积2700亩，以小麦、玉米等种植为主。村民多从事水产养殖和捕捞业。

潍子村
Tānzicūn

位于下营镇区南部9千米处。东邻火道村，南连大院村，潍河环绕村子西北。村庄故址位于今村址以西河堤之内，乡人相传原有马姓世居，始称“兴隆庄”。至明代，王姓自直隶枣强县迁入。清乾隆年间，村人因水患东迁今址新建家园，改称新兴庄，后演称辛兴庄。清光绪年间，因处河滩地，更名为潍子村至今。

村中现有215户，529人，由王、李、马等姓氏组成。耕地面积1300亩，以小麦、玉米等种植为主，另有核桃种植园。

火道村
Huǒdàocūn

位于下营镇区南部8千米处。东临蒲河，西至小院村，南临新海路，北接北二甲村。春秋时期已有灶民居此熬盐为业。村前曾出土盐灶遗址，向东一直延伸到廒里村一带。因整排火灶立于村前，每至日落后沿路通明一片，被乡人赋予“火道”之称，渐成村名。村内另有传说，唐王东征时曾于村前高地驻扎训骑，唐王去村中取火，偶遇一妇人，遂问此为何处，妇人曰，此地无名。唐王曰，今日取火来此，那就取名火道吧。相传宋元时期，曾有宋、牛二姓居此，至明代，李、王二姓先后迁入，孙姓由蛤蜊场（故址位于今柳疃东申明亭村东）迁入。村内尚有宋家湾、牛家井、唐家央等古地名流传。

李福泽（1914-1996），火道村人，民国25年（1936）投身革命，1955年授予少将军衔。1958年10月起，历任国防科委某部副司令员、代理司令员、国防科委副主任兼某部司令员等职，在酒泉卫星发射基地奋斗十六载，先后组织领导了一批导弹和卫星发射及重大试验任务，为中国航天事业奠基人之一。

著名朦胧派诗人顾城1969年随父亲顾工下放到昌邑北乡农场劳动，居于火道村，并在村外的河滩上写成了代表作《生命幻想曲》。

少年顾城在火道村口（1971年）照片提供：李发宁

村中现有304户，935人，由李、王、孙等姓氏组成。耕地面积2800亩，以小麦、玉米等种植为主。村民投资有食品冷藏等产业。

大院村
Dàyuàncūn

位于下营镇区西南部11千米处。东临下小路，西临潍河，南临新海公路，北接滩子村。据《马氏族谱》记载，马氏于明永乐年间由直隶枣强县迁昌邑北乡立村马家庄（今柳疃马家庄），族中分支因水患于清嘉庆十七年（1812）迁河东岸居住，以织网捕鱼为业，乡人称“网户院”。清道光年间潍水东徙，村庄再次东移，并改称马家大院，后省称大院。民国31年（1942），昌邑县政府曾驻该村办公。

村中现有240户，694人，马姓居多。

耕地面积2100亩，以小麦、玉米、丹参种植为主。村设中医药种植合作社。

小院村
Xiǎoyuàncūn

位于下营镇区南部11千米处。东临下小路，西至大院村，南临新海路，北接滩子村。明永乐年间，马姓自直隶枣强县迁昌邑北乡立村马家庄（今柳疃马家庄），后世分支迁潍河东岸马家大院前立村，取村名马家小院，后省称小院。

民国35年（1946）11月，山东北海银行昌邑县办事处在小院村成立。

村中现有85户，243人，马姓居多。耕地面积610亩，以小麦、玉米等种植为主。

后柳村
Hòuliǔcūn

位于下营镇区南部11千米处。东临下小路，西至小院村，南连前柳村，北接滩子村。明洪武年间，曲姓迁来立村。因村处河滩地，柳林丛生，故名曲家柳滩，后演称曲家柳疃。因村前另有孙家柳疃，乡人惯以“后柳疃”“前柳疃”相称，渐成村名，后省称为后柳村。张姓清中期自城里南隅迁入，马姓清咸丰年间由大院村迁入。

村中现有87户，238人，张、马两姓居多。耕地面积550亩，以小麦、玉米等种植为主。

前柳村
Qiánliǔcūn

位于下营镇区南部11.5千米处。东临下小路，西至小院村，南临新海路，北接后柳村。明中期，孙姓从北堤（今柳疃东申明亭村）迁来立村。因村处河滩地，柳林丛生，故名孙家柳滩，后演称孙家柳疃。因村后另有曲家柳疃，乡人惯以“前柳疃”“后柳疃”相称，渐成村名，后省称为前柳村。张姓由柳疃张家车道迁入。

村中现有83户，228人，张、孙两姓居多。耕地面积580亩，以小麦、玉米等种植为主。

沟崖村
Gōuyácūn

沟崖村民国古巷（2021年）　　摄影：李发宁

位于下营镇区西南部12千米处。东邻王家庙，西临潍河，南连冯家村，北接新海路。此地隋代曾有先民居住，1958年曾出土隋代文物。明嘉靖年间，李姓自四川迁来立村，因居于潍河溢洪沟北崖，得村名李家沟崖。村西原有明家沟崖，村南为韩家沟崖，后三村合并，统称沟崖。

村中现有110户，306人，李、韩两姓居多。耕地面积630亩，以小麦、玉米等种植为主。村民投资有中药材种植和加工基地。

王家庙
Wángjiāmiào

位于下营镇区南部12千米处。东临下小路，西至沟崖村，南临大莱龙铁路，北临新海路。明前期，王姓自油坊头（今卜庄北王家庄）迁此看管柳林，后世安居于此，渐成村落，得村名王家柳行。至清前期，因村东建起土地庙，村名遂改称王家庙。张姓清顺治年间从石桥子（今卜庄西石桥）迁入，尹姓清中期从尹家庄（今属卜庄）迁入。

村中现有130户，351人，由张、王、徐、尹、朱、胡、高、郝等姓氏组成。耕地面积960亩，以小麦、玉米等种植为主。

冯家村
Féngjiācūn

位于下营镇区西南部13千米处。东邻沟崖村，西临潍河，南临大莱龙铁路，北临新海路。元延祐年间，冯姓自江苏宿县徙居昌邑北乡，以织网捕鱼为业，乡人称冯家网户。又因村依潍河渡口，更名冯家道口。清中期改称冯家庄，清咸丰年间改称冯家寨，民国后期更名冯家村至今。

村中现有340户，1000人，冯姓居多。耕地面积1900亩，以小麦、玉米等种植为主。

张家寨
Zhāngjiāzhài

位于下营镇区西南部14千米处。东邻冯家村，南连胡家道口，潍河环绕村子西北。明代，张姓自柳疃张家车道迁来立村。因筑圩防洪，乡人称“寨里庄”；清中期改称大寨；民国时期以姓氏更名为张家寨。

村中现有110户，319人，张姓居多。耕地面积523亩，以小麦、玉米等种植为主。

海眼村
Hǎiyǎncūn

位于下营镇区西南部14千米处。东临下小路，西至胡家道口，南连卜庄西董村，北接冯家村。村人相传，该地原有侯姓世居。据《谭氏宗谱》记载，谭氏元末从即墨鳌山卫迁此落籍，为解决吃水问题，从潍县请来打井工匠，却打至岩石不见水出，本想放弃，又从潍县赶来一师傅，说再打一米试试，结果凿石一米，涌出双泉，一股甜水，一股咸水，俯卧井口侧耳细听，隐隐有海潮之声。乡人称该井为“海眼井”，遂定村名海眼庄。冯家道口（今冯家村）冯姓分支明前期迁海眼庄西北立村冯家海眼，胡家道口胡姓分支明末迁海眼庄西南立村胡家海眼，原海眼庄改称谭家海眼。民国后期因三村房舍相连，曾有“三海眼”之称。1958年入社，三村合并为海眼大队。1983年取消生产大队，改称海眼村。

谭夔，明洪武间举人，举进士，青州府益都县知县，仕至国子司业。谭义，明永乐丁酉科举人，历任江苏溧水县知县、大名府推官，以子谭溥贵赠户部侍郎。谭溥，明宣德壬子科举人，癸丑进士，历任户部主事、苑马寺少卿、陕西左布政使、南京户部侍郎，墓在文山东麓。

村中现有138户，401人，由冯、谭、胡、王等姓氏组成。耕地面积600亩，以小麦、玉米等种植为主。

胡家道口
Hújiādàokǒu

位于下营镇区西南部15千米处。东邻海眼村，西临潍河，南临荣乌高速，北接冯家村。明隆庆年间，胡姓自直隶枣强县迁昌邑北乡潍河东岸立村，因村临潍河渡口，得村名胡家道口。

村中现有266户，716人，胡姓居多。耕地面积2300亩，以小麦、玉米等种植为主。

廒里村
Áolicūn

该村已整体搬迁，旧址位于下营镇区东南部10千米处，东临漩河，西临蒲河，南连郇家村（旧址），北接盐田经济区。唐宋时期已有先民于此居住。明洪武年间，李姓自四川迁来落为灶籍，取村名灶户。明朝末年，明姓从明家大圈（故址位于今西下营村前）迁入。清乾隆五年（1740）官府设廒（仓）于此，村名遂改为廒头庄，后省称廒里。赵姓1955年由东营垦利迁入，张姓1955年由王家庙迁入，刘姓1985年由辛庄迁入。2020年村庄整体搬迁至下营镇滨海家园小区。

廒里村旧貌（2020年）　　照片提供：李国辉

村中现有298户，926人，由李、明、赵、张、王、刘等姓氏组成。耕地面积4200亩，以小麦、玉米等种植为主。晒盐为村中传统产业，另有溴素厂等盐化工企业。

大韩家村
Dàhánjiācūn

该村已整体搬迁，旧址位于下营镇区东南部12千米处，东临安利兴大道，西临漩河，南连小姜家庄（旧址），北接廒里村（旧址）。明洪武二年（1369），韩姓由四川成都府铁碓臼迁平度县七坊韩家，后世分支于明末迁昌邑北乡落户，一支居北立村大韩家，一支居前立村小韩家。2013年，大韩家村整体搬迁至下营镇区南侧大韩新村小区。

大韩家村旧照（1985年） 照片提供：邢宗成

村中现有99户，303人，韩姓居多。耕地面积2800亩，以小麦、玉米等种植为主。村中建有农业经济合作社和肉禽养殖场。

小韩家村
Xiǎohánjiācūn

小韩家村旧貌（2016年） 照片提供：政协文史委

该村已整体搬迁，旧址位于下营镇区东南部14千米处，东临胶莱河，西临金晶大道，南连常家村，北临四方路。明洪武二年（1369），韩姓由四川成都府铁碓臼迁平度县七坊韩家，后世分支于明末迁昌邑北乡落户，一支居北立村大韩家，一支居前立村小韩家。2020年，小韩家村整体搬迁至下营镇滨海家园小区。

村中现有139户，423人，韩姓居多。耕地面积1200亩，以小麦、玉米等种植为主。村民在工业园区经营有餐饮、住宿等服务业。

北张家庄
Běizhāngjiāzhuāng

该村已整体搬迁，旧址位于下营镇区东南部13千米处，东临漩河，西至郇家村（旧址），南连北赵家村，北接廒里村（旧址）。明朝末年，张姓自众义社集东村（今属卜庄）迁来立村，以姓氏取名张家庄。为区别县境同名村庄，1985年改称北张家庄。2020年，村庄整体搬迁至下营镇滨海家园小区。

村中现有94 户，264人，多为张姓。耕地面积1160亩，以小麦、玉米、棉花等种植为主。

郇家村
Huánjiācūn

郇家村旧貌（2016年）　照片提供：政协文史委

该村已整体搬迁，旧址位于下营镇区东南部12千米处，东临北张家庄（旧址），西至辛庄，南连北赵家村，北接廒里村（旧址）。明洪武年间，郇姓从四川迁青州，又转迁昌邑夏店街落籍。至清代，族人赶海途经胶莱河西岸草甸区（廒里村南一带），试撒棉花种于碱滩地，见能生出幼苗，遂北迁立村，种植棉花，以姓氏定名郇家村。后因村址地势低洼，频遭海潮侵袭，于民国时期南迁至辛庄村东重建村舍。李姓民国时期从东辛店迁入，张姓民国后期由王家庙迁入，谢姓1950年由北二甲迁入，董姓1962年由辽宁省海成县迁入，蒲姓1980年由平度蓼兰镇三十里堡迁入。2020年，村庄整体搬迁至下营镇月亮岛御庭小区。

村中现有115 户，323人，由郇、李、谢、董、蒲、张等姓氏组成。耕地面积1700亩，以小麦、玉米、棉花等种植为主。

辛庄
Xīnzhuāng

位于下营镇区东南部12千米处。东邻郇家村（旧址），西临蒲河，南连北王家村，北接廒里村（旧址）。明朝初年，刘、孙两姓从四川大槐树迁来立村，因地处碱滩荒地，村庄稀少，取名新庄。后演称辛庄。贾姓明朝末年迁入，马姓清道光年间迁入，谢姓清后期自曹家店迁入，另宗孙姓自河西申明亭迁入。民国27年（1938）大海潮村庄冲毁，海潮过后村民在原址重建家园。

辛庄旧影（1984年）　照片提供：李发宁

该村从1965年开始种植水稻，并成为闻名全国的碱滩水稻村。1977年9月，联合国粮食组织水土保持和管理考察组一行（含17个国家代表）来辛庄参观滩涂稻田。1984年，村子荣获山东省“渤海滩上新农村”荣誉称号。

村中现有190户，630人，由孙、刘、贾、马、谢等姓氏组成。耕地面积3500亩，以小麦、玉米、棉花等种植为主。

北赵家村
Běizhàojiācūn

位于下营镇区东南部15千米处。东邻金晶大道，西临漩河，南连北王家村，北接小姜家庄（旧址）。明代，赵姓自龙池瓦城迁来立村，因居临漩河，始称漩河赵家，后以方位改称北赵家。迟姓明代从山西经河北迁入，房姓清咸丰年间由招远迁入，姜姓清同治年间由东冢姜泊村（今属卜庄）迁入，焦姓清同治年间由莱州海仓迁入。

村中现有279户，856人，由赵、迟、房、姜、焦、岳等姓氏组成。耕地面积4800亩，以小麦、玉米等种植为主。

小姜家庄
Xiǎojiāngjiāzhuāng

该村已整体搬迁，旧址位于下营镇区东南部14千米处。东邻常家村，西临漩河，南连北赵家村，北接大韩家村（旧址）。明中期，姜姓自卜庄姜家村迁漩河赵家村旁落户。清末兵乱，姜氏村户自筑土圩抵御匪患，始称姜家庄。为区别县境同名村庄，1985年更名小姜家庄。2019年，村庄整体搬迁至下营镇月亮岛御庭小区。

村中现有67户，205人，姜姓居多。耕地面积1400亩，以玉米、小麦、花生等种植为主。

小刘家村
Xiǎoliújiācūn

位于下营镇区东南部18千米处。东临胶莱河，西至常家村，南临大莱龙铁路，北临汉兴路。明朝末年，刘姓因水患自潍河东岸刘家圈迁此居住。因县境已有刘姓村落，该村户少，故名小刘家村。滕姓清嘉庆年间由平度灰埠迁入，郑姓民国时期由莱州沙河郑家村迁入，任姓民国时期由平度代戈庄迁入，马姓1977年由平度白埠镇王家村迁入。

村中现有168户，475人，由刘、滕、马、郑、任等姓氏组成。耕地面积4000亩，以玉米、小麦、花生、棉花、菜籽等种植为主。

常家村
Chángjiācūn

位于下营镇区东南部16千米处。东邻

小刘家村，西临军营村，南连纪家村，北接小韩家村（旧址）。元朝末年，常姓自湖南常德迁来立村，以姓氏取名常家村。后有史姓迁入。至清中期，村中已无常、史二姓。胡姓清初从胡家道口迁入，董姓清后期自东冢西董村（今属卜庄）迁入，周姓自平度迁入。

胡有亮，康熙六年（1667）投效军营，随湖广提督征谭弘，率偏师出奇制胜，到处克复，进署都督同知，仕至湖广衡州府副将。胡邦佑，乾隆八年（1743）选授盛京工部主事，补刑部奉天司主事，后历任福建龙岩知州、宁波知府、贵阳知府。

村中现有 147 户，462 人，董、胡、周三姓居多。耕地面积 1654 亩，以小麦、玉米等种植为主。村民经营有晒盐产业。

军营村
Jūnyíngcūn

位于下营镇区东南部 16 千米处。东邻常家村，西临金晶大道，南临新海路，北接小韩家村（旧址）。村中流传，此地曾设军营，明中期王姓迁来立村，因遗址故地而得名。

村中现有 83 户，226 人，王姓居多。耕地面积1600亩，以小麦、玉米等种植为主。

北王家村
Běiwángjiācūn

位于下营镇区东南部 15 千米处。东邻金晶大道，西临漩河，南连新海路，北接北赵家村。明代，王姓自四川成都府迁来立村，因村临漩河，取名漩河王家。清咸丰年间，张姓由三角头村（今卜庄三教堂村）迁来居住。为区别县境同名村庄，民国时期以方位改称北王家村。

村中现有 303 户，946 人，王、张两姓居多。耕地面积 5500 亩，以小麦、玉米、花生、棉花等种植为主，另有养殖业。

杨家村
Yángjiācūn

位于下营镇区东南部 20 千米处。东临胶莱河，西至纪家村，南连卜庄王卢村，北接小刘家村。明时，先有滕、毕二姓居此，纪姓明正统年间自平度磨山迁入，杨姓同期迁入。后杨姓族兴，以姓氏取名杨家村。孙姓明后期自柳疃申明亭迁入，高姓清咸丰年间由平度新河高家村迁入。

村中现有 252 户，763 人，由高、纪、杨、孙等姓氏组成。耕地面积 2160 亩，以小麦、玉米、花生、棉花等种植为主。村民多从事养殖业和捕捞业。

纪家村
Jǐjiācūn

位于下营镇区东南部 19 千米处。东邻杨家村，西临廒卜路，南连高家村，北临新海路。明正统年间，纪姓自平度磨山迁胶莱河西岸落户（今下营杨家村），三世后裔北迁新立村庄，以姓氏取名纪家村。清光绪年间，卢姓由卜庄王卢村迁来居住。1958 年成立人民公社，与高家村合称胜合大队。1985 年取消大队，复称今名。

村中现有 123 户，363 人，纪、卢两姓居多。耕地面积 1100 亩，以小麦、玉米、花生、棉花等种植为主。村民多从事养殖和捕捞业。

高家村
Gāojiācūn

位于下营镇区东南部 19 千米处。东邻杨家村，西临廒卜路，南连卜庄镇小阎家村，北接纪家村。清康熙年间，高姓自平度新河高家村迁来立村，沿用故村名。1958 年成立人民公社，与纪家村合称胜合大队。1985 年取消大队，复称今名。

村中现有 88 户，236 人，高姓居多。耕地面积 1064 亩，以小麦、玉米、大豆等种植为主。近年成立农业合作社，发展有中草药种植基地。

第七节 卜庄

卜庄镇

Bǔzhuāngzhèn

位于北纬36° 51′ 15″ ～36° 59′ 06″ 东经119° 24′ 30″ ～119° 35′ 37″ 。地处昌邑市东北部，距市区 17.2 千米。东与平度市隔胶莱河相望，西与奎聚街道、柳疃镇隔潍河为邻，南与围子街道毗连，北与下营镇接壤。因驻地卜庄村而得名。电话区号 0536，邮政编码 261313。

1955 年设立卜庄区，区公所驻卜庄村。1958 年 2 月改为卜庄乡，同年 9 月成立跃进人民公社，12 月改称卜庄人民公社。1983 年 5 月撤销人民公社，恢复卜庄乡。1993 年 7 月撤乡设镇，改称卜庄镇。2007 年 8 月撤销夏店镇，并入卜庄镇。2009 年 10 月，析出荣乌高速以北 35 个行政村成立下营镇，卜庄镇辖区行政村由 130 个减至 95 个。

镇域南部为冲、洪积平原，北部为滨海洼地。东有胶莱河，由南向北流经镇域 20 千米；西有潍河，由南向北流经镇域 8 千米。

辖区内有姜泊民居、夏店村民居群、广济桥、抚宁堤等省市级文物保护单位。为西河大鼓、大窑土陶、肖家营姜氏砖雕等非遗文化项目发源地。胶莱河卜庄段有大天鹅湿地，每年冬季都有数十只大天鹅来此过冬栖息。

辖 95 个行政村，5.3 万人。汉族为主，另有彝族、回族等少数民族 44 人。辖区总面积 146.68 平方千米，耕地面积 11.2 万亩，以小麦、玉米、棉花、梨枣、大姜等种植为主。工业以铁矿石开采、盐化工、食品冷藏加工等产业为主。2021 年实现公共财政收入 6995 万元，规模以上工业总产值 20.4 亿元，规模以上服务业营业收入 14.6 亿元、利润 1.37 亿元，农民人均可支配收入 2.43 万元。

先后获“山东省美丽宜居小镇”“山东省平安农机示范镇”“省级农业产业强镇”“山东省应急管理系统先进集体”“山东省第七批社会科学普及示范镇”等荣誉称号。

卜庄街旧影（1985 年） 照片提供：陆崇顺

原卜庄乡人民政府旧照（1986 年） 照片提供：李发宁

卜庄镇区俯瞰

摄影：李发宁

大陆梨枣

摄影：李发宁

硕昌食品工业园

摄影：李发宁

卜庄居民点

前卜村
Qiánbǔcūn

位于卜庄镇区，东邻前王家楼，西至姜家村，南临八干渠，北接后卜村。明永乐八年（1410），徐姓由四川资阳县徙居昌邑东乡，居于媟河岸边（故村位于今姜家村东南一带），取村名徐家庄子。后东迁一里今址，改称卜庄。村中刘姓从围子刘家巷迁入，张姓清末自白衣庙村迁入，马姓民国初年自东马家村迁入，姜姓民国时期自姜家村迁入。村人相传，先辈经占卜择今村址世居，故名卜庄。另据唐代圆仁和尚《入唐求法巡礼行记》一书记载“开成五年（840）三月十八日，至青州北海县界田庄卜家断中，主心殷勤，斋菜无乏”。今昌邑境域原称都昌县，唐初取消县制，归入北海县，圆仁和尚自东县来，过胶莱河至“北海县田庄卜家”化斋，应为今卜庄一带。由此，唐代可能已有卜姓人家于此居住。

明时青莱官道由此通过，曾在卜庄设置官铺（官府间文书传递机构），明嘉靖年间又于此筑设墩台（兵防设施），村庄曾有“卜庄铺”“卜庄墩”之称。又因村临官道，开设集市，渐被乡人称作卜庄街。清末民初，部分村户北迁另建村舍，得村名后卜庄，该村渐被称为前卜庄。人民公社时期，前卜庄、后卜庄、站里庄三村合并为卜庄大队。1985年取消大队，该村恢复行政村建制，改称前卜村。

徐洪亭，字范九。曾任印尼山东商会主席，著名爱国侨领。1951年、1957年、1959年、1979年先后4次受邀回国参加国庆典礼。村内徐洪亭故居已列为县级文物保护单位。

村中现有202户，589人，由徐、刘、张、马、黄、姜等姓氏组成。耕地面积1100亩，种植有小麦、玉米等农作物。

后卜村
Hòubǔcūn

位于卜庄镇区，东邻站里村，西至姜家村，南连前卜村，北临206国道。清末民初，卜庄街部分村户北迁新建村舍，取名后卜庄。人民公社时期与前卜庄（卜庄街）、站里庄三村合并，成立卜庄大队。1985年取消大队，该村恢复行政村建制，更名为后卜村。村中刘姓清末从平度刘村迁入，李姓清末自李家抚宁迁入，郭姓民国初年自湾崖村迁入，黄姓为1970年峡山库区移民。

村中现有525户，1282人，由徐、许、郭、李、张、黄、刘等姓氏组成。耕地面积1720亩，以种植小麦、玉米、葡萄、林果等为主。

站里村
Zhànlǐcūn

位于卜庄镇区，东邻韩家店，西至后卜村，南连后王家楼，北临206国道。清咸丰年间，张姓由昌邑西乡中裴庄迁卜庄街东侧定居，因庐舍紧邻卜庄铺（官府驿站），取名站里庄。陆姓民国时期从大陆村迁入，高姓自下营高家村迁入。人民公社时期村户并入卜庄大队，为卜庄大队第五、六生产队。1985年分出，复称今名。

村中现有106户，291人，由张、陆、高等姓氏组成。耕地面积580亩，以种植小麦、玉米等为主。

王家楼
Wángjiālóu

自然村，位于卜庄镇区东南部1千米处。东邻白衣庙村，西至前卜村，南临八干渠，北接站里村。明正统年间，王姓自四川成都府棋盘街徙居至此，后族中多人入仕，并于村中建一木楼，可眺望胶莱河，由此得村名王家楼。刘姓明前期自四川成都府迁入，卞姓清顺治年间由栖霞迁入，张姓清乾隆年间由卜庄村迁入。1958年分置为前王家楼与后王家楼两村。

王世臣，明正德甲戌进士，授如皋知县，清慎刚明，兴废补弊，废寝忘食，累被章荐，卒于官。王保泰，以荫出任新城县丞，升鸿胪寺序班，壬午兵燹遇难。

前王家楼
Qiánwángjiālóu

1958年，王家楼村划分为前、后两村，该村居前，以方位称前王家楼。村中现有137户，386人，由王、张、卞、高等姓氏组成。耕地面积1290亩，以种植小麦、玉米等为主，另有畜禽养殖业。

后王家楼
Hòuwángjiālóu

1958年，王家楼村划分为前、后两村，该村居后，以方位称后王家楼。村中现有151户，379人，刘、王二姓为主。耕地面积1117亩，种植有小麦、玉米、菜籽等农作物。

白衣庙村
Báiyīmiàocūn

位于卜庄镇区东南部1千米处。东邻东马家村，西至后王家楼，南临八干渠，北接韩家店。明永乐年间，张姓自四川成都府鸭蛋沟迁来立村，以姓氏取名张家寨。后因村中建起白衣庙，遂以庙名为村名。刘姓清康熙年间从卜庄村迁入，董姓清乾隆五十一年（1786）由西董村迁入。

张文车，清嘉庆辛酉科进士，历仕曹州府教授、山西白河县知县，清嘉庆十三年（1808）倡修新河桥并撰碑记。张连茹，清嘉庆辛未科进士，历任永善、含山、昆山知县，充江南同考官，升海门厅同知。

村中现有 343 户，911 人，由张、刘、董等姓氏组成。耕地面积 1888 亩，园地 180 亩，以种植小麦、玉米、果蔬等为主，另有畜禽养殖业。

金山村
Jīnshāncūn

莲花山下金山村（2016 年）　照片提供：政协文史委

位于卜庄镇区南部 3 千米处。东邻金良村，西临漩河，南临九干渠，北临八干渠。该村位于山埠东坡，山埠因忠狗救主的传说得名“狗冢山”，乡人又称之“狗头山”。

据平度《昌里崔氏族谱》记载：始祖崔世荣，青州人，元太祖四年（1209）随其父崔得音迁胶水以西都昌，成年从军后靖难安陲平倭有功，调任莱州定海军节度判官，升授昭武大将军；其次子崔澍初任胶水县（今山东平度一带）捕盗主簿，至元十七年（1280）升任明威将军，领侍卫亲军总管。崔澍赴任之初携家自都昌迁胶水县（今属平度）落户。又据清道光年间昌邑《崔氏族谱》记载 先祖崔世荣原籍青州，自幼随父徙来昌境，落籍上店崔家寨（故址位于今卜庄柳家村东），世荣长子、次子、四子从军，三子在上店守家，因次子崔澍参与谋杀权相阿合马被忽必烈处死，族人为避灭族之祸，连夜火烧上店街，举家远迁东乡。至明嘉靖年间，避居东乡的上店崔氏又迁回昌邑，其中一支择狗冢山东坡今址立村，以山名定为村名。傅姓明嘉靖年间自围子王珂村迁来居住，徐姓清乾隆年间自卜庄村迁入，马姓清嘉庆年间由围子辛隅村迁入，李姓清道光年间由北孟李家埠迁入，王姓清光绪年间由围子太平村迁入，卢姓清光绪年间由前卢村迁入，耿姓清宣统年间由夏店街迁入。

民国时期，因山埠南、北、西三面湾塘环绕，荷莲成片，由此改称“莲花山”，村名因之。1957 年与金良村联合成立金山农业生产合作社。1958 年金良村析出，该村沿用“金山”村名至今。

村中现有 282 户，890 人，由崔、马、傅、徐、王、卢、李、仲、董、孙、耿等姓氏组成。耕地面积 4200 亩，以种植小麦、玉米、菜籽等为主。

金良村
Jīnliángcūn

位于卜庄镇区东南部4千米处。东临胶莱河，西至金山村，南临九干渠，北接白衣庙。明朝末年，金、梁二姓自四川成都迁此立村，以姓氏取名金梁庄。清嘉庆年间逄姓迁入并族兴，因村处洼地，改称逄家滩，又演称逄家疃；后陆、蔺、王等姓氏相继迁入；民国时期复称金梁庄；1949年后演称金良村。吕姓清后期由吕家庄迁入，郝姓清末由郝家庄迁入，郑姓由姚家村迁入。

村中现有66户，194人，由陆、蔺、郑、王、吕、郝等姓氏组成。耕地面积520亩，以种植小麦、玉米等为主。

新张村
Xīnzhāngcūn

位于卜庄镇区东南部9千米处。东临胶莱河，西临漩河，南临围仓路，北接郑家坡。清康熙年间，孙姓由平度新河迁胶莱河西岸以摆渡谋生，得村名孙家道口。继张姓由围子密城村迁入，并成大族，遂更名张家庄。董姓清光绪年间由围子董家隅庄迁入，逄姓民国初年由围子逄家村迁入。为区别县境同名村庄，1958年改称新张村。

1973年胶莱河疏浚拓宽，村庄整体西移500米今址重建。

村中现有127户，366人，由张、孙、夏、逄、董等姓氏组成。耕地面积950亩，以种植小麦、玉米、菜籽等为主。

郑家坡
Zhèngjiāpō

位于卜庄镇区东南部6千米处。东临胶莱河，西至金山村，南连新张村，北接东马家村。明成化年间，郑姓由姚家村迁此居住，因村周多洼地，夏秋季节积水成泊，故得名郑家泊，后演称郑家坡。冯姓清乾隆年间由下营冯家村迁入，刘姓清嘉庆年间由城东官道村（今奎聚东店村）迁入，胡姓清嘉庆年间由下营胡家道口迁入，逄姓清光绪初年由郝家庄迁入，杨姓清末由平度新河北镇村迁入，唐姓为1970年峡山库区移民。

村中现有615户，1838人，由郑、刘、杨、唐、朱、冯、逄等姓氏组成。耕地面积5449亩，以种植小麦、玉米、菜籽等为主。村民经营有水产养殖场和畜禽养殖场。2004年，五矿矿业于该村投资开采铁矿。

东马家村
Dōngmǎjiācūn

位于卜庄镇区东部3千米处。东临胶

莱河，西至白衣庙，南临八干渠，北接姚家村。明前期，马姓自直隶枣强县徙居昌境，一支居文山之东潍水东岸（今围子四甲村一带），另一支迁胶莱河西岸立村，以姓氏取名马家村。孙姓明崇祯十五年（1642）因壬午兵燹由县城西门里迁入，张姓民国时期由白衣庙村迁入，阎、黄二姓为 1972 年峡山库区移民。为区别县境同名村庄，1980 年以方位改称东马家村。

村中现有 412 户，1106 人，由马、孙、张、阎、黄、李等姓氏组成。耕地面积 2556 亩，以种植小麦、玉米等为主。

东赵村
Dōngzhàocūn

位于卜庄镇区东部 3 千米处。东临胶莱河，西至姚家村，南连郑家坡，北临 206 国道。明隆庆年间，赵姓从河北乐亭县蔓头庄迁此定居。初以打渔为业，得村名“打渔赵家”，后改称赵家庄。王姓原居赵家庄南二里，村名王家道，后并入赵家庄。卢姓 1949 年由王卢村迁入。崔、阎二姓为 1969 年峡山库区移民。1958 年以方位改称东赵家庄，今省称东赵村。

村中现有 148 户，419 人，由赵、王、崔、阎、卢等姓氏组成。耕地面积 950 亩，以种植小麦、玉米为主。

韩家店
Hánjiādiàn

位于卜庄镇区东部 1.5 千米处。东邻姚家村，西至站里村，南连东马家，北临 206 国道。明洪武年间，韩姓自四川迁来立村。因村依青莱官道，村人多开设店铺谋生，得村名韩家店。王姓清乾隆年间由前王楼迁入，马姓 1950 年由东马家村迁入。

村中现有 59 户，156 人，由韩、王、马等姓氏组成。耕地面积 405 亩，主要种植小麦、玉米等农作物。

姚家村
Yáojiācūn

位于卜庄镇区东部 3 千米处。东临胶莱河，西至韩家店，南连东马家村，北临 206 国道。明朝初年，郑姓由高密县徙来落户。姚姓明永乐年间自四川成都府迁入，马姓明前期自直隶枣强县迁入（与东马家村马氏同宗），傅姓明中期自平度新河迁入。后郑、马两姓部分族人分别迁郑家坡和南任村居住，姚姓成村中主要姓氏，故得村名姚家。

村中现有 277 户，791 人，由傅、姚、郑、马、赵等姓氏组成。耕地面积 1480 亩，以种植小麦、玉米、菜籽等为主。村民投资有家具制造业和建筑业。

姜家村
Jiāngjiācūn

位于卜庄镇区西部0.5千米处，东依镇区，西至柳家村，南连毛家寨，北接北任村。据该村《姜氏族谱》记载，族人于北宋末年由四川成都郡北门内迁胶东，明隆庆年间，后世分支又迁昌邑黄埠社（现村址）立村，初名“猴子坡”，后改称姜家村。姜氏迁来后，先以熬盐为业，渐次在附近耕种自食，后因地涝减退，耕种粮收成改善，遂不再熬盐，而改为农户。柳姓清乾隆年间自柳家村迁入，任姓民国时期自北任村迁入。周、刘、王、张四姓为1969年峡山库区移民。

村中现有299户，800人，由姜、柳、任、周、刘、王、张、许等姓氏组成。耕地面积2268亩，以种植小麦、玉米、梨枣等为主。

毛家寨
Máojiāzhài

位于卜庄镇区西南部1千米处。东邻前王家楼，西至柳家村，南临206国道，北接姜家村。村中流传，曾有一位毛国老告老还乡途经此地，慕其风水宜居，住了下来，取村名毛家庄子。另有观点认为，该地原为明代掖县籍重臣毛纪家族田园，故以毛家庄子命名。明前期，上店崔家寨（故址位于今柳家村东）崔氏后人迁居于此。柳姓清代自柳家村迁入，姚姓清乾隆年间从围子苏家部迁入，刘姓民国时期从刘庄迁入。民国初年更名为毛家寨。

毛纪（1463—1545），字维之，掖县城里人，明代重臣，官至礼部尚书，民间称其毛国老。嘉靖四年（1525）春，毛纪告老还乡，隐居田园，编书修志。

村中现有81户，238人，由崔、姚、柳、刘等姓氏组成。耕地面积520亩，以种植小麦、玉米、棉花、菜籽等为主。

营子村
Yíngzicūn

位于卜庄镇区东北部4千米处。东北与新胜村相接，东南与前卢村毗连，西北与大王村相望。明嘉靖年间，高姓从平度新河高家村迁来立村，因村处兵营旧址，得村名“营子高家”，1949年后省称营子村。该村为昌邑海上丝路的主要发起村庄之一，在印尼至今还有近十个从该村走出去的华人家族，他们从20世纪70年代开始相继回国交流，为村里购置农业机械、安装自来水，支持家乡新农村建设。

村中现有161户，469人，由高、阎、徐、李、綦、赵等姓氏组成。耕地面积1506亩，以种植小麦、玉米等为主。

前卢家村
Qiánlújiācūn

位于卜庄镇区东部4千米处。东临胶莱河，西至营子村，南临206国道，北接新胜村。明洪武三年（1370），卢氏兄弟二人由四川成都府铁牛街卢家胡同迁昌邑胶莱河西岸立村（故址位于今王卢村东），以姓氏取名卢家庄。至清中期，村子因胶莱河水患被冲毁，族人分迁至今王卢村、新胜村和今村址。该村因位于三个同族村庄最南边而得名。

村中现有188户，497人，由卢、徐等姓氏组成。耕地面积1350亩，以种植小麦、玉米、菜籽等为主。

新胜村
Xīnshèngcūn

位于卜庄镇区东北部5千米处。东临胶莱河，西至营子村，南连前卢村，北接王卢村。明洪武年间，贾姓自四川成都府经山西洪洞县迁来立村，以姓氏取名贾家庄子。清中期，卢家庄毁于水患，卢姓一支迁贾家庄子村东新建庐舍，因前有前卢村，后有后卢家，依方位取村名中卢村，后因村依河崖，改称河崖卢家。1949年后贾家庄子与河崖卢家合并，以嘉言取名新胜村。

村中现有217户，563人，由贾、卢两姓氏组成。耕地面积936亩，以小麦、玉米、菜籽、棉花等种植为主，另有畜禽养殖业。村民多从事建筑业和捕捞业。

王卢村
Wánglúcūn

王卢小学旧照（1985年）　　照片提供：李发宁

位于卜庄镇区东北部5千米处，西至大王村，南连新胜村，胶莱河从村东北流过。明洪武三年（1370），卢氏兄弟二人由四川成都铁牛街卢家胡同迁昌邑胶莱河西岸立村，以姓氏取名卢家庄。明中期，王姓从城西北十字路村迁卢家庄以西居住，因西有大王家村而得名“对头王家”。清中期卢家庄毁于水患，部分族人南迁至今前卢村和新胜村，其余村户西迁重建，取名后卢家庄。民国36年（1947）对头王家与后卢家庄合并，以姓氏定名王卢村。1964年4月6日，海潮洪灾至此。

民国11年（1928），该村卢占礼联合

上海几家商号，投资两万银元创办“阜丰”帽厂，在卜庄一带农村发展金丝草帽生产，带动了周边村庄草编手工业的发展。

村中现有151户，436人，由王、卢、刘、李等姓氏组成。耕地面积1100亩，以种植小麦、玉米、菜籽等为主。手工编织业为村中传统产业，村民投资有铸造和建筑业。

东任家村
Dōngrénjiācūn

位于卜庄镇区东北部4千米处。东邻大王村，西至北任家，南临206国道，北接窑湾村。明永乐年间，任姓由山西洪洞县经直隶枣强县迁寿光雷子埠（今属广饶），至明宣德年间转迁昌邑夏店，又东迁今址立村任家庄。明嘉靖年间，任氏六世分支分别迁村西北和村西南新立村庄，各定村名北任家和西南任家，外迁族人尊称该村为任家老庄。1958年以方位更名为东任家村。

村中现有75户，191人，由任、王等姓氏组成。耕地面积730亩，以种植小麦、玉米等为主。

南任村
Nánréncūn

位于卜庄镇区北部3千米处。东临廒卜路，西临漩河，南依镇区，北接孙家村。明嘉靖年间，任姓从任家老庄（今东任家村）迁来立村，因村处老庄西南位置，以方位得名西南任家。清乾隆年间，马姓从胶莱河西岸马家老庄（故址位于今卜庄姚家村附近）北迁至西南任家村前偏东位置定居，取村名北马家庄。1953年西南任家与北马家庄合并为南任家庄，后省称南任村。

南任村村貌（2021年）　　摄影：马正光

任景亭，清光绪十年廪生，清光绪三十二年（1906）东渡日本求学，被选举为山东同乡会会长，民国3年（1914）任河北省涞源县知事。任焕贞，原国家女篮主力中锋，中国著名篮球运动员王治郅母亲，退役后在北京市体委工作。王治郅曾多次陪母亲回昌邑南任村探亲。

村中现有239户，714人，由任、马、孙、刘、田、姜、姚等姓氏组成。耕地面积2400亩，以种植小麦、玉米等为主。村民多从事手工编织业和养殖业。

北任家村
Běirénjiācūn

位于卜庄镇区北部4千米处。东邻东任家，西至铁匠王家，南连侨乡小学，北接小阎家。明嘉靖年间，任姓从任家老庄（今东任家村）迁来立村，因同期从老庄子迁出两支族人，另一支居南，该支居北，故得村名“北任家”。

任修，清乾隆壬子（1792）科举人，历任桃源、溧水、东台、安东知县。卒后祀于江宁名宦祠。

村中现有231户，609人，多为任姓。耕地面积1700亩，以种植小麦、玉米等为主。村民投资有机械制造、盐田和养殖产业。

铁匠王家村
Tiějiàngwángjiācūn

位于卜庄镇区北部4千米处。东邻北任家，西至孙家村，南连南任村，北临荣乌高速。明朝末年，王姓自平度县大官庄迁来落户，因村人以打铁为业，得村名铁匠王家。打铁，通指以熔铁炉制造农具或以热处理提高农具锐度的民间手艺。该村打铁手艺代代相传，至今村内还有铁匠作坊传承着祖辈的手艺活。

村中现有107户，301人，多为王姓。耕地面积800亩，以种植小麦、玉米等为主。

大王家村
Dàwángjiācūn

位于卜庄镇区东北部4千米处。东邻王卢村，西至东任家，南临206国道，北接窑湾村。明朝初年，王姓从四川经山西洪洞县迁此落籍，以姓氏取村名大王家。

村中现有134户，422人，多为王姓。耕地面积1100亩，以种植小麦、玉米等为主。

北窑湾村
Běiyáowāncūn

位于卜庄镇区东北部4千米处。东临胶莱河，西至铁匠王家，南连大王家，北接小阎家。此地明代属熬盐区域，乡人称“灶沟崖”。王姓明前期由饮马窑湾村迁此入灶籍，以熬盐为业，始称灶沟庄，后重操旧业，烧窑制陶，村名遂改称窑湾。徐姓明代自平度任家洼迁入。

明时，苗姓自平度三苗家迁窑湾村西北立苗家庄，潘姓迁窑湾村北立潘家庄。民国35年（1946），窑湾、苗家、潘家、东任家、大王家五村合并为大王家庄，1958年5村拆分，苗家、潘家又并入窑湾村。1980年地名普查时，因与始迁村饮马窑湾重名，以方位改称北窑湾。

村中现有65户，166人，由王、徐、张、刘、任、苗、潘、纪等姓氏组成。耕地面积800亩，以种植小麦、玉米等为主。

孙家村
Sūnjiācūn

位于卜庄镇区北部3千米处。东邻铁匠王家，西临漩河，南连南任村，北临荣乌高速。清康熙初年，孙姓从围子孙斜迁来立村，以姓氏取名孙家庄。至清光绪末年，又有孙姓自县城西门里孙家胡同（今昌邑宾馆南邻服装厂一带）迁孙家庄西居住，取名西孙家庄。民国时期两村合并，统称孙家村至今。

村中现有221户，612人，多为孙姓。耕地面积2160亩，以种植小麦、玉米等为主。

小阎家村
Xiǎoyánjiācūn

位于卜庄镇区北部5千米处。东临胶莱河，西临廒卜路，南连窑湾村，北临荣乌高速。明前期，阎姓自大阎家迁来定居，以姓氏取村名小阎家。牛姓明代自山西洪洞县迁入，李姓清乾隆年间从莱州海沧迁入，张姓清中期从莱州薛村迁入，徐姓由莱州寨徐村迁入，傅姓由平度新河北镇村迁入。

村中现有159户，451人，由张、李、徐、牛、傅等姓氏组成。耕地面积1129亩，以种植小麦、玉米等为主。该村盛产棉槐、芦苇，建有盐田。

大阎家村
Dàyánjiācūn

位于卜庄镇区西北部7千米处。东临漩河，西临六干渠，南望峰台村，北临荣乌高速。元明时期已有灶民居此熬盐为业，称“谭城盐锅沟”。明洪武年间，阎姓由四川迁来落籍，初定村名灶户阎家，又改称谭城大阎家。至清代兼有垦耕，渐成农户。清末改称大阎家村。

大阎家水塔旧影（1985年）　　照片提供：闫浩飞

村中现有800户，2171人，由阎、张、刘、陆、谭、马、李等姓氏组成。耕地面积10290亩，以种植小麦、玉米、花生、菜籽等为主。村民投资有纺织、钢结构、海产养殖、制盐等产业。

柳家村
Liǔjiācūn

位于卜庄镇区西部两千米处。东邻毛家寨，西至大陆村，南连金山村，北与大阎家相望。明洪武三年（1370），柳姓自四川绵竹县迁潍县，又转迁至此落户，初名保成寨，后以姓氏改称柳家村。村中李、唐、张、崔、黄等姓氏为1969年峡山库区移民。

柳家村旧照（1976年）　　照片提供：李发宁

自1975年开始，先后有53位青岛知青分三批来到柳家村插队劳动，1980年后陆续回城。

村中现有476户，1287人，由柳、王、范、崔、李、唐、张、黄等姓氏组成。耕地面积3400亩，以种植小麦、玉米、梨枣等为主，另有畜禽养殖业。村民投资有房地产业。

永合村
Yǒnghécūn

位于卜庄镇区西部4千米处。东邻大陆村，西至大河北村，南临206国道，北接刘庄村。据《永合村志》记载，村中生氏原有家谱，后被毁，家谱记载生氏居此已一百多代，故村址位于今永合村后，称“生家庄”。春秋时期蔡国大夫公孙归生后裔世居“墨生”（旧址位于今平度一带），以先祖名字“生”为姓氏，今分布于平度、高密、昌邑、莱州、胶州等地，永合村生氏为昌邑春秋时期原住姓氏之一。另据永合村《朱氏族谱》记载，先祖为元代将军，

永合村明代古槐（2021年）　　摄影：李发宁

因战功封地昌邑东北乡，立村于生家庄前，取名朱家庄。明洪武初年，陆姓自四川大槐树迁入，刘姓从直隶枣强县迁入，村人称两族聚居地为“陆家宅科”和“刘家宅科”。彼时村子水系环绕，桃树成荫，曾被乡人

誉称“桃花村”。明永乐年间，陆姓东迁至大陆村，刘姓北迁至刘庄。明隆庆二年（1568），孙姓自直隶枣强县迁来落户，居桃花村西。因该时期昌邑东乡的南北马车道在此地分岔，一条往西北经抚安镇通往下营，一条往东北经大阎家通往廒里，村人众议，桃花村改称大岔路口，孙氏居住村落取名小岔路口。王姓清乾隆年间由莱阳迁入，张姓清嘉庆年间自大窑村迁入，战姓民国时期由龙池马渠村迁入。民国34年（1945）实行县区制，岔路口村与周边村子联合成立永合乡，属阎家区。1955年区改乡，撤销小乡，大岔路口、小岔路口、生家庄三村合并，沿用原乡名，称永合村。

村后原有朱氏先祖御葬墓，墓道两旁曾立有石人、石马、石羊等石像，赑屃驮御碑高三米，后墓地被毁。村中有古槐一株，村人相传树龄已有500年之久。

村中现有431户，1307人，由朱、孙、生、王、张、战等姓氏组成。耕地面积3001亩，种植小麦、玉米、果蔬等农作物，另有畜禽养殖业。

刘庄

Liúzhuāng

位于卜庄镇区西部3.5千米处。东邻大陆村，西至抚安镇，南连永合村，北与大阎家相望。该村地处古官道旁，乡人相传，元时曾有张、吴、马、苏等六个姓氏家族于此开店，始称陆（liù）庄，又称陆庄店。另有说法，今刘庄及周边五个村落曾合属一社，称“陆庄社”，因社址店铺林立，并设集市，遂称陆庄店。明洪武初年，刘姓自河北枣强县迁昌邑东北乡桃花村（今永合村）落户，称刘家宅科，后转迁陆庄店定居。清代改称陆庄街，民国时期因刘姓居多，更名为刘庄。陆姓明中期由陆家庄（今大陆村）迁入，姚姓清咸丰年间由姚家部迁入，李姓清咸丰年间由天成店迁入，郝姓民国时期由郝家庄迁入。崔姓为1969年峡山库区移民。农历二、七为该村集市。

刘庄街旧照（1985年）　　照片提供：李发宁

高家庄（自然村）位于刘庄村西里许。明嘉靖十六年（1537）重启胶莱河漕运，船道连通媒河，在媒河刘庄村西河段设有渡口，渡口北侧筑设烽火台。高姓以军籍迁来守卫烽火台，并获十亩官地以充粮米之炊。后人遂定居于此，取名高家庄。民国17年（1928）并入刘庄。

1964年，昌邑县从广西引进红麻种植，刘庄成为昌北红麻种植的典型村庄。1977年，山东省农业电影社来昌邑刘庄拍过一部《红麻丰收在北方》的纪录片。1982年开始，因棉田收入提高，逐渐停种红麻。

村中现有473户，1285人，刘、陆两姓居多，另有姚、李、崔、王、高、郝、徐、宋等姓氏。耕地面积3400亩，以种植梨枣、小麦、玉米等为主，另有水产养殖业和畜禽养殖业。

大陆村
Dàlùcūn

大陆村梨枣交易市场（2021年）　　摄影：李发宁

位于卜庄镇区西部3千米处。东邻柳家村，西至永合村，南临206国道，北与大阎家相望。明洪武六年（1373），陆姓随移民自山西大槐树迁往山东，中途在山东高唐州逗留，随后又徙居昌邑城东三十里，于崇福院北立陆家宅科（故址位于今永合村）。历经三世，于永乐二十二年（1424）迁媒河东岸新立村庄，取村名陆庄东埃。陆氏祖上传有一大秤砣，上面铸有“陆庄东埃”四字。后改称陆家庄。齐姓明隆庆年间自齐家围子（今龙池齐西村）经门八街迁入，傅姓清乾隆年间由围子冯家庄迁入，明姓由围子明家部迁入。王、周、唐三姓为1968年峡山库区移民。1958年更名大陆村，人民公社时期为大陆大队，1983年社改乡后复称大陆村至今。该村先后被授予“全国文明村”“全省民主法制示范村”等80多项荣誉称号。

村中现有420户，1380人，由陆、齐、傅、李、王、刘、赵、明、唐等姓氏组成。耕地面积3100亩，早年以种植小麦、玉米等为主，1999年引进梨枣种植，产业拓展到周边村庄，成为昌邑特色农产品之一。

峰台村
Fēngtáicūn

位于卜庄镇区西部2.5千米处。东临漩河，西至大陆村，南临206国道，北与大阎家相望。明中期，崔姓自毛家寨迁来居住，刘姓从刘庄迁入，梁姓自城里南隅迁入。因村依青莱官道，曾设烽火台于此，以建筑为村名，后演称峰台。

村中现有312户，842人，由刘、陆、梁、崔、董、孙、张、王、周等姓氏组成。耕地面积1911亩，以种植小麦、玉米、梨枣等为主，另有畜禽养殖业。

抚安镇
Fǔānzhèn

位于卜庄镇区西部5千米处。东邻刘庄村，西至六甲村，南连张刘芦，北与东辛庄相望。元时已有崔、刘两姓居此，因临河而居，祈愿无水溢之患，取名抚安庄。明成化年间，孙姓自道昭里（今奎聚孙家道照）迁来居住，继朱姓从六甲村迁入，彭姓自柳疃迁入，另宗刘姓从刘庄迁入。清咸丰年间筑圩抗捻，村名一度改称“永安寨”。在清同治六年（1867）“抚安社合约碑”上已出现“抚安镇”的村名落款。“镇”之称谓本为驻军营垒，宋代以后演变成为“民聚不成县而有税课之地”。由此可见，清代该地已成为县城之外的重要商业聚集地。

据1985年版《昌邑县邮电志》载 “元朝至正三年（1343），昌邑县驿递机构已设一站七铺，即夏店马驿和城南总铺、黑埠铺、抚安铺……”。元明时期青莱官道由此穿过，并设递铺（传递官方文书及军情的机构）于此。明清时期设抚安社。清前期曾设抚安墩。

村中现有233户，623人，由朱、孙、彭、刘等姓氏组成。耕地面积2800亩，以种植小麦、玉米等为主。

张刘芦村
Zhāngliúlúcūn

位于卜庄镇区西部6千米处。东邻刘庄，西至六甲村，南连大河北村，北接抚安镇。明洪武年间，张姓从山西洪洞县迁此立村张家庄。刘姓明末从刘庄迁张家庄东立村东河崖，后改称刘家庄。卢姓迁张家庄西北居住，以手艺取村名锢炉子庄，后改称卢家庄。1958成立人民公社，三村合并为张刘卢大队。1983年取消大队，改称张刘芦村。

村中现有140户，381人，由张、刘、卢、朱、孙、周、崔、李、胡等姓氏组成。耕地面积1050亩，以种植小麦、玉米等为主。

大河北村
Dàhéběicūn

位于卜庄镇区西部6千米处。东邻永合村，西至六甲村，南连大河南，北接张刘芦。明朝初年，先有安姓迁来定居，初名安家庄。明成化元年（1465），孙姓自道昭里（今奎聚孙家道照）迁入，并成大族，又因村属抚安社，遂改称孙家抚安。民国34年（1945），因村处媒河北岸，更名为大河北村。

村中现有279户，869人，多为孙姓。耕地面积1300亩，以种植小麦、玉米等为主。村民投资有冷藏产业。

大河南村
Dàhénáncūn

位于卜庄镇区西部6千米处。东邻永合村，西至西河南，南连围子街道李才村，北接大河北。据该村《刘氏族谱》载 “吾族之土著于此久矣。村西南有神井古迹，相传宋太祖落拓时过此，插短策而泉涌，植垂条而成树……吾祖则踽踽冢冢几十世矣。仅延一线迄于今，盖六、七百年矣”。村中流传，宋代刘姓迁来立村，初名南刘，后改称刘家寨。邹姓明前期迁入，孙姓明成化元年（1465 ）从道昭里（今奎聚孙家道照）迁入。因村处媒河之南，又属抚安社，遂更名抚安河南。清后期因西村改称西河南，该村遂改称东河南，民国34年（1945）更名为大河南村。

村中现有223户，847人，由孙、刘、邹、朱、李等姓氏组成。耕地面积1450亩，以种植小麦、玉米、大姜等为主。村民经营有木材加工、纺织印染、肉禽冷藏等产业。

西河南村
Xīhénáncūn

位于卜庄镇区西部7千米处。东与大河南相接，西北与铁匠庄隔媒河（故道）为邻。该地原为农田，乡人称“西花地”，孙姓清初由抚安河南（今大河南）西迁至此建房居住，初称西小庄，又改称小河南，清后期改称西河南。朱姓民国末年自六甲村迁入。

村中现有105户，281人，孙、朱两姓为主。耕地面积510亩，以种植小麦、玉米等为主。

铁匠庄
Tiějiàngzhuāng

位于卜庄镇区西部6.5千米处。西与义气村相接，东南与西河南隔媒河（故道）为邻。明朝初年，于姓自文登大水泊镇迁此立村，因村舍顺媒河堤岸而建，故名顺河庄。韩姓明隆庆年间从韩家抚宁迁入，郭姓清初从柳疃郭家车道迁入。后因村有大石碾，改称碾头庄。至清代，因村民多从事打铁手艺，易名铁匠庄。

村中现有95户，292人，由于、韩、郭等姓氏组成。耕地面积450亩，以种植小麦、玉米等为主。村民经营有食品冷藏厂。

义气村
Yìqìcūn

位于卜庄镇区西部7千米处。东邻铁匠庄，西至东河沟，南连围子街道太平村，北接六甲村。该地明代以前已有金姓居住，村名义气庄，立村年代无考。至明代，刘姓从刘庄迁入，张姓从西峰台迁入，陈姓从龙池白塔迁入，李姓从北乡下营村迁入。范姓迁村西头立村范家庄。清咸丰年间筑圩抗捻，两村合并，改称碾头围子，后更名为义气村。

张书绅（1882 — 1930），义气村人。宣统乙卯科拔贡，早期同盟会员。民国时期曾任上海《申报》编辑、《山东日报》主笔、山东教养局局长等职。同于恩波一起发起创立育秀小学。辑有《十八家诗选》。

村中现有 144 户，448 人，由张、陈、刘、李、王等姓氏组成。耕地面积 580 亩，以种植小麦、玉米等为主。村民投资有食品冷藏业。

六甲村
Liùjiǎcūn

位于卜庄镇区西部 6 千米处。东邻张刘芦村，西至八甲村，南连铁匠庄，北与东辛庄相望。该地原有朱姓世居，村名朱家庄。吕姓明洪武年间自直隶枣强县迁来落户，另宗朱姓明中期由北孟朱家七沟迁入。后因村属抚安社，改称朱家抚安。孙姓清乾隆年间自城里南隅迁入，李姓民国时期自铁匠庄迁入。民国初年实行保甲制，该村划为六甲，并成村名。村后沟渠为蒲河源头。

村中现有 311 户，893 人，由朱、孙、吕等姓氏组成。耕地面积 1760 亩，以种植小麦、玉米等为主。

八甲村
Bājiǎcūn

位于卜庄镇区西部 7 千米处。东邻六甲村，西至赵家庄，南连李家抚安，北与庄珂村相望。朱姓明代迁来立村，族人相传与围子朱家寨朱氏同宗。原称朱家庄、朱家抚安，民国初年实行保甲制，村户划为八甲，并成村名。

村中现有 81 户，236 人，多为朱姓。耕地面积 660 亩，以种植小麦、玉米等为主。

李家抚安
Lǐjiāfǔān

位于卜庄镇区西部 7 千米处。东邻六甲村，西至西河沟，南连义气村，北接八甲村。明隆庆年间，李姓从直隶枣强县花园里迁来立村，因村属抚安社，得村名李家抚安。1950 年，马姓由义气村迁来居住。1955 年成立农业合作社，村名同期改为李家庄。为区别县境同名村庄，1981 年复称李家抚安。

村中现有 74 户，203 人，由李、马等姓氏组成。耕地面积 370 亩，以种植小麦、玉米等为主。

三义村
Sānyìcūn

位于卜庄镇区西南部9千米处。东临五干渠，西临下小路，南与围子街道凤凰庄相望，北接郝家庄。明朝初年，秦姓迁来立村，取名秦家庄，随后徐姓迁入。明朝末年，王姓自山西洪洞县迁秦家庄后立王家庄（又名十甲王家），张姓自夏店村迁秦家庄前立张家庄。因三村毗连，相处和睦，民国24年（1935）合为一村，取“结义”之寓意，定名三义村。

村中现有95户，309人，由张、徐、王三姓氏组成。耕地面积548亩，以种植小麦、玉米、大姜、苗木等为主。

郝家庄
Hǎojiāzhuāng

郝家庄村貌（2016年）　　照片提供：政协文史委

位于卜庄镇区西部9千米处。东邻东河沟，西临下小路，南连三义村，北依夏店社区。明隆庆元年（1567），逄姓自城北逄泽庄（今奎聚街道东逄翟村）迁来立村，因地势低洼取村名逄泊。明隆庆二年（1568），郝姓自东城后村（今奎聚郝家城后）迁逄泊村东南居住，称东南园子。清咸丰年间为抵御捻军，逄、郝二姓共筑土圩，二村合一，取村名天宝寨。民国时期，因属抚安乡，改称郝家抚安，后以姓氏更名为郝家庄。李姓民国时期由西河沟迁入，张、王两姓20世纪50年代由三义村迁入，孙姓20世纪50年代由大河南迁入，另宗李姓20世纪80年代由安丘迁入。

村中现有303户，846人，由郝、逄、张、王、李、孙等姓氏组成。耕地面积1400亩，以种植小麦、玉米、苗木等为主。村民投资有养殖、冷藏、食品机械、纸箱包装等产业。

西河沟村
Xīhégōucūn

位于卜庄镇区西部9千米处。东邻东河沟，西依夏店社区，南连郝家庄，北接赵家庄。明隆庆年间，张姓由湖北襄阳府经直隶枣强县迁昌邑东乡落籍，因村舍建于媒河（故道）拐弯处，得名河沟庄。清嘉庆年间，村人迁媒河东岸新立村庄东河沟，该村遂改称西河沟。

河沟张氏明清两代出过奋武郎1人，

贡生4人，监生12人，武生4人，曾生1人，庠生2人。

村中现有82户，266人，张、李两姓居多。耕地面积380亩，以种植小麦、玉米、大姜等为主。

东河沟村
Dōnghégōucūn

东河沟村貌　　照片提供：政协文史委

位于卜庄镇区西部9千米处。东邻义气村，西至西河沟，北接赵家庄。清代，媒河自河沟庄（今西河沟村）北转庄东，又向南流。清嘉庆年间，河沟庄部分村户迁媒河东岸新立村庄，以方位得村名东河沟。朱姓1955年由抚安镇迁入，李姓1972年由四川省三台县东升公社迁入。

村中现有74户，210人，由张、朱、李等姓氏组成。耕地面积440亩，以种植小麦、玉米、大姜等为主。

赵家庄
Zhàojiāzhuāng

位于卜庄镇区西部7千米处。东邻八甲村，西临下小路，南连东河沟，西北与肖家营相接。明前期，赵姓自山西洪洞县迁来立村。清乾隆年间划属抚安社辖区，改名赵家抚安。后复称赵家庄。朱姓清末由八甲村迁入，李姓民国后期从肖家营迁入，邢姓1949年后从徐家庄迁入。

村中现有90户，271人，由赵、朱、李、邢等姓氏组成。耕地面积580亩，以种植小麦、玉米等为主。

肖家营
Xiāojiāyíng

位于卜庄镇区西部8千米处。东临蒲河，西临下小路，南依夏店社区，北接庄珂村。村中相传，明弘治年间，肖、董、郝、岳四姓先后由直隶枣强县迁来落户，数年后董、郝、岳三姓外迁他乡，遂以姓氏取名肖家营。明后期，李姓自龙池姚瓦街（今姚徐邓村）迁来居住。继王、耿二姓从夏店街迁入，高姓由柳疃西高家庄（今南西高村）迁入，姜姓由庙头村迁入。

村中现有148户，396人，由李、王、耿、高、姜等姓氏组成。耕地面积1275亩，以种植小麦、玉米等为主。

东辛庄
Dōngxīnzhuāng

位于卜庄镇区西北部8千米处。东临漩河，西邻庄珂村，南连抚安镇，北临荣乌高速。清前期，该地原有关、郇两户人家居住。清嘉庆年间，李姓从肖家营北迁居此，以方位得名北新庄，后演称为北辛庄。为区别县境同名村庄，1958年更名为东辛庄。

村中现有123户，327人，由王、李、尹、孙、谢、贾、金等姓氏组成。耕地面积1600亩，以种植小麦、玉米等为主。

庄珂村
Zhuāngkēcūn

位于卜庄镇区西北部9千米处。东邻东辛庄，西临下小路，南连赵家庄，北临荣乌高速。明代，原有白姓人家居此。至清代，姜姓从大窑村迁入，李姓从大李家庄迁入。诸姓迁来，村庄外扩，取村名“庄扩”。民国初年演称庄珂。

东石桥（自然村）位于庄珂村西。清咸丰年间，张姓因水患从石桥子（今西石桥村）东迁来此立村，以方位取名东石桥。1983年并入庄珂村委会。

庄珂村（含东石桥）现有75户，210人，由李、张、赵、郝、马、姜、刘、胡等姓氏组成。耕地面积835亩，以种植小麦、玉米、西瓜等为主。西瓜为该村特色农产，以瓤沙汁甜闻名乡里。

抚宁里
Fǔnínglǐ

抚宁里为明代里甲制时期地名。据于家扶宁《于氏族谱》载“泮水公自（文登）大水泊迁昌邑潍水东抚宁村”。另有围子街道密埠韩家《韩氏族谱》载“先祖自湖北襄阳徙昌邑县抚宁里，至明隆庆二年（1568）潍水泛涨，分徙密埠、抚安（铁匠庄）、田家庄等地……”。宋元时期，在今于家扶宁一带已有原住民世居，因临潍河之曲，为祈愿无水溢之患，取名抚宁村。明洪武十四年（1381），朝廷推行里甲制（十甲为一里），始设抚宁里，清代改为抚宁社，民国时期称抚宁乡。

明清时期多有村庄以“姓氏+里社名”作为村名，以区别县境其他里社的同姓氏村落，如韩家抚宁、李家抚安、王家隅庄。因“抚”的繁体字为“撫”，书写麻烦，而“扶”的简体字与繁体字写法一样，于是1949年后人们逐渐把“撫宁”写成了“扶宁”，由此出现了今天潍河东岸的一溜“扶宁村”。

王家扶宁
Wángjiāfúníng

位于卜庄镇区西南部10千米处。东临下小路，西临潍河，南连围子街道张董村，北接于家扶宁。明朝初年，王姓由直隶枣强县南关迁来立村，因村处抚宁里，以姓氏取名王家抚宁。明中期村建寺庙，更名王家庵。姜姓清康熙年间由城里姜家大湾北崖迁入，马姓由马家围子村迁入。清咸丰年间筑圩抗捻，土圩之上架设四台土炮和50支大抬杆（土枪），由此改称王家围子，清光绪年间复称王家抚宁。1949年后演称王家扶宁。

明隆庆元年（1567），韩姓从潍邑富郭庄迁来昌邑。一支落户石湾店，另一支徙居王家抚宁村西北和村东一里。居村西北者立小韩家庄村，1950年并入王家抚宁；居村东者立小东庄村，又称莲花盆、凹（wā）鼓盆，1985年为扩大耕地面积，整体迁并至王家扶宁。

村中现有220户，667人，由王、韩、姜、马等姓氏组成。耕地面积1005亩，以小麦、玉米、大姜等种植为主。

于家扶宁
Yújiāfúníng

位于卜庄镇区西南部10千米处。东临下小路，西临潍河，南连王家扶宁，北接韩家扶宁。据该村《于氏族谱》载“泮水公自（文登）大水泊迁昌邑潍水东抚宁村”。明前期，于姓徙居抚宁村，后设抚宁里，该村以姓氏改称于家抚宁。1949年后演称于家扶宁。

村中现有72户，226人，由于、张、李等姓氏组成。耕地面积447亩，以种植小麦、玉米等为主。村民投资有路桥工程、食品冷藏、机械加工等产业。

韩家扶宁
Hánjiāfúníng

位于卜庄镇区西南部10千米处。东临下小路，西临潍河，南连于家扶宁，北接广刘村。明前期，韩姓自湖北襄阳府枣阳县徙居昌境，因村处抚宁里，以姓氏定名韩家抚宁，1949年后村名演称韩家扶宁。

明隆庆二年（1568）潍水泛溢，村中庐舍受损，部分族人分迁至铁匠庄、围子密埠韩家、石埠田家庄等村定居。清光绪二年（1876），该村韩云志开设昌邑县第一座毛笔作坊，坊号“魁文堂”。

村中现有50户，148人，多为韩姓。耕地面积254亩，以种植小麦、玉米、大姜、苗木等为主。

北张村
Běizhāngcūn

位于卜庄镇区西南部10千米处。东邻半截道，西临潍河，南连广刘村，北接李家扶宁。明洪武初年，张姓由直隶枣强县迁昌邑石桥子（今卜庄西石桥），后世分支又迁居抚宁里，因前有张家抚宁（今属张董村），遂以方位取名北张家抚宁。明洪武年间，藺姓由山西洪洞县经直隶枣强县徙居山东寿光，至隆庆二年（1568）迁昌邑北张家抚宁，称藺家道。藺家道前、后各有一条东西村道，均为张姓人家居住，分别称“前道”和“后道”。清后期，前道张氏家族在京开设“广茂”商号，由此前道被称作广茂道。民国31年（1942），广茂道与村南的刘家道合为广刘村，藺家道与后道仍沿称北张家抚宁。1958年成立人民公社，省称北张大队。1983年取消生产大队，沿称北张村。

村中现有110户，316人，多为张姓，另有王、藺等姓氏。耕地面积506亩，以种植小麦、玉米、大姜等为主。

广刘村
Guǎngliúcūn

位于卜庄镇区西南部10千米处。东临下小路，西临潍河，南连韩家扶宁，北接北张村。明朝末年，刘姓从县城东门外官道村（今东店村）迁北张家抚宁村前居住，取名刘家抚宁。清后期，北张家抚宁前道改称“广茂道”，刘家抚宁遂改称“刘家道”。民国31年（1942）广茂道与刘家道合为一村，定名广刘村。另有藺家道藺姓迁该村居住。

广刘村峻青旧居（2018年） 摄影：李发宁

1953年，著名作家峻青曾在广刘村居住，并在该村创作完成《黎明的河边》。

村中现有127户，321人，由张、刘、藺等姓氏组成。耕地面积800亩，以种植小麦、玉米、大姜为主。

半截道村
Bànjiédàocūn

位于卜庄镇区西南部9千米处。东临下小路，西至北张村，南连广刘村，北接李家扶宁。清中期，北张家抚宁前道张姓一支迁后道以东建房定居。新建村舍东西大道本与后道相连，清咸丰年间筑圩抗捻，以圩墙与后道分割开来，乡人称之“半截道”，久成村名。

村中现有92户，256人，多为张姓。耕地面积490亩，以种植小麦、玉米、大姜等为主。村民投资有苗木产业。

李家扶宁

Lǐjiāfúníng

李家扶宁村西渡口旧影（1937年）　　摄影：李资廉

位于卜庄镇区西部10千米处。东邻半截道，西临潍河，南连北张村，北接吕家庄。该村李氏明前期自直隶枣强县徙居昌邑北乡龙池村，明嘉靖十六年（1537）转迁潍河东岸立村。因属抚宁里，取名李家抚宁。至清代，张姓自三义村迁来居住。1949年后村名演称李家扶宁。

村后曾有潍河连接媒河的分水口，清代为防水患筑堤堵住，媒河断流。分水口北侧为石湾渡口的东岸泊船码头，清代县城通往夏店、抚安的马车道由此过河。

村中现有126户，345人，多为李姓。耕地面积587亩，以种植小麦、玉米、大姜等为主。加工蒸饭笼屉和木制农具为该村传统手工业，至今在村内沿袭传承。另有村民经营有家具厂。

吕家庄

Lǚjiāzhuāng

位于卜庄镇区西部10千米处。东临下小路，西临潍河，南连李家扶宁，北接夏店村。据《吕氏族谱》记载，宋元时期，吕氏已居于昌邑北乡，明时因水患移今址，以姓氏定名吕家庄。清顺治年间，杜姓自高密十字口村（今夏庄镇高家店）迁吕家庄东居住，以姓氏取名杜家庄。1985年杜家庄注销，村户并入吕家庄。村西有树龄400年古槐一株，村南有树龄350年古槐一株。

村中现有211户，588人，由吕、杜、王、张、杨等姓氏组成。耕地面积804亩，以种植小麦、玉米、大姜等为主。20世纪80年代，该村手工业土制烟花（泥鼓堆）闻名乡里。

夏店村

Xiàdiàncūn

位于卜庄镇区西部9千米处。东临下小路，西至东峰台，南连吕家庄，北接三教堂。据《大清一统志》（卷一百三十八）载 “夏店马驿在昌邑县东北十五里，明初设，隆庆中裁”。元明时期青莱官道途经该地，夏姓元代居此开店谋生，始称夏店。明初设夏店马驿于此。明洪武年间，王、耿二姓自直隶枣强县柳林庄和花园里迁来落籍。范姓明嘉靖年间自范家泊（今柳疃南范家庄）迁入，祝姓清康熙年间由围子祝家庄迁入，刘姓清道光年间自北乡刘家圈（今下营李刘村）迁入，于姓自铁匠庄迁入。因居官道，村设集市，又称夏店街。清咸丰年间筑圩抗捻，更名英武寨。清末复称夏店。

王滨（1912—1960），原名王绍杰，新中国电影事业奠基人之一，民国33年（1944）在延安参与创作并导演歌剧《白毛女》，1949年执导新中国第一部故事片《桥》。王绍洛，现代美术家，民国27年（1938）11月任胶东国防剧团首任团长，民国28年（1939）3月任山东鲁迅艺术学校首任校长。王绍珠，又名黄狮、黄海岩，民国30年（1941）2月任昌邑县政府第一任县长。王炳亮，民国28年（1939）9月任中共昌潍中心县委书记，民国29年（1940）初遭汉奸队袭击壮烈牺牲。

夏店古街（2021年） 摄影：王晓臣

村中现有519户，1522人，由王、耿、张、祝、朱、徐、范、李、姜、于等姓氏组成。耕地面积1600亩，以种植小麦、玉米等为主。村民多投资肉禽加工和冷藏业。

西王家庄
Xīwángjiāzhuāng

位于卜庄镇区西部10千米处。东邻夏店村，西至徐家庄，南临潍河，北接西峰台。明嘉靖二年（1523）王姓从夏店村迁来立村，以姓氏取名王家庄。李姓清嘉庆年间由李家抚宁迁入，杜姓清道光年间从杜家庄（今并入吕家庄）迁入，高姓清道光年间由岔河庄（今奎聚高家岔河）迁入。为区别县境同名村庄，1981年更名西王家庄。

村中现有95户，278人，由王、李、杜、高、赵等姓氏组成。耕地面积320亩，以种植小麦、玉米等为主。

徐家庄
Xújiāzhuāng

位于卜庄镇区西部11千米处。东邻西王家庄，西至夏家庄，南临潍河，北与南泊村相望。该地原有葛姓世居，称葛家屯，村中流传有葛家庙、葛家井等旧地名。据民国吉林省省长徐鼐霖重修《徐氏宗谱》序载“先曾祖之言曰，吾族自明季由江苏昆山县迁居山东登州府属之黄县，嗣又移居莱州府昌邑县之石湾店……”。文中所提“先曾祖”即为从昌邑徐家庄迁居吉林的始迁祖徐景和。清时，石湾店徐氏家族在潍河北岸（当时潍河自石湾店村后往西流淌）葛家庄旧址一带置有耕地，族人为耕种方便迁北岸居住，以姓氏取村名徐家岔河，后改称徐家庄。王姓清同治年间由围子王家隅庄迁入，邢姓清光绪年间由东冢街迁入。

徐景和，因受任吉林驻防协领幕友，于清乾隆年间举家迁居吉林。其曾孙徐鼐霖（1865—1940）17岁考中秀才，民国8年（1919年）任吉林省省长，与成多禄、宋小濂并称“吉林三杰”，精诗文、善书法，著有《憩园诗草》《筹边刍言》《莅吉宣言》《祭澹堪文》等作品。北京市东城区景阳胡同憩园为徐鼐林旧居。

村中现有223户，679人，由徐、王、邢、尹等姓氏组成。耕地面积700亩，以种植小麦、玉米等为主。

西峰台村
Xīfēngtáicūn

位于卜庄镇区西部10千米处。东邻东峰台，西至前河滩东村，南连王家庄，北接庙头村。元明时期，青莱官道由此地经过，曾设烽火台（墩台）于此。明前期，张姓从石桥子（今西石桥）迁来立村，以“烽台”为村名，后演称峰台。明后期，人丁繁衍，村落渐大，部分族人迁村东的湾塘东崖另立村庄，称峰台东村，该村遂改称峰台西村，后省称西峰台。

村中现有127户，338人，由张、王、刘等姓氏组成。耕地面积532亩，以种植小麦、玉米等为主。

东峰台村
Dōngfēngtáicūn

位于卜庄镇区西部10千米处。东邻夏店村，西至西峰台，南连吕家庄，北接庙头村。明后期，峰台村（今西峰台）张氏分支迁村东的湾塘东崖建房居住，以方位取名峰台东村，后省称东峰台。穆姓明末自平度穆家庄迁入，一宗王姓明末由石埠前柳杭迁入，另宗王姓清代从围子东王村迁入。

小院头（自然村）位于东峰台村东北，属东峰台村委会。清乾隆年间，董姓自围子董家隅庄迁来居住。王姓清光绪年间由夏店村迁入，李姓由石埠金台村迁入。因村处慈云院后，以院名为村名。后因村小人少，改称小院。又为区别北部小院村，于1985年更名小院头。

东峰台村（含小院头）现有186户，498人，由张、王、穆、李、董等姓氏组成。耕地面积745亩，以种植小麦、玉米、大姜等为主。村民投资有肉禽冷藏业。

庙头村
Miàotóucūn

位于卜庄镇区西部10千米处。东邻三教堂，西至前河滩东村，南连东峰台，北与西石桥村相望。乡人相传，唐代已有方姓人家居此，村中曾有方家井遗迹。现村址西原有公婆庙，传说宋太祖赵匡胤征战途经此地，到方家求饭，方家无米可炊，便将一空瓶煮于锅中，又去南庄借米待客。大宋定鼎之后，赵匡胤派人来寻方家公婆，才知二老已过世，遂钦此修建公婆庙，庙门对联“空瓶留住客，借米到南庄”。村子由此得名“公婆庙”。村中曾流传一首民谣 “公婆庙，九条道。琵琶湾，玉石桥。行善人，有好报。享香火，住高庙”。

至明代，姜姓从姜泊村迁公婆庙东立庙头庄，曲姓自掖县南郑村迁公婆庙东南立曲家庄。明嘉靖年间，胡姓自直隶枣强县迁庙头庄东居住，因族人在村前盖起带外置楼梯的二层房舍，乡人称胡家梯门，后改称胡家庄。清康熙年间，张姓自西峰台迁曲家庄西立张家庄。清同治六年“公议报验野殍记”碑文落款中，列有庙头庄、胡家庄、曲家庄、公婆庙、张家庄五村名字。清光绪年间《昌邑县全域图》中，五村已合并为庙头村。

村中现有331户，947人，由姜、胡、曲、李、张、王、蔡、孙、丁、陈等姓氏组成。耕地面积2200亩，以种植小麦、玉米等为主。村民投资有肉禽冷藏产业。

三教堂村
Sānjiàotángcūn

位于卜庄镇区西部10千米处。东临下小路，西至庙头村，南连夏店村，北接马疃村。明隆庆年间，孙、赵二姓从直隶枣强县迁来立村，因位于潍河（故道）拐弯处，地块呈三角形，故得名“三角头村”。姜姓明末由大窑村迁入，胡姓明末由直隶枣强县迁入，两宗张姓分别从西石桥和集东村迁入。清光绪年间，村东建一庙宇，供奉道教、儒教、佛教三教首神像，由此更名三教堂村。

村中现有245户，704人，由姜、孙、胡、赵、李、张、范等姓氏组成。耕地面积2025亩，以种植小麦、玉米等为主。

夏家庄
Xiàjiāzhuāng

位于卜庄镇区西部12千米处。东南与徐家庄毗连，西北与前河滩相接，西南临潍河大堤。明崇祯十五年（1642）壬午兵燹，夏、尹两姓为避兵祸从城南中炮（今奎聚中台）迁来立村，因村临潍河渡口，得村名夏家口。迟姓清顺治年间从龙池岱邱迁入，刘姓清乾隆年间由城南南庄头迁入，王姓清同治年间从柳疃阎家庵迁入，杨姓清光绪年间从饮马杨家楼迁入。民国2年(1913)河崖冲塌，渡口迁移，遂更名夏家庄。

村中现有87户，244人，由夏、尹、王、迟、杨、刘等姓氏组成。耕地面积590亩，以种植小麦、玉米等为主。

前河滩东村
Qiánhétāndōngcūn

位于卜庄镇区西部12千米处。东邻庙头村，西至前河滩西村，南连夏家庄，北接中河滩。在该村西北方向河堤之内原有沙窝庄，清中期失于洪水，村中傅、阎、孙三姓迁此新立村庄，取三族和睦之意得名三和庄。后因村北立有河滩庄，该村遂改称前河滩。又因丁户繁衍，村庄渐大，分为东、西两村。该村居东，以方位称前河滩东村。清嘉庆年间，张姓自马疃村迁入，高姓由东高戈庄迁入。

村中现有85户，255人，由傅、孙、阎、张、高、关等姓氏组成。耕地面积535亩，以种植小麦、玉米等为主。

前河滩西村
Qiánhétānxīcūn

位于卜庄镇区西部13千米处。东邻前河滩东村，西临潍河堤，南连夏家庄，北接中河滩。在该村西北方向河堤之内原有沙窝庄，清中期失于洪水，村中傅、阎、孙三姓迁此新立村庄，取三族和睦之意得名三和庄。后因村北立有河滩庄，该村遂改称前河滩。又因丁户繁衍，村庄渐大，分为东、西两村。该村居西，以方位称前河滩西村。

村中现有105户，286人，由孙、阎、郭、李等姓氏组成。耕地面积515亩，以种植小麦、玉米等为主。

中河滩村
Zhōnghétāncūn

位于卜庄镇区西部13千米处。东邻庙头村，西临潍河堤，南连前河滩西村，北接后河滩村。清嘉庆年间，傅姓自傅家庄(今柳疃西傅村）迁潍河之曲河滩地立村，故名河滩庄。阎姓清后期由大阎家迁入，姜、孙两姓由西五甲（故村位于今三官庙以东河堤之内）迁入。后因村子前、后各有河滩庄，遂更名为中河滩。

村中现有85户，216人，由阎、傅、姜、孙、郭、信等姓氏组成。耕地面积400亩，以种植小麦、玉米等为主。

后河滩村
Hòuhétāncūn

位于卜庄镇区西部13千米处。东邻庙头村，西临潍河堤，南连中河滩，北接西高戈庄。清嘉庆年间，前河滩村孙姓一支北迁至此新立村庄，以方位取名后河滩村。

村中现有 140 户，400 人，由孙、姜、王、阎、李、高等姓氏组成。耕地面积 750 亩，以种植小麦、玉米等为主。

岔河村
Chàhécūn

该村故址位于中河滩村西、河堤之内，已于 2021 年整体搬迁至岔河新村。岔河新村距镇区 9 千米，东邻西河沟，西至夏店街，南连郝家庄，北接肖家营。清后期，郭姓由岔河庄（故址位于今奎聚孙家岔河村东）迁中河滩村西立村，取名小岔河，后省称岔河。姜姓清光绪年间自西高戈庄迁入。

岔河村旧貌（2016 年） 照片提供：政协文史委

村中现有 80 户，259 人，姜、郭两姓为主。耕地面积 351 亩，种植小麦、 玉米等农作物。

北泊村
Běipōcūn

位于卜庄镇区西北部 13 千米处。东邻西马疃，西至东高戈庄，南连南泊村，北接姜泊村。清中期，孙姓自直隶枣强县孙家营迁此，扎蜀黍秸糊泥墙棚子栖居。次年房前长出一株桃树，遂取村名桃花村。清光绪年间水患塌河，河北崖姜家泊姜姓陆续迁来聚居，改村名为小泊子。杨姓清光绪年间从高郭庄（今东高戈庄）东移至小泊子西侧立村，称小高郭庄。民国 33 年（1944），小泊子、小高郭庄与前村东河滩合为一村，因村处姜泊村之南，得村名南泊。1950 年潍河河道取直，村庄由河西变为河东。1956 年又分为两村，东河滩沿用南泊村名，小泊子与小高郭庄合称北泊村至今。

村中现有 80 户，205 人，由杨、刘、姜、孙四姓氏组成。耕地面积 559 亩，以种植小麦、玉米等为主。

南泊村
Nánpōcūn

位于卜庄镇区西北部 13 千米处。东邻西马疃村，西至东高戈庄，南与徐家庄相望，北接北泊村。清同治年间，高姓从高郭庄（今东高戈庄）迁村东南潍河（故道）北岸新建村舍，取名东河滩。民国 33 年（1944）与北邻村庄小泊子、小高郭庄三村合并，因村处姜泊村之南，得村名南泊。1950 年潍河河道取直，村庄由河西变为河东。1956 年小泊子和小高戈庄划出另立北泊村，该村沿用南泊村名至今。

村中现有 63 户，196 人，由姜、高、韩、孙等姓氏组成。耕地面积 400 余亩，以种植小麦、玉米等为主。

东高戈庄
Dōnggāogēzhuāng

位于卜庄镇区西北部 14 千米处。东邻北泊村，西至西高戈庄，南连后河滩，北接韩家桥。明洪武年间，高姓从河北迁来落籍，郭姓同期从四川迁入，以姓氏取名高郭庄。姜姓明中期从柳疃长胡同迁入，刘姓清前期自柳疃西玉皇庙迁入，杨姓清中期自湖北襄阳府迁入。民国时期更名高戈庄。民国 37 年（1948）分为东、西两村，该村以方位得名东高戈庄。1950 年潍河河道取直，村庄由河西变为河东。

姜樾，核物理学家。曾任核工业部原子能出版社编审、联合国和平利用原子能机构官员。

村中现有 196 户，527 人，由姜、杨、高、刘、胡等姓氏组成。耕地面积 1050 亩，以种植小麦、玉米等为主。

西高戈庄
Xīgāogēzhuāng

位于卜庄镇区西北部 14 千米处。东邻东高戈庄，西临潍河，南连后河滩，北接韩家桥。明洪武年间，高姓从河北迁来落籍，郭姓从四川迁入，以姓氏取名高郭庄。姜姓明中期从柳疃长胡同村迁入。民国时期改称高戈庄。民国 37 年（1948）分为东、西两村，该村以方位得名西高戈庄。1950 年潍河河道取直，村庄由河西变为河东。

村中现有 143 户，418 人，由姜、王两姓氏组成。耕地面积 810 余亩，以种植小麦、玉米等为主。

韩家桥村
Hánjiāqiáocūn

位于卜庄镇区西北部 14 千米处。东邻北泊村，西临潍河，南连东高戈庄，北接姜泊村。村中相传，范姓明初迁来立村，因在村北潍河（故道）上建有石桥，故名范家桥。韩姓从四川汉州棘林村迁昌邑城里，二世一支迁柳疃街，另一支迁来范家桥定居。后韩姓族兴，村名改称韩家桥。陈姓明后期自北乡陈家庄（今已并入下营镇西下营村）迁入，徐姓明后期自柳疃灶户村迁入。1950 年潍河河道取直，村庄由河西变为河东。

村中现有107户，294人，由姜、陈、徐、韩、高、朱等姓氏组成。耕地面积630亩，以种植小麦、玉米等为主。

马疃村
Mǎtuǎncūn

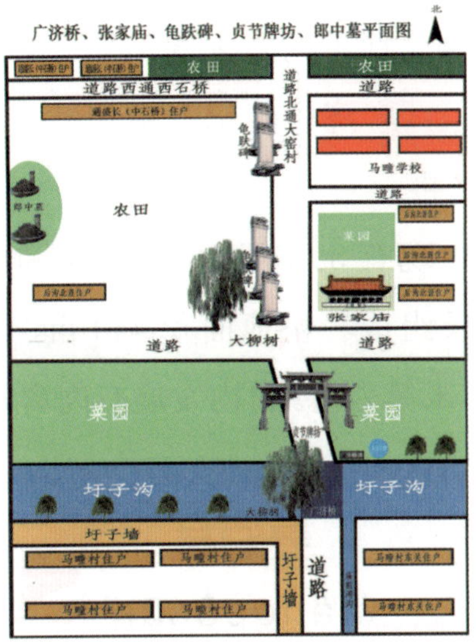

马疃村周形势图　　　　绘制 张国志

位于卜庄镇区西北部11千米处。东临下小路，西至西马疃村，南连三教堂，北接大窑村。元至正二十二年（1362），马姓由直隶枣强县毛儿庄迁昌邑东北乡立村马家庄；明洪武年间，刘姓从直隶枣强县迁来立村刘家庄；清前期，孙姓自北乡孙家庄（今柳疃前青村）迁来立村孙家庄。后因潍水泛滥，洼地房舍频遭洪水侵袭，村人逐渐聚居高地，三村合一，称马疃村。其间，张姓从石桥子（今西石桥）迁入，王姓从江苏海洲迁入，黄姓从城西黄家辛郭迁入。朱姓迁居该村年代较早，原迁地无考，现朱姓后人多居青岛。

中石桥村（自然村）位于马疃村后，属马疃村委会。清嘉庆年间，西石桥张姓一支东迁2里至马疃村后立村，因村处东、西石桥中间，取名中石桥。1954年成立初级社，中石桥并入马疃。1983年社改乡，沿属马疃村委会。

民国时期，该村孙氏一门出过父子叔侄三位将军。从该村走出过崂山道教名家玄中子（朱文彬）、玄鹤子（朱鹤亭）父子。中国首位帆板世界冠军张小冬籍贯马疃。2018年10月，位于该村的东冢区抗战殉国烈士墓园和广济桥被列为潍坊市第四批文物保护单位。

马疃村（含中石桥）现有297户，812人，由马、刘、张、王、孙、黄、徐、谭、董、李等姓氏组成。耕地面积3190亩，以种植小麦、玉米等为主。

西马疃村
Xīmǎtuǎncūn

位于卜庄镇区西北部13千米处。东邻马疃村，西至北泊村，南连庙头村，北接姜泊村。清代，因潍河改道，马疃村部分村户由河东圈至河西，乡人称之“小马疃”，后以方位改称西马疃。徐、张两姓清嘉庆年间由西石桥村迁入，董姓由下营小院村迁入。民国28年（1939），姜姓从庙头村迁西马疃村前立村“小庙头”。

1958年成立人民公社，小庙头并入西马疃大队。1985年注销小庙头，村户整体并入西马疃村。

村中现有183户，496人，由张、徐、马、姜、董、尹、焦等姓氏组成。耕地面积930亩，以种植小麦、玉米等为主。

西石桥村
Xīshíqiáocūn

西石桥村前的古桥面石板已挪至马疃村建为广济桥（2021年）
照片提供：张国志

位于卜庄镇区西北部13千米处。东邻中石桥，西至姜泊村，南与庙头村相望，北接大李家庄。据《张氏族谱考阙世分支定世统续》记载，明洪武初年，张氏兄弟四人由直隶省枣强县张家蒿村大碾胡同迁昌邑东北乡，卜居废石桥之北，得村名石桥子。后因子孙绵延，生齿日繁，族人相继分迁峰台西村（今卜庄西峰台）、车道北村（今柳疃张家车道）、北张家抚宁（今北张村）、王家庙子等村。另有族人东迁新立中石桥和东石桥两村，该村于民国后期以方位更名为西石桥村。尹姓民国时期由尹家庄迁入，姜姓1949年后由柳疃长胡同迁入。

清道光二十六年（1846），马疃村人将西石桥村前古石桥上的大型条石移走，在马疃村北圩子沟之上建石桥一座，取名广济桥。《广济桥碑记》中记载了转移桥面条石之事。

村中现有53户，134人，由张、尹、姜等姓氏组成。耕地面积440亩，以种植小麦、玉米等为主。村内发展有肉禽养殖业。

姜泊村
Jiāngpōcūn

位于卜庄镇区西北部15千米处。东邻岳家庄，西临潍河，南连北泊村，北接前张戈庄。村子始建于宋代中叶，原村址位于现村域东段，因地势较高，称“龙王崖”，原有金、国、胡、阎四姓聚居。后村户渐多，村人迁龙王崖西侧另建村舍，因河道绕村，遍布水泽，取名泊子。元代后期姜姓徙昌境，据元至正甲辰（1364）孟夏三月福山儒学教谕李夷山撰《姜氏祖先世纪名碑》（残）记载 “姜氏乃东齐世家之苗裔，遭春秋田横之乱，支派分异，迁入宁海□□□疆彤岭（今威海乳山市徐家镇峒岭村）盖有年矣。至亡金季末，避海□□，其高大父讳喜同高大母郝氏挈家西来昌邑之北二十里，潍波之右叉河之庄（清代《昌邑姜氏族谱》原注：今高戈庄），相其土俗地厚民淳，于此居焉”。 姜氏后裔姜二德于元代末年由潍河西岸的阎家庵村迁入泊子，至明末成为望族，遂更村名为姜家泊子。民国末年，因龙王崖村舍与姜家泊子村舍已连成一片，遂统称为姜家泊子。1949年后，徐姓由韩家桥迁入，阎姓由大阎家迁入，傅姓由柳疃傅戈庄迁入，张姓由下营王家庙迁入。1980年村名省称姜泊。

姜泊村古民居（2021年） 摄影：李发宁

清嘉庆年间，姜泊村遭受水灾，姜于顺、姜于孝兄弟远赴吉林谋生，由烧锅和染坊起家，发展成为以金融为主业的民族资本家，并创立功茂、功裕、功增、功盛、功泰五大商号，乡人称之“五大功”。

民国22年（1933）春节，功泰号姜乃绅之子姜其瑶从北京带回一台小型风力发电机组，安装在南大院的机井旁边，用于家庭照明和收听广播，这是风力发电设施首次出现于昌境。

2013年10月，以清末民初姜氏“五大功”家族49处古建筑为主的民居群被山东省人民政府公布为省级文物保护单位。

村中现有432户，1203人，姜姓居多，另有徐、阎、傅、张等姓氏。耕地面积3200亩，以种植小麦、玉米等为主。

岳家庄
Yuèjiāzhuāng

位于卜庄镇区西北部14千米处。东邻大李家庄，西至姜泊村，南连西石桥，北接北王家庄。该地原有岳、池两姓世居，以姓氏取名岳家庄，今两姓在村中已无后人。一宗姜姓明朝末年从姜泊村迁入，另一宗姜姓自大窑村迁入，董姓明崇祯末年从董家庄（今西董村）迁入，两宗卢姓分别从柳疃渔尔堡和卜庄王卢村迁入，张姓清末从西石桥迁入。

村中现有91户，297人，由董、姜、徐、卢、刘、张等姓氏组成。耕地面积600亩，以种植小麦、玉米等为主。

大李家庄
Dàlǐjiāzhuāng

位于卜庄镇区西北部13千米处。东邻大窑村，西至岳家村，南连西石桥，北依东冢街。明前期，李姓从直隶枣强县迁昌邑东北乡张戈庄落籍，至明万历八年（1580），后世分支迁此立村，以姓氏取名李家庄。清咸丰初年，徐、张两姓由西石桥迁来居住。1980年地名普查时，为区别县境同名村庄，更名大李家庄。

村中现有119户，326人，由李、徐、张、郝等姓氏组成。耕地面积1010亩，以种植小麦、玉米等为主，另有肉禽养殖业。村民投资有食品冷藏产业。

大窑村

Dàyáocūn

村中制陶作坊（2018年）　　摄影：李凯旋

位于卜庄镇区西北部13千米处。东临下小路，西至大李家，南连马疃村，北依东冢街。明前期，姚姓自姚瓦街（今龙池姚徐邓村）迁此，搭建窝铺栖居，以烧窑制陶为业，得名姚家窝铺，后以职业更名“窑上”。姜姓明中期从城里东隅迁入，张姓明后期自安丘景芝迁入，尹、焦、朱、郝、王等姓氏相继迁入。诸姓迁来后庐舍相邻，各立新村，曾立有油坊、沟头、张家窑、二家尹等自然村落。清咸丰年间，毗连各村合力筑圩抗捻，聚居于一个围子里，统称窑上。后因村西北有小窑村，改称大窑村。

2013年，该村传统土陶烧制技艺入选第三批“山东省级非物质文化遗产名录”。

村中现有461户，1318人，由姚、张、姜、孙、尹、焦、朱、郝、王等姓氏组成。耕地面积3400亩，以种植小麦、玉米等为主。

东冢村

Dōngzhǒngcūn

位于卜庄镇区西北部13千米处。东邻集东村，西至尹家庄，南连大李家庄，北接李家泊。该地元代已形成村落，据东冢玉皇阁元至顺二年（1331）碑文载 “此村原为罕有村，有池姓居住。明洪武二年，因水患淹没村庄，故东移高丘之上建村，因丘形若冢，取名东冢……”。明后期，谭姓自海眼村迁来居住。继胡姓自胡家道口迁入，邢姓自昌邑城里迁入，黄姓自城西黄家辛郭迁入，李姓自李家泊子迁入，于姓自城东于家山下迁入。因村后玉皇阁香火益盛，并设集市，村子另有“东冢街”之称。

民国14年（1925）至2001年，曾先后设置东冢镇、东冢区、东冢乡等区划，驻地均为东冢村。农历一、六为该村集市，三月二十六、十月十六为东冢山会。

东冢村旧照（1985 年） 照片提供：李发宁

村中现有 151 户，394 人，由邢、胡、潘、李、窦、谢、尹、周、于、黄、谭等姓氏组成。耕地面积 1200 亩，以种植小麦、玉米等为主。

尹家庄

Yǐnjiāzhuāng

尹家庄旧照（1985 年） 照片提供：尹相书

位于卜庄镇区西北部 14 千米处。东邻东冢村，西至西董村，南连北王家庄，北接湾崖村。明弘治年间，尹姓自直隶枣强县迁来，择东冢街以西高地立村，以姓氏取名尹家庄。隋姓清乾隆年间自城西前埠村迁入，一宗李姓清乾隆末年自集东村迁入，另宗李姓民国时期从北乡李家圈（今下营李刘村）迁入，于姓自东冢街迁入。清咸丰年间村庄筑圩抗捻，设东西南北四个大门，围墙之上架设 20 门土炮，捻匪不敢冒犯，由此得名“魁武寨”。后复称尹家庄。村东湾塘因修筑东冢玉皇阁时挖土成湾，故称“阁湾”。

李仁臣，著名摄影家。曾任人民日报社副总编辑，全国政协文史委副主任。

村中现有 209 户，545 人，由尹、李、隋、于等姓氏组成。耕地面积 1125 亩，以种植小麦、玉米等为主。村民投资有房地产、光伏能源、食品冷藏、建筑施工等产业。

集东村

Jídōngcūn

位于卜庄镇区西北部 13 千米处。东临下小路，西至东冢村，南连大窑村，北接李家泊。明中期，张姓自密城村迁来居住，继李姓自本县南乡白家营迁入。因村处东冢集市之东而得名。

集东村是中国共产党昌邑县委和昌潍联合县委诞生地。村人张智忠民国 25 年（1936）从青岛回家担任中共昌邑县委书记，

“七七事变”后在集东村大庙内创办“后方医院”（对外称红十字会），为昌北抗战武装提供了有力的卫勤保障。

小窑村（自然村）位于集东村前，属集东村委会。村人相传，原有贾姓居此，称贾家庄。明永乐年间，杜姓从四川迁此，发现土质宜于制陶，便筑一小窑，以制陶为业，以职业定村名。

集东村（含小窑村）现有265户，700人，由张、王、潘、李、杜等姓氏组成。耕地面积2500亩，以种植小麦、玉米等为主。

西董村
Xīdǒngcūn

位于卜庄镇区西北部15千米处。东邻尹家庄，西至后张戈庄，南连岳家庄，北接下营海眼村。该地原有肖姓居住，董姓明天启年间由四川迁入，后董姓族兴，以姓氏取名董家庄。清嘉庆年间，董氏后世分支东迁三里立村小董家庄，民国时期改称东董家庄，该村遂改称西董家庄，后省称西董村。胡姓1949年后由胡家道口迁入，王姓为1969年峡山库区移民。

村中现有103户，242人，由董、王、胡三姓氏组成。耕地面积550亩，以种植小麦、玉米等为主。

东董村
Dōngdǒngcūn

位于卜庄镇区西北部13千米处。东临下小路，西至东冢村，南连大窑村，北接集东村。清嘉庆年间，董姓由董家庄（今卜庄西董村）迁来立村，初称小董家庄，民国时期以方位改称东董家庄，今省称东董村。张姓民国时期由集东村迁入。

村中现有37户，111人，董、张两姓居多。耕地面积200亩，以种植小麦、玉米等为主。

北王家庄
Běiwángjiāzhuāng

位于卜庄镇区西北部14千米处。东邻东冢村，西至西董村，南连岳家庄，北接尹家庄。明永乐年间，王姓自直隶枣强县迁来立村，初以开设油坊为业，美誉乡里，由此得村名“油坊头”，民国元年（1912）以姓氏改称王家庄。姜姓1958年由姜泊村迁入，李姓为1969年峡山库区移民。1980年为区别县境同名村庄，以方位改称北王家庄。

村中现有50户，151人，由王、姜、李等姓氏组成。耕地面积360亩，以种植小麦、玉米等为主。

以种植小麦、玉米等为主。

后张戈庄
Hòuzhānggēzhuāng

位于卜庄镇区西北部16千米处。东邻西董村，西临潍河，南连前张戈庄，北临荣乌高速。村人相传，该地原有张、郭二姓居住，以姓氏称张郭庄。据清光绪年间《李氏族谱》载“原籍山西平阳府洪洞县，迁直隶冀州枣强县，后由枣强县迁山东省莱州府昌邑县张郭庄”。胡姓明中期自胡家道口迁入，郝姓自郝家城后迁入。民国12年(1923)村名演称张戈庄。民国36年(1947)分为前、后两村，该村居后，以方位称后张戈庄。

后张戈庄民国胡同（2021年）　　摄影：李发宁

村西潍河东岸原有小寨村，又称小姜家寨，姜姓为主，与西岸姜家寨姜姓同宗，设有渡口通往河西，1956年大水冲毁村子，村人分迁胡家道口、后张戈庄、前张戈庄和姜泊村。

村中现有162户，467人，由胡、李、郝、姜、黄等姓氏组成。耕地面积1600亩，

前张戈庄
Qiánzhānggēzhuāng

位于卜庄镇区西北部15千米处。东邻北王家庄，西临潍河，南连姜泊村，北接后张戈庄。村人相传，该地原有张、郭二姓居住，以姓氏称张郭庄。据清光绪年间《李氏族谱》载“原籍山西平阳府洪洞县，迁直隶冀州枣强县，后由枣强县迁山东省莱州府昌邑县张郭庄”。胡姓明中期自胡家道口迁入，郝姓自郝家城后迁入，姜姓因水患自小寨村(故村)迁入。民国12年(1923)村名演称张戈庄。民国36年(1947)分为前、后两村，该村居前，以方位称前张戈庄。

前张戈庄古民居（2021年）　　照片提供：李连升

村中现有125户，352人，由李、郝、姜、胡等姓氏组成。耕地990亩，以种植小麦、玉米等为主。

李家泊村
Lǐjiāpōcūn

位于卜庄镇区西北部14千米处。东临下小路，西至湾崖村，南连集东村，北临荣乌高速。明万历年间，李氏兄弟由河北枣强县迁来落户，立村于坡地之上，得村名李家坡子，民国时期演称李家泊子，后省称李家泊至今。范姓1959年由夏店村迁入，董姓为1969年峡山库区移民，姜姓1978年由姜泊村迁入。村内有400年树龄古槐一株。

村东北有30余亩突兀之地，乡人称“唐家央子”，传说为李世民东渡时训练骑兵登船渡海之处。1964年冬季农田建设时曾出土大量陶片。

村中现有181户，511人，由李、董、姜、范、马、韩等姓氏组成。耕地面积1305亩，以种植小麦、玉米等为主。村民投资有核桃种植、酒店餐饮等产业。

湾崖村
Wānyácūn

位于卜庄镇区西北部15千米处。东邻李家泊，西至后张戈庄，南连尹家庄，北临荣乌高速。明洪武年间，谭姓由湖北枣阳县迁昌邑北乡，择湾塘北崖立村，故名湾崖。后另宗谭姓和贾姓同期从山西大槐树迁来落户，继孙、胡、张、王、郭等姓氏从周边村落迁入。

村中现有161户，493人，由谭、贾、张、王、郭等姓氏组成。耕地面积950亩，以种植小麦、玉米等为主。

第八节　石埠

石埠经济发展区
Shíbù Jīngjì Fāzhǎn Qū

位于北纬36° 40′ 11″～36° 46′ 05″东经119° 23′ 28″～119° 35′ 25″。地处昌邑市中南部，距市区 17.3 千米。东与平度市隔胶莱河相望，西与寒亭区隔潍河相邻，南临吴沟河干渠，北依青山。因驻地石埠村而得名。电话区号 0536，邮政编码 261315。

1950 年属昌南县第三区。1955 年改称石埠区。1956 年昌南县并入昌邑县，划为青山区。1958 年 2 月设石埠乡，同年 9 月石埠、流河两乡合并为和平人民公社，12 月改称石埠人民公社。1964 年 2 月分出流河人民公社。1983 年 8 月改为石埠乡。1984 年 3 月撤乡设镇，改称石埠镇。2001 年 3 月流河乡并入石埠镇。2007 年 8 月石埠镇并入饮马镇。2010 年 1 月成立石埠经济发展区。

地处昌南埠岭坡地向北部海滨平洼地貌过渡地段。地势西高东低。最高点青山海拔 67 米，大部地区海拔 7～15 米。胶莱河自东界由南向北流经辖区 10 千米；潍河自西界由南向北流经辖区 9 千米。

辖区内青山秀水景区为 AAA 级景区。有西金台民居、董家庄遗址、石埠西村遗址、葛庄桥、遇仙园遗址等省市级文物保护单位。为昌邑古八景“青峰凝翠”“仙园异笔”发祥地。

辖 67 个行政村，1.4 万户，4.85 万人，均为汉族。辖区总面积 96.26 平方千米，耕地面积 8.2 万亩，以小麦、玉米、土豆、林果等种植为主。工业以轻工、机械、纺织、食品等产业为主。2021 年实现公共财政收入 1342 万元，规模以上工业总产值 7.009 亿元，规模以上批零住餐销售总额 2.67 亿元，农民人均可支配收入 2.63 万元。

先后获“全国小城镇建设先进镇”“山东省中心镇”“山东省环境优美镇”“山东省小城镇建设示范镇”等荣誉称号。

20 世纪 80 年代石埠汽车站旧照　　照片提供：齐乃禹

石埠人民疏浚潍河抗旱（1978 年 5 月）　　照片提供：李发宁

石埠商业街　　　　摄影：褚光辉

杨家桥银杏林　　　　摄影：李发宁

发展区驻地街区新貌

摄影：李发宁

石埠居民点

石埠村
Shíbùcūn

石埠村（自然村）位于石埠经济发展区管委会驻地，饮马镇辖区内。村西为青山余脉，埠顶突兀，似牛头状，故曰牛头埠。埠面多石，古有村民居其上下，由此得名石埠村。该地有商周遗址和汉墓等遗迹，三千余年来，一直有先民世居。张姓明洪武年间自山西洪洞县迁来落籍，翟姓明后期自城北逄泽庄（今奎聚东逄翟村）迁入，潘姓明代自傅徐城后迁入，刘姓清后期自南斜村迁入。1983年，村子分为石埠北村、石埠东村、石埠前村、石埠西村、石埠李范村、石埠张家村6个行政村。农历一、六为该村集市。

翟德先，清嘉庆辛酉顺天第三名举人，连捷进士，曾任保定府高阳县知县，有《蝶阶百泳》著作传世。

民国29年（1940）7月5日，昌邑城南抗战武装在石埠一带阻击日伪军来犯，毙敌四百余人，时《新华日报》报道“鲁东北我军，连日杀敌（日伪），收获甚巨。五日午昌邑敌伪步骑炮兵一部，向城南石埠一带进犯，当经我军迎头痛击，展开激战，……是役毙敌四百有余，俘敌十四名，并夺获步枪三十五支，掷弹筒一个及其它军资甚多”。

石埠北村
Shíbùběicūn

位于石埠经济发展区管委会驻地，石埠村北部，饮马镇辖区内。1983年成立石埠北村村民委员会。

村中现有360户，1367人，由翟、潘、张、王、郑等姓氏组成。耕地面积1350亩，以林果种植为主，盛产苹果、梨、桃等水果。村域内建有商业街和家具批发市场，工业以纺织、风筝加工、食品加工为主。

石埠西村
Shíbùxīcūn

位于石埠经济发展区管委会驻地，石埠村西部，饮马镇辖区内。1983年成立石埠西村村民委员会。村内有民国初年古民居两处，500余年树龄古槐一株。村西50米牛头埠南坡上保存有商周遗址，东西长200米，南北宽100米，采集有绳纹陶片和兽骨，现为市级文物保护单位。

铃铛沟位于村西，沟底有“干勾石”，又称“铃铛石”，中空，内有小石核，手摇铮铮悦耳。沟壑（旧貌）东西长400米，南北宽20米，深达15米。清康熙《昌邑县志》载“铃铛沟，在县东南35里新兴社，水流湍激。其石皆圆，摇之有声如铃铛然，故名”。

村中现有236 户，872 人，由张、窦、刁、王、潘等姓氏组成。耕地面积700 余亩，以小麦、玉米、大姜、土豆、洋葱、草莓等种植为主。

石埠东村
Shíbùdōngcūn

位于石埠经济发展区管委会驻地，石埠村东部，饮马镇辖区内。1983 年成立石埠东村村民委员会。

村中现有254 户，936 人，翟、郑两姓居多。耕地面积1051 亩，以小麦、玉米、土豆、大姜、草莓等种植为主。村域内设有木材批发市场，村民投资有食品企业。

石埠前村
Shíbùqiáncūn

石埠前村农产品交易市场（2021 年） 摄影：李发宁

位于石埠经济发展区管委会驻地，石埠村南部，饮马镇辖区内。1983 年成立石埠前村村民委员会。

村中现有142 户，589 人，翟、周两姓居多。耕地面积820 亩，以小麦、玉米、土豆、草莓等种植为主。村域内设有蔬菜批发市场，村民投资有食品企业。

石埠李范村
Shíbùlǐfàncūn

位于石埠经济发展区管委会驻地，石埠村东南部，饮马镇辖区内。李姓明后期自东金台村迁来居住，范姓清代自柳疃北范村迁入。1983 年从石埠村分出，因李、范两姓居多，以姓氏取名石埠李范村。

村中现有287 户，1034 人，由李、范、刘、翟、潘、侯、魏、董等姓氏组成。耕地面积1400 亩，以小麦、玉米、土豆、大姜等种植为主。

石埠张家村
Shíbùzhāngjiācūn

位于石埠经济发展区管委会驻地，石埠村西南部，饮马镇辖区内。明后期，张姓从葛庄迁青山前，又于明末迁来居住。1983 年从石埠村分出，因村内张姓居多，以姓氏取名石埠张家村。

村中现有160 户，630 人，由张、于、项、刘等姓氏组成。耕地面积750 亩，以种植小麦、玉米、土豆、大姜、草莓等为主。

戴家薛庄

Dàijiāxuēzhuāng

位于石埠经济发展区管委会驻地南部，饮马镇辖区内，距管委会驻地两千米。东临下小路，西至孙家薛庄，南连东刘家薛庄，北接石埠张家村。自林家埠村后的田家湾（故址）经一溜薛庄向东为潍河故道，汉唐以来，该地原住民因地制宜，多以林果种植为业。每至春季，花绽乡野，瓣飞如雪。乡人曾于此建雪花殿，以览盛景，后演称“薛花殿”。宋元时期，薛花殿因水患夷为废墟。明时，戴姓迁薛花殿遗址立村，取名戴家薛庄。至清代，董姓从围子董家隅庄迁戴家薛庄村前立董家薛庄，后并入戴家薛庄。村内现有500余年树龄古槐一株。

村中现有256户，946人，由戴、董、范等姓氏组成。耕地面积1110亩，以种植小麦、玉米、土豆、大姜、核桃、花生等为主。

西孙家薛庄

Xīsūnjiāxuēzhuāng

位于石埠经济发展区管委会驻地西南部，饮马镇辖区内，距管委会驻地两千米。东邻戴家薛庄，西临潍河，南连西刘家薛庄，北接埠头村。明隆庆年间，孙姓自北乡孙家庄（今柳疃北孙家庄）迁来立村。继别姓自高密双阳店迁入，陈姓自龙池东白塔迁入。因村处薛花殿遗址西侧，得名西孙家薛庄。

村中现有374户，1168人，由孙、陈、别、王、张等姓氏组成。耕地面积1260亩，盛产桃、梨、苹果、板栗，另有大姜、土豆、山药等农产品种植。

东刘家薛庄

Dōngliújiāxuēzhuāng

位于石埠经济发展区管委会驻地南部，饮马镇辖区内，距管委会驻地3千米。东临下小路，西临永大路，南连王家庄，北接戴家薛庄。明洪武年间，刘姓由四川经山西大槐树迁薛花殿遗址南部立村，以姓氏取名刘家薛庄。后因西有同姓薛庄，遂以方位改称今名。

村中现有168户，665人，由田、孙、李、高、刘、韩、邢、王、张、董等姓氏组成。耕地面积780亩，以种植小麦、玉米、土豆、草莓、林果等为主。

西刘家薛庄

Xīliújiāxuēzhuāng

位于石埠经济发展区管委会驻地南部，饮马镇辖区内，距管委会驻地两千米。西北与西孙家薛庄为邻，东北与戴家薛庄相接，东南与东刘家薛庄相望。清前期张姓迁来立村，以姓氏取名张家院落。清雍正年间，刘、贾二姓迁入，后刘姓族兴，因村处薛花殿遗址，东有刘家薛庄，故名西刘家薛庄。该村至今保留有200余年古梨树林，见证了薛花殿林果之乡的悠久历史。

村中现有185户，700人，由刘、张、贾、窦等姓氏组成。耕地面积990亩，以林果、小麦、玉米、大姜、土豆、草莓等种植为主。林果种植是该村传统产业，村内建有水果批发市场。

王家庄
Wángjiāzhuāng

位于石埠经济发展区管委会驻地南部，饮马镇辖区内，距管委会驻地4千米。东邻田家庄，西至东金台，南连常家屯，北接东刘家薛庄。明洪武年间，王姓由四川迁来立村，以姓氏取名王家庄。清康熙年间，李姓从寒亭朱里东于渠村迁来居住。

村中现有171户，629人，由张、李、王、卢等姓氏组成。耕地面积675亩，以种植小麦、玉米、大姜、土豆等为主。村民多从事纺织产业。

田家庄
Tiánjiāzhuāng

位于石埠经济发展区管委会驻地南部，饮马镇辖区内，距管委会驻地3.5千米。东临下小路，西至王家庄，南连常家屯，北接东刘家薛庄。明前期，田姓因水患自田家老庄（故村址位于林家埠西北潍河大堤之内）东迁今址重建村落，取名田家庄子，后省称今名。韩姓明隆庆二年（1568）从韩家抚宁（今属卜庄）迁入。邢姓明末从昌邑城里迁入。

田家庄新村（2021年） 摄影：李树香

村中现有199户，710人，由孙、刘、高、韩、邢、张、王、李、董、田等姓氏组成。耕地面积1020亩，以种植小麦、玉米等为主。村民多从事纺织产业。

西吴家村
Xīwújiācūn

位于石埠经济发展区管委会驻地西南部，饮马镇辖区内，距管委会驻地6千米。西北与东金台村相接，东南与常家屯相连。明朝初年，吴姓从潍县迁来立村，以姓氏取名吴家庄。至清代，吴姓迁出，李姓自西金台迁入。为区别县境同名村庄，1981年以方位更名西吴家村。

村中现有47户，190人，由李、王、张、岳等姓氏组成。耕地面积210亩，以种植小麦、玉米、花生、大姜、土豆等为主。

东金台村
Dōngjīntáicūn

位于石埠经济发展区管委会驻地西南部，饮马镇辖区内，距管委会驻地5.5千米。东临永大路，西至西金台，东南与西吴家村相连，西北与林家埠村相接。明前期，李姓自城北三贤埠（今奎聚李家埠）迁来立村，因村处金台埠（今已失）东侧而得名。吴姓明代由四川经山西大槐树迁入，别姓由高密双阳店别家庄迁入，刘姓清嘉庆年间从昌邑城西北泊子村迁入，王姓清代自文山东麓王葛山下迁入，钱姓清光绪年间从潍县固堤迁入，颜姓自岞山颜家庄迁入。农历二、七为该村集市。

东金台“板栗王”（2008年）　　摄影：李发宁

该村“玉皇会”年俗活动为潍坊市级非遗项目。村中保留有民国时期民居一处，为县级文物保护单位。村东北方向的村属农田内有一株500年树龄的板栗树，号称昌邑“板栗王”。

村中现有557户，2147人，李姓居多，另有吴、王、朱、刘、颜、钱、于、别等姓氏。耕地面积3300亩，以种植小麦、玉米、花生、大姜、草莓等为主。

肖王村
Xiāowángcūn

位于石埠经济发展区管委会驻地西南部，饮马镇辖区内，距管委会驻地7千米。东邻西吴家村，西至西金台村，南临宝通街，北接林家埠。明洪武年间肖姓迁来立村，以姓氏取名肖家庄子。继王姓迁肖家庄子村后居住，因村依庙宇取名王家庙，后改称王家庄子。明正统年间，有西金台李姓族人分别迁至肖家庄子和王家庄子居住。至民国时期，两村肖、王二姓渐失。1961年，两村组为肖王生产大队。1983年正式合并为肖王村。

村中现有233户，817人，由李、吴、周等姓氏组成。耕地面积1086亩，以种植小麦、玉米、大姜、土豆、草莓等为主。

西金台村
Xījīntáicūn

西金台（自然村）位于石埠经济发展区管委会驻地西南部，饮马镇辖区内，距管委会驻地 7 千米。东邻东金台，南依青龙山，潍河流经村子西北。该村原有于、林、范、夏等姓氏居住，于、林两家合打一眼水井，以青石砌八角井口，乡人称“八角井”，渐成村名。明洪武初年，李姓由四川成都府华阳县剪子巷迁昌邑青龙山西北麓石头湾子立村，后因频遭水患，迁八角井村内聚居，并成大族。后因村处金台埠西侧，村人众议改称西金台村。现村中已无原住姓氏，村户以李姓为主。

西金台古楼（2015 年） 摄影：李发宁

该村李氏家族明清两代连中举人。李源洁，明嘉靖乙卯科举人，任河南南阳裕州府舞阳县知县；李亚桂，明万历壬午科举人，历任武清县、三河县知县，修取户部主事，文林郎；李协中，清雍正壬子科举人，任三原县县丞，署知县事，敕授文林郎。另有李国干、李国翰、李好贤、李学曾、李名扬、李长绂各中武举人。

1956 年入社，村子分为东北、西北、东南、西南四个生产大队。1983 年调整为西金台东北村、西金台西北村、西金台东南村、西金台西南村 4 个行政村。

西金台东北村
Xījīntáidōngběicūn

位于西金台（自然村）东北部村域。村中现存三开间砖木结构古楼一座，为明万历壬午科举人、户部主事李亚贵故居，系省级文物保护单位。村中现有 500 户，1707 人。耕地面积 2200 亩，以种植小麦、玉米、大姜、花生、土豆、草莓等为主。村民经营有花生加工厂、纺织厂。

西金台西北村
Xījīntáixīběicūn

位于西金台（自然村）西北部村域。村中现有 459 户，1535 人。耕地面积 2221 亩，园地 600 亩，以种植小麦、玉米、大姜、土豆、草莓等为主。村民经营有纺织企业。

西金台东南村
Xījīntáidōngnáncūn

位于西金台（自然村）东南部村域，村中现有 337 户，1128 人。耕地面积 1650 亩，以种植小麦、玉米、花生、果蔬等为主，盛产桃、梨、苹果等水果。风筝制作为该村传统手工业。

西金台西南村
Xījīntáixīnáncūn

位于西金台（自然村）西南部村域。村中现存明代古井一口，相传为原住民于、林两姓所挖，乡人称于林井，又称玉龙井、八角井，系县级文物保护单位。村中现有 310 户，1170 人。耕地面积 2147 亩，以种植小麦、玉米、大姜、土豆、草莓、林果等为主，盛产桃、杏、梨等水果。

林家埠
Línjiābù

位于石埠经济发展区管委会驻地西南部，饮马镇辖区内，距管委会驻地 6 千米。东邻东金台，西至西金台东北村，南连肖王村，北临潍河堤。明朝初年，段姓由四川迁来立村，因村西依土埠，故名段家埠。明前期，林姓自四川经山西大槐树迁段家埠前立村林家庄。清咸丰年间，林姓为避捻军兵燹迁段家埠村聚居。后段姓式微，村子于民国 34 年（1945）改称林家埠。村前有汉代墓葬遗址，为县级文物保护单位。

村中现有 180 户，590 人，由林、李、于、王、陈、张等姓氏组成。耕地面积 879 亩，以种植小麦、玉米、花生、土豆、大姜、苹果等为主。

埠头村
Bùtóucūn

位于石埠经济发展区管委会驻地西部，饮马镇辖区内，距管委会驻地 1 千米。东邻石埠西村，西临潍河，南连西孙家薛庄，北临 309 国道。明正德年间，王姓由直隶枣强县柳林庄迁来立村。因村处山埠南头，故名埠头。

清雍正八年（1730）秋，潍河决口，淹没田舍，并在村西南留下一湾塘，村人俗称“碌碡湾”。村南有战国墓葬遗址，为县级文物保护单位，曾出土铜墩、铜壶、玉璧残片等文物。

清咸丰年间，该村张氏赴章丘学习打铁技术，打制镰刀、铡刀，以其锋利誉满乡里。1977 年村里组建红炉组，年产镰刀 1 万余把，畅销周边县市。

村中现有 387 户，1394 人，由王、张、李、潘等姓氏组成。耕地面积 3345 亩，以种植小麦、玉米、土豆、大姜等为主。

晴埠村

Qíngbùcūn

位于石埠经济发展区管委会驻地西北部，饮马镇辖区内，距管委会驻地2.5千米。东依青山，西临潍河，南临荣潍高速，北接南斜村。据该村《刁氏族谱》记载：“刁琪，仕金，任帐前左副都元帅。天子赐姓李，名颐真。”金代刁姓先居于此，后改姓李。因村依山埠，埠上灌木丛生，得名青埠。清末以“日出映青埠”嘉句雅称晴埠。赵姓元朝末年自四川迁入，王姓明前期自琅琊（今诸城）迁入，刘姓明嘉靖年间自县城西北西逄泽村迁入，初姓明隆庆年间自博兴县迁入。村西有金代圆形古墓，曾有石虎、石羊等石像立于墓前。农历五、十为该村集市。

遇仙园，曾名“岁寒庵”，位于今石埠西村西北，原为金代帐前左副都元帅刁琪（李颐真）的住宅和花园。为昌邑古八景之一“仙园异笔”发源地。始建于金大定年间，今有遗迹留存。

王晓玲，长征五号系列运载火箭副总工程师，运载火箭技术研究院“软件开发与测试技术”专家。著有《载人航天运载火箭软件研制实践》等学术书籍。

村中现有560户，2140人，由王、刘、初、赵、李、孙等姓氏组成。耕地面积2250亩，以种植小麦、玉米、花生、土豆、大姜等为主，另有桃、杏、樱珠等林果产业。村民投资有合线厂、纸管厂等企业。

南斜村

Nánxiécūn

位于石埠经济发展区管委会驻地西北部，饮马镇辖区内，距管委会驻地4千米。东依青山，西至潍河，南连晴埠村，北接围子街道梁张村。该地清代为李家张庄（今围子街道西张村）村户农田，因地处山坡处，村人称“南斜子地”。清雍正八年（1730）潍河决口，李家张庄李、刘二姓为避水患自迁来居住，因地势得村名。

村中现有101户，338人，由刘、李、邹、卢等姓氏组成。耕地面积435亩，以种植小麦、玉米、大姜、大蒜、草莓等为主。

前史家庄

Qiánshǐjiāzhuāng

位于石埠经济发展区管委会驻地北部，饮马镇辖区内，距管委会驻地1.5千米。东临下小路，西临永大路，南连傅家庄，北依青山。明后期，城里东隅举人史载勋择青石山（今石埠青山）望仙坡置地建花园书馆，修纂《二十一史纪略》。后有王姓自逄公村（今都昌王家北逄）迁入，初姓由晴埠村迁入，张姓由城里南隅迁入。诸姓迁来，渐成村落，初名“望仙坡”，后因史姓居多，改称史家庄。又为区别县境同名村庄，1981 年改称前史家庄。

史载勋，明万历辛卯年（1591）举人，通览历代古籍，编成《二十一史纪略》《昌邑纲纪志》《海运议》《训儿经》诸书。史钦明，史载勋次子，明天启辛酉科举人，初授磁州知州，调代州知州，致仕居乡，壬午城守，捐躯殉难。

村中现有 156 户，506 人，由史、王、张、李、郑、初、孙、于、胡等姓氏组成。耕地面积 600 亩，以种植小麦、玉米、果蔬等为主。

傅家庄
Fùjiāzhuāng

位于石埠经济发展区管委会驻地北部，饮马镇辖区内，距管委会驻地 0.5 千米。东邻葛西村，西临青山路，南临 309 国道，北接前史家庄。清康熙年间，傅姓为避水患自青山后王珂村迁来立村，以姓氏取名傅家庄。后傅姓外迁，翟姓自石埠街迁入，窦、侯、张、刘等姓氏相继迁入，沿用“傅家庄”村名至今。

村中现有 107 户，420 人，由翟、窦、侯、张、刘等姓氏组成。耕地面积 347 亩，以种植小麦、玉米、土豆等为主。

葛庄
Gězhuāng

葛庄（自然村）位于石埠经济发展区管委会驻地北部，饮马镇辖区内，距管委会驻地 0.5 千米。东邻崇德屯，西至傅家庄，南连石埠李范村，北接围子西黄埠。该村宋代已有贾姓居住。因宋时古汉语“贾”读音为“ga”，乡人称村子为“ga 庄”；又因昌邑土语“葛”也读作“ga”音，明代移民迁来，演称村名为“葛庄”。明清时期，张姓自山西洪洞县迁入，陈姓自龙池瓦城村迁入，毕姓自城南中台村迁入，孙姓自围子孙斜村迁入，于姓自城东于家山下迁入，翟姓自石埠街迁入，黄姓自城西黄家辛郭迁入，谭姓自下营海眼村迁入，初姓自柳疃长胡同迁入，两宗李姓分别自东郭家庄子和城南辛置村迁入。至清同治年间，黄姓族兴，村名一度改称黄家寨，后复称葛庄。1955 年入社，分为葛东、葛西两个生产大队。1983 年分设葛东、葛西两个行政村。村内葛庄河上有一座石桥，建于 1951 年春，桥面铺有青石质石碑数通，现为市级文物保护单位。

葛西村
Gěxīcūn

1955 年入社，葛庄分为葛东、葛西两

个生产大队。1983年分设葛东、葛西两个行政村。该村居西，以方位称葛西村。村中现有332户，1098 人，由贾、张、黄、陈、孙、初、于、郭、翟、韩、杨、高、赵等姓氏组成。耕地面积1319亩，以种植小麦、玉米、西瓜、大姜、土豆等为主，另有畜禽养殖场。

葛东村
Gědōngcūn

1955 年入社，葛庄分为葛东、葛西两个生产大队。1983年分设葛东、葛西两个行政村。该村居东，以方位称葛东村。村中现有332户，1228 人，由李、张、黄、刁、孙、杨、谭、毕、于等姓氏组成。耕地面积 1473 亩，以种植小麦、玉米、大姜、土豆等为主，另有苗木种植业。

后柳杭村
Hòuliǔhángcūn

位于石埠经济发展区管委会驻地南部，饮马镇辖区内，距管委会驻地两千米。东邻杨家桥，西临下小路，南连前柳杭，北接石埠李范村。明时，王姓自四川经山西大槐树迁来落籍，谭姓自葛庄迁入，于姓从饮马街迁入。至清代，马姓从西乡西永安迁入。该地本为潍河故道，曾有沙岭子，岭上生有大片柳林，乡人称“柳树行（háng）子”，因村处柳树行子以北，得村名后柳行，后演称后柳杭。村内有300余年树龄文冠树一株。

后柳杭村西原有陈家庄，陈姓自龙池北白塔迁来立村。李姓清中期自西金台迁入，林姓清中期自北乡青乡庄迁入，傅姓自宋庄王珂村迁入。村户于1956年并入后柳杭大队，1985年注销陈家庄。

后柳杭村貌（2021 年） 摄影：李发宁

村中现有320户，1350人，由谭、于、马、王、陈、孙、李、曲、张、史、宫、徐、姜等姓氏组成。耕地面积2001亩，以种植小麦、玉米、土豆、大姜、草莓等为主。村民投资有梳棉厂、纺织厂、机械厂等企业。

前柳杭村
Qiánliǔhángcūn

位于石埠经济发展区管委会驻地南部，饮马镇辖区内，距管委会驻地3千米。东邻杨家桥村，西临下小路，南连大张家屯，北接后柳杭村。明朝初年，王姓由四川迁来立村。李姓清中期自西金台迁入，傅姓自宋庄王珂村迁入。该地本为潍河故道，曾有沙岭子，岭上生有大片柳林，乡人称“柳树行（háng）子”，因村处柳树行子以南，得村名前柳行，后演称前柳杭。农历三、八为该村集市。

村中现有460户，1755人，由张、王、李、林、傅、陈、朱、丁、于、刘、杨等姓氏组成。耕地面积2700亩，以种植小麦、玉米、土豆、西瓜、花生等为主，另有苹果、桃等林果产业。村民经营有帆布、抽纱、纺织厂等企业。

杨家桥村
Yángjiāqiáocūn

金色村庄杨家桥村（2021年）　　摄影：李发宁

位于石埠经济发展区管委会驻地东南部，饮马镇辖区内，距管委会驻地5千米。东邻前马兰屯，西至前柳杭村，南连王家屯，北接西郭家庄子。明正德元年（1506），杨姓从寒亭朱里迁来立村。为方便村人出行，在村前吴沟河上建一座小桥，乡人称杨家桥，演为村名。高姓清代自柳疃邓家庄迁入，孙姓清代由北道昭（今奎聚孙家道照）迁入，宫姓清末自东黄埠迁入。农历四、九为该村集市。

该村种植银杏已有近30年历史，现有银杏林800亩，计20万株，树龄多为20年以上。每至秋季，村庄就裹在了金色的银杏林里，周边地区游客和摄影爱好者纷至沓来，慕赏金秋。

村中现有302户，1201人，由杨、高、孙、宫、李、王等姓氏组成。耕地面积3000亩，以种植小麦、玉米、土豆、大姜、西瓜等为主。

后马兰屯
Hòumǎlántún

位于石埠经济发展区管委会驻地东南部，饮马镇辖区内，距管委会驻地6千米。东邻三宝庄，西至后柳杭，南连前马兰屯，北接东郭家庄子。明正德初年，马姓兄弟从四川大槐树迁吴沟河北崖立村。村西南有湾塘贯通吴沟河，遍生马莲，乡人称马莲湾，由此取村名马莲屯，又演称马兰屯。明后期，有马姓兄弟二人迁吴沟河南崖立村，称前马兰屯。该村遂以方位改称后马兰屯。于姓自饮马街迁入，董姓由卜庄西董村迁入，刘姓从围子西张庄迁入，三宗李姓分别从北乡下营、小营（今属下营镇李刘村）和滨州迁入。

村中现有215户，745人，由李、魏、

姜、董、阎、刘、于、张等姓氏组成。耕地面积933亩，以种植大姜、小麦、玉米、土豆等为主。

前马兰屯
Qiánmǎlántún

位于石埠经济发展区管委会驻地东南部，饮马镇辖区内，距管委会驻地6.5千米。东邻三宝庄，西至杨家桥，南连孟家庄子，北接后马兰屯。明后期，马兰屯（今后马兰屯）马姓兄弟二人迁吴沟河南崖立村，以方位取名前马兰屯。齐姓明末自流河二村迁入，董姓明末自董家庄迁入，阎姓清初自卜庄大阎家迁入，魏姓清乾隆年间自高密魏家坊迁入。

村中现有163户，570人，由魏、王、刘、阎、崔、董、齐等姓氏组成。耕地面积886亩，以种植小麦、玉米、土豆等为主。村民经营有肉禽养殖场和养猪场。

西郭家庄子
Xīguōjiāzhuāngzi

位于石埠经济发展区管委会驻地东部，饮马镇辖区内，距管委会驻地4千米。东邻东郭家庄子，西至石埠李范村，南连后马兰屯，北接崇德屯。明洪武年间，李姓三户迁来立村，初名李三家庄；继郭姓迁入，改称郭家庄子；又有郝姓迁入，更名郝家庄子；后郝姓迁出，复称郭家庄子。至清代，郭姓式微，两宗陈姓分别从龙池东白塔和北白塔迁入，隋姓自尹家庄（今属卜庄）迁入，于姓自城东于家山下迁入，翟姓自石埠街迁入，范姓自葛庄迁入，王姓自城南东大营迁入，刘姓自文山北麓黑埠村迁入，姜姓自城里东隅迁入。清后期，部分村人迁村东新建房舍，因村西已有小郭家庄子，遂取名东小郭家庄子，该村则改称大郭家庄子。民国36年（1947），东小郭家庄子改称东郭家庄子，该村同期改称西郭家庄子。

村土豆大姜交易市场（2021年）照片提供：发展区政府

小西郭家庄子（自然村）位于西郭家庄子村西。乔姓自城里南隅迁来立村，初称乔家庄子。清顺治年间，乔姓因水患北迁胶莱河畔居住（今围子乔家村），李姓自柳疃辛安庄迁入，改村名为“小郭家庄子”。又因郭家庄子村东新立“东小郭家庄子”，该村遂改称“西小郭家庄子”。民国36年（1947）东小郭家庄子改称东郭家庄子，该村又改称小西郭家庄子。

1961年，小西郭家庄子并入西郭家庄子生产大队。1983年社改乡，沿属西郭家庄子村委会。

村中现有234户，820人，由穆、于、范、翟、王、姜等姓氏组成。耕地面积4350亩，以种植小麦、玉米、土豆、大姜、大葱等为主。

东郭家庄子
Dōngguōjiāzhuāngzi

位于石埠经济发展区管委会驻地东部，饮马镇辖区内，距管委会驻地4千米。东邻陈家流河村，西至西郭家庄子，南连后马兰屯，北接崇德屯。清后期，郭家庄子（今西郭家庄子）部分村户迁村东的河沟以东建房居住，乡人称东小郭家庄子。 民国36年（1947）以河沟为界，正式划为东、西两村，东村以方位称东郭家庄子。

村中现有111户，418人，由王、陈、刘、隋、李等姓氏组成。耕地面积975亩，以种植小麦、玉米、土豆、大姜、大葱等为主。

崇德屯
Chóngdétún

位于石埠经济发展区管委会驻地东部，饮马镇辖区内，距管委会驻地3.5千米。东邻吴家庄，西至葛东村，南临309国道，北临荣潍高速。明朝末年，有名曰张环毕的人迁此居住，取名“张环毕立屯”。后因居青龙河北岸，改称张河北家屯。村中流传，清光绪年间，官府以村民品德崇高，赐名崇德屯。徐姓清代从北乡徐家庄（今属龙池姚徐邓村）迁入，宫姓清中期从青山东麓东黄埠迁入，马姓民国时期从围子马家村迁入，傅姓民国时期自青山北麓王珂村迁入，两宗孙姓分别从北道昭（今奎聚孙家道照）和城南中庄头迁入。

满家庄（自然村）位于崇德屯村西北。明嘉靖年间，满姓从龙池郭疃迁来立村，后并入崇德屯村委会。

崇德屯（含满家庄）现有219户，798人，由徐、董、高、孙、陈、周、满、乔、傅、马、宫、谭等姓氏组成。耕地面积1080亩，以种植小麦、玉米、土豆、大姜等为主。

明家庄
Míngjiāzhuāng

位于石埠经济发展区管委会驻地东北部，饮马镇辖区内，距管委会驻地7千米。东临胶莱河，西与围子大官庄相望，南连红卫村，北接围子辛富店村。明洪武年间，明姓自四川迁来立村，以姓氏取名明家庄。至清代，明氏家族因水患迁居关东，张、王、于三姓又因潍河抚宁堤决堤，分别从张家抚宁、王家抚宁、于家抚宁迁来居住。历姓自于家流河迁入。村内现存民国年间古民居一处，为县级文物保护单位。

邹礼和，民国26年（1937）赴日经商，曾任日本爱知县华侨总会常务理事、顾问。1981年中国女排在日本参加国际比赛期间，邹礼和以该总会和个人名义邀请女排姑娘到自己的“和华园饭店”做客进餐。20世纪后叶多次回国交流，为村中捐赠电话、学校桌椅等物资。妻子邹逸子放弃日籍，加入中国籍。

村中现有56户，203人，由张、王、历、于、邹等姓氏组成。耕地面积390亩，以种植小麦、玉米、土豆、大姜、大葱等为主。

红卫村
Hóngwèicūn

位于石埠经济发展区管委会驻地东北部，饮马镇辖区内，距管委会驻地6.5千米。东邻董家庄，西与围子东黄埠相望，南连教书庄，北接明家庄。明洪武年间，范、董两姓从四川迁来立村，原村名无考。明后期于姓自城东于家山下迁入，因村属书庄社，得名于家教书庄。清前期，王姓自夏店西峰台（今属卜庄）迁入，郝姓自夏店街迁入。民国初年，因村中三官庙香火渐盛，遂以“三官庙”为村名。1966年更名红卫村。

村内三官庙为砖木结构，现存正殿3间，庙内四壁尚残留清代壁画，内容为风景人物、神话故事，系县级文物保护单位。

村中现有72户，263人，由王、于、朱、郝、董、傅等姓氏组成。耕地面积1140亩，以种植小麦、玉米、大姜、土豆等为主。

董家庄
Dǒngjiāzhuāng

位于石埠经济发展区管委会驻地东北部，饮马镇辖区内，距管委会驻地7千米。东临胶莱河，西至红卫村，南连沟流村，北与围子东王家庄子相望。明洪武二年（1369），董姓从四川火球县斑鸠嘴狮子胡同迁昌邑胶莱河畔落籍，以姓氏立村董家庄。继宫姓从青山东麓东黄埠村迁入，刘姓自北乡刘家车道迁入。1973年北胶莱河河道取直疏浚，村子西移300米至今址重建，沿用故村名。村东有大汶口文化遗址，系省级文物保护单位。

村中现有138户，460人，多为董姓，另有宫、刘等姓氏。耕地面积1200亩，以种植小麦、玉米、土豆、大葱、大姜等为主。村民经营有织布厂和养殖场。

教书庄
Jiāoshūzhuāng

位于石埠经济发展区管委会驻地东北部，饮马镇辖区内，距管委会驻地6千米。东邻沟流村，西至满家庄，南连吴家庄，北接红卫村。村中流传，元朝末年，有一公一婆在青龙河北岸居住，乡人称公婆营。明清时期，李姓自东金台迁入，董姓自东城后（今董家城后）迁入，刘姓自陆庄（今卜庄刘庄）迁入。村人为出行方便，建一砖桥与青龙河南岸相连，村名遂改为“砖桥北”。后丁繁户盛，村内设立私塾，乡人慕名送子到村读书，“教书庄”渐成村名。

村中现有109户，343人，由李、王、明、刘、董等姓氏组成。耕地面积765亩，以种植小麦、玉米、大姜、土豆等为主。

沟流村
Gōuliúcūn

位于石埠经济发展区管委会驻地东北部，饮马镇辖区内，距管委会驻地6千米。东临胶莱河，西至教书庄，南临308国道，北接董家庄。明洪武年间，刘姓由四川迁来立村，因居大沟西侧，得名“沟里刘家”，又省称“沟刘”。后刘姓迁出，村名演称“沟流”。范姓明中期自柳疃北范村迁入，潘姓自石埠街迁入，孙姓自围子孙斜村迁入，徐姓由县城西北徐家鄑水迁入，石姓自饮马石家庄子迁入，两宗李姓分别由莱阳李家上庄和本县西金台迁入。

村中现有110户，409人，由范、石、徐、李等姓氏组成。耕地面积705亩，以种植小麦、玉米、大姜、土豆、大葱等为主。

吴家庄
Wújiāzhuāng

位于石埠经济发展区管委会驻地东北部，饮马镇辖区内，距管委会驻地5.5千米。东临胶莱河，西至崇德屯，南连于家流河村，北接教书庄。明中期，范姓自柳疃北范村徙居至此，继吴姓从柳疃吴家庙迁入，鲁姓由流河一村迁入。因村处沟流村西南角，得村名“小西南”，又因村后青龙河上砌成砖桥，更名为“砖桥南”。至清中期，因村属书庄社更名为吴家教书庄。后省称吴家庄至今。

村中现有56户，208人，由吴、孙、范、高、鲁、刘、李、黄等姓氏组成。耕地面积480亩，以种植小麦、玉米、土豆、大姜等为主，另有苗木产业。

流河村
Liúhécūn

流经流河村的河道(1972年)　提供：李发宁

流河村（自然村）位于石埠经济发展区管委会驻地东部，饮马镇辖区内，距管委会驻地7千米。东临胶莱河，西至东郭家庄子，南连库户庄，北接陈家流河村。

明朝初年，凌姓自安丘凌河迁此落籍，赵、陈二姓同期迁入，后有两宗刘姓分别自诸城和昌邑城西刘家辛郭迁入。鲁姓明中期自栖霞杨础镇经安丘鲁家大湾迁入，贾姓明后期自黄县迁入，李姓自龙池郭疃迁入，范姓自柳疃南范家庄迁入，黄姓壬午兵燹（1642）以后从城西黄家辛郭迁入，韩姓自南逄街迁入，马姓自双台西永安迁入。因吴沟河、唐家河子、石庙子沟等多条河

流河供销社旧址（2017 年）　　照片提供：元中辉

流及数条潍河溢洪道经此汇入胶莱河，得村名“流河”。清乾隆年间，村东胶莱河上建起桥梁，该村成为通往平度的道口咽喉，村内街市渐盛，由此又被称作流河街。民国 34 年（1945）8 月，村子以坝崖为界分为流一村和流二村。农历五、十为该村集市。

流河一村
Liúhéyīcūn

民国 34 年（1945）8 月，流河村以坝崖为界分为流河一村和流河二村。该村居坝崖以东，称流河一村。2016 年被评为“全省民主法治示范村”，2017 年被评为“山东省文明村”。村中现有 254 户，876 人，由鲁、刘、贾、李、凌、马等姓氏组成。耕地面积 1760 亩，以种植小麦、玉米、土豆、大姜等为主。村民经营有食品企业。

流河二村
Liúhéèrcūn

民国 34 年（1945）8 月，流河村以坝崖为界分为流河一村和流河二村。该村居坝崖以西，称流河二村。村西为万泉河故道。村中现有 354 户，1271 人，由范、韩、张、李、曹、贾等姓氏组成。耕地面积 2614 亩，以种植小麦、玉米、大姜等为主。

于家流河村
Yújiāliúhécūn

位于石埠经济发展区管委会驻地东部，饮马镇辖区内，距管委会驻地 5.5 千米。东邻董家流河村，西至东郭家庄子，南连陈家流河村，北接吴家庄。明洪武年间，袁姓由四川迁来立村。因村属流河社，以姓氏取名袁家流河。历姓清中期自梁家部迁入，于姓清同治年间从城南南逄村迁入。后于姓族兴，改称于家流河。

村中现有 79 户，279 人，由于、袁、

张、黄、王、历、刘、万、董等姓氏组成。耕地面积525亩，以种植小麦、玉米、土豆、大姜等为主，另有肉禽养殖业和蔬菜大棚。

董家流河村
Dǒngjiāliúhécūn

位于石埠经济发展区管委会驻地东部，饮马镇辖区内，距管委会驻地6千米。东临胶莱河，西至于家流河村，南连陈家流河村，北临308国道。宋元时期，原有肖姓居此，因建有庙宇，得村名肖家庙子。明洪武初年，刘姓自山西洪洞县迁来定居，董姓同期自四川成都迁入。因居流河村北，更名为北流河。清后期，董姓族兴，改称董家流河。张姓清末自流河村迁入，徐姓民国初年自崇德屯迁入。

村中现有80户，300人，由董、刘、徐、张等姓氏组成。耕地面积450亩，以种植小麦、玉米、花生、土豆等为主。

陈家流河村
Chénjiāliúhécūn

位于石埠经济发展区管委会驻地东部，饮马镇辖区内，距管委会驻地6千米。东临胶莱河，西至东郭家庄子，南连流河二村，北接董家流河村。明后期，刁姓由葛庄迁来立村。因村属流河社，取名为刁家流河。后陈姓自潍坊北关迁入，并成大族，遂改称陈家流河。该村另宗陈姓自龙池北白塔迁入，王姓自城东王葛山下迁入，孙姓由县城西门里（今属奎聚西关）迁入。

村西有全神庙一座，现存正殿3间，砖木结构，前出厦，明柱两根。近年修缮。

村中现有141户，487人，由陈、王、张、于、刁、孙、刘等姓氏组成。耕地面积1155亩，以种植小麦、玉米、大姜、土豆、草莓等为主。

三宝庄
Sānbǎozhuāng

位于石埠经济发展区管委会驻地东南部，饮马镇辖区内，距管委会驻地8千米。东临北胶新河，西至前马兰屯，南连裴家庄子，北接流河二村。清乾隆年间，齐姓迁此立村。因村处丘地，乡人称“齐家疙瘩子”。后以吉祥嘉言改称三宝庄。胡姓清代自夏店庙头（今属卜庄）迁葛庄，又转迁来此定居。1966年更名胜利村，1968年恢复三宝庄村名。

村中现有48户，147人，由范、庞、胡、于、李、王、杨等姓氏组成。耕地面积450亩，以种植小麦、玉米、土豆、大姜、西瓜等为主，另有蔬菜种子培育基地。

库户庄
Kùhùzhuāng

位于石埠经济发展区管委会驻地东南

部，饮马镇辖区内，距管委会驻地8.5千米。东临北胶新河，西至东环路，南与戴家屯相望，北接流河一村。明嘉靖年间，流河村鲁姓一支为种地方便，迁村前一里本族园子居住，继赵姓自平度新河赵家庄迁入，范姓自南乡范家邱迁入，马姓自围子马家迁入。因迁居荒野，立村辛苦，取名苦户庄；后垦荒拓耕，库囤余粮，遂演称库户庄。

1975年正月开挖北胶新河，北起北胶莱河库户村东河段，向南贯通高密小新河。

村中现有75户，263人，由鲁、赵、李、范、马等姓氏组成。耕地面积1185亩，以种植小麦、玉米、土豆、大姜等为主，另有桑园、桃园和苗木基地。

裴家庄子
Péijiāzhuāngzi

位于石埠经济发展区管委会驻地东南部，饮马镇辖区内，距管委会驻地10千米。东邻郝家屯，西至王家屯，南连伊家庄子，北接三宝庄。明后期，三宗刘姓分别从县城西北泊子村、围子刘家巷及寒亭朱里迁来定居，裴姓同期迁入，以姓氏取名“刘裴家庄子”。继胡姓自夏店庙头（今属卜庄）经葛庄迁入，张姓自县城西北西鄑水庄（今奎聚徐家鄑水）迁入，唐姓自平度崔家集亭口村迁入，史姓从城南中炮（今奎聚中台村）迁入，王姓自戴家屯迁入。民国20年（1931）年省称裴家庄子。

村中现有185户，672人，由唐、刘、姜、史、朱、孙、王、张、胡、杨等姓氏组成。耕地面积1500亩，以种植小麦、玉米、土豆、西瓜等为主。早年有白铁、木工等手工业，近年发展有木材市场、板材厂、纺纱厂等实体经济。

伊家庄子
Yījiāzhuāngzi

位于石埠经济发展区管委会驻地东南部，饮马镇辖区内，距管委会驻地11千米。东邻史家屯，西至孟家庄子，南连大岭村，北接裴家庄子。明永乐年间，伊姓由山西省洪洞县迁来立村，以姓氏取名伊家庄子。继孙姓由寒亭东南堤迁入，王姓从围子大章迁入，董姓从东冢西董村（今属卜庄）迁入，于姓从寒亭于家下密迁入。

村中现有180户，650人，由伊、王、孙、董、于、贾、陈、赵、张、杨等姓氏组成。耕地面积2100亩，以种植小麦、玉米、土豆、西瓜等为主。村民经营有木材加工和贸易产业。

戴家屯
Dàijiātún

位于石埠经济发展区管委会驻地东南部，饮马镇辖区内，距管委会驻地11千米。东临胶莱河，西至宋家屯，南连郝家屯，北与库户村相望。清乾隆年间，戴姓从戴家薛庄迁来立村，以姓氏定名戴家屯。王姓自饮马山阴村迁来居住。

村中现有126户，365人，由戴、王、孙、阎、马、郭等姓氏组成。耕地面积1029亩，以种植小麦、玉米、土豆、大姜、辣椒等为主。

宋家屯
Sòngjiātún

位于石埠经济发展区管委会驻地东南部，饮马镇辖区内，距管委会驻地10.5千米。东邻戴家屯，西至裴家庄子，南连郝家屯，北与流一村相望。清嘉庆年间宋姓立村，以姓氏定名宋家屯。后宋姓迁出，王姓自柳疃辛安庄迁入，张姓自高密周戈庄迁入。

村中现有47户，149人，由王、孙、尹、张等姓氏组成。耕地面积450亩，以种植小麦、玉米、土豆等为主，另有肉禽养殖业。

郝家屯
Hǎojiātún

位于石埠经济发展区管委会驻地东南部，饮马镇辖区内，距管委会驻地11千米。东临北胶新河，西至裴家庄子，南连史家屯，北接戴家屯。清顺治年间郝姓立村，以姓氏取名郝家屯。后郝姓迁出，葛姓从围子葛家村迁入，王姓从昌邑北乡迁入，张姓从莱州迁入，陈姓从龙池白塔迁入。村内有三百年树龄国槐一株。农历四、九为该村集市。

村中现有143户，418人，由葛、王、刘、马、张、董、周、陈、郑等姓氏组成。耕地面积1050亩，以种植小麦、玉米、花生、土豆等为主。

史家屯
Shǐjiātún

位于石埠经济发展区管委会驻地东南部，饮马镇辖区内，距管委会驻地12千米。东临北胶新河，西至伊家庄子，南连肖家庄子，北接郝家屯。明万历年间，史姓迁来立村，以姓氏取名史家屯。继王姓自县城西北南鄑亭迁入，范姓自柳疃南范家庄迁入。清末，史姓家族迁往关东，村中再无史姓。

村中现有108户，332人，由王、范、蒋、耿、孙等姓氏组成。耕地面积1081亩，以种植小麦、玉米、花生、土豆、西瓜等为主。村民经营有纺织企业。

肖家庄子
Xiāojiāzhuāngzi

位于石埠经济发展区管委会驻地东南部，饮马镇辖区内，距管委会驻地13.5千米。东临北胶新河，西至伊家庄子，南连大谢家庄，北接史家屯。明永乐年间，肖姓从四川迁来立村，以姓氏取名肖家庄子。后肖姓式微，于姓自饮马街迁入，姜姓自柳疃长胡同村迁入，马姓自后柳行迁入，刘姓自流河街迁入，元姓自松树元家迁入。

卢振海（1878-1948），肖家庄子人，兄弟四人，振海居幼。自幼学习铁工，故名四匠人。一生乐善好施，乡人尊称四善人。民国11年（1922），昌邑县政府呈请北洋政府批为孝子，时任大总统徐世昌赐予银牌一面，并题褒“至性过人”四个大字。

村中现有126户，427人，由于、姜、王、刘、马、郭、元等姓氏组成。耕地面积1500亩，以种植小麦、玉米、土豆、西瓜等为主。村民经营有合线厂、纸管厂等企业。

贾家庄
Jiǎjiāzhuāng

位于石埠经济发展区管委会驻地东南部，饮马镇辖区内，距管委会驻地10.5千米。东邻初家营，西临北胶新河，南连刘家屯，北临胶莱河故道。清顺治年间，贾姓从流河街迁来立村，初名贾家新庄，后省称贾家庄。初姓自初家营迁入，郭姓自平度明村镇范家集迁入。

1975年正月开挖北胶新河，河道从村子中间穿过，村庄东移至王家埠村东重建。同期在旧村址河段建跨河大桥一座，以村名命名为“贾家庄大桥”，现为县级文物保护单位。

贾家庄大桥（2017年）　　摄影：李树香

清嘉庆年间，王姓自戴家屯迁贾家庄（旧址）村东埠上立村，以姓氏取名王家埠。李姓同期自后马兰屯迁入。1975年贾家庄迁王家埠村东重建，1988年王家埠并入贾家庄。

村中现有71户，223人，由贾、李、初、郭等姓氏组成。耕地面积1980亩，以种植小麦、玉米、土豆、大姜等为主。

初家营
Chūjiāyíng

初家营圩墙（2017年）　　摄影：荆丽萍

位于石埠经济发展区管委会驻地东南部，

饮马镇辖区内，距管委会驻地11千米。南邻松树元家，西至贾家庄，胶莱河故道流经村子东北。明崇祯年间，初姓由海阳县迁来立村，以姓氏取名初家营。村内现存清咸丰年间围子墙一段，三合土夯筑，墙基有三层石基，为县级文物保护单位。

村中现有92户，248人，由孙、初、徐、王等姓氏组成。耕地面积1500亩，以种植小麦、玉米、花生、土豆等为主。

刘家屯
Liújiātún

位于石埠经济发展区管委会驻地东南部，饮马镇辖区内，距管委会驻地11千米。东邻松树元家，西临北胶新河，南连旗杆元家，北接贾家庄。明代，马、王、孙等姓氏迁来聚居，取名万户屯。清顺治年间，刘姓由县城西北陶埠村迁入。后刘姓族兴，改称刘家屯。

村中现有153户，502人，由孙、刘、王、张、郑等姓氏组成。耕地面积1605亩，以种植小麦、玉米、花生等为主。

卢元村
Lúyuáncūn

位于石埠经济发展区管委会驻地东南部，饮马镇辖区内，距管委会驻地13千米。南邻东南元家，西至松树元家，胶莱河故道环绕村子东北。该地原有逄姓世居，原有官道由此过河，村人开店谋生，故名逄戈庄店。明洪武年间，卢姓从山西洪洞县迁逄戈庄店南侧立村大虎头卢家，后省称卢家村。明永乐四年（1406），元姓由河南岗子埠迁逄戈庄店落户，因村设集市，更名元家集。1956年入社，卢家村与元家集同期并入东南元家生产大队。1985年，卢家村与元家集合并为卢元村。村东有汉代古聚落遗址。

村中现有89户，330人，卢、元两姓居多。耕地面积705亩，以种植小麦、玉米、花生、土豆等为主。

松树元家村
Sōngshùyuánjiācūn

村中400余年树龄酸枣树（2021年） 照片提供：元中波

位于石埠经济发展区管委会驻地东南部，饮马镇辖区内，距管委会驻地12千米。

东邻卢元村，西至刘家屯，南连旗杆元家，北接初家营。明永乐四年（1406 ），元姓由河南岗子埠迁居昌邑逄戈庄店（今卢元村），后世分支迁村西二里新立村庄，因村东南有一片松林，遂得村名松树元家。村内有树龄400余年酸枣树一株。

松树元家村东原有凤凰店村，因村处通往平度的马车大道旁，殷、赵二姓于此开店而得名，1962年并入松树元家。

村中现有271户，910人。多为元姓，另有殷、赵、于、刘、宿、陶、郭等姓氏。耕地面积2800亩，以种植小麦、玉米、大豆等为主，另有肉禽养殖业。

旗杆元家村
Qígānyuánjiācūn

位于石埠经济发展区管委会驻地东南部，饮马镇辖区内，距管委会驻地13千米。东邻东南元家，西临北胶新河，南连南孙家庄，北接松树元家。明永乐四年（1406 ），元姓由河南岗子埠迁居昌邑逄戈庄店（今卢元村），后世分支迁此新立村庄。清中期族人入仕，村立旗杆台，由此得名旗杆元家。

民国27年（1938）至民国28年（1939），国民党昌邑县政府曾移驻该村。

村中现有162户，566人，由元、韩、佟、郑等姓氏组成。耕地面积 1600亩，以小麦、玉米、土豆等种植为主。村民经营有地毯厂等企业。农历二、七为该村集市。

东南元家村
Dōngnányuánjiācūn

位于石埠经济发展区管委会驻地东南部，饮马镇辖区内，距管委会驻地14千米。东邻后谢家营，西至旗杆元家，南连谢家庄，北接卢元村。明永乐四年（1406），元姓由河南岗子埠迁居昌邑逄戈庄店（今卢元村），后世分支迁此立村，因该村位于四个元姓村庄东南位置，以方位得名东南元家。至清代，傅姓自城南南店村迁来居住。

村中现有135户，435人，由元、傅、宋、郭等姓氏组成。耕地面积675亩，以种植小麦、玉米、土豆、大姜、大葱等为主。

谢家庄
Xièjiāzhuāng

位于石埠经济发展区管委会驻地东南部，饮马镇辖区内，距管委会驻地15千米。东邻高密曹家村，西至李家庄，南连高密大泊子，北接东南元家。明前期，谢姓自四川经山西洪洞县迁胶莱河（故道）西岸高地立村，得村名谢家埠子。明隆庆二年（1568），潍、胶两河泛滥，谢家埠子毁于洪水，部分村人北迁二里居谢家营村，另有村人在原址西侧另建新村，更名小谢家庄，后省称谢家庄。至清代，傅姓自城南南店村迁入。

村中现有50户，161人，由谢、傅、丁、李、张、徐等姓氏组成。耕地面积435亩，以种植小麦、玉米、花生、土豆等为主。

后谢家营
Hòuxièjiāyíng

位于石埠经济发展区管委会驻地东南部，饮马镇辖区内，距管委会驻地14.5千米。东临胶莱河故道，西至东南元家，南连前谢家营，北接卢元村。明永乐四年(1406)，元姓由河南岗子埠迁居昌邑逄戈庄店(今卢元村)，后世分支迁此立村，因村人在村前沟渠旁种植大葱，得村名葱沟元家。一宗董姓明代自四川经山西大槐树迁入，另宗董姓自平度河套村迁入，于姓自饮马街迁入。

明隆庆二年（1568），谢家埠子村（故址位于今谢家庄东）遭遇水患，谢氏族人北迁至葱沟元家村前新建村庄，取村名谢家营。后因两村房舍相连，仅一沟之隔，前村改称前谢家营，后村改称后元家。民国时期两村合并，统称谢家营。1958年，沟渠之南的原谢家营村户并入东南元家生产大队。沟渠以北原后元家村户称后谢家营生产大队。1983撤销生产大队，改称后谢家营村。

村中现有110户，375人，由元、于、董、宋等姓氏组成。耕地面积960亩，以种植小麦、玉米、土豆等为主。

前谢家营
Qiánxièjiāyíng

位于石埠经济发展区管委会驻地东南部，饮马镇辖区内，距管委会驻地14.5千米。东临胶莱河故道，西至东南元家，南连高密曹家村，北接后谢家营。明隆庆二年（1568），潍、胶两河泛滥，原谢家埠子村（故址位于今谢家庄东）房舍淹没，部分村户北迁二里，于葱沟元家（今后谢家营）村前新建村庄，取村名谢家营。窦姓清代自平度韩村迁入，一宗孙姓清代自寒亭朱里迁入，另一宗孙姓自广饶县迁入。后因两村房舍相连，居沟前的谢家营村改称前谢家营，居沟北的葱沟元家改称后元家。民国时期两村合并，统称谢家营。1958年，沟前原谢家营村户并入东南元家生产大队，称东南元家大队第五生产队。1983年取消生产大队，改称前谢家营至今。

村中现有69户，209人，由谢、窦、王、孙等姓氏组成。耕地面积615亩，以种植小麦、玉米、土豆等为主。

南孙家庄
Nánsūnjiāzhuāng

位于石埠经济发展区管委会驻地东南部，饮马镇辖区内，距管委会驻地14千米。东邻前谢家营，西至史家屯，南连李家庄，北接旗杆元家。明隆庆年间，孙姓自县城西门里（今属西关）迁来立村，以姓氏取名孙家庄。后有傅姓自傅家泊（今柳疃西傅村）迁入。为区别县境同名村庄，1981年以方位改称南孙家庄。

村中现有97户，296人，由孙、卢、董、傅、王等姓氏组成。耕地面积797亩，以种植小麦、玉米、土豆、花生等为主。

李家庄
Lǐjiāzhuāng

位于石埠经济发展区管委会驻地东南部，饮马镇辖区内，距管委会驻地14.5千米。东邻谢家庄，西至肖家庄子，南连高密大泊子，北接南孙家庄。清乾隆年间，李姓由围子韩家巷迁来立村，以姓氏取名李家庄。

村中现有67户，217人，多为李、于二姓。耕地面积600亩，以种植小麦、玉米、花生、土豆等为主。

第九节 饮马

饮马镇
Yìnmǎzhèn

位于北纬36°38′14″～36°46′04″东经119°21′52″～119°35′21″。地处昌邑市中南部，距市区26千米。东与平度市、高密市隔胶莱河相望，西与潍坊市坊子区隔潍河相邻，南与北孟镇、潍坊市坊子区毗连，北与围子街道接壤。因驻地饮马村而得名。电话区号0536，邮政编码261317。

民国34年（1945）秋成立昌南县，辖饮马区。1956年4月昌南县并入昌邑县，青龙山区并入饮马区。1958年2月划分为饮马乡和鳌头乡，同年9月两乡合并成立东升人民公社，同年12月改称饮马人民公社。1983年5月撤社设乡，改为饮马乡。1984年5月撤乡设镇，改称饮马镇。2007年8月，石埠镇、岞山镇并入饮马镇。2009年5月戴家官庄等48个行政村划归坊子区太保庄镇，同年10月北孟镇小营村划入饮马镇。2010年1月石埠经济发展区成立。

镇域属昌南埠岭坡地向北部海滨平洼地貌过渡地段。地势西高东低，南高北低。最高点博陆山海拔88.05米，最低点大谢家庄海拔8.6米。东有胶莱河，由南向北流经镇域16千米；西有潍河，由南向北流经镇域13千米。

辖区内有博陆山生态旅游景区（3A级），每年在景区内举行山阳梨花节。另有山阳周代遗址、平城故城遗址、兴会村民居等省市级文物保护单位，为饮马池的传说、梨花水饺等非遗文化项目发祥地。

辖34个行政村（另有67个行政村由石埠经济发展区代为管辖），常住人口3.6万人。汉族为主，另有黎族、朝鲜族等少数民族30人。辖区面积71.47平方千米，耕地面积5.88万亩，以小麦、玉米、棉花、土豆、大姜、花生等种植为主。工业以纺织、机械、新材料制造、农副产品加工等产业为主。2021年实现公共财政收入4799万元，规模以上企业生产总值9.47亿元，工业主营业务收入9.58亿元、利税7509.5万元，第三产业增加值15.4亿元，农民人均可支配收入2.27万元。

先后获“全国重点镇”“全国综合实力千强镇”“全国农业产业强镇示范建设镇”“省精神文明乡镇”“省乡村振兴十百千工程示范镇”“省级医养结合示范乡镇”等荣誉称号。

位于饮马东南村的昌南县政府礼堂旧址（2021 年）　　照片提供：文旅局

饮马镇政府旧影（1986 年）　　照片提供：李发宁

饮马镇区俯瞰

摄影：李发宁

梨园盛事　　摄影：冯树岭

饮马古街　　摄影：李树香

饮马居民点

饮马村
Yìnmǎcūn

饮马村（自然村）为饮马镇政府驻地。乡人相传，隋唐时期已有村落聚居于此，其中仲家屋子、棘子沟居南，铁匠营居东，八麻子村居西南，久长村、坡庄子居西北。彦、仲、高、曹等姓氏为早期居民。清康熙《昌邑县志》载："饮马泉在县东南30里新兴社，秦始皇东游芝罘山过此，马蹄刨出泉，因以饮马，故名。"另传，唐太宗东征高丽时，也曾于此驻扎并饮过战马，由此留下了饮马池、饮马河（颜氏河）等地名，并成村名。明洪武年间，于姓自山西洪洞县迁山东文登大水泊，后世转迁昌邑，一居潍河东岸于家抚宁，一居文山东麓于家山下，一迁饮马村落籍。至清代，诸姓族兴，集市渐盛，始称饮马街。清朝末年，村子分设东南、东北、西南、西北"四隅"。民国34年（1945）改称为饮马东南村、饮马东北村、饮马西南村、饮马西北村。1949年6月至1956年3月为原昌南县政府驻地。

饮马东南村
Yìnmǎdōngnáncūn

清末，饮马街分设四隅，该村以方位称东南隅。民国34年（1945）后改称饮马东南村。王姓自饮马西北村迁入，张姓自饮马西南村迁入，郝、魏二姓为1960年峡山库区移民，曹姓为原住民。民国17年（1928）10月，中共饮马支部在该村成立。于培绪任书记，成员有黄复兴、于钦绪、于敦茂。原昌南县政府礼堂位于该村，建成于1956年，后改作影剧院。

于始瞻，沛霖之孙，饮马东南村生人，清康熙庚子科举人，乾隆七年（1741）主修《昌邑县志》，钦赐国子监学录。有《列眉反故纸》《字别义通》《左村穴见》《鸡窗饾钉》《奚背偲闻》《左村艺录》《瞧螟吟》等著作传世。乡谥"文敬"。其墓地为县级文物保护单位。于始相，始瞻之弟，清雍正壬子科举人。

饮马东南村村民新居（2021年）　　摄影：李发宁

村中现有431户，1682人，由于、王、张、曹、魏、郝等姓氏组成。耕地面积1283亩，以种植小麦、玉米、大姜、土豆等为主。村民投资有纺织产业。

饮马东北村
Yìnmǎdōngběicūn

清末，饮马街分设四隅，该村以方位

称东北隅。民国34年（1945）后改称饮马东北村。陈姓明末自直隶枣强县迁入，张姓自饮马西北村迁入，王、钟二姓为1960年峡山库区移民。1949年6月，原中共昌南县委、县政府机关由北孟迁址饮马，驻饮马东北村于氏五大门宅院办公。1956年昌南县并入昌邑县，五大门宅院相继用作乡政府和公社机关办公用房。1972年在五大门院内出土银元一坛，计3000块。

村中现有335户，1188人，于、陈、张、王、钟等姓氏居多。耕地面积1700亩，以种植小麦、玉米、花生、蔬菜、苗木等为主。村民投资有纺织、印刷、机械等产业。

饮马西南村
Yìnmǎxīnáncūn

清末，饮马街分设四隅，该村以方位称西南隅。民国34年（1945）后改称饮马西南村。孙姓明代自山西大槐树迁入，张姓自县城西北十字路村迁入，牟、穆二姓自博兴县迁入，宿、魏二姓为1960年峡山库区移民，仲姓为原住民。1952年，昌南县邮政局从北孟迁到饮马西南村。

村中现有382户，1459人，由张、于、孙、牟、穆、魏、仲等姓氏组成。耕地面积2300亩，以种植小麦、玉米、花生、土豆、大姜等为主。村中有十余家纺织企业。

饮马西北村
Yìnmǎxīběicūn

清末，饮马街分设四隅，该村以方位称西北隅。民国34年（1945）后改称饮马西北村。王姓明代从秦岭之南小云南迁入，许姓明代自寿光许家南邵迁入，李姓自西金台迁入，褚姓自城西褚家庄迁入，隋姓自城西前埠村迁入，一宗张姓自饮马西南村迁入，另宗张姓从山西洪洞县迁入，钟姓为1960年峡山库区移民。村域内有饮马池遗址，遗址内存有七孔古石桥一座，为县级文物保护单位。池岸曾立有正德夫人碑，1958年损毁。

饮马西北村饮马桥（2009年） 照片提供：文旅局

村中现有495户，1731人，由许、王、孙、张、于、高、褚、李、曹、钟等姓氏组成。耕地面积3242亩，以种植小麦、玉米、果蔬等为主。村民投资有纺织、机械、印刷等产业。

丰乐屯
Fēnglètún

现址位于饮马镇区北部福居苑小区，东邻石家庄子，西临下小路，南连杨家楼，北接杨家屯。明后期，董姓自高密郑公村迁佟家营子村西北（丰乐屯故址）立村，以吉祥嘉言取名“永丰屯”。清代官府在村中设兑粮点，街市兴盛，遂改称丰乐屯。李姓明末自西金台迁入，张姓明后期自围子密城迁入，一宗于姓自平度小河子迁入，另宗于姓自饮马街迁入。2012年迁村并点，村子整体搬迁至福居苑小区现址。

村中现有76户，269人，由李、张、杨、董、于、夏、刘、苗等姓氏组成。耕地面积617亩，以种植小麦、玉米、花生、土豆、大姜、西瓜等为主。村民经营有梳棉厂。

杨家楼村
Yángjiālóucūn

位于饮马镇区东北部。东邻石家庄子，西临下小路，南依镇区，北临赶石路。平度城南洪沟村杨氏为胶东原住姓氏，明成化年间，洪沟杨氏分支经平度马戈庄转迁昌邑饮马街东立村，以姓氏取名杨家庄。明末饮马街一女嫁入杨家庄，因思念娘家，杨家为其建楼一座，以登临望家，称“望家楼”。乡人惯以“杨家楼”称之，渐成村名。于姓自饮马街迁入，钟姓为1960年峡山库区移民。

杨家楼村民新居（2021年）　　摄影：李发宁

村中现有535户，2035人，杨、钟、于三姓氏居多。耕地面积3270亩，以种植小麦、玉米、土豆等为主，另有畜禽养殖业。村民投资有纺织产业。

曹家庄子
Cáojiāzhuāngzi

位于饮马镇区东北部1千米处 。东邻佟家营子，西至饮马东北村，南连徐家庙子，北接杨家楼村。明朝初年崔姓立村，以姓氏取名崔家庄。后曹姓从四川迁入，并成村中主要姓氏，遂改称曹家庄子。明嘉靖年间，杨姓由杨家楼迁来落户，因居故村东南，更名东杨庄。后复称曹家庄子。

村中现有180户，627人，多为杨姓。耕地面积1149亩，以种植小麦、玉米、土豆等为主。村民经营有合线厂和织布厂。

徐家庙子
Xújiāmiàozi

位于饮马镇区东部1千米处。东邻佟家营子，西至饮马东南村，南连田家庄子，北接曹家庄子。该村原有崔姓居住，村名崔家大石头。徐姓明后期从江苏迁入，朱姓明崇祯十五年（1642）从城里南隅迁入，于姓从饮马街迁入。清雍正年间在村西南门外建庙一座，因村中徐姓居多，遂改村名为徐家庙子。

西汉平城遗址位于该村中东部，曾出土过周代鼎足、豆柄，汉代瓦片、陶缸口沿等，现为市级文物保护单位。

村中现有221户，667人，由徐、于、朱、孟、周、史等姓氏组成。耕地面积960亩，以种植小麦、玉米等为主。村民经营有纺织企业。

田家庄子
Tiánjiāzhuāngzi

田家庄子村民新居（2021年）　　摄影：李树香

位于饮马镇区东南部0.5千米处。东邻佟家营子，西至饮马东南村，南连左家营子，北接徐家庙子。明洪武年间，田姓由山西洪洞县迁来立村，以姓氏取名田家庄子。杨姓自杨家楼迁入，于姓自饮马东南村和吴沟村迁入。文化大革命期间曾于该村出土战国铜鼎，1999年村中出土齐国刀币。

村中现有225户，790人，由田、于、杨、刘等姓氏组成。耕地面积1447亩，以种植小麦、玉米、土豆等为主。

左家营子
Zuǒjiāyíngzi

位于饮马镇区东南部1千米处。东邻北孟李家营子，西临下小路，南连小营村，北接田家庄子。该地元时已有先民居住。元末，左姓自直隶枣强县迁临朐县立村左家河，后世分支又于明后期迁来落籍，因周围村落多以“营子”为村名，遂以姓氏取名左家营子。张姓明崇祯十五年（1642）自潍县东马家庄迁入，董姓清代自围子董家隅庄迁入，王姓民国时期从前赶仙庄迁入，于姓自饮马街迁入。1972年春，也门农业考察团来村参观水轮泵站和水利建设。

村中现有168户，690人，由左、张、董、王、于等姓氏组成。耕地面积1000亩，以种植小麦、玉米、大姜等为主。村民经营有纺织企业。

小营村
Xiǎoyíngcūn

位于饮马镇区南部两千米处。东邻北孟后刘家营子，西临下小路，南临青银高速，北接左家营子。明洪武年间，肖、贾两姓由山西洪洞县大槐树迁来立村，以姓氏取名肖贾营。后贾姓式微，改称肖营，又演称小营。隋姓明中期自城西前埠村迁入，于姓自饮马街迁入，戴姓清代自戴家官庄迁入，刘姓自北孟后刘家营子迁入，两宗李姓清代自柳疃辛安庄和渔尔堡迁入。

村内土地庙建于明代，清代重修，正殿三间，前厦原为两根木柱，现已修缮为砖柱。隋氏家庙建于清中期，现存正厅5间、门楼1座，院内有古柏4株。

村中现有145户，490人，由隋、李、于、戴、刘等姓氏组成。耕地面积648亩，以种植小麦、玉米、大姜等为主。村民经营有纺织厂。

杨家庄子
Yángjiāzhuāngzi

位于饮马镇区西南部1千米处。东临下小路，西至初家庄，南临青银高速，北接饮马西南村。明成化年间，于姓自四川迁来立村，取名于家官庄。继杨姓从平度石河子迁入，张姓从饮马西南村迁入，李姓从安丘穆村迁入。后杨姓族兴，遂改称杨家庄子。

村中现有223户，709人，由杨、张、李等姓氏组成。耕地面积1103亩，以种植玉米、小麦、大姜、土豆、苗木等为主。村民经营有纺织企业。

吴沟村
Wúgōucūn

吴沟村圩墙　　照片提供：文旅局

位于饮马镇区西部3千米处。东邻饮马西北村，西至前赶仙庄，南临济青高速，北临宝通街。村人相传，隋唐时期已有原住民居此，宋元时期村中有张、王、刘、杜、段等姓氏居住，初称太平庄，后因村前有双泉，相距百步，合流潺潺，甘甜馨冽，遂更名为双泉庄。因村西山埠环绕，每至汛期，村内洪涝成灾，明永乐五年（1407）开挖吴儿沟，以疏浚积水。因村处吴儿沟源头，故更名吴沟村。明前期，于姓自饮马街迁来居住。王姓一宗为原住民，另宗自前赶仙庄迁入。张姓一宗为原住民，另外两宗分别自左家营子和饮马西南村迁入。沈、宿二姓为1972年峡山库区移民。清时村人建房曾挖出灰坑，内有隋代瓷器与墓葬人骨。村内原张家胡同曾留有原住民使用的大舂臼，内径约46厘米。村后残存有清咸丰年间圩墙，现为县级文物保护单位。

于沛霖，吴沟村生人，清康熙庚戌年进士，阁试授中书舍人，补工部屯田司主事，晋员外郎。于作霖，沛霖之弟，清顺治甲午科举人，除江西安远令。于瑗，作霖之子，清康熙壬寅年贡生，见任金乡训导，清代御医黄元御之师。于明江，曾留学日本，“九一八事变”后回国，1935年受聘为杨虎城将军保健医生，后在西安创建明江医院，专事外科。

孟家庄（自然村）位于吴沟村东南部，属吴沟村委会。孟姓明初迁此立村。清初，杨姓自杨家桥迁入，于姓自饮马街迁入。今村中已无孟姓。

吴沟村（含孟家庄）现有457户，1635人，由于、杨、王、张、李、沈、宿等姓氏组成。耕地面积2876亩，以种植小麦、玉米、大姜、土豆等为主。村民经营有织布厂、纺纱厂、织带花边厂等企业。

长太屯
Chángtàitún

位于饮马镇区西部3.5千米处。东邻吴沟村，西至窑湾村，南连鳌头埠，北接前赶仙庄。明朝末年，吕姓从西乡永安庄（今都昌街道东永安村）迁来立村，袁姓同期从潍县迁入，以姓氏取名吕袁屯。清咸丰年间捻军袭昌，村人筑圩抗捻，为祈愿长久太平，以嘉言改称长太屯。

村中现有220户，400人。由吕、袁、苏、姜、王、范、杨、于、李、孙等姓氏组成。耕地面积680亩，以种植小麦、玉米、大姜等为主。村民投资有养殖业和纺织业。

初家庄
Chūjiāzhuāng

位于饮马镇区西部3.5千米处。东依镇区，西至鳌头埠，南连新安屯，北接长太屯。明洪武年间，初姓自山西洪洞县迁来立村，以姓氏取名初家庄。王姓清前期自寒亭陶里村迁入，翟姓自县城东北东逄翟村迁入，陈姓自龙池白塔迁入。

新安庄（自然村）位于初家庄东，属初家庄村委会。清康熙年间肖姓迁此立村，取名肖家庄子，后省称肖家庄。刘姓自柳疃玉皇庙村迁入，另有齐、王、马、徐等姓氏迁入，民国后期，因村中已无肖姓，遂改称新安庄。

初家庄（含新安庄）现有276户，980人，由曹、许、翟、李、王、徐、韩、陈、齐、刘、马等姓氏组成。耕地面积1579亩，以种植小麦，玉米等为主。村中有纺纱、织布、织带等纺织企业。

村中有织布厂、织带厂等企业。

鳌头埠
Áotóubù

位于饮马镇区西部4千米处。东邻初家庄，西至窑湾村，南连峡山区刘家埠，北接长太屯。村人相传，原有唐、傅、裴、邢等姓氏居此。元代，鲍姓以军籍迁来屯垦，取名鲍家军屯。至清代，两宗王姓分别自初家庄和兴会庄子迁入，赵姓自惠民县经初家庄迁入，周姓自安丘逄各庄迁入。据饮马《于氏宗谱》记载，清顺治年间，饮马街于姓择选家族墓地，见鲍家军屯村前土埠之上东西两侧各有一块白石裸露地表，极似鳌头的两块耳石，遂取其吉意，曰为“鳌头埠”。村人慕“独占鳌头”之意，南迁埠上，村名也随之改为鳌头埠。后有村人在埠前又发现一块白石，由此变成“三足立埠”之势，于是坊间又有“鳌子埠”之称。埠西白石“文化大革命”时期被刨挖移走，埠东白石位于火石湾西崖，近年村人在西崖建房，白石由此埋入房基之下。2017年青银高速拓宽工程施工，在村西南五百米处曾挖出陶罐、陶碗等先民遗留器皿。

清代设仁义乡温固社，辖五村，社公所驻鳌头埠。民国时期改称鳌头埠乡。1958年撤乡并入饮马。

村中现有196户，685人，由王、赵、鲍、周、李等姓氏组成。耕地面积1810亩，以种植小麦、玉米、花生、大姜等为主。

窑湾村
Yáowāncūn

位于饮马镇区西部5千米处。东邻长太屯村，西至山阳村，南连鳌头埠，北接兴会庄子。元至正年间，张姓自龙池马渠迁来立村。后王姓自山阴村迁入。因村处山阳村东，曾名“东山阳”。明代，因村人烧窑制陶取土成湾，遂更名“窑湾村”。

村中现有244户，773人，以王、刘、张三姓居多。耕地面积881亩，以种植小麦、玉米、大姜等为主。村民投资有织带厂、服装厂。

山阳村
Shānyángcūn

山阳村新貌（2021年）　　摄影：孙洪波

位于饮马镇区西部6.5千米处。东邻窑湾村，西临潍河，南连潍坊市峡山区后辉村，北接山阴村。清乾隆《昌邑县志》

载“汉霍光封博陆侯，食邑北海。今昌邑有博陆聚，距县南四十里，潍水东岸，博陆山前”。此地古称“博陆聚”（“聚”为汉代村落形式），汉唐时期已有先民居住，后因地处陆山（博陆山旧称）之阳改称“陆阳村”，又因陆山改称霍侯山，遂更名“霍丘村”。明隆庆年间，温姓自龙池西白塔迁来居住，王姓自山阴村迁入，以方位定名山阳村。

先后荣获全国宜居村庄、全国美丽乡村示范村、全国生态文化村、省级文明村、省级旅游村庄等荣誉称号。“山阳大梨”获评国家绿色食品和地理标志产品。村后博陆山生态旅游区（AAA级）内有千年梨园及两处商周遗址，村前有“张家院落”汉代聚落遗址。

村中现有1041户，4027人，由王、温、于、李、刘等姓氏组成。耕地面积5088亩，以种植小麦、玉米、蔬菜、林果等为主。村集体经营有石英矿、房地产、旅游等产业。

山阴村
Shānyīncūn

位于饮马镇区西北部7千米处。东邻兴会庄子，西临潍河，南连山阳村，北接顾仙村。夏商时期该地已有人居住，宋元时期称“山阴镇”。明朝初年，王姓从莱阳蚬子湾迁来落户。明隆庆三年（1569）秋，潍水肆虐，庐舍坍塌，村子仅存东南一隅，即现在的山阴村位置。李姓清道光年间从北乡李家庄（今卜庄大李家庄）经吴沟迁入，尹姓清道光年间从潍县尹家双庙子迁入，林姓清咸丰年间从林家埠迁入。村西潍河岸边古码头遗址曾出土码头木桩、青铜镜、青铜剑等物件。

村西古码头遗址（2018年）　　摄影：李发宁

村中现有519户，1726人。由王、李、尹、林、姜、于、张等姓氏组成。耕地面积1355亩，以种植小麦、玉米、花生、大姜等为主。村西保留有古梨园千余亩，已成为市民赏花休闲地。村民经营有织布、织带等企业。

顾仙村
Gùxiāncūn

位于饮马镇区西北部8千米处。东邻后赶仙庄，西临潍河，南连青龙山，北接西金台西南。宋元时期，该地原有肖、栾二姓居住。村中流传，古时青龙山上有仙姑，每逢朔月下山为百姓行医治病，村人顾盼仙姑出现，得村名“顾仙”。清朝初年，李姓自石埠西金台迁居该村。

顾仙村村委成员在讨论集体果园承包到户工作（1982 年 6 月） 照片提供：李发宁

村中现有 560 户，1780 人，多为李姓。耕地面积 2171 亩，以种植小麦、玉米、花生、大姜等为主。村民经营有纺织厂、织带厂等企业。

兴会庄子
Xīnghuìzhuāngzi

兴会庄子王金第故居（2019 年） 摄影：李发宁

位于饮马镇区西部 6 千米处。东邻前赶仙庄，西至山阴村，南连窑湾村，北依青龙山。明隆庆年间，王姓为避水患自山阴村迁来居住，继邢姓自昌邑城里迁入，翟姓自初家庄迁入。因村有山会，兴盛乡里，得名兴会庄子。民国 27 年（1938）7 月 6 日，该村村民与驻村抗日武装高炳旺部携手击退日伪来犯。村中现存民国古民居两处，其中一处为民国时期昌邑南乡乡长王金第故居。

村中现有 256 户，790 人，由王、邢、吴、翟、钟等姓氏组成。耕地面积 1105 亩，以种植小麦、玉米、果蔬等为主。村民经营有纺织厂、织带厂等企业。

前赶仙庄
Qiángǎnxiānzhuāng

位于饮马镇区西部 5 千米处。东邻吴沟村，西至兴会庄子，南连长太屯，北接后赶仙庄。村人相传，唐时已有高姓居此。传古有仙人路过，众人跟随至青龙山下，仙人身影消失，遂定居于此，得村名赶仙庄。后因村后另有同名村庄，以方位改称前赶仙庄。明隆庆初年，山阴村王姓分支迁来居住，另宗王姓清前期自初家庄迁入。于姓清顺治年间从吴沟村迁入，李姓清乾隆年间从西金台迁入，刘姓清乾隆年间从柳疃玉皇庙迁入。史姓本居城南炮里（今奎聚中台），族人清康熙年间进京入仕，又于雍正元年（1723）辞官避居该村。村内现存民国时期民居院落一处，砖混结构，门楼保存完好。

村中现有385户，1186人。由王、史、于、李、刘、张、陈、姜、徐、孟等姓氏组成。耕地面积1760亩，以种植小麦、玉米、花生、苗木等为主。村民经营有纺纱、织布、印染、选矿等企业。

后赶仙庄
Hòugǎnxiānzhuāng

位于饮马镇区西北部5千米处。东邻吴沟村，西至顾仙庄，南连前赶仙庄，北接肖王村。村人相传，古有仙人路过，众人跟随至青龙山下，仙人身影消失，遂定居于此，得村名赶仙庄。后因村前另有同名村庄，以方位改称后赶仙庄。村后山顶上有五个坟冢，乡人称“五星冢”。

后赶仙庄织带厂旧照（1988年） 照片提供：于钦平

村中现有277户，916人。由李、陈、郑、王等姓氏组成。耕地面积1150亩，以种植小麦、玉米、大姜等为主。村民经营有织布厂和织带厂。

常家屯
Chángjiātún

位于饮马镇区北部3千米处。东邻杨家屯，西至顾仙村，南依饮马镇区，北接田家庄。明隆庆二年（1568），常姓自柳疃常家庄迁来立村，以姓氏定名常家屯。徐姓明后期自柳疃灶户村迁入。村庄于2009年被评为“省级文明村”。

村中现有152户，543人，由徐、孙、邓、常等姓氏组成。耕地面积720亩，以种植小麦、玉米、土豆、大姜、苗木等为主，另有食用菌种植基地。村内有纺织企业十余家。

杨家屯
Yángjiātún

位于饮马镇区东北部3千米处。东临八里庄子，西至常家屯，南连杨家楼，北接大张家屯。明时，杨姓自杨家楼迁来立村，以姓氏取名杨家屯。至明后期，吴姓自平度迁入，刘姓从城南刘家北逄迁入，孙姓自寒亭朱里迁入，满姓从龙池郭疃迁入。明朝末年，因村旁吴沟河底涌出泉水，改称涌泉庄。后因水患村子向西南方向迁移500米重建，复称杨家屯。

村中现有125户，440人，由吴、刘、

孙、满等姓氏组成。耕地面积 1260 亩，以种植小麦、玉米、土豆、西瓜等为主。村民经营有合线厂、织布厂等企业。

大张家屯
Dàzhāngjiātún

位于饮马镇区北部 5 千米处。东邻王家屯，西至田家庄，南连杨家屯，北接前柳杭。明泰昌元年（1620），张姓自四川徙来立村，以姓氏取名张家屯。明后期，刘姓自平度金钱山（今平度峰山）迁寒亭芝庄，又于清后期转迁该村。孙姓清中期自朱里周家庄迁入，宫姓清后期从城南辛置村迁入。为区别县境同名村庄，1981 年更名大张家屯。2017 年被评为“省级文明村”。

村中现有 283 户，1039 人，由刘、宫、孙、李、侯、王等姓氏组成。耕地面积 1740 亩，以种植小麦、玉米、大姜、土豆、草莓、西瓜等为主。村民经营有纺织企业。

王家屯
Wángjiātún

位于饮马镇区东北部 6 千米处。东邻裴家庄子，西至大张家屯，南连八里庄子，北接杨家桥。明朝末年，王姓自河南迁来立村，得村名王麻屯。于姓清初从吴沟村迁入。1981 年更名为王家屯。

村中现有 126 户，426 人，由于、程、孙、王等姓氏组成。耕地面积 840 亩，以种植小麦、玉米、土豆、大姜、西瓜等为主。村民经营有纺织企业和建筑业。

八里庄子
Bālǐzhuāngzi

位于饮马镇区东北部 5 千米处。东邻孟家庄子，西至杨家屯，南临赶石路，北临引黄济青水渠。明永乐年间，孙姓自山西洪洞县迁来立村，以姓氏取名孙家庄。明弘治年间，刘、张二姓相继迁入，初姓自初家营迁入。清光绪年间，因村距饮马街八里路程，改称八里庄子。

民国 32 年（1943）农历二月初二，国民党鲁苏战区第四纵队围剿来村抢粮的日伪军五支队，打死日伪军一人，余者溃逃。

村中现有 145 户，509 人，由孙、刘、初、夏、谢、胡、周等姓氏组成。耕地面积 1283 亩，以种植小麦、玉米、土豆、大姜、西瓜、草莓等为主。村内有织布厂、纺纱厂、合线厂等企业。

孟家庄子
Mèngjiāzhuāngzi

位于饮马镇区东北部 6 千米处。东邻伊家庄子村，西至八里庄子，南连张家庄子村，北临引黄济青水渠。明成化年间，孟姓自柳疃潮海村迁来立村，以吉祥嘉言取名太平庄。至清代，孙姓自孙家庄（今石埠南孙家庄）迁入，杨、刘、李等姓氏相继迁入。后为区别县境同名村庄，以姓氏更名孟家庄子。村内有500年树龄古槐一株。

村中现有183户，612人，由孟、孙、刘、李、杨等姓氏组成。耕地面积2150亩，以种植小麦、玉米、土豆、花生等为主。村民经营有抽纱厂、纺织厂等企业。

张家庄子
Zhāngjiāzhuāngzi

位于饮马镇区东北部5.5千米处。东邻伊家庄子，西至杨家屯，南连石家庄子，北接孟家庄子。明万历年间，张姓自柳疃潮海村迁来立村，以姓氏取名张家庄子。继刘姓从围子西刘家巷迁入，李姓从北乡张戈庄（今属卜庄）迁入，栾姓从寒亭南港湙迁入。村内有120余年树龄榆树两株，长势茂盛。

村中现有82户，321人，由李、栾、刘、石、王等姓氏组成。耕地面积900亩，以种植小麦、玉米、西瓜、土豆、花生等为主。村民经营有纺织企业。

石家庄子
Shíjiāzhuāngzi

位于饮马镇区东北部5千米处。东邻大岭村，西至丰乐屯（旧址），南连佟家营子，北接张家庄子。明前期，石姓自山西洪洞县大槐树下迁来立村，因村临马车大道，取名石家道子。后孟、杨、李等姓氏相继迁入，刘姓自围子刘家巷迁入。后因周边村落多以“庄子”命名，遂改称石家庄子。

村西原有王家庄子，王姓立村，1949年后并入石家庄子。

村中现有159户，658人，由石、刘、王、孙、李、杨、朱、孟等姓氏组成。耕地面积2250亩，以种植小麦、玉米、土豆、花生、西瓜等为主。村民经营有抽纱厂和纺织厂。

佟家营子
Tóngjiāyíngzi

位于饮马镇区东部4千米处。东邻大岭村，西至曹家庄子，南连孙家营子，北接石家庄子。村人相传，北宋开宝年间已有明姓居此，因村临马车大道，以开店谋生，乡人称明家店子。明清交会之际，佟姓迁来落籍，一说自山西洪洞县迁来，一说自沈阳以军籍迁入，村名由此改称佟家营子。另宗明姓清中期自平度明家店子迁入，孙姓清同治十三年（1874）自广饶稻庄迁入，任姓民国初年自广饶任家大营迁入。

佟元俊，字秀廷，民国31年（1942）任昌邑四维中学教导主任，总理校长工作。佟继汉，曾就读于四维中学，参加过抗日战争，曾任台湾《中国晚报》主笔、《台湾新闻报》主编。

村中现有332户，1286人，由佟、明、孙、任、李等姓氏组成。耕地面积3000亩，以种植小麦、玉米、苗木等为主。村民经营有塑料模具厂、纺织厂等企业。

大岭村
Dàlǐngcūn

位于饮马镇区东部7千米处。东邻大谢家庄，西至石家庄子，南连北孟李家庄子，北接伊家庄子。明万历年间，刘姓自沟流村迁来立村，继鲁姓自流河街迁入。因村人以种桑为业，取名“桑园”。清康熙年间，因开挖河道村临堤岸，改名“堤坡前刘家庄”，清道光年间省称“堤上庄”，又改称“纺绫”“纺岭”，清光绪年间雅称“大岭”至今。李姓清乾隆元年（1736）自平度韩村迁入，牟姓清末自潍坊清池迁入。

村中现有390户，1340人，由刘、李、牟、鲁等姓氏组成。耕地面积3800亩，以种植小麦、玉米、花生、土豆、西瓜、青椒等为主。大岭西瓜瓤沙汁甜，为该村特色农产。村民投资有机械制造业和纺织业。

大谢家庄
Dàxièjiāzhuāng

位于饮马镇区东部7.5千米处。东临胶莱河，西至大岭村，南临佐家河，北接肖家庄子。明洪武年间，谢姓由山西洪洞县迁昌邑胶莱河畔高地居住，以姓氏得名谢家埠子（故村址位于今石埠谢家庄东），明隆庆二年（1568）村庄毁于水患，部分族人北迁梳洗楼（今奎聚南庄头村）避难，洪水退去后回迁今址新建村庄，定村名大谢家庄。

村中现有212户，780人，由谢、张、元、路、郑、魏等姓氏组成。耕地面积2300亩，以种植小麦、玉米、花生、大姜、西瓜等为主。村中发展有大棚蔬菜种植园区。

第十节 北孟

北孟镇
Běimèngzhèn

位于北纬36° 26′ 35″ ～36° 39′ 33″ 东经119° 27′ 24″ ～119° 36′ 58″ 。地处昌邑市南部，距市区 35.5 千米。东部、南部与高密市为邻，西部与坊子区接壤，北部与饮马镇毗连。因驻地北孟村而得名。电话区号 0536，邮政编码 261318。

民国 34 年（1945）秋成立昌南县，辖北孟区。1956 年 4 月昌南县并入昌邑县，南孟区并入北孟区。1958 年 2 月划分为北孟乡和李戈庄乡，同年 9 月两乡合并成立胜利人民公社，12 月改称北孟人民公社。1983 年 8 月撤社设乡，改为北孟乡。1996 年 12 月撤乡设镇，改为北孟镇。2007 年 11 月，原塔耳堡镇 45 个行政村并入北孟。2009 年，北孟镇横路屯、大陈村、大石门 3 个行政村划归峡山区太保庄镇管辖。

镇域为微丘陵地带，地势西高东低，南北狭长。最高点南孟山海拔 74 米，最低点李家庄子海拔 9.2 米。胶莱河沿镇东部由南向北流经镇域 16.4 千米，小新河（原七沟河）由西南向东北流经镇域 10.6 千米汇入胶莱河。

为山东省环境优美乡镇、潍坊十佳魅力城镇，世界著名海洋生态学家、水产学家、教育家、世界浮游植物实验生态学领域的先驱朱树屏故里。镇域内有小南孟家庙、高阳城址、李戈庄化石遗址、昌南县委旧址等省市级文物保护单位，为高阳茂腔、火笔烙画等非遗文化项目发祥地。

辖 92 个行政村，2.19 万户，7.2 万人。汉族为主，另有拉祜族、达斡尔族、蒙古族各 1 人。辖区总面积 174.26 平方千米，耕地面积 15.8 万亩，以小麦、玉米、大蒜、花生等种植为主。工业以纺织、纸箱包装、农产品加工等产业为主。2021 年实现公共财政收入 2937 万元，规模以上工业企业总产值 21.2 亿元，工业销售收入 20.3 亿元，农民人均可支配收入 2.17 万元。

先后获“国家级蔬菜种植标准园”“山东省幸福进家活动先进单位”“全省基层社会治理优秀综治中心”“山东省十大品质城镇”“省级文明乡镇”等荣誉称号。

原北孟乡人民政府旧影（1985 年）　　照片提供：李卫宁

北孟镇人民政府旧址（2004 年）　　照片提供：李卫宁

北孟镇区俯瞰

摄影：李发宁

北孟镇农产品交易市场　　　　摄影：丁金芳

树屏学校　　　　摄影：李发宁

北孟城镇居民点

民悦家园
Mínyuè Jiāyuán

位于北孟镇工业园区，东邻景宏明苑，西至新城路，南至309国道，北至新昌大街。取“悦享新家园”之意命名。小区占地5000平方米，建有8栋住宅楼，330户。2015年9月建成入住。

圣泽苑
Shèngzé Yuàn

位于北孟镇人民政府以西800米。东邻孟育新区，西邻北孟卫生院，南至潍胶路，北邻北孟供热中心。由开发商命名。建有住宅楼5栋，155户。2014年4月首期入住。

圣泽苑小区（2021年） 摄影：李树香

孟育新区
Mèngyù Xīnqū

位于北孟镇人民政府以西300米。东邻北孟镇第一中学，西邻圣泽苑小区，南至309国道，北邻佳乐福超市。因毗邻学校而得名。建有住宅楼2栋，41户。2013年11月首期入住。

孟育新区（2021年） 摄影：李树香

景宏明苑
Jǐnghóng Míngyuàn

位于北孟镇人民政府以西1.2公里。东至森汇路，西邻民悦家园，南至309国道，北至新昌大街。建有住宅楼11栋，274户。2016年12月建成入住。

北孟农村居民点

北孟村
Běimèngcūn

20世纪80年代的北孟街　　照片提供：李卫宁

北孟村（自然村）因位于孟山（北孟埠）之北而得名，唐宋时期已有先民居此。明永乐年间，刘姓自直隶枣强县迁来落籍。因丘埠环绕，避风临水，诸姓相继聚来立村，先后有十二个角村分布于古北孟村周围，分别为朱家村（居东北），王家村（居东），朱家巷子、马家庙子（居东南），鞠家崖子、李家崖子、于家园庄、郑家庄（居西南），魏家村、马家村（居西），杜家村、卢家村（居北）。至清代，因村设集市，改称北孟街。1958年2月，王家村、朱家巷子、马家庙子、鞠家崖子、李家崖子、于家园庄（1918年改称太平村）、郑家庄等七村并入北孟，成立北孟高级社。1960年改称北孟大队，辖23个生产队。1980年1月，分设为北孟一大队、北孟二大队、太平村大队、朱家巷子大队、马家庙子大队。1983年9月，设立北孟一村、北孟二村、太平村、朱家巷子、马家庙子五个行政村。农历五、十为北孟大集。民国35年（1946）至1949年，为中共昌南县委、昌南县政府驻地。

刘瀛海，清光绪六年（1880）优增生。清光绪三十三年（1907），与弟子朱镜清等人在北孟西宝林寺内创办高初两等小学校；清宣统二年（1910）被举任为县视学兼劝学员长，同年冬在北孟街创办乙种实业学校，将自家建房物料充建教室；清宣统三年（1911）春，当选省议会议员；民国元年（1912）7月2日（农历五月十八）在县城“剪辫惨案”中遇难。

北孟一村
Běimèngyīcūn

位于北孟镇区北部0.5千米处。东邻北孟二村，西至魏马村，南依镇区，北接杜卢村。原属北孟村，1983年9月分设北孟一村。村内现存清代民居一处、民国宅院多处，均为砖瓦结构，保存完好。村中现有189户，601人，多为刘姓。耕地面积1221亩，以种植小麦、玉米、果蔬等为主。

北孟二村
Běimèngèrcūn

位于北孟镇区北部1千米处。东邻朱家村，西至北孟一村，南连朱家巷子，北接杜卢村。原属北孟村，1983 年 9 月分设北孟二村，原王家村同期并入北孟二村。

王家村（自然村）位于北孟街东首，明后期王姓自山西洪洞县迁来立村。朱家老庄（今北孟后朱村）朱氏家族在该地置有田圃，族人为耕种方便，于明末迁来居住。徐姓明后期由江苏昆山迁入。

北孟二村（含王家村）现有 226 户，772 人，由刘、朱、徐、王、姜等姓氏组成。耕地面积 1544 亩，以种植小麦、玉米、果蔬等为主。村民经营有纺织厂、纸箱厂、农产品加工厂等企业。

杜卢村
Dùlúcūn

位于北孟镇区北部 1 千米处。东邻朱家村，西至上坡村，南连北孟一村，北临青银高速。该地原有董姓居住，村名董家庄。明时，杜姓自高密县迁董家庄西侧立杜家村。卢姓明初由山西洪洞县樱桃沟迁北孟双灵山前（故址位于今杜卢村北 500 米处）居住，至明末遭兵燹焚村，族人南迁董家庄聚居，后因卢姓族兴改称卢家村。1958 年两村联合成立杜卢高级社。1960 年改称杜卢大队。1983 年 9 月合并为杜卢村。

村北有大型汉代封土墓两座，乡人称“单冢子”。其中一座为画像石墓，已遭破坏，另一座封土完好。

村中现有 265 户，1003 人，由杜、王、高、卢、刘、侯、徐、邢、马等姓氏组成。耕地面积 1800 亩，以种植小麦、玉米、大姜、樱桃、林果等为主。村民投资有橡胶厂、油漆厂、铸造厂等企业。

朱家村
Zhūjiācūn

位于北孟镇区北部 1 千米处。东临树屏路，西至杜卢村，南连北孟二村，北临济青高速。明洪武年间，朱姓从江苏句容县迁居昌邑南隅，又于明中期迁朱家老庄（今北孟后朱村），分支明末迁北孟村东侧立村，以姓氏取名朱家村。

村中现有 254 户，890 人，多为朱姓。耕地面积 1771 亩，以种植小麦、玉米、大姜、大蒜等为主。村民经营有纺织厂、纸箱厂等企业。

朱家巷子
Zhūjiāxiàngzi

位于北孟镇区北部 0.5 千米处。东邻马家庙子，西至太平村，南依镇区，北接北孟二村。明代，徐姓自王家村（今属北孟二村）迁来立村，因村舍排列成巷，取名徐家巷子。朱姓清前期自朱家老庄（今北孟后朱村）迁来居住。后朱姓族兴，遂更名为朱家巷子。1958 年 2 月并入北孟高级社；1960 年北孟高级社改称北孟大队；1980 年 1 月从北孟大队分出，复称朱家巷子。

村中现有 202 户，676 人，由朱、徐、鞠等姓氏组成。耕地面积 1389 亩，以种植小麦、玉米、大姜、大蒜、草莓等为主。

马家庙子
Mǎjiāmiàozi

位于北孟镇区北部 0.5 千米处。东邻九龙屯，西至朱家巷子，南依镇区，北接朱家村。明朝初年，裴姓徙居于此，称裴家胡同。杜姓清初自杜家村（今杜卢村）迁入，后杜姓族兴，改称杜家庄。马姓明天启年间迁入，刘姓自北孟街迁入。清后期，各族众议在村头建庙，因马姓出资居多，称马家庙。久之，村名演称为马家庙子。1958 年 2 月并入北孟高级社；1960 年改称北孟大队；1980 年 1 月从北孟大队分出，复称马家庙子。

村中现有 203 户，668 人，由刘、马、董、李、朱、裴、杜、孙等姓氏组成。耕地面积 1097 亩，以种植小麦、玉米、大姜、西瓜、草莓、苹果等为主。

太平村
Tàipíngcūn

位于北孟镇区北部 0.5 千米处。东邻朱家巷子，西至魏马村，南依镇区，北接北孟一村。清康熙年间，于姓由山西洪洞县迁北孟街太平河畔立村于家园庄。郑姓从山西洪洞县迁于家园庄南立村郑家庄，李姓从青山后王珂村迁太平河西崖立村李家崖子，鞠姓迁太平河畔立村鞠家崖子。民国 7 年（1918）军队进驻于家园庄，筑设围墙，改称太平村。1958 年 2 月，太平村、郑家庄、李家崖子、鞠家崖子四村同期并入北孟高级社；1960 年改称北孟大队；1980 年，太平村、郑家庄、李家崖子、鞠家崖子四村从北孟大队分出，成立太平村大队；1983 年四村合并，统称太平村。2020 年获评“省级文明村”。

太平村村民新居（2021 年） 摄影：李树香

村中现有 350 户，1330 人，由李、郑、鞠、于、朱、孙、王、姜、赵、刘等姓氏组成。耕地面积 2240 亩，以种植小麦、玉米、大蒜、大姜、草莓、林果等为主。村民经营有纺织企业。

魏马村
Wèimǎcūn

位于北孟镇区西北部 1.5 千米处。东

邻太平村，西至前李家埠，南依镇区，北接上坡村。明洪武年间，马姓自直隶枣强县迁来落籍，以姓氏取名马家村。清康熙年间，魏姓自高密周戈庄八甲寨迁马家村北侧定居，以姓氏取名魏家村。梁姓清乾隆初年自城里南隅迁入，朱姓清嘉庆年间自北孟街朱家村迁入，后广饶张姓、曹县钱姓、诸城逄戈庄刘姓、吴家营李姓等姓氏相继迁入。1958 年 2 月两村合并，成立魏马高级社；1960 年改称魏马大队；1983 年 9 月改称魏马村。2022 年获评“省级文明村”。

魏马村副业社旧照（1986 年）　照片提供：李发宁

村中现有 313 户，1130 人，由朱、马、魏、梁、李、张、刘、钱、王等姓氏组成。耕地面积 1923 亩，以种植小麦、玉米、大姜、林果等为主。村民经营有纺织、食品等企业。

上坡村

Shàngpōcūn

位于北孟镇区西北部两千米处。东邻杜卢村，西至前李家埠，南连魏马村，北接前刘家营子。明中期，韩姓由直隶枣强县迁北孟街西北四里洼地立村，初称泊庄，又称北洼子，后改称北庄子。翟姓自县城东北逄翟村迁入。至清代，村人为防水患迁西埠东坡另建村舍，定名上坡村。

清代及民国时期，该村为有名的黄牛贸易、宰割市场，1949 年后停业。民国时期，该村印染印花产业繁盛，作坊林立。曾在潍县设有花布庄，产品销售到国外。20 世纪 80 年代，村民留存的印花版式样品被山东省博物馆收藏。

韩维信（1929—2008），爱国台胞，曾就读于青岛四维中学、台湾黄埔军校，国民党上将军衔。1998 年回乡捐建友谊小学（现改为上坡村幼儿园）。

村中现有 231 户，780 人，由韩、翟、赵等姓氏组成。耕地面积 1632 亩，以种植小麦、玉米、地瓜、棉花、果蔬等为主。村民投资有纺织印染产业。

前李家埠

Qiánlǐjiābù

位于北孟镇区西北部 2.5 千米处。东

邻魏马村，西临下小路，南临北孟镇新昌大街，北临青银高速。该地先有王姓居住，因居于土埠之上，取名王家埠。明前期，李姓自江西丰城县湖茫村迁安丘西关，又转迁该村。后李姓族兴，村名改称李家埠。因与城北李家埠重名，1985年更名为前李家埠。农历三、八为该村集市。

前李家埠村水坝旧影（1986年） 照片提供：李发宁

村中现有580户，2026人，由李、陈、刘、葛、王等姓氏组成。耕地面积4599亩，以种植小麦、玉米、花生、果蔬等为主。村民经营有汽修厂、纺织厂、浆纱厂、纸箱厂、相框厂等企业。

朱家屯
Zhūjiātún

该村已整体搬迁，故村位于北孟镇区东北部3千米处，池前村东南，青银高速以北。清前期，赵、刘、潘、王、曲、张、董、陈八姓氏家族迁来立村，以嘉言取名永富屯。清康熙末年，朱姓由朱家老庄（今北孟后朱村）迁入，并成村中主要姓氏，遂更名为朱家屯。2014年，村户整体搬迁至北孟镇圣泽苑小区，原村址复垦。

村中现有155户，561人，由朱、张、王、赵、曲、潘、刘等姓氏组成。耕地面积1604亩，以种植小麦、玉米、大蒜等为主。

池子村
Chízicūn

池子村（自然村）位于北孟镇区东北部2.5千米处。东邻高家庄子，西至前刘家营子，南连朱家庄，北接西祝仙屯。明后期，褚姓从昌邑西乡北褚庄迁来立村褚家庄，赵姓同期迁入。李姓自高密城关迁入，刘姓自刘家埠（今属峡山区）迁入，陈姓自龙池东白塔迁入。至清代，因村东北古庙后有一水池，水流清澈，常年不干，传说曾有神仙于此驻足饮马，乡人誉称“住仙池”，渐成村名。后省称“池子”。1958年成立池子高级社，1962年分为池前和池后两个大队，1983年改称池前村和池后村。农历二、七为村中集市。

池前村
Chíqiáncūn

1958年池子村成立高级社，1962年分为池前和池后两个大队，1983年改称池前村和池后村。该村以方位称池前村。村中现有 184 户，648 人，由陈、金、赵、刘、褚等姓氏组成。耕地面积 1554 亩，以种植小麦、玉米、花生、大蒜、大姜、土豆、草莓等为主。

池后村
Chíhòucūn

1958 年池子村成立高级社，1962 年分为池前和池后两个大队，1983 年改称池前村和池后村。该村以方位称池后村。村中现有 190 户，652 人，由李、陈、刘、赵等姓氏组成。耕地面积 1742 亩，以种植小麦、玉米、花生、土豆、西瓜、大蒜等为主。

前刘家营子
Qiánliújiāyíngzi

位于北孟镇区西北部 4 千米处。东邻池后村，西至饮马小营村，南临济青高速铁路，北接后刘家营子。村中流传，宋代曾设军营于此，后乡人迁来居住，因村依土埠，雨后积水成泉，取名“水沓营”。明隆庆年间，刘姓自平度金钱山（今平度峰山）迁潍坊市坊子区北流村，又于明万历年间转迁来此定居。至清代，因村中刘姓居多，以姓氏改称刘家营子。又因村户渐多，分为前、后两村，该村以方位称前刘家营子。

村中现有 246 户，748 人，由刘、孙、李、田等姓氏组成。耕地面积 1546 亩，以种植小麦、玉米、棉花、大姜、草莓等为主。村民经营有纺织企业。

后刘家营子
Hòuliújiāyíngzi

位于北孟镇区西北部 4.5 千米处。东邻前李家营子，西至饮马小营村，南连前刘家营子，北接饮马左家营子。村中流传，宋代曾设军营于此，后乡人迁来居住，因村依土埠，雨后积水成泉，取名“水沓营”。明隆庆年间，刘姓自平度金钱山（今平度峰山）迁潍坊市坊子区北流村，又于明万历年间转迁来此定居。至清代，因村中刘姓居多，以姓氏改称刘家营子。又因村户渐多，分为前、后两村，该村以方位称后刘家营子。

村中现有 101 户，284 人，由刘、李、孙、王、田等姓氏组成。耕地面积 477 亩，以种植小麦、玉米、棉花、大姜、草莓等为主。村民经营有纺织企业。

中李家营子
Zhōnglǐjiāyíngzi

位于北孟镇区西北部 5 千米处。西北与饮马左家营子相望，东北与孙家营子相邻，南与前李家营子相接。清顺治年间，李姓从四川迁来立村，因周边村庄多以“营子”命名，取村名李家营子。后因村户渐多，村人分别迁村前、村后，立村前李家营子、后李家营子，该村遂改称中李家营子。孙姓清代自寒亭上游庄迁入，杨姓清代自饮马杨家楼迁入。

后李家营子（自然村）1958年并入中李家营子大队。1983年取消生产大队，改属中李家营子村委会。

村中现有153户，513人，由李、孙、杨、朱、董等姓氏组成。耕地面积1336亩，以种植小麦、玉米、大姜、大蒜、花生等为主。

前李家营子
Qiánlǐjiāyíngzi

位于北孟镇区西北部4.5千米处。东邻西祝仙屯（旧址），西临下小路，南连前刘家营子，北接中李家营子。清中期，中李家营子李氏分支迁村前新立村庄，以方位得名前李家营子。曲姓自朱家七沟迁入。

村中现有89户，346人，由曲、李两姓氏组成。耕地面积604亩，以种植小麦、玉米、大姜、大蒜等为主。

孙家营子
Sūnjiāyíngzi

位于北孟镇区北部5.5千米处。东邻李家庄子，西至后李家营子，东南与西祝仙屯（旧址）毗连。明中期，朱姓自西祝仙屯迁来立村朱家庄，王姓迁朱家庄西北立村王家院落。后孙姓自县城迁朱家庄以西、王家院落以南定居，取名孙家营子。李姓清后期从西金台迁入，另宗朱姓从朱家老庄（今后朱家庄子）迁入。清咸丰年间筑圩抗捻，朱家庄、王家院落村户聚居孙家营子，合为一村。

村供销社旧影（1986年）　　照片提供：李发宁

村中现有342户，1176人，由朱、王、孙、李、姜等姓氏组成。耕地面积3498亩，以种植小麦、玉米、花生、大姜、大蒜、草莓、西瓜等为主，另有肉禽养殖业。

东祝仙屯
Dōngzhùxiāntún

该村已搬迁，故村位于北孟镇区北部5千米处，池后村北邻。传说刘伯温前往峡山避居途中曾借宿该村，故留下“住仙屯”之美名。后祝姓从四川迁来定居，改称“祝仙屯”。明弘治年间，村中建一庙宇，以庙为界，分为东、西两村，该村位于庙东，称东祝仙屯。宋姓明代自直隶枣强县迁入，朱姓清初自朱家村迁入。村中有明代古槐一株，现已实施保护。2015 年迁村并点，多数村户迁居北孟镇民悦家园。

东祝仙屯古槐（1986 年） 照片提供：李发宁

村中现有 115 户，405 人，由宋、朱、郭、陈、赵、于等姓氏组成。耕地面积 1606 亩，以种植小麦、玉米、棉花、大蒜、大姜等为主。

西祝仙屯
Xīzhùxiāntún

该村已整体搬迁，故村位于北孟镇区北部 5 千米处，池后村北邻。传说刘伯温前往峡山避居途中曾借宿该村，故留下“住仙屯”之美名。后祝姓从四川迁来定居，改称“祝仙屯”。明弘治年间，村中建一庙宇，以庙为界，分为东、西两村，该村位于庙西，称西祝仙屯。姜姓明前期从黄家官庄（今属峡山区）迁入，朱姓清初从朱家村迁入，程姓清康熙年间从寿光程家庄迁入。2019 年迁村并点，村民迁至北孟镇孟育新区居住。

村中现有 171 户，532 人，由姜、朱、魏、程、丛、邱、孙、夏、于、曲 、宿、马、王、严等姓氏组成。耕地面积 1061 亩，以种植小麦、玉米、棉花、花生、土豆、大姜、西瓜等为主。

李家庄子
Lǐjiāzhuāngzi

位于北孟镇区东北部 6.5 千米处。东邻高密王家庄子，西至东祝仙屯（旧址），南连高家庄子，北接饮马大岭村。清顺治年间，李姓自石埠（今石埠李范村）迁来立村，定名李家庄子。赵姓同期迁李家庄子村后立村赵家屋子，后赵家屋子并入李家庄子。

村中现有 321 户，1152 人，由李、赵、于、张等姓氏组成。耕地面积 3889 亩，以种植小麦、玉米、西瓜、花生、大蒜等为主。2001 年，北孟镇西瓜批发市场在李家庄子村建成开业。

高家庄子
Gāojiāzhuāngzi

位于北孟镇区东北部 6 千米处。东南

与后朱家庄子毗连，西北与李家庄子相接。明前期，傅姓由北乡傅家泊（今柳疃西傅村）迁来立村，因种植林果，得名傅家行（háng）。继高姓由山西洪洞县迁入。后高姓族兴，改称高家庄子。

村中现有314户，1122人，由高、朱、傅、张、刘、秦、牛、佟、魏、邢等姓氏组成。耕地面积3476亩，以种植小麦、玉米、果蔬等为主。该村苹果以“冰糖心”口感闻名乡里。

后朱家庄子

Hòuzhūjiāzhuāngzi

位于北孟镇区东北部6千米处。东临北胶新河，西至朱家村，南连前朱家庄子，北接高密王家庄子。先有徐姓迁居于此，立村徐家庄。明洪武初年，朱姓自江苏句容县迁昌邑城里南隅，四世分支又迁徐家庄定居。后朱姓人丁渐旺，族人纷纷外迁立村，共举故村为“老庄子”，徐家庄由此改称朱家老庄。清乾隆元年（1736），北孟朱家巷子同族朱氏回迁至朱家老庄村前建房居住，以方位定名前朱家庄子，该村遂改称后朱家庄子。农历四、九为该村集市。入选第三批乡村振兴“十百千”示范创建单位。

朱树屏（1907—1976），世界著名海洋生态学家、水产学家、教育家，世界浮游植物实验生态学领域的先驱，中国海洋生态学、水产学及湖沼学研究的奠基者，培育了新中国第一代水产科技人才。先后任政协全国第三、四届委员会委员，政协青岛市第二、三、四届委员会副主席，民盟山东省委第一届委员。

村中现有305户，1100人，由朱、李、吴、刘等姓氏组成。耕地面积3322亩，以种植小麦、玉米、花生、大姜、土豆、萝卜等为主。

前朱家庄子

Qiánzhūjiāzhuāngzi

位于北孟镇区东北部5.5千米处。东邻高密市大牟家镇孙家官庄，西至朱家村，南连温胡村，北至后朱家庄子。清乾隆元年（1736），朱姓由朱家巷子迁来立村，因位于朱家老庄（今后朱家庄子）村前，得名前朱家庄子。

村中现有120户，384人，由朱、李、赵、吴等姓氏组成。耕地面积1170亩，以种植小麦、玉米、花生、大姜、土豆、西瓜等为主。村民建有肉禽养殖场和农业合作社。

宋家屋子

Sòngjiāwūzi

该村已整体搬迁，故村位于北孟镇区东部6.5千米处，西北与前朱家庄子相连，西南与温胡村相接。明崇祯年间，宋姓迁来搭舍栖居，因户寡院孤，乡人以“宋家屋子”称之，渐成村名。魏姓清前期自高密长丰屯迁入，牟姓清康熙年间自平度崔家集迁入。2019 年 5 月，村户整体搬迁至北孟镇孟育新区。

村中现有 58 户，213 人，由魏、牟、周、朱、李、刘、范等姓氏组成。耕地面积 778 亩，以种植小麦、玉米、棉花、土豆、西瓜、圆葱等为主。

温胡村
Wēnhúcūn

位于北孟镇区东部 5 千米处。东临北胶新河，西至九龙屯，南连范家屋子（旧址），北接前胡家屋子。清道光年间，温姓由高密温家寨迁来立村温家屋子。清后期，胡姓迁温家屋子西侧立村胡家屋子。李姓由潍县李家庄迁胡家屋子，刘姓清末由坊子眉村迁胡家屋子，齐姓清末由寒亭朱里迁胡家屋子。1980 年两村合并成立温胡大队，1983 年改称温胡村。

村中现有 153 户，521 人，由李、刘、温、齐、段、朱等姓氏组成。耕地面积 1721 亩，以种植玉米、小麦、花生、大蒜、西瓜等为主。村民经营有抽纱厂。

九龙屯
Jiǔlóngtún

位于北孟镇区东部两千米处。东邻温胡村，西至马家庙子，南临小新河，北临青银高速。据《李氏宗谱》载“……洪武初年自成都府迁居潍县东乡潍河西岸李家庄”。明代，潍县李家庄李氏后世分支迁居至此，董、岳、朱、张、王、梁、甄、周等姓氏同期迁入。九姓氏聚居于此，因村处洼地，以嘉言取名“九龙屯”。

村中现有 359 户，1286 人，由张、王、李、朱、周等姓氏组成。耕地面积 3412 亩，以种植大蒜、小麦、玉米等为主。该村是闻名乡里的“大蒜村”，大蒜种植两千余亩，村中设有大蒜交易市场。村民经营有纺织厂、毛巾厂、纸箱厂等企业。

范家屋子
Fànjiāwūzi

该村已整体搬迁，故村位于北孟镇区东南部 6 千米处，南邻西官庄，北至温胡村。清雍正年间，范姓由石埠（今石埠李范村）迁来立村范家屋子。至民国时期，于姓从饮马西北村迁入，朱姓从安丘菜园村迁入。2013 年，村民整体搬迁至北孟镇孟育新区，原村址复垦。

村中现有 38 户，118 人，由于、朱、刘等姓氏组成。耕地面积 450 亩，以种植小麦、玉米、大蒜等为主。

东官庄
Dōngguānzhuāng

位于北孟镇区东南部7千米处。东临胶莱河，西至西官庄，南连西角兰，北临小新河。明朝末年，九户李姓人家从东角兰迁来立村，以嘉言取名久远屯。至清道光年间，因该村及周边土地欠收荒芜，官府免征田赋，鼓励耕垦，村西由此新立小官庄，该村同期更名为大官庄。1980年地名普查时，因与宋庄大官庄重名，遂更名为东官庄。

村中现有151户，545人，由王、杨、宋、李等姓氏组成。耕地面积2237亩，以种植小麦、玉米、大蒜等为主。

西官庄
Xīguānzhuāng

位于北孟镇区东南部6千米处。东邻东官庄，西至侯家屯，南连千戈庄，北接范家屋子（旧址）。清道光年间，应官府诏垦令，刘、杨二姓自李戈庄迁来垦耕官地，因村东有大官庄，遂取名小官庄。1980年地名普查时，为区别县境同名村庄，改村名为西官庄。

村中现有102户，357人，刘、崔二姓居多。耕地面积1159亩，以种植小麦、玉米、大蒜、花生等为主。村民经营有包装制品厂、纺织袋厂等企业。

侯家屯
Hóujiātún

位于北孟镇区东南部5千米处。东邻西官庄，西至曲家七沟，南连李戈庄一村，北临青银高速。明朝末年，侯姓从北孟街迁来立村，以姓氏取名侯家屯。村东头有古槐一株，为立村之初所植。

村中现有85户，286人，由侯、刘、李、牟、苏等姓氏组成。耕地面积519亩，以种植小麦、玉米、花生、林果等为主。

朱家七沟
Zhūjiāqīgōu

朱家七沟朱氏家庙（1986年）　照片提供：李发宁

位于北孟镇区南部3千米处。东邻侯家屯，西至后周家七沟，南连曲家七沟，北依北孟镇区。明前期，朱姓自县城东南炮里（今奎聚中台村）迁来定居。因村处七沟河畔，故名。隋姓明中期自昌邑城西前埠村迁入，曲姓明末从曲家七沟迁入，王姓民国时期从金戈庄迁入。

清朝末年，朱家七沟村朱记木匠铺朱秀山开创木制家具火笔烙画艺术。第三代传承人朱忠春发展为在木板、葫芦上烙画。第四代传承人朱栋又开拓出丝绢、宣纸烙画艺术。2014 年，该村朱氏“火笔烙画”被列入潍坊市第四批非物质文化遗产名录。

村中现有 214 户，709 人，由朱、曲、隋、王等姓氏组成。耕地面积 2049 亩，以种植小麦、玉米、大蒜、花生、草莓等为主。村民经营有毛巾厂、纺织厂等企业。

曲家七沟
Qūjiāqīgōu

位于北孟镇区南部 3 千米处。东邻李戈庄一村，西至前周家七沟，南连小南孟，北接朱家七沟。明代，曲姓自曲阜迁来立村，因村处七沟河畔，故名。胡姓同期从北乡胡家道口迁入。农历二、七为该村集市。

村中现有 235 户，758 人，由曲、胡、戴、刘、李、马、朱、王、姜等姓氏组成。耕地面积 2095 亩，以种植小麦、玉米、花生、大姜、草莓、大蒜、蜜桃等为主。村民经营有毛巾厂、纺织厂等十余家企业。

前周家七沟
Qiánzhōujiāqīgōu

位于北孟镇区南部 2.5 千米处。东邻曲家七沟，西至葛家七沟，南连金戈庄，北接后周家七沟。明洪武初年，周姓由安徽省徽州府大石桥经山西洪洞县迁来落籍，因村处七沟河畔，故名。明嘉靖七年（1528），部分村户迁村北建房居住。清咸丰年间，各筑圩墙抵御匪患，后村始称后周家七沟，该村以方位改称前周家七沟。

村西南有古井一口，井口六边形，用石块垒砌而成，直径 1 米，井深 10 余米。为县级文物保护单位。

村中现有 84 户，290 人，多为周姓。耕地面积 723 亩，以种植小麦、玉米、花生、大姜、草莓等为主。村民经营有建筑业和木材加工业。

后周家七沟
Hòuzhōujiāqīgōu

位于北孟镇区南部两千米处。东邻朱家七沟村，西至葛家七沟，南连前周家七沟，北依北孟镇区。明嘉靖七年（1528），周家七沟（今前周家七沟）部分周氏族人迁村北建房居住，渐成村落。清咸丰年间，村后居户自筑土圩抵御匪患，以方位定名后周家七沟。

村中现有119户，430人，周、朱两姓居多。耕地面积762亩，以种植小麦、玉米、大蒜、大姜、草莓等为主。

葛家七沟
Gějiāqīgōu

位于北孟镇区南部3千米处。东邻前周家七沟，西至峡山区郝家官庄，南连小望仙庄，北依北孟镇区。明前期，先有范姓立村，得名范家屯。后葛姓自山西洪洞县迁来落户，并成大族，因七沟河流经村域，更名葛家七沟。卢姓清末自卢家村（今属杜卢村）迁入，刘姓清末自北孟街迁入。

葛家七沟旧照（1986年）　　照片提供：李发宁

村中现有161户，560人，由葛、刘、卢、孙等姓氏组成。耕地面积1477亩，以种植小麦、玉米、花生、地瓜、大姜、草莓等为主。村民经营有建筑企业。

金戈庄
Jīngēzhuāng

位于北孟镇区南部3千米处。东邻曲家七沟，西至葛家七沟，南临七沟河（今称小新河），北接前周家七沟。明嘉靖年间，史姓自昌邑城南史家洼子迁来立村，因沟渠密布，多产荆条，得名荆戈庄。后因村前河床流出土金，改称金戈庄。

村中现有207户，690人，由王、史、徐、张、单等姓氏组成。耕地面积1461亩，以种植小麦、玉米、花生、大蒜、大姜、草莓等为主。地下蕴藏优质陶土、膨润土。

大望仙庄
Dàwàngxiānzhuāng

位于北孟镇区南部6千米处。东邻小望仙庄，西至峡山区马家屯，南连峡山区张家埠，北接葛家七沟。明崇祯年间，吴姓自山西洪洞县迁来立村。乡人传说，先人曾望见神仙云游于南埠，由此得名望仙庄。逄姓于明末自江苏昆山县迁入。民国初年，因东村改称小望仙庄，该村遂改称大望仙庄。农历三、八为该村集市。

村中现有320户，1150人，由吴、逄、朱、李、曹、卜、方、高、胡等姓氏组成。耕地面积3364亩，以种植小麦、玉米、花生、草莓等为主。村民经营有织布厂、服装厂、健身器材厂等企业。

小望仙庄
Xiǎowàngxiānzhuāng

位于北孟镇区南部5千米处。东邻小南孟，西至大望仙庄，南连峡山区张家埠，北接葛家七沟。先有鞠姓迁来居住，因村后七沟河（今小新河）河床流出土金，下游北岸村庄称金戈庄，该村遂称作小金戈庄，又演称小金阁庄。后因村西有望仙庄，更名为小望仙庄。刘姓明天启年间从刘家沟（今属峡山区）迁入，赵姓清初从龙池瓦城迁入，徐姓清康熙年间从昌邑城南徐家北逄迁入。

小望仙庄村后水闸（1986年） 照片提供：李发宁

村中现有69户，219人，由刘、徐、赵、黄等姓氏组成。耕地面积710亩，以种植小麦、玉米、花生、大姜、草莓等为主。

大南孟村
Dànánmèngcūn

位于北孟镇区东南6千米处。东邻曹戈庄，西至小南孟，南连峡山区石龙河村，北依南孟山。明朝初年，吴姓自山西洪洞县迁来落籍。因村处南孟山南麓，故名南孟村。后因村西有小南孟，遂更名为大南孟。李姓明代自李家崖子（今北孟太平村）迁入，邢姓明后期自昌邑城里迁入，刘姓自北孟街迁入，王姓自高密县水西村迁入。村内有300余年树龄古槐一株。农历四、九为该村集市。

吴立亭，清光绪乙未科进士，历任陕西宜君、石泉、三水县知县。清宣统三年（1911）因辛亥革命离任，回乡教书。

村中现有320户，1036人，由吴、李、邢、刘、陈、王、朱、魏等姓氏组成。耕地面积3436亩，以种植小麦、玉米、花生、果蔬等为主。

小南孟村
Xiǎonánmèngcūn

位于北孟镇区南部5千米处。东邻大南孟，西至小望仙庄，南连峡山区于家屯，北依南孟山。明永乐年间，刘姓自四川董城县迁济南府济阳县，又迁昌邑南乡李戈庄，李戈庄六世分支迁此立村。因处南孟山南麓，村东又有南孟村（今大南孟村），故称小南孟村。2013 年 10 月，村中刘氏家庙被山东省人民政府公布为山东省第四批省级文物保护单位。

刘德骥，清道光癸丑科进士，仕至刑部员外郎。刘氏家庙前曾立有进士旗杆，今旗杆存于家庙院内。

小南孟村墙绘文化（2021 年）　　摄影：李发宁

村中现有 710 户，2357 人，由刘、张、李、王、陈、朱、郝、郭、岳等姓氏组成。耕地面积 5260 亩，以种植小麦、玉米、花生、果蔬等为主。2017 年开始建立蔬菜种植合作社，发展规模化大棚蔬菜产业。村民经营有纺织厂和毛巾厂。

曹戈庄
Cáogēzhuāng

位于北孟镇区东南部 7 千米处。东邻常兴屯 ，西至大南孟，南连万和屯，北接李戈庄三村。村中流传，先有毕、桑二姓居此，曾名毕家沟、桑家窑，另宗毕姓明洪武年间自青州府益都县金岭村迁入。明朝初年，曹姓自山西洪洞县迁菏泽曹县，又于明中期迁安丘莲池，再迁居至此，改村名为曹阁庄，后演称曹戈庄。刘姓明后期自昌邑城西刘家辛郭迁入，徐姓自王家村（今属北孟二村）迁入，杨姓自李戈庄迁入，孙姓自龙池孙家庄迁入，郭姓自朱阳村迁入。王、钟、鞠、张四姓氏为 1967 年峡山库区移民。农历四、九为该村集市。

村中现有 480 户，1653 人，由曹、郭、徐、刘、孙、贺、郝、胡、周、朱、杨、赵、毕、王、钟、鞠、张等姓氏组成。耕地面积 4252 亩，以种植小麦、玉米、花生、大姜、林果等为主。村民经营有纺织厂和毛巾厂。

李戈庄
Lǐgēzhuāng

李戈庄综合商店旧影（1986 年）照片提供：李发宁

李戈庄（自然村）位于北孟镇区东南部5千米处。东邻千戈庄，西至金戈庄，南连曹戈庄，北接侯家屯。明朝初年，先有李姓迁此立村，以姓氏取名李戈庄。明永乐年间，刘、杨二姓自四川迁济南府济阳县，又转迁来此定居，后李姓式微迁出。1958年入社，村子分设为李戈庄第一、第二、第三大队。1983年撤销生产大队，分设李戈庄一村、李戈庄二村、李戈庄三村三个行政村。

村西有古生物化石遗址，采集有古生物牙齿、脊骨化石，为市级文物保护单位。

李戈庄一村
Lǐgēzhuāngyīcūn

1983年，李戈庄分为前、中、后三个行政村，该村居后，称李戈庄一村。村中现有350户，1296人，由刘、朱、毕、徐等姓氏组成。耕地面积3513亩，以种植小麦、玉米、花生、大姜、土豆、林果等为主。村民投资有纺织和橡胶产业。

李戈庄二村
Lǐgēzhuāngèrcūn

1983年，李戈庄分为前、中、后三个行政村，该村居中，称李戈庄二村。村中现有150户，576人，多为刘姓。耕地面积1734亩，以种植小麦、玉米、花生、大姜等为主。

李戈庄三村
Lǐgēzhuāngsāncūn

1983年，李戈庄分为前、中、后三个行政村，该村居前，称李戈庄三村。村中现有320户，1080人，由杨、刘、卢、王等姓氏组成。耕地面积3068亩，以种植小麦、玉米、花生、大姜等为主。

千戈庄
Qiāngēzhuāng

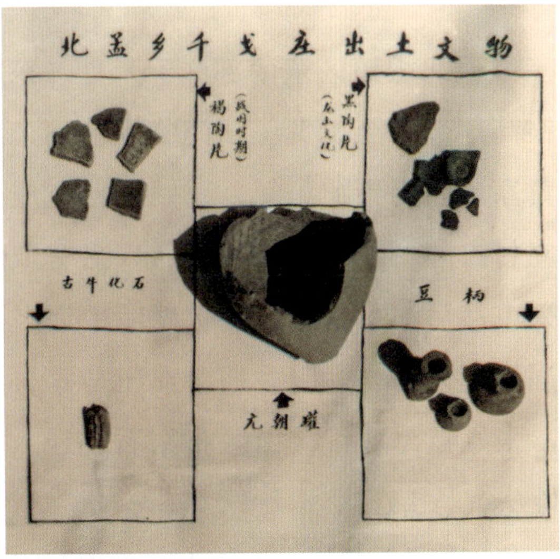

从千戈庄村域出土的先民陶器残片及古生物化石
照片提供：民政局

位于北孟镇区东南部7千米处。东邻黄家庄，西至李戈庄三村，南连万和屯，北接西官庄。乡人相传，该地为先民聚居过的古村落。明洪武年间，李姓从四川迁来昌邑南乡，择古村落遗址安居，得名“千古庄”，后演称千戈庄。杨姓明万历年间自李戈庄迁入。

千戈庄龙山文化遗址位于村西南 50 米处，距今四千余年。出土有夹沙黑陶、夹沙红陶、瓦足等文物，现为县级文物保护单位。

全村共有 158 户，518 人，由李、杨、张、陈等姓氏组成。耕地面积 1639 亩，以种植小麦、玉米、大蒜、大姜等为主。村民经营有纺织厂和毛巾厂。

常兴屯
Chángxīngtún

位于北孟镇区东南部 9 千米处。东临青银高速，西至曹戈庄，南临渔池河，北接黄家庄。明崇祯年间，曹姓由曹戈庄迁来立村。因村依长子埠而建，以嘉言取名长兴屯，后演称常兴屯。贺姓明中期自潍县固堤迁入，马姓明后期自卜庄马家村迁入，张姓自潍坊市峡山区张家石坑迁入，于姓从饮马街迁来。

村中现有 104 户，306 人，由贺、张、马、于、曹、姜、刘、傅等姓氏组成。耕地面积 993 亩，以种植小麦、玉米、花生、大蒜、大姜等为主。

西角兰村
Xījuéláncūn

位于北孟镇区东南部 9.5 千米处。东邻东角兰，西至黄家庄，南连田戈庄，北接东官庄。金元时期，已有侯、温等姓氏居此。明洪武十四年（1381），毕姓自青州府益都县金岭村迁昌邑南乡毕家沟（今北孟曹戈庄），又转迁该村居住。李姓同期自高密新庄迁入。村中曾有一庙宇，庙前有一异石，敲击时发出“角”音〔古时音阶分“宫、商、(角 jué)、徵、羽”五音〕，异石凹处生有一簇兰花。传一道士过此发现该石，称之“角兰”，赞其祥瑞。村人借道士吉言，将“角兰”定为村名。后诸姓迁来，村户渐多，分为东、西两村，该村以方位称西角兰。清中期卜庄卢家庄毁于水患，部分村人西迁王卢、新胜、前卢三村，另有卢姓南迁角兰村居住。王姓自东官庄迁入。钟姓为 1967 年峡山库区移民。

当年发出“角”音的异石（2021 年） 摄影：毕勤家

村后山埠原山形如双羊顶角，称双羊埠，后因前有角兰村改称角兰埠。2022年，村庄被山东省农业农村厅评为“省级乡土产业名品村”。

村中现有258户，902人，由毕、卢、王、李、邵、钟等姓氏组成。耕地面积2634亩，以种植小麦、玉米、棉花、花生、大姜、果蔬等为主。村民经营有毛巾厂数家。

东角兰村
Dōngjuéláncūn

东角兰村戏楼　　绘制：董明

位于北孟镇区东南部10千米处。东临北胶新河，西至西角兰，南连高家屯，北接东官庄。李姓元代自巩昌府陇西县迁高密新庄，又转迁来落籍。毕姓明前期自曹戈庄迁入。村内曾建有一庙，庙前有一异石，敲击时发出“角”音〔古时音阶分“宫、商、（角 jué）、徵、羽”五音〕，异石凹处生有一簇兰花。传一道士过此发现该石，称之“角兰”，赞其祥瑞。村人借道士吉言，将“角兰”定为村名。后诸姓迁来，村户渐多，分为东、西两村，该村以方位称东角兰。农历二、七为该村集市。

在东、西角兰之间曾有一座戏楼，坐北朝南，高约20 余米，共3层。建于清康熙年间，20世纪60年代毁于一场暴雨。

村中现有480户，1579人，由李、毕、刘、张、王、赵、宋、钟、宗、怀等姓氏组成。耕地面积4148亩，以种植小麦、玉米、花生、大姜、果蔬等为主。村民经营有织布厂和毛巾厂。

黄家庄
Huángjiāzhuāng

位于北孟镇区东南部9.5千米处。东邻西角兰，西至千戈庄，南连常兴屯，北接东官庄。明朝末年，黄姓由陕西迁昌邑南乡西角兰落籍。民国时期，黄氏家族在村西新建村舍，以姓氏取村名黄家庄。人民公社时期与常兴屯、千戈庄同属西角兰大队。1980年分出，复称黄家庄。毕姓自西角兰迁入，钟、王二姓为1967年峡山库区移民。

村中现有261户，790人，由毕、黄、钟、王、马等姓氏组成。耕地面积2234亩，以种植小麦、玉米、棉花、花生、大姜、果蔬等为主。村民经营有纺织企业。

万和屯
Wànhétún

位于北孟镇区东南部 9.5 千米处。东邻田戈庄，西至峡山区石龙河村，南连老匙沟，北接曹戈庄。明洪武年间，孙姓自山西洪洞县迁来落籍。后有丈岭街张姓、龙池瓦城赵姓、丈岭龙湾村李姓、韩家高阳韩姓、饮马街于姓、昌邑城北李家埠曹姓、北孟曹戈庄曹姓、昌邑城西王耨村王姓、围子韩家巷史姓、大南孟村吴姓、安丘逄王村王姓等 30 余姓相继迁入。诸姓聚居，取名万户屯。明朝末年，分为长丰庄、腰庄、万户屯 3 个自然村。民国 35 年（1946）又合为一村，改称万和屯。郝、苏、戴、宿等姓氏为 1967 年峡山库区移民。

村中现有 300 户，1060 人，由孙、赵、李、曹、于、张、韩、王、周、房、明、史、吴、郝、苏、戴、宿等姓氏组成。耕地面积 3500 亩，以种植小麦、玉米、花生等为主。

田戈庄
Tiángēzhuāng

位于北孟镇区东南部 12 千米处。东临北胶新河，西至万和屯，南连凤凰屯，北接常兴屯。宋元时期原有田姓居此，以姓氏称田戈庄。明前期，王姓自胶州县城西马道迁昌邑凰瑞埠，又迁田戈庄定居。于姓自饮马街迁入，张姓自城里南隅迁入。

村中现有 356 户，1186 人，由王、于、刘、栾、陈、程、张、李、郭、贾等姓氏组成。耕地面积 3718 亩，以种植小麦、玉米、萝卜等为主。村民经营有养殖业和运输业。

高家屯
Gāojiātún

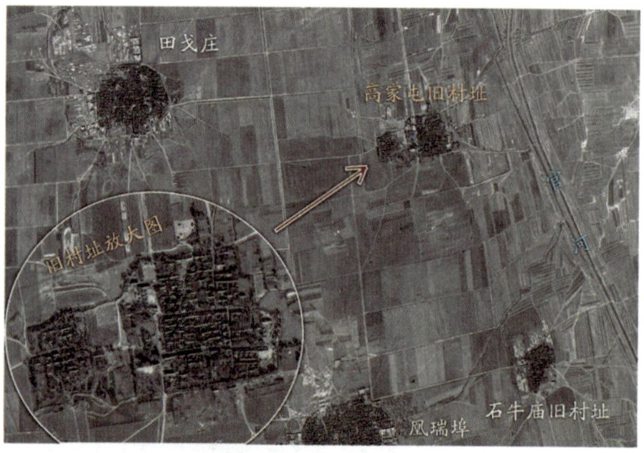

高家屯故址旧影（1972 年）　　提供：李发宁

位于北孟镇区东南部 14 千米处。东临北胶新河，西至万和屯，南连凰瑞埠，北接田戈庄。明前期，高姓自围子大章迁田戈庄村东立村，贾姓同期迁入，以姓氏取名高贾屯。后高姓族兴，改称高家屯。伊姓自高密伊家常村迁入，李姓自石埠金台迁入。1974 年 8 月，连日暴雨致官河溃堤，村舍冲塌过半，村民南迁至田戈庄村前今址重建家园，村名沿用。

村中现有 145 户，505 人，由李、高、伊、贾、姜等姓氏组成。耕地面积 1806 亩，以种植小麦、玉米、棉花、花生、辣椒等为主。石磨面粉为该村特色农产。

凰瑞埠
Huángruìbù

位于北孟镇区东南部15千米处。东临北胶新河，西至凤凰屯，南连石牛庙，北接高家屯。明朝初年，栾姓从山西洪洞县迁昌邑南乡凤凰山（今峡山区凤凰岭村），又转迁来此立村。刘姓明前期自山西洪洞县迁入，王姓明代自胶州县城西马道迁入，朱姓明末自寿光大王高村迁入，初姓清前期自诸城东南四十里大桥西迁入，郭姓清代自朱阳村迁入，李姓自石埠西金台迁入，韩姓清嘉庆年间自韩家高阳迁入。村后有土埠，形似卧睡凤凰，乡人称凰睡埠，村名因之。因昌邑土语“瑞”发“shuì”音，民国后期雅称凰瑞埠。

村中现有542户，1898人，由郭、刘、韩、初、栾、李、朱、田、时、王、赵、英等姓氏组成。耕地面积4285亩，以种植小麦、玉米、花生、辣椒等为主，另有养殖专业户二十余家。村民经营有农产品加工和纺织企业。

凤凰屯
Fènghuángtún

位于北孟镇区东南部14千米处。东邻凰瑞埠，西至老匙沟，南连塔耳堡，北接田戈庄。明朝初年，朱姓自朱家老庄（今北孟后朱）迁来居住。于姓清代自饮马吴沟迁入，李姓清后期自东角兰迁入。因村周地势低洼，频遭水患，众盼水治民安，以嘉言取名龙凤屯，至清末改称凤凰屯。

凤凰屯旧影（1986年） 照片提供：代选庆

徐姓原居凤凰屯西北一里土庄，清咸丰年间捻军过境，举族迁凤凰屯躲避兵燹，由此并为一村。

村中现有105户，364人，由徐、于、刘、朱、李、潘、英等姓氏组成。耕地面积1089亩，以种植小麦、玉米、棉花、花生等为主。该村养殖业发达，有养猪专业户二十余家。

老匙沟
Lǎochígōu

老匙沟（自然村）位于北孟镇区东南部12千米处。东邻凤凰屯，西至峡山区刘河埠，南连薛家庄，北接万和屯。明朝初年，匙姓由山西洪洞县迁来立村，因居临河沟，以姓氏取名匙家沟。后匙姓外迁至饮马匙家埠（今峡山区刘家埠）、昌邑城南伍塔等村，陈、周、邓、王等姓氏迁来居住，村人念及匙姓立村之恩，尊称村子为老匙沟。陈姓由龙池北白塔村迁入，邓姓由高密大周阳迁入，周姓由安丘迁入。1980 年 5 月，村子分为老匙沟东村和老匙沟西村两个行政村。农历四、九为该村集市。

老匙沟东村
Lǎochígōudōngcūn

1980 年 5 月，老匙沟村分为东、西两个行政村，该村居东，以方位称老匙沟东村。村中现有 316 户，1155 人，由陈、周、王、董等姓氏组成。耕地面积 2834 亩，以种植小麦、玉米、辣椒、花生等为主，村中设有辣椒和花生市场。村民经营有纺织厂、塑料制品厂、花生加工厂、油脂厂等企业。

老匙沟西村
Lǎochígōuxīcūn

1980 年 5 月，老匙沟村分为东、西两个行政村，该村居西，以方位称老匙沟西村。村中现有 162 户，572 人，由陈、邓、张、王、马等姓氏组成。耕地面积 1726 亩，以种植小麦、玉米、棉花、辣椒、花生等为主。村民经营有毛巾厂、合线厂等企业。

薛家庄
Xuējiāzhuāng

位于北孟镇区东南部 13 千米处。东邻石牛庙，西至峡山区刘河埠，南连金李埠，北接老匙沟东村。明朝初年，薛、贾二姓迁来立村，得村名“薛贾庄”，后演称薛家庄。至清代，薛、贾二姓迁出，李姓自金李埠迁入，徐姓自县城西北徐家鄑水村迁入，张姓自安丘黄旗堡狮子口迁入，陈姓自老匙沟迁入。王姓为 1967 年峡山库区移民。

村中现有 70 户，260 人，由张、陈、徐、李、郭、王等姓氏组成。耕地面积 656 亩，以种植小麦、玉米、花生等为主。村民经营有纺织厂、毛巾厂、生猪屠宰场等企业。

石牛庙
Shíniúmiào

位于北孟镇区东南部 18 千米处。东临北胶新河，西至薛家庄，南连朱阳后村，北接凰瑞埠村。明朝末年，赵姓从龙池瓦城迁日戈庄，又转迁凰瑞埠村东 1 里立村。因村址北侧埠上原有奇石形若神牛，石旁建有庙宇称“石牛庙”，村名因之。张姓清前期自莱州沙河张家河崖迁入，郭姓清后期自凰瑞埠迁入。1974 年 8 月，连日暴雨至官河溃堤，村舍因洪灾坍塌二百余间，村民迁凰瑞埠村前 2 里今址重建家园，村名沿袭。

村中现有114户，360人，由赵、张、郭等姓氏组成。耕地面积744亩，以种植小麦、玉米、花生等为主，另有畜禽养殖户二十余家。

上河头村
Shànghétóucūn

位于北孟镇区东南部17千米处。东邻朱阳后村，西至塔耳堡，南连孙家上疃，北接石牛庙。薄姓明初迁来立村，因有河沟发源于村西土埠，穿村向东流淌，得村名上河头。至清代，薄姓迁出，郭姓自朱阳村迁入，张姓自城里南隅迁入。1962年并入朱阳大队，1981年从朱阳大队分出，复称上河头村。

上河头村出土文物邓公盉　照片提供：市博物馆

1992年3月，村民沿村西的南北砂石路植树时挖出青铜器邓公盉，经山东省文物鉴定委员会鉴定，为商代邓国贵族使用的温酒器皿，属国家一级文物、昌邑市博物馆镇馆之宝。

村中现有245户，835人，由郭、张、刘、李、陈、吴、时等姓氏组成。耕地面积1719亩，以种植小麦、玉米、花生、果蔬等为主。村民投资有纺织企业。

朱阳村
Zhūyángcūn

朱阳村（自然村）位于北孟镇区东南部17.5千米处。东临胶莱河，西至塔耳堡，南连孙家上疃，北接石牛庙村。乡人相传，先有朱、杨二姓由山西洪洞县迁来立村，以姓氏得村名“朱杨”，后演称“朱阳”。据《郭氏家祠屏文》载：“明成化年间，始祖郭义由京都塞北怀来隆庆右卫（今河北怀来县东）徙居昌邑，卜居朱阳屯。”徐姓清后期由潍坊市坊子区徐家店迁入，张姓清代自城里南隅迁入，李姓自石埠西金台迁入。1962年与上河头村合称朱阳大队，1981年取消生产大队，上河头村分出，朱阳村分置朱阳前村和朱阳后村两个行政村。农历五、十为该村集市。

朱阳前村
Zhūyángqiáncūn

1981年，朱阳村分置前、后两个行政村，该村以方位定名朱阳前村。村内悦来酒店旧址、三合里商号老宅、郭记烧锅旧宅为县级文物保护单位。村中现有430户，1456人，由郭、李、徐、张、孙、杨、邢、吉等姓氏组成。耕地面积2561亩，以种植小麦、玉米、花生等为主。村民经营有塑料制品厂、油脂加工厂等企业。

朱阳后村
Zhūyánghòucūn

1981年，朱阳村分置前、后两个行政村，该村以方位定名朱阳后村。村中现有290户，856人，由郭、杨、李、刘、曾、高、徐等姓氏组成。耕地面积1407亩，以种植小麦、玉米、花生等为主。村民投资有抽纱、纺织等企业。

金李埠
Jīnlǐbù

位于北孟镇区东南部13.5千米处。东邻塔耳堡，西至峡山区万家屯，南连东麻湾，北接老匙沟。明中期杨姓迁此立村杨家庄子。至清代，骠骑将军李好贤后裔从石埠西金台迁来居住。1980年地名普查时，因村中已无杨姓，念及李氏族人自金台庄迁来，村名改称金李埠。

1959年7月29日下午，村庄遭受旋风灾害，黑尘滚滚，飞沙走石。旋风过后，村内房屋全被掀掉，树木被连根拔出，有村民被风卷起，越过屋顶后跌落致伤。村后一列西行列车两节车厢被刮下路基。政府及时展开救灾工作，村民半月后住进新房，恢复正常生活。

李好贤，自幼习武，技艺超群。清时任山西太原府左参将，擢升湖广镇管营、副总兵，敕封骠骑将军。

村中现有130户，477人，多为李姓。耕地面积887亩，以种植小麦、玉米、大姜、果蔬等为主。村民经营有油脂加工企业。

东麻湾村
Dōngmáwāncūn

位于北孟镇区东南部14.5千米处。东邻山西村，西至南麻湾，南连毛家屯，北接金李埠。该地原有水、徐、董等姓氏居住。据该村《王氏族谱》记载，族人明前期自高密城后庄迁来落户，当时村庄称“麻湾里”。关于“麻湾”之名的来历，乡间说法有二：一说原有生满野麻的湾塘，二说该地因地势低洼水泽如麻。陶姓明代自围子陶埠村迁入，李姓明后期自莱州沙河迁入，曹姓从曹戈庄迁入，杨姓由杨家庄子（今金李埠）迁入，吴姓清末自麻姑庄迁入。

明后期，王姓迁村西北另立北麻湾村，水、徐二姓迁村西南另立南麻湾村。该村遂以方位更名为东麻湾。

村中现有182户，612人，由曹、杨、王、李、吴等姓氏组成。耕地面积1625亩，以种植小麦、玉米、棉花、花生等为主。村民经营有纺织、建筑材料、运输等经济实体。

北麻湾村
Běimáwāncūn

位于北孟镇区东南部14千米处。东连东麻湾，南接南麻湾，西北与峡山区万家屯相望。村人相传，原有杜、黄、陈、尚等姓氏居此，王姓明后期自麻湾里（今东麻湾）迁来居住，以方位取村名北麻湾。刘姓为1968年峡山库区移民，高姓为1971年峡山库区移民，张姓从潍坊市峡山区康家屯迁入，郭姓从凰瑞埠迁入。

村中现有89户，248人。多为王姓，另有刘、高、张、郭等姓氏。耕地面积730亩，以种植小麦、玉米、花生、桑园、苗木等为主。村民经营有园林工程公司、玩具厂等经济实体。

南麻湾村
Nánmáwāncūn

位于北孟镇区东南部13千米处。东邻东麻湾，西至峡山区尹家屯，南连峡山区孙家庄村，北接北麻湾。明后期，水、徐二姓由麻湾里（今东麻湾）迁来立村，以方位得村名南麻湾。后水、徐二姓式微，薄姓自山西洪洞县迁入，马姓从山西村迁入，陈姓从老匙沟迁入。魏姓为1968年峡山库区移民。

村中现有119户，319人，由陈、高、马、郭、薄、魏等姓氏组成。耕地面积1015亩，以小麦、玉米、花生等种植为主。村民经营有纺织企业。

塔耳堡村
Tǎěrbùcūn

位于北孟镇区东南部15千米处。东邻朱阳前村，西至金李埠，南连山西村，北接凤凰屯。清康熙《昌邑县志》载“塔儿埠，在县南90里朱阳社，巉岩耸秀，其形如塔”。1902年胶济铁路青岛至潍县段通车，在塔儿埠山北侧设火车站，以山之谐音定名“塔耳堡站”。车站开通后，立兴栈、隆兴站、利增祥等众商号聚来，渐成街市。民国后期，因内战塔耳堡站商贸渐失，商户转商为农，初称“塔耳堡站村”，后简称塔耳堡村。张姓自城里东隅迁入，董、郭二姓民国时期从山东村迁入，孙、李二姓民国时期从山西村迁入。

塔耳堡街旧貌（1986年）　　照片提供：王振江

1980年成立塔耳堡人民公社，1983年5月撤社设乡，1984年10月撤乡设镇。其间为公社、乡、镇政府驻地。2001年3月撤销塔耳堡镇划入丈岭镇，2007年8月改属北孟镇。农历二、七为该村集市。2022年，村庄被山东省农业农村厅评为“省级乡土产业名品村”。

村中现有152户，505人，由董、李、张、郭、孙、王等姓氏组成。耕地面积485亩，以小麦、玉米、花生等种植为主。村民经营有纺织厂、油脂厂、食品加工厂等企业。

山西村
Shānxīcūn

位于北孟镇区东南部16千米处。东邻山东村，西至东麻湾，南连前陈村，北接塔耳堡。明前期，李姓自直隶枣强县迁昌邑城北三贤埠（今奎聚李家埠），又经东金台迁高密槐家庄，清前期自高密槐家庄迁塔耳堡山西侧立村，以方位定名山西村。继孙姓由孙家上疃村迁入，王姓由高密迁入，马姓由朱甫村迁入，杨姓由李戈庄迁入，郝姓由昌邑城北郝家城后村迁入。

村中现有236户，819人，由孙、李、王、马、杨、郝等姓氏组成。耕地面积2092亩，以种植小麦、玉米、花生、大姜等为主。村域内有饲料企业。

山东村
Shāndōngcūn

位于北孟镇区东南部17千米处。东邻郭家上疃，西至山西村，南连朱甫村，北接塔耳堡村。因村处塔儿埠山东麓凹地，每至汛期村周积水，得村名“盛水屯”，后以方位改称山东村。郭姓清前期由朱阳村迁入，董姓清代由围子董家隅庄迁入，高姓民国时期由高家屯迁入。

村中现有69户，211人，由郭、董、孙、高、聂等姓氏组成。耕地面积426亩，以种植小麦、玉米、棉花、花生、辣椒、大姜等为主。村民经营有抽纱厂、铸造厂、食品厂等企业。

孙家上疃
Sūnjiāshàngtuǎn

位于北孟镇区东南部17千米处。东临胶济铁路，西至塔耳堡村，南连郭家上疃，北接朱阳前村。明初殷姓立村，取名殷家庄。明末，孙姓自安丘邢戈庄迁来居住，并成大族。因村处官河西岸河滩上崖，改称孙家上滩，后演称为孙家上疃。

村中现有164户，552人，多为孙姓。耕地面积950亩，以种植小麦、玉米、花生等为主。村民投资有纺织业和机械制造业。

郭家上疃
Guōjiāshàngtuǎn

位于北孟镇区东南部18千米处。东临胶济铁路，西至山东村，南连初家上疃，北接孙家上疃。明朝末年，李姓自安丘迁此立村。因村中部石崖下有清泉涌流，得村名“石泉崖”，又称“泉子崖”。清同治年间，郭姓从上河头村迁来居住。后郭姓族兴，因周边村庄多称“上疃”，遂以姓氏改称郭家上疃。

村中现有147户，475人，由郭、张、郝、李、周等姓氏组成。耕地面积952亩，以种植小麦、玉米、花生、辣椒等为主。

初家上疃
Chūjiāshàngtuǎn

位于北孟镇区东南部18千米处。东临胶济铁路，西至山东村，南连马家上疃，北接郭家上疃。明朝初年，初姓自山西洪洞县迁来立村，因村处官河西岸河滩上崖，得村名初家上滩，后演称为初家上疃。苗姓自平度苗家屯迁入，商姓自广饶县西商村（今属东营市东营区）迁入，李姓自朱阳村迁入。

村中现有166户，566人，由初、苗、赵、陈、肖、曹、胥、商、李等姓氏组成。耕地面积1023亩，以种植小麦、玉米、棉花、花生、辣椒、樱桃等为主。

马家上疃
Mǎjiāshàngtuǎn

位于北孟镇区东南部19千米处。东邻苗家上疃，西至前陈家庄，南连平正屯，北接初家上疃。明朝初年，王姓迁来立村，取名“西章”。明正德年间，马姓自高密迁入，以姓氏改称马家庄。明中期，隋姓从昌邑城西埠阳前庄（今都昌街道前埠村）迁入。清同治年间，马姓族兴，因周边村庄多称“上疃”，遂改称马家上疃。

村中现有125户，394人，由隋、杨、马、张、朱、焦等姓氏组成。耕地面积989亩，以种植小麦、玉米、棉花、花生、核桃等为主。

苗家上疃
Miáojiāshàngtuǎn

位于北孟镇区东南部19.5千米处。东临胶济铁路，西至马家上疃，南连平正屯，北接郭家上疃。明朝初年，辛、吴、姜等姓氏迁来立村，取名东辛庄。至清代，苗姓自平度苗家屯迁入，并成大族，因周边村庄多称“上疃”，遂更名为苗家上疃。村中毛姓自朱甫村迁入，郭姓自上河头迁入，焦姓自大庄迁入。

村中现有151户，522人，由苗、郭、焦、王、贾、毛等姓氏组成。耕地面积1278亩，以种植小麦、玉米、花生、辣椒等为主。

前陈家庄
Qiánchénjiāzhuāng

位于北孟镇区东南部17千米处。东邻马家上疃，西至峡山区后孙家庄，南连朱甫村，北接山西村。明初，钟姓迁昌邑南乡（故址位于今峡山水库之内）居住，以姓氏取名钟家庄。陈姓明末迁入，更名为陈家庄，又为区别县境同名村庄，改称小陈家庄。李姓明代自安丘景芝迁入，张姓自安丘东邵村（今属潍坊峡山区）迁入，刘姓自小庙后村（故村址位于今峡山水库内）迁入，王姓自圈里村（故村址位于今峡山水库内）迁入。1959年，因修建峡山水库，村人迁罗家埠村前暂居，翌年转迁高戈庄。1963年迁今址新建村舍，定名前陈家庄。

村中现有96户，312人，由王、李、张、刘、钟等姓氏组成。耕地面积313亩，以种植小麦、玉米、花生、辣椒等为主。

毛家屯
Máojiātún

位于北孟镇区东南部16.5千米处。东临朱甫村，西至峡山区前孙家庄，南连李家井，北与东麻湾相望。明洪武年间，毛姓从湖北东阳县毛家窝迁潍县，又转迁昌邑南乡立村毛家屯。李姓明前期自直隶枣强县迁昌邑城北三贤埠（今奎聚李家埠），又经石埠东金台迁高密槐家庄，清代从槐家庄迁居该村。生姓自安丘石埠子镇张勒村迁入。清后期，村中毛姓迁居朱甫村，村中再无毛姓。

村中现有75户，251人。李姓居多，另有生、范、苏等姓氏。耕地面积886亩，以种植小麦、玉米、花生、林果等为主。

朱甫村
Zhūfǔcūn

位于北孟镇区东南部18千米处。东邻平正屯，西至毛家屯，南连黑埠头，北接前陈家庄。元代齐姓立村，因村依丘阜，石朱褐色，得村名“朱阜”，后演称“朱甫”。焦姓明前期自大庄迁入，管姓明前期从诸城瓦店迁入，马姓明代从围子马家村迁入，毛姓清后期由毛家屯迁入。村后丘阜之上石材为上乘砚石，乡人称“朱甫玉”。

村中现有320户，1145人，由焦、毛、管、马、刘、李、褚、孙、周等姓氏组成。耕地面积886亩，以种植小麦、玉米、花生等为主。村民经营有板材厂。

李家井村
Lǐjiājǐngcūn

位于北孟镇区东南部17.5千米处。东邻黑埠头，西至峡山区鲍家屯，南连岳家屯，北接毛家屯。明末李姓迁来立村，并打井一眼。因井水清冽甘甜而闻名乡里，乡人称“李家井”，渐成村名。至清代，李姓迁出，于姓自饮马街迁入，张姓自高阳村迁入。

村中现有95户，306人，由于、刘、张、王、范、白等姓氏组成。耕地面积909亩，以种植小麦、玉米、林果等为主。

岳家屯
Yuèjiātún

位于北孟镇区东南部19千米处。东邻岳家官庄，西至峡山区鲍家屯，南连东齐家屯，北接李家井村。明万历年间，岳姓自高密方戈庄迁此立村，以姓氏取名岳家屯。郑姓明万历二十二年（1594）自卜庄郑家坡迁来居住。

村中现有115户，357人，由郑、岳、孙、于等姓氏组成。耕地面积1082亩，以种植小麦、玉米、花生等为主。

岳家官庄
Yuèjiāguānzhuāng

位于北孟镇区东南部19千米处。东邻黑埠头村，西南与岳家屯相接，西北与李家井相连。清康熙年间，岳姓应官府招垦，自高密方戈庄迁来耕种官囤荒地，以姓氏定名岳家官庄。刘姓清代从高密韩家庄迁入，张姓清后期从高阳村迁入，郑姓清末从卜庄郑家坡迁入，马姓自峡山区前武兰村迁入。

村中现有38户，315人，刘姓居多，另有岳、马、张、陈、郑、崔、徐等姓氏。耕地面积664亩，以种植小麦、玉米、棉花等为主。

东齐家屯
Dōngqíjiātún

位于北孟镇区东南部19千米处。东邻麻姑庄，北接岳家屯，东南与韩家高阳毗连，西南与峡山区大陈村相望。明隆庆年间，齐姓自山西迁来立村齐家屯。后李姓由高阳村迁入，岳姓从高密方戈庄迁入。1958年为区别县境同名村庄，以方位改称东齐家屯。

村中现有195户，628人，由李、岳、张、于、刘等姓氏组成。耕地面积1901亩，以种植小麦、玉米、棉花、花生、辣椒、林果等为主。

黑埠头村
Hēibùtóucūn

位于北孟镇区东南部20千米处。东邻许家屯，西至岳家官庄，南连周家庄，北接朱甫村。村前原有山埠，石黑色。明朝初年，于、国二姓迁来山埠北头立村，由此称黑埠头村。明万历年间，邱姓自山西洪洞县迁来居住。村庄于2022年度获评“省级文明村”。

村中现有223户，742人，由邱、王、李、刘、管、韩、焦等姓氏组成。耕地面积1808亩，以种植小麦、玉米、花生、林果等为主。村民经营有石料开采企业。

平正屯
Píngzhèngtún

位于北孟镇区东南部20千米处。东临官河，西至朱甫村，南连范家邱，北接苗家上疃。明中期，王姓从青山北麓王珂村迁来立村，陶姓同期自东麻湾迁入，卢姓从岞山望仙埠迁入。因村址地势平展，故名。

村中现有150户，541人，由陶、宋、卢、杜、王、李等姓氏组成。耕地面积1279亩，以种植小麦、玉米、花生等为主。村民经营有纺织厂、榨油厂、建筑材料厂、工艺制品厂等企业。

范家邱村
Fànjiāqiūcūn

位于北孟镇区东南部22千米处。东临官河，西至许家屯，南连麻姑庄，北接平正屯。明后期，范姓自寿光侯村迁来立村，因村周丘埠环绕，得名范家丘，后因村中另有邱姓人家，村名演称为范家邱。王姓清末由高密王家官庄迁入，刘姓清末由高密刘家庄子迁入，方姓民国时期从麻姑庄迁入。

20世纪80年代范家邱旧影　　照片提供：李发宁

村中现有245户，850人，多为范姓，另有王、刘、方、邱、姜等姓氏。耕地面积1474亩，以种植小麦、玉米、花生、苗木等为主。村民经营有禽畜养殖场。

许家屯
Xǔjiātún

位于北孟镇区东南部21千米处。东邻范家邱，西至黑埠头，南连大庄村，北接马家上疃。明代，许姓自高密周戈庄迁昌邑大庄村后居住，以方位称“后大庄”。又北迁今址另建村落，取名“重新屯”。后因村中许姓居多，更名许家屯。林姓明后期自栖霞迁入，王姓自栖霞迁入，杨姓自饮马杨家楼迁入，孙姓自寒亭朱里迁入。

村中现有125户，436人，由许、王、林、杨、孙、阎等姓氏组成。耕地面积882亩，以种植小麦、玉米、棉花、花生等为主。村民经营有牛羊养殖场。

麻姑庄
Mágūzhuāng

位于北孟镇区东南部22千米处。西南与大庄相连，东北与范家邱相接，西北与许家屯相望。据明代举人史载勋著《昌邑纲纪志》载：“徽宗政和间封麻姑为真人。麻姑，昌邑北孟人……”该地宋代已有人居住，建有麻姑庙。明前期，冯、王二姓迁昌邑南乡，立村于麻姑庙旧址残垣之上，得村名“麻姑屯。”明隆庆年间，方姓从云南省龙盘山（今龙盘镇）经山西洪洞县迁入，更名为麻姑庄。焦姓自大庄迁入，徐姓自云南经山西洪洞县迁入。

村中现有333户，1160人，由方、焦、徐、张、王等姓氏组成。耕地面积2321亩，以小麦、玉米、花生、棉花等种植为主。全村有七十余家养猪专业户。

周家庄
Zhōujiāzhuāng

位于北孟镇区东南部22千米处。东邻高阳西村，西至韩家高阳，南连高密方戈庄，北接黑埠头村。明洪武年间，周姓自直隶真定府枣强县西关周家巷迁昌乐尧沟小碾上，数载又徙居安丘逄王里，明成化年间迁来昌邑南乡立村，以姓氏定名周家庄。张姓元末自潍县柳林庄迁入高阳村，又转迁该村。卢姓明洪武年间自山西洪洞县迁峡山区扶戈庄，又转迁该村。邱姓明代时期自安丘城北于家营子迁入。

村中现有210户，698人，由张、邱、卢、姜、范等姓氏组成。耕地面积1847亩，以种植小麦、玉米、花生、林果等为主。

东石门村
Dōngshíméncūn

位于北孟镇区东南部21千米处。东邻韩家高阳，西至峡山区大石门，南连高密傅家庄，北接东齐家屯。民国初年，傅姓从高密傅家大街迁来立村，因西有大石门村，故名小石门。后以方位改称东石门。徐姓民国时期从罗家埠（今属峡山区）迁入，彭姓自韩家高阳迁入。

村中现有54户，175人，由傅、彭、徐、王等姓氏组成。耕地面积380亩，以种植小麦、玉米、花生、豌豆等为主。

高阳村
Gāoyángcūn

高阳村（自然村）位于北孟镇区东南部22千米处。东邻大庄村，西至周家庄，南连高密市谭家村，北接黑埠头村。《莱州府志》载“高阳城，高密西北三十里，汉置县，成帝封淮阳王孙并为高阳侯，即此。”村庄坐落于汉代故城遗址之上，原有展氏居住。一宗张姓元代以烟户迁入，居转角行和后小庄；另宗张姓元朝末年自潍县柳林庄迁入，居张家巷；邱姓明初自莱州土山迁入，居横头地；焦姓从大庄迁入，居夹庄；李姓从高密迁入，居夹庄。1958年，高阳与大庄合并，成立高阳大队。1981年撤销大队，大庄恢复行政村建制，高阳村分为高阳东村和高阳西村两个行政村。农历三、八为高阳大集。

村西南有高阳侯墓，清修《高阳志》载："汉成帝封淮阳王刘钦孙刘并为高阳侯，死后葬此。"村前堡陔埠东侧有堡陔寺遗址，始建于北齐时期，约毁于唐末。其上散落大量佛造像残石及砖、瓦构件。

高阳东村
Gāoyángdōngcūn

1981年，高阳村分为东、西两个行政村，该村以方位称高阳东村。村中现有420户，1420人，由邱、焦、张、刘、李、孟、谭、宋、王、栾等姓氏组成。耕地面积2774亩，以种植小麦、玉米、棉花等为主。村民多从事膨润土、钠土开采和面粉、棉花加工等产业。

高阳西村
Gāoyángxīcūn

1981年，高阳村分为东、西两个行政村，该村以方位称高阳西村。村中现有419户，1283人，由张、孟、刘、傅、姚、董等姓氏组成。耕地面积2422亩，以种植小麦、玉米、花生等为主。村民经营有抽纱厂、膨润土厂、钠土加工厂等企业。

高阳西村村貌（2016年） 照片提供：政协文史委

大庄
Dàzhuāng

位于北孟镇区东南部22千米处。东北与麻姑庄相接，西南与高阳东村相连。元朝末年，焦姓由直隶枣强县迁来立村。因迁来较早，待周边村落出现之时，该村已具规模，乡人称之"大庄"，并成村名。1958年与高阳村合并成立高阳大队，1981年取消生产大队，恢复大庄行政村建制。

大庄焦氏家族明清两代走出举人一名，贡生五名，监生、廪生、庠生四十三名，八品及以上武官九名。清朝末年，陕西三原县令焦云龙上书西安府，倡导山东饥民迁移关中，大庄焦氏因与焦县令同宗，族人多有西迁关中者。今陕西关中一带山东移民村中，有8个村子住有昌邑大庄焦氏后裔。

在这些移民村落中，至今保留着昌邑方言和生活习俗。

村中现有 394 户，1384 人，多为焦姓，另有张、刘、高、范、明等姓氏。耕地面积 2923 亩，以种植小麦、玉米、花生、芹菜等为主。村民投资有服装厂、抽纱厂、膨润土厂、石料厂等企业。

韩家高阳村
Hánjiāgāoyángcūn

位于北孟镇区东南部 21 千米处。东邻周家庄，西至东石门，南连高密方戈庄，北接岳家官庄。明前期，彭姓自湖北枣阳县迁昌邑北乡芙蓉庄（今柳疃中阎车道），又转迁来此立村。因居高阳村以西，得名西高阳。明崇祯年间，韩姓自柳疃街迁入，后韩姓族兴，改称韩家高阳。农历一、六为该村集市。

村中现有 310 户，1000 人，由韩、彭、傅等姓氏组成。耕地面积 2843 亩，以种植小麦、玉米、棉花、花生、蔬菜等为主。村民经营有纺织厂、抽纱厂等企业。

第四章

实体经济

第一节 工业企业

山东昌邑乾隆杯酒业有限公司
Shāndōng Chāngyì Qiánlóngbēi Jiǔyè Yǒuxiàn Gōngsī

利民街西首厂址旧影（1986 年） 照片提供：魏建峰

位于昌邑市新昌路 2-6 号。东邻东城热力公司，西至新昌路，南邻硕昌食品公司，北邻苗圃。

1958 年 5 月，县社投资兴建昌邑县酿酒厂，选址解放路南首路西、新兴街老车站北邻（今为盛泰家园小区），当年产出白酒 7 吨；1959 年移交县工业局管理；1964 年革新工艺，瓜干出酒率由原来的 33% 提高到 53%，年产量达到 330 吨，包装由散装改为瓶装，注册“鲤鱼牌”白酒商标；1983 年，昌邑县酿酒厂城西厂区开建；1985 年 6 月，从解放路搬迁至城西厂址（今利民街 776 号旧址）；1994 年更名为昌邑酿酒总厂；2001 年 7 月企业改制，更名为山东昌邑乾隆杯酒业有限公司；2011 年 11 月迁新昌路今址。

公司占地 87000 平方米，建筑面积 66000 平方米。已通过 ISO 9001 质量体系认证和环境、职业健康安全认证。先后获“山东省著名商标”“山东省消费者满意单位”“国家守合同重信用企业”“中国驰名商标”等荣誉称号。传统酿酒工艺入选山东省非物质文化遗产名录。

山东华发丝绸服装有限公司
Shāndōng Huáfā Sīchóufúzhuāng Yǒuxiàn Gōngsī

位于天水路 72 号。东邻国贸商场，西至天水路，南至城里街，北邻昌邑宾馆。

公司前身为昌邑县服装厂。1954 年 3 月，由县城内的双利成衣铺、双盛成衣局、国民成衣局和丽华成衣店等私营裁缝店合股组成工联服装生产合作社。共有 25 名职工，16 台缝纫机，租用后街路北东隅村民房，以社会零活加工为主，兼做部分解放服、和平服和部分童装。1958年8月，工联服装生产合作社下放给城关公社，更名为城关服装厂；1959年4月移交给县轻工业局，改称昌邑县被服加工厂，在招待所南门外路西、城里街路北（今厂区东段一带）建厂房12间；1973年拆除西门里路北部分民房，建二层车间一处；1975年12月，企业改称昌邑县服装厂；1978年，增设裘衣车间一处，生产出口裘皮大衣；1980年以3万元购买西邻蔬菜果品公司院落，厂区拓展至石渠路（今天水路）；1981年12月建成年产80万件硬领衬衫车间；1993年10月，与日本国八木株式会社、山东省丝绸进出口公司三方联合投资200万美元，成立山东华发丝绸服装有限公司；2001年10月公司改制，成立山东天舒服装有限公司。

服装厂旧影（1999年） 摄影：邢宗成

公司占地面积6997平方米，建筑面积12912平方米。主要生产花边女衫、衬衫、茄克衫、防寒服、套装、裙、裤等服装产品。

山东利得尔工艺品有限公司
Shāndōng Lìdéěr Gōngyìpǐn Yǒuxiàn Gōngsī

位于昌邑市利民街616号，东邻晟安瑞景苑小区，西邻联通公司，南邻晟安瑞景苑二期，北至利民街。

抽纱厂利民街旧址（1989年）照片提供：李发宁

公司前身为昌邑县抽纱厂，创建于1955年7月。初由裕民、新民、针艺、合记、利民、信源、久大、义记、民生、建东等十家私营网扣行集股，在柳疃租用民房成立“新明网扣供销生产合作社”；1956年新上绣花台布产品；1957年迁城南烟潍公路南侧（今新兴街路南文苑南区一带）；改称昌邑县网扣绣花业合作社；1958年，更名昌邑县网扣绣花厂；1965年“百带丽”产品打入国际市场，开始为国家创汇；1969年1月，与草帽辫加工厂合并，改称工艺品厂；1970年2月，与草帽辫加工厂分开，复称网扣绣花厂；1971年，在利民街路南（邮电局东邻）建成毛巾车间，同年独立为毛巾厂，与网扣绣花厂两个企业一套班子；1972年网扣绣花厂业务迁入毛巾厂院内，并更名为昌邑县抽纱厂；1976年5月，抽纱厂业务与毛巾厂剥离，驻原毛巾厂西厂区；1987年9月，抽纱厂与省抽纱公司、潍坊工艺品公司达成联营协议，企业更名为山东昌邑工贸联营抽纱厂；1996年1月改称山东昌邑抽纱厂；2001年4月，企业改制，更名为山东利得尔工艺品有限公司。

公司所属行业为制造业，占地面积6000平方米。主营业务为生产和销售百带丽、绗缝被、网扣、美丽丝、机绣白带、床上用品、室内装饰品。

山东昌邑家宜巾被有限公司
Shāndōng Chāngyì Jiāyíjīnbèi Yǒuxiàn Gōngsī

位于富昌街517号。东邻前埠社区，西至石化路，南至富昌街，北邻高家道照村。

公司前身为昌邑县毛巾厂，始建于1970年，地址位于利民街中段路南，果品公司西邻。1971年毛巾厂建成投产，网扣绣花厂并入业务并改称抽纱厂，两个企业一套班子；1976年5月，抽纱厂业务与毛巾厂剥离，毛巾厂驻东厂区，抽纱厂驻西厂区；1997年，由毛巾厂组建山东昌邑巾被（集团）有限公司；2001年企业改制，更名为山东昌邑美尔雅巾被有限公司；2005年，更名为山东昌邑家宜巾被有限公司。

毛巾厂利民街旧址（2019年） 照片提供：张佳辰

公司占地面积73000平方米，建筑面积47000平方米。所持有“新蕾”商标2012年被认定为“中国驰名商标”。产品80%销往日本，其余销往美国、欧洲等十多个国家和地区。

昌邑市海美塑品有限公司
Chāngyì Shì Hǎiměi Sùpǐn Yǒuxiàn Gōngsī

位于柳疃镇昌隆路7号。东邻龙港无机硅公司，西邻义泰祥家纺公司，南邻华泽再生资源科技公司，北邻凯特新材料公司。

公司前身为昌邑县麻纺织厂，1977年

10月动工兴建，位于今北海路西、新村街南；1978年招收第一批职工到福建漳州南平麻纺织厂学习；1979年工厂竣工投产；1988年晋升为国家二级企业；1997年完成由麻制品向塑料制品转型；2001年3月企业改制，成立昌邑市海美塑品有限公司；2017年7月迁址柳疃镇昌隆路7号；2019年原址拆除，兴建金域悦府住宅小区。

麻纺织厂北海路旧址（2004年）　　摄影：李发宁

公司占地面积142000平方米，建筑面积64000平方米。主要产品为集装袋、编织袋，年产值2.8亿元，年上交利税1500万元。

昌邑市华伟肉禽食品有限公司

Chāngyì Shì Huáwěi Ròuqínshípǐn Yǒuxiàn Gōngsī

位于富昌街与石化路口西约400米路南。东至石化路，西邻新大印刷有限公司，南临利民街，北至富昌街。

公司前身为昌邑县肉联厂。1980年1月，昌邑县成立“食品冷库筹建办公室”，同年3月冷库建成，成立昌邑县肉类联合加工厂，地址位于县城西郊烟潍公路北侧50米（今交通街617号沁园春小区内），1981年5月1日正式投产生猪屠宰生产线。1992年，受民营屠宰市场冲击停止屠宰肉猪，厂房及冷库租赁给个体企业使用；1998年5月，根据国务院《 生猪屠宰管理条例》规定，昌邑市实行生猪定点屠宰管理体系，肉联厂承担昌邑市生猪定点屠宰业务；2002年企业改制，更名为昌邑市华伟肉禽食品有限公司；2008年迁至富昌街西首路南今址，原址兴建沁园春住宅小区。

肉联厂旧影（1985年）　　照片提供：宋建文

公司加工销售猪、牛、羊、禽、蛋、蔬菜、熟制品，设有20处分支机构。

山东开元电气有限公司
Shāndōng Kāiyuán Diànqì Yǒuxiàn Gōngsī

位于石化路222号。东邻景盛建筑工程公司，西至石化路，南邻大裕昌盛织物公司，北邻海特印染公司。

无线电厂电子大楼旧影（2021年） 摄影：李凯旋

公司前身为昌邑县无线电厂。1970年12月，昌邑县鞋业社（县鞋厂前称）承接昌潍地区国防工办军用通信器材原件生产任务，成立电子车间；1972年3月首批二极管试制成功；1976年6月在青年路东侧（今北海路金融大厦北邻）建成新电子车间，成立昌邑县无线电厂，生产半导体器件、电器控制设备、光电探纬仪等产品；1980年新上针织车间，织造羊毛衫和针织产品，两年后针织业务转给动力机械厂（昌邑县针织厂前身）；1982年6月，年产60万只半导体器件的电子净化大楼落成使用；1993年企业划归县电业局管理，更名为昌邑县电业服务公司；2002年4月企业改制，成立昌邑开元电气有限公司；2009年2月更名为山东开元电气有限公司；2020年1月迁址石化路222号，原址兴建晟安瑞景苑住宅小区。

公司主要产品为高低压开关设备、建筑用配电柜（箱）、计算机控制直流电源调速装置、交流电机变频调速装置、微机控制印花机对花控制系统、风力发电机组控制系统等。年产值2611万元，利税178万元。

昌邑市飞天服装有限公司
Chāngyì Shì Fēitiān Fúzhuāng Yǒuxiàn Gōngsī

针织厂新兴街旧址（1985年） 照片提供：李发宁

位于同大街567号。东邻德盛种业公司，西至都昌路，南至同大街，北邻润通停车场。

公司前身为昌邑县针织厂。1961年6月，昌邑县拖拉机总站成立，位于铁匠营村西，烟潍公路北侧（今阳光嘉园南区一带）；1969年1月改称拖拉机修配厂；1976年1月上马185F柴油机项目，改称昌邑县动力机械厂；1979年185F柴油机生产线出售给诸城机动车辆厂（北汽福田前身），企业转产泰山50拖拉机悬挂总成和油门总成；1982年拖拉机配件业务因上游企业需求变化而终止，原无线电厂针织车间并入该厂，企业更名为昌邑县针织厂；1984年针织厂与柳疃西陈村合资成立化纤印染厂，位于针织厂西邻，今龙珠大厦北侧；1987年针织厂更名为苎麻纺织印染厂；1992年更名为毛麻纺织印染厂；1993年，毛麻纺织印染厂与化纤印染厂合并，改称昌邑县染织总厂；1997年企业重组，成立昌邑市服装印染总厂；2001年1月企业改制，成立昌邑市飞天服装有限公司；2005年2月，为响应政府“退城入园”政策，迁同大街567号今址，原址兴建阳光嘉园小区。

公司占地面积26000平方米，建筑面积13000平方米。主要业务为各类服装生产，出口日本、韩国等国家。

昌邑市华侨绣服有限公司

Chāngyì Shì Huáqiáoxiùfú Yǒuxiàn Gōngsī

位于昌邑市北海路385号。东至北海路，西邻豫园小区，南邻丽景酒店，北至山前街。

1981年4月，由华侨捐资，从国外引进部分设备，兴建华侨绣服厂，厂址今在北海路以西，丽景酒店北邻；1993年7月与三元筑波株式会社合资成立昌邑三邑服装有限公司，产品80% 销往日本；1995年企业改制，更名为昌邑市华隆绣服有限公司；1998年10月，更名为昌邑市华侨绣服有限公司。

华侨绣服厂旧影（1989年）　　摄影：史建军

公司占地面积12000平方米，建筑面积3761平方米。2002年取得ISO 9000质量体系认证，主要生产销售服装、服装饰品及缝纫制品。

潍坊海天棉纺有限公司

Wéifāng Hǎitiān Miánfǎng Yǒuxiàn Gōngsī

位于昌邑市利民街723号。东邻马家村，西邻万通总校训练场，南至利民街，北邻吴家庙村。

1976年，昌邑县织布厂成立，选址解放路南首（今新兴街长途汽车站旧址一带）；1979年10月，迁至利民街现址，更名昌邑县纺织厂；1992年6月，新上染色生产线，更名昌邑县纺织印染总厂；1996年并购昌邑市海天被服有限公司；1998年企业改制，更名为潍坊海天棉纺有限公司。

潍坊海天棉纺有限公司（2021年） 摄影：李发宁

公司占地面积82103平方米，建筑面积57472平方米。主要产品为布匹、家用纺织品、家居装饰品。年产值4450万元，年上交利税188万元。

昌邑华晨纺织集团有限公司
Chāngyì Huáchén Fǎngzhī Jítuán Yǒuxiàn Gōngsī

位于西环路257号。东至西环路，西邻南褚村，南至南苑西路，北邻东褚村。

公司前身为昌邑县牧工商公司，成立于1984年11月；1989年5月更名为牧工商集团公司；1990年11月改称牧工商总公司，地址位于今北海路南首路东；2001年成立昌邑华晨纺织集团有限公司，地址位于交通街630号。2006年集团总部迁西环路257号华晨悦胜纺织有限公司院内。

华晨悦胜纺织有限公司（2021年） 摄影：李发宁

公司注册资本1.07亿元，拥有固定资产4.41亿元。下辖昌邑市华晨悦胜纺织有限公司、昌邑华晨纺织印染有限公司、昌邑市华晨置业有限公司、山东华晨彩装科技有限公司、山东慈翁健康科技有限公司。主要产销精纺面料及纯棉双面印花布等纺织品。2021年产值122104万元，缴纳税金3005万元。

昌邑市鲁虹经贸有限公司
Chāngyì Shì Lǔhóng Jīngmào Yǒuxiàn Gōngsī

位于天水路140号。东邻鲁虹经贸家属院，西至天水路，南邻中国银行，北至新兴街。由两家参股企业字号合并得名。

1974年7月，昌邑县成立外贸公司，

地址位于烟潍公路（今新兴街）南侧、石渠东岸；至20世纪80年代，公司下设外贸冷藏厂、外贸纺织服装厂、环球饲料厂、养殖场等单位；1991年引进香港投资，合资成立鲁港服装有限公司；1995年引进日本投资，鲁港服装公司重组为鲁发服装有限公司；1996年湖南正虹集团并购环球饲料厂；2001年12月外贸公司企业改制，鲁发公司与正虹公司参股，成立昌邑市鲁虹经贸有限公司；2016年12月，鲁发服装有限公司服装加工业务关闭；2018年12月，正虹饲料有限公司饲料生产业务关闭。

鲁虹经贸有限公司旧影（2001年）　摄影：李发宁

公司占地面积26000平方米，建筑面积11000平方米，资产总额2072.4万元。公司经营模式已由生产制造转型为资产租赁与合作，2021年完成利税 34.6万元。

昌邑市亨利食品有限公司
Chāngyì Shì Hēnglì Shípǐn Yǒuxiàn Gōngsī

位于文昌南路123号。东至文昌南路，西邻吉祥苑，南邻泰和花园，北至新兴街。

公司前身为昌邑县食品厂。1961年，昌邑县副食品公司糕点加工厂成立，主要生产糕点、饼干和酱菜；1980年5月糕点加工厂与副食品公司分设，改称昌邑县副食品加工厂，为国营县公司级企业；1984年10月剥离酿造业务，更名为昌邑县食品厂，主要生产糕点、饼干、冷饮等食品，地址位于烟潍公路南侧三棉西邻（泰和花园北邻今址）；2002年7月企业改制，成立昌邑市亨利食品有限公司。

公司所属行业为零售业，固定资产120万元，主要经营糕点、冷饮、纯净水等产品。

昌邑市金山煤炭有限公司
Chāngyì Shì Jīnshān Méitàn Yǒuxiàn Gōngsī

位于昌邑市利民街237号，东邻纺机厂宿舍，西邻农商行东城营业厅，南至利民街，北至文山小学南巷。

公司前身昌邑县煤建公司成立于1956年，下辖昌城煤场，位于今富康居一带利民街南北两侧区域；1978年7月更名为昌邑县燃料公司；1984 年征用马家村土地建设城西蜂窝煤场（2014 年拆除，原址兴建华海贸易广场）；1986 年征用南店村土地建设城南煤场（2021 年起终止煤炭业务）；1988 年利民街向东拓展，昌城煤场被分为南北两区；1992 年建成利民街路北办公楼，

煤建公司旧影（1987 年）　　照片提供：陈旭东

位于昌城煤场北区的蜂窝煤厂同年迁至城西煤场；1999 年，昌城煤场南区业务搬迁至城南煤场，腾出院落开发为富康居住宅小区；2001 年 10 月企业改制，成立昌邑市金山煤炭有限公司，继续从事煤炭经营业务。

昌邑市华裕丝绸有限公司
Chāngyì Shì Huáyù Sīchóu Yǒuxiàn Gōngsī

位于柳疃镇驻地。东临小龙河，西至灶朱路，南邻常家庄，北至文化路。

公司前身为柳疃丝织一厂。1956 年 1 月，设在柳疃的建新染厂、联成染坊、义兴染厂、兴华炼坊、成记炼坊、长兴合炼坊、复兴信炼坊和建华戈线厂八家私营绸庄商号合营，成立“昌邑县供销合作社柳疃丝绸经营店”。1958 年由经营转向生产，更名为昌邑县丝绸加工厂；1966 年改称昌邑县红卫丝织厂；1980 年 4 月改称昌邑县柳疃丝织一厂；1984 年 3 月改称昌邑县丝织一厂；1987 年，工厂以昌柳路（今灶朱路）为界一分为二，路西厂区改称昌邑县丝织厂，后搬迁至昌邑县城，路东厂区沿用“昌邑县丝织一厂”厂名，继续经营原有业务；2000 年 8 月企业改制，更名为昌邑市华裕丝绸有限公司。

丝织一厂旧影（1986 年）　　照片提供：李发宁

公司占地 5 万余平方米，建筑面积 3 万平方米。主要从事真丝绸及其交织绸系列产品的生产经营及自营进出口。年产值 2600 万元，年上缴利税 100 余万元。

昌邑市华信丝绸有限公司
Chāngyì Shì Huáxìn Sīchóu Yǒuxiàn Gōngsī

丝织二厂旧影（1986 年）　　照片提供：李发宁

位于柳疃镇华达路 1 号。东临小龙河，西邻加油站，南邻柳疃镇小学，北至华达路。

公司前身为柳疃丝织二厂。1952 年 1 月，昌邑县第一个丝绸生产合作组织“利民丝绸生产合作社”在柳疃高隆盛村成立，有手织木机 9 台，职工 15 人；1958 年，合作社迁至柳疃元宝湾南建厂，更名为昌邑县第一丝绸合作工厂；1960 年更名为昌邑县手工业合作社联成社丝绸厂；1962 年 7 月迁现址新建厂区；1966 年 7 月更名昌邑县东风丝绸厂；1980 年，更名为昌邑县柳疃丝织二厂；1983 年更名为昌邑县丝织二厂；2001 年改制，更名为昌邑市华信丝绸有限公司。

公司完整保留了 20 世纪中期丝绸生产工艺，为昌邑市历史文物保护单位，提名国家工业遗产保护单位。新建丝路绸语文化创意园，纳入国家财政部 PPP 项目库，年接待旅游团队上千个，成为丝绸之乡的标志性单位。

山东昌邑石化有限公司
Shāndōng Chāngyì Shíhuà Yǒuxiàn Gōngsī

位于昌邑市交通街 703 号。东至石化路，西至西环路，南至 206 国道，北至利民街。

1986 年秋，昌邑县石油化工厂开工建设，首期上马常减压炼油项目；1988 年，工厂建成投产；1992 年改称昌邑县石油化工总厂，投建催裂化项目；1999 年企业改制，更名为山东昌邑石化有限公司；2005 年与中国化工集团资产重组，成为中国化工权属企业；2014 年，由中国化工油气股份有限公司 100% 控股；2021 年，中国化工集团与中国中化集团完成合并，公司现隶属中国中化控股有限公司。

昌邑石化夜景（2021 年）　　摄影：荆丽萍

公司性质为国有企业，注册资本 1.74 亿元，占地面积 5000 余亩，资产总额 113 亿元。主要以原油和燃料油为原料生产国家标准汽柴油、液化气、丙烯、聚丙烯、苯、甲苯、二甲苯、MTBE、石油焦、硫黄等十几个品种的石油化工产品，为特大型石化企业。2021 年产值 314.56 亿元，年上缴利税 60.04 亿元。

山东同大集团有限公司
Shāndōng Tóngdà Jítuán Yǒuxiàn Gōngsī

位于昌邑市同大街 520 号。东临化肥厂宿舍区，西至城西路，南至南苑西街，北至同大街。

纺织机械总厂旧影（2008 年） 照片提供：姚凤霄

1951 年，在关龙村成立 12 人加三盘红炉组成的红炉合作小组，生产小型农具；1953 年迁县城东门里路北东岳庙旧址；1954 年更名为新兴红炉生产合作社；1956 年 1 月，与建新翻砂社、昌联白铁社联合成立城关铁业合作社，迁址烟潍公路路南（今文苑南区）；1958 年 7 月改称昌邑县第一农具厂，木业生产合作社并入；1959 年，交通机械修配厂并入；1961 年 7 月，改称农业机械厂；1962 年 2 月改称昌邑县农修厂，分出木器合作厂（厂址另建于农修厂西邻）和农具厂（厂址另建于烟潍公路北侧农修厂北邻）；1978 年，路北的农具厂转型生产纺织机械，更名昌邑县纺织机械厂；1979 年，路南的农修厂转型生产空腹钢窗；1981 年 10 月，县农修厂并入纺机厂，钢窗车间改称纺机厂钢窗分厂；1985 年成立无纺布分厂；1987 年成立镍网分厂；1995 年 5 月 12 日更名为昌邑市纺织机械总厂；1996 年 5 月 6 日更名为昌邑市纺织机械（集团）有限公司；2001 年 10 月 26 日改制为山东同大纺织机械有限公司，同年并购昌邑市化肥厂有效资产；2002 年，在原无纺布厂的基础上成立山东同大海岛新材料股份有限公司；2003 年 12 月，公司纺织机械制造业务迁同大街 520 号，为公司今址；2004 年钢窗厂业务关闭；2005 年成立山东同大集团有限公司；2006 年在饮马镇成立同大新能源有限公司，为同大集团旗下全资子公司；2008 年集团总部迁同大街 520 号办公；2012 年，同大海岛新材料股份有限公司创业板上市。

同大集团旗下企业主要产品有印花镍网、纺织机械 、锂离子电池等。2021 年集团年产值 82032 万元，上交税金 5090 万元。

山东硕昌食品有限公司
Shāndōng Shuòchāng Shípǐn Yǒuxiàn Gōngsī

位于卜庄镇区东北部。东邻潍坊金茂农牧业有限公司，西至金晶大道，南至206国道，北与北任村相望。

山东硕昌食品有限公司前身为山东新昌集团有限公司所属肉禽养殖加工、熟食加工及饲料加工一条龙产业，成立于1988年，下辖昌邑新昌家禽有限公司、昌邑市新昌饲料有限公司、山东源盛鸭业有限公司、山东新昌集团第一冷藏厂、山东新昌集团第二冷藏厂、昌邑中粮新昌食品有限公司、昌邑新盛食品有限公司、山东盛德食品有限公司等十几个子公司和分公司。

2009年4月，山东新昌集团有限公司与美国泰森公司合资，成立山东泰森新昌食品有限公司，下辖5家法人单位，分别是山东泰森盛德食品有限公司、昌邑泰森新盛食品有限公司、潍坊泰森家禽有限公司、潍坊泰森食品有限公司、山东泰森鸭业有限公司。2012年，泰森收购新昌股权变更为独资公司，更名为山东泰森食品有限公司。

2013年，华东控股有限公司全资收购山东泰森食品有限公司，变更为山东硕昌食品有限公司，下辖5家法人单位，分别是山东盛德食品有限公司、昌邑新盛食品有限公司、潍坊硕昌家禽有限公司、潍坊硕昌食品有限公司、山东硕昌鸭业有限公司。2015年，昌邑新盛食品有限公司更名为山东硕昌农牧有限公司。2019年，硕昌公司投资12亿元在卜庄新建厂区，2022年7月新厂区建成投产。

公司占地面积15.3万平方米，建筑面积1.1万平方米。主要从事种禽繁育、饲料加工、家禽饲养、肉禽屠宰加工、熟制品加工销售及相关肉类业务。年产肉鸡产品及熟调产品可达16万吨，其中出口产品2万吨，出口创汇2000万美元，国内销售收入可实现18亿元，利税1.5亿元。

潍坊游龙面业有限公司
Wéifāng Yóulóng Miànyè Yǒuxiàn Gōngsī

利民街厂区旧影（1978年）　照片提供：李发宁

位于平安东街路南，东邻科艺市政景观工程有限公司，西邻广通机械有限公司，南邻潍泰钢构有限公司，北至平安东街。

1957 年 7 月，在城隍庙旧址（今利民街 335 号市执法局院内）兴建面粉厂，1958 年 6 月竣工投产；1972 年与西院榨油厂合并，成立昌邑县粮油加工厂；1986 年注销粮油加工厂，分设面粉厂和榨油厂，面粉厂迁址新兴街路北（今文景明居院落）。1993 年与澳门元成公司合资成立潍坊鲁澳食品有限公司，新上速食面项目；1994 年澳方撤资，企业注销后成立昌邑市粮油工贸集团；2001 年企业改制，更名为潍坊游龙面业有限公司；2005 年新兴街路北旧址拆迁，用于开发文景明居小区，公司迁至围子工业园今址。

昌邑盐业集团有限公司
Chāngyì Yányè Jítuán Yǒuxiàn Gōngsī

位于北海路 78 号。东邻盐业公司宿舍，西至北海路，南邻潍水商贸公司，北至育新街。

1958 年昌邑县盐务局成立，驻灶户村北盐田区办公；1962 年 5 月并入昌邑县人民委员会工业科，改称昌邑县盐务所；1978 年 12 月从县工业局分出，恢复昌邑县盐务局，下设利渔、灶户、廒里三个县直盐场；1983 年 3 月在潍河西岸渔尔堡东北 2 千米处兴建盐码头，同年 5 月竣工；1984 年 4 月体制改革，盐务局改制为昌邑县盐业公司；1988 年 11 月更名为昌邑县盐业集团公司；1988 年 12 月，集团公司机关由北部盐区（灶户村北）迁至县城青年路 10 号（今北海路 78 号现址），总建筑面积 2012 平方米；1990 年 11 月改称昌邑县盐业总公司； 1995 年 9 月，经山东省体制改革委员会批准，成立山东昌邑盐化（集团）有限公司，为全民大型一档企业；2001 年 1 月划为山东省盐业总公司（山东省盐务局）直属企业，更名为昌邑盐业公司，同时加

盐业集团公司旧影（1988 年） 照片提供：范林波

挂昌邑市盐务局、山东昌邑盐化（集团）有限公司牌子，一套班子，合署办公，授权行使市政府行政主管机构的职能，负责本市盐行业管理、盐政执法和食盐专营的行政管理工作；2002 年 5 月，昌邑市盐务局成立昌邑市盐政稽查大队；2003 年 10 月，

盐化集团所属的灶户盐场、廒里盐场、利渔盐场进行民营股份制改革，分别依法改制为具有独立法人资格的有限公司，山东昌邑盐化（集团）有限公司取消；2017年11月，昌邑盐业公司资产关系由山东省盐业集团公司移交潍坊市国资委；2018年5月，昌邑盐业公司不再加挂市盐务局牌子，不再承担盐政执法、行业管理等行政工作；2018年10月31日，昌邑盐业公司下放至昌邑市政府管理；2021年9月27日，经昌邑市财政局批准，昌邑盐业公司实施体制改革，更名为昌邑盐业集团有限公司，成为昌邑市财政局的独资公司。

公司下辖山东鸿昌化工有限公司、山东泓健盐业有限公司、昌邑恒联盐业有限公司。

山东昌邑灶户盐化有限公司
Shāndōng Chāngyì Zàohù Yánhuà Yǒuxiàn Gōngsī

位于柳疃镇辖区，国防路1号。南邻灶户村，东、西、北侧均为盐田。因企业位置临近灶户村而得名。

清代该地为富国盐场榆英滩；1949年后由私人盐滩组成互助组生产，归灶户农业生产合作社；1958年改属柳疃人民公社管辖；1960年与利渔盐场、廒里盐场合并为昌邑县盐场，称昌邑县盐场二工区；1962年更名为灶户盐业生产合作社；1968年，昌邑第一眼水泥管“真空井”在灶户盐场试打成功，井深60米，卤水浓度12波美度；1975年更名为昌邑县灶户盐场；1978年12月，灶户盐区防潮坝动工修筑，1983年11月竣工，全长17217米；1987年投产溴素生产线；2003年9月企业改制，更名为山东昌邑灶户盐化有限公司。

公司一隅（2006年）　　照片提供：傅敬东

公司下设盐场、溴素厂、3个分公司和2个合资公司，主要产品为溴素、工业盐、染料、医药及中间体。2020年销售收入10.99亿元，利税9806万元。

山东昌邑廒里盐化有限公司
Shāndōng Chāngyì Áoli Yánhuà Yǒuxiàn Gōngsī

位于昌邑市滨海（下营）经济开发区李廒路1号。东邻海欣药业公司，西临漩河，南至李廒路，北邻孚美新能源公司。因企业位置临近廒里村而得名。

清代该地为富国盐场黄埠滩；1949年

后由私人盐滩组成互助组生产；1956年改为廒里农业生产合作社经营；1958年成立卜庄人民公社盐场；1960年与利渔盐场、灶户盐场合并为昌邑县盐场，该盐场命名为昌邑县盐场三工区；1962年更名为廒里盐业生产合作社；1975年改称昌邑县廒里盐场；1981年注册“水晶牌”海盐商标；1991年9月，与香港天宇发展公司合资成立潍坊昌宇盐化有限公司（现廒里盐化溴素南厂），厂址位于廒卜路末端；2003年9月企业改制，更名为昌邑市廒里盐化有限公司；2006年8月改称山东昌邑廒里盐化有限公司。

廒里盐场旧影（1986年）　　照片提供：李发宁

公司现有溴素生产机组4套，配套盐田8.9万公亩，主要生产工业盐和溴素。年产值6800万元，年上交利税3800 万元。

昌邑市利渔盐化有限公司
Chāngyì Shì Lìyú Yánhuà Yǒuxiàn Gōngsī

位于龙池镇东利渔村东北，丰产河东岸。因临近利渔村得名。

清代该地为富国盐场利渔滩；1957年利渔村恢复民营建滩工作；1958年成立盐场；1960年与灶户盐场、廒里盐场合并为昌邑县盐场，该盐场命名为昌邑县盐场一工区；1962年更名为利渔盐业生产合作社；1975年更名为昌邑县利渔盐场；1995年更名为山东昌邑盐化（集团）有限公司利渔盐场；2003年10月改制为昌邑市银海盐化有限公司；2005年3月更名为昌邑市利渔盐化有限公司。

利渔盐场旧照（1986年）　　照片提供：李发宁

公司主要生产、销售溴素、原盐及一般化工产品，2020年度产值2750万元，完成利税额370万元。

山东绿美生态环境工程集团有限公司
Shāndōng Lǜměi Shēngtàihuánjìng Gōngchéng Jítuán Yǒuxiàn Gōngsī

位于昌邑市北海路 695 号。东至北海路，西邻刘家北逄村，南至刘家北逄通村路，北邻昌邑市交通运输监察大队。

1995 年 5 月，昌邑市绿美园林绿化工程有限公司成立，驻北海公园南门东侧沿街二层楼办公；2017 年 9 月迁址昌邑市北海路 695 号；2020 年 4 月，因业务范围扩大，“市政公用工程总承包叁级”“城市及道路照明工程专业承包叁级”“环保工程专业承包叁级”资质获批，更名为山东绿美生态环境工程集团有限公司。

公司主营业务为园林绿化工程、市政公用工程、城市及道路照明工程、生态保护和环境治理工程等工程设计、施工，施工劳务分包、建筑物拆除、化工设备和管道拆除；绿化管理、环境卫生管理、保洁服务，园林绿化苗木、花卉、草坪的培育、种植、销售；机械设备的研制、生产、销售、租赁；工程造价咨询。年产值近 2 亿元，年上交利税 1400 万元。

国网山东省电力公司昌邑市供电公司
Guówǎng Shāndōng Shěng Diànlì Gōngsī Chāngyì Shì Gòngdiàn Gōngsī

位于昌邑市北海路 451 号。东至北海路，西邻都昌街道办事处，南至平安街，北邻易通国际大厦。

供电公司旧影（1986 年） 照片提供：张潍

1957 年 7 月昌邑县在城隍庙旧址（今利民街 335 号）筹建面粉厂，同期建造发电车间，隶属昌邑县工业局管理；1958 年 5 月，发电车间建成投运；1959 年 1 月，发电车间从面粉厂分出，更名为昌邑县发电厂；1967 年迁至古城西城壕外、利民街路北（今全福元商场西段），同年 12 月更名为昌邑县供电所；1968 年 3 月接入昌潍电网；1979 年 11 月，改称昌邑县革命委员会供电局；1983 年迁址青年路南首（现北海路 453 号）；1984 年 2 月改制为昌邑县供电公司；1988年10月更名为昌邑县电业总公司；1991年迁入新建办公楼（今北海路451号）；1994年撤县设市，改称昌邑市电业总公司；1996年12月加挂昌邑市电业局牌子；1999年4月昌邑市电业总公司由山东省电力集团公司代管；2003年6月昌邑市电业总公司更名为昌邑市供电公司；2013年6月，改制为国网山东省电力公司子公司，更名为国网山东昌邑市供电公司；2015年11月，改制为国网山东省电力公司分公司，更名为国网山东省电力公司昌邑市供电公司。

公司先后荣获“全国实施用户满意工程先进单位”“全国模范职工之家”“全国五一劳动奖状”“国家电网一流县供电企业”“国家电网公司先进集体”“国家电网公司新农村电气化建设先进单位”“国家电网公司综合管理标杆单位”“国家电网公司科技进步先进县供电企业”等荣誉称号。

昌邑市水务集团有限公司

Chāngyì Shì Shuǐwù Jítuán Yǒuxiàn Gōngsī

位于昌邑市平安街2059号，东邻都昌街道办事处，西邻规划编制研究中心，南至平安街，北邻水利局。

1981年8月，成立昌邑县自来水公司，地址位于今中百佳乐家超市南侧（现已拆迁）；1984年在公司院内建成第一水厂，负责城区供水服务，水井位于辛三村南；1988年实行承包经营责任制，自负盈亏；1994年撤县设市，更名为昌邑市自来水公司，厂站级事业单位；1995年1月22日，建于文山的第二水厂启用运营，主要供应北部沿海的柳疃、青乡、下营3处乡镇的生活和工业生产用水；1996年1月29日，第二水厂二期工程竣工，北部供水范围扩大至龙池、东冢、卜庄3处乡镇；1996年12月，公司升格为正科级事业单位，隶属于昌邑市建设局；2012年6月，第一水厂由公司院内迁辛三水源地新落成厂区；2012年9月片区拆迁，公司迁三生大厦办公；2014年秋，迁址昌邑市平安街2059号（都昌派出所旧址）；2016年1月，在围子四甲村西潍河堤内新建第三水厂，负责滨海经济开发区和卜庄镇农村生活、生产用水；2018年1月，位于辛三村前的第一水厂停止运行；2021年1月，位于都昌

自来水公司旧影（2011年）　　照片提供：马玉涛

街道榆林村北的地表水净化水厂建成运行，第二水厂逐步关停，作为备用水源使用。2021年12月，公司整建制转为国有企业，更名为昌邑市水务集团有限公司。

公司当前下设一座地表水净化水厂，两座地下水厂，以地表水供水为主，地下水供水为辅。设计日供水量15万立方米，实际日供水量7.5万立方米，用水人口36.5万人，供水服务面积410平方千米。

山东潍坊烟草有限公司昌邑营销部
Shāndōng Wéifāng Yāncǎo Yǒuxiàn Gōngsī Chāngyì Yíngxiāobù

位于利民街702号。东至建设路，西邻龙丰纺织公司，南邻福润居小区，北至利民街。

1983年9月，国务院颁发《烟草专卖条例》，对烟草的产供销实行集中统一管理。是年10月，烟草购销业务从昌邑县副食品公司析出，成立山东省烟草公司昌邑县烟草销售批发部。1984年5月，昌邑县烟草专卖局成立，与昌邑县烟草销售批发部一个机构、两块牌子，属政企合一体制，是卷烟销售、专卖统一管理的经济实体。

1984年11月，山东省烟草公司昌邑县烟草销售批发部改为昌邑县烟草支公司；1986年6月改称中国烟草总公司山东省公司昌邑县公司；1995年9月改称东方烟草（集团）有限公司昌邑分公司；1998年9月改称山东烟草购销（集团）有限公司（潍坊）分公司昌邑市公司；2000年8月改称山东潍坊烟草有限公司昌邑分公司；2005年9月改称山东潍坊烟草有限公司昌邑营销部，与昌邑市烟草专卖局一个机构、两块牌子，对外称昌邑市烟草专卖局（营销部）。

山东潍坊烟草有限公司昌邑营销部企业性质为国有企业，所属行业为批发和零售业，主要负责全市烟草专卖管理、卷烟经营工作。拥有固定资产1620万元，占地面积9000平方米，建筑面积1868平方米。2021年完成利税1.49亿元。

山东浩信集团有限公司
Shāndōng Hàoxìn Jítuán Yǒuxiàn Gōngsī

公司总部位于浩信工业园。东临下小路，西至永大路，南至平安东街，北邻大太保村。

浩信集团厂区一隅（2021年）　　摄影：李发宁

1995年，浩信集团前身昌邑市金城机

械厂在北金家口村成立，正式进入农机配件行业；1999 年改称昌邑市金城机械有限公司；2002 年在潍坊市潍城区成立潍坊浩泰有限公司；2003 年浩泰公司迁址潍坊市奎文区，同年在下小路东侧厂区成立山东浩信机械有限公司；2006 年位于平安东街路北的浩信工业园开工建设，并于 2007 年建成投产；2007 年与美国康迈公司合资成立潍坊浩信康迈机械制件有限公司；2007 年山东浩信集团有限公司成立，公司进入集团化发展阶段；2008 年重组莱州鲁源汽车配件有限公司为浩信集团下属子公司；2009 年重组大连鸿源机械制造有限公司为浩信集团下属子公司；2010 年成立山东浩信浩德精密机械有限公司，主要生产发动机缸体、缸盖等高端铸件；2014 年与美国康迈集团合资成立山东康迈信机械有限公司，为世界最大的商用汽车轮端产品基地；2017 年成立山东浩信启迪汽车零部件有限公司，建设高端涡轮壳专业制造基地；2019 年山东浩信昌盛汽车零部件智能制造有限公司投产，建设行业一流的智能制造工厂；2020 年 4 月山东浩信新能源汽车配件有限公司成立，填补浩信集团在铝合金产品方面的空白，实现产品结构向“黑色金属铸造 + 有色金属铸造”的转型升级；2020 年 5 月潍坊浩泰数字化新工厂开工建设，被列入山东省 2020 年重点项目。

公司性质为其他股份有限公司（非上市），注册资本 3.6 亿元。主要从事道路车辆、非道路车辆、轨道交通、新能源汽车零部件的研发制造，为大型机械制造企业。2021 年营业收入 80.6 亿元，实现利润 3.25 亿元。

山东康利莱医疗器材有限公司
Shāndōng Kānglìlái Yīliáoqìcái Yǒuxiàn Gōngsī

位于新昌路 8 号，隶属于山东东利集团，为东店村集体企业。东邻凤鸣学校，西至新昌路，北邻新昌集团，南邻五里村。

公司成立于 2008 年 5 月，注册资金 3200 万元，占地 160 亩。拥有 GMP 标准十万级净化生产车间两座（11000 平方米），研发中心楼宇一栋（3000 平方米）。主要生产销售二、三类医疗器材产品。年产输液器 7860 万支、注射器 558 万支、各类导管 300 余万米，日产医用外科口罩 200 万只、防护服 2 万套、N95 口罩 30 万只。产品出口俄罗斯、德国、韩国、印度、意大利、巴西、秘鲁等十几个国家。通过了 ISO9001、ISO13485 质量体系认证、欧盟 CE 体系认证、GMP 管理体系认证，“双利”商标被评为山东省著名商标。

昌邑市永富弹簧有限公司

Chāngyì Shì Yǒngfù Tánhuáng Yǒuxiàn Gōngsī

公司总部位于围子街道办事处驻地，围仓路288号永富产业园。东邻围子供销社化肥仓库，西至下小路，南邻围子街道马家村，北至围仓路。

公司前身围子镇永富弹簧厂成立于1986年，主营业务为弹簧制造和销售，因厂址位于永富村而得名。1994年，公司更名为山东省昌邑市永富弹簧制造公司；1997年与意大利贝尔芬公司在永富村合资成立昌邑西玛弹簧有限公司，并于1998年建成投产；1998年盘活围子工业资产，成立昌邑市永富福利弹簧厂，主营弹簧和厨具配件的制造销售；2001年公司改制，更名为昌邑市永富弹簧有限公司；2004年昌邑市永富福利弹簧厂注销，人员和业务并入昌邑市永富弹簧有限公司；2010年昌邑西玛弹簧有限公司注销，人员和业务并入昌邑市永富弹簧有限公司；2017年永富产业园开工建设，并于2019年建成投产，2020年公司总部迁驻永富产业园。

公司专注于家用电器用弹簧、减震器配件的研发、生产和销售，先后荣获“山东省瞪羚企业”“山东省专精特新中小企业”“潍坊市隐形冠军企业”等荣誉称号。

第二节 销售企业

山东新华书店集团有限公司昌邑分公司
Shāndōng Xīnhuá Shūdiàn Jítuán Yǒuxiàn Gōngsī Chāngyì Fēn Gōngsī

新华大厦（2019 年） 摄影：郝晓玲

位于天水路 145 号。东至天水路，西邻中央商务区，南邻中央商务区，北至城里街。

公司前身为昌邑县新华书店，成立于民国 35 年（1946）春，设职工 2 人，接管战时邮局发行股的书刊门市部；民国 36 年（1947）秋，新华书店迁至县城，以城里街路南新民照相馆及西邻镶牙馆房舍经营，原照相馆经理于蓝君代书店经理，另有职工 2 人；1985 年职工增至 26 人，列副局级单位；1986 年 4 月，书店迁址石渠路 41 号（今天水路全福元商场北侧一带）；1988 年书店系统进行体制改革，实行经理负责制、承包经营；1995 年 4 月，由地方管理改为省新华书店管理，同年成立昌邑市图书音像发行公司，与昌邑市新华书店一个机构、两块牌子；2008 年天水路旧址拆迁，书店迁回城里街 236 号旧址；2011 年 12 月，改称山东新华书店集团有限公司昌邑分公司；2017 年 1 月 1 日，迁至天水路 145 号新落成的新华大厦现址。

昌邑市土产杂品有限公司
Chāngyì Shì Tǔchǎnzápǐn Yǒuxiàn Gōngsī

位于新兴街 431 号。东邻供销大厦，西邻万方家具商场，南至新兴街，北邻阳光嘉园。

1952 年，昌邑县供销合作社联合社成立推销部；1961 年 9 月，改称昌邑县土产杂品经理部；1963 年，改称昌邑县土产杂品公司，经营土产杂品、烟花爆竹、塑料制品、日用百货、废旧物资、建筑材料等；

1999年，与有关部门协商，确立该公司在昌邑市统一组织烟花鞭炮调运经营监控权，在石埠、夏店、王耨设专库，成立6个供应点，专营批发调拨；2000年在围子镇址建立200平方米鞭炮库；2001年10月企业改制，更名为昌邑市土产杂品有限公司；2007年在都昌街道前埠村南建3000平方米烟花鞭炮库一处。

经营土产杂品、烟花爆竹、塑料制品、日用百货、废旧物资、建筑材料、小农具、化肥等。

昌邑市农业生产资料有限公司
Chāngyì Shì Nóngyè Shēngchǎnzīliào Yǒuxiàn Gōngsī

位于解放路118号。东邻三和苑，西至解放路，南至新兴街，北邻交通局宿舍楼。

1952年，昌邑县供销合作社联合社组建生产资料经理部；1963年改称昌邑县农业生产资料公司，经营化肥、农药、农业机械、农地用塑料薄膜等农业生产资料；1975年，农业机械经营业务移交县农业机械电力局；1997年5月，在卜庄建联营店，与卜庄中心社开展药肥联合经营；2001年10月公司改制，更名为昌邑市农业生产资料有限公司。

从事化肥、农药、农膜、土产杂品、炊事机械、中小农机具等销售业务；配方肥的复混包装业务。下设18处销售分支机构。

山东永乐医药有限公司
Shāndōng Yǒnglè Yīyào Yǒuxiàn Gōngsī

位于利民街413号。东邻供销商场，西邻怡景华庭小区，南至利民街，北邻西关村。

公司前身为昌邑县药材公司。1956年7月成立中国药材公司山东省昌邑县公司，地址位于城里街路南；1960年更名为山东省昌邑县药材公司；1970年在姜氏祠堂西邻新建中药加工厂；1976年改称山东省药材公司昌邑县公司；1984年升格为科局级公司，地址位于利民街路北城关供销社西邻；1992年10月成立山东潍坊医药集团总公司昌邑分公司，属全民所有制企业；1993年12月改称山东潍坊医药集团股份有限公司昌邑分公司，属股份制企业；2003年12月公司改制，更名为昌邑医药有限公司，属民营企业；2022年1月更名为山东永乐医药有限公司。

公司占地面积143平方米，建筑面积967平方米。主要经营药品批发零售。

昌邑市果品食盐有限公司
Chāngyì Shì Guǒpǐn Shíyán Yǒuxiàn Gōngsī

位于利民街516号。东至天水路，西邻晟安瑞景苑小区，南邻市联社，北至利民街。

公司原称山东省蔬菜果品公司昌邑经营组，成立于1966年10月，地址位于今城里街路北服装厂南楼位置，租用沿街民房经营。

蔬菜果品公司旧影（1976年） 照片提供：魏竹贞

1967年光明剧院拆除（旧址位于今服装厂院落西区一带），在剧院旧址兴建蔬菜经营组新营业用房及办公院落；1968年改称昌邑县蔬菜果品公司；1980年，在利民街与青年路（今天水路）路口西南角建成三层拐角营业楼并迁入；1984年三层营业楼改造为宴宾馆，蔬菜果品公司商店迁宴宾馆西邻平房（利民街路南）；1994年改称昌邑市果品食盐公司，主营果品、加碘盐、副食品；1999年7月在利民街路南原址兴建沿街商业楼，建筑面积5175平方米；2001年在天水路西侧建成商业楼，建筑面积3800平方米，与昌邑市利众商厦有限公司合作经营佳家福超市；2002年1月公司改制，更名为昌邑市果品食盐有限公司。

昌邑市恒丰百货大楼有限公司
Chāngyì Shì Héngfēng Bǎihuòdàlóu Yǒuxiàn Gōngsī

位于利民街418号。东至解放路，西邻利民商贸城，南邻河道服务中心，北至利民街。

1973年，昌邑县国营百货商店营业楼动工兴建，位于解放路与利民街路口西南角位置；1976年百货大楼一楼开业，1977年二楼开业，建筑面积3273平方米，归昌邑县百货公司管理；1983年10月改制为县公司级独立核算单位；2001年8月改制为昌邑市恒丰百货大楼有限公司；2005年原建筑拆除重建。企业性质为股份制有限公司，

百货大楼旧照（1985年） 照片提供：杨林楠

所属行业为租赁和商业服务业。占地面积2500平方米，建筑面积为6000平方米，拥有固定资产360万元。

昌邑市供销商场有限公司

Chāngyì Shì Gōngxiāo Shāngchǎng Yǒuxiàn Gōngsī

利民商场旧照（1985 年）　　照片提供：李发宁

位于利民街中段路北。东邻全福元商场，西至无名路，南至利民街，北邻中央商务区。

1956 年，由城关、逄翟、王耨三处供销社合并为城关供销合作社，门市部位于城里街路南书店东邻，办公机关位于城里街路北卍字会旧址；1959 年更名为商业局城关商店；1961 年复称城关供销合作社；1972 年，城关供销合作社机关迁址利民街路北本社农副产品采购站院内，地址位于农业局西邻；1974 年新盖利民街路北沿街营业平房，城关供销合作社门市部迁入，改称利民商场；1993 年 12 月南逄供销合作社并入，改称都昌供销社；1994 年 1 月，利民街原址建成供销商场；1998 年，商场内柜组（货区）实行“抽本经营”；2000 年商场二期建成营业；2003 年 4 月，商场与威海“家家悦”超市公司合作，利用商场一楼建成“家家悦”超市昌邑店；2009 年 12 月投资 4000 万元扩建商场，建成 12 层综合商务楼。

商场建筑面积 2.2 万平方米，经营日用消费品、家电、医药、服装、家具及办公用品。

全福元昌邑店

Quánfúyuán Chāngyì Diàn

位于利民街 389 号。东至天水路，西邻供销商场，南至利民街，北邻中央商务区。

2008 年，昌邑县工业品贸易中心建筑拆除，由山东全福元商业集团有限公司投资，在原址兴建全福元昌邑店商业建筑；2009 年 12 月 2 日，全福元昌邑店正式开业。

全福元昌邑店（2021 年）　　摄影：李发宁

企业性质为股份有限公司，所属行业为批发和零售业。占地面积约 9000 平方米，建筑营业面积约 40000 平方米，拥有固定资产4849万元。2021年度产值2亿元，完成税额2800万元。

昌邑市维客利商贸有限公司
Chāngyì Shì Wéikèlì Shāngmào Yǒuxiàn Gōngsī

位于利民街616号。东邻晟安瑞景苑小区，西邻联通营业厅，南邻晟安瑞景苑二期，北至利民街。以“维护顾客利益”之理念命名。

维客利天水路店旧照（2010年）　照片提供：徐胜利

2003年，由昌邑市维客利商贸有限公司投资的维客利购物广场天水店开业，租赁原昌城商场营业楼经营，地址位于天水路与利民街路口东南角；2010年12月，维客利购物广场利民店落成开业，地址位于利民街616号；2011年11月，因兴建恒鼎新都汇商业项目，天水店营业楼划入拆迁范围，所有业务迁至利民店经营。

公司为私营企业，所属行业为批发零售业。占地面积3200平方米，建筑面积5000平方米，拥有固定资产1500万元，2021年度产值794万元。

佳乐家昌邑店
Jiālèjiā Chāngyì Diàn

位于交通街477号。东邻中百大厦，西至北海路，南邻自来水公司（旧址），北至交通街。

2003年12月21日，佳乐家昌邑店正式开业，地址位于新兴街龙珠大厦东邻（针织厂旧址）；2011年7月，昌邑市长途汽车站（交通街旧址）拆除，原址兴建佳乐家昌邑店新营业楼；2014年新营业楼落成并迁入。

企业性质为股份有限公司，所属行业为批发和零售业。占地面积49000平方米，建筑营业面积71000平方米，拥有固定资产8000万元。2021年度产值1.3亿元，完成税额200万元。

中百大厦昌邑店
Zhōngbǎi Dàshà Chāngyì Diàn

位于交通街468号。东邻中百东巷，西邻佳乐家昌邑店，南邻公路局宿舍区（今已拆迁），北至交通街。

该地原为南隅村南苑宾馆，原建筑拆

除后兴建中百大厦昌邑店，2009年4月18日建成开业，占地面积约6500平方米，建筑面积21000平方米。

中百大厦昌邑店隶属于山东潍坊百货集团股份有限公司，企业性质为股份有限公司，所属行业为零售业。是一家集时尚百货、休闲娱乐于一体的综合性购物商场。

第三节 酒店食宿

昌邑宾馆
Chāngyì Bīnguǎn

昌邑宾馆迎宾楼启用典礼（1997年） 摄影：邢宗成

位于天水路42号。东邻东隅村，西至天水路，南邻服装厂，北邻广电家园小区。

昌邑宾馆前身为昌邑县政府招待所，1951年成立，先后借用后街县丞署旧址、西门里路南张家当铺等房舍经营；1962年迁利民街路北农业展览馆（人民医院对面）院内；1968年迁天水路现址；1975年，由华侨捐建的华侨接待楼（今昌邑宾馆北楼）建成启用，昌邑第一次有了内设卫生间的宾馆客房；1982年建成招待所礼堂（今昌邑宾馆南楼），设566个座位；1984年建成东院二层迎宾楼，建筑面积2392平方米；1985年更名为昌邑宾馆；1997年4月，重建东院三层迎宾楼落成启用；2003年8月企业改制，成立昌邑宾馆有限公司。

宾馆占地面积41080平方米，建筑面积16700平方米。主要从事餐饮住宿及宴会接待业务。

昌城宾馆
Chāngchéng Bīnguǎn

位于利民街355号。东邻电器商店，西至天水路，南至利民街，北邻粮食职工宿舍。因位于昌邑古城内，以位置命名。

1988年，昌邑县粮食局迁面粉厂旧址另建，原粮食局院落置换给县饮食服务公司，改建为宾馆。因地址位于昌邑古城之内，命名为昌城宾馆。1991年，将宾馆建筑沿利民街一侧向东扩建五层客房楼，1994年建成启用。

金陵御景湾酒店
Jīnlíngyùjǐngwān Jiǔdiàn

位于滨河西路169号。东至滨河西路，西邻建章花园，南至交通街，北邻贵和堂小区。因东、南两面环绕湿地景致而得名。

由山东新昌集团投资建造，上海同济大学设计，2017年8月12日正式开业。建筑面积32592平方米，主楼11层，其中地下1层，地上10层。拥有各类客房145间，15个宴会包厢，4个宴会大厅，餐位1500个。是一家集餐饮、客房、会议、康乐休闲于一体的综合性商务酒店。

金陵御景湾酒店夜景（2017年）　摄影：李凯旋

新嘉酒店
Xīnjiā Jiǔdiàn

位于天水路127号。东至天水路，西邻中央御景小区，南邻鑫源金店，北邻佳乐家超市天水店。以投资商字号命名。

成立于2012年8月，由山东新嘉集团独资兴建并独立运营。总营业面积约1.5万平方米，拥有餐位1300余个，贵宾包间26间。宴会大厅可同时容纳近千人，另有多个多功能会议厅。是集餐饮服务、住宿、物业服务、酒店管理等为一体的综合性商务酒店。

新嘉国际大酒店（2012年）　摄影：李发宁

第四节 金融保险

中国工商银行股份有限公司昌邑支行
Zhōngguó Gōngshāng Yínháng Gǔfèn Yǒuxiàn Gōngsī Chāngyì Zhīháng

位于昌邑市富昌街161号。东邻财政局，西至天水路，南至富昌街，北邻郝家城后社区。

1984年1月，中国工商银行在北京正式成立，昌邑县同期成立中国工商银行昌邑县支行，与中国人民银行昌邑县支行合署办公，两块牌子，地址位于今城里街路北、解放路以西；1986年6月中国工商银行昌邑县支行与中国人民银行昌邑县支行正式进行人员、财产分设；1994年昌邑撤县设市，支行名称改为中国工商银行昌邑市支行；2002年10月，位于富昌街161号的新办公大楼落成启用；2005年10月，中国工商银行股份有限公司成立，中国工商银行昌邑市支行更名为中国工商银行股份有限公司昌邑支行，由国有专业银行转变为股份制国有商业银行。

中国建设银行股份有限公司昌邑支行
Zhōngguó Jiànshè Yínháng Gǔfèn Yǒuxiàn Gōngsī Chāngyì Zhīháng

位于昌邑市富昌街219号。东至北海路，西邻永和苑小区，南至富昌街，北邻永和苑小区。

1978年12月，经昌邑县革命委员会批准，中国人民建设银行昌邑县支行正式成立，设置会计、业务两个组；1979年1月15日正式对外营业，地址位于县府街西首路北财政局院内；1986年9月1日开始办理现金业务；1986年12月在原址落成新办公楼；1994年撤县设市，改称中国人民建设银行昌邑市支行；1996年3月26日更名为中国建设银行昌邑市支行，同时启用新行徽；1996年8月8日，位于北海路与富昌街交叉路口西北角的昌邑建行新办公大楼落成启用，占地面积4461.8平方米，建筑面积7637.6平方米；2004年9月21日，更名为中国建设银行股份有限公司昌邑支行。

截至2021年底，中国建设银行股份有限公司昌邑支行一般性存款余额47.35亿元，各项贷款余额24.51亿元，不良率0.18%。2021年实现中间业务收入2706万元，实现纳税618万元。

中国农业银行股份有限公司昌邑市支行
Zhōngguó Nóngyè Yínháng Gǔfèn Yǒuxiàn Gōngsī Chāngyì Shì Zhīháng

位于新村街211号金融大厦。东邻南隅小学，西至北海路，南至新村街，北邻晟安瑞景苑小区。

1956年5月，中国农业银行昌邑县支行成立，位于城里街路北、解放路以西，与人民银行合署办公；1957年5月并入中国人民银行昌邑县支行；1964年1月，人民银行分设农业银行，所属基层办事处、营业所合署办公；1965年12月，农业银行再次并入人民银行；1980年10月恢复农业银行，迁址青年路（今北海路）以东三层楼（旧址位于农行现址北邻），后加盖五层沿街营业楼；1994年5月，农村信用社业务从农行分出；1995年2月，金融大厦落成开业，占地面积2653.5平方米，建筑面积9153.3平方米；1996年11月，农业发展银行从农行分离出来。

提供各种公司、零售银行产品和服务，同时开展金融市场业务及资产管理业务，涵盖投资银行、基金管理、保险等。2021年，实现各项存款余额89.3亿元，各项贷款余额38.7亿元。

中国农业发展银行昌邑市支行
Zhōngguó Nóngyè Fāzhǎn Yínháng Chāngyì Shì Zhīháng

位于昌邑市富昌街11号。东至奎聚路，西邻疾控中心，南至富昌街，北邻北苑小区。

1996年11月28日成立，驻中国农业银行昌邑市支行金融大厦院北办公。2001年迁富昌街现址，占地面积3711.1平方米，建筑面积1615平方米。

主要职责是按照国家的法律法规和方针政策，以国家信用为基础筹集资金，承担农业政策性金融业务，代理财政支农资金的拨付，为农业和农村经济发展服务。

山东昌邑农村商业银行股份有限公司
Shāndōng Chāngyì Nóngcūn Shāngyè Yínháng Gǔfèn Yǒuxiàn Gōngsī

位于昌邑市北海路136号。东邻于范社区，西至北海路，南至富昌街，北邻于范社区。

1953年，在昌南县西金台乡东北、西北两村试办信用组，成立昌潍地区首家信用合作社；1954年，昌邑县建立信用合作社60个，昌南县建立信用合作社52个；1972年对全县信用社进行体制改革，以公社为单位建立信用社；1977年，柳疃银行营业所与柳疃信用社合署办公试点，1978年在全县推广；1980年10月昌邑县农业银行从人民银行分出，分管所有农村银行营业所和信用社业务；1991年昌邑县组建城市信用社；1994年，昌邑市农村信用社与农行分署办公；1995年12月，昌邑市农村信用合作社联合社成立，社址位于利民街7号；1999年10月，昌邑市城市信用社并入昌邑市农村信用合作社联合社；2000年7月，昌邑市农村信用合作社联合社机关迁至北海路136号现址；2005年10月，昌邑市农村信用合作社联合社更名为昌邑市农村信用合作联社，实行县级联社一级法人管理；2012年12月改制，更名为山东昌邑农村商业银行股份有限公司。现办公大楼占地面积6810平方米，建筑面积8030平方米。下设1处营业部、47处营业网点。

公司性质为股份有限公司（非上市）。截至2022年3月，存贷款规模达394亿元，市场份额占全市金融机构的三分之一以上。年上缴税金1.1亿元。

中国银行股份有限公司昌邑支行
Zhōngguó Yínháng Gǔfèn Yǒuxiàn Gōngsī Chāngyì Zhīháng

位于昌邑市交通街451号。东邻昌邑市对外贸易公司，西至天水路，南至交通街，北邻鲁虹经贸有限公司。

1990年，中国银行昌邑支行成立，选址交通街451号。2004年1月改制，更名中国银行股份有限公司昌邑支行。占地面积1860平方米，建筑面积2225平方米。

经营中国银行保险监督管理委员会依照有关法律、行政法规和其他规定批准的业务，经营范围以批准文件所列的为准。年产值3909万元。

昌邑北海村镇银行股份有限公司
Chāngyì Běihǎi Cūnzhèn Yínháng Gǔfèn Yǒuxiàn Gōngsī

位于北海路181号。东至北海路，西邻华鼎御景小区，南邻昌邑市实验中学，北至富昌街。

昌邑北海村镇银行是经中国银监会批准，由山东莱州农村商业银行发起设立的具有独立法人资格的银行业金融机构。2016年8月30日挂牌开业，行址位于昌邑市天水路108号。2018年12月18日石埠支行开业，将服务能力辐射到农村区域，助力农村振兴。2021年12月，经中国银行保险监督管理委员会潍坊监管分局批准，总行搬迁至昌邑市北海路181号现址。总面积2450平方米。

企业类型为其他股份有限公司（非上市）。经营中国银行保险监督管理委员会或其他享有行政许可权的机构核准或备案并经上级机构授权的业务。

中国邮政储蓄银行股份有限公司昌邑市支行

Zhōngguó Yóuzhèngchǔxù Yínháng Gǔfèn Yǒuxiàn Gōngsī Chāngyì Shì Zhīháng

位于昌邑市交通街438号，名门公馆1—3楼。东邻南逄建筑公司宿舍，西邻名门世家，南邻商务局宿舍，北至交通街。

1986年7月，昌邑县邮电局在县局营业室设立储蓄专柜；1987年开始在支局开办储蓄业务，到1989年底全县21处邮电支局全部开办邮政储蓄业务；2003年8月起，邮政储蓄资金开始自主运用，新增存款通过上划国家邮政储金汇业局参与自主运作；2008年5月27日，中国邮政储蓄银行昌邑市支行正式挂牌成立，地址位于昌邑市都昌路278号；2012年5月，改制为股份有限公司，更名为中国邮政储蓄银行股份有限公司昌邑市支行；2017年8月，迁址昌邑市交通街438号，占地面积396.45平方米，建筑面积3750.08平方米。

公司性质为股份有限公司，下辖昌邑市支行直属营业部、昌邑市奎聚支行、昌邑市利民街支行、潍坊市峠山支行4个二级支行。年上交利税210余万元。

潍坊银行股份有限公司昌邑支行

Wéifāng Yínháng Gǔfèn Yǒuxiàn Gōngsī Chāngyì Zhīháng

位于山东省昌邑市奎聚路138号。东邻新嘉新天地小区，西至奎聚路，南至新兴街，北邻新嘉新天地小区。

潍坊银行昌邑支行成立于2008年10月，经营场所为三层建筑，一楼为营业室，主要办理个人及对公存款结算业务；二楼为信贷中心，主要办理企业及个人贷款业务；三楼为营业部总经理办公室。

经营中国银行保险监督管理委员会依照有关法律、行政法规和其它规定批准的业务，经营范围以批准文件所列的为准。

中国太平洋人寿保险股份有限公司昌邑支公司

Zhōngguó Tàipíngyáng Rénshòu Bǎoxiǎn Gǔfèn Yǒuxiàn Gōngsī Chāngyì Zhī Gōngsī

位于利民街西首北侧。东邻军休家园小区，西至建设路，南至利民街，北邻军休家园小区。2002 年 4 月 5 日注册成立，公司占地面积 610 平方米，属国有控股企业，经营保险业务。

中国人寿保险股份有限公司昌邑支公司

Zhōngguó Rénshòu Bǎoxiǎn Gǔfèn Yǒuxiàn Gōngsī Chāngyì Zhī Gōngsī

位于新昌路 99 号。东至新昌路，西邻文景明居小区，南邻丽景苑小区，北至利民街。1996 年 11 月 14 日注册成立，公司占地面积 2837 平方米，建筑面积 2436 平方米。属国有控股企业，经营保险业务，年营业额 33550.75 万元，年利税 242.29 万元。

第五节 邮政通信

中国邮政集团有限公司山东省昌邑市分公司

Zhōngguó Yóuzhèngjítuán Yǒuxiàn Gōngsī Shāndōng Shěng Chāngyì Shì Fēn Gōngsī

位于都昌路280号。东邻烟草公司，西至都昌路，南邻天润一品苑，北至利民街。

1998年9月，昌邑市邮政局在都昌路280号新建营业大楼，占地面积8965平方米，建筑面积4312平方米；2015年5月邮政体制改革，撤销昌邑市邮政局，成立中国邮政集团公司山东省昌邑市分公司；2020年3月，更名为中国邮政集团有限公司山东省昌邑市分公司。

作为国家重要的社会公用事业和通信基础设施，依法经营邮政专营业务，承担邮政普遍服务义务和特殊服务责任，对竞争性业务实行商业化运营。

中国移动通信集团山东有限公司昌邑分公司

Zhōngguó Yídòngtōngxìn Jítuán Shāndōng Yǒuxiàn Gōngsī Chāngyì Fēn Gōngsī

位于昌邑市北海路268号。东邻联通公司，西至北海路，南邻联通公司，北至利民街。

2000年，山东移动通信有限公司昌邑分公司成立，选址北海路268号；2007年更名为中国移动通信集团山东有限公司昌邑分公司。公司性质为有限责任公司，占地面积1500平方米，建筑面积2324平方米。主营业务为固定通信业务和移动通信业务，年营业额2亿元。

中国联合网络通信有限公司昌邑市分公司

Zhōngguó Liánhéwǎngluò Tōngxìn Yǒuxiàn Gōngsī Chāngyì Shì Fēn Gōngsī

位于利民街630号。东邻维客利商城，

西至北海路，南邻电器厂，北至利民街。

1998年9月11日，原昌邑市邮电局分营，成立昌邑市电信局、昌邑市邮政局；2000年9月，电信局改制为电信公司；2001年5月国家再次对电信行业进行重组，北方为网通公司，南方为电信公司；2009年1月，在原中国网通和中国联通的基础上合并组建新的中国联通集团有限公司，中国联合网络通信有限公司昌邑市分公司同日成立。

昌邑市分公司负责昌邑市范围内通信有线、无线的网络建设、维护，主要提供电话业务、互联网接入及应用、数据通信、视讯业务、国际及港澳台通信等多种类业务。

中国电信股份有限公司昌邑分公司
Zhōngguó Diànxìn Gǔfèn Yǒuxiàn Gōngsī Chāngyì Fēn Gōngsī

位于平安中街1626号，翰林大厦一楼。东至文昌南路，西至解放路，南邻挚和苑小区，北至平安街。

公司成立于2008年10月，位于翰林酒店大门东侧，占地面积601平方米，建筑面积631平方米。主营固定通信业务、移动通信业务，年营业额2500万元。

第六节 贸易市场

东苑农贸市场
Dōngyuàn Nóngmào Shìchǎng

东苑农贸市场（2021 年） 摄影：李发宁

位于东隅村东部。东至奎聚路，西邻东隅村，南至城里街，北邻北海公园。1999 年建成营业，因位于老城区东部而得名。市场占地 6.6 万平方米，有经营业户 150 余户。主要经营蔬菜、水果、水产、禽蛋、肉类、粮油、熟食、面点等农副产品和食品。2019 年斥资近 120 万元对市场进行改造升级，使内部卫生条件焕然一新。

东利商城
DōnglìShāngchéng

位于交通街中段。东至解放路，西至天水路，南至平安街，北至交通街。2008 年 9 月建成开业，以投资商字号命名。1998 年在辛置村北、天水路东建成天水农贸市场，昌邑大集由利民街一带迁至市场内。

东利商城改造以前旧貌（1999 年） 摄影：邢宗成

2007 年大集从市场迁出，由东利集团投资将露天市场改造为商铺经营，更名东利商城。商城占地面积 3.7 万平方米，总建筑面积 5.3 万平方米，其中住宅 140 户，商户 508 户。提供水产、肉食、果蔬、干调、粮油、日杂、五金、土产等商品的集散批发服务。

利民商贸城
Lìmín Shāngmào Chéng

位于利民街 448 号。东邻百货大楼，西邻恒鼎新都汇商业区，南邻恒鼎新都汇商业区，北至利民街。以所属路段道路名称命名。建成于2006年1月，建筑面积1.1万平方米，三层围合式平顶建筑。规划商铺150套。入驻商户主要从事服装家纺及日用品销售、喜庆用品经营、书画培训等商业和服务业。

华海贸易广场
Huáhǎi Màoyì Guǎngchǎng

位于都昌路389号。东至都昌路，西邻五七纸厂旧址，南至新村街，北至利民街。成立于2010年，以投资商字号命名。占地面积20.6万平方米，建筑面积10万平方米。属于线上线下融合运营的“互联网+”产业园。提供水产、肉食、果蔬、干调、粮油、日杂、农副产品、家装建材、五金等商品集散批发服务，拥有商户800余家，年交易额15.2亿元。

宏大农副产品批发市场
Hóngdà Nóngfùchǎnpǐn Pīfā Shìchǎng

位于206国道以南、奎聚路以东。始建于2005年，2006年正式投入运营。占地面积60万平方米，建筑面积20万平方米，交易平台10万平方米。是农业农村部定点市场、农业产业化省级重点龙头企业。从事蔬菜、瓜果、水产、粮油禽蛋、生产资料等批发经营，主要经营本地及周边地区种植的大姜和马铃薯。其中注册的区域公用品

宏大农副产品批发市场（2022年） 摄影：李发宁

牌“昌邑大姜”于2018年被国家商标局认定为中国驰名商标，中国生姜价格信息发布中心落户该市场。市场销售网络遍及美国、日本、东南亚各国和国内三十多个省市，年均交易额30亿元以上。

中国（昌邑）北方花木城
Zhōngguó（Chāngyì）Běifāng Huāmù Chéng

花木城俯瞰（2018年） 摄影：齐英杰

位于围子街道办事处驻地南侧，东至下小路，西邻前陶埠村，南邻绿博园，北至206国道。2013年9月建成开业，占地700余亩。花木城园区是绿博会与世界园艺大赛的主办场地，也是中国绿色交易网的运营中心。园区内建有欧式风格建筑群和别致的园林景观，规划有珍稀树种博览园、紫藤园、绣球园、欧洲月季培育基地、韩国杜鹃培育基地，设有大型花卉苗木交易市场。

中国（柳疃）国际棉纺织批发市场
Zhōngguó (Liǔtuǎn) Guójì Miánfǎngzhī Pīfā Shìchǎng

位于柳疃镇南部。东邻奎聚街道孙家岔河村，西至灶朱路，南邻奎聚街道草庵村，北邻华宝纺织公司。建于2002年，占地面积1500亩，建筑面积121万平方米，投资10亿元，为大型纺织品专业市场。主要经营纺织原料、坯布、印花布等，销往伊拉克、阿联酋、俄罗斯等国家和地区。

第五章
交通

第一节 城区道路

城里街
Chénglǐ Jiē

城里街旧貌（1996 年） 摄影：陈官阶

次干路。因道路承袭昌邑古城内老街拓建而成，故名。东起文山路，西至建设路；南临利民街，北临市府街和富昌街。沥青路面，双向 2 车道，机非混行，主车道宽 8～10 米，人行道宽 6 米，道路全长 3287 米。沿路分布有文山小学、金通大药房、服装厂、新华书店、实验中学等单位。

城里街明清时期已经存在，为古城内唯一一条贯通城外的大街，也是古官道必经之路。民国时期称“东西大街”，另有一条正对县衙大门（今昌邑宾馆南门）的南北街道叫“南北大街”，又称“署前大街”，这是古城内两条主要的街道，合称“十字大街”。1963 年东西大街铺装碎砖炉渣路面；1971 年 10 月铺装沥青路面；1980 年命名为城里街；1993 年，因街道随着城区拓展不断延伸，以青年路（今北海路）为界，分为城里东街和城里西街；2016 年城里街服装厂至北海公园南门路段重修，在城里街与文昌南路交会处挖出宋代古城东门遗址。

解放路
Jiěfàng Lù

解放路旧貌（1976 年） 照片提供：李发宁

次干路。该马路为 1949 年后修成的第一条城区汽车道，由此命名为解放路。南起南苑街，北至院校街；东临文昌路，西临天水路；沥青路面，双向2车道，院校街至交通街路段机非混行，主车道宽10-24米，人行道宽4米，道路全长3803米。沿路分布有姜氏祠堂、百货大楼、市级机关综合服务中心A座、奎聚小学、翰林酒店等建筑和单位。

1953年，昌邑修通城里街到烟潍公路（今新兴街）之间的南北汽车道，这是城内第一条可以通行汽车的南北马路；1972年，县交通局投资2.4万元将路面铺设为沥青路面；1974年，马路往北延伸至董家城后村；1980年命名为解放路；1996年、2014年分别进行重修拓建。

利民街
Lìmín Jiē

主干路。因道路两侧多为医疗、邮政、百货、粮油等部门，取服务于民、便利为民之意，命名为利民街。东起滨河西路，西至西环路；南临新村街，北临城里街。沥青、混凝土路面，双向2车道，机非分离，主车道宽12-28米，人行道宽3-10米，道路全长7406米。沿路分布有博物馆、中医院、百货大楼、全福元超市、联通公司、人民医院、烟草公司、邮政公司等单位。

1953年后，县人民医院、农展馆、工人俱乐部等单位相继在县城西郊兴建，通过历年组织义务劳动，逐步修成连接各单位的土路；1972年，道路向东修至城内解放路，向西拓展至五七纸厂；1980年命名

利民街旧貌（1985年）　　照片提供：李发宁

为利民街；1981年道路拓宽；1988年6月，利民街东段（解放路至新昌路段）修通；1996年、2001年分别进行重修拓建。

市府街
Shìfǔ Jiē

市府街旧貌(2004年)　　摄影：李发宁

次干路。因市政府曾驻该路段办公而得名。东起天水路，西至北海路；南临城里街，北临富昌街。沥青路面，双向2车

道，机非混行，主车道宽 8 米，人行道宽 3 米，全长 550 米。沿路分布有市立幼儿园、治安警察大队、中央华府、邑城首府等单位和小区。

1956 年，昌邑县委在招待所西侧下宫遗址新建办公院落并迁入，同期在南院墙外修成东西道路，西接昌邑一中，东连招待所；1978 年县财政局拨款 2 万元购买物料，由机关干部和工厂职工义务修筑砂石路面；1980 年命名为县府街；1984 年铺装沥青路面。1994 年昌邑撤县设市，更名为市府街。

天水路
Tiānshuǐ Lù

天水路旧貌（1994 年） 照片提供：傅敬东

主干路。因沿路水渠水源引自潍河，源于上游山区，取“天河注水”之意，命名为天水路。南起平安街，北至双石路；东临解放路，西临无名路和北海路。沥青路面，双向 2 车道，机非分离，主车道宽 16 米，人行道宽 2 米，道路全长 4590 米。沿路分布有东利商城、中国银行、市联社、全福元超市、昌邑宾馆、市政公司等单位。

1975 年，为避免医院污水污染（潍河）河西灌溉渠水体，灌溉渠城区段由人民医院西墙外东移改道，于昌邑古城西城墙外壕沟位置另修。1978 年新渠竣工，同期修成渠西马路和渠东辅道。1980 年命名为石渠路，沿岸栽植垂柳，昌邑老城区的标志性景观一石渠柳岸形成。1997 年 9 月，石渠路铺设水泥路面工程竣工，同期改称天水路；2009 年移除沿岸柳树，路面铺设石板；2017 年重修，铺设沥青路面。

北海路
Běihǎi Lù

北海路旧貌（2004 年） 摄影：李发宁

主干路。因向北连接通往沿海滩涂的公路而得名。南起 206 国道，北至双石路；东临无名路和天水路，西临建设路。混凝土、沥青路面，双向 6 车道，机非分离，主车道宽 24 米，人行道宽 6 米，道路全长 7079 米。沿路分布有华晨纺织、电业公司、佳乐家超市、人民医院、移动公司、实验中学、建设银行、盐业公司等单位。

1961 年，共青团昌邑县委组织县直机关、学校、工厂、商业系统的共青团员和青年，义务修筑昌柳路城区段，路面宽 7 米；1978 年铺装沥青路面，路面加宽至 10 米；1980 年命名为青年路；1985 年路段改造，设置主路与辅路，铺设自来水管和下水道；1996 年 7 月 18 日，铺设水泥路面工程竣工通车；1997 年改称北海路；2017 年进行沥青路面铺装改造。

无名路
Wúmíng Lù

无名路旧貌（2008 年）　　摄影：马玉涛

次干路。由民间约定俗成得名。南起利民街，北至市府街；东临天水路，西临北海路。沥青路面，双向 2 车道，机非混行，主车道宽 10 米，道路全长 487 米。沿路分布有中央商务区、时代广场等商业机构。

该路段原为西关村西围子墙外的壕沟，今无名路与市府街路口处为连着壕沟的湾塘。1980 年后，县人大、政协等机关从县政府院落迁出，在湾塘东崖落成办公院落。1982 年，昌邑县电影公司填平湾塘西段，新建办公楼和家属院。西关村户同期在壕沟东侧新建民宅，因村民交通需求，1984 年壕沟填平修成村路。1986 年底，西关街市场建成，该道路成为连接西关街市场与县府街的商巷，路两侧纷纷建起商铺。诸商家对外沟通需以路名说明商铺位置，约定俗成，以“无名路”称之，最终被官方采纳，正式定为路名。

文昌路
Wénchāng Lù

文昌南路旧貌（1990 年）　　照片提供：邢宗成

次干路。东临奎聚路，西临解放路。因道路借古城墙基修成，原城墙南端曾有文昌阁，以文物古迹命名。分文昌南路和文昌北路两段，文昌南路南起兴昌街，北至城里东街，全长 2590 米；文昌北路南起富昌街，北至院校中街，全长1265米。沥青路面，双向2车道，机非混行，主车道宽10—12米，人行道宽3—4米。沿路分布有育新学校、北海公园、名园家居、税务局、政协、图书馆、文化馆等单位。

1964年沿昌邑古城东城墙基修成马路，南起城墙东南角，北至城里街；1976年马路向南延伸至烟潍公路（今新兴街）；1980年因道路位于古城之东，命名为城东路；2005年因古城东南角城墙之上曾建文昌草阁，道路更名为文昌路。历经1984年、2004年、2013年、2019年多次改造拓修，延伸至今天长度。

双石路
Shuāngshí Lù

次干路。东起奎聚街道石湾店村，西至奎聚街道十字路村，因道路初形成的年代村人识字者少，故约定俗成，借道路东西首两村名之共同“shi”音，称之“双石路”，后被官方正式定为路名。南临院校街，北临奎聚街道李家埠村。混凝土、沥青路面，天水路至堤河路段为双向4车道，其余路段为双向2车道，道路全长7400米。沿路分布有特殊教育学校、奎聚中学、李家埠小学、奎聚供电所等单位。2005年、2011年、2022年分别进行重修拓建。

院校街
Yuànxiào Jiē

主干路。因多所学校坐落于该路段而得名。东起下小路，西至西环路；南临育新街，北临双石路。沥青路面，双向4车道，机非分离，主车道宽24米，人行道宽6米，道路全长10367米。沿路分布有潍水学校、昌邑一中、凤鸣学校、环境工程职业学院、工业学校、教体局等单位。

院校东街修筑旧照（2013年）　　摄影：于麦燕

1988年建成，初称北环路，水泥路面。2005年以企业字号改称昌进路，后因城市北扩，多处教育资源移址该路两侧，于2011年改称院校街。2004年、2013年、2016年、2022年分别进行重修拓建，铺装改造为沥青路面。街道现分为东、中、西三段，院校东街东起下小路，西至滨河西路；院校中街东起滨河西路，西至北海路；院校西街东起北海路，西至西环路。

育新街
Yùxīn Jiē

次干路。东起奎聚路，西至石化路；南临富昌街，北临院校街。因初建路段设有小学和幼儿园，由此命名为育新街。混凝土、沥青路面，双向2车道，机非混行，主车道宽9米，人行道宽6米，道路全长3815米。沿路分布有育新学校、第二实验小学、油区办、残联等单位。1988年初建，2012年重修拓建。

富昌街
Fùchāng Jiē

富昌街旧貌（2009年）　　摄影：王宏志

主干路。以吉祥嘉言命名。东起文山路，西至西环路；南临市府街和城里街，北临育新街。混凝土、沥青路面，双向4车道，机非分离，主车道宽28米，人行道宽6米，道路全长6200米。沿路分布有农发银行、疾控中心、财政局、人民银行、农商银行、新村学校等单位。1988年9月修成启用，2001年、2003年、2005年、2017年分别进行重修拓建。

新村街
Xīncūn Jiē

新村街南隅村路段（2020年）　　摄影：魏竹贞

次干路。因道路经过工人新村宿舍区而得名。东起解放路，西至都昌路；南临山前街和新兴街，北临利民街。沥青路面，双向2车道，机非分离，主车道宽10～16米，人行道宽8.6米，道路全长1800米。沿路分布有南隅小学、农业银行、人民医院等单位。

1970年后，南隅、南关村民迁古城的南城墙外新建村舍，形成村路。1976年取直拓宽，铺装砂石路面，工人新村宿舍区同期在道路西段路北兴建；1980年，因道路向西延伸至工人新村住宅区，命名为新村街；1995年扩建，向东延伸至解放路，铺装沥青路面；2013年冬，道路继续向西延伸至都昌路西都昌小学校园前。

山前街
Shānqián Jiē

次干路。因位于西岩山之前而得名。东起北海路，西至都昌路；南临交通街，北临新村街。沥青路面，双向 2 车道，机非混行，主车道宽 10 米，人行道宽 2 ～ 8.6 米，道路全长 946 米。沿路分布有山东省调水工程运行维护中心昌邑管理站、金域悦府、天润一品苑、山前御景园等单位和小区。修筑于 1997 年，2001 年、2013 年、2020 年分别进行重修拓建。

新兴街
Xīnxīng Jiē

新兴街旧貌（2008 年） 摄影：王宏志

主干路。1987 年由国道城区段改为城区道路，适逢个体商业发展期，道路两侧兴起土产农资、机电机械、摩托车销售等新兴商业经济，由此命名新兴街。东起文东路，西至北海路；南临交通街，北临新村街。混凝土、沥青路面，双向 2 车道，机非分离，主车道宽 10 ～ 14 米，人行道宽 6 米，道路全长 3360 米。沿路分布有峡山灌区灌溉所、潍坊银行、土产公司、万方家具商场等单位。

始修于 1920 年，1922 年修成通车。原属烟潍公路昌邑城南段，位于古城南城墙外。1981 年烟潍公路并入烟汕公路（206 国道）；1987 年 206 国道城区段南迁，该路段变为市内道路并命名为新兴街；1997 年道路拓宽重修。

交通街
Jiāotōng Jiē

交通街康利宾馆路段（1994 年） 摄影：李发宁

主干路。因道路曾兼作国道通行，为车辆东西向出城的交通要道，故名。东起下小路，西至西环路；南临平安街，北临新兴街。沥青路面，双向 6 车道，机非分离，主车道宽 24 米，道路全长 9773 米。沿路分布有长途汽车站、金陵御景湾酒店、三台小学、会议中心、中国银行、行政执法局、水利局、昌邑石化等单位。

1987 年，206 国道城区段自今新兴街位置南迁另建，由今北海路龙珠大厦位置向东取直；1994 年，206 国道城区段再次南迁至今平安街位置，使用了 6 年的国道城区段变为市内街道，定名交通街。街道现分为东、中、西三段，交通东街东起下小路，西至滨河西路；交通中街东起滨河西路，西至北海路；交通西街东起北海路，西至石化路。

平安街
Píngān Jiē

平安街夜景（2021 年）　　摄影：荆丽萍

主干路。以吉祥嘉言命名。东起下小路，西至南环路西端；南临同大街，北临交通街。双向 4 车道，机非分离，主车道宽 24 米，人行道宽 3 ～ 5 米，道路全长 11788 米。沿路分布有永富弹簧厂、浩信集团、文山中学、公安局、市委、市政府、供电公司、都昌街道办事处等单位。

1994 年， 烟汕公路（G206）城区段从城西石化路环岛往东取直，由原国道城区段（今交通街）南迁 400 米新修；2012 年 9 月，国道城区段再次南迁至南逢街位置，自 1994 年至 2012 年使用了八年的烟汕路城区段正式成为市内道路；2013 年道路由烟汕路更名为平安街。街道现分为东、中、西三段，平安东街东起下小路，西至滨河西路；平安中街东起滨河西路，西至北海路；平安西街东起北海路，西至南环路西端。

同大街
Tóngdà Jiē

主干路。以沿路企业字号命名。东起滨河西路，西至西环路；南临南苑街，北临平安街。沥青、水泥路面，双向 2 车道，机非分离，主车道宽 6 ～ 16 米，人行道宽 3 米，道路全长 5270 米。沿路分布有文山中学、文化中心、同大集团、华晨印染等单位。

1970 年在南店村前兴建化肥厂，1974 年修通化肥厂北门外东西马路，东起青年路（今北海路），西与烟潍公路交会。2002 年命名为荣昌街，2005 年更名为同大街。2007 年重修拓建。

南苑街
Nányuàn Jiē

主干路。因初修路段位于南苑小区一带而得名。东起滨河西路，西至石化路；南临兴昌街，北临同大街。沥青路面，双向4车道，机非分离，主车道宽16～24米，人行道宽4米，道路全长4420米。沿路分布有君悦花园、城市金典、同大集团、汽车博览园等小区和单位。2011年初建，2015年、2017年重修拓建。街道现分为东、西两段，南苑东街东起滨河西路，西至北海路；南苑西街东起北海路，西至石化路。

兴昌街
Xīngchāng Jiē

次干路。以企业字号命名。东起奎聚路，西至文昌南路；南临206国道（南逄街），北临南苑街。沥青路面，双向4车道，机非分离，主车道宽22米，人行道宽8.6米，道路全长360米。沿路分布有育秀学校、实验幼儿园、金域华府等单位和小区。2013年建成使用。

石化路
Shíhuà Lù

主干路。以该路段产业性质命名。南起206国道（南逄街），北至院校西街；东临城西路和都昌路，西临西环路。沥青路面，双向4车道，机非分离，其中主车道宽24米，人行道宽5米，道路全长5761米。沿路分布有昌邑热电、昌邑石化、消防大队、华晨纺织等单位。

1988年4月修成开通，始称西环路，水泥路面。后西环路西移新建，该路段改称石化路。2003年、2005年、2019年分别进行重修拓建，铺装改造为沥青路面。

城西路
Chéngxī Lù

次干路。因道路位于主城区西部，以方位命名。南起南苑西街，北至交通街；东临都昌路，西临石化路。沥青路面，双向2车道，机非分离，其中主车道宽16米，人行道宽8.6米，道路全长1307米。沿路分布有海天纺织、康洁环卫、同大海岛等单位。2001年建成通车，2015年重修拓建。

都昌路
Dūchāng Lù

都昌路旧貌（2010年）　　摄影：王宏志

主干路。因道路位于都昌街道辖区，以位置命名。南起同大街，北至院校西街；东临建设路，西临城西路和石化路。沥青路面，双向6车道，机非分离，主车道宽28米，人行道宽6米，道路全长3649.5米。沿路分布有新村学校、华海贸易广场、邮政公司、黄福家族墓园等单位和古迹遗址。

1988年4月修成开通，初称岩山路，以沿路山埠之名而命名；都昌街道成立后，因道路为街道辖区内主要的南北马路，于2005年更名为都昌路；1999年、2004年、2017年分别进行重修拓建。

建设路
Jiànshè Lù

建设路旧貌（2009年）　　摄影：王宏志

主干路。因道路修成时适逢道路两旁进行城区改造建设，故名。南起平安西街，北至育新街；东临北海路，西临都昌路。沥青路面，双向2车道，机非混行，主车道宽10米，人行道宽6米，道路全长2632米。沿路分布有西城农贸市场、新新家园、实验小区、豫园小区等便民市场和小区。1989年修通刘辛村路段，2010年、2016年分别重修扩建。

奎聚路
Kuíjù Lù

奎聚路北海公园路段（2021年）　　摄影：张小萍

主干路。因道路位于奎聚街道辖区，以位置命名。南起206国道（南逄街），北至院校中街；东临中学路和新昌路，西临文昌路。沥青路面，北段双向2车道，南段双向4车道，机非分离，主车道宽16～24米，人行道宽3～6米，道路全长5613米。沿路分布有车管所、北海公园、潍坊银行、奎聚街道办事处、人民法院、文山中学、宏大市场等单位和公共设施。

1988年4月修成开通，取“昌邑繁盛”之意命名为昌盛路。奎聚街道成立后，因道路为街道辖区内主要的南北马路，于2005年更名为奎聚路；1987年、1998年、2003年、2017年、2020年分别进行重修拓建。

中学路
Zhōngxué Lù

次干路。因道路南首为文山中学而得名。南起平安街，北至新兴街；东临新昌路，西临奎聚路。沥青路面，双向 2 车道，机非分离，主车道宽 12 米，人行道宽 6 米，道路全长 997 米。沿路分布有公安局、民政局、西台社区居委会等单位。2010 年建成。

新昌路
Xīnchāng Lù

主干路。以企业字号命名。南起兴昌街，北至园区一路；东临文山路，西临中学路和奎聚路。沥青路面，双向 6 车道，机非分离，主车道宽 28 米，人行道宽 4 米，道路全长 5161 米。沿路分布有档案馆、东利集团、新昌集团、乾隆杯酒业等单位。

1988 年 4 月修成开通，始称东环路，2005 年改称新昌路。2004 年、2011 年、2016 年 、2020 年分别进行重修拓建。

文山路
Wénshān Lù

次干路。因道路位于文山脚下而得名。南起新兴街，北至富昌街；东依文山，西临新昌路。沥青路面，双向 2 车道，机非混行，主车道宽 11 米，道路全长 1100 米。沿路分布有昌邑市博物馆、兴昌建筑公司等单位。1997 年修成。

文东路
Wéndōng Lù

次干路。因位于文山东麓而得名。南起交通中街，北至院校中街；东临滨河西路，西依文山。沥青路面，双向 2 车道，机非分离，主车道宽 16 米，道路全长 2090 米。沿路分布有龙源国际、昌邑一中、潍水龙城、文昌花园等单位和小区。2019 年建成通车。

滨河西路
Bīnhé Xīlù

滨河西路（2023 年） 摄影：孙洪波

次干路。因位于潍河西岸而得名。南起金口大桥，北至城北橡胶坝；东临潍河，西临文东路。沥青路面，双向 2 车道，主车道宽 9 ～ 12 米，人行道宽 3 ～ 4 米，道路全长 7601 米。沿路分布有潍水风情湿地公园、金陵御景湾酒店、昌邑一中等单位和公共设施。2013 年建成通车。

滨河东路
Bīnhé Dōnglù

次干路。因位于潍河东岸而得名。南起金口大桥，北至院校东街；东临下小路，西临潍河。沥青路面，双向 2 车道，主车道宽 6 ～ 9 米，人行道宽 3 米，道路全长 6500 米。沿路分布有妇幼保健院、董家隅庄村、西丁庄、北金家口村等单位和村庄。2013 年建成通车。

第二节 国道

青银高速公路（G20）
Qīngyín Gāosù Gōnglù

青银高速饮马入口（2021年） 摄影：李发宁

公路起点为山东青岛，讫点为宁夏银川，以起讫点政区名称首字命名，由交通运输部统一编号为G20。途经山东、河北、山西、陕西、宁夏五省份、自治区，全长1610千米。

青银高速昌邑境内路段东起胶莱河北孟段（昌邑高密界），西讫潍河饮马段（昌邑坊子界），全长27.2千米，在下小路饮马镇南2千米处设饮马收费站1处。

青银高速山东段原称济青高速公路，编号代码为G305；1990年初开工建设，1993年冬建成通车，双向4车道；2010年交通运输部对国家高速公路进行了重新编号，济青高速公路作为国家高速路网的一部分并入青银高速公路，编号代码改为G20；2016年青银高速山东段启动改扩建工程，拓展为双向8车道，2019年7月竣工通车。

荣乌高速公路（G18）
Róngwū Gāosù Gōnglù

荣乌高速柳疃入口（2021年） 摄影：齐英杰

公路起点为山东荣成，讫点为内蒙古乌海，以起讫点政区名称首字命名，由交通运输部统一编号为G18。途经山东、天津、河北、山西、内蒙古五省市、自治区，全长1820千米。

荣乌高速昌邑境内路段东起胶莱河卜庄段（昌邑平度界），西讫虞河龙池段（昌邑寒亭界），全长30.54千米，在柳疃镇金家庄北设昌邑收费站一处，卜庄镇集东村北设下营收费站一处。荣乌高速潍河特大桥全长2357.06米，桥面宽度28米，为荣乌高速全线最大桥梁，于2006年1月动工兴建，2008年竣工，荣乌高速山东段同期全线通车。

威汕线（G206）
Wēishàn Xiàn

烟潍公路城区段周边单位（1972年） 制作：李发宁

公路起点为山东威海，讫点为广东汕头，以起讫点政区名称首字命名，由交通运输部统一编号为G206（206国道）。途经山东、江苏、安徽、江西、广东五省份，一级公路标准，全线2440千米。

威汕线昌邑境内路段东起胶莱河卜庄段（昌邑平度界），西讫都昌街道王耨村西（昌邑寒亭界），全长32.6千米，其中双向4车道路段29.9千米，双向六车道路段2.7千米，路面宽度23—30米。沿途经过卜庄镇、围子街道、都昌街道。

威汕线烟台至潍坊路段始修于民国9年（1920）11月，设计之初本为烟潍铁路，过城不进城，不设硬拐弯，路基亦按铁路标准修筑，后因资金不足改为公路，民国11年（1922）筑成通车，初称烟潍汽车道，后改称烟潍公路。初建路面宽6米，为昌邑境内首条汽车道。1954年铺装碎石路面；1971年昌邑段路面拓宽并实施沥青表面处理，油面宽7米；1975年昌邑段路基宽度加宽至12—18米；1981年烟潍公路并入烟汕公路（206国道）；1987年烟汕公路昌邑城区段由今新兴街位置南迁200米至今交通街位置；1990年，根据《GB/T 11708-1989公路桥梁命名编号和编码规则》，烟汕公路命名为烟汕线（G206）；1994年，烟汕线昌邑城区段南迁至今平安街位置；2003年7月，潍坊市公路管理局在围子镇（今围子街道）与卜庄镇交界处设立烟汕线（G206）昌邑收费站；2012年9月，烟汕线昌邑城区段南移至今南逄街位置；2013年，《国家公路网规划（2013～2030）》公布，将烟汕线起点由山东烟台改为山东威海，同期更名为威汕线；2014年，威汕线（G206）昌邑收费站停止收费并拆除。

文石线（G308）
Wénshí Xiàn

公路起点为山东文登，讫点为河北石家庄，以起讫点政区名称首字命名，由交通运输部统一编号为G308（308国道）。

途经山东、河北两省份，一级公路标准，全线637千米。

文石线昌邑境内路段东起胶莱河石埠段（昌邑平度界），西讫潍河饮马段（昌邑坊子界），全长19.9千米，双向4车道，路面宽度23—24米。沿途经过石埠经济发展区、饮马镇。

文石线潍坊至荣成石岛段原称潍石公路，1957年建成通车；1981年并入荣兰公路（309国道）；1990年，根据《GB/T 11708-1989公路桥梁命名编号和编码规则》，荣兰公路编号定为G309荣兰线；1999年潍莱高速公路建成通车后，原G309荣兰线改为省道S804荣冠线（山东荣成至河北冠县），成为309国道辅线；2009年路线编号名称再次调整为G309荣兰线；2001年全路段实施拓宽改造，在昌邑路段设立309国道胶莱河收费站（2021年停止收费并拆除）；2017年11月，G309下小路以西路段改线为由下小路石埠路口往南至宝通东街东首，再沿宝通东街往西经博陆山北接坊子界；2018年，根据《交通运输部关于开展国家公路网命名编号调整工作的通知》（交公路发〔2018〕27号）文件要求，将G309荣兰线编号名称调整为G308文石线。

青兰线（G309）

Qīnglán Xiàn

公路起点为山东青岛，讫点为甘肃兰州，以起讫点政区名称首字命名，由交通运输部统一编号为G309（309国道）。途经山东、河北、山西、陕西、宁夏、甘肃六省份，一级公路标准，全线2208千米。

青兰线昌邑境内路段东起北孟镇大南孟村南（昌邑峡山界），西讫峡山区双埠子村北（昌邑峡山界），全长11.5千米，双向4车道，路面宽度24米。沿途经过曲家七沟、朱家七沟、北孟镇区、南李家埠等地。

青兰线昌邑段原属S805潍胶线的一部分，2006年开工建设，2008年建成通车。2018年，根据《交通运输部关于开展国家公路网命名编号调整工作的通知》（交公路发〔2018〕27号）文件要求，将S805潍胶线并入G309青兰线。

第三节 省道

荣潍高速公路（S16）
Róngwéi Gāosù Gōnglù

荣潍高速石埠入口（2021 年） 摄影：褚光辉

公路起点为荣成市，讫点为潍坊市，以起讫点政区名称首字命名，由交通运输部统一编号为S16。途经荣成、文登、乳山、海阳、莱阳、莱西、平度、昌邑、寒亭、坊子等县市区，全长 324 千米。

昌邑境内路段东起胶莱河石埠段（昌邑平度界），西讫潍河石埠段（昌邑寒亭界），全长 9.1 千米，在下小路石埠经济发展区驻地北 1 千米设石埠收费站 1 处。

荣潍高速潍坊至莱阳段原称潍莱高速，1997 年 3 月开工建设，1999 年 6 月竣工通车；2015 年 12 月，荣文高速（荣成至文登段）建成通车；2020 年 9 月，文莱高速（文登至莱阳段）建成通车，荣文高速、文莱高速、潍莱高速同期并网为荣潍高速公路，编号代码 S16；2020 年 11 月，荣潍高速与潍日高速潍坊连接线建成通车。

田高线（S309）
Tiángāo Xiàn

公路起点为青岛田横，讫点为淄博高青，以起讫点政区名称首字命名，由交通运输部统一编号为S309（309 省道）。途经即墨、平度、昌邑、滨海、寿光、广饶、博兴、高青等县市区，一级公路标准，全线 310 千米。

昌邑境内路段全长 30 千米，东起胶莱河下营段（昌邑平度界），西讫虞河龙池段（昌邑滨海界），沿途经过卜庄镇、下营镇、柳疃镇、龙池镇，双向 4 车道，路面宽度 23—24 米。

田高线昌邑段原称新沙公路，始修于 1989 年；1994 年铺筑沥青混凝土路面，并入辛沙线（河北辛集—山东沙河）；1999 年路线编号名称调整为 S320 新海线（山东新河—河北海兴）；2003 年全段实施拓宽改建工程，改造为二级公路标准；2008 年至2009年靶杨路口至虞河段拓宽改建为一级公路标准；2010年平度昌邑界至靶杨路口段拓宽改建为一级公路标准；2018年，根据《交通运输部关于开展国家公路网命名编号调整工作的通知》（交公路发〔2018〕27号）文件要求，将S320新海线编号名称调整为S309田高线。

下小线（S221）
Xiàxiǎo Xiàn

下小路下营段（2018年） 摄影：李发宁

公路起点为昌邑下营，讫点为临朐小关，以起讫点政区名称首字命名，由交通运输部统一编号为S221（221省道）。途经昌邑、峡山、安丘、临朐等县市区，二级公路标准，全线155千米。

昌邑境内路段全长52.3千米，其中一级公路39.4千米，二级公路12.9千米，北起下营镇，南讫峡山界，沿途经过下营镇、卜庄镇、围子街道、石埠经济发展区、饮马镇、北孟镇，双向4车道，路面宽度18—24米。

下小线原称下岞路，修建于1953年，为昌邑下营至昌邑岞山的县内道路；1974年延伸至临朐小关，调整为下小路；1988年石埠潍石路口至峡山水库安丘界实施拓宽改建工程，改造为二级公路标准；1992年完成辛沙路口至国道206线路口段改建工程；1993年完成下营港至辛沙路口段改造；1998年国道206线路口至石埠镇驻地段实施改建工程，路面宽度12米，二级公路标准；1999年石埠省道荣冠路（原国道309线）口至北孟前李家埠段实施改建工程，路面宽度16米，二级公路标准；2001—2002年，北孟前李家埠村旁向西路段南移5千米，修筑为二级公路标准；2005年，新海路口至206国道路口段路面宽度改造为18米，国道206线路口至石埠镇荣冠路口段路面宽度改造为24米（一级公路标准）；2011年，下营镇镇区至新海路口段改造为一级公路标准；2012—2013年，石埠经济发展区驻地至潍坊市峡山区界段改造为一级公路标准。

第四节 县道

灶朱路（X005）

Zàozhū Lù

灶朱路柳疃至城区段（2021 年） 摄影：李发宁

公路起点为柳疃镇灶户村北国防路，讫点为潍坊市寒亭区朱里街道健康东街，以起讫点政区名称首字命名。沿途经过昌邑柳疃镇、奎聚街道、都昌街道和潍坊市寒亭区朱里街道，全线 35.48 千米。昌邑段长 28.33 千米，一级公路标准，与城区北海路重叠 7.08 千米，双向 4 车道，路面宽 24-30 米。

民国时期为柳疃通往县城的马车道；民国后期进行部分取直修补，变为汽车道；1951 年重修，命名为昌柳路；1968 年铺装沙石路面 11.5 千米；1978 年铺装沥青路面 12 千米； 1979 年铺装柳疃至灶户 13 千米沥青路面，两段合一，易名昌灶路。1985 年向南延伸至南逄，与朱里至巡堡村道路贯通，改称灶朱路。2021 年 12 月，灶朱路 G206 至朱里段拓宽改建工程竣工通车。

昌平路（X011）

Chāngpíng Lù

昌平路围子辛隅村路段（2021 年） 摄影：冯树岭

公路起点为昌邑市围子街道下小路口，讫点为胶莱河畔昌邑与平度交界处，以起讫点政区名称首字命名。全路段在昌邑市围子街道境内，全长 10.8 千米。路面宽 12 米，双向 2 车道，二级公路标准。道路穿经围子街道苑家庄、辛隅村、民丰村、密埠店和崔家庄。

民国 14 年（1925）始修水昌路（莱阳

水沟至昌邑）；1958年，因实际通车路段至平度，改称昌平公路；1976年，因平度幸福庄至平度县城路段改为国道，原昌平路长度缩短，改称围幸路（昌邑围子至平度幸福庄）；1977年改造为砂石路面；2007年，昌邑下小路至平度界路段铺装水泥路面，宽7米，改称昌平路；2020年重修，铺装沥青路面，拓宽至12米。

永大路（X173）
Yǒngdà Lù

公路起点为围子街道永富庄，讫点为峡山区岞山街道大行营村，以起讫点村庄名称首字命名。昌邑境内北起围子街道围仓路，南至昌邑峡山界。道路全长30.3公里，昌邑境内长24.9千米。路面宽7米，双向2车道，三级公路标准，穿村路段为水泥混凝土路面，其余部分为沥青混凝土路面。

道路始建于2003年，晴埠村—宝通街（国道309）路段2018年大修。昌邑境内路段穿经围子街道永富村、陶埠村、营斜村、东小章村、梁张庄，石埠经济发展区南斜村、晴埠村、埠头村、东金台，饮马镇后赶仙庄、前赶仙庄、长太屯、初家庄。

第五节 桥梁

院校街大桥
Yuànxiào Jiē Dàqiáo

院校街大桥（2020 年） 摄影：李发宁

属城区道路跨潍河桥梁。位于院校街奎聚街道与围子街道交界处，大桥西首路南为昌邑一中，东首路北为康桥嘉苑小区。以所属街道名称命名。

院校街大桥 2011 年 10 月奠基兴建，2013 年 11 月竣工通车。大桥长 387 米，桥面宽 29 米，双向 4 车道，采用预应力箱梁结构。

揽月桥
Lǎnyuè Qiáo

属步行景观桥，位于潍水风情湿地公园内，交通街大桥北侧。因桥中段汉白玉石拱造型宛若皎月，以桥梁造型命名。

该桥建成于 1963 年底，原属烟潍公路潍河桥。因设计为中水位桥，汛期水位经常漫过桥面，又称漫水桥。桥梁分六组 30 孔，全长 279.7 米，上部为等跨混凝土连续板，下部系混凝土排架桩墩台，两端石砌过水路长 374.46 米，桥头路基引道长 481.09 米，路面与桥面同宽均为 7 米，工程造价 60.2 万元。

潍河大桥通车旧照（1963 年） 照片提供：李发宁

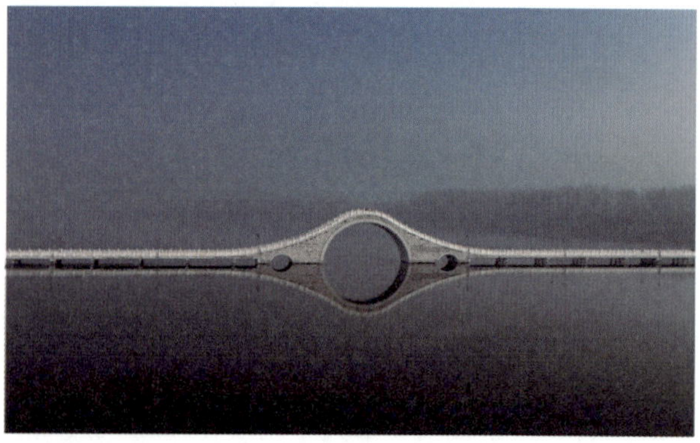
揽月桥（2021 年） 摄影：李发宁

1983年1月，在漫水桥南100米处建成潍河大桥（今交通街大桥），与漫水桥组成上下行模式共同使用；2003年，在潍河大桥南600米处新建潍河特大桥（今平安街大桥），原上下行桥梁不再作为国道桥使用；2010年底，建于1963年的漫水桥改造为石拱景观桥，以景观造型更名为揽月桥。

交通街大桥
Jiāotōng Jiē Dàqiáo

交通街大桥旧照（1983年）　　照片提供：傅敬东

交通街大桥（2017年）　　摄影：荆丽萍

属城区道路跨潍河桥梁。位于交通街奎聚街道与围子街道交界处，桥西首路北为金陵御景湾酒店，东首路南为水岸府邸小区。以所属大街名称命名。

1983年1月，在漫水桥（今揽月桥）南100米处建成烟潍公路新潍河大桥。大桥下部结构为钻孔灌注桩基础双柱式墩台，上部结构为钢筋混凝土T型梁；全桥28孔，每孔跨径20米；总长564.54米，桥面全宽12.5米；设计荷载汽车20吨，验算荷载挂车100吨；设计洪水频率为百年一遇。新潍河大桥建成后与原漫水桥组成上下行模式共同使用。

1994年，206国道城区段南迁400米新修（今平安街），原国道城区段更名为交通街；2003年10月，新国道城区至潍河路段取直，在1983年所建潍河大桥南600米处新建潍河特大桥（今平安街大桥），原国道潍河大桥因连接交通街，更名为交通街大桥；2010年4月，为配合湿地公园景观带建设，交通街大桥启动双拱索拉造型改造工程；2011年10月改造完成，大桥双拱造型与揽月桥石拱造型交相辉映。

平安街大桥
Píngān Jiē Dàqiáo

属城区道路跨潍河桥梁。位于平安街奎聚街道与围子街道交界处，大桥西首路南为邑城水岸小区，东首路北为妇幼保健院。以所属大街名称命名。

2003 年 10 月，206 国道潍河特大桥建成通车，工程总投资 5018.3 万元；大桥设计荷载汽车 20 吨，验算荷载挂车 100 吨；全桥 30 孔，每孔跨径 30 米；桥长 906 米，桥面净宽 24 米，全宽 26.5 米；下部结构为钻孔灌注桩基础四柱式墩台，上部结构为钢筋混凝土预应力 T 型梁。

平安街大桥（2023 年）　　摄影：李发宁

2012 年 9 月，206 国道城区段南移至南逄街，新国道大桥（金口大桥）同期落成启用，原国道城区段改称平安街，连接原国道的潍河特大桥更名为平安街大桥。

玉带桥
Yùdài Qiáo

属潍河水利闸桥。位于围子街道北金家口村西。因桥梁位于水面较窄河段，又设置水闸蓄水，俯瞰尽显“玉带捆水”之势，由此得名。

1957 年，在潍河金家口村西河段建成金口溢水堰，以保障引潍灌区水源供应。经多年运营后，溢水堰的坝前淤沙严重，导致蓄水调水功能弱化，1979 年 7 月在堰坝以北 50 米处另建金口拦河闸，1981 年工程竣工，同期建成闸桥，以方便两岸车辆和行人通行。2012 年，206 国道城区段由今平安街位置南迁至今南逄街位置，同期在闸桥南侧 50 米处建成新国道潍河大桥（金口大桥），原闸桥改为潍河景观桥，并命名为玉带桥，不再具备车辆通行功能。

玉带桥旧照（1992 年）　　摄影：陈官阶

金口大桥
Jīnkǒu Dàqiáo

属国道跨潍河桥梁。位于 206 国道都昌街道与围子街道交界处，大桥西首路南为宏大农贸市场，东首路北为北金家口村。以附近村庄名称命名。

2012 年 9 月，206 国道昌邑城区段南迁至都昌街道南逄街位置，新国道潍河大桥同期落成启用。桥长 647 米，桥面宽 24.0 米，桥下净高 5 米；上部为简支空心板梁，下部为多柱式墩台，混凝土结构；在主桥 12 号桥墩处，桥梁两侧做 A 形斜拉桥塔柱，塔高 90.3 米，塔柱每侧设 12 对拉索，锚固于主桥两侧设置的纵梁上；设计通行车辆最大载重量为 120 吨。因大桥东首连接金家口村（自然村），定名为金口大桥。

金口大桥（2013 年） 摄影：李发宁

第六节　车站码头

昌邑汽车总站
Chāngyì Qìchē Zǒngzhàn

汽车站新兴街旧址（1986年）　照片提供：李发宁

昌邑汽车总站（2018年）　摄影：王晓臣

位于围子街道辖区。东至下小路，西邻围子初级中学，南邻亿润鑫园小区，北至交通东街。

昌邑汽车总站前身为昌邑县汽车站。民国11年（1922）烟潍公路修通后，在南关村前（今恒鼎新都汇项目西南角一带）成立烟潍汽车道昌邑汽车站；“七七事变”后遭日伪武装破坏，临时迁址县城西门里路南（今顺达职工宿舍北区一带），又迁城东陶埠路井（今文山小学西墙外）；民国37年（1948），以烟潍公路北侧中台村马车店房舍（今新兴街路北翠峰御景小区一带）重新设立国营昌邑县汽车站；1951年站址西迁1.2千米，在烟潍公路北侧（今新兴街路北、文昌南路西侧）新建站房5间；1959年站址再次西迁至马车运输合作社旧址（今解放路与新兴街路口西北角），扩建站房和停车大院，改称昌邑汽车站；1992年因206国道城区段南迁，汽车站迁至新国道路南（今交通街路南佳乐家超市位置）；2011年4月，迁下小路与交通东街路口今址，改称昌邑汽车总站。

昌邑站（高铁站）
Chāngyì Zhàn

位于下小路以西，绿博园南侧，为潍莱高铁与潍烟高铁交会枢纽站。以所在政区名称命名。

2020年11月，潍莱高铁建成通车，设计时速350 千米/小时，途经潍坊、昌邑、平度、莱西四地。潍莱高铁昌邑站同期建成启用，站场规模为2台6线；站房面积1万平方米；配套站前广场及进出站道路总占地11.5万平方米，其中广场占地4.9万平方米；广场东侧有公交站亭6个，南侧有出租车乘坐站亭4处，西侧有公共停车位200个。

昌邑站（2021年） 摄影：李发宁

2020年11月，潍烟高铁（潍坊至烟台）开工建设，设计时速350 千米/小时，预计2024年投入运营。其中潍坊至昌邑段与潍莱高铁共线运行，自昌邑站往东北方向与潍莱高铁分线，经莱州、招远、龙口、蓬莱通往烟台芝罘区。

昌邑北站（火车站）

Chāngyì Běizhàn

位于灶朱路柳疃路段西侧，柳疃镇曹家庄南侧，属大莱龙铁路沿线车站。以所在政区名称及车站位置命名。

昌邑北站原为大莱龙铁路（潍坊大家洼至烟台龙口港）货运站，1999年开工建设，2005年建成投入使用，拥有货场2个，到发线2条、货物线5条，年装卸能力100万吨。2019年5月，大莱龙铁路扩能改造工程开工，

建设中的昌邑北站（2023年） 摄影：荆丽萍

改造后，线路年货运能力将由1900万吨提升至3000万吨。在该次改造工程中，昌邑北站新建客运站房和旅客站台，建成后将开办客运业务，为昌邑市第二座铁路客运站。

昌邑市下营渔港

Chāngyì Shì Xiàyíng Yúgǎng

下营渔港（2021年） 摄影：李发宁

昌邑市下营渔港位于下营镇政府街西

首，潍河东岸，距离潍河入海口约10千米。港区地理坐标为东经119°27′49″，北纬37°04′00″。以政区名称及港口功能命名。

下营港已有数百年历史，乾隆《昌邑县志》载 “渤海，在县北五十里，产渔盐之利，有下营海口，商船往来停泊处”。民国前期，下营港分设南北码头，南码头位于今西下营村前的古河道拐弯处，商渔两用，有商埠街市，设商会和缉私队；北码头位于西下营村北，平时渔船较少，仅在“大海市”季节兴盛一时。民国10年（1921），英国当局在南码头开设海关，强征关税；民国28年（1939）7月，因大海潮码头被淤，自此生意萧条；1953年疏浚河道，下营渔港迁址西下营村西；1956年北迁下营林场以西河岸，码头南北长100米，可同时停靠渔船10余条；1968年取直西下营村北河道，以密排木桩建造泊船港台； 1973年重建混凝土港台，码头全长200米；2010年8月码头扩建工程竣工，升级为国家一级渔港，码头长度约827米，港内陆域面积3.1万平方米，港内水域面积6.9万平方米，可容纳300余艘渔船同时停靠，年卸港量2万吨；2019年，原市海洋发展中心积极争取上级政策支持，开展下营一级渔港整治维护，实施了提升码头面、更换轮胎护舷及系缆柱、疏浚港池、改建管理房、建设污水池、完善动态监控系统等工程，2021年6月项目全部完工。

第六章

水利

第一节 灌渠

胶东调水工程昌邑段
Jiāodōng Diàoshuǐ Gōngchéng Chāngyì Duàn

王耨泵站（2021 年） 照片提供：李希峰

原称引黄济青工程昌邑段，引黄河水以补给青岛市及工程沿线高氟区人畜饮水和工农业生产用水需求。自都昌街道西永安村进入昌邑境内，由石埠经济发展区前谢家营出昌邑进入高密市境域，渠长47.8千米。流经都昌街道、围子街道、石埠经济发展区、饮马镇，在都昌街道王耨村北设王耨泵站。1986年4月动工，1989年11月竣工通水。在昌邑设山东省引黄济青工程昌邑管理处。

2003年，引黄济烟工程开工建设，昌邑段渠长5.2千米，在引黄济青工程昌邑宋庄段建分水闸引水，于围子街道东王家庄跨胶莱河进入平度界。2013年7月，引黄济烟工程全线竣工，与引黄济青工程合并管理，并称为胶东调水工程。

引黄入峡输水渠2014年开工建设，2015年底建成通水。自引黄济青都昌街道乖场村渠段引水，由乖场村东向南进入潍坊市寒亭区境内，工程全长34千米，昌邑段全长0.7千米。

2009年5月，山东省引黄济青工程昌邑管理处更名为山东省胶东调水工程昌邑管理站，2019年2月改称山东省调水工程运行维护中心昌邑管理站，下辖王耨泵站管理所、徐林庄闸、潍河枢纽以及入吴沟河闸。

河西灌溉渠
Héxī Guàngài Qú

河西灌溉渠配水站（1978 年） 照片提供：李发宁

1957年在潍河金家口河段建成溢水堰实施蓄水，同年建成河西引水渠，自溢水堰上游小营口引水，止于奎聚街道虫埠村东，用于潍河西岸昌北农田灌溉及人畜饮水。

1964年，龙池王家庄子水稻试种成功，为发展河西水稻种植，同年延伸扩建引水工程，1965年竣工，以方位及功能命名为峡山水库昌邑灌区河西灌溉渠。原灌溉渠城区段由辛置村后向西北流经人民医院墙西、傅徐城后村西、韩家屯村西，为防止医院污水污染，灌溉渠城区段于1975年实施改道工程，改为由辛置村往北经招待所（今昌邑宾馆）墙西、郝家城后村西（今天水路路段），从今院校街位置西拐至韩家屯村后，又接原渠段。1978年改道工程竣工。今灌溉渠自都昌街道前伍塔村至高家道照村渠段为石砌材质，下游渠段为土渠，总长13.4千米，灌溉面积2.8万亩。沿途设一干、二干、三干、四干四条分渠。

河东灌溉渠
Hédōng Guàngài Qú

河东灌渠金口引水闸（1986年） 照片提供：于永江

1957年在潍河金家口河段建成溢水堰实施蓄水，1958年建成河东引水渠，由溢水堰上游南金村与北金村之间河段设闸引水，止于卜庄镇肖家营村，用于潍河东岸昌北农田灌溉及人畜饮水。

1964年龙池王家庄子水稻试种成功，潍河东岸昌北农田同期实施稻田改造，并延伸扩建河东引水工程，1965年工程竣工。以方位及水渠功能命名为峡山水库昌邑灌区河东灌溉渠。水渠呈西南－东北走向，自围子街道金口村至天保庄渠段为混凝土材质，下游渠段为土渠，总长13.7千米，灌溉面积2.5万亩。沿途设五干、六干、七干、八干、九干、十干六条分渠。

南灌溉渠
Nán Guàngài Qú

由峡山水库坝口引水，止于北孟镇渔池河，呈西南－东北走向。属峡山水库昌邑灌区灌溉工程，建设于1965年，以方位及水渠功能命名。材质为土渠，总长度为14.9千米，灌溉面积31.5万亩。沿途设分渠十条，命名为南一干至南十干。

第二节 闸坝

潍河防潮蓄水闸
Wéihé Fángcháo Xùshuǐ Zhá

潍河防潮蓄水闸（2018 年） 摄影：李发宁

位于潍河柳疃镇北辛安庄村东河段，距潍河入海口 15 千米，兼具防潮、蓄水和交通桥功能。以水闸功能命名。

1990 年开工建设，1992 年建成。闸前最高蓄水位 4.0 米，蓄水量 1000 万立方米；闸孔 11 孔，每孔净宽 12 米；闸门采用平板钢闸门。2014 年投资 3682 万元对水闸进行维护改造，同期拆除重建上游交通桥。

潍河金口橡胶坝
Wéihé Jīnkǒu Xiàngjiāo Bà

位于潍河金家口河段，南距金口大桥 660 米，主要承担潍河围子街道北金村以南河道拦河蓄水功能。以坝址附近村庄名称命名。

拦水坝为橡胶材质，投资 1976 万元，于 2006 年 2 月开工建设，当年年底竣工。坝袋 3 节，每节 60 米；坝顶高程 10.5 米，坝底高程 6.5 米；蓄水高度 4 米，设计蓄水量 2400 万立方米，可扩大和改善灌溉面积 37 万亩。

潍河城东橡胶坝
Wéihé Chéngdōng Xiàngjiāo Bà

位于昌邑一中校园以东潍河河段，潍水风情湿地公园内，主要承担潍水风情湿地公园水体保持功能。因坝址位于昌邑市主城区以东而得名。

拦水坝为橡胶材质，投资 840 万元，2002 年 10 月开工建设，2003 年 10 月竣工启用。坝长 191.5 米，坝袋 3 节，每节 60.47 米；调节闸 2 孔，每孔净宽 3 米；坝顶高程 7.7 米，坝底高程 3.5 米；蓄水高度 4.2 米，蓄水量 1100 万立方米，汇水长度 5.5 千米。

潍河城北橡胶坝
Wéihé Chéngběi Xiàngjiāo Bà

位于潍河奎聚街道初曲村东河段，南距院校街大桥1.5千米，主要承担潍水风情湿地公园北段水体保持功能。因坝址位于城区北部而得名。

拦水坝为橡胶材质，投资2300万元，2011年3月开工建设，同年9月主体工程竣工。坝长237米，坝袋3节，调节闸2孔；坝顶高程7.8米，坝底高程3.3米；蓄水高度4.5米，蓄水量1000万立方米。

潍河柳疃橡胶坝
Wéihé Liǔtuǎn Xiàngjiāo Bà

位于潍河柳疃镇姜家堤子村东河段，主要承担潍河柳疃至奎聚河段拦河蓄水功能。因坝址位于柳疃镇河段而得名。

拦水坝为橡胶材质，投资1400万元，2006年6月开工建设，2007年8月建成。坝长292米，坝袋5节，每节56米；调节闸2孔，每孔宽3米；坝顶高程5.5米，坝底高程2.3米；蓄水高度3.7米，蓄水量1300万立方米，汇水长度10千米。

丰产河橡胶坝
Fēngchǎnhé Xiàngjiāo Bà

位于丰产河新海公路桥北1600米处，主要承担丰产河龙池段拦河蓄水功能。以水坝所跨河流名称命名。

拦水坝为橡胶材质，投资1580万元，2011年7月开工建设，2012年6月竣工。坝长122.5米，坝袋2节，每节59.75米；调节闸1孔，净宽2.5米；坝顶高程4.5米，坝底高程1.2米；蓄水高度3.5米，蓄水量300万立方米。

丰产河涵闸
Fēngchǎnhé Hánzhá

位于新海路北，丰产河西岸，承担水流量控制功能。以涵闸所处河流名称命名。涵闸为钢筋混凝土结构，2011年建成。主体为三孔涵洞附闸，东西流向，上下游为浆砌石护砌，全长137米。

第三节 堤防

潍西防潮堤
Wéixī Fángcháo Dī

位于潍河西岸，柳疃镇、龙池镇北部。东起潍河入海口，西至堤河入海口。

1978年12月20日，柳疃、龙池、双台、南逢、城关、围子、流河等7处公社组织1.1万名民工，赴北部沿海修筑潍河西岸防潮堤。1979年1月5日突遭海潮侵袭，工程被迫停工。该次施工完成土方34.6万立方米，国家投资10万元。1983年4月3日，在原工程基础上继续施工，至11月10日竣工，完成土方55万立方米，国家投资49万元。

堤坝高程5米，顶宽5米。潍河至堤河主堤长9917米，潍河西岸副堤长2400米，堤河东岸副堤长4900米。

潍东防潮堤
Wéidōng Fángcháo Dī

位于潍河东岸，下营镇北部。西起潍河入海口，东至蒲河入海口。

1980年3月，潍河至蒲河防潮堤工程开工，由12处公社组织1.5万名民工，出动拖拉机700台，历时40天修成，堤顶高程修至4米。1981年2月实施加高护坡工程，6处公社3000名民工参加，出动拖拉机200台，石砌护坡2300米，完成土方101万立方米，石方1.15万立方米，投资234.6万元。

堤坝全长6379米，防护形式为土堤防护式和浆砌石挡土墙两种，堤顶高程5.0米，顶宽5.0米，沿堤建有5座扬水站。

蒲东防潮堤
Púdōng Fángcháo Dī

位于蒲河与北胶莱河之间，下营镇北部。西起潍东防潮堤东首，东至北胶莱河入海口。

1987年10月18日，10万名民工进驻下营北部滩涂，昼夜奋战十余天，完成堤坝的土方垒筑工程。11月初，一场海潮把已完成土方冲走近1/2，随后，全县调集4000多部车辆，3万多名劳力，抢筑防浪石墙，修复堤坝。11月26日，海潮再次袭来，摧垮防浪石墙3900多米，卷走土方60多万立方米。12月10日，4万多名民工第三次上阵，顶着凛冽的寒风，堵决口，砌石墙，昼夜奋战20余天，胜利合围，完成堤坝修筑工程。共动用土方200万余立方米，石方10万余立方米，水泥3500吨。

堤坝全长12.6千米，外坡为浆砌石护坡，底宽33米，堤高5.5米，防浪墙高程6.0米，顶宽6.0米。围圈滩涂3.8万亩。全堤建有四处泄水闸，总泄水量为每150米³/秒。

因浦东防潮堤建成后与潍东防潮堤相连，蒲河入海口被封堵，同期在下营吕家村东北建蒲河分水闸，分流至潍河与胶莱河。

蒲东沿海防潮堤
Púdōng Yánhǎi Fángcháo Dī

位于下营镇北部沿海，1987年所建浦东防潮堤北侧4.4千米处。

工程于2015年开始建设，建于潍河与胶莱河之间的潮间带上，全长13.757千米，其中胶莱河一侧堤长5.2千米，潍河一侧堤长4.5千米，北侧横堤长4千米。堤内海域面积29400亩，堤坝主体占用海域面积41.3公顷，防潮标准为50年一遇，含水闸3座。

该防潮堤采用抛石斜坡堤结构，采用10～100千克块石作为堤心石。外坡采用栅栏板护面，内坡采用M20浆砌石护面，堤顶筑有M20浆砌石挡浪墙，挡浪墙后为简易砂石路面，路面宽7米。

潍河左堤
Wéihé Zuǒ Dī

因位于潍河左岸而得名。宋代已有潍水堤坝修筑记载，据《大明一统志》载“潍水堤，在昌邑县东五里，宋时筑之，以防潍水”。昌邑境内堤段起点为都昌街道太保村，讫点为柳疃镇渔尔堡村，南北走向，长度40.92千米。堤防级别2级，型式为土堤、砌石堤、土石混合堤，工程任务为防洪。

潍河右堤
Wéihé Yòu Dī

因位于潍河右岸而得名。据光绪《昌邑县志》载“光绪二十一年(1895)潍河决口10处，(东岸)扶宁一带河堤全塌，省拨银助修，每修堤一丈给银一两。”昌邑境内堤段起点为饮马镇山阳村，讫点为下营镇西下营村，南北走向，长度60.89千米。堤防级别2级，型式为土堤、土石混合堤，工程任务为防洪。

北胶新河左堤
Běijiāoxīnhé Zuǒ Dī

因位于北胶新河左岸而得名。昌邑境内堤段起点为北孟镇朱阳前村，讫点为饮马镇库户庄，南北走向，长度13.21千米。

堤防级别 4 级，型式为土堤，工程任务为防洪。

北胶新河右堤

Běijiāoxīnhé Yòu Dī

因位于北胶新河右岸而得名。昌邑境内堤段起点为北孟镇东角兰村，讫点为饮马镇库户庄，南北走向，长度 7.4 千米。堤防级别 4 级，型式为土堤，工程任务为防洪。

北胶莱河左堤

Běi Jiāoláihé Zuǒ Dī

因位于北胶莱河左岸而得名。昌邑境内堤段起点为饮马镇库户庄，讫点为下营镇廒里村，南北走向，长度 53.13 千米。堤防级别 5 级，型式为土堤，工程任务为防洪。

虞河左堤

Yúhé Zuǒ Dī

因位于虞河左岸而得名。昌邑境内堤段起点为都昌街道渔洞埠村，讫点为潍北农场界，南北走向，长度 4.19 千米。堤防级别 4 级，型式为土堤，工程任务为防洪。

虞河右堤

Yúhé Yòu Dī

因位于虞河右岸而得名。昌邑境内堤段起点为都昌街道渔洞埠村，讫点为龙池镇东利渔村，南北走向，长度 25.5 千米。堤防级别 4 级，型式为土堤，工程任务为防洪。

第四节 险工

小营口险工
Xiǎoyíng Kǒu Xiǎngōng

小营口险工（2019 年） 摄影：齐英杰

险工位于都昌街道太保村东北潍河左岸。《山东通志》卷二十七载：“大小营城在（昌邑）县南五里，相传为孔融拒黄巾处。”该处原有小营村，因水患频发冲毁，险工以故村名命名。当地至今流传有谚语“开了小营口，大营伍塔跟着走”。潍河故道曾由小营口一带往西流淌，又自县西北去。

险工呈南北走向，于 2019 年 5 月进行治理，对临水侧滩地宽度不足 15 米处险工段，采用吹填工艺补至 15 米，然后对险工段滩地采用 C30 铰链联锁块和水工自锁砖相结合形式护砌，共计铺设 1.02 万平方米，护坡坡脚设置 C30 现浇素砼齿墙，顶部采用 C30 现浇素混凝土压顶。治理长度 400 米。

田家湾险工
Tiánjiā Wān Xiǎngōng

险工位于饮马镇林家埠村西北潍河右岸。该处原有田家老庄，因水患冲刷成湾，后村人迁石埠王家庄东新立田家庄，险工以故村名命名。清代《昌邑县志》中有多次田家湾决口记载，其中清光绪三十年（1904）决口后，洪水东越胶莱河到达三合山，百余村庄被淹。当地流传有谚语“开了田家湾，淹了三户山（今平度三合山旧称）”。潍河故道曾由田家湾向东经前柳杭 、流河汇入胶莱河。

田家湾险工（2019 年） 摄影：李树香

险工呈南北走向，于 2019 年 5 月进行治理，长度 813.7 米。主要采用两排预制钢筋混凝土桩进行护坡，每根桩长 7.5 米；两排桩之间铺设 C30 自锁水工砖护岸，共计 3011 平方米；临水侧第一排桩前设置格宾石笼护岸，共计石料 3166 立方米。

洪崖口险工
Hóngyá Kǒu Xiǎngōng

重修红崖堤落成纪念照（1934 年） 照片提供：李发宁

险工位于都昌街道中庄头村东南潍河左岸，原称红崖口。乾隆《昌邑县志》载“红崖堤，在县东南五里。宋时筑，以防潍涨。”该处地下为文山余脉，土质红褐色，又以褐土筑堤，故名红崖堤，又称红崖口。因频发水患，多次决口，后演称洪崖口。坊间流传有谚语“出（决）了洪崖口，昌邑、潍县跟着走（冲毁）”。

险工呈南北走向，于 2005 年 10 月进行治理，长度 1242 米，主要设施为浆砌石挡土墙和浆砌石护坡。

吴家漫险工
Wújiā Màn Xiǎngōng

险工位于奎聚街道建设村东潍河左岸。该处原为黑埠村吴姓家族河滩地，乡人称之“吴家漫”，以地块名定为险工名。坊间流传有谚语“淹了吴家漫，昌邑、潍县跟着转”。1950 年 7 月，潍河吴家漫堤段决口，仲家庄冲毁，又西移重建新村，更名建设村。

险工呈南北走向，于 2007 年 4 月进行治理，起止点均在奎聚街道建设村东，长度 1500 米，主要设施为浆砌石挡土墙和浆砌石护坡。

第七章
自然地理实体

第一节　山埠

文山
Wén Shān

雪后文山（2018 年）　　摄影：李发宁

旧称东山、东京埠。海拔 42.5 米，山脉呈南北走向。乾隆《昌邑县志》载，“东山，在县东二里，土人呼‘东京埠’。高下数里，烟嶝崚嶒，古木盘郁，潍水揖其东麓”。因位于昌邑宋代古城以东，故名东山。坊间流传，山上原有官府土地，每待惊蛰，县令必“亲临躬耕，以催民种”。由此得名东耕埠（清代山上曾设先农坛），昌邑土语“耕”读“京”音，又演称为“东京埠”。明万历四十六年（1618），知县周学闵在东山倡修文昌庙，内建文昌阁，清乾隆五年（1740），知县周来邰在山上兴修义学，延师训课，“文山”之名由此形成。民国 23 年（1934），文山北麓五里堠村人董廷梅倡捐兴办教育，以山顶文昌庙舍为校舍，创办“文山私立九一八中学”，后因经费问题停课。民国 27 年（1938）3 月，占据昌城的日伪武装强迫城周群众上山拆除建筑，用于日寇工事。庙舍从此不复存在。

文山地质为晚第三纪（距今约 2500 万年至 300 万年）形成的上第三系地层，山体为砂砾岩，表层系红砂土。而文山周围地域为新生代第四纪形成的第四系地层（约 300 万年至 1 万年前形成的松散堆积物地层）。综上所述，文山地层形成时间远早于昌北冲积平原。

昌邑古八景之一“东山晚照”发源于文山西麓，描绘的即为傍晚时分夕阳映照下的文山盛景。

博陆山
Bólù Shān

博陆山旧貌（2009 年）　　照片提供：王芹

位于饮马镇西部，潍河东岸。海拔88.05米，东西长2000米，南北长400米，面积0.8平方千米。《山东通志》载“陆山，在（昌邑）县南四十里，汉封霍光为博陆侯，食邑于此，故山以陆名。唐天保六载，赐名霍侯山”。博陆山曾名陆山、霍侯山，均因相传为汉博陆侯霍光封地而得名。又因山形似卧驴，乡人称驴山子。

山体系元古代粉子山群岩层剥蚀残丘，为缓岗埠岭，地势西高东低，蕴藏石英石、石英砂。东麓及北麓梨园明代已有记载，源于其地势及气候，所产大梨清脆多汁，爽甜可口，2011年获批国家农产品地理标志登记保护。该山现已开发为AAA级旅游景区。

青龙山
Qīnglóng Shān

曾名石臼山。位于饮马镇西部，博陆山以东。海拔70.7米，面积3.8平方千米。清康熙《昌邑县志》载“石臼山在陆山之左，两山相映，山岭有石臼。世传麻姑捣药于此，凿山为臼，每阴雨隐隐闻有杵声，故名”。又因山体南高北低，绵延数里，草木青翠，状如龙卧，故称青龙山。山体岩层属胶东群，形成于古元古代，又经晚侏罗世玲珑期重熔形成了今天的中细粒二长花岗岩，南麓蕴藏铁矿石。山坡梯田层层，果树茂密。山顶曾有泉，名曰“晨泉”。

南孟山
Nánmèng Shān

曾名天井埠、九顶莲花山。位于北孟镇南部，海拔74米，面积2.25平方千米。古时，山上有井泉，故名天井埠。又因山上有九个凸起的小丘，盛长花草，呈莲花状，乡人称九顶莲花山。后因北有孟埠，改称南孟埠，又称南孟山。山石呈褐红色，山坡覆盖砂。1970年改山治埠，种植果树，盛产红香蕉苹果。

青山
Qīng Shān

青山旧貌（2012年）　照片提供：陈官阶

曾名青石山。位于石埠经济发展区驻地北侧，潍河东岸。海拔68.9米，面积1.54平方千米。因山石表层多生青苔，故名青石山，后简称青山。山体系元古代珑玲期中粗粒花岗岩侵入形成，石呈赭红色。山上古有庙宇，有戏楼、大殿、凉亭、回廊等十数座，寺宅十几处，碑石近百块。山会兴旺，远近闻名。抗战时期山上建筑被拆除殆尽。青山为明代昌邑古八景之一“青峰凝翠”发祥地，今已开发为AAAA级旅游景区。

狗冢山
Gǒuzhǒng Shān

位于卜庄镇金山村西。据《山东通志》载 “狗冢山在（昌邑）县东二十里，世传有人醉卧莽中，野烧至，狗濡水沾其旁草，主得不死而狗毙，固埋山上……”狗冢山因忠狗救主的传说而得名，乡人俗称其为“狗头子山”。至清后期，因山周水塘环绕，多生莲花，以嘉言改称莲花山。

塔儿埠
Tǎer Bù

位于北孟镇胶济铁路南侧。海拔66米，面积2.5平方千米，南北走向。山坡覆盖砂砾褐土，缓处土层较深，有果园。清康熙《昌邑县志》载“塔儿埠，在县南九十里朱阳社，巉岩耸秀，其形如塔。上有碧霞元君祠”。山以形得名，原称塔埠；因昌南土语带卷舌音，后演称为“塔儿埠”。清乾隆五年（1740），知县周来邰曾在埠上兴修义学，延师训课。清末修筑胶济铁路时在埠后设站，以谐音取名“塔耳堡站”。

密埠
Mì Bù

位于围子街道东部，胶莱河西岸。曾名云梯山。海拔38米，南北4500米，东西480米，面积2.16平方千米。因埠立于洼地之上，突兀屹立，远观山势，宛若云梯，得名云梯山。“密”本义为“形状象堂屋的山”，因埠脊耸立舒展若屋脊，后改称密埠。清康熙《昌邑县志》载 “密埠高而多石，土人取以烧石灰，远近资之，以为涂饰营造”。埠体蕴藏有优质石灰石和少量石英石。历代有乡人以采石为业，埠坡种植有农作物。

马埠
Mǎ Bù

位于都昌街道南部，古称司马埠、太史埠。埠西有西马埠村，埠东有北马埠、中马埠和南马埠村。海拔35.9米，东西550米，南北250米。清光绪《昌邑县志》载 “太史埠在县西南马埠社，亦呼马埠。相传汉太史司马子长东渐于海，侨居此处，故名”。马埠为潍河故道冲积丘阜，全系土质。清咸丰年间，地方举办团练以抵御捻军，曾在埠上筑圩设寨，今土圩残基仍存。

第二节 河流

潍河
Wéi Hé

潍河旧貌（2001 年） 摄影：李发宁

潍河古称“潍水”“淮水”。南源发源于莒县大沈庄西北的屋山南麓，北源发源于沂水县泉头庄西的西山东麓及泉头庄南的箕山西北麓。两源在莒县大库山村西汇流，向东北蜿蜒流经五莲县、诸城市、高密市、安丘市、潍坊市峡山区及寒亭区，自饮马镇山阳村西流入昌邑境内，流经石埠经济发展区、围子街道、都昌街道、奎聚街道、卜庄镇、柳疃镇，由下营镇北注入渤海莱州湾。河流全长 246 千米，流域面积 6367 平方千米；昌邑境内河长 64 千米，流域面积 300 平方千米。

潍河中下游古陆多水泽之地，昌邑北部区域更是浅滩海域，潍河数千万年的奔流沉积与风尘作用，形成了今天的昌北冲积平原。远古时期，潍河中下游流域的水泽地貌，让这片土地成了短尾水鸟的天堂。《说文解字》中以“隹”为短尾鸟的符号，夏商时期，生息于潍河流域的东夷部落世代与水鸟为伴，逐渐形成了以“隹”为图腾的部落文化。

清乾隆《莱州府志》载“淮河即潍水”。《汉书》载 “潍”字作“淮”。今潍河上游沿岸居民仍习惯称潍河为“淮河”，潍河源头的泉头庄称源头之泉为“淮头泉”，五莲县境内潍河两岸有东淮河村、北淮河村。从诸多史志及民间称谓可见，潍河曾称“淮水”。“淮”在中古时期发音近 [huī]，与“隹 [zhuī]”“潍 [wéi]”发音接近，其发音形成均源自鸟鸣声。“潍”“淮”二字亦由原住民图腾“隹”演变而来。山东大学文史哲研究院教授、中国史学研究所所长张富祥在《商先与东夷的关系》中写道：“帝乙、帝辛（纣）父子时乃集中全力，对东夷发动大规模战争，淮夷原居古淮水（即今潍河）流域，水、地、族名俱写作‘隹’（‘隹夷’即鸟夷，甲文作‘隹尸’），商末被迫向今鲁东南流动，又继续南涧，遂使淮水之名亦南播，而成为至今沿用的淮河的专称”。该文认为，今江苏境内淮河之名，实为商代古淮水（今潍河）流域土著南迁后为念故地而命名。由此来看，古淮水（今潍河）或许是为区别南淮水（今淮河）而改称“潍水”，而民间却世代沿袭，称“淮河”至今。

数千年来，潍河在昌北大地上肆意奔流，因泥沙沉积致频繁改道。山东师范大学韩美教授团队根据碳十四测年、沉积物研究和古遗址发掘推断，历史上潍河经历过十余次大的改道，其故道分布自石埠往北形成一个扇面，从双台西部到卜庄东界，均有潍河故道遗迹。

在昌邑坊间的谱牒、碑刻中，有零星古河道记录，巡保村《史氏族谱》载有“徙都昌城南十里巡堡庄，村前三里为潍河”；南逄宋家楼曾有庙碑，载有“东至淮河（今潍河）三里”；刘家辛郭《刘氏族谱》载有“古城（都昌故城）之西，潍水东岸”。由如上记录可见，明前期潍河曾在县城之西流淌。

王葛山下《王氏族谱》载：“潍水南来，近红崖堤即折而西远吾邑右，蜿蜒入海，吾故居固安堵无虞也，忽于前明隆庆二年，潍水东决，取径直下，左绕文山北越行衢，由石湾而下，曲曲入海，是河之移西而东者，盖于是乎始也……”该谱记载了明隆庆年间潍河自城西改道文山之东的史实。

清乾隆《昌邑县志》载“（潍水）过红崖堤，拱揖东山，迤西环县北，复东回，北入于海……康熙五十八年，水忽东徙，弃故道十余里，取径直下，形势遂失其旧”。该段载述记录了潍河在昌邑城北由西行改为北去的历史。

综上所述，潍河在明清时期亦有多次改道，而失于今河道内的故村也有十几处之多，如何家湾（东迁东小章村）、贾家宅科（西迁巡保村）、研沟场（迁今王葛山下、围子太平等村）、于家庄（马、宫两姓迁今四甲村及葛达子等村）、仲家庄（西迁另立建设村）、盐官庙子（故村位于今

潍河城区段（2023 年）　　摄影：李发宁

蔺家庄东河道内）、大岔河（西迁今孙家岔河等村）、沙窝庄（西迁今傅戈庄等村）、汉河庄（西迁今长胡同等村）、芙蓉庄（西迁今阎家车道）、蛤蜊场（西迁今北申明亭）、明家大圈（西迁今北新兴等村）。这些村庄，或整村移建，或村人分迁。

自五莲县至安丘市河段，有汪湖河、洪凝河、贾悦河、涓河、扶淇河、芦河、百尺河、渠河、浯河、汶河等支流汇入潍河。今潍坊市峡山区河段1959年建成峡山水库，初为汛期防洪及农田灌溉之用，今主要用于潍坊市区饮用水水源储备。昌邑河段流经博陆山西麓、青山西麓、文山东麓，曾有通河沟（桃花沟）、媒河、小龙河等季节性溢洪河道连通潍河。今天的潍河大堤已经得到了很好的加固，通河沟和媒河已成遗迹，小龙河源头设有潍河引水闸，引潍河水源以润泽龙河湿地。在柳疃北部有拐子河向东北汇入潍河，下营北部有蒲河向西北汇入潍河。昌邑境内有青银高速（G20）、荣乌高速（G18）、荣潍高速（S16）、威汕线（G206）、文石线（G308）、田高线（S309）等公路横跨潍河，均建有跨潍河大桥。昌邑市区有院校街大桥、交通街大桥、平安街大桥等桥梁贯通两岸。

北胶莱河
Běi Jiāolái Hé

北胶莱河古称胶水、胶河、胶莱运河。清乾隆《昌邑县志》载：“胶水，出胶州铁橛山，水色如胶，故名。”

元至元十七年（1280），莱人姚演献议开新河，南起胶西县东陈村海口，西北借胶水古道连通渤海，称为胶莱新河。以平度市姚家分水岭为界，借道胶河北注渤海莱州湾河段称北胶莱河，南流入黄海胶州湾的河段称南胶莱河，但工程并未最终完工。明正统六年（1441），昌邑人王坦建议疏浚胶莱运河，未果。明嘉靖十七年（1538），山东巡抚胡缵宗上书建议开凿胶莱运河，两年后运河打通，北起海沧，南到麻湾。自此，古胶水成为胶莱运河支流，北胶莱河的主要组成部分。自明后期，因河道淤积、水量不足，加之倭寇作乱、官府海禁，导致胶莱运河河运功能逐渐消失。1973年，昌潍地委组织平度、昌邑、高密三县民工疏通扩宽河道，并从流河公社库户庄向上游开挖一条新河道，命名为北胶新河。

北胶莱河卜庄段（2017年）　　摄影：李发宁

北胶莱河昌邑境内河段全长58.3千米，由石埠经济发展区前谢家营村东南进入昌邑，流经围子街道、卜庄镇，于下营镇北注入渤海。上、中、下游河段分别为昌邑市与高密、平度、莱州三市的界河。昌邑境内主要支流有高阳河、渔池河、小新河、北胶新河、清泉河、漩河等。沿河有青银高速（G20）、荣乌高速（G18）、荣潍高速（S16）、威汕线（G206）、文石线（G308）、田高线（S309）等公路跨胶莱河大桥。

北胶新河
Běijiāo Xīnhé

1975年农历正月初二，昌潍地区组织昌邑、平度民工，从昌邑县流河乡库户庄（今石埠经济发展区库户庄）东的北胶莱河河段向上游开挖一条贯通高密境内的新河道，命名为北胶新河。新河道全长38.81千米，其中昌邑境内15.5千米，流经北孟镇和石埠经济发展区，分南北两段，南段自北孟镇朱阳前村东至东官庄村东南，北段自石埠经济发展区肖家庄子村东南至库户庄村东。

官河
Guān Hé

据民国《高密县志》载 “清雍正十三年（高密）知县王文鼎开挖，故名官河”。河流发源于高密市阚家镇东部，故道向北流经昌邑市石牛庙东，从田戈庄东北汇入渔池河。1976年官河下游改道，自朱阳前村东进入昌邑境内，又自朱阳后村东汇入北胶新河。

河流级别为小型，类别为内流河、地下河、季节河，汛期为6—9月份。河道呈南北走向，平均宽度50米，昌邑境内600米。

麻湾河
Máwān Hé

因发源于麻湾村而得名。起点位于北孟镇南麻湾村南，流经东麻湾、北麻湾、金李埠、薛家庄、老匙沟，由万和屯与田戈庄之间汇入渔池河。河流级别为小型，类别为内流河、地下河、季节河，汛期为6—9月份。河道呈南北走向，全长6.1千米。

渔池河
Yúchí Hé

乡人相传，在渔池河上游流域曾有小王庄，村人在水沟上建池养鱼，后因洪水鱼池冲毁，并形成河流，得名渔池河。河流发源于潍坊市峡山区太保庄村前，流经昌邑市北孟镇万和屯、田戈庄，由东角兰村前汇入北胶新河，又并流至北胶莱河。

河流级别为小型，类别为内流河、地下河、季节河，汛期为6—9月份。河道呈东西走向，平均宽度30米，全长15.8千米，昌邑境内长5.4千米，为北胶莱河主要支流之一。自1952年至1975年间，先后截弯、筑堤治理八次。野沟河发源于潍坊市峡山区西七戈庄，由峡山区宫家屯汇入渔池河。

小新河
Xiǎoxīn Hé

原称七沟河。清康熙《昌邑县志》载“七沟河在县东南60里北孟社，源出太保庄，经天井、北孟二埠下，有碎石，漱流有声，东流7里伏流”。河流发源于潍坊市峡山区主家埠村东，自北孟镇大望仙庄村前进入昌邑境内，流经小望仙庄、金戈庄、周家七沟、曲家七沟、朱家七沟，至九龙屯改往北流，在后李家庄子村西北汇入佐家河。1976年开挖北胶新河，七沟河由九龙屯向东改道，于宋家屋子村东南汇入北胶新河，并更名为小新河。

河流级别为小型，类别为内流河、地下河、常年河。平均宽度30米，全长12.5千米，流域面积47平方千米。1952年至1977年间，先后加固堤防、裁弯改道9次。

吴沟河
Wúgōu Hé

原称吴儿沟、吴沟。清乾隆《昌邑县志》载 “吴儿沟在县东南孟任社，秋雨涨溢，水不时泄。明永乐五年开沟三十五里东入胶水”。关于“吴沟”之名的来历，乡间说法有三：一说由吴姓族人始挖沟渠而得名；一说有吴姓县令倡挖沟渠而得名；一说原住民认为天上开了口子汇流成河，由“口天”成“吴”而得名。吴沟河发源于饮马镇吴沟村西青龙山南坡，流经常家屯、大张家屯、杨家桥、马兰屯、流河街、陈家流河，在董家流河村东汇入北胶莱河。自杨家桥至流河村河段，因河床内曾有多处泉眼，乡人又称作万泉河。1986年引黄济青水利工程施工，在饮马大张家屯一带将吴沟河截断，河流自大张家屯村南向东改道，与胶东调水渠共用河道5.6千米，于石埠经济发展区郝家屯东南入北胶新河。

河流级别为小型，类别为内流河、地下河、季节河，汛期为6—9月份。河道平均宽度12米，全长12.6千米，流域面积73.6平方千米。

佐家河
Zuǒjiā Hé

因河流源头位于饮马镇左家营子村前，故名左家河，后演称佐家河。在佟家营子村东南与五里河汇合后由大谢家庄东南汇入北胶新河。

河流级别为小型，类别为半地上河、内流河、季节河，汛期为6—9月份。河道呈西南东北走向，平均宽度10米，全长10.7千米，流域面积27平方千米。1953—1975年间，先后筑堤、改道5次。

五里河
Wǔlǐ Hé

发源于昌邑市北孟镇魏马村，原河道向东流至朱家屯村西汇入七沟河故道，河长五里，故名。1976年七沟河由九龙屯向东改道，汇入北胶新河，原朱家屯往北至佐家河河段变为五里河下游河道。后五里河下游又并入峡山水库引水渠池子村至李家营子渠段，改由李家营子村北汇入佐家河。

河流级别为小型，类别为内流河、地下河、季节河，汛期为6-9月份。河道呈南北走向，平均宽度15米，全长8.4千米，流域面积82平方千米。

中李河
Zhōnglǐ Hé

因河道流经北孟镇中李家营子村而得名。发源于北孟镇前李家埠村北，由孙家营子村西北汇入佐家河。

河流级别为小型，类别为内流河、地下河、季节河，汛期为6—9月份。河道呈西南东北走向，平均宽度3米，全长4.3千米，流域面积10平方千米。

清泉河
Qīngquán Hé

故道发源于青山东麓，因水出山泉，清澈甘洌，故名。今源头退缩至围子街道东黄埠村东，流经大官庄村前，由辛富店村东南汇入胶莱河。

河流级别为小型，类别为内流河、地下河、季节河，汛期为6—9月份。呈东西走向，平均宽度5米，全长3.7千米，流域面积11平方千米。

堤河
Dī Hé

古称“低河”，因地势低下而得名。清乾隆《昌邑县志》载“低河，在县西北太盈社。势低下，众潦灌之，北入海。”后来人们为了防御水灾，在两岸修筑大堤，遂改称“堤河”。河道上游接王士仪沟，下游从龙池王家庄子与柳疃灶户村之间汇入渤海，为柳疃、龙池两镇界河。民国时期，小龙河下游改道，自高隆盛村后汇入堤河。

河流级别为中型，类别为外流河、地下河、季节河，汛期为6—9月份。河道呈南北走向，平均宽度35米，全长23千米，流域面积119平方千米。1961年至1976年间，进行过四次导治。

虞河
Yú Hé

古称溉水、东丹河。发源于潍坊市坊子区与安丘市交界处的灵山（古名溉源山）北麓，流经潍坊市坊子区、潍城区、寒亭区，由都昌街道肖家埠村西进入昌邑境内，于龙池镇东利渔村北汇入渤海。

河流级别为中型，类别为外流河、地下河、常年河，汛期为6—9月份。河道为南北走向，平均宽度120米；全长75千米，昌邑境内长29千米；流域面积890平方千米，昌邑境内301平方千米。1950年至1975年间多次实施疏浚工程，其中1971年由昌潍地区行署统一组织进行了加宽、挖深等较大规模的治理。

昌邑市位于虞河右岸，河道为昌邑市与潍坊市寒亭区的界河，昌邑境内有瀑沙河、夹沟河、丰产河等支流汇入虞河。

浞河
Zhuó Hé

古称寒水，因流经古寒国而得名，又以寒浞之名改称寒浞河，今省称浞河。河源有二：西源出自潍坊市奎文区杨家庄子村东南（常令公山西麓），东源出自潍坊市奎文区南赵庄（常令公山北麓），至潍坊市寒亭区仓上庄合为一水。

清光绪《昌邑县志》载 “瀑沙河源出潍县。上为浞河，下为瀑沙”。浞河昌邑境内河段原称瀑沙河，因河床多为黄沙土质，如遇暴雨，河泛流沙，故名。1971年河流导治时，由昌潍地区统一定名，全河段统称浞河。

河流自都昌街道南候章村西南流入昌邑境内，由都昌街道渔洞埠村西北汇入虞河；级别为小型，类别为内流河、地下河、季节河，汛期为6—9月份；呈南北走向，平均宽度40米，昌邑境内河长19.9千米，流域面积138平方千米。1965年、1974年先后进行了加宽治理。2015年下半年，昌邑市水利局以都昌街道浞河渔远路桥以南400米为起点，向北2.2千米河道范围内实施了加宽、清淤及河道生态修复工程。设有浞河节制闸水利设施。

夹沟河
Jiāgōu Hé

发源于坊子区九龙街道风埠顶北坡胡家庄一带，主要水源为区间坡水汇流，因上游河道狭窄，得名夹沟河。由都昌街道单家埠村南进入昌邑市，下游故道自都昌街道博乐埠村北汇入丰产河。2013年根据国家中小河流治理规划，将夹沟河、丰产河交接点定于都昌街道昌寿路桥，桥南为夹沟河、桥北为丰产河。

夹沟河为季节性河道，排涝为主，东南-

西北流向，全长33千米（昌邑段长11.5千米），流域面积217平方千米。

丰产河
Fēngchǎn Hé

1954年，为解决潍北农场汛期内涝问题，保障农田收成，开挖围场河道，定名为丰产河。河道起点位于都昌街道昌寿路桥，在龙池镇东利渔村以北汇入虞河，东西横截了泥河、瀑沙河、夹沟河下游河道，汇集三条河道水量下泄虞河。

河流级别为小型，类别为内流河、地下河、季节河，汛期为6—9月份。河道呈南北走向，平均宽度65米，全长22.6千米，流域面积459平方千米。1954年新挖河道，1957年秋实施疏浚工程，1972年由地区统一组织进行了加宽导治，2013—2014年投资5288万元对全河段实施综合治理。河道下游设置丰产河橡胶坝。

瀑沙河
Bàoshā Hé

原称浮糠河、浮塘河。《山东通志》载“浮糠河在（昌邑）县西二十里，又名浮塘河”。清康熙《昌邑县志》载“上接张固河，下经浮塘村，故名”。1971年河流导治，取直改道，地区统一命名为瀑沙河。

河流发源于潍坊市坊子区王家屯北，自都昌街道西化埠村西进入昌邑境内，流经东化埠、长流埠、侯富庄、远东庄，由博乐埠村北汇入丰产河。昌邑境内河长12.9千米，河床宽50米，流域面积104平方千米。1971年实施加宽、裁直、深挖、改道等疏浚导治工程。

蒲河
Pú Hé

位于昌邑市北部，因河内多生蒲草而得名。发源于卜庄镇六甲村一带，自卜庄镇庄珂村东向北，流经下营镇火道村东、东辛店村东、吕家村东，由吕家村后向西北汇入潍河。1973年兴建峡山水库灌区时，将蒲河下游改道为从吕家村东往北单独入海。1987年，昌邑县修筑蒲东防潮大坝，新坝与蒲河西岸的潍东防潮大坝相接，自此封住蒲河入海口。同期在吕家村东北设蒲河分水闸，一支向西北汇入潍河；一支向东与漩河汇流，又流入北胶莱河。2018年，昌邑市投入4200万元对蒲河河道生态进行修复，并投入20余万元绿化堤顶路2.2公里，新建多处景观石、亭廊等，建成蒲河生态廊道。

河流级别为小型，类别为外流河、地下河、季节河，汛期为6—9月份。河道为南北走向，全长23.5千米，流域面积95平方千米。

漩河
Xuán Hé

因河道下游汛期河水暴涨急流，水多漩涡，故称漩河。上游故道发源于卜庄镇皂沟子，1966 年向南挖通密埠洼，又延伸至大章洼。现河道发源于石埠经济发展区辛富店村北，流经围子街道、卜庄镇，在下营镇廒里村（旧址）北 3.5 千米处汇入北胶莱河。漩河防潮闸位于北胶莱河左岸河堤以西 300 米处，建成于 1991 年 4 月。

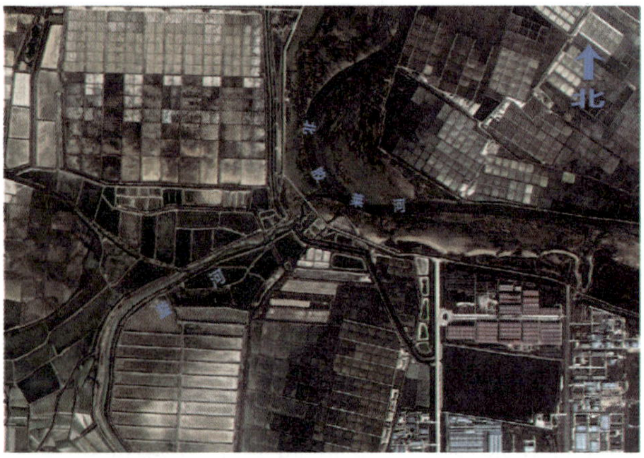

漩河与北胶莱河汇流处　　图片制作：李发宁

河流级别为小型，类别为外流河、地下河、季节河，汛期为 6—9 月份。河道呈南北走向，平均宽度 27 米，全长 35 千米，流域面积 203 平方千米。河内多鲫鱼、鲤鱼、草鱼等淡水鱼类，水质中等。

小龙河
Xiǎolóng Hé

小龙河新貌（2021 年）　　摄影：冯树岭

清康熙《昌邑县志》载 “小龙河在县北 20 里李伍社，回折九曲，北入渤海，世传小龙寻母处”。河流形成于潍河溢洪道，因小龙寻母的传说而得名。自柳疃镇姜家堤子村后引潍河水源，流经柳疃街、东陈村、高隆盛。故道由高隆盛北流至院头、门八街、横地、青阜、北五甲，自灶户村后向西北汇入渤海。民国时期由高隆盛村后改道西行，汇入堤河。

河流级别为小型，类别为内流河、地下河、季节河，汛期为 6—9 月份。呈东南－西北走向，平均宽度 40 米，全长 8.2 千米。

1977 年在姜家堤子村后大鳖湾建扬水站，以补给小龙河水体，灌溉沿岸农田；2001 年在小龙河昌灶路两侧修建龙河公园，使河道上游成为景观河；2009 年在姜家堤子村后小龙河与潍河交汇处修建钢筋混凝土分水闸，自此小龙河与潍河水体贯通；2015 年重建小龙河扬水站；2019 年始建小龙河下游龙溪湿地，改善两岸村落人居环境。

拐子河
Guǎizi Hé

原名孟良河。清康熙《昌邑县志》载：“孟良河在县北 40 里潮海社，世传宋将有孟良者，徙居河畔，故名。”因河道多弯，乡人惯称“拐子河”，以河道形状而得名。

河流起点位于柳疃镇刘家车道村，由柳疃镇渔尔堡村汇入潍河，呈西南－东北走向。拐子河的形成与潍河泄洪有关，潍河故道曾流经玉皇庙村东又转孙家河滩村北，经刘家车道村前又转村东而北流，后在刘家车道村西河段决口，因洪水冲刷形成拐子河。后成为承泄柳疃镇东北部坡水的河流。级别为小型，类别为内流河、地下河、常年河，汛期为 6—9 月份；平均宽度 18 米，全长 9 千米，流域面积 35 平方千米。1975 年峡山水库灌区建设时弃用古河道，改由四干三分干排水渠代替。

王士仪沟
Wángshìyí Gōu

东起天水路北首，西讫恒祥路市政管道，全长 2.45 千米，河道宽 10 ～ 20 米。以倡修人姓名命名。

明万历《莱州府志》载：“泄河沟在昌邑县西北一里，明洪武十五年（清康熙《昌邑县志》记为‘明洪武十七年’）因水潦邑人王士仪开渠十五里北入海，亦名王老义沟。”乾隆《昌邑县志》载：“王士仪沟在县北二里，地苦野潦，明洪武间，王士仪 穿渠十五里以泄之，因名王老沟，又谓之王士仪沟。”明洪武年间，昌邑县尹王士仪捐银弃地，在城北凿渠 15 里，泄积水排涝，初称泄河沟，乡人德之，慕称王老义沟、王老沟、王士仪沟。沟渠源头为昌邑古城西北湾塘洼地，向北流经李家埠村前，又西拐转北流，至范家泊（今柳疃南范家庄）村西汇入堤河。1970 年沟渠加宽取直；1976 年下游改道，从李家埠村西与四干渠平行北流，又经南范家庄西洼地，由四干渠渡槽之下穿过四干渠，向西北汇入堤河；2005 年天水路向北延伸至李家埠村，王士仪沟上游院校街至李家埠村河段并入天水路石渠；2017 年水系整治，李家埠村西恒祥路河段并入市政管道，改为暗渠，汇入城北污水处理厂，水体经处理后重新汇入与四干渠平行北流的原河道。

王士仪沟旧影（1972 年）　　提供：李发宁

第八章 名胜古迹及标志性建筑

第一节 公园景区和保护区

潍水风情湿地公园
Wéishuǐfēngqíng Shīdì Gōngyuán

潍水风情湿地公园（2015 年） 摄影：马玉涛

位于潍河昌邑城区段，南起金口大桥，北至院校街大桥。始建于 2006 年，2008 年建成，2009 年 11 月被山东省旅游局公告为国家 AAA 级旅游景区，2010 年 12 月被住建部批准为国家城市湿地公园。

公园在确保潍河行洪安全的前提下，按照“保持生态特色、回归自然风貌”的设计理念打造。南北全长约 6 千米，占地面积 667 公顷，分东岸、西岸两部分建设。东岸景区在充分保留原有片林的同时，打造了独具魅力的二月兰花海区；西岸景区充分利用浅滩湿地，规划建设了海马广场、垂钓栈道、沙滩石岸、观景走廊等别致景点。景区内种植树木 140 余万棵，150 多个品种，不但为游人提供了林间漫步的幽静场所，更为城区营造了“城市之肺”。

北海公园
Běihǎi Gōngyuán

北海公园（2017 年） 摄影：李发宁

位于城里东街 173 号。东至奎聚路，西邻北海花园小区，南至城里东街，北至富昌街。因昌邑北临渤海莱州湾而命名。

公园始建于 1993 年，1994 年 4 月建成开园，占地面积 25 公顷。园心湖原为连接城壕沟的溢水湾，因湾周土质为碱性，乡人称碱滩湾。彩虹桥西侧的公园西墙墙基建于昌邑古城东城墙遗址之上。1997 年投资 3000 万元，在公园中增建游乐休闲设施，同年被评为“山东省十佳公园”；2002 年拆墙透绿，由购票入园改为对社会免费开放；2019 年 6 月对公园内的植被进行改造升级，增植宿根植物，补植低矮花灌木。园内建有银杏林、雪松林、竹海、游船码头、观景台、西花厅、彩虹桥、健身广场等景致和游乐设施，并设有石马、铁牛、母子鹿等文化雕塑。

天水公园
Tiānshuǐ Gōngyuán

天水公园（2006 年）　　摄影：马玉涛

位于交通街、天水路、新兴街三条街道交汇处的三角地块。市民约定俗成，以公园形状称其为“三角公园”。后因公园毗邻天水路，于 2007 年更名为天水公园。

公园东段原为 1974 年建成的城关供销社采购站院落，西段原为 1980 年建成的蚕丝公司院落，1990 年改建为公园，占地面积 3.2 公顷，绿地面积 2.1 公顷。园中雕塑“昌邑丝绸走向全球”造型为三位织女凭眺远方，由当代艺术家韩美林创作设计。围绕雕塑，采用疏密相间的景观布局，种植乔灌木、花卉 70 余种，建有山石、溪流、亭台、连廊，既有中式园林之美，又含绿荫曲径之幽。

文化公园
Wénhuà Gōngyuán

文化公园夜景（2013 年）　　摄影：马玉涛

位于平安街南侧，东至奎聚路，西至文昌南路，南邻文化中心。2013 年建成，占地面积 20 公顷，因与文化中心建筑融合呼应而得名。

公园设计以锦上花雕塑为中心，以蝴蝶造型为构图框架，采用轴线对称的方式，突出中心广场的功能性与景观性，利用花坛灯柱、雕塑、景亭、剪纸景观墙、浮雕柱、音乐喷泉、林荫树阵等景致布局，营建了通透大气、生态休闲的森林式广场景观。已成为市民休闲、健身、纳凉、娱乐、表演、集会的重要场所。

文山森林公园

Wénshān Sēnlín Gōngyuán

文山森林公园（2023 年） 摄影：李发宁

以文山为主体规划打造。东至文东路，西至文山路，南至新兴街，北至富昌街，规划占地面积 57 公顷。2020 年开工建设，分为花海区、露营区、乐园区、骑行站区和景观林地五个区域。该项目为昌邑城区唯一一处山景公园，建成后将成为市民登山健身、遛弯漫步、骑行露营等休闲活动的优质场所。

绿博园

Lǜbó Yuán

位于下小路西侧，南邻高铁站，北邻花木城。自 2003 年开始筹建，总投资 6000 万元，三年建成，占地面积 136 公顷。园内建有苗木交易大厅、苗木品种展示园、桩景园、国际展馆、热带植物馆、动物园、游乐园、民俗园、基督教堂等景点。其中

绿博园（2021 年） 摄影：李树香

民俗园内的状元楼、天音阁、伽蓝殿、崇圣塔等建筑群落，集北方传统建筑艺术之大成，浓缩北方园林景观之精华，引得各地游客前来品赏游览。园内种植有世界各地绿化苗木 1000 余种，每年秋天于此举行绿化苗木博览会，已成为中国北方重要的苗木博览盛会和全国性苗木交易市场。

山东昌邑海洋生态特别保护区

Shāndōng Chāngyì Hǎiyángshēngtài Tèbié Bǎohùqū

保护区位于昌邑市北部堤河以东、防潮坝以北、海岸线以下的滩涂上，距城区 30 千米。总面积 2929 公顷，柽柳密集区约 2070 公顷。其规模在全国罕见，是目前中国大陆海岸发育最好、连片最大、结构典型、保存最好的天然柽柳林分布区。保护区于 2007 年 10 月由国家海洋局批复建立，是目前为止中国唯一的以柽柳为主要保护对象

的国家级海洋特别保护区，同时也是在山

海洋生态特别保护区柽柳林（2018年） 摄影：李发宁

东省境内设立的首个国家级海洋特别保护区。区内设有瞭望台，保护区及周边区域分布有柽柳林海、红草滩、赶海经济滩、候鸟栖息地、泊船河道等自然和人文景观。2023年2月21日《人民日报》曾刊文“渤海湾畔 林海显生机”报道此海洋保护区的保护工作情况。

博陆山生态旅游区
Bólù Shān Shēngtài Lǚyóuqū

博陆山生态旅游区博陆湖（2017年） 摄影：李凯旋

位于昌邑市饮马镇山阳村西北，以博陆山为依托开发打造，2010年建成并对外开放。2012年12月被山东省旅游景区质量等级评定委员会公告为国家AAA级旅游景区，先后被评为“省级农业旅游示范点”和“省级休闲农业与乡村旅游示范点”。

景区建有朝花台、平步青云、八卦碾塔、红石峡、红峡湖、千年梨园、玫瑰园、牡丹园、芍药园等景点。拥有占地2000多亩、3万多株老梨树的千年梨园，其中，树龄过千年的有10余株，元、明时期的古树500余株，清代所植古树3000余株，百年以上树龄的古树25000余株，为整个潍坊地区树龄最长、规模最大的古梨树群。从2010年起，每年4月中旬举办山阳梨花节，节会期间游客可登山观亭、荡舟游湖、赏千年梨园、品梨花水饺。2011年，“山阳大梨”被国家工商总局评为国家地理标志性产品。

青山秀水景区
Qīngshānxiùshuǐ Jǐngqū

位于石埠经济发展区永大路2号，以青山为依托开发打造，2015年7月正式对外营业。2016年1月22日被潍坊市旅游景区质量等级评定委员会公告为国家AAA级旅游景区，2021年12月27日被山东省文化和旅游厅公告为国家AAAA级旅游景区。先后被评为“省级休闲农业和乡村旅游示范点”和“山东省中小学生研学实践教育活动行走齐鲁资源单位”。

青山秀水景区薰衣草园（2017 年）　摄影：褚光辉

景区占地面积 160 公顷，利用废弃矿坑地貌，结合竹文化和青山山势，融入历史资源打造而成，是集生态观光、休闲度假、保健养生、文化品读于一体的旅游度假景区。主要建设有青山竹海、非洲动物园、天鹅湖、鸟园、青山大草原、秀水河、太阳岛素质拓展基地、薰衣草庄园、狮虎园、青山天池、桃花源、房车营地、梦幻之星营地、自驾游基地、清凉大殿等景点。

第二节 地标建筑及雕塑

昌邑市会议中心
Chāngyì Shì Huìyì Zhōngxīn

会议中心（2021 年） 摄影：李发宁

位于交通街路南，东至奎聚路，西至文昌南路，南至平安街。2012 年建成并投入使用，主要用于承接市里的各种会议。建筑共四层，设大小会议室 6 个，主要分布在三楼和四楼。第一会议室面积最大，位于三楼，可容纳 745 人。

会议中心四周规划有广场，占地面积 13 公顷。广场东侧设大巴停车位，西侧设新能源车停车位，南侧设市民休闲健身区和小车停车位，停车区和健身休闲区常年对市民开放使用。

昌邑市文化中心
Chāngyì Shì Wénhuà Zhōngxīn

文化中心（2021 年） 摄影：李发宁

位于同大街北侧，东至奎聚路，西至文昌南路，北邻文化公园。2013 年落成，建筑面积 40.9 万平方米。主体建筑通过平面的蜿蜒舒展及立面的高低起伏，将红色的建筑顶部塑为“飘扬丝带”的造型，以此作为昌邑“丝绸之乡”的象征。

中心分设 A 区至 F 区 6 个分区。其中 A 区为市图书馆；B 区进驻单位有体育发展中心、文化馆、档案馆、公车平台、科技馆；C 区为市总工会、市工人文化宫、市职工帮扶中心；D 区进驻单位有老年大学、青少年宫；E 区为昌邑剧院和演艺中心；F 区为地下建筑，包括高低压配电室、消防泵房、空调机房等。

文昌阁
Wénchāng Gé

文昌阁（2022 年） 摄影：李发宁

位于文山森林公园中部，文山山脉中轴线位置。重修于 2020 年 3 月，为钢筋砼结构，地上 6 层，高 29.87 米，总建筑面积 3038.98 平方米。为仿明清八角攒尖建筑风格。

清康熙《昌邑县志》载“嘉靖四十五年，知县李天伦重修城墙，增东南角楼，以为文笔峰，塑文昌像于上，颜曰“奎楼”。……万历四十六年移文昌像于东山顶，东南角楼遂废”。清乾隆《昌邑县志》载 “文昌庙在东山，明万历四十六年知县周学闵迁建，国朝康熙五十四年知县王翼重修，邑人张勿吝、孙乾元同修”。明万历四十六年（1618），知县周学闵在文山顶上倡修文昌庙，移奎楼文昌像至此。清乾隆五年（1740），知县周来部借山顶庙宇兴修义学，延师训课。民国 23 年（1934），昌邑五里堠村人董廷梅借山顶庙舍创办“文山九一八中学”，据曾就读该校的姜在凤回忆，时庙内建有文昌殿。民国 27 年（1938）3 月，日伪武装强迫城周民众上山拆除庙舍，用于日寇工事。2020 年，重修文昌阁于文山之巅，既为文山森林公园的点睛之作，又延续了明清两朝之文山文韵。

锦上花
Jǐnshànghuā

锦上花（2018 年） 摄影：李发宁

锦上花雕塑位于平安街路南，文化公园中心位置。2012 年建成，高 26.6 米，内部为钢结构，表面采用钢板喷红色氟碳漆。“锦”代表着昌邑历史悠久的丝绸文化，“花”代表着昌邑欣欣向荣的经济文化建设。雕塑造型提炼自花瓣的元素，并进行抽象组合，具有强烈的现代艺术风格。

丝路扬帆
Sīlùyángfān

丝路扬帆（2021 年）　　摄影：李发宁

丝路扬帆雕塑位于平安街与石化路交叉路口环岛内。2019 年建成，总高 26 米，扬帆造型高 23 米，最宽处 7.8 米，为钢结构材质，外包不锈钢板塑成。雕塑以“丝路扬帆”命名，镌刻了昌邑对中国海上丝路拓展的贡献，同时也昭示着今天的昌邑再次扬帆，蓝海经济之舟已经启航。

昌邑之窗
Chāngyìzhīchuāng

昌邑之窗雕塑位于 206 国道昌邑与寒亭交界处。2018 年 7 月塑成，2020 年 12 月验收。雕塑总高 28.6 米，总宽 17.85 米，为镀锌钢板材质，整体红色。主体由三个竖方形图案组成，分别为“丝绸之乡”“滨海新城”和“高铁小镇”，恰似三扇窗子，浓缩了昌邑昨天的辉煌、今天的生机和明天的希望。

昌邑之窗（2021 年）　　摄影：李发宁

第三节　古建遗址

都昌故城遗址
Dūchāng Gùchéng Yízhǐ

西汉时期“都昌侯相”封泥　　照片提供：李发宁

故址位于今昌邑市区北海路西侧，实验中学及以南区域。南北长约400米，东西宽约300米，面积约12万平方米。

《春秋》载，“鲁庄公元年（前706），齐师迁纪郱、鄑、郚”。公元前693年，齐国军队攻占鄑邑（故城位于今龙池北部一带），并将城池南迁至今昌邑市区实验中学一带另建，更名为郱殿。后立为齐国别都，改称都昌。汉高祖六年（前201）置都昌国，汉景帝中元元年（前149）国除为县。北齐时期徙治今昌乐县城北一带，故城遂废。唐武德六年（623）废都昌县制。都昌故城自春秋至北齐，前后建制存在1200余年。

20世纪50年代初，昌邑中学（今昌邑一中前身）在故城遗址新建校园，基建时曾出土汉代陶器；1978年文化馆基建时挖出过汉代陶片及卷云纹瓦当若干；1998年春，昌邑市委党校基建时出土有龙山文化时期陶质网坠、器足，并出土周代陶质井圈、豆、量、碗、钵、盆，汉代铭文瓦当等文物。都昌故城对于研究齐国史及山东地方史均有重要价值，现为省级文物保护单位。

密乡故城遗址
Mìxiāng Gùchéng Yízhǐ

故址位于今围子街道古城里村，村庄坐落其上。东西长约500米，南北宽约500米，总面积约25万平方米。

《左传》载：“（鲁）隐公二年（前721）十月，纪子帛莒子盟于密。”文中所载纪、莒两国会盟之“密”地，即此。密邑为春秋时莒国城邑，战国时归于齐；汉为密乡县，属北海郡；汉成帝建始二年（前

31）设为侯国，属城阳郡；东汉光武中兴时省，改置密乡亭；东汉永元九年（97）重设密乡县；西晋时废。

20世纪80年代，北城垣尚断续可见，高2米左右，基宽8米；南城垣仅略高于地表；西城壕部分尚存，壕边发现陶井一口，井壁用陶圈垒成。城内文化堆积距地表深约0.3米，采集有周代陶豆盘、卷云纹半瓦当、菱形花纹砖、铜镞及“齐法化”刀币等。现为潍坊市级文物保护单位。

下密故城遗址

Xiàmì Gùchéng Yízhǐ

故址位于今围子街道密城村，村庄坐落其上。东西长约500米，南北宽约500米，总面积约25万平方米。

《三国志·蜀志·先主传》云：“先主与俱行，至下邳遇贼，力战有功，除为下密丞。”东汉末年，刘备因剿匪有功，授下密县丞，即此。西汉时于此置下密县；东汉初废入胶东国；安帝时复置，属青州北海郡；北齐时迁下密县治至今潍坊市潍城区西关街道境内，此城被废。关于“下密”之名的由来，有两种说法：一说来自密埠，一说源自密水。《汉书》载：汉宣帝“祠太宝山于即墨三户山于下密”。文中记载了汉宣帝东祭三户山，曾居于下密城。

1964年，密城村南曾发掘一处青铜铸造遗址，内有凝结于炉底的青铜一百三十余斤，还有一筐未使用的齐国刀币。此外，遗址周边还出土过铁制、铜制的枪头，铜剑，汉代陶磨等文物。现为潍坊市级文物保护单位。

平城遗址

Píngchéng Yízhǐ

故址位于今饮马镇徐家庙子村中东部。东西长约500米，南北宽约500米，面积约25万平方米。

《古今图书集成·明伦汇编·氏族典》：“刘邑按《汉书·王子侯表》载，邑，胶东顷王子。建始二年，封平城侯，薨，谥釐节。侯珍嗣，薨。侯理嗣，王莽篡位，免。”汉成帝建始二年（前31）正月，封刘音（胶东顷王）第五子刘邑（汉景帝刘启五世孙）为平城侯，置平城侯国，历刘珍、刘理两代，王莽新朝时国除为县。东汉光武中兴时省县制，改置平城亭，属淳于县。唐武德二年（619）复置平城县，唐武德六年（623）省。

遗址地表采集有周代鼎足、豆柄、汉代瓦片、陶缸口沿等，早年还曾经出土过青铜鼎、铜剑、铜镜等，现为潍坊市级文物保护单位。

昌邑古城

Chāngyì Gǔchéng

宋建隆三年（962），在都昌故城东二

里新建土城，析唐安乡置昌邑县。城墙西北角位于今昌邑宾馆院墙西北角，东北角位于今北海公园南段西墙北拐角处（东隅嘉苑小区东北角），东南角位于今文昌南路西侧三和苑小区东门一带（原城关中学校园东南角位置），西南角位于今天水路辅路恒鼎新都汇项目西门一带。城池始筑土垣，城开3门，东曰东兴，西曰西成，南曰迎恩。元至元十一年（1274）重修，东曰奎聚，西曰瞻宸，南曰阳鸣；明万历三十八年（1610），因潍水水患冲塌城墙，知县卜有征重修，东门更名曰映瑞，西门曰迎禧，南门曰延爽；明崇祯十三年（1640），知县白壮改土城为砖城；清顺治七年（1650）潍水颓东门，知县刘士伟改东门为南向，命名永顺，西门名重庆；清康熙十六年（1677）知县沈一龙重修城门，门楼均增至3级；清雍正五年（1727）知县袁霪复改东门东向；清乾隆五十九年（1794）知县蓝廷芳重修城池，外筑月城，上建重楼，东门曰承德，西门曰瞻宸，西南门曰兴化。

昌邑古城街市旧影（1936年）　　照片提供：李发宁

民国24年（1935），拆除城门楼两层，保留一层，并覆盖铁皮；民国34年（1945）冬，因战事城墙拆除大半；1949年后城墙渐次拆除，护城壕沟亦陆续填平，唯城池东北角墙外壕沟和溢水湾留存至今，现已改造为北海公园人工湖。古城内尚存留东西大街（今城里街）、署前大街（今正对昌邑宾馆南门的胡同）和后街（今城里街北侧东西巷子）西段几条古街，另有始建于清嘉庆年间的姜氏祠堂保存至今。

2016年8月城里街修路时，在城里街与文昌路路口挖掘出一段排列有序的条石地基，经鉴定确认，为宋代古城东城门门基，距今已有一千余年历史。

县署旧址
Xiànshǔ Jiùzhǐ

旧址位于昌邑古城西北隅，今昌邑宾馆东院，宾馆现存南门建于清代县署大门旧址。

县署又称县治，明洪武三年（1370），县丞程福山在城内西北隅监修，建大门三间，二门一间，角门二间，正堂三间，东西皂隶房二间，后堂五间，穿堂三间，书吏房五间，门厨房五间。明嘉靖三十一年（1552），知县曾廷芝将大门砖砌为台，上有钟鼓楼；明嘉靖三十三年（1554）又在正堂后建成退思堂；明隆庆五年（1571），知县陈文在大门外东侧建旌善亭三楹，西侧建申明亭三楹；明崇祯十五年（1642）壬午兵燹，房舍尽毁；清顺治元年（1644）知县耿嘉乐重建；清顺治十六年（1659）始，知县党丕禄重修县署，设正堂五间，后有退思堂五间，再后为知县住宅五间，甬道东吏户礼三房共九间，甬道西兵刑工三房共九间，仪门外西侧建寅宾馆三间，又西土地祠三间，至顺治十八年（1661）基本建成；清雍正十三年（1735），知县屠用中重修。

民国昌邑县政府沿用清代县署院落，改称县公署；民国17年（1928）又改称县政府；民国27年（1938）2月日本侵略军占据县城后，民国昌邑县政府迁至今石埠旗杆元家，原县政府院落被伪政府占用；民国后期院落房舍毁于战火；1953年，昌邑县人民政府在县署旧址落成办公用房并迁入；1968年，县人民委员会机关迁至县革命委员会院内（今市府街东首路北），县署旧址归县招待所使用；1973年，招待所向西扩建至古城西墙（今石渠路辅路），沿用院落至今。

县丞署旧址
Xiànchéngshǔ Jiùzhǐ

旧址位于今解放路以东、后街北侧，原城关医院北邻，现东隅嘉苑小区内。

县丞署建于后街东段路北，大寺湾南崖，为清后期县丞办公和居住的院落。分前后两院，均建有东西厢房。另建有沿街倒座房，中间为大门，大门两侧立有上马石。清光绪二十九年（1903），昌邑县丞移防丈岭，其署遂空；清光绪三十一年（1905）昌邑县设巡警局，驻县丞署旧址办公；民国4年（1915），县丞署宅院作为“闲置官产”售予东隅村人姜和堂。

民国37年（1948）后，县丞署宅院曾用作县委、县政府宿舍和招待所用房，县司法科、电影队先后在宅院内办公，后改建为住宅。2021年院落拆除，原址兴建东隅嘉苑小区。

昌邑县抗日殉国烈士祠
Chāngyì Xiàn Kàngrìxùnguó Lièshì Cí

修缮后的烈士祠（2021年）　　　　摄影：李发宁

位于龙池镇北白塔村东南，建成于民国34年（1945）7月。祠内存放抗战至抗美援朝期间牺牲的烈士牌位527个，是山东省现存为数不多的中华人民共和国成立前建成的抗日烈士专祠。现为全国重点文物保护单位。

烈士祠坐北朝南，占地10520平方米；有正厅5间，东、西厢房各5间，大门1

间并附带左右各两间倒座房；设东、西偏门各1座。院内碑亭内有1946年4月树立的“昌邑县抗日殉国烈士纪念碑”1座，碑阳“浩气参天”为马骏题，背面是寿光、昌邑、潍县3县抗战时期烈士英名录（319人）。碑石取东白塔村民国陆军中将陈干所立“新开河”碑（“新开河”为康有为题，碑文为柯劭忞撰书），磨去原字重刻。祠堂正厅有木质雕花大神龛3座，以瓦城孙膑庙孙膑出巡大轿改做。整个祠堂结构为传统风格，布局严谨，建筑精良。

潍河碉堡群
Wéihé Diāobǎo Qún

文山东麓碉堡（2021年）　　摄影：荆丽萍

主要集中在潍河西岸王葛山下至庄头一带。该处是山东半岛地区进入内陆的咽喉之地。碉堡之间互为犄角之势，明暗相错，使每个防御区都能成为一个可以坚持较长时间独立战斗的据点。潍河碉堡群始建于民国26年（1937），是国民政府为抵御日本侵略军由山东半岛登陆而建，为“潍河防线”的组成部分。20世纪60年代，为应对台海局势及复杂的国际形势，时任中国人民解放军总参谋长罗瑞卿建议中央加强地方防御体系建设，作为山东半岛地区的防御重点，由64军某部进驻昌邑，在抗战时期碉堡群的基础上继续修建，构建了完整的潍河防御体系。现留存有19座。

潍河碉堡群均为混凝土结构建筑，从现存的建筑样式而言，以方堡为主，也有子母碉、三角碉、半腰碉等类型，体系完善，种类丰富，内部建筑格局多样且保存完好。现为省级文物保护单位。

火道—廒里村盐业遗址群
Huǒdào-áoli Cūn Yányè Yízhǐ Qún

遗址群遗存陶器残片　　照片提供：文旅局

位于下营镇火道村东南至廒里村西北农田及滩涂上，分布有东周、宋元时期遗址170余处。发现有卤井、盐灶等遗址，采集有盔形器（煮盐用陶器）、鬲、豆、盂、盆、甑、罐等。现为省级文物保护单位。

东利渔村盐业遗址群
Dōnglìyú Cūn Yányè Yízhǐ Qún

遗址群出土的陶器残片　　照片提供：文旅局

位于龙池镇东利渔村东北盐田经济区，已发现西周、东周、宋元时期遗址41处，发掘有两个盐灶遗址，采集有西周至宋元时期遗存盔形器（煮盐用陶器）、豆、鬲、盂、盆、甑、罐等。现为省级文物保护单位。

遇仙园遗址
Yùxiānyuán Yízhǐ

遇仙园原名“岁寒庵”，位于石埠经济发展区石埠西村西北100米处。始建于金大定年间，清光绪十六年（1890）重建，占地四十亩。原为金代帐前左副都元帅刁琪的住宅和花园，遗址现存附属碑刻5件。

庭院主人刁琪元帅原居晴埠村，后南迁石埠建园隐居。据刁氏族谱载：“刁琪，仕金，任帐前左副都元帅，天子赐姓李，名颐真”。又据清乾隆《昌邑县志》载：“李颐真，昌邑人，仕金为武略将军，家居青山之阳，其地遍生青松古柏，高下隐显，风景极美。李颐真退老后，在此修养”。李颐真自以松柏喻志，将园命名为“岁寒庵”。

遇仙园遗址（2017年）　　摄影：李树香

刘长生，道号长生子，与其师兄丘处机等称为全真七子，会仙术，精诗文，一生云游传教。金明昌六年（1195）初，长生子云游至昌邑，访“岁寒庵”，见园内水绕生云，松柏成荫，宛若仙境，一挥而就“遇仙园”三字于青石之上。李颐真遂令人刻石立碑为志。此后“岁寒庵”一名渐泯，“遇仙园”一名传开。至明代，以“仙园异笔”列入昌邑八景之一。现为潍坊市级文物保护单位。

下营海关衙署旧址
Xiàyíng Hǎiguān Yáshǔ Jiùzhǐ

下营海关衙署（2010年）　　照片提供：文旅局

位于今下营镇西下营村内。清咸丰九年（1859），龙口设厘金局，辖昌邑下营海口。同治元年（1862）东海关监督衙门成立，龙口厘金局改为“龙口东海关”，下营海口专设委员管理，并建衙署。衙署旧址位于下营古码头北侧约 500 米，今西下营村内，旧址建筑为平房五间，坐北朝南，东西长 14.4 米，南北宽 5.35 米，青砖墙体，圆山斜檐，山上开窗，窗上出檐，檐为砖雕。现为省级文物保护单位。

新河桥遗址
Xīnhé Qiáo Yízhǐ

位于卜庄镇胶莱河大闸北，是明清两朝连接山东半岛与内地的登莱青官道跨胶莱河石桥。元至元十七年（1280），莱人姚演献议开新河，南起胶西县东陈村海口，西北借胶河古道连通渤海，称为胶莱新河。明嘉靖十年（1531），海道副使王献联舟为桥，以便海运，海运不行，乃散舟为渡。清康熙九年（1670），道人李昌明募修新河桥，为 110 架的石桥，长约 300 米，桥面宽约 3 米。坚固平稳。后雍正、嘉庆、光绪年间，又几经修缮。现为省级文物保护单位。

育秀桥
Yùxiù Qiáo

育秀桥（2017年）　　摄影：李发宁

位于围子街道北于家部村东南水沟之上。南北向，两孔。桥面长 5 米，宽 3 米，由 14 块长条石组成。桥东侧面刻有“康熙五十四年二月十五日立”“育秀桥”等字；桥西侧面刻有“同治十一年五月”“民国 24 年”“育秀桥”等字。该桥曾是连接于家部与曲家部两村的重要桥梁，始建于康熙年间。民国 24 年（1935）于恩鸿倡议，曲家部村曲氏家族出资重修。重修时，因位于育秀中学校园之前，定名育秀桥。现为潍坊市级文物保护单位。

万里桥
Wànlǐ Qiáo

万里桥（近处三孔旧桥）（2021 年） 摄影：李发宁

位于龙池镇东白塔村东北新开河河面上，民国陆军中将陈干所修。民国 13 年（1924）春，陈干因时政昏庸，威案失利，愤而归里。在家乡居住时，见乡人饱受咸水之苦，于是发动乡民新开河道，引虞河、泥河之淡水入乡。河长约二十里，人食其利，命名新开河。河道修成后，又在河上修建石桥一座，为盼乡里男儿志走四方，将桥命名为万里桥。陈干师友康有为来昌探望时，亲题“新开河”“万里桥”，并立碑为志。今桥志碑已残，存于昌邑市博物馆。

万里桥桥面由长条青石铺成，3 孔，下有 4 座桥墩支撑。今因路面垫高，桥已埋于路下，仅有东桥头露出。现为昌邑市级文物保护单位。

北海古堤
Běihǎi Gǔdī

堤址位于昌邑北部沿海，东起胶莱河口，西接寿光境，旧址今多已开发为盐田。河西段旧址约在今柽柳生态林带南侧。

清光绪《昌邑县志》载 “海堤在瓦城社北二十里，相传始于周末，沿海一带，资其防卫，是为古堤”。民国本《昌邑县志》载 “渔儿铺北十余里，有元代筑海堤二道，东起胶河，西至寿光境。明隆庆二年，黄河水决入境，海堤遂毁，今所称重堐、犸猢岭，皆海堤旧址也。”昌邑北部沿海堤防，相传始修于周代末年，元代重修。清乾隆四十四年（1779），在古堤南侧另修堤坝，乡人呼为大小“重崖”。清光绪二十一年（1895）重修，民国初年又行堵口、补绽。

今柳疃镇灶户村西北 5 公里处尚残存古堤土基一段，历经岁月侵蚀，地貌渐失其势。

抚宁堤
Fǔníng Dī

清光绪《昌邑县志》载 “光绪二十一年（潍河）大水，各堤皆决，抚宁最剧，东抚李秉衡发银助修。是年修堤，各社每堤一丈给银一两。抚宁领银六百两。邑绅齐荩臣、梁怀思、马毓俊等亦捐巨资以倡”。

抚宁堤遗存堤段（2008 年）　　照片提供：文旅局

抚宁古堤现存堤段位于卜庄镇北张村西 50 米潍河东堤西侧。北张村原名北张家抚宁，明代属抚宁里，清代属抚宁社，大堤以里社名命名。清光绪二十一年（1895）重修河堤，三合土夯筑。现存堤段中，1 号堤长 104 米，高约 8 米，底宽约 10 米；2 号堤长 90 米，高约 8 米，底宽约 10 米。抚宁堤是昌邑人民治理、改造潍河，加强潍河防筑的历史物证，现为潍坊市级文物保护单位。

姜泊民居
Jiāngpō Mínjū

位于卜庄镇姜泊村内，共有 49 处古民居院落，均为砖木结构，主要为清末民国时期姜氏“五大功”（功茂、功裕、功增、功盛、功泰）民族工商业家族老宅。现为省级文物保护单位。

在姜泊村古民居群落中，“功泰”号老宅最具特色。建筑为二层碉楼式四合院，有房屋 36 间，北楼、南楼均为上下各 5 间，东楼、西楼均为上下各 4 间。整个建筑以青石板砌为房基，墙面青砖到顶。北楼上层有阳台，南楼、东楼、西楼皆为平顶，周砌垛口。该楼房由“五大功”代表人物之一姜其琇建成于民国 19 年（1930），用砖十万块，耗资一万余枚银元。20 世纪 40 年代先后为胶东抗战流动医院四所（昌邑所）所部和昌潍中学（昌邑一中前身）教学用房。1949 年，东冢粮管所、姜泊村委曾驻内办公。电影《马保三》《大决战》曾在院内取景拍摄。2013 年和 2020 年分别进行过系统性修缮保护。

“功泰”号老宅（2021 年）　　摄影：马玉涛

齐西民居
Qíxī Mínjū

位于龙池镇齐西和龙东村内，现有清代及民国时期古民居宅院 52 处（齐西村 44 处，龙东村 8 处），均为砖木结构。大部分为齐氏家族商业老字号的老宅，也有部分齐氏名人故居，以及庙宇、家祠等。民居分布较为集中，彼此互为邻居，周边有护村壕环绕，较好地保留了古村落原貌。现为省级文物保护单位。

齐西村古巷（2021 年）　　摄影：李发宁

姜氏祠堂
Jiāngshì Cítáng

坐落于昌邑市老城区城里街路南、解放路以西，始建于清嘉庆二十二年（1817），民国 5 年（1916）重修。现为省级重点文物保护单位。

祠堂院落坐北朝南，占地面积 974 平方米，建筑面积 418 平方米，设中院及东、西跨院。中院有正厅 5 间、东西厢房各 3 间、大门 1 座、倒座房 4 间。正厅硬山，顶覆小灰瓦，前出廊檐，明柱 6 根，每柱头梁端篆刻自东向西分别为“福、营、邱、分、派、寿”六字。饰精美木雕。东、西厢房砖坐窗，卷棚式，硬山，覆小灰瓦。西跨院北屋 5 间，南屋 5 间（带大门 1 间），为族人议事和看守用房。大门前原有墨水池，门前两米处有旗杆台，台上树有旗杆。院内原有照壁一通，雕砌精巧，描绘生动。

姜氏祠堂（2021 年）　　摄影：李发宁

民国 37 年（1948）后，先后有北海银行（人民银行前身）、县学（党校前身）、粮食局、工商税务领导小组（后分为工商局和税务局）、城关派出所、文物管理所等单位驻姜氏祠堂办公。1989 年政府拨款修缮，2015 年再次修缮保护并逐步恢复祠堂功能。

小南孟刘氏家庙
Xiǎonánmèng Liúshì Jiāmiào

位于北孟镇小南孟村内。清乾隆

三十九年（1774），“浓墨宰相”刘墉（与小南孟刘氏联宗）奏请朝廷恩准在小南孟村建刘氏家庙，并送“竹笑兰言皆是友，清风明月不论钱”对联一副，乾隆帝手书御赐“清爱堂”纱灯两对。对联至今保存完好，纱灯仅存骨架。

小南孟刘氏家庙　　照片提供：文旅局

家庙砖木结构，院落南北长 26 米，东西宽 24 米，占地 624 平方米。现存正厅 5 间、大门 1 座、偏房 1 间、东侧门 1 座。正厅坐北朝南，正面砖坐窗，其余墙面均青砖到顶。屋脊正中有“挣星夺魁”陶塑，4 条垂脊均饰吻兽，房檐 4 角饰有精美砖雕。前出厦，有明柱 6 根。院内有古柏 2 棵。家庙院落及房舍近年实施修缮，保存完好，现为省级文物保护单位。

黄福家族墓
Huángfú Jiāzú Mù

位于都昌街道黄家辛戈村西北，是明代著名政治家黄福暨其先祖墓园。南北长 88.6 米，东西宽 30 米，面积约 2700 平方米。现存明少保兼户部尚书黄福墓及黄福祖父黄聚墓、祖母李氏墓、黄福父黄士中墓、黄福母王氏墓、黄福兄黄佑墓、黄福孙黄征墓，共 7 座。现为省级文物保护单位。

黄福墓　　照片提供：文旅局

黄福（1363—1440），字如锡，黄家辛戈村人。历仕至少保兼户部尚书，卒赠太保，谥忠宣。《明史》有传。明正统五年（1440），黄福卒于南京，帝遣行人王宴奉诏办理丧葬事宜，其墓葬按照正一品文臣规格营建，砖石结构，封土底径约 11.4 米，高约 10 米。整个墓地石刻众多，部分近年修复。

傅振邦故居（含墓园）
Fùzhènbāng Gùjū

故居位于奎聚街道虫埠村内。今存正厅 5 间，砖木结构，东西长 14.4 米，南北宽 6.4 米；东厢房 3 间，南北长 8.7 米，东西宽3米；南厢房4间，东西长10.5米，南北宽4.85米；大门1座，东西长2.5米，南北宽5.9米；北屋3间，东西长9.4米，南北宽4.9米。2020年启动傅振邦故居修缮工程，2022年11月竣工并通过验收。现为省级文物保护单位。

修缮后的傅振邦故居　　摄影：李发宁

傅振邦墓位于奎聚街道虫埠村西北。东西宽60米，南北长150米，面积9000平方米。墓葬封土早年夷毁，现存石牌坊残件一宗、石马2件、御祭碑2件、石狮1个。墓园建于清光绪九年（1883）。与傅振邦合葬的还有傅振邦妻一品夫人范氏、张氏。附葬墓2座，为傅振邦长子荣禄大夫、一品衔、南阳府知府傅凤飏及其妻一品夫人赵氏、高氏、陈氏、王氏、顾氏合葬墓与傅振邦次子朝议大夫、赠太仆寺卿衔、原直隶州知州傅凤翔（衣冠冢）及其妻恭人杨氏、张氏之墓。

傅振邦(1814—1883)，字维屏，号梅村，虫埠村人。道光丙申科武进士。历官云南、直隶、湖北提督，诰封“建威将军”，赐“绰尧托巴图鲁”号，谥“刚勇”。《清史稿》有传。

陈干故居（含墓园）

Chéngàn Gùjū

位于龙池镇东白塔村内，为中国同盟会早期会员、近代民主革命家、非常大总统咨议、陆军中将陈干故宅。原为多进院落组成的建筑群，现存正厅7间。陈干及其家人曾长期在此居住生活，康有为、商震等陈干师友也曾前来探望居住。该故居是一处建筑精良的典型昌北民居，在第三次全国文物普查中被新发现，现为省级文物保护单位。

陈干故居　　摄影：李发宁

陈干墓位于龙池镇东白塔村东500米，龙池镇区院校街路北。墓园东西宽13米，南北长48米，占地面积624平方米。甬道长35米，两边栽植杨树及松柏。墓冢用方石垒砌。民国16年（1927）7月，陈干被李宗仁杀害，后归葬故里。20世纪60年代墓葬被毁，1986年由国家拨专款重新修建。

同年，陈干之妻山西省文史馆馆员、太原市政协常委杨紫霞去世，合葬墓中。墓园中有陈干撰“白塔桥记”碑及陈干外祖父李富贵墓碑，均为近年新址重立。

徐长庚故居
Xúchánggēng Gùjū

徐长庚故居　　摄影：李发宁

位于都昌街道岞埠村内，砖木结构，为清末民国时期“昌邑茧绸”南洋商路的开拓者之一徐长庚故居。北院现存正厅5间，东西长14米，南北宽6米，另有西厢房2间，垂花门1间。南院现存正厅5间，东西长14米，南北宽4.8米，另有车门1间。北院正厅为硬山顶，房檐4角饰有精美砖雕，画檐出厦，带阁楼，有明柱4根。垂花门东向，两侧饰以倒垂莲花木雕，对开门扇上雕“水能性淡为吾友，竹解心虚是我师”对联1副。南院正厅带阁楼，硬山，房檐4角饰有精美砖雕，房门上方出厦。现为省级文物保护单位。

李福泽故居
Lǐfúzé Gùjū

位于下营镇火道村内，为中国基地导弹武器发展和航天事业的开拓者和奠基人之一李福泽将军旧居。砖木结构，建于民国时期。东院现存北屋5间，东西长15.2米，南北宽5.2米；大门1座。西院现存北屋5间，东西长13.4米，南北宽5.2米；东厢房3间，大门1座。2015年6月被山东省人民政府公布为山东省第五批省级文物保护单位；2019年整体实施修缮维护。

李福泽故居　　照片提供：文旅局

李戈庄一村化石遗址
Lǐgēzhuāngyīcūn Huàshí Yízhǐ

位于北孟镇李戈庄一村西南500米。东西长约50米，南北宽约50米，面积约2500平方米。采集有古生物牙齿、脊骨化石。

保存较好。该遗址对研究史前昌邑历史提供了重要实物资料，具有较高价值。现为潍坊市级文物保护单位。

李戈庄一村出土的古生物化石　　照片提供：文旅局

山阳周代遗址
Shānyáng Zhōudài Yízhǐ

位于饮马镇山阳村西北300米博陆山南坡上。南北长约300米，东西宽约200米，面积约6万平方米。遗址南部文化层不明显，西部文化层厚0.5～2.5米。断崖处暴露有大量灰坑。采集陶片多为夹砂灰陶，少量的泥质灰陶，多素面，少量饰绳纹，可辨器形有鬲、罐、豆、鼎等。自周代至今，该地一直有人类活动痕迹，古称“博陆聚”（汉代村落称“聚”），传为汉博陆侯霍光采地。现为省级文物保护单位。

辛置墓群
Xīnzhì Mùqún

位于都昌街道辛置二村西，东西长约450米，南北宽约150米，面积约67500平方米。其下层为周代至魏晋墓葬。上层东侧有明代道昭孙氏家族墓地，墓地神道上原有石牌坊、石马、石翁仲等，毁于20世纪60年代。1987年3月麻纺厂宿舍施工破坏墓葬多座，县图书馆文物组清理墓葬2座，其一即孙昂夫妇合葬墓，为土坑竖穴木棺墓，3棺并列。出土有一组滑质地石雕庭院和仪仗、侍吏、吹奏石俑及日用器具模型，另有墓志1盒。南侧为明清时期东隅村姜氏家族墓地，有东茔、西茔两处。东茔南向，主穴为六世凤阳府通判姜镗；西茔东向，主穴为八世赠广东巡抚、都察院右副都御史姜若默，十二世清徐州知州姜焯等均祔葬于此。现为省级文物保护单位。

兴福墓群
Xīngfú Mùqún

位于都昌街道南兴福村西北，东西长约1000米，南北宽约200米，面积约20万平方米。原有大型覆斗型封土墓9座，古称“固王冢”，又称“九顶莲花冢”。现存3座，2号墓曾出土减地雕柿蒂纹玉衣片以及玉剑彘。7号墓出土大量陶器、铜器，并出土“刘小子印”桥纽铜印一方。墓地周边密布大量中小型墓葬，散落大量板瓦、筒瓦、瓦当等建筑构件，其下层尚有龙山文化及周代遗址。现为省级文物保护单位。

第四节 宗教活动场所

昌邑市基督教堂
Chāngyì Shì Jīdū Jiàotáng

基督教堂　　摄影：李发宁

位于昌邑市绿博园内，是昌邑市最大的一处经依法批准登记开放的基督教活动场所，由昌邑市基督教三自爱国运动委员会拥有全部产权。

1997年5月，昌邑市基督教信众在奎聚街道东店村购买民房北屋8间，副房10间，用作市基督教活动场所；1998年8月，所购房舍经批准依法开放使用；2008年因旧城改造东店村场所拆除；2013年7月，经批准在绿博园新建昌邑市基督教堂；2015年6月教堂竣工；2016年5月举行献堂典礼。

教堂占地面积1188平方米，建筑面积3092平方米，主体高度13.35米。

西黄埠天主教堂
Xīhuángbù Tiānzhǔ Jiàotáng

西黄埠天主教堂　　摄影：李发宁

位于围子街道西黄埠村内。由法国神父筹资，于民国8年（1919）建成，现由昌邑市天主教爱国会管理使用。

抗战时期教堂建筑曾为国民党四纵队军事用房；1949 年后改为区公所办公地；1952 年起作为政府粮库使用三十余年；1983 年县政府出资修缮并移交给昌邑县天主教爱国领导小组；2013 年 10 月被山东省人民政府公布为山东省第四批省级文物保护单位；2014 年由政府拨款及信众筹资共 16 万余元，再次对教堂维护修缮。

教堂占地面积 2116.9 平方米，建筑面积 686.7 平方米，主体建筑高 12.6 米。附属建筑以中式为主，部分门窗采用西式风格。

夏店慈云院念佛堂

Xiàdiàn Cíyún Yuàn Niànfó Táng

位于卜庄镇夏店村，为全市唯一一处经依法批准登记开放的佛教活动场所。由大雄宝殿、东西厢房及天王殿组成。

夏店慈云院　　摄影：王晓臣

清康熙《昌邑县志》载："慈云院，在县东北二十里徐福社。洪武初，僧孙和修，今重修。"1949 年后，慈云院拆除并在原址兴建卫生院；1998 年卫生院迁出，由信众将原卫生院用房北屋六间改为慈云院，内塑神像；2006 年 5 月经潍坊市民宗局审批，慈云院念佛堂登记开放；2008 年 8 月经潍坊市民宗局审批，翻建慈云院念佛堂；2010 年建成主体建筑大雄宝殿；2012 年建成东西厢房和天王殿；2013 年 5 月 28 日举行大雄宝殿佛像开光盛典。

瓦城孙子庙

Wǎchéng Sūnzi Miào

位于龙池镇瓦北、瓦东、瓦西三村交界处，占地 20000 余平方米。现有大殿、财神殿、后殿、龙王宫、王母宫、泰山殿、钟鼓楼、土地庙、山门、遏云楼等庙舍建筑。

清代学者严可均（1762 — 1843）在《重刻瓦城王朱轸庙碑》一文中载："碑在昌邑县西北卅里瓦城郚古庙中，以碑有减灶之语，故方志误称孙子庙。……考昌邑即汉都昌。"汉初《功臣侯表》："高帝六年封朱轸为都昌侯。孙大参星衍据'朱轸以队帅先降翟王，虏章邯，侯'与碑所云'大汉'、'兴隆'、'元祀'及'平暴'、'秦川'等语合证，此为朱轸庙确不可易。余验碑文，似乎是六朝唐碑，熙宁间重刻，复加改补，故多脱误不可通。"　此文认为，孙子庙实为汉都昌侯朱轸庙演承而来。而山东大学儒学高等研究院李海云教授认为，朱轸庙应建于六朝甚至更早时期，但自唐代以来，朝廷将孙膑纳入国家祀典并赐予封号，至宋时孙膑崇拜文化在民间已蔚然成风，或在宋元之时庙宇转为祭祀孙膑，传承至今。

孙子庙　　　　摄影：李发宁

清后期的孙子庙占地约 30 亩，以孙膑为主神，有正殿、寝殿、配殿、山门等建筑计 30 余间。后院殿前有古槐两棵，干虬枝盘，绕若云状，为昌邑古八景之一。民国 30 年（1941）昌邑县政府成立于瓦城，并将孙子庙作为办公地。民国 32 年（1943）拆除大庙照壁，至民国 37 年（1948）庙舍建筑基本拆除。1965 年在院内另建房舍用作小学校舍。1966 年较大一棵古槐枯亡，1969 年另株古槐枯亡。2016 年重修孙子庙，2019 年 5 月由昌邑市民族宗教事务局正式挂牌。近年已恢复每年正月十四“演旨发牛”祭祀孙膑民俗活动。

青山清凉大殿

Qīngshān Qīngliáng Dàdiàn

清凉大殿位于石埠经济发展区驻地北部青山之巅，建筑高 12.28 米，东西宽 27 米。方型回廊，琉璃瓦顶。古时大殿周围松柏成林，为昌邑古八景之一“青峰凝翠”发源地。

青山庙宇群始建于南北朝时期的清凉寺，后寺庙被毁，隋唐时期原址又兴建东安王庙（一说为东镇庙）。后因历朝帝王对佛教或道教的偏好不同，寺庙名称多次更迭。至清末，形成了包括戏楼、中山门、清凉殿、玉皇阁、东镇庙、仙姑庙、王母宫、泰山殿、文昌阁在内的庙宇建筑群。

清凉大殿　　　　摄影：李发宁

民国 14 年（1925）重修清凉大殿及东西配殿；民国 29 年（1940）庙宇群落毁于战火；1996 年重修清凉大殿；2019 年 5 月，昌邑市民族宗教事务局正式为清凉大殿挂牌。

第九章
历史地名

第一节 政区

昌潍县
Chāngwéi Xiàn

民国 33 年（1944）5 月，昌邑县与潍北县合并为昌潍县，设立昌潍县政府，驻地今龙池马渠村，属渤海区第五专区。民国 34 年（1945）6 月，昌潍县取消，复分为昌邑、潍北两县。

中共昌潍县委旧址位于今龙池镇马渠村赁铺胡同。砖木结构，现存北屋 5 间，南屋 5 间。

昌南县
Chāngnán Xiàn

昌南县委旧址（2017 年）　　摄影：李发宁

民国 34 年（1945）8 月，昌邑县宋庄及以南地区划出，组建昌南县，设昌南行署，同年 10 月，昌南行署改建为昌南县政府，治所驻石埠西郭家庄子村；民国 35 年（1946），中共昌南县委、县政府机关迁址北孟镇北孟村；1949 年 6 月，中共昌南县委、县政府机关由北孟迁址饮马，驻饮马东北村于氏五大门宅院办公；1950 年 7 月 1 日，昌南县政府改称昌南县人民政府；1955 年 12 月，昌南县人民政府改称昌南县人民委员会；1956 年 4 月 1 日撤销昌南县，整建制并入昌邑县。

昌邑县第十区
Chāngyì Xiàn Dì-shí Qū

民国昌邑县第十区纸币　　照片提供：李发宁

昌邑县第十区旧称“三泊”，辖64个村庄，为昌邑县在平度境内的插花地，辖区四周均与平度为界。

据清光绪《昌邑县志》载 “泊北社距城八十里，泊南社距城九十里，泊东社距城百里。以上三社在城东南，地属瓯脱，故附于后。”文中注明了三社的位置及名称，这也是现存昌邑史志中关于“三泊”的最早记录。

关于“三泊”之名的来历，据平度《崔家集镇志》编纂组考证 在明村镇殷家庄子村前原有一片洼地，积水成泊，乡人称之“噶牙（鯎鮋）湾”，湾以南为泊南，湾以北为泊北，湾以东为泊东，因湾以西属平度管辖故无泊西。三地合称“三泊”，属昌邑县插花地。清代及民国时期的柳疃、东冢、崔家集有“昌邑县三大集”之说，其中崔家集就位于泊南社，以牲口市繁盛而闻名。

民国13年（1924）昌邑县划分为十个区，三泊之地成立昌邑县第十区，下辖三乡，泊北社改为北平乡、泊南社改为南平乡、泊东社改为东平乡。民国34年（1945）昌邑县境分为昌邑、昌南两县，第十区同期从昌邑划出，划归平度县管辖。

青乡镇

Qīngxiāng Zhèn

镇政府驻地位于今柳疃镇青乡村，以驻地村庄名称命名。1980年6月，从柳疃人民公社分出青乡人民公社，辖刘家车道、张家车道、潮海、道岔、西营、新兴、马家庄、东申明亭、郭家庄、史家庄、渔尔堡、大辛庄、西辛、北辛、东辛、北高、北范、青阜、前青、后青、老官村、谭家庄、横地、

青乡乡人民政府旧照（1986年）照片提供：孙克森

南五甲、七甲、东二甲、北五甲、灶户等28个生产大队。1983年5月撤销青乡人民公社，成立青乡乡，太平村从新兴大队分出，恢复行政村建制；1993年7月撤销青乡乡，成立青乡镇；1994年西二甲从北五甲分出，恢复行政村建制；2001年3月撤销青乡镇，整建制并入柳疃镇。

李家埠镇

Lǐjiābù Zhèn

镇政府驻地位于今奎聚街道李家埠村，以驻地村庄名称命名。1984年10月29日，从城关镇分出李家埠乡，辖李家埠、沟北崖、沟南崖、孙家岔河、郭家岔河、西逄泽、东逄翟、小逄翟、虫埠、夏家鄑水、宫家

鄑水、徐家鄑水、草庵、杨家洼、吴家辛庄、张家辛庄、吴南庄、高家岔河、徐家辛庄、薛家园子、黄家辛庄、东王家庄、蔺家庄、花园、郇家辛庄、石湾店、初曲、黑埠、建设、十字路、大泊子、孙家道照、刘家道照、高家道照、刘家庄、张家村、南鄑亭、陶埠、长埠等 39 个行政村。1996 年 12 月 27 日，经省政府批准，李家埠乡撤乡设镇；

李家埠乡人民政府旧照　　照片提供：李发宁

1997 年 12 月，李家埠镇所辖高家道照、长埠两个行政村划入都昌街道；2001 年 3 月，撤销李家埠镇，整建制并入奎聚街道。

双台乡
Shuāngtái Xiāng

双台乡成立于今都昌街道双台村（自然村），以初成立时机关驻地村庄名称命名。1997 年以前辖双台一村、双台二村、南双台、东化埠、西化埠、申明亭、王候章、高候章、南候章、南兴福、北兴福、肖家埠、渔埠、渔洞埠、西永安、东永安、远东庄、博乐埠、西侯富庄、中侯富庄、东侯富庄、角埠、徐林庄、家庄、长流埠、北裴庄、中裴庄、南裴庄、北褚庄、东褚庄、南褚庄、后埠、前埠、岞埠等 34 个行政村。

双台乡人民政府旧照（1986 年）　照片提供：李发宁

民国 13 年（1924）昌邑县划分为十个区，设双台镇，驻地双台村，属第二区；民国 34 年（1945）改称双台乡，仍属第二区；1955 年第二区改称双台区，区公所驻双台村；1958 年 2 月撤区并乡，双台区改为双台乡，同年 9 月以双台乡辖区成立英雄人民公社，至 12 月更名为双台人民公社；1983 年 5 月取消人民公社，恢复双台乡，乡政府迁双台村东北、官靶路东侧另建；1997 年 12 月，将双台乡北褚庄、南褚庄、东褚庄、前埠、后埠 5 个行政村划归都昌街道；2007 年 8 月撤销双台乡，整建制并入都昌街道。

南逄乡

Nánpáng Xiāng

乡政府驻地位于今都昌街道南逄村，以驻地村庄名称命名。1997年以前辖南逄、前南逄、徐家北逄、高家北逄、刘家北逄、王家北逄、刘埠、陈家洼子、孟家洼子、史家洼子、王耨、蒋家庄、张固、榆林、宋家楼、豹埠营、北马埠、中马埠、南马埠、西马埠、两埠、马芝、白玉、乖场、单家埠、王家埠、巡保、太保、前伍塔、中伍塔、后伍塔、西辛庄、东大营、西大营34个行政村。

南逄乡人民政府旧照(1986年)　照片提供：李发宁

民国34年（1945）10月，昌邑县成立王耨区民主政府，区政府机关流动于王耨、史家洼子、南逄等村；1949年，王耨区改称第十二区；1955年，第十二区改称史洼区；1956年，史洼区并入城关区；1958年2月撤区并乡，设立史洼乡，同年9月史洼乡与城关镇合并成立红旗人民公社，12月更名为城关人民公社；1962年从城关人民公社分出王耨人民公社，公社机关驻南逄村；1980年10月，以驻地村庄名称更名为南逄人民公社；1983年5月取消人民公社，成立南逄乡；1997年12月，南逄乡刘埠、王家北逄2个行政村划归都昌街道；2001年3月，撤销南逄乡，整建制并入都昌街道。

东冢乡

Dōngzhǒng Xiāng

东冢乡人民政府旧照（1985年）　照片提供：张升东

乡政府驻地位于今卜庄镇东冢村，以驻地村庄名称命名。1984年至2001年辖东冢、集东、大窑、小窑、东董、西董、北王家庄、尹家庄、李家泊、湾崖、东辛庄、庄珂、西石桥、中石桥、东石桥、马疃、大李家庄、岳家庄、姜泊、张戈庄、胡家道口、海眼、李家泊、张家寨、冯家、王家庙、沟崖、前柳、后柳、小院、大院、滩子、火道、北二甲、梁家庄、同泰庄、东辛店、孙家庄、三甲、曹家店等自然村。

民国14年（1925），昌邑县改乡社制为区乡（镇）制，全县设十个区，第四区辖东冢镇、夏店镇、下营镇、火道乡、姜家泊乡等15个乡镇；民国17年（1928）撤销姜家泊乡、张戈庄乡、大院乡、兴海乡，辖11个乡镇，区公所驻东冢；民国32年（1943）10月，昌邑抗日民主政府重新划定区乡，今东冢村一带村庄属第七区，北部下营一带诸村属下营镇；民国34年（1945）分出昌南县，昌邑县设12个区，原第七区改称东冢区，区公所驻东冢村；1952年6月调整区划，东冢区改为第七区，辖东冢、尹王、马疃、泊子、冯家、大院、二甲、李刘、下营九个乡，区公所驻东冢； 1955年8月，划出下营、李刘两乡，成立渔业区，剩余各乡组建为东冢区；1956年4月撤销东冢区，辖区村庄划归夏店区。1958年2月撤区并乡，从原夏店区划出东冢乡，同年9月与下营镇合并成立红星人民公社，12月改为东冢人民公社；1971年，公社机关迁址东冢村南；1983年5月取消人民公社，恢复东冢乡；1984年10月，从东冢乡分出西下营、东下营、裴家村、吕家村、李刘村5个行政村，成立下营镇；2001年3月撤销东冢乡，整建制并入夏店镇。

夏店乡人民政府旧照（1986年）照片提供：李发宁

仓街镇

Cāngjiē Zhèn

仓街镇人民政府旧照（1986年） 照片提供：李发宁

镇政府驻地位于今围子街道仓街村，以驻地村庄名称命名。

1958年2月撤区并乡，围子区分为围子乡和仓街乡。1958年9月，围子乡和仓街乡合并成立“丰收人民公社”，同年12月改称“围子人民公社”。1980年2月成立仓街人民公社，从围子人民公社划出仓街、李才、西部、太平、南朱家寨、北朱家寨、周家、官道部、马家部、北于家部、曲家部、明家部、徐家部、杨家部、苏家部、姚家部、郭家部、南苏、姜一、姜二、韩家庄、辛立庄、陈家庄、陈家、李家、韩家、唐家、西辛、东辛、民丰、赵家、崔家庄、店一、店二、店三等35个生产大队，从宋庄人民公社划出侯家坡、郭家道口、古河、东堤4个生产大队，并为仓街人民公社辖区大队。1983年8月撤销仓街人民公社，成立仓街乡；1993 年 7 月撤销仓街乡，设立仓街镇；2001 年撤销仓街镇，整建制并入围子镇。

宋庄镇
Sòngzhuāng Zhèn

宋庄乡人民政府旧照（1985 年） 照片提供：姜言华

镇政府驻地位于宋庄村（今围子街道宋东村），以驻地村庄名称命名。

1958 年 2 月昌邑撤区并乡，将青山区南部的流河、郭家庄、教书庄、石埠、晴埠、薛庄六乡划出，将北部的宋庄、黄埠、搭连营、大章、小章、辛赵六个乡合并为昌邑县宋庄乡，乡政府驻地位于宋东村，辖宋庄、西冯家庄、聂家庄、邹家庄、东冯家庄、王珂、王珂西荒、西小章、东小章、小章西荒、刘家巷、夏家、辛赵、南营、大章、二大章、三大章、东堤、古河、郭家道口、侯家坡、于家部、西张庄、东张庄、梁张庄、赵家庄子、羊山子、西岭、梁家部、周家部、西黄埠、东黄埠、搭连营、辛城、戚家、葛家、乔家、东王家庄子、大官庄、小官庄、辛富店等自然村。1958 年 9 月，以宋庄乡辖区村庄成立卫星人民公社，同年 12 月改称宋庄人民公社，辖 42 个生产大队；1980 年 2 月，东堤、古河、郭家道口和侯家坡 4 个生产大队划归仓街人民公社，宋庄人民公社辖 38 个生产大队；1983 年 5 月撤销人民公社，恢复宋庄乡建制； 1997 年 7 月撤销宋庄乡，成立宋庄镇；2007 年 8 月撤销宋庄镇，整建制并入围子镇。

流河乡
Liúhé Xiāng

流河乡人民政府旧照（1985 年） 照片提供：姜言华

乡政府驻地位于今石埠经济发展区流河村，以驻地村庄名称命名。1983 年至 2001 年辖流河、库户庄、陈家流河、董家流河、于家流河、吴家庄、沟流、董家庄、明家庄、红卫村、教书庄、满家庄、崇德屯、东郭家庄子、西郭家庄子、小郭家庄子、后马兰屯、前马兰屯、杨家桥、三宝庄、裴家庄子、伊家庄子、肖家庄子、宋家屯、戴家屯、郝家屯、史家屯、刘家屯、王家埠、贾家庄、初家营、卢元、松树元家、旗杆元家、东南元家、后谢家营子、前谢家营子、谢家庄、南孙家庄、李家庄等自然村。

1955 年昌南县区划调整，设流河区，驻地流河村；1956 年 4 月，昌南县并入昌邑县，流河区并入青山区；1958 年 2 月撤区并乡，成立流河乡，同年 9 月与石埠乡合并为和平人民公社，同年 12 月改称石埠人民公社；1964 年 2 月，从石埠人民公社分出流河人民公社；1983 年 5 月撤销人民公社，复建流河乡；2001 年 3 月，撤销流河乡，整建制并入石埠镇。

塔耳堡镇
Tǎěrbù Zhèn

塔耳堡镇人民政府旧照（1986 年） 照片提供：李发宁

镇政府驻地位于今北孟镇塔耳堡村，以驻地村庄名称命名。1983 年至 2001 年辖塔耳堡、凤凰屯、万和屯、老匙沟、薛家庄、金李埠、东麻湾、北麻湾、南麻湾、山西、山东、前陈家庄、李家井、岳家官庄、岳家屯、毛家屯、东齐家屯、横路屯、朱甫、黑埠头、大陈家庄、大石门、东石门、高阳、韩家高阳、周家庄、大庄、麻姑屯、许家屯、平正屯、范家邱、苗家上疃、马家上疃、初家上疃、郭家上疃、孙家上疃、朱阳、上河头、石牛庙、凰瑞埠、高家屯、田戈庄等自然村。

1980 年 6 月，由丈岭人民公社分出塔耳堡人民公社；1983 年 5 月撤销人民公社，成立塔耳堡乡；1984 年 10 月撤乡设镇，建立塔耳堡镇；2001 年 3 月昌邑市行政区划调整，撤销塔耳堡镇，整建制并入丈岭镇。

第二节　行政事业单位及民间社团

昌邑市邮政局
Chāngyì Shì Yóuzhèng Jú

邮电局利民街旧址（1986 年）　　照片提供：李发宁

旧址位于都昌路 280 号，今中国邮政集团有限公司山东省昌邑市分公司位置。

民国 31 年（1942）2 月，昌邑县“战时”邮局在今龙池镇郭疃村成立，邮运全是人力步班；民国 34 年（1945）接管中华邮政昌邑邮局；1950 年配 2 辆自行车，1 辆人力车；1951 年 1 月，与潍县电信局昌邑营业所合并，合称昌邑县邮电局；1956 年，省局投资，在城里街西段路南（服装厂斜对面）新建机房和营业室；1957 年配 24 辆自行车，2 辆人力车；1966 年，配 3 辆轻骑机动车；1970 年 1 月电信业务单设，邮政、交通职能合并为交通邮政局；1973 年 10 月，邮政、交通职能拆分，邮政、电信业务再次合并，重新成立昌邑县邮电局；1975 年 11 月，在利民街与青年路（今北海路）路口东南角落成三层邮电大楼并迁入；1998 年 9 月，邮政、电信分营，成立昌邑市邮政局和昌邑市电信局，邮政局迁址都昌路 280 号；2015 年 5 月，撤销昌邑市邮政局，成立中国邮政集团公司山东省昌邑市分公司。

昌邑县工业局
Chāngyì Xiàn Gōngyè Jú

工业局北海路旧址（2001 年）　　摄影：李发宁

旧址位于今北海路路东，原无线电厂北邻，今人民医院门诊楼对面。

1954年12月，昌邑县人民政府成立手工业管理科，与县供销合作社合署办公；1955年4月，迁址东关路北寺庙旧址；1956年3月，昌邑县人民委员会成立工业科，与手工业管理科合署办公；1957年5月，手工业管理科与工业科合并成立昌邑县工业局；1958年2月，县人民委员会交通科与工业局合并，改称工业交通局；1958年8月，撤销工业交通局，分设为轻工业局、重工业局和交通局，重工业局迁出，轻工业局和交通局驻原址办公；1959年10月，轻工业局与重工业局合并为工业局；1962年5月，工业局、盐务局、手工业管理局（1959年重建）、公社工业局（1961年成立）四家合并为昌邑县人民委员会工业科，迁址烟潍公路（今新兴街）路南（今泰和花园小区北邻亨利食品院落）； 1971年2月撤销工业科，成立昌邑县革命委员会工业局；1976年迁址利民街路北农机公司东邻；1979年12月，分设为昌邑县工业局、昌邑县纺织工业局，工业局迁青年路东新址（今北海路东侧农业银行北邻）；1984年3月，昌邑县工业局撤销，成立昌邑县工业公司。

昌邑市对外贸易经济合作局

Chāngyì Shì Duìwài Màoyì Jīngjì Hézuò Jú

旧址位于天水路140号，今鲁虹经贸有限公司院内。

外贸局新兴街旧址（1985年） 照片提供：孙克森

1956年12月，昌邑县联社设立外贸科；1962年1月，昌邑县人民委员会设立对外贸易局，借后街东段路北杨家沟西侧民房办公；1964年12月撤销对外贸易局，恢复县联社外贸科；1968年10月县联社并入商业局，取消外贸科；1972年8月，昌邑县商业局设立外贸副业科；1974年7月，昌邑县成立外贸公司，地址位于烟潍公路（今新兴街）南侧、石渠东岸；1976年5月，成立昌邑县革命委员会对外贸易局，外贸公司隶属于外贸局，政企合一办公；1978年8月，县革命委员会对外贸易局改称昌邑县对外贸易局；1984年4月机构改革，取消昌邑县对外贸易局；1986年12月成立昌邑县对外经济贸易委员会，驻外贸公司院内办公；2001年12月，昌邑市对外经济贸易委员会更名为昌邑市对外贸易经济合作局；2010年2月，撤销昌邑市对外贸易经济合作局，职能划入昌邑市商务局。

昌邑县服务局

Chāngyì Xiàn Fúwù Jú

故址位于今解放路西侧、新村街路南一带，后成为昌邑县酿酒厂的一部分。

1956年成立昌邑县服务局，在铁匠营村西菜园新建平房一排作为办公用房，将部分大宗农副产品经营业务由县联社转交给服务局经营。1958年6月4日撤销服务局，所辖业务并入昌邑县商业局。

昌邑市公安局自行车管理所

Chāngyì Shì Gōngān Jú Zìxíngchē Guǎnlǐ Suǒ

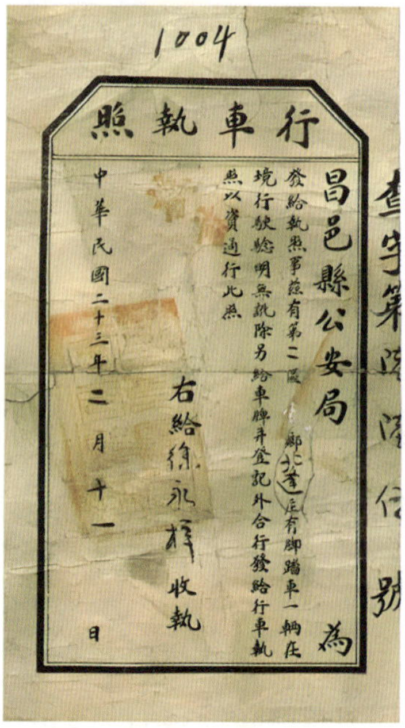

民国时期的《行车执照》 提供：李发宁

1979年3月，昌邑县公安局成立自行车管理所，在县府街路北县公安局（旧址）东院平房内办公，每处公社配备自行车管理员1名，对县内自行车实行挂牌领证管理。1994年撤县设市，改称昌邑市公安局自行车管理所。2004年最后一名工作人员撤岗，完全停止相关业务办理。

民国时期，山东省民政厅曾公布过《各县公安局管理脚踏车暂行规则》，今山东省公安厅档案馆内存放着一份民国23年昌邑县公安局签发的“行车执照”，为当今所发现全省最早的自行车“行车执照”。

昌邑县京剧团

Chāngyì Xiàn Jīngjù Tuán

昌邑县京剧团旧址（1982年） 照片提供：郭红炬

故址位于原城关中学西门外胡同北侧，今三和苑北门一带。

1955年3月，昌邑县搬运工会主席魏述宽和初曲业余京剧团负责人郭连魁牵头，组织7人筹备委员会，通过协商，以初曲、柳疃、孙家、仓街和平度县綦家等村庄的业余京剧团为主体，成立了半专业性质的光明京剧团，演员、乐队共28人，于3月9日演出第一场戏《九件衣》。当年演出342场，收入28125.25元，除演职员生活费和补助费外，余款全部用来建光明剧院。1956年1月正式命名为“昌邑县光明京剧团”；1957年4月开始实行工资制；1958年2月剧团与剧院分置，改称昌邑县京剧团，团址设在梁家巷子西首路南；1962年7月京剧团撤销，人员一部分调外地京剧团，一部分回村务农，一部分转为吕剧团成员。1970年9月，因样板戏排演需求，再次成立昌邑县京剧团，地址位于东南汪地昌城联中（后改称城关中学）西门外胡同北侧县电影队旧址；从1982年起，该团分京剧、吕剧两个演出队；1984年5月，撤销昌邑县京剧团，原址改为剧团职工宿舍。

昌邑县吕剧团
Chāngyì Xiàn Lǚjù Tuán

昌邑县旅剧团旧址（2010年） 照片提供：郭红炬

故址位于东南汪地交通局旧址东邻，今三和苑小区北门西侧一带。

1958年7月1日，以文化馆业余吕剧团和饮马业余吕剧团为基础成立了昌邑县吕剧团，演职员38人，驻张家当铺（故址位于今顺达家属院东区）后院；1960年吕剧团撤销；1962年7月恢复吕剧团，迁至梁家巷子西首路南县京剧团旧址；1967年改称昌邑县文工团，继续演吕剧；1970年9月，因京剧样板戏占据曲艺市场，吕剧团撤销；1982年，因曲艺市场需求，在京剧团内成立吕剧演出队；1984年撤销京剧团，恢复吕剧团，以6万元购买原城关公社办公院落（位于东南汪地胡同北侧交通局旧址东邻）并迁入，原京剧团驻地房舍改为剧团职工宿舍；1993年5月，吕剧团与歌舞团合并，成立昌邑县艺术剧团；1994年撤县设市，更名为昌邑市艺术剧团；2005年6月撤销艺术剧团，人员并入昌邑市文化馆；2012年，东南汪地剧团原址兴建三和苑住宅小区。

卍字会
Wànzì Huì

旧址位于城里街路北、原刘家胡同西侧，约在工商银行城里街旧址大楼西段位置。

卍字会又称道院，成立于北洋政府时期，全称为“世界红卍字会中华总会”，属经北洋政府内政部批准的民间慈善组织，以救济灾患为宗旨，行使救助、诊疗等服务。民国前期，昌邑县卍字会成立于东西大街（今城里街）路北，为世界红卍字会中华总会在昌邑县的分支机构。民国27年（1938）日军侵占昌城，占用卍字会院落；民国37年（1948）昌邑县委、县政府迁至县城，暂驻卍字会旧址办公；县委、县政府迁出后改为城关供销社机关用房；1981年银行院落向西拓展，将卍字会院落并入，原址兴建四层沿街营业大楼。

第三节 文体场馆

昌邑县立国术馆
Chāngyì Xiànlì Guóshù Guǎn

国术馆表演大会合影（1936 年） 照片提供： 李发宁

故址位于今利民街路北，利民商贸城对面，原城隍庙院内。

民国 20 年（1931），昌邑县立国术馆在城隍庙成立，县长兼任馆长，主要教授少林拳和埋伏拳。埋伏拳由山东省国术馆短兵科教授、击剑科教授姜修信（籍贯昌邑姜泊）传入昌邑，并成为县立国术馆主要武术科目之一。民国 25 年（1936），县立国术馆曾举行全县国术表演大会，并合影留念。民国 27 年（1938）日本侵略军入侵昌城，国术馆停办。

光明剧院
Guāngmíng Jùyuàn

故址位于今天水路以东、城里街路北，服装厂院落西段。

1955 年秋，以光明京剧团演出收入 9720 元为经费，在西门里路北（原为城关供销社煤场）兴建光明剧院，由昌邑县搬运合作社社员出工建造，同年 11 月底竣工启用。剧院主体建筑长 40 米，宽 25 米，高 12 米；石、砖作基，土坯垒墙，麦草盖顶，房顶两侧有玻璃窗；舞台坐北，大门向南开；观众厅分东西两区，32 排 1168 个座号；前期观众座是竹板凳，1957 年改换连椅。1967 年剧院拆除，原址改建为菜组（蔬菜果品公司前身），后菜组迁出，原址兴建服装厂车间。

光明剧院复原模型　　制作：董法秀

农业展览馆
Nóngyè Zhǎnlǎn Guǎn

农业展览馆一角（1978 年）　　照片提供：韩庆林

故址位于今北海路以西、利民街路北，金域观邸小区二期东南部。

1958 年，在老县城西郊兴建昌邑县农业展览馆，征地 19.69 亩，投资 20 万元，结构为二层带厢房展厅。1959 年建成启用，1960 年停用；1962 年县招待所迁入，驻展览馆东院；1968 年招待所迁出，文化馆迁入；1973 年县委党校迁入，驻展览馆西院；1975 年恢复展厅功能，易名“昌邑县革命委员会展览馆”；1979 年再次撤销；1982 年党校扩建，原展览馆建筑渐次拆除。

工人俱乐部
Gōngrén Jùlèbù

故址位于利民街路北，今金域观邸二期院内。

工人俱乐部始建于 1959 年秋，投资 16 万元，南北长 52 米，东西宽 23 米，1960 年底交付使用。建成之初供工人开会和开展文娱活动使用；1969 年，县革命委员会将该建筑调给县电影队使用；1971 年，电影队投资 2 万余元对建筑进行电影放映功能改造，设 1012 个观众座椅；1974 年 10 月 1 日开始放映电影；1983 年 7 月 26 日 23 时，该建筑失火烧毁；1989 年俱乐部拆除，原址兴建三层工人文化宫大楼；2019 年原址重建为住宅小区。

工人俱乐部旧影（1962 年）　　照片提供：王明飞

人民剧院

Rénmín Jùyuàn

人民剧院旧影（1976 年） 照片提供：李发宁

故址位于解放路西侧，百货大楼南邻，现已建为盛泰商城商铺。

1969 年 7 月，县革命委员会拨款 20.3 万元，拆除建于八角楼遗址的工会房舍，在原址兴建人民剧院。1970 年 11 月剧院建成启用，主体建筑东西长 45 米，南北宽 24 米，高 15 米；楼下观众座 1100 个，楼上观众座 277 个；大厅西端为 502 平方米的舞台，东端二层楼上有会议室和美工室。2005 年 8 月人民剧院拆除，2007 年 8 月在原址启动盛泰商城项目。

昌邑影院

Chāngyì Yǐngyuàn

故址位于天水路西侧、原西关街市场南邻，现已建为中央商务区商铺。

1982 年，在西关村东南湾塘北崖修建昌邑影院，1984 年 1 月建成。影院东西向，观众厅东西长 50 米，南北宽 25 米，高 17 米，设 1630 个座椅，总建筑面积 2756 平方米；二层东端有宽敞的四边形走廊，两侧有美工室和宣传工作室，三楼设放映室。2008 年 6 月电影院拆除，原址兴建中央商务区商铺。

昌邑影院旧影（2004 年） 摄影：李发宁

人民体育场

Rénmín Tǐyù Chǎng

人民体育场航拍影像 (1983 年) 提供：李发宁

故址位于解放路东侧，东邻原城关中学，西至解放路，南邻铁匠营村，北至原城关中学西门外胡同。

始建于民国19年（1930），民国时期称民众体育场，因地势低洼，坊间俗称“东南汪地”，曾设有单杠、双杠、浪木、篮球场等体育设施。1949年以后改称人民体育场；1953年在体育场北侧建工人俱乐部平房7间；1958年在体育场东侧建主席台，后经改造兼具戏台功能；1971年挖平南城墙墙基，体育场向南扩建至外城墙根；1985年体育场停用，原址相继兴建建设局、交通局机关用房；2011年旧城改造，原址开发为三和苑住宅小区。

第四节 书院学校

凤鸣书院
Fèngmíng Shūyuàn

凤鸣书院旧址（1972 年） 照片提供：李发宁

故址位于今城里街路北国贸商场北邻，原为诂经书院，创始年代无考。

清道光二十七年（1847），知县刘扬廷、典史姜炤倡捐，改建诂经书院为凤鸣书院，创修为考课之地。清咸丰年间进士徐河清所撰《新修凤鸣书院碑记》载 “论者谓因城南凤埠（辛置凤凰埠）而得名也”。书院分“文生月课”和“童生常课”两类生源，“文生月课”是进学的秀才，为应乡试每月定期来书院听课；“童生常课”是经童试合格或相当程度的生员，入院专攻经史，常年读于院。清光绪三十年（1904），昌邑县奉文停科场，设学堂，改凤鸣书院为高等小学堂，附设师范传习所；民国时期因战乱停课；民国 31 年（1942），书院前排沿街房舍拆除建为商铺，书院后院改建为县女子小学；民国 34 年（1945）8 月，县立第一小学自龙池马渠迁县城凤鸣书院授课；1950 年小学迁出，书院房舍先后用作县委机关用房、粮食局大仓职工宿舍、鞋厂车间；1983 年和 1987 年分两次拆除书院剩余建筑，原址建成服装厂职工宿舍楼。

清光绪二十五年（1899），时年十八岁的民主革命先驱陈干从东北回到昌邑，经县令胡师孝推荐进入凤鸣书院学习。

育秀中学
Yùxiù Zhōngxué

育秀中学原貌沙盘 提供：北于家郚村

故址位于围子街道北于家部村东，今于部小学位置。

清光绪三十三年（1907）秋，昌邑县同盟会员于恩波、张书绅、李长庚等人借用于家部（今北于家部）村东庙舍创办育秀小学堂；民国10年（1921）改为育秀高等小学；民国11年（1922）增建校舍15间，添置桌凳40套；民国14年（1925）7月，学校扩建为育秀中学；民国19年（1930）增建二十间砖瓦楼房作为校舍；民国26年（1937）12月因战事学校停办。原址今已建为于部小学。

昌邑县立乙种实业学校
Chāngyì Xiànlì Yǐzhǒng Shíyè Xuéxiào

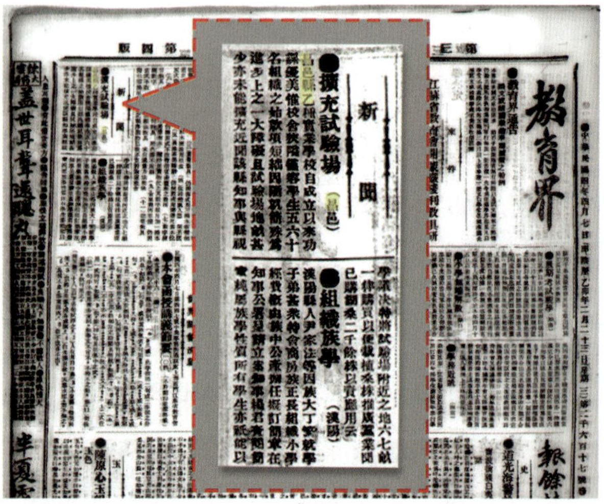
教育界

新聞

●擴充試驗場（昌邑）

昌邑縣乙種實業學校自成立以來功課優美惟校舍狹隘僅容學生五六十名組織之始款項短絀因陋就簡殊為進步上之一大障礙且試驗場地畝甚少亦未能擴充近聞該縣知事與縣視……

●組織族學（濮陽）

民国4年《教育界》报道昌邑县乙种实业学校扩充试验场事宜　提供：李发宁

故址位于今天水路西侧、市府街路北，邑城首府南区一带。

清宣统二年（1910），时任县视学兼劝学员长刘瀛海在南乡北孟村倡建县立乙种实业学校，以自家建房房料建造教室五间，植桑数百株，招收初小毕业生，为昌邑职业学校之始。民国5年（1916）2月，在县城西北下宫遗址（今市府街东首路北）建新校，同年在董家城后村西（今富昌街路北工商银行一带）植湖桑两千余株，设为学校试验场。民国11年（1922）秋，更名为昌邑县乙种蚕桑职业学校；民国17年（1928）因战乱学校被洗劫一空，被迫停办；民国20年（1931）恢复办学，更名为昌邑县职业补习学校，分商业、蚕桑两科；民国22年（1933）3月，学校根据省教育厅指令停办，校舍转与师范讲习所使用。

世界海洋生态学家朱树屏、抗日谍战英雄卢志英均曾就读于乙种实业学校。

昌邑县师范讲习所
Chāngyì Xiàn Shīfàn Jiǎngxí Suǒ

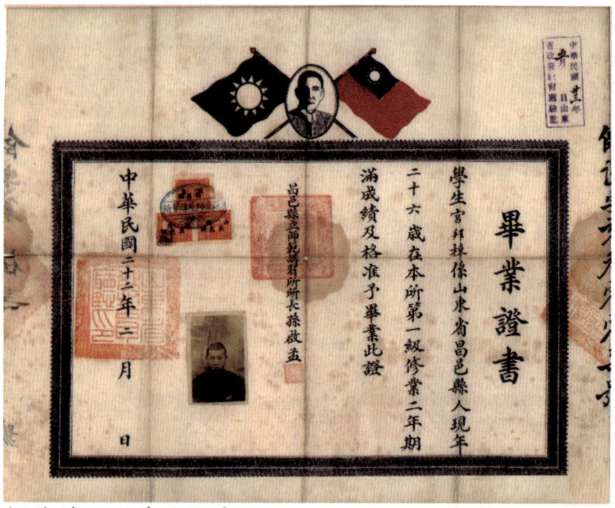
畢業證書

學生宮邦棟係山東省昌邑縣人現年二十六歲在本所第一級修業二年期滿成績及格准予畢業此證

昌邑縣立師範講習所所長孫啟孟

中華民國二十二年二月　日

师范讲习所毕业证书　提供：宫明莹

故址位于今昌邑宾馆东邻，现已建为东隅村民宅。

清光绪三十年（1904），昌邑县凤鸣书院（故址位于今城里街国贸商场北邻）改为高等小学堂，内附设师范传习所；民国 2 年（1913）师范教学单设，改称昌邑县小学教员讲习所，迁址明伦堂（故址位于今昌邑宾馆东邻原文庙后院）；民国 4 年（1915）改称昌邑县师范讲习所；民国 5 年（1916）在日戈庄设分所，培训昌邑南乡高、初小学教员；民国 22 年（1933），讲习所从明伦堂迁乙种实业学校旧址（今市府街东首路北）；民国 26 年（1937）因战事学校停办。

讲习所办学之初，主要短期培训塾师及社会上的知识分子，后招收正规班。正规班实行春季始业，除第一级为二年制外，余均为三年制。开设国文、算术、历史、地理、体育，劳作、图画、音乐、教育概论、教育心理、小学教学法、小学行政、健康教育、童军训练等课程。

荟英学校

Huìyīng Xuéxiào

故址位于昌邑西乡，今都昌街道徐林庄。

民国 2 年（1913），徐林庄基督教会长老齐法皋取得潍县乐道院资助，在村中新建大屋五间，成立荟英学校（教会学校），由南候章村举人宋逵升题写校牌。学校初收学员 32 人，教师 3 人（从乐道院请来），教授数学、天文、地理、体育、音乐等知识，并倡导村中女人放足，男人剪发。潍县乐道院每年拨款二百银圆，充为经费。民国 19 年（1930）后，为摆脱外国人对学校的控制，不再领取资助款，村人成立校董会，改校名为徐林小学，课程按县教育局要求设语文、算术、常识、自然等。民国 27 年（1938）因战乱学校停办。

山东昌邑私立九一八中学

Shāndōng Chāngyì Sīlì Jiǔyībā Zhōngxué

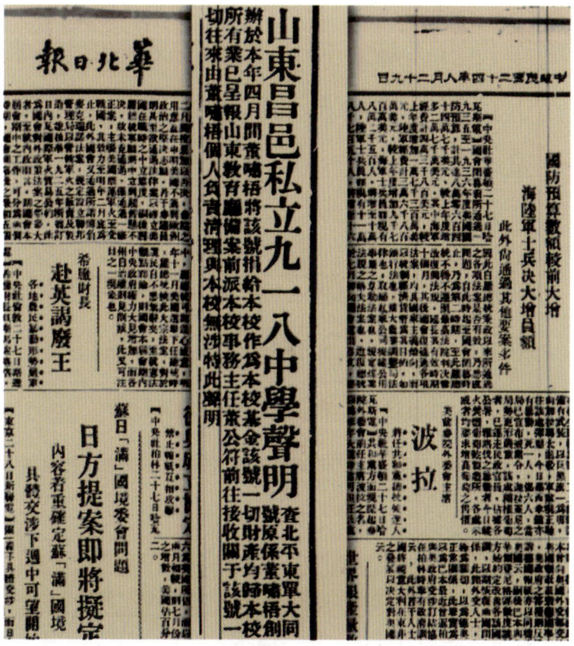
華北日報

山東昌邑私立九一八中學聲明

查北平東單大同號原係董嘯梧創辦於本年四月間董嘯梧將該號捐給本校作爲本校基金該號一切財產均歸本校所有業已呈報山東教育廳備案前派本校事務主任董公符前往接收關于該號一切往來由董嘯梧個人負責清理與本校無涉特此聲明

董廷梅（字啸梧）捐赠商号声明　提供：李发宁

故址位于文山顶上的文昌庙内，为让学生铭记“九一八”国耻而命名。民国 23 年（1934）春，文山北麓五里堠村人董廷梅（字啸梧）以在平津宣传抗战救亡时的捐款及个人积蓄，借文山顶上的文昌庙舍创办山东昌邑私立九一八中学，坊间称文山九一八中学。将庙舍数十间粉刷修葺，又新建六间二层小楼和数十间平房，分别用作教室、办公室、图书室、卫生室、师生宿舍和食堂。民国 23 年（1934）秋基本建成，冬季开始招生，春节前完成考试录取工作。民国 24 年（1935）农历正月十六正式开学，同年秋天购置发电机和电灯，供学生晚自习照明使用。为解决办学经费问题，董廷梅将自家位于北平东单的商号“大同号”捐出，学校勉强维持到寒假。民国 25 年（1936）春，终因无法筹集到后续经费而宣布停课。民国 27 年（1938）2 月 12 日拂晓，日本侵略军侵占昌城。同年 3 月，又强迫城周民众上山拆除庙舍及学校增建的教室，用于日军工事。

山东省立第二十一联合中学
Shāndōng Shěnglì Dì-èrshíyī Liánhé Zhōngxué

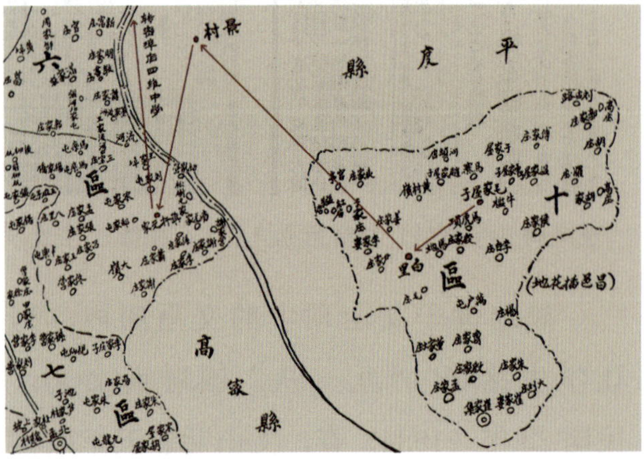

二十一联合中学办学轨迹图　　绘制：李发宁

故址位于昌邑县第十区白里村（今已划入青岛平度市），由民国山东省政府教育厅命名。

民国 30 年（1941）春，为解决昌邑县第十区诸村教育问题，昌邑籍英语教师柳辑吾陈请山东省政府教育厅创办学堂。昌邑县第十区是一块位于平度境内的插花地，清时称“三泊”，辖 64 个村庄。

民国 30 年（1941）初夏，经省政府教育厅批复同意，在昌邑县第十区毛家屋子村成立筹备处，校名定为山东省立第二十一联合中学。筹备处借用毛家屋子村集市布棚子，以砖支木板当课桌，长圆木作凳子，召集新生参加入学考试。第一期考取一百五十名新生，编了三个班，包括一个简易师范班和两个初级中学班，由苏鲁战区第四纵队支持师生给养，当年夏天开课。学校设在昌邑县第十区白里村，借用民舍和场院作教室，学生每人发给一块长方形木板，搁在腿上作课桌。

民国 30 年（1941）秋，因日伪军侵扰，学校迁至平度景村；民国 31 年（1942）春，为躲避战事，又迁至昌邑六区旗杆元家村一处废弃小学；民国 31 年（1942）底，校舍及桌凳毁于战火；民国 32 年（1943）春季开学后，因校舍重修及办学经费问题，学校难以为继，师生在艰难的环境中坚持到夏天，整体并入了位于密埠店村的四维中学，山东省立第二十一联合中学停办。

四维中学
Sìwéi Zhōngxué

故址位于今围子街道密埠店村。学校以“礼、义、廉、耻”为校训，又以校训之“四维”定为校名。

民国31年（1942年）7月，国民军鲁苏战区游击第四纵队在昌邑东乡密埠店村创办四维中学，初以村东大庙为校舍，后在院中空场加盖17间教室。学校为完全中学，初、高中学制六年，教职员32人。经费由四纵队军需处供给，师生免收膳宿费和学费，书籍费自理。民国32年（1943）和民国33年（1944）年设分校两处，一分校在高密县八甲寨，二分校在本县双台村。民国34年（1945）学校因战事流亡高密，后至青岛，1949年学校解散。

四维中学校舍旧址（2017年） 摄影：李发宁

密埠店村学校旧址现存校舍24间，分前后两排，每排12间。院内有“四维中学落成纪念碑”，白石质，方首。碑身长1.06米，宽0.47米。尾署“校长李资廉撰，教导主任佟秀廷书，中华民国31年11月立”。

四维中学培养出了孙世忠（原教育部高教司司长）、朱玉湘（山东大学历史系教授）、徐乐三（山东大学医学教授）、王志仁（水电部高级工程师）等一大批从事教育或科研工作的人才。

昌邑师范学校
Chāngyì Shīfàn Xuéxiào

昌邑师范办公楼旧影（1986年） 照片提供：王振江

故址位于今城里西街路北，昌邑一中北海路旧址西邻。

1952年，在署前大街路西张家当铺（今顺达家属院东区位置）成立“昌邑县速成师范学校”；1953年迁昌邑中学（昌邑一中北海路旧址）院内授课；1956年成立昌邑县函授师范学校；1958年4月，昌邑师范学校在昌邑一中（北海路旧址）西邻成立；1962年暑假后，因时局影响学校停办；1976年在原址恢复办学，试行推荐与选拔相结合的招生办法；1977年10月恢复高考，改为以考试择优录取；1981年开始招收初中毕业生，学制三年；1992年潍坊地区师范学校办学调整，昌邑师范学校不再招生；2016年5月，原址兴建金域观邸小区。

学校根据教育发展需求，先后招收“社来社去”、高中毕业生、初中毕业生、民办教师、幼儿教师以及公、民办教师在职进修班等多种班次，前后共培养中小学教师1500多人，为昌邑教育事业的发展做出了重要贡献。

昌邑市广播电视大学
Chāngyì Shì Guǎngbōdiànshì Dàxué

1979年2月昌邑县电视大学成立，校址在原昌邑师范院内，设机械制造专业，学制3年，隶属县文教组；1982年2月学校移交县经委管理，迁新兴街与解放路路口西南角草编厂旧址（原第一旅馆南邻），改称广播电视大学；设学历教育和经贸系统干部职工培训两个教学类别；1986年，设工业企业管理和经济管理2个专业全脱产班，学制2年，采取看电视、听主讲与教师辅导相结合的方式学习；2003年学校停办。

办学二十余年来，共招生18届（期），培养大专毕业生400余人，中专毕业生200余人，培训各类专业技术人员1000多人次。

解放路南首电大校区（1983年） 提供：李发宁

第五节 商贸服务

迟家大车店
Chíjiā Dàchē Diàn

旧址位于今城里街北海公园南门对面，东隅村委办公楼一带。以经营者姓氏命名。

清道光年间，龙池岱邱村迟松林、迟梅林兄弟迁县城东门外官道南侧，开设迟家大车店，为途经昌邑的马车商户提供驻车食宿服务。后在大车店的基础上增设包子铺，清明节前后出售韭菜馅水煎包，平时出售大馅蒸包。1956 年公私合营，退出个人经营。

牛家染坊
Niújiā Rǎnfáng

旧址位于昌邑古城东门外路北，今北海公园南门东侧，以经营者姓氏命名。

清朝末年，河南牛氏家族迁昌邑东关开设染坊，置有锅灶、染缸、碾布石、晾布架等，纯手工染制。每天派人手持拨浪鼓串村收取白布，带回染坊后经过水煮、浸染、漂洗、去浮色、晾晒、碾平，完成染制程序。染料均为植物提取，蓝靛（多年生草本植物）染蓝，石榴枝染绿，槐米染黄，橡子果染黑，豆秸灰染灰，高粱壳染红。民国 27 年（1938）日寇侵占昌城，染坊停业。

广隆斋饭店
Guǎnglóngzhāi Fàndiàn

旧址位于城里街东段路南，今公园道壹号北区沿街一带。

村人相传，饭店创始人刘钊原追随傅振邦做事，清朝末年，刘钊协同本家两个侄子在县城东门里路南开设饭店，字号“广隆斋”，在路北傅家祠堂东邻设有马车店。饭店招牌菜是炸里脊、热合菜和炒咸菜丝。民国 27 年（1938）8 月，日寇空袭昌邑县城，在东门里投下两颗炸弹，饭店被炸毁，广隆斋后人又与他人合伙在原址西邻租赁张家房舍，重新开业。民国后期因内战饭店再次停业，至民国 37 年（1948）重新开业。1955 年公私合营，成为城关区供销社合作饭店。1958 年大办集体食堂，改称第二食堂，1961 年又下放为“广隆斋”合作饭店。1963 年改为国营大众饭店，后改称第二饭店。又因经营场所受限，该饭店取消，人员分流至其他国营饭店和商业机构。

裕丰祥酱菜店
Yùfēngxiáng Jiàngcài Diàn

旧址位于解放路与城里街路口往东 100 米，城里街路南。店铺为三间沿街门面房。

“裕丰祥”创建于民国 21 年（1932），为东隅村刘氏家族所有，是一家主营酱菜和调味品的商店，招牌酱菜是“包瓜”和“磨茄”。店家采取种植、腌制、售卖一条龙的经营模式，在城内东南汪地置有三余亩菜园，种植茄子、黄瓜、莴苣、芥菜、地环等，直接供腌制产品使用。店铺带有后院，院内存有十余口腌菜大缸。逢年过节，店内就以特制小油篓把各种酱菜装满，篓口贴上字号，拴以红绳，让顾客采购后以“节礼”馈赠亲友。民国后期因战乱店铺停业。

新民照相馆
Xīnmín Zhàoxiàng Guǎn

旧址位于城里街西段路南，今金通大药房对面。

20 世纪 30 年代，于家山下人于蓝君（字子平）赴东北学习照相技术，其间接触到进步思想，回昌邑后在城里街路南开设“新民照相馆”，并借下乡拍照作为掩护，为昌北抗战武装传递情报。当时城里街上承担秘密联络工作的还有照相馆西邻镶牙馆掌柜于敦成、照相馆对面路北鞋铺掌柜翟元绪。民国 36 年（1947）秋，新华书店迁至县城，照相馆及西邻镶牙馆停业，房舍用于书店经营，于蓝君代书店经理，于敦成转为书店店员。

新兴黄酒馆
Xīnxīng Huángjiǔ Guǎn

旧址位于城里街西段路南，今国贸商场对面一带。

清朝末年，由东隅村人梁新田以自家三间沿街祖宅经营。购酒者多为带回家饮用，也有部分客人在酒馆内加菜饮用。馆内设温酒炉，备有姜片、红枣、红糖等温酒佐料，供应炸花生米、腌花生米、豆腐干、小咸菜丝、腌萝卜、肴肉拌黄瓜等下酒小菜。设四张八仙桌供酒客使用。营业房舍后有一院落，建有东西偏房以及南屋，黄酒酿制就在该院落及偏房中完成。民国 20 年（1931）酒馆关闭。

昌城商场
Chāngchéng Shāngchǎng

旧址位于今利民街以南、天水路以东，恒鼎新都汇项目西北角位置。

1974 年，在昌邑县草辫厂西南门里旧址（今恒鼎新都汇项目西北角）兴建百货公司第一商店；1976 年，商店二层营业楼建成营业；1979 年 10 月，商店建筑拆除，原址重建为五交化商店营业大楼；1980 年 6 月，五交化商店建成营业，专营五金交电商品；1988 年，商店改称昌城商场，经营范围调整为日用百货；2003 年商场停止营业，物业租赁给维客利连锁商业，更名维客利商厦；2011 年，维客利商厦业务迁出，原址建筑拆除后划归恒鼎新都汇商业项目。

工业品贸易中心
Gōngyèpǐn Màoyì Zhōngxīn

贸易中心旧照（1986 年） 照片提供：李发宁

旧址位于今天水路与利民街路口西北角，全福元商场一带。

始建于 1983 年 4 月，1985 年 1 月正式营业；1988 年分设贸易中心（批发）和中心百货商场（零售）2 个单位；1990 年 11 月，贸易中心划归五交化公司；2001 年 5 月，中心百货商场改制，更名为天隆百货商厦有限公司；2008 年商场建筑拆除，原址兴建全福元商场。

综合商店
Zōnghé Shāngdiàn

综合商店旧照（1987 年） 照片提供：魏竹贞

旧址位于北海路与利民街路口西北角，今八方商贸商务楼位置。

1981 年建成营业，为临街拐角平房建筑。1985 年 2 月 24 日凌晨商店失火烧毁，曾暂借解放路商业服务楼营业，修复后迁回。2000 年拐角平房建筑拆除，原址兴建八方商贸三层商业用房。

利众商厦
Lìzhòng Shāngshà

利众商厦旧照（2000 年） 照片提供：李发宁

旧址位于城里街与解放路路口东南角，今公园道壹号小区内。

商厦为三层临街拐角建筑，属东隅村物业，1997年6月建成，占地面积1500平方米，建筑面积2400平方米。1998年5月对外营业，为昌邑市首家自选购物商场，以“让利于民众”之寓意定名利众商厦。2009年商厦停业，2010年建筑拆除，原址兴建公园道壹号住宅小区。

佳家福超市
Jiājiāfú Chāoshì

旧址位于市供销合作社联合社北邻，天水路西侧。

2001年9月，昌邑市果品食盐公司投资建成佳家福超市，由昌邑市利众商厦有限公司经营，为昌邑市首家大型日用消费品超市。2007年，佳家福超市改组为曼哈顿商城，经营服装鞋帽及纺织品。2015年10月，曼哈顿商城撤销，改组为万绣城服装超市。

西关街市场
Xīguān Jiē Shìchǎng

由西关村东西大街（今属城里街的一段）改造而成，东起石渠路（今天水路），西至青年路（今北海路）。以道路名称命名为“西关街市场”，又因主体建筑为拱顶玻璃钢瓦大棚，坊间俗称“西关大棚”。

西关街市场旧影　　照片提供：李发宁

1986年动工兴建，1987年底建成营业，因适逢龙年到来，由昌邑剪纸艺人陈光宗创作一对祥龙，并制作成铁皮雕塑悬于市场东、西两入口处。市场分三个厅，东厅衣帽鞋袜，中厅土产百货，西厅农贸市场。1997年西厅改造，2000年中厅改造。2008年东厅及两侧商铺拆除。2010年3月中厅及两侧商铺拆除、西厅及北侧商铺拆除。

昌邑市汽车运输公司
Chāngyì Shì Qìchēyùnshū Gōngsī

汽车运输公司旧照（2010年）　照片提供：齐英杰

旧址位于烟潍公路（今新兴街）北侧，今翠峰御景小区院内。

1970 年，在铁匠营村前交通局旧址（今新兴街路北）成立昌邑县汽车运输队，1975 年 4 月，在运输队院内成立昌邑县汽车运输公司；1976 年，昌邑县搬运合作社和昌邑县马车运输合作社并入；1981 年，与交通机械厂对换地址，迁文山南麓烟潍公路北侧院落（今翠峰御景小区院内）；1994 年撤县设市，更名为昌邑市汽车运输公司；2001 年，公司下辖第一、第二汽车运输公司改制，分别成立亨通汽车运输有限公司和华通汽车运输有限公司，昌邑市汽车运输公司注销。2015 年院落拆除， 兴建翠峰御景小区。

昌邑县搬运合作社
Chāngyì Xiàn Bānyùn Hézuò Shè

旧址位于今利民街路南，三和苑小区西北角一带。

1950 年 1 月，在昌邑县邮政局 7 人邮运小组的基础上成立昌邑县搬运工会，同年 9 月由县工会出面将东隅、南隅、西关三处零散搬运队并入搬运工会，计 40 人，7 辆小推车，会址在南小湾东崖民房；1956 年 5 月，更名昌邑县搬运合作社；1970 年获配首批机动运输车辆；1976 年，并入昌邑县汽车运输公司，迁铁匠营村前汽车运输公司院内，原院落经扩建后归交通局机关使用。

昌邑县马车运输合作社
Chāngyì Xiàn Mǎchē Yùnshū Hézuò Shè

故址位于烟潍公路（今新兴街）路北，今翠峰御景小区院内。

1952 年秋，昌邑县成立马车运输服务站，由 70 辆私营马车组成；1956 年 5 月，在马车运输服务站的基础上成立马车运输合作社，地址位于今解放路与新兴街路口西北角；1959 年迁文山南麓汽车站旧址（今新兴街路北翠峰御景小区院内），原址转给汽车站使用；1976 年 4 月并入昌邑县汽车运输公司，迁铁匠营村前汽车运输公司院内，原院落归交通机械厂使用。

昌邑市交通汽车修理厂
Chāngyì Shì Jiāotōng Qìchē Xiūlǐ Chǎng

旧址位于今新兴街路北、文昌南路西侧。

1960 年 10 月，在县马车运输合作社（旧址位于今翠峰御景小区院内）维修组的基础上成立交通机械修配厂，与马车运输合作社同院经营；1962 年撤销修配厂，恢复为马车运输合作社维修组；1970 年 8 月再次成立交通机械制修厂，后改称交通机械厂，自主生产机动车辆，先后生产出三轮车 22 辆，柴油汽车 51 辆；1981 年与昌邑县汽车运输公司对换地址，西迁 1.2 千米，迁至汽车运输公司院落，不再从事机动车制造，转为车辆修理业务，更名为交通汽车修理厂；2002 年 5 月企业破产停业。

昌邑市棉麻公司
Chāngyì Shì Miánmá Gōngsī

旧址位于今新兴街路南，鲁虹经贸有限公司东邻。

1952 年，昌邑县供销合作社联合社成立棉花经理部；1961 年 9 月更名为昌邑县棉烟麻经理部；1963 年更名为昌邑县棉烟麻公司，又改称昌邑县棉麻公司；1997 年组建棉花科技园，培育出“标杂 A1 抗虫棉”；1998 年 12 月 28 日，昌邑市棉麻公司法人单位注销，行业管理职能并入市供销总社，经营业务划归第三棉花加工厂；2006 年 3 月，新兴街路南棉麻公司旧址开发为住宅小区。

昌邑市丝绸公司
Chāngyì Shì Sīchóu Gōngsī

旧址位于今建设路东侧，烟草公司南邻。

1976 年，昌邑县供销合作社在烟潍公路南侧（今新兴街土产公司对面三角公园内）建蚕茧收购站；1978 年成立蚕丝公司；1981 年蚕丝公司移交县纺织局；1983 年取消蚕丝公司，职能并入县纺织局蚕茧科；1986 年县纺织局成立丝绸公司，地址位于利民街路南烟草公司南邻；1989 年秋迁至利民街路南工人文化宫（利民街旧址）斜对面；1990 年划归省丝绸公司垂直管理；2005 年公司改制，成立昌邑市丝绸有限公司；2008 年 12 月公司停止经营，有效资产由昌邑市赛奥丝绸有限公司承接；2009 年 2 月，昌邑市丝绸有限公司注销。

第六节　工业企业

昌邑电灯公司
Chāngyì Diàndēng Gōngsī

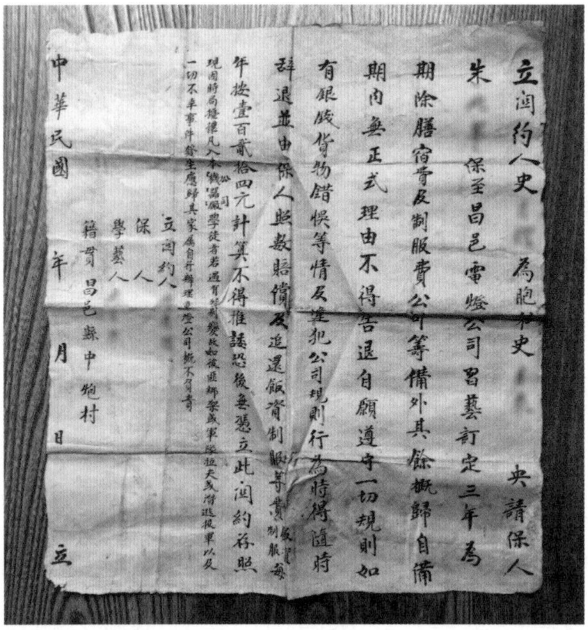

立閏约人史　為胞弟史　央請保人
朱　保至昌邑電燈公司習藝訂定三年為
期除膳宿費及制服費公司籌備外其餘概歸自備
期內無正式理由不得告退自願遵守一切規則如
有銀錢貨物錯悞等情及違犯公司規則行為時得隨時
辭退並由保人照數賠償及追還飯費制服等費（飯費制服每）
年按壹百貳拾四元計算不得推諉恐後無憑立此閏約存照
現因時局[illegible]凡入本公司職學徒者若遇有特别變故如被匪綁架或軍隊拉夫及潛逃投軍以及
一切不幸事件發生應歸其家屬自行辦理與公司概不負責
立閏约人
保人
學藝人
籍貫昌邑縣中[illegible]村
中華民國　年　月　日　立

昌邑电灯公司招收学徒工的契约　　提供：李发宁

民国22年(1933)，商人黄云逸、韩国军、王效亮、郑国等人在县城内创办电灯公司，用潍产单缸柴油机带动十千瓦发电机发电，供县政府和部分商号照明。公司初设于东南汪地，后因离县政府（今昌邑宾馆东院）较远，线路损耗大，于民国25年（1936）迁至城里街路南穿心店，租用姜其公房屋十二间经营。穿心店位于金通大药房对面，因院落北通城里街南连墨水湾崖而得名。民国27年（1938）日本侵略军入侵昌城，电灯公司关闭。

昌邑市植物油厂
Chāngyì Shì Zhíwùyóu Chǎng

榨油厂旧照(1979年)　　照片提供：李发宁

故址位于今天水路东、城里街南，今为顺达职工宿舍区。

1951年10月，昌邑县供销合作联社在县城东门里路南（今公园道壹号小区北区东段）新建厂房12间，成立榨油车间，以人力螺旋铁榨机生产植物油；后购进15马力柴油机代替人力生产，改称昌邑县榨油厂；1957年7月，昌邑县榨油厂由集体转为地方国营，划归县工业局管理，成为昌邑县工业企业中第一个全民工厂；1961年改属县粮食局管理；1965年迁址西门里城里街路南碾米厂，将南大仓、碾米厂、张家当铺三处院落整合，改建新榨油厂；1972年与东院面粉厂合并，成立昌邑县粮油加工厂；1974年更换200型机榨设备，以40马力柴油机驱动生产；1976年改为以40千瓦电动机驱动生产；1980年改用预浸出工艺生产，出油率明显提高；1986年注销粮油加工厂，分设面粉厂和榨油厂；1987年榨油厂更名为植物油厂；2000年企业注销，人员及有效资产划归顺达实业公司。原址拆除后兴建顺达职工宿舍。

昌邑县草制品厂
Chāngyì Xiàn Cǎozhìpǐn Chǎng

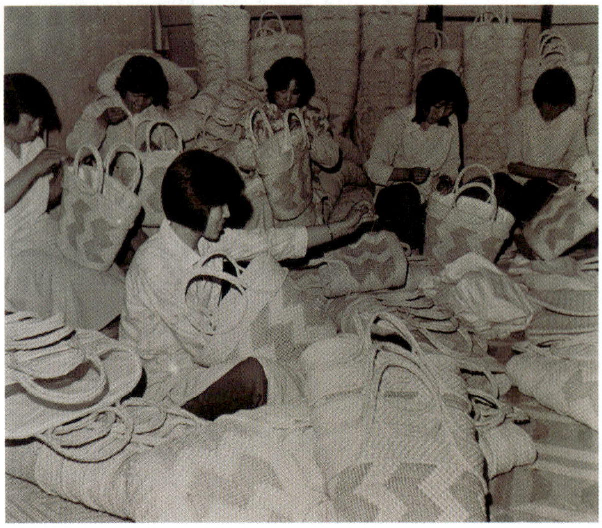

草制品厂车间旧照（1988年） 照片提供：李发宁

旧址位于今北海路西、新村街北，市人民医院新门诊楼位置。

1954年4月19日，县营草帽辫加工厂成立，厂址设在东门里城里街路北县联社院内，生产草帽辫拐桄（绕线的桄子）；1956年推出草编提篮、玉米皮提篮、草拖鞋等草编新品，产品出口西德、意大利、法国、智利等二十多个国家和地区；1961年9月，迁址西南门里路北（今天水路东侧恒鼎新都汇项目西北角一带）；1965年，县草帽辫加工厂划归省土产杂品公司潍坊采购站直接管理，昌邑县手工业联社同年在县网扣社草辫车间的基础上新建草帽辫合作厂（故址位于今文苑南区西段）；1969年1月草帽辫加工厂复归县管，与草帽辫合作厂、网扣绣花厂合并为昌邑县工艺品厂，各自生产地址未变；1970年2月工艺品厂拆分，复设草帽辫加工厂，原草帽辫合作厂业务并入草帽辫加工厂；1972年更名为昌邑县草辫厂，从西南门里迁烟潍公路南侧第一旅馆南邻新建厂房（今解放路西侧、新兴街路南）；1976年改称昌邑县草制品厂，迁址青年路西（今北海路金融大厦对面人民医院新门诊楼位置）；1979年推出红麻帽产品；1995年转产被服产品，更名为昌邑市海天被服有限公司；1996年并入昌邑市纺织印染总厂；2012年北海路厂区拆除，原址兴建人民医院门诊及外科大楼。

昌邑市化肥厂
Chāngyì Shì Huàféi Chǎng

故址位于今同大街路南，贵和嘉园小区西邻，今为山东同大集团有限公司厂区。

化肥厂一角（2006 年）　　照片提供：孙艳

昌邑县化肥厂始建于 1970 年 7 月，设计年产 3000 吨合成氨生产线，占地面积 130 亩，建筑面积 2 万平方米，1973 年 3 月 1 日正式投产，属地方国营企业。1979 年升级改造，生产碳酸氢铵化肥，所产“金穗牌”碳酸氢铵 1984 年被评为省优产品。1994 年撤县设市，改名为昌邑市化肥厂。2000 年 11 月企业破产，由山东同大集团有限公司买断其有效资产，从事纺织机械制造和超纤生产。

昌邑市造纸科研厂
Chāngyì Shì Zàozhǐ Kēyán Chǎng

故址位于今利民街南、石化路东，城西热力公司一带。

1968 年 10 月，济南军区决定在昌邑县筹建“济南军区后勤部五七造纸厂”，选定县城西 1 千米的洪埠口为厂址。1969 年初开工建设，基建工程兵 218 团派出 300 余人来昌邑县城西郊工地奋战近一年，于 1969 年 10 月建成并投产，同期修成利民街延伸至五七纸厂路段 2 千米。工厂占地面积 170 亩，建筑面积 1.1 万平方米。因军队整编，五七造纸厂于 1975 年 10 月撤编，移交地方，变更为昌潍地区造纸科技研究厂，属国营企业；1982 年归昌邑县，属工业局，更名

造纸科研厂大门旧照　　照片提供：李发宁

为昌邑县造纸科研厂。1994 年昌邑撤县设市，更名为昌邑市造纸科研厂，生产“潍河”牌系列打印纸、有光纸、胶版纸、铝箔原纸。

2000年11月15日正式宣布破产，有效资产由山东省电力设计院买断，成立昌邑市热电有限公司。

昌邑市丝绸印染厂
Chāngyì Shì Sīchóu Yìnrǎn Chǎng

故址位于今昌邑市利民街716号，市烟草公司西邻。

1977年1月，昌邑县红卫丝织厂（柳疃丝织一厂前身）印染车间与昌邑县东风丝绸厂（柳疃丝织二厂前身）漂炼车间合并，成立昌邑县丝绸印染厂。厂址在县城利民街西段路南，占地面积66.7亩，厂房建筑面积2.8万平方米，属集体企业。1994年

丝绸印染厂大门旧照　　照片提供：张元勇

昌邑撤县设市，更名为昌邑市丝绸印染厂。2000年2月因产业疲软破产，有效资产由香港龙丰有限公司买断。

昌邑市造纸厂
Chāngyì Shì Zàozhǐ Chǎng

造纸厂旧照（1989年）　　照片提供：李发宁

故址位于今利民街742号，华海五金建材市场一带。

昌邑县造纸厂始建于1958年6月，占地面积84亩；1994年昌邑撤县设市，改称昌邑市造纸厂；2000年改制为昌邑市森星纸业有限公司；2001年政策性关停制浆流水线，企业进入半停产状态；2007年由山东昌邑石化有限公司接管企业资产、负债及人员；2013年在原址兴建华海五金建材市场。

昌邑市印刷厂
Chāngyì Shì Yìnshuā Chǎng

故址位于今利民街736号，华海贸易广场北区一带。

印刷厂胶印制版室（1989 年）　　照片提供：于永惠

1953 年 2 月，由韩家抚宁等村笔匠 24 人集股组成“同义毛笔组”，选址县城后街路北（工商银行城里街旧址北邻）；1954 年转为同义毛笔生产合作社，又称同义生产组；1956 年昌南县与昌邑县合并，由郭家道口“同文堂”笔匠传承的昌南毛笔厂并入昌邑县同义毛笔生产合作社，成立同义毛笔厂；1959 年 4 月更名为昌邑县文具厂，主要生产毛笔、粉笔、墨汁等。1958 年，昌邑县成立县报印刷厂，承印《昌邑县报》；1959 年《昌邑县报》停刊，印刷厂并入昌邑县造纸厂，成为造纸厂的一个印刷车间。1970 年 2 月，昌邑县文具厂与造纸厂印刷车间合并成立昌邑县印刷厂，厂址位于县造纸厂东邻（西山水泥厂旧址），占地面积 40.5 亩，建筑面积 7565 平方米。1994 年昌邑撤县设市，更名为昌邑市印刷厂；2003 年 5 月 23 日企业破产，由昌邑恒信印刷有限公司买断有效资产；2010 年，原址兴建华海贸易广场。

昌邑县制鞋厂
Chāngyì Xiàn Zhìxié Chǎng

故址位于利民街西段路南，今烟草公司东邻一带。

1952 年 9 月，新昌鞋组在东逄翟村集股组成；1953 年 3 月，改称兴华鞋业社，迁城里孙家巷子（今服装厂东区北邻），1955 年迁凤鸣书院旧址（今国贸商场北邻）；1958 年 8 月改称城关制鞋厂；1959 年 4 月，与城关皮革社（初称中台皮革社）合并为

鞋厂城里街路北旧址（1959 年）　照片提供：张小萍

昌邑县制鞋厂；1963 年 3 月改称鞋业皮革社；1970 年成立电子车间，生产半导体原件；1974 年新上注塑机，开始生产注塑底布鞋；1975 年 12 月，恢复昌邑县制鞋厂名称；1976 年 6 月电子车间迁青年路（今北海路）南段路东新建，与制鞋厂业务剥离；1980 年 10 月，制鞋厂迁址利民街路南（烟草专卖局东邻），设皮鞋、布鞋、化工（橡胶底）三个车间；1994 年鞋厂取消，人员分流到

丝绸印染厂、酿酒厂、造纸厂三个单位，厂房资产归酒厂，原址兴建酒厂职工宿舍。

昌邑市地毯厂
Chāngyì Shì Dìtǎn Chǎng

故址位于围子街道驻地东南部，下小路东，围仓路南。

地毯厂厂区一隅（1990 年） 照片提供：高政仁

1976 年 2 月，昌邑县外贸公司同围子公社联合筹建成立华艺地毯加工厂，放料给农村网点编织，地毯厂负责染线和平毯；1980 年 1 月华艺地毯加工厂归县工业局管理，由社办转为县营，改称昌邑县地毯厂；1983 年出产“海鸥牌”90 道男工栽绒地毯，销往英、美、日、意等二十多个国家和地区；1994 年撤县设市，改称昌邑市地毯厂；1999 年底停产，2005 年 5 月破产；2006 年有效资产被山东浩信机械有限公司竞购，原址建成浩信家园职工宿舍区。

昌邑市建筑材料厂
Chāngyì Shì Jiànzhùcáiliào Chǎng

建筑材料厂旧照（1990 年） 照片提供：马玉涛

故址位于潍河东岸，今水岸府邸小区至妇幼保健院一带。

1968 年昌邑县碳化砖厂成立，占地十亩，生产碳化砖，隶属于昌邑县建筑社；1970 年归工业局所辖；1977 年改属建委；1984 年厂区扩建为 40 亩，以生产水泥预制件为主，更名为昌邑县建筑材料厂，划归昌邑县化工建材办公室；1994 年昌邑撤县设市，改称昌邑市建筑材料厂；1997 年隶属于昌邑市建材行业管理办公室；2004 年隶属于昌邑市经济贸易局；2010 年破产清算，土地由政府征用。

昌邑市木工机械厂

Chāngyì Shì Mùgōng Jīxiè Chǎng

故址位于今新兴街 182 号，世纪华苑北区。东邻原为纺机厂南区，西邻原为第三棉花加工厂。

木工机械厂车间旧照（1986 年）照片提供：李发宁

1953 年 10 月，昌邑县建筑工会分出木业合作组，在县城东门里路南（今公园道壹号北门东侧）建房五间，生产木制家具及小农具；1954 年 1 月成立木业生产合作社；1956 年 2 月，迁东门里路北东岳庙旧址，并在海岱巷北首（清水湾南崖铜佛寺旧址）建车间一处；1958 年 7 月，木业生产合作社并入昌邑县第一农具厂，迁烟潍公路路南（今新兴街路南文苑南区）；1960 年 3 月从第一农具厂分出，成立昌邑县木器厂，地址位于第一农具厂西邻；1961 年 7 月并入县农业机械厂（原第一农具厂）；1962 年 2 月从农业机械厂分出，成立昌邑县木器合作工厂；1989 年更名为昌邑县木工机械厂；1994 年昌邑撤县设市，企业更名为昌邑市木工机械厂；1999 年 9 月企业改制，更名为昌邑市双星木业有限公司；2006 年 5 月 30 日企业破产清算；2009 年原址兴建世纪华苑住宅小区。

昌邑市第三棉花加工厂

Chāngyì Shì Dìsān Miánhuājiāgōng Chǎng

第三棉花加工厂旧照（1982 年）照片提供：李发宁

原厂址位于今新兴街南、文昌路东，新兴家园小区一带。

1959 年，昌邑县棉油加工厂成立；1962 年因国民经济调整项目下马；1969 年因县内棉花种植面积扩大，项目重新上马，定名昌邑县第三棉花加工厂；1994 年昌邑撤县设市，企业更名为昌邑市第三棉花加工厂；1998 年 12 月，市棉麻公司取消，行业管理职能并入市供销总社，经营业务划归第三棉花加工厂；2001 年 8 月企业改制，更名为昌邑市银山棉花加工有限公司；2005年6月企业“退城进园”，整体搬迁至城西路377号，新兴街原址兴建新兴家园住宅小区；2014年，昌邑市银山棉花加工有限公司停止经营并进入清产核算程序。

昌邑县酿造厂
Chāngyì Xiàn Niàngzào Chǎng

故址位于今解放路东侧，吉祥苑小区与泰和花园小区之间。

1984年10月，原昌邑县副食品加工厂分设为食品厂和酿造厂两个单位。酿造厂位于食品厂西段南邻，城关镇农修厂东侧，主要生产酱油、食醋、酱菜。1992年，人员资产并入百货公司，在此基础上成立商业织布厂；1994年8月，商业织布厂依法破产。

昌邑市工艺玩具厂
Chāngyì Shì Gōngyì Wánjù Chǎng

故址位于今新兴街南、奎聚路东，现为鲁扬公司厂区。

1992年4月，昌邑县针织服装厂成立；1994年7月更名为昌邑市工艺玩具厂，主要承接韩国布绒玩具来料加工业务，为全民所有制；1999年12月企业改制，更名为昌邑市瑞发玩具制造有限公司；2003年4月企业破产清算，由潍坊市鲁扬食品有限公司收购有效资产，从事肉禽冷藏加工产业。

昌邑县交通机械修配厂
Chāngyì Xiàn Jiāotōng Jīxiè Xiūpèi Chǎng

旧址位于烟潍公路南侧，今文苑小区南区北门西侧一带。1958年8月成立，主要生产运输工具配件，并维修各种车辆。1959年1月，装配成功载重三吨“潍河牌”汽车一辆，这是昌邑本地自产的首辆汽车。因技术支撑不足，没有继续汽车生产。1959年5月，取消交通机械修配厂，房舍资产并入昌邑县第一农具厂。

昌邑市顺达集团公司
Chāngyì Shì Shùndá Jítuán Gōngsī

故址位于今北海路以东、双石路以南，李家埠村前，今已开发为恒信玫瑰公馆住宅小区。

1987年，为配合昌邑北部滩涂养殖业发展，昌邑县粮食局在李家埠乡政府西邻筹建鱼虾饵料厂；1988年秋建成投产，后因海产养殖市场消退，改为畜禽饲料生产；1990年7月，在李家埠原址成立潍坊顺达饲料有限公司，主产肉禽全价饲料；1992年与香港来旺实业有限公司合资成立潍坊顺达食品有限公司，生产经营精炼食用油产品及粕类产品，厂区位于潍坊顺达饲料有限公司南邻；1993年收购供销冷藏厂，改称顺达冷藏厂；同年成立顺达实业公司，下辖李家埠粮站以及市区粮店；1996年成立顺达集团公司，驻顺达饲料公司院内办公，下辖潍坊顺达饲料有限公司、潍坊顺达食品有限公司、顺达冷藏厂、顺达实业公司；2000年，昌邑市植物油厂人员及有效资产并入顺达实业公司；2001年取消顺达集团公司，所属企业分别改制为昌邑市新达饲料有限公司、昌邑市顺达肉禽有限公司、潍坊华达养殖有限公司。

顺达集团公司旧照（1997年）　照片提供：马坤堂

第七节 宗教活动场所及纪念地

玉真宫
Yùzhēn Gōng

清乾隆《昌邑县志》载 “玉真宫，在县西北一里。金太和八年道人徐志笃传道微建玉真观。贞祐二年毁于兵燹。乙卯灿然子杨明达高弟李志潜复建。甲寅称玉真宫”。 另据民国本《昌邑县志》载 “玉真宫在西关外，原名玉真观，始创年代无考。金大定初，惟上帝殿芙蓉堂仅存，元泰和间为道人邱长春重修……”

玉真宫故址位于今市府街东段路北，原市委、市政府院落一带。金元以前已有道观建于此，至金大定年间唯剩上帝殿、芙蓉堂残存，金泰和八年（1208）重建，时称玉真观，元后期改称玉真宫，明清时期多次重修。清前期设道会司于此。玉真宫分前后两院，后院位于今富昌街路南原市委大院一带，乡人称“高宫”，主建筑为三层圆形结构，远观似北京天坛，1953 年完全拆除；前院位于市府街路北原市政府院内，乡人称“下宫”，至清光绪年间半就颓废，民国初年唯剩残垣。下宫旧殿前曾存留元至元二十七年（1290）所立石碑，高三米余，赑屃碑座，1966 年秋被毁，玉真宫地表遗存自此完全消失。

民国 5 年（1916），昌邑县乙种实业学校在下宫遗址新建校区开课；民国 22 年（1933），县立师范讲习所迁此办学；民国 37 年（1948），山东省昌邑中学（昌邑一中前身）在董家城后村复课，借用下宫遗址高地做学校操场；1956 年，昌邑县委在下宫遗址建成办公用房并迁入；1968 年，县人民委员会迁此合署办公；1982 年底，昌邑县委在高宫遗址建成四层办公大楼并迁入；2014 年 6 月，昌邑市委、市政府迁平安街 1669 号；2019 年 9 月，玉真宫旧址兴建邑城首府住宅小区。

城隍庙
Chénghuáng Miào

旧址位于原墨水湾以南，今利民街路北。

“城隍”泛指古时的城墙和护城河，城隍神是中国民间信奉的守护城池之神。明洪武三年（1370），昌邑县丞程福山倡建城隍庙，以祈愿城池安宁。明清两朝历经多次重修。清乾隆初年，邑人姜焯（时任徐州知府）携江南工匠回乡捐建城隍庙戏楼，仿江南戏楼结构，建筑之精美闻名周围州县。庙宇大门朝南，门内便是戏楼，再向里走，左右两侧是钟楼和鼓楼。二门前两侧是男魂祠、女魂祠、土地祠等。二门迎面是城隍庙大殿，大殿后面是二殿，大殿、二殿两侧是南北排列的廊房。

城隍庙旧影（1936 年）　　　照片提供：李发宁

民国时期，庙舍曾用作民众教育馆、国术馆、图书馆等办公房舍和南隅小学校舍。民国 36 年（1947），城隍庙毁于战火。1949 年后，先后在庙址建成县面粉厂、粮食局机关，农业局、体育局、畜牧局、综合行政执法局等单位曾驻该院落办公，今已开发为住宅小区。

龙王庙
Lóngwáng Miào

旧址位于今奎聚街道中庄头村东红崖堤之上。明嘉靖三十七年（1558）由副都御史翟瓒（昌邑城北东逄翟村人）倡修。

庙有三间，砖木瓦顶结构，供奉龙王，以祈消除水患，故名。庙前有广场，庙门上面有卷棚，庙东南角松树上挂一口大钟（传钟重千斤），潍河出现汛情时用碗口粗木头撞击，钟声响彻乡里，以警乡人避水防洪。清光绪二十二年（1896），光绪帝御赐该庙“润洽为德”匾额。庙宇建筑毁于 1970—1973 年。

东岳庙
Dōngyuè Miào

旧址位于城里街路北，今北海公园南门西侧沿街商住楼一带。

清光绪《昌邑县志》载：“东岳庙在东街，元时道人孙守德建。国朝康熙辛卯，张勿吝重修；嘉庆六年，道人孙太升添建财神庙”。元时始建东岳庙，位于昌邑古城东门里路北；明清两朝数次重修；清嘉庆年间添建财神庙。民国时期，城关镇公所驻东岳庙办公，财神庙租金充作东隅小学办学经费。1949 年后，庙址先后建为新兴红炉社和木器社，又成为城关修配门市部用房。1984 年 11 月，庙址地块划归李家埠建筑公司所有，后开发为商住地产。

傅刚勇祠
Fùgāngyǒng Cí

旧址位于城里街东段路北，原杨家胡同东侧。

傅刚勇祠又称傅公祠，清光绪十六年（1890），地方绅耆呈请抚宪张曜奏准，为纪念清提督傅振邦咸丰年间带领民众抵御捻军侵扰修建，列入祀典，春秋二祭。民国前期，万国道德会昌邑分会驻祠内办公；民国18年（1929）8月，陈调元部某师进驻昌城，师部设在祠堂；民国27年（1938）8月，日寇空袭昌邑县城，在东门里投下两颗炸弹，祠堂建筑受损；1950年春，昌邑县供销合作社联合社迁祠堂旧址新建办公院落；1954年4月，县草帽辫加工厂在院内成立；1961年县联社和草帽辫加工厂迁出，县妇幼保健站迁入；1968年转为昌邑县商业局驻址；1975年8月商业局与县联社分家，再次成为县联社驻址；1981年县联社迁出，院落改建为供销职工学校；1994年，原址改建为家私城。

八角楼
Bājiǎo Lóu

旧址位于今解放路西侧，百货大楼南邻。

明清时期，在县城东南隅建有地藏庵；清宣统二年（1910），昌邑县成立参事会，借庵舍办公。民国元年五月十八（1912年7月2日），昌邑县城发生“五一八”剪辫惨案，暴徒火烧参事会，庵舍被焚毁。民国2年（1913）在地藏庵原址建成八角楼，以纪念县内“五一八”剪辫惨案中的殉难烈士。建筑高二层，尖顶，飞檐麟角；墙分八面，构成八角，故称八角楼。民国4年（1915），柳疃河崖村人王希洛在八角楼创办昌邑县立女子小学校；民国22年（1933）1月，韩复榘部某团进驻昌城，设八角楼为团部；民国33年（1944）建筑拆除，唯剩残垣。1949年后，原址先后建为县工会、县托儿所、人民剧院等单位，今已开发为盛泰商城商住建筑。

东关道观
Dōngguān Dàoguàn

旧址位于今文山小学北邻，城里街路基及以北地段。

始建于民国15年（1926），民国25年（1936）建成，周边村户称之为“公所”，名字来历不详。乡人相传，由孟老道（本名孟兆坤）化缘所积银两，购置东关村东西大道路北魏德仁宅地（今文山小学北侧一带）建成大殿，又继续到各地化缘，渐次建成东、西厢房和倒座房，倒座房中间设向南开门的过道大门。民国后期，孟老道在道观内成立安清道义会，又称“三番子会”，倡导戒烟戒酒。1949年后，先后有县联社、手工业联社、轻工业局、交通局、卫生防疫站等单位迁道观办公。1974年防疫站迁出，院落作为城关卫生院职工家属院使用；1985年城关卫生院另建职工宿舍楼，卫生系统印刷厂在此成立；1992年城里街改造取直，拆除大殿及其他庙舍，印刷厂在城里街新修道路北侧建成三层沿街楼房，楼基位于原大殿房基偏东南位置。

第八节 河流·湾塘·渡口·桥梁

媒河
Méi Hé

1978 年媒河故道影像　　　　提供：李发宁

故道位于今卜庄镇境内。清乾隆《昌邑县志》载：“媒河，在县东陆庄社。首接潍，尾通胶，交汇二水，如媒妁也”。媒河因交汇潍胶二水而得名。

媒河河道由潍河溢洪自然形成，东并入胶莱河。元明时期，多次疏浚胶莱运河，并导治媒河，引潍河水以充盈胶莱运河。河道自李家扶宁村后从潍河分流，经吕家庄前、郝家庄后、夏店村东、赵家庄西、西河沟村东、东河沟村西又村南、义气村北、铁匠庄西又庄南、大河南与大河北两村中间、高家庄前、刘庄前、大陆村西又村南、峰台村前、柳家村东北、毛家寨村后、卜庄村前、站里村前、韩家店村前、姚家村北，由东赵家村北汇入胶莱河。

胶莱河失去运河功能后，不再从潍河分水，为防水患，潍河分水口筑以河堤，切断水源，但每至汛期，常有溃堤水溢之患，溢出之水多流入媒河。自 20 世纪 60 年代之后，因潍河水患减少，媒河河床渐次干涸，上游河段今已填平为农田。1966 年漩河上游向南挖渠延伸，与媒河故道交汇，自此，媒河故道中段成为漩河的一部分。

桃花沟
Táohuā Gōu

通河沟故道旧影（1972 年）　　　　提供：李发宁

故道位于今围子街道和卜庄镇境内，原称通河沟、淘河沟。清光绪《昌邑县志》载“通河沟，自潍溢出，由县东隅庄渡口，东流三十里入胶河，夏秋水涨，北岸十余村受害”。

桃花沟原为潍河溢洪自然形成的河道，东入胶莱河。因河道连通潍胶两河，初名通河沟。又因洪水湍流淘出河道，亦称淘河沟。传河两岸曾遍生野桃树，乡人以谐音取名桃花沟。

桃花沟由围子街道葛达子村（自然村）前从潍河分水，流经二甲、永富、大太保、马家围子、天保、北朱家寨、太平等村庄北侧，又经苏家部、姚家部村前，向东流至卜庄镇郑家坡村前，从郑家坡村东汇入胶莱河。清代及民国时期，夏季潍河水溢漫堤，河水注入桃花沟，属季节性河流。自20世纪50年代，昌邑县多次对潍河实施疏浚、裁弯、护堤等工程，加之1960年峡山水库建成后的调节作用，水患不再，桃花沟河床逐年干涸。今沟渠上游及下游河道多改造为农田，唯苏家部一带河段和郑家坡河段还留有故道。

姜家大湾

Jiāngjiā Dàwān

故址位于今解放路以东、利民街以北，公园道壹号小区内。由宋时筑城取土挖成，旧时为昌邑城内主要排涝湾塘。村人相传，湾东南角原有两口井，相距仅两米，而水质是一甜一咸，甜井水泡茶醇香可口，咸井水腌制咸菜味郁耐存，成为一大奇观。因湾塘占地约十亩，坊间称之“十亩大湾”。明后期，该湾归举人史载勋家族所有，遂称史家大湾，又因湾东崖建有寄绿馆（今已失），另名寄绿湾；清康熙年间，史家将大湾卖与刑部侍郎张志栋（南隅人）家族，

姜家大湾旧影（2010年）　　摄影：于麦燕

改称张家大湾；民国时期，因姜氏家族聚居于大湾北崖，逐渐被称为姜家大湾；2012年，大湾因兴建住宅小区而填平。姜家大湾作为昌邑古城内最大的湾塘，曾经荷香溢岸，又有双井奇观，历经数朝兴衰更迭，见证了城邑之沧桑巨变。

潍河木桥

Wéihé Mùqiáo

故址位于今潍水风情湿地公园揽月桥以南20米处。民国11年（1922），烟潍公路建成，在潍河两岸浅水处修建200米木桩土石路面，深水处以木梁连结四条木船并铺以木板做成浮桥让车辆通过，汛期大水漫路时，四条木船并为渡船载车辆过河。民国29年（1940），日本侵略者将木

船浮桥改建为27孔混凝土板桥，长149.5米；民国35年（1946）因战事炸毁13孔，民国36年（1947）炸毁2孔，后补建铁轨木面桥8孔；1950年在混凝土桥两端接建木桥15孔（合计60米长）；1953年10月，因河道西移，在桥的西端接建木桥18孔，长度100米；1955年木桥被洪水冲毁12孔，

潍河木桥木桩遗存（2016年）　　摄影：马玉涛

当年重修，全桥35孔，长170.8米。随着机动车辆的增多，原木桥已不能满足通行需求，1963年在木桥以北20米建成新混凝土漫水桥（今揽月桥），木桥停用拆除。

庄头渡口
Zhuāngtóu Dùkǒu

故址位于今中庄头扬水站北60米处，以附近村庄名字命名。原为县城通往岞山的马车道渡口，设渡船数只；民国初年设摆渡汽车的大船；民国29年（1940）后烟潍公路混凝土板桥建成，该渡口停摆汽车，只摆渡行人和人力车；河东下岞公路修好后，渡口仅作为两岸乡民通行之用；20世纪70年代渡口停运。

隅庄渡口
Yúzhuāng Dùkǒu

故址摆渡航线位于今一中南街至围子街道四甲村后一带，为清代官道渡口。清前期，因渡口设在于庄（村庄故址位于今揽月桥一带）村后，属于庄社地域，由此得名于庄渡口。至清中期，于庄村失于洪水，于庄社改称隅庄社，渡口随之改为隅庄渡口。民国初年，有二十余只木船在隅庄渡口从事摆渡。春、夏、秋三季水大，船渡汽车过河，冬季将船连排起来，两头设草土码头，实现车辆通行。烟潍公路建桥后，渡船逐年减少，最终摆渡停运。

石湾渡口
Shíwān Dùkǒu

故址位于今奎聚街道石湾店村东北。明代为官道渡口，后官道南迁，成为县城通往夏店、东冢一带的乡人通行渡口。因渡口处有湾塘，湾底为文山余脉，多石而地质坚硬，乡人称“石湾”，渡口由此得名。民国时期设木船两只，两岸设连绳拉渡，号称漫河索。修建峡山水库后，因河道无水，停止摆渡。

第十章
附录

地名文件摘录

昌邑市人民政府

昌政批复字〔2021〕27号

昌邑市人民政府
关于同意对“艾森·颐景园”更名的批复

市民政局：

报来《关于拟对“艾森·颐景园”更名的请示》（昌民请字〔2021〕198号）收悉。根据国务院《地名管理条例》、民政部《《<地名管理条例>实施细则》《山东省地名管理办法》有关规定及我市城市总体规划要求，经研究，同意将“艾森·颐景园”更名为“颐景园”。你单位要会同奎聚街办、市发改局、公安局、自然资源和规划局、审批服务局、交通局、住建局、规划编制研究中心、房地产业服务中心等单位依法有序稳妥做好后续工作，进一步推进我市地名管理标准化、规范化。

此此复。

昌邑市人民政府

2021年9月24日

昌邑市人民政府办公室　　2021年9月24日印发

－1－

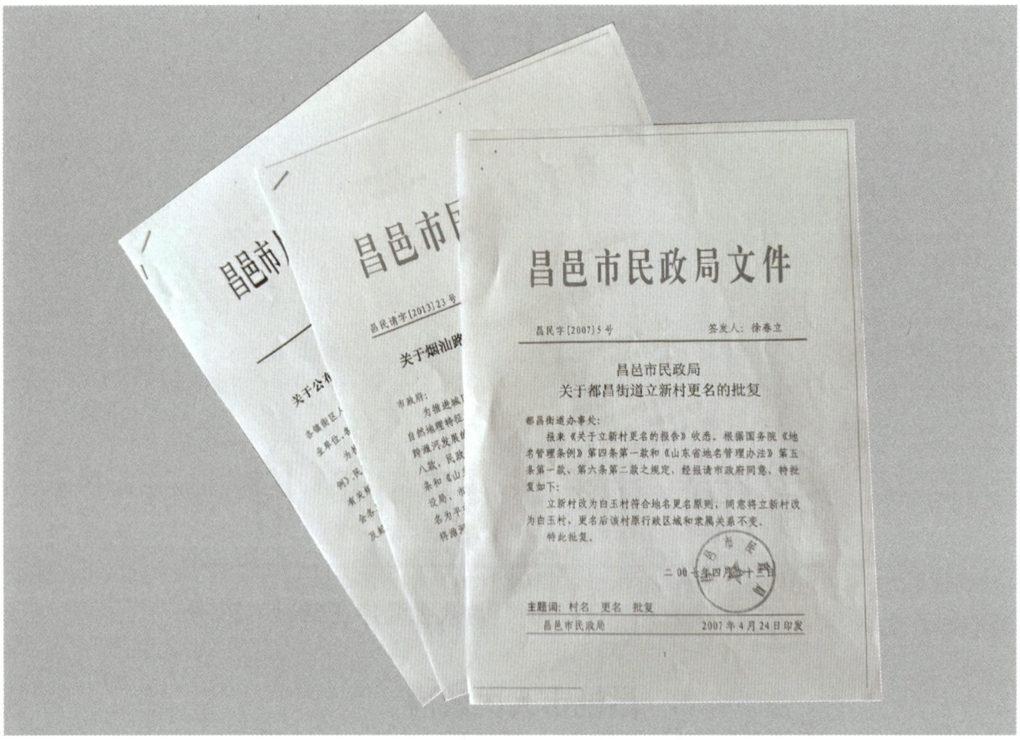

昌邑市民政局文件

昌民字[2007]5号　　签发人：徐春立

昌邑市民政局
关于都昌街道立新村更名的批复

都昌街道办事处：

报来《关于立新村更名的报告》收悉。根据国务院《地名管理条例》第四条第一款和《山东省地名管理办法》第五条第一款、第六条第二款之规定，经报请市政府同意，特批复如下：

立新村改为白玉村符合地名更名原则，同意将立新村改为白玉村，更名后该村原行政区域和隶属关系不变。

特此批复。

二〇〇七年四月二十三日

主题词：村名　更名　批复

昌邑市民政局　　2007年4月24日印发

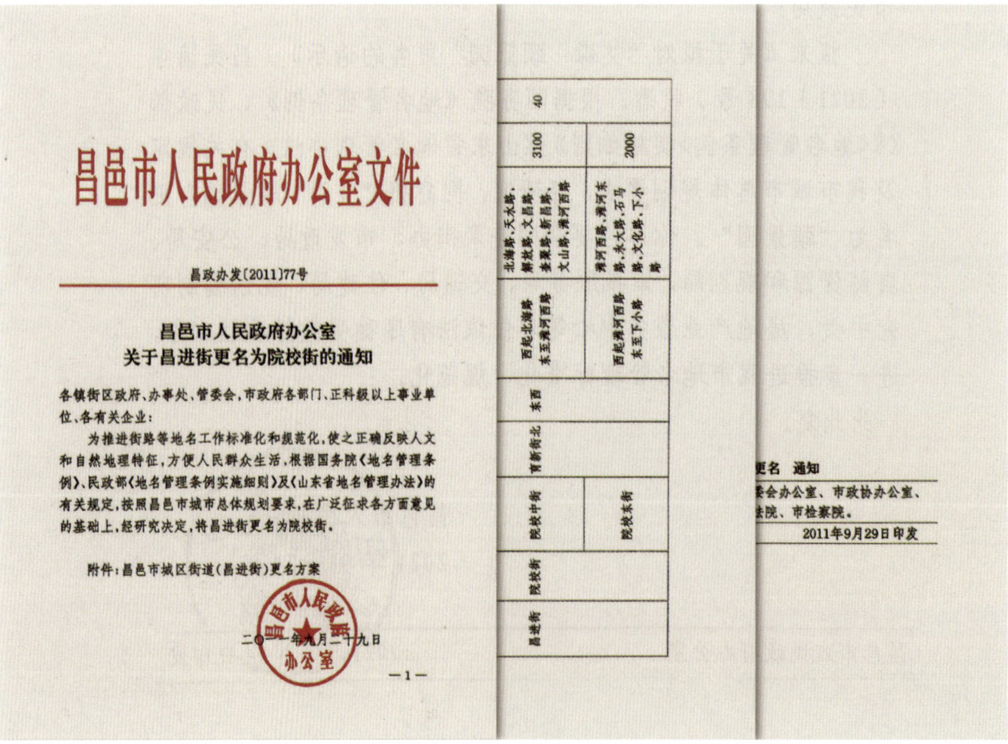

昌邑市人民政府办公室文件

昌政办发〔2011〕77号

昌邑市人民政府办公室
关于昌进街更名为院校街的通知

各镇街区政府、办事处、管委会，市政府各部门、正科级以上事业单位、各有关企业：

为推进街路等地名工作标准化和规范化，使之正确反映人文和自然地理特征，方便人民群众生活，根据国务院《地名管理条例》、民政部《地名管理条例实施细则》及《山东省地名管理办法》的有关规定，按照昌邑市城市总体规划要求，在广泛征求各方面意见的基础上，经研究决定，将昌进街更名为院校街。

附件：昌邑市城区街道（昌进街）更名方案

二〇一一年九月二十九日

—1—

昌进街	院校街	院校中街	育新街北	东西	西起北海路东至潍河西路	北海路、天水路、解放路、文昌路、奎聚路、新昌路、文山路、潍河西路	3100	40
		院校东街			西起潍河西路东至下小路	潍河西路、潍河东路、永大路、石马路、文化路、下小路	2000	

更名　通知

委会办公室、市政协办公室、

法院、市检察院。

2011年9月29日印发

索 引

中文

A

B

C

D

E

F

G

H

J

M

N

P

Q

R

S

T

W

X

Y

Z

后 记

2022年春，昌邑市正式启动新版《昌邑市地名志》编纂工作。一年多来，昌邑市民政局走访村庄四百余个，采集族谱、碑刻、村志等资料一千余份，从民间史料中进一步挖掘补充了各村早期的地名信息。采访行政事业单位及国有企业离退休人员二百余人次，以亲历者的记忆完善了近现代地名的沿革信息。

昌邑市民政局先后采购昌邑本地行业志、各级政区史志和移民文化书籍数百册，从民间回购昌邑历代地图数十份，通过翻阅志书、查照地图，对该市现有地名信息进行了逐条校对，力求准确还原历史，完善地名文化。

进入读图时代的今天，本书致力于图文并茂的设计。昌邑市民政局从各界收集与昌邑有关的历史影像数千张，并邀请昌邑市摄影家协会积极参与时代影像拍摄，从中选取了部分影像载入书中，以让读者更直观地了解地名的传承、河流的改道和城市的变迁。

在村庄词条的内容构成中，本书增加了“姓氏来源”的权重，以求通过各姓氏宗族的迁徙脉络，更清晰地还原村庄的形成历史。望本书能够为昌邑市姓氏文化研究增砖添瓦，为外地游子回乡寻根提供依据。

各村村名沿革及姓氏迁徙的信息主要采集自谱牒、碑刻的记录，另有部分家族家谱遗失，遂将村中长者对世传信息的记忆录入书中。鉴于同一家族在不同村庄中留下的记忆不尽相同，本次编纂工作遵循了族谱信息采纳修谱年代较早版本、世传信息首选始迁村庄观点的原则，但因时间所限，难免有更准确的史料未挖掘到位，谬误之处，还有待未来的志书编纂者更正补充。

以志载史，以史明志。地名文化里包含着前人奋斗的足迹，镌刻着沧桑岁月的印痕。望该版《昌邑市地名志》能够给这座城市留住更多的地名记忆，以让后人铭记先辈迁徙和创业的艰辛，携手创建更美好的昌邑！

昌邑市民政局

2023年9月6日